HTTP 완벽 가이드

웹은 어떻게 동작하는가

HTTP 완벽 가이드

초판 1쇄 발행 2014년 12월 15일 **8쇄 발행** 2024년 4월 25일 **지은이** 데이빗 고울리, 브라이언 토티, 마조리 세이어, 세일루 레디, 안슈 아가왈 **옮긴이** 이응준, 정상일 **펴낸이** 한기성 **펴낸곳** (주)도서출판인사이트 **영업마케팅** 김진불 **제작·관리** 이유현 **본문디자인** 서가기획 **용지** 유피에스 **출력·인쇄** 예림인쇄 **등록번호** 제2002-000049호 **등록일자** 2002년 2월 19일 **주소** 서울시 마포구 연남로5길 19-5 **전화** 02-322-5143 **팩스** 02-3143-5579 **이메일** insight@insightbook.co.kr **ISBN** 978-89-6626-120-8 책값은 뒤표지에 있습니다. 잘못 만들어진 책은 바꾸어 드립니다. 이 책의 정오표는 https://blog.insightbook.co.kr에서 확인하실 수 있습니다.

프로그래밍 인사이트

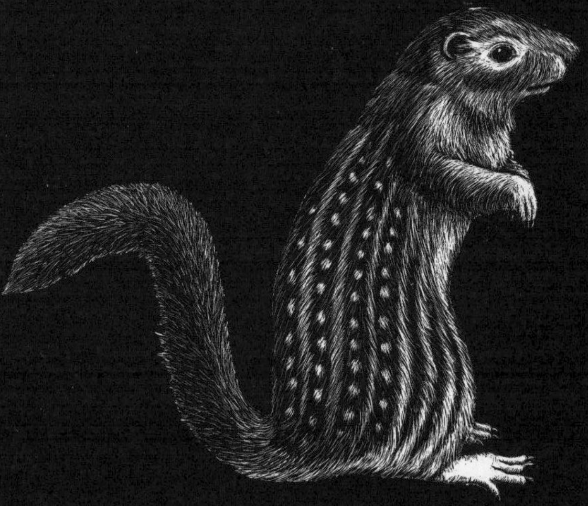

HTTP 완벽 가이드

웹은 어떻게 동작하는가

데이비 고울리, 브라이언 토티, 마조리 세이어, 세일루 레디, 안슈 아가왈 지음
이응준, 정상일 옮김

인사이트

차례

옮긴이의 글

왜 옮긴이들은 이 책을 번역했는가?

2010년, 같은 회사에 다니고 있었던 옮긴이들은 또 다른 세 명의 개발자와 함께 이 책의 원서를 교재로 삼아 HTTP 스터디를 했다. 당시 스터디를 하면서 웹 프로그래머가 HTTP를 이해하는 게 매우 중요한 일임에도, 이 책은 왜 번역서가 발간되지 않았는지 의아하게 생각했다. 그리고 2년이 지난 2012년, 인사이트에서 이 책을 번역할 사람을 찾는다는 이야기를 듣게 되었고, 바로 번역 프로젝트에 합류했다.

왜 HTTP를 이해하는 것이 중요한가?

월드 와이드 웹을 지탱하는 가장 중요한 기술 두 가지는 HTML과 HTTP이다. 이 두 기술은 팀 버너스-리가 웹을 발명할 때 함께 만들어졌다. 이 둘 중 하나라도 빠지면 웹은 성립하지 않으며, 한편으론 이 둘만 있어도 어떻게든 웹은 성립할 수 있다. 그 중 HTTP는 웹의 구성요소들이 서로 대화를 할 때 사용하는 프로토콜이다. 따라서 HTTP를 이해한다는 것은 웹이 어떻게 동작하는지 이해한다는 것이며, 이를 깊이 이해하면 웹 프로그래밍을 하면서, 웹 서버를 조작하면서, 그리고 네트워크를 관리하면서 정확한 근거에 기반한 올바른 기술적 판단을 내려야 할 때 큰 도움이 된다.

HTTP는 지난 25년간 사용되어 왔으며 앞으로도 계속해서 사용될 것이다. 업계의 유행에 따라 선호하는 언어가 바뀌고 대세인 프레임워크가 바뀌더라도 웹 애플리케이션이 HTTP를 사용한다는 사실은 변하지 않는다. 웹 서비스를 위한 인프라 역시 끊임없이 진보해왔지만 서버, 캐시, 프락시 등 모든 웹의 구성요소들이 HTTP를 사용해서 대화한다는 사실은 변하지 않는다. 따라서 서버사이드 웹 프로그래머, 프론트엔드 웹 프로그래머, 시스템 엔지니어 등 웹과 관련된 일을 하는 이라면 누구라도 HTTP를 공부하는데 시간과 노력을 들이는 게 효과적이고도 안전한 투자가 될 것이다.

이 책의 원서가 발간된 이후 HTTP 명세에도 몇 가지 변화가 있었다. 그도 그럴 것이 원서가 발간된 건 2002년이고, 2014년에 와서야 번역본이 나오게 되었다. 자그마치 12년이 지났으니, 아무 일도 일어나지 않았다면 오히려 그게 이상한 일일 것이다.

우선 HTTP/1.1이 15년 만에 개정되었다. 이 책의 원서가 쓰인 시점의 최신 HTTP/1.1 명세는 1999년에 발행된 RFC 2616이었으나, 이 책을 번역하는 도중인 2014년 6월에 발행된 RFC 7230, 7231, 7232, 7233, 7234, 7235로 대체되었다. 개정된 명세는 기존 RFC 2616의 오류나 모호한 점들을 7년에 걸쳐 고쳐 작성한 더욱 올바른 HTTP/1.1 명세다.

HTTP/1.1의 정식 후계자가 될 HTTP/2도 조만간 완성된다. 이 책의 번역을 시작했던 2012년부터 HTTP 작업그룹은 HTTP/2의 설계에 착수했으며 차질 없이 계획대로 진행된다면 2015년 2월에 명세가 RFC로 등록될 것이다.

HTTP/2는 기존의 HTTP/1.1의 메시지 구조와 전송 방법을 새로이 고쳐 성능 문제를 획기적으로 개선한 새로운 HTTP이다. 널리 쓰이는 모든 웹브라우저, 즉 구글 크롬, 모질라 파이어폭스, MS 인터넷 익스플로러가 HTTP/2를 지원하고 있거나 곧 지원할 예정이다. HTTP/2는 성능 면에서의 이점이 뚜렷하기 때문에 트위터 같은 몇몇 웹 서비스에 적용되어 이미 사용되고 있으며, 앞으로 웹브라우저들에 탑재됨에 따라 많은 사업자가 자신의 웹 서비스에 HTTP/2를 적용하게 될 것이다.

옮긴이들은 HTTP/2의 중요성을 인지하고 있기에, HTTP-NG를 다룬 원서 10장을 HTTP/2를 소개하는 글을 작성하여 대체하였다. HTTP/2에 대해 자세히 설명하는 것은 이 책의 범위를 한참 넘어서기에 세세히 다루지는 못하였지만, 독자들이 HTTP/2의 개략적인 개념을 이해하는 데에는 충분할 것이다.

이러한 HTTP 명세의 변화가 이 책의 내용을 무의미하게 만드는 것은 아닌지 염려할 수도 있겠지만, 다행히도 그렇지는 않다. 우선 HTTP/1.1 개정판은 여전히 HTTP/1.1이다. 버전이 변하지 않았다는 것은 프로토콜 자체에 변화가 없음을 의미한다. 만약 버전이 변하지 않았음에도 프로토콜에 변화가 생긴다면 상호운용성에 커다란 문제가 생기기 때문에 HTTP/1.1 개정판의 저자들은 기존 명세와의 호환성을 유지하기 위해 만전의 노력을 다했다. HTTP/2 역시 메시지 구조는 바뀌지만 메시지에 의미를 부여하는 방법은 별로 변한 것이 없다. 쉽게 말해, HTTP/1.1에서 정의된 헤더들은 HTTP/2에서도 거의 대부분 같은 의미로 쓰이고 있다. 따라서 이 책의 상당 부분이 HTTP/2에서도 여전히 유효하다.

오히려 옮긴이들이 더 신경 써야 했던 것들은 HTTP 명세의 변화와 직접 관계가 없는 부분들이었다. 원서에서는 웹브라우저를 통해 사례를 설명할 때 인터넷 익스플로러 5와 넷스케이프 네비게이터를 기준으로 삼았으나, 역서에서는 그러한 사례들을 인터넷 익스플로러 10과 구글 크롬 38을 기준으로 고쳐 썼다. 또한 필요에 따라 새로운 내용을 추가로 작성하기도 했다. 예를 들어 국제화를 다룬 14장에는 한국어 사용자들을 위해 euc-kr에 대한 절을 추가하였다. 그 외에도 옮긴이들은 원서에 아직까지도 남아있었던 여러 오류들을 바로잡아 고쳐 썼다.

마지막으로 이 책을 번역하는 과정에서 큰 도움을 주신 많은 분께 감사 말씀을 드리고자 한다. 우선 도서출판 인사이트의 한기성 대표님께 깊이 감사드린다. 이처럼 좋은 책을 번역할 기회를 주셨고, 번역 작업 후반에는 편집자 역할까지 맡아서 꼼꼼하게 원고를 살피고 고쳐주셨다. 초반 편집을 진행해주신 김승호 에디터님과 마무리를 함께 해주신 조은별 님께도 감사드린다.

이 책의 마무리 단계에서 많은 분이 자원해서 원고를 읽어주시고 의견을 주셨다. 강주희, 김군우, 김유승, 김장환, 김재현, 김종진, 김주회, 김필우, 박선욱, 박창우, 변상필, 변용훈, 서승호, 손권남, 엄익훈, 윤영광, 윤정부, 이동현, 이창신, 이항희, 임승진, 정민우, 정성범, 정인수, 정원화, 한규호 님께 감사드린다. 옮긴이들은 이 분들의 소중한 의견을 통해 다양한 오자에서부터 치명적인 오역까지 수많은 잘못들을 바로잡을 수 있었다.

HTTP를 이해하고자 하는 모든 이들에게 이 책이 도움이 되길 진심으로 희망한다.

◆ ◆ ◆

NHN(현 네이버)에 신입사원으로 입사해서 PHP로 코딩하는 웹 프로그래머로 일하고 있을 때, 나는 웹이 어떻게 동작하는지조차 모르고 있었다. 몰라서 답답했지만 뭘 어떻게 공부해야 하는지도 몰랐다. 1년 넘게 헤매고서야 HTTP를 공부해야 한다는 것을 알고 이 책의 원서를 샀다.

스터디 그룹을 통해 이 책을 함께 공부하고, 각종 HTTP 관련 명세들을 읽고, 때때로 HTTP 메일링 리스트에서 질문도 하고, 가끔은 HTTP 관련된 주제로 발표를 하기도 하다가, 드디어 이 책의 번역을 마무리하기에 이르렀다. 덕분에 HTTP를 이해할 수 있게 되었고, 웹에 대해서도 더 잘 알게 되었다. 3년 넘게 HTTP를 공부한

셈이지만 웹 프로그래머로서 충분히 가치 있는 시간이었다.

이제 번역도 끝났으니, 배운 지식을 써먹을 곳을 찾아보아야겠다. 오픈 소스 소프트웨어 프로젝트에 참여한다든가 HTTP 관련 명세에 기여한다든가 써먹을 만한 곳은 무궁무진 할 것 같다.

— 이응준

수많은 기술이 몇 년 만 지나도 묵은 냄새가 날 정도로 빠르게 변화하는 세상에 살고 있다. 반면 큰 변화 없던 HTTP가, WWW의 판이 데스크톱에서 스마트폰으로 넘어가는 과도기에도 여전히 핵심적인 역할을 하고 있는 것을 보면서 기반 기술의 중요성을 실감한다.

넷스케이프라는 브라우저를 통해 처음 WWW를 접하고 십수 년 지난 후에야 개발자가 되어 REST와 함께 HTTP에 대해 알게 되었다. 그러면서 기반 기술에 대한 정리된 지식을 얻고자 했었다. 그렇게 2010년 NHN(현 네이버)에서 만들었던 『HTTP: The Definitive Guide』 원서 스터디 모임에서부터 지금까지 역서를 준비했던 시간을 되돌아보니 뿌듯하다.

마지막으로 부디 이 번역본이 그동안 오픈 소스 및 커뮤니티에서 받은 도움에 대한 자그마한 보답이라도 되었으면 좋겠다.

— 정상일

2014년 11월

서문

하이퍼텍스트 전송 프로토콜(Hypertext Transfer Protocol, HTTP)은 월드 와이드 웹(World Wide Web, WWW)에서 통신하는 데 사용하는 프로토콜 프로그램이다. HTTP를 사용하는 방법에는 여러 가지가 있지만, 웹브라우저와 웹 서버 사이에서의 쌍방향 통신에 사용하는 것이 가장 대표적이다.

초기 HTTP는 단순한 프로토콜이기 때문에, 그다지 자세히 이야기할 게 없다고 생각할지도 모르겠다. 하지만 꽤 무거운 이 책을 손에 들고 있지 않은가. 그 단순한 프로토콜인 HTTP에 대해서 어떻게 수백 쪽에 달하는 책을 썼을지 궁금하다면, 이 책의 목차를 보기 바란다. 이 책은 단순히 HTTP 헤더에 대한 참고서가 아니다. 이 책은 진정한 웹 아키텍처 바이블이다.

우리는 HTTP와 밀접하지만 종종 오해받고 있는 규칙들에 대해 알아볼 것이고, 주제 기반으로 HTTP의 모든 내용을 다룬다. 책 전반에 걸쳐서, "HTTP를 어떻게 사용하는가"에 대한 내용뿐만 아니라 "HTTP를 사용하는 이유"에 대해서도 자세히 설명한다. 그리고 독자들이 관련 문서들을 찾아보는 시간을 절약할 수 있도록, HTTP 애플리케이션이 동작하는 데 필요한 HTTP 외의 주요 기술들을 설명한다. 헤더에 대한 참고자료(거의 모든 HTTP 콘텐츠의 기초가 되는 형식들)는, 찾아보기 좋게 알파벳 순서로 작성하여 부록으로 첨부하였으니 참고하기 바란다. 이 내용들이 HTTP를 좀 더 쉽게 사용하는 데 도움이 되기를 바란다.

이 책은 HTTP나 웹의 기본적인 구조를 이해하고 싶어하는 독자를 대상으로 한다. 소프트웨어나 하드웨어 기술자는, HTTP 및 관련 웹 기술에 대한 참고서로 이 책을 활용할 수 있다. 시스템 아키텍트나 네트워크 관리자는 복잡한 웹 아키텍처를 어떻게 설계, 배포, 관리할지에 대한 내용을 이 책에서 배울 수 있다. 성능 기술자 및 분석 전문가는 캐싱과 성능 최적화를 다루는 절들이 도움이 될 것이다. 홍보 전문가나 컨설팅 전문가는 전반적인 웹 기술에 대한 내용을 좀 더 잘 이해하는데 이 책에 있는 개념 중심의 내용들이 도움이 될 것이다.

이 책은 흔히 생기는 오해와 도움이 될 만한 기술을 설명하고, 간편한 참고자료들을 제공하며, 딱딱하고 읽기 어려운 표준 명세를 이해하기 쉽게 간략히 설명한다. 이 책 한 권으로, 웹을 더 잘 이해하는 데 필요한 필수 기술 및 관련 기술에 대해서 자세히 살펴볼 수 있을 것이다.

이 책은 열정적으로 인터넷 기술을 공유하는 수많은 사람이 엄청난 양의 작업을 함께한 끝에 만들어낸 결실이다. 이 책이 독자들에게 유용하게 쓰이기 바란다.

책에서 사용하는 예: 죠의 컴퓨터 가게

이 책에서는 기술적인 개념을 설명하기 위해서, "죠의 컴퓨터 가게"라는 가상의 온라인 하드웨어 및 가전제품 가게를 예로 사용한다. 이 책에 있는 예들을 테스트해볼 수 있도록, 실제 죠의 컴퓨터 가게의 온라인 상점(http://www.joes-hardware.com)을 만들어 놓았다. 우리는 이 책이 서점에 꽂혀 있는 동안에는 이 웹 사이트를 계속 유지하려고 한다. (옮긴이: 책 전반에 나오는 죠의 컴퓨터 가게 사이트는 서비스가 중단되었습니다.)

장별 가이드

이 책은 크게 5부로 나뉜 21개의 장과, 참고자료 및 관련 기술에 대한 조사들로 이루어진 유용한 부록 8개를 제공한다.

1부. HTTP: 웹의 기초
2부. HTTP 아키텍처
3부. 식별, 인가, 보안
4부. 엔터티, 인코딩, 국제화
5부. 콘텐츠 발행 및 배포
6부. 부록

1부 〈HTTP: 웹의 기초〉에서는 4개 장에 걸쳐 HTTP의 핵심 기술과 웹의 기초에 대해 다룬다.

- 1장 HTTP 개관: HTTP에 대해 개략적으로 살펴본다.
- 2장 URL과 리소스: 통합 자원 지시자(Uniform Resource Locator, URL)의 포맷과 인터넷상에서 URL이 가리키는 리소스의 다양한 형식에 대해 상세히 다룬다. 그리고 URL에서 더 진화한 지시자인 URN에 대한 내용도 다룬다.

- 3장 HTTP 메시지: HTTP 메시지가 어떻게 웹 콘텐츠를 전송하는지 알아본다.
- 4장 커넥션 관리: HTTP 커넥션 관리에 대한 흔한 오해와 잘못 작성된 규칙 및 동작들을 설명한다.

2부 〈HTTP의 구조〉에서는 HTTP 서버, 프락시, 캐시, 게이트웨이, 로봇 애플리케이션 같은 웹 시스템을 구성하는 빌딩 블록을 주로 다룬다. (물론 웹브라우저 역시 또 하나의 빌딩 블록이지만, 그것에 대해서는 1부에서 이미 다루었다.) 2부는 다음과 같은 6개의 장을 포함한다.

- 5장 웹 서버: 웹 서버 아키텍처에 대한 개요를 제공한다.
- 6장 프락시: HTTP를 전달하고 제어함으로써 플랫폼 역할을 하는 중개 서버인 HTTP 프락시 서버에 대해 알아본다.
- 7장 캐싱: 자주 사용하는 문서를 로컬에 복제하여 성능을 높이고 부하는 낮추는 장비인 웹 캐시가 동작하는 방식을 알아본다.
- 8장 통합점: 게이트웨이, 터널, 릴레이: 보안 소켓 계층(Secure Sockets Layer, SSL) 같이 HTTP가 아닌 프로토콜로 통신하는 소프트웨어가 HTTP를 사용해서 통신할 수 있게 해주는 게이트웨이와 애플리케이션 서버에 대해 설명한다.
- 9장 웹 로봇: 유비쿼터스 브라우저, 로봇, 스파이더, 검색엔진 같이 웹 전반에서 쓰이는 다양한 형태의 클라이언트에 대해 설명한다.
- 10장 HTTP/2.0: 현재 개발이 진행 중인 HTTP인 HTTP/2.0 프로토콜을 다룬다.[1]

3부 〈식별, 인가, 보안〉에서는 사용자 식별, 보안의 적용, 콘텐츠 접근 제어에 대한 기법 및 기술을 다룬다. 3부는 다음과 같은 내용을 포함한다.

- 11장 클라이언트 식별과 쿠키: 특정 사용자만 볼 수 있는 콘텐츠를 제공하는 데 쓰이는 사용자 식별 기술을 다룬다.
- 12장 기본 인증: 사용자를 식별하는 데 쓰이는 기본 체계를 주로 설명한다. 이 장에서는 데이터베이스에서 HTTP 인증이 어떻게 이루어지는지 알아볼 것이다.
- 13장 다이제스트 인증: 다이제스트 인증을 설명하고, HTTP의 보안을 강화하기 위해 제안된 개선사항들을 알아본다.
- 14장 보안 HTTP: 인터넷 암호화, 디지털 인증서, SSL에 대해 자세히 다룬다.

1 (옮긴이) 10장은 현재의 변화를 다루기 위해 옮긴이들이 새로 집필했다.

4부 〈엔터티, 인코딩, 국제화〉는, 메시지 본문에 있는 콘텐츠를 기술하고 생성하는 웹 표준과 HTTP 메시지 본문(실제 웹 콘텐츠를 담고 있는)을 주로 다룬다. 4부 내용은 다음과 같다.

- 15장 엔터티와 인코딩: HTTP 콘텐츠의 구조를 설명한다.
- 16장 국제화: 웹 콘텐츠를 전 세계 모든 사용자가 읽을 수 있도록, 다른 언어와 문자로 변환해주는 웹 표준에 대해 알아본다.
- 17장 내용 협상과 트랜스코딩: 적절한 콘텐츠를 받기 위한 협상 체계를 설명한다.

5부 〈콘텐츠 발행 및 배포〉는, 웹 콘텐츠를 발행하고 배포하는 기술에 대해 논의한다. 5부는 다음과 같은 내용을 포함한다.

- 18장 웹 호스팅: 현대 웹 호스팅 환경에 있는 서버에 배포하는 방법과 HTTP가 가상 웹 호스팅을 지원하는 방식에 대해 다룬다.
- 19장 배포 시스템: 웹 콘텐츠를 생성하고 웹 서버에 그 콘텐츠를 배포하는 기술에 대해 논의한다.
- 20장 리다이렉션과 부하 균형: 유입되는 웹 트래픽을 서버군에 분배하는 기술과 도구 들에 대해 다룬다.
- 21장 로깅과 사용 추적: 로그 포맷과 그에 대한 일반적인 질문들을 다룬다.

6부 〈부록〉은 도움이 될 만한 참고자료와 기술 관련 튜토리얼을 제공한다.

- 부록 A. URI 스킴: 통합 자원 식별자(Uniform Resource Identifier, URI) 스킴을 통해 지원하는 프로토콜 요약했다.
- 부록 B. HTTP 상태 코드: HTTP 응답 코드 목록을 편히 볼 수 있게 제공한다.
- 부록 C. HTTP 헤더: HTTP 헤더 필드의 목록을 제공한다.
- 부록 D. MIME 타입: 광범위한 MIME 타입 목록을 제공하며 MIME 타입을 어떻게 등록하는지 설명한다.
- 부록 E. base-64 인코딩: HTTP 인증에서 사용하는 base-64 인코딩을 설명한다.
- 부록 F. 다이제스트 인증: HTTP에서 다양한 인증 스킴을 구현하는 방법에 대해 자세히 설명한다.
- 부록 G. 언어 태그: HTTP의 언어 관련 헤더들에서 사용하는 언어 태그값을 설

명한다.

- 부록 H. MIME 캐릭터세트 등록: HTTP 국제화 지원에 사용하는 문자 인코딩에 대한 상세한 목록을 제공한다.

각 장은 풍부한 예와 추가로 참고할 만한 자료를 담고 있다.

의견과 질문

이 책에 대한 의견이나 질문이 있으면 출판사에 연락하기 바란다.

O'Reilly & Associates, Inc.
1005 Gravenstein Highway North
Sebastopol, CA 95472
(800) 998-9938 (in the United States or Canada) (707) 829-0515 (international/local)
(707) 829-0104 (fax)

다음은 이 책에 대한 오탈자, 예, 추가 정보가 있는 웹페이지다.[2]

http://www.oreilly.com/catalog/httptdg/

이 책에 대한 기술적인 질문이나 의견은 다음 이메일로 보내주기 바란다.

bookquestions@oreilly.com

책, 콘퍼런스, 리소스 센터, 오라일리 네트워크에 대한 정보는 다음 오라일리 웹 사이트를 방문하기 바란다.

http://www.oreilly.com

2 (옮긴이) 번역서의 오탈자는 https://blog.insightbook.co.kr/정오표/에 등록되어 있다.

감사의 말

이 책은 많은 사람의 노력으로 만들어졌다. 5명의 저자는 이 책에 큰 도움을 준 사람들에게 감사의 마음을 전하고자 한다.

우선 오라일리의 편집자인 린다 무이(Linda Mui)에게 감사의 뜻을 표한다. 린다는 1996년에 데이비드(David)와 브라이언(Brian)을 처음 만났으며, 이 책을 좀 더 세련되고 정교하게 다듬어 주었다. 또한 린다는 책 저술은 처음이었던 우리에게, 이 책이 일관된 방향성을 갖도록 이끌었으며 일정을 맞추는 데 필요한 시간관리도 해주었다. 무엇보다도, 린다는 이 책을 집필할 기회를 주었다. 다시 한번 그녀에게 큰 고마움을 전한다.

또한, 이 책을 검토하고 의견을 주고 초안을 수정해주는데 많은 힘을 써준, 명석하고 박식하며 친절한 영혼들인 토니 보크(Tony Bourke), 신 버크(Sean Burke), 마이크 코우라(Mike Chowla), 샤이나즈 데이버(Shernaz Daver), 프레드 더글리스(Fred Douglis), 파울라 퍼거슨(Paula Ferguson), 비카스 쟈(Vikas Jha), 예브스 라폰(Yves Lafon), 피터 매티스(Peter Mattis), 척 니어다일(Chuck Neerdaels), 루이스 태버라(Luis Tavera), 다인 웨슬(Duane Wessels), 데이브 우(Dave Wu), 마르코 자가(Marco Zagha)에게 감사의 뜻을 표한다. 그들의 견해와 제안은 이 책을 개선하는데 큰 도움이 되었다.

이 책에 있는 멋진 그림들 대부분은 오라일리의 랍 로만도(Rob Romano)가 그렸다. 이 책은 어려운 개념을 쉽게 이해하는데 도움이 되는 정교한 그림이 매우 많다. 이 많은 그림은 공들여 그려졌으며 여러 번의 교정을 거쳤다. 만약 그림이 수천 단어보다 더 가치가 있다 한다면, 랍은 이 책에 수백 쪽에 달하는 가치를 더해주었다고 생각한다.

브라이언은 이 책에 공헌한 모든 저자에게 감사의 뜻을 표한다. HTTP를 자세히 다루는 동시에 이해하기 쉽도록 책을 집필하기 위해 모든 저자가 많은 시간을 투자하였다. 결혼식, 아이들의 생일, 살인적인 업무, 스타트업, 학교 졸업 등 많은 일이 있었음에도, 저자들은 이 프로젝트를 성공적으로 마쳤다. 이 책이 그 모든 사람들이 고생한 결과라고 생각하며, 무엇보다도 덕분에 아주 좋은 책이 나올 수 있게 되었다. 브라이언은 인크토미(Inktomi) 직장 동료들의 열의와 지원, 그리고 실제 애플리케이션에서 HTTP를 사용하는 것에 대한 깊은 통찰에 감사의 마음을 전한다. 또한, 이 책에서 설명을 돕기 위해 Cajun-shop.com을 사용하도록 허락해준 Cajun-shop 친구들에게도 감사에 마음을 전한다.

데이비드는 그의 가족, 특히 어머니와 할아버지의 지속적인 지원에 감사함을 전한다. 그들은 데이비드가 책을 쓰는 몇 년간의 불규칙했던 생활을 이해해줬다. 또한 슬럽(Slurp), 오크토미(Orctomi), 노마(Norma)와 동료 저자들의 노고에도 감사의 마음을 전한다. 마지막으로, 이런 새로운 경험을 하게 해준 브라이언에게 감사의 뜻을 표한다.

마조리(Marjorie)는 그동안 많은 이해와 지원 및 기술적인 통찰을 제시해주었던, 그녀의 남편인 알란 리우(Alan Liu)에게 감사의 뜻을 표한다. 마조리는 수많은 통찰과 영감을 주었던 동료 저자들에게도 감사의 뜻을 표한다. 그녀는 그들과 함께 이 책을 만들었던 경험 역시 감사히 생각한다.

사이루(Sailu)는 이 책을 만들 기회를 준 데이비드와 브라이언에게, 그리고 HTTP를 소개해준 척 니어다일(Chuck NeerDael)에게 감사의 마음을 전한다.

안쉬우(Anshu)는 이 책을 쓰는 수년 동안 인내와 지원 및 격려를 아끼지 않았던 그의 아내 라시(Rashi)와 그의 부모님에게 감사의 마음을 전한다.

마지막으로, 지난 40년간 연구, 개발, 전파를 통해 우리의 과학, 사회, 경제 커뮤니티에 공헌해 왔던 이름난 그리고 이름 없는 인터넷 개척자들에게 우리 저자들 모두가 감사의 뜻을 표한다. 그들이 없었다면, 이 책도 없었을 것이다.

1부

H T T P : T h e D e f i n i t i v e G u i d e

HTTP: 웹의 기초

여기에서는 HTTP 프로토콜을 소개한다. 다음 4개의 장에서 웹의 기초가 되는 HTTP 핵심 기술을 설명한다.

- 1장 HTTP 개관에서는 HTTP를 빠르게 훑어본다.
- 2장 URL과 리소스에서는 URL의 포맷과 인터넷에 있는 URL들이 가리키는 다양한 리소스 형식에 대해 자세히 알아본다. 또한 URN으로 발전하는 과정에 대해서도 개략적으로 알아본다.
- 3장 HTTP 메시지에서는 웹 콘텐츠를 실어 나르는 HTTP 메시지에 대해 자세히 알아본다.
- 4장 커넥션 관리에서는 HTTP에서 관리하는 TCP 커넥션에 대한 일반적인 오해들과 잘못 작성된 규칙 및 동작 방식에 대해서 알아본다.

1장

HTTP: The Definitive Guide

HTTP 개관

전 세계의 웹브라우저, 서버, 웹 애플리케이션은 모두 HTTP(Hypertext Transfer Protocol)를 통해 서로 대화한다. HTTP는 현대 인터넷의 공용어이다.

이 장은 HTTP를 간결하게 설명한다. 독자들은 얼마나 많은 웹 애플리케이션이 HTTP를 이용해 통신하고, HTTP가 어떻게 그 일을 해내는지 개략적으로 알게 될 것이다. 특히 다음에 대해 이야기할 것이다.

- 얼마나 많은 클라이언트와 서버가 통신하는지
- 리소스(웹 콘텐츠)가 어디서 오는지
- 웹 트랜잭션이 어떻게 동작하는지
- HTTP 통신을 위해 사용하는 메시지의 형식
- HTTP 기저의 TCP 네트워크 전송
- 여러 종류의 HTTP 프로토콜
- 인터넷 곳곳에 설치된 다양한 HTTP 구성요소

공부할 거리를 충분히 확보했으니, 이제 HTTP의 세계로 여행을 떠나보자.

1.1 HTTP: 인터넷의 멀티미디어 배달부

수십억 개의 JPEG 이미지, HTML 페이지, 텍스트 파일, MPEG 동영상, WAV 음성 파일, 자바 애플릿 등이 하루도 쉬지 않고 인터넷을 항해한다. HTTP는 전 세계의 웹 서버로부터 이 대량의 정보를 빠르고, 간편하고, 정확하게 사람들의 PC에 설치된 웹브라우저로 옮겨준다.

HTTP는 신뢰성 있는 데이터 전송 프로토콜을 사용하기 때문에, 데이터가 지구 반대편에서 오더라도 전송 중 손상되거나 꼬이지 않음을 보장한다. 이 덕분에 사용자는 인터넷에서 얻은 정보가 손상된 게 아닌지 염려하지 않아도 된다. 신뢰성 있는 전송은 인터넷 애플리케이션 개발자에게도 이로운데, HTTP 통신이 전송 중 파괴되거나, 중복되거나, 왜곡되는 것을 걱정하지 않아도 되기 때문이다. 개발자는 인터넷의 결함이나 약점에 대한 걱정 없이 애플리케이션 고유의 기능을 구현하는 데 집중할 수 있다.

HTTP가 웹 트래픽을 어떻게 전송하는지 더 자세히 알아보자.

1.2 웹 클라이언트와 서버

웹 콘텐츠는 웹 서버에 존재한다. 웹 서버는 HTTP 프로토콜로 의사소통하기 때문에 보통 HTTP 서버라고 불린다. 이들 웹 서버는 인터넷의 데이터를 저장하고, HTTP 클라이언트가 요청한 데이터를 제공한다. 그림 1-1에 그려진 대로, 클라이언트는 서버에게 HTTP 요청을 보내고 서버는 요청된 데이터를 HTTP 응답으로 돌려준다. HTTP 클라이언트와 HTTP 서버는 월드 와이드 웹의 기본 요소다.

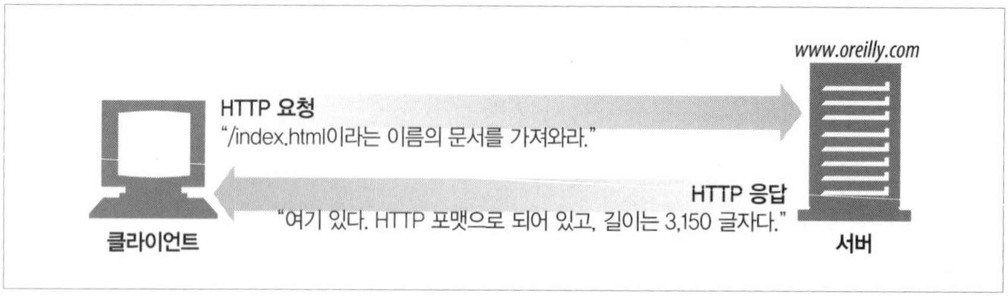

그림 1-1 웹 클라이언트와 웹 서버

아마 독자들은 HTTP 클라이언트를 매일 이용하고 있을 것이다. 가장 흔한 클라이언트는 마이크로소프트 인터넷 익스플로러나 구글 크롬 같은 웹브라우저다. 웹브라우저는 서버에게 HTTP 객체를 요청하고 사용자의 화면에 보여준다.

예를 들어 "http://www.oreilly.com/index.html" 페이지를 열어볼 때, 웹브라우저는 HTTP 요청을 www.oreilly.com 서버로 보낸다(그림 1-1 참고). 서버는 요청받은 객체(이 경우 "/index.html")를 찾고, 성공했다면 그것의 타입, 길이 등의 정보와 함께 HTTP 응답에 실어서 클라이언트에게 보낸다.

1.3 리소스

웹 서버는 웹 리소스를 관리하고 제공한다. 웹 리소스는 웹 콘텐츠의 원천이다. 가장 단순한 웹 리소스는 웹 서버 파일 시스템의 정적 파일이다. 정적 파일은 텍스트 파일, HTML 파일, 마이크로소프트 워드 파일, 어도비 아크로뱃 파일, JPEG 이미지 파일, AVI 동영상 파일, 그 외 모든 종류의 파일을 포함한다.

그러나 리소스는 반드시 정적 파일이어야 할 필요는 없다. 리소스는 요청에 따라 콘텐츠를 생산하는 프로그램이 될 수도 있다. 이들 동적 콘텐츠 리소스는 사용자가 누구인지, 어떤 정보를 요청했는지, 몇 시인지에 따라 다른 콘텐츠를 생성한다. 또 카메라에서 라이브 영상을 가져와 보여주거나, 주식 거래, 부동산 데이터베이스 검색, 온라인 쇼핑몰에서 선물 구입을 할 수 있게 해줄 수도 있다(그림 1-2 참조).

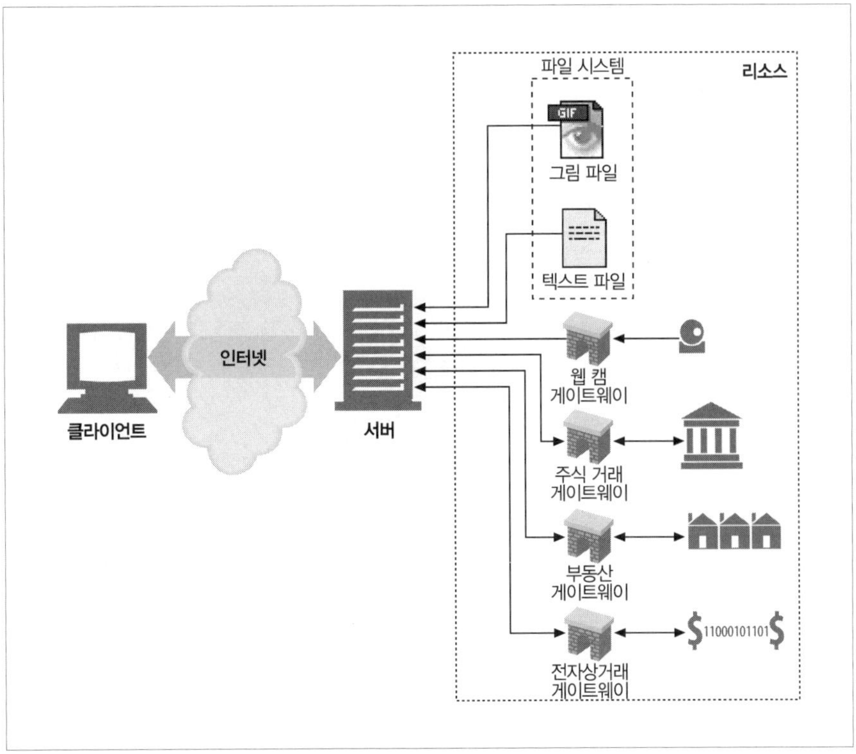

그림 1-2 웹 리소스란 웹에 콘텐츠를 제공하는 모든 것을 말한다.

요약하자면, 어떤 종류의 콘텐츠 소스도 리소스가 될 수 있다. 예컨대 기업 판매에

측 스프레드시트 파일은 리소스다. 지역 공공 도서관의 서가를 탐색하는 웹 게이트웨이도 리소스다. 인터넷 검색엔진 역시 리소스다.

1.3.1 미디어 타입

인터넷은 수천 가지 데이터 타입을 다루기 때문에, HTTP는 웹에서 전송되는 객체 각각에 신중하게 MIME 타입이라는 데이터 포맷 라벨을 붙인다. MIME(Multipurpose Internet Mail Extensions, 다목적 인터넷 메일 확장)은 원래 각기 다른 전자메일 시스템 사이에서 메시지가 오갈 때 겪는 문제점을 해결하기 위해 설계되었다. MIME은 이메일에서 워낙 잘 동작했기 때문에, HTTP에서도 멀티미디어 콘텐츠를 기술하고 라벨을 붙이기 위해 채택되었다.

웹 서버는 모든 HTTP 객체 데이터에 MIME 타입을 붙인다(그림 1-3). 웹브라우저는 서버로부터 객체를 돌려받을 때, 다룰 수 있는 객체인지 MIME 타입을 통해 확인한다. 대부분의 웹브라우저는 잘 알려진 객체 타입 수백 가지를 다룰 수 있다. 이미지 파일을 보여주고, HTML 파일을 분석하거나 포맷팅하고, 오디오 파일을 컴퓨터의 스피커를 통해 재생하고, 특별한 포맷의 파일을 다루기 위해 외부 플러그인 소프트웨어를 실행한다.

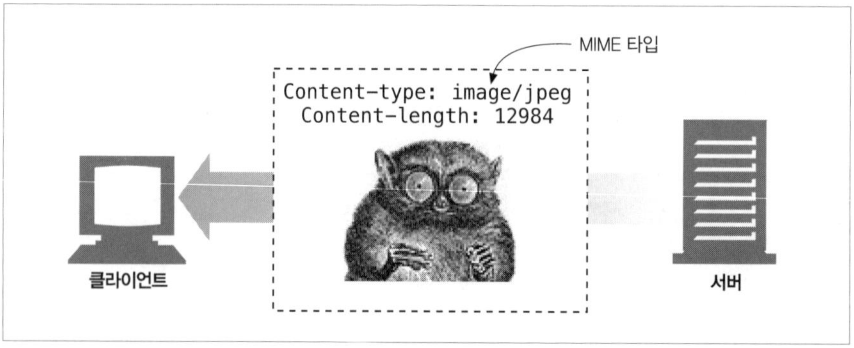

그림 1-3 웹 서버는 데이터 콘텐츠와 함께 MIME 타입을 보내준다.

MIME 타입은 사선(/)으로 구분된 주 타입(primary object type)과 부 타입(specific subtype)으로 이루어진 문자열 라벨이다. 예를 들면 다음과 같다.

- HTML로 작성된 텍스트 문서는 text/html 라벨이 붙는다.
- plain ASCII 텍스트 문서는 text/plain 라벨이 붙는다.
- JPEG 이미지는 image/jpeg가 붙는다.
- GIF 이미지는 image/gif가 된다.

- 애플 퀵타임 동영상은 video/quicktime이 붙는다.
- 마이크로소프트 파워포인트 프레젠테이션은 application/vnd.ms-powerpoint가 붙는다.

수백 가지의 잘 알려진 MIME 타입과, 그보다 더 많은 실험용 혹은 특정 용도의 MIME 타입이 존재한다. MIME 타입 전체 목록은 부록 D에 실려 있다.

1.3.2 URI

웹 서버 리소스는 각자 이름을 갖고 있기 때문에, 클라이언트는 관심 있는 리소스를 지목할 수 있다. 서버 리소스 이름은 통합 자원 식별자(uniform resource identifier), 혹은 URI로 불린다. URI는 인터넷의 우편물 주소 같은 것으로, 정보 리소스를 고유하게 식별하고 위치를 지정할 수 있다.

'죠의 컴퓨터 가게'의 웹 서버에 있는 이미지 리소스에 대한 URI라면 이런 식이다.

```
http://www.joes-hardware.com/specials/saw-blade.gif
```

그림 1-4는 죠의 컴퓨터 가게 서버에 있는 GIF 형식의 톱날 그림 리소스에 대한 URI가 HTTP 프로토콜에서 어떻게 해석되는지 보여준다. HTTP는 주어진 URI로 객체를 찾아온다. URI에는 두 가지가 있는데, URL과 URN이라는 것이다. 이 두 종류의 자원 식별자에 대해 지금 살펴보자.

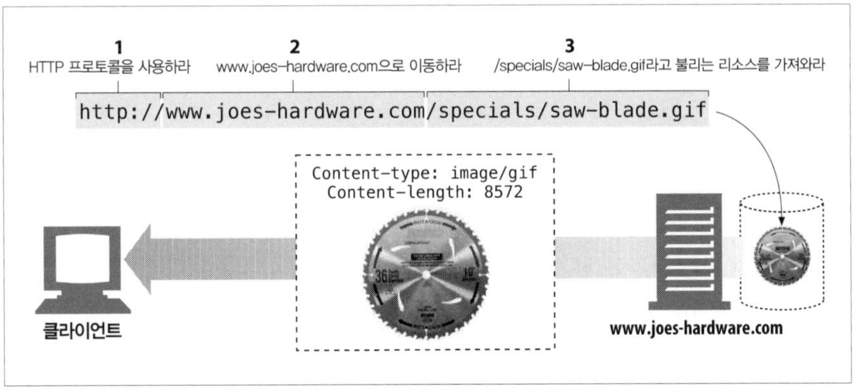
1
HTTP 프로토콜을 사용하라
2
www.joes-hardware.com으로 이동하라
3
/specials/saw-blade.gif라고 불리는 리소스를 가져와라
http://www.joes-hardware.com/specials/saw-blade.gif
Content-type: image/gif
Content-length: 8572
클라이언트
www.joes-hardware.com

그림 1-4 URL은 프로토콜, 서버, 리소스를 명시한다.

1.3.3 URL

통합 자원 지시자(uniform resource locator, URL)는 리소스 식별자의 가장 흔한 형태다. URL은 특정 서버의 한 리소스에 대한 구체적인 위치를 서술한다. URL은 리소스가 정확히 어디에 있고 어떻게 접근할 수 있는지 분명히 알려준다. 그림 1-4는 어떻게 URL로 리소스의 정확한 위치와 접근방법을 표현하는지 보여준다. 표 1-1은 URL의 몇 가지 예다.

URL	설명
http://www.oreilly.com/index.html	오라일리 출판사 홈페이지의 URL
http://www.yahoo.com/images/logo.gif	야후! 웹 사이트 로고의 URL
http://www.joes-hardware.com/inventory-check.cgi?item=12731	물품 #12731의 재고가 있는지 확인하는 프로그램에 대한 URL
ftp://joe:tools4u@ftp.joes-hardware.com/locking-pliers.gif	비밀번호로 보호되는 FTP를 통해 locking-pliers.gif 이미지 파일에 접근하는 URL

표 1-1 URL의 예

대부분의 URL은 세 부분으로 이루어진 표준 포맷을 따른다.

- URL의 첫 번째 부분은 스킴(scheme)이라고 불리는데, 리소스에 접근하기 위해 사용되는 프로토콜을 서술한다. 보통 HTTP 프로토콜(http://)이다.
- 두 번째 부분은 서버의 인터넷 주소를 제공한다(예: www.joes-hardware.com).
- 마지막은 웹 서버의 리소스를 가리킨다(예: /specials/saw-blade.gif).

오늘날 대부분의 URI는 URL이다.

1.3.4 URN

URI의 두 번째 종류는 유니폼 리소스 이름(uniform resource name, URN)이다. URN은 콘텐츠를 이루는 한 리소스에 대해, 그 리소스의 위치에 영향 받지 않는 유일무이한 이름 역할을 한다. 이 위치 독립적인 URN은 리소스를 여기저기로 옮기더라도 문제없이 동작한다. 리소스가 그 이름을 변하지 않게 유지하는 한, 여러 종류의 네트워크 접속 프로토콜로 접근해도 문제없다.

예를 들어, 다음의 URN은 인터넷 표준 문서 'RFC 2141'가 어디에 있거나 상관없이(심지어 여러 군데에 복사되었더라도) 그것을 지칭하기 위해 사용할 수 있다.

```
urn:ietf:rfc:2141
```

URN은 여전히 실험 중인 상태고 아직 널리 채택되지 않았다. 효율적인 동작을 위해 URN은 리소스 위치를 분석하기 위한 인프라 지원이 필요한데, 그러한 인프라가 부재하기에 URN 채택이 더 늦춰지고 있다. 그러나 URN의 전망은 분명 밝다. 우리는 2장에서 URN에 대해 조금 더 자세히 논의할 것이지만, 그 외 나머지 대부분에서는 거의 URL에만 초점을 맞출 것이다.

특별한 언급이 없으면, 앞으로는 통상적인 관례에 따라 URI와 URL을 같은 의미로 사용할 것이다.

1.4 트랜잭션

클라이언트가 웹 서버와 리소스를 주고받기 위해 HTTP를 어떻게 사용하는지 좀 더 자세히 알아보자. HTTP 트랜잭션은 요청 명령(클라이언트에서 서버로 보내는)과 응답 결과(서버가 클라이언트에게 돌려주는)로 구성되어 있다. 이 상호작용은 그림 1-5에 묘사된 것과 같이 HTTP 메시지라고 불리는 정형화된 데이터 덩어리를 이용해 이루어진다.

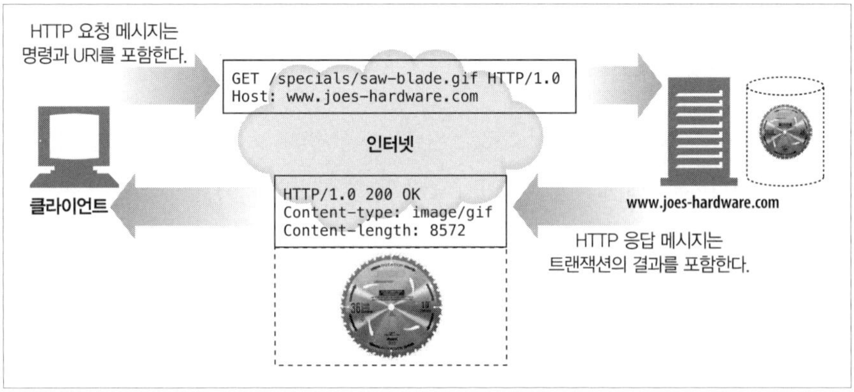
HTTP 요청 메시지는
명령과 URI를 포함한다.
GET /specials/saw-blade.gif HTTP/1.0
Host: www.joes-hardware.com
인터넷
클라이언트
HTTP/1.0 200 OK
Content-type: image/gif
Content-length: 8572
www.joes-hardware.com
HTTP 응답 메시지는
트랜잭션의 결과를 포함한다.

그림 1-5 HTTP 트랜잭션은 요청과 응답 메시지로 구성되어 있다.

1.4.1 메서드

HTTP는 HTTP 메서드라고 불리는 여러 가지 종류의 요청 명령을 지원한다. 모든 HTTP 요청 메시지는 한 개의 메서드를 갖는다. 메서드는 서버에게 어떤 동작이 취해져야 하는지 말해준다(웹페이지 가져오기, 게이트웨이 프로그램 실행하기, 파일 삭제하기 등). 표 1-2는 흔히 쓰이는 HTTP 메서드 다섯 개를 열거하고 있다.

HTTP 메서드	설명
GET	서버에서 클라이언트로 지정한 리소스를 보내라.
PUT	클라이언트에서 서버로 보낸 데이터를 지정한 이름의 리소스로 저장하라.
DELETE	지정한 리소스를 서버에서 삭제하라.
POST	클라이언트 데이터를 서버 게이트웨이 애플리케이션으로 보내라.
HEAD	지정한 리소스에 대한 응답에서, HTTP 헤더 부분만 보내라.

표 1-2 흔히 쓰이는 HTTP 메서드들

HTTP 메서드에 대해서는 3장에서 상세히 다룰 것이다.

1.4.2 상태 코드

모든 HTTP 응답 메시지는 상태 코드와 함께 반환된다. 상태 코드는 클라이언트에게 요청이 성공했는지 아니면 추가 조치가 필요한지 알려주는 세 자리 숫자다. 흔히 쓰이는 상태 코드 몇 가지가 표 1-3에 나와 있다.

HTTP 상태 코드	설명
200	좋다. 문서가 바르게 반환되었다.
302	다시 보내라. 다른 곳에 가서 리소스를 가져가라.
404	없음. 리소스를 찾을 수 없다.

표 1-3 흔히 쓰이는 HTTP 상태 코드 몇 가지

HTTP는 각 숫자 상태 코드에 텍스트로 된 "사유 구절(reason phrase)"도 함께 보낸다(그림 1-5의 응답 메시지 참조). 이 구문은 단지 설명만을 위해서 포함된 것일 뿐 실제 응답 처리에는 숫자로 된 코드가 사용된다.

HTTP 소프트웨어는 다음에 열거된 상태 코드와 사유 구절을 모두 같은 것으로 취급한다.

```
200 OK
200 Document attached
200 Success
200 All's cool, dude
```

HTTP 상태 코드는 3장에서 자세히 설명한다.

1.4.3 웹페이지는 여러 객체로 이루어질 수 있다

애플리케이션은 보통 하나의 작업을 수행하기 위해 여러 HTTP 트랜잭션을 수행

한다. 예를 들어, 웹브라우저는 시각적으로 풍부한 웹페이지를 가져올 때 대량의 HTTP 트랜잭션을 수행한다. 페이지 레이아웃을 서술하는 HTML '뼈대'를 한 번의 트랜잭션으로 가져온 뒤, 첨부된 이미지, 그래픽 조각, 자바 애플릿 등을 가져오기 위해 추가로 HTTP 트랜잭션들을 수행한다. 이 리소스들은 그림 1-6에 묘사된 것과 같이 다른 서버에 위치할 수도 있다. 이와 같이 '웹페이지'는 보통 하나의 리소스가 아닌 리소스의 모음이다.

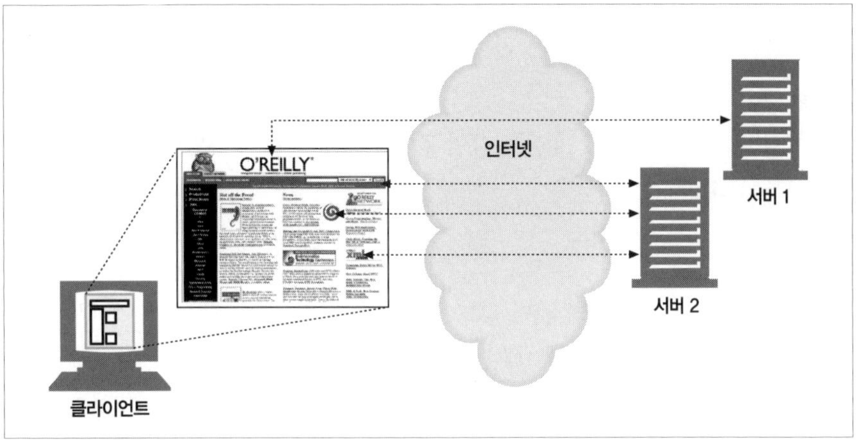

그림 1-6 웹페이지는 첨부된 리소스들에 대해 각각 별개의 HTTP 트랜잭션을 필요로 한다.

1.5 메시지

이제 HTTP 요청과 응답 메시지의 구조를 살짝 들여다보자. 우리는 3장에서 HTTP 메시지를 자세히 공부할 것이다.

HTTP 메시지는 단순한 줄 단위의 문자열이다. 이진 형식이 아닌 일반 텍스트이기 때문에 사람이 읽고 쓰기 쉽다.[1] 그림 1-7은 간단한 트랜잭션에 대한 HTTP 메시지를 보여주고 있다.

웹 클라이언트에서 웹 서버로 보낸 HTTP 메시지를 요청 메시지라고 부른다. 서버에서 클라이언트로 가는 메시지는 응답 메시지라고 부른다. 그 외에 다른 종류의 HTTP 메시지는 없다. HTTP 요청과 응답 메시지의 형식은 굉장히 비슷하다.

HTTP 메시지는 다음의 세 부분으로 이루어진다.

---

1 어떤 프로그래머들은, 특히 속도가 빠른 소프트웨어를 설계할 때, HTTP 분석은 까다롭고 오류가 발생하기 쉽다고 불평하곤 한다. 이진 형식이나 더 엄격한 텍스트 구조였다면 처리가 더 간단했겠지만, HTTP는 확장과 디버그가 용이하기에 대다수의 HTTP 프로그래머로부터 좋은 평가를 받고 있다.

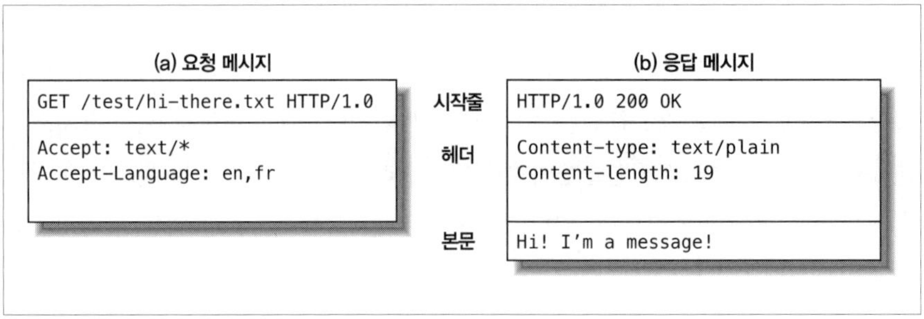
(a) 요청 메시지
GET /test/hi-there.txt HTTP/1.0
Accept: text/*
Accept-Language: en,fr
시작줄
헤더
본문
(b) 응답 메시지
HTTP/1.0 200 OK
Content-type: text/plain
Content-length: 19
Hi! I'm a message!

그림 1-7 HTTP 메시지는 단순한 줄 단위 텍스트 구조를 갖고 있다.

시작줄

메시지의 첫 줄은 시작줄로, 요청이라면 무엇을 해야 하는지 응답이라면 무슨 일이 일어났는지 나타낸다.

헤더

시작줄 다음에는 0개 이상의 헤더 필드가 이어진다. 각 헤더 필드는 쉬운 구문분석을 위해 쌍점(:)으로 구분되어 있는 하나의 이름과 하나의 값으로 구성된다. 헤더 필드를 추가하려면 그저 한 줄을 더하기만 하면 된다. 헤더는 빈 줄로 끝난다.

본문

빈 줄 다음에는 어떤 종류의 데이터든 들어갈 수 있는 메시지 본문이 필요에 따라 올 수 있다. 요청의 본문은 웹 서버로 데이터를 실어 보내며, 응답의 본문은 클라이언트로 데이터를 반환한다. 문자열이며 구조적인 시작줄이나 헤더와 달리, 본문은 임의의 이진 데이터를 포함할 수 있다(이미지, 비디오, 오디오 트랙, 응용 소프트웨어). 물론 본문은 텍스트도 포함할 수 있다.

1.5.1 간단한 메시지의 예

그림 1-8은 간단한 HTTP 메시지를 주고받는 트랜잭션을 보여주고 있다. 웹브라우저는 리소스 http://www.joes-hardware.com/tools.html를 요청한다.

그림 1-8에서, 웹브라우저는 HTTP 요청 메시지를 보낸다. 요청 시작줄에 GET 메서드가 있고, 로컬 리소스는 /tools.html이다. HTTP 프로토콜 1.0 버전으로 요청을 보내고 있음도 표시되어 있다. 본문은 없는데, 서버에서 간단한 문서를 가져오는 데는 요청 데이터가 필요 없기 때문이다.

서버는 HTTP 응답 메시지를 돌려준다. 응답에는 HTTP 버전 번호(HTTP/1.0), 성

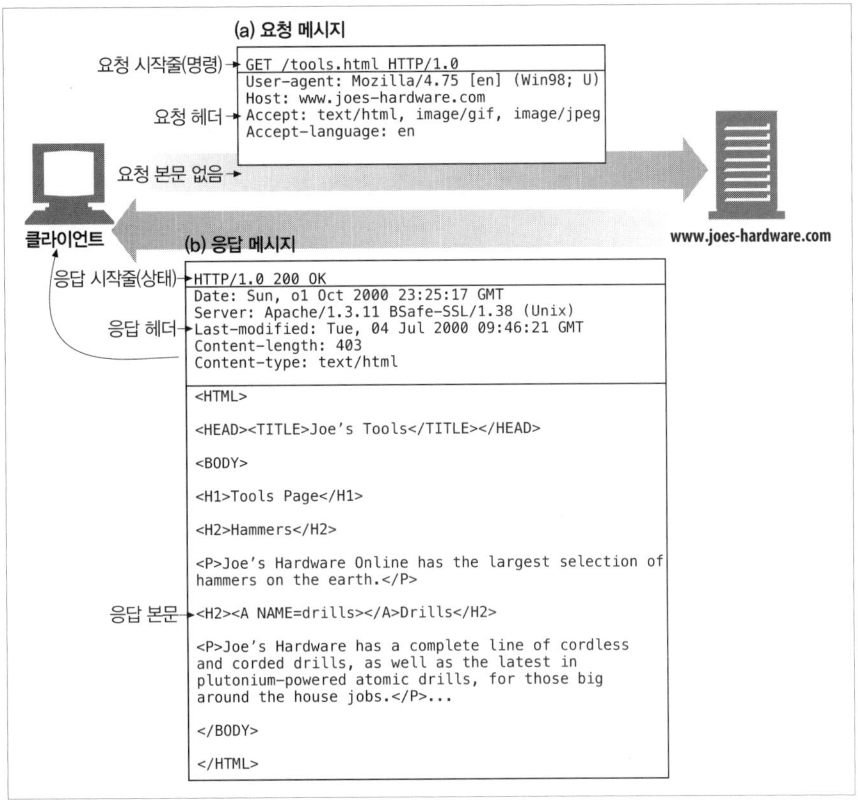
(a) 요청 메시지
요청 시작줄(명령)
GET /tools.html HTTP/1.0
User-agent: Mozilla/4.75 [en] (Win98; U)
Host: www.joes-hardware.com
Accept: text/html, image/gif, image/jpeg
Accept-language: en
요청 헤더
요청 본문 없음
클라이언트
www.joes-hardware.com
(b) 응답 메시지
응답 시작줄(상태)
HTTP/1.0 200 OK
Date: Sun, o1 Oct 2000 23:25:17 GMT
Server: Apache/1.3.11 BSafe-SSL/1.38 (Unix)
Last-modified: Tue, 04 Jul 2000 09:46:21 GMT
Content-length: 403
Content-type: text/html
응답 헤더
<HTML>
<HEAD><TITLE>Joe's Tools</TITLE></HEAD>
<BODY>
<H1>Tools Page</H1>
<H2>Hammers</H2>
<P>Joe's Hardware Online has the largest selection of hammers on the earth.</P>
응답 본문
<H2><A NAME=drills></A>Drills</H2>
<P>Joe's Hardware has a complete line of cordless and corded drills, as well as the latest in plutonium-powered atomic drills, for those big around the house jobs.</P>...
</BODY>
</HTML>

그림 1-8 http://www.joes-hardware.com/tools.html에 대한 GET 트랜잭션의 예

공 상태 코드(200), 사유 구절(OK), 응답 헤더 필드 영역, 마지막으로 요청한 문서가 담겨있는 응답 본문이 들어있다. 응답 본문 길이는 Content-Length 헤더에, 문서의 MIME 타입은 Content-Type 헤더에 적혀있다.

1.6 TCP 커넥션

이제 HTTP 메시지가 어떻게 생겼는지 대략 살펴보았으니, 어떻게 메시지가 TCP (Transmission Control Protocol, 전송 제어 프로토콜) 커넥션을 통해 한 곳에서 다른 곳으로 옮겨가는지 잠깐 이야기해보도록 하자.

1.6.1 TCP/IP

HTTP는 애플리케이션 계층 프로토콜이다. HTTP는 네트워크 통신의 핵심적인 세부사항에 대해서 신경 쓰지 않는다. 대신 대중적이고 신뢰성 있는 인터넷 전송 프

로토콜인 TCP/IP에게 맡긴다.

TCP는 다음을 제공한다.

- 오류 없는 데이터 전송
- 순서에 맞는 전달(데이터는 언제나 보낸 순서대로 도착한다)
- 조각나지 않는 데이터 스트림(언제든 어떤 크기로든 보낼 수 있다)

인터넷 자체가 전 세계의 컴퓨터와 네트워크 장치들 사이에서 대중적으로 사용되는 TCP/IP에 기초하고 있다. TCP/IP는 TCP와 IP가 층을 이루는, 패킷 교환 네트워크 프로토콜의 집합이다. TCP/IP는 각 네트워크와 하드웨어의 특성을 숨기고, 어떤 종류의 컴퓨터나 네트워크든 서로 신뢰성 있는 의사소통을 하게 해 준다.

일단 TCP 커넥션이 맺어지면, 클라이언트와 서버 컴퓨터 간에 교환되는 메시지가 없어지거나, 손상되거나, 순서가 뒤바뀌어 수신되는 일은 결코 없다.

네트워크 개념상, HTTP 프로토콜은 TCP 위의 계층이다. HTTP는 자신의 메시지 데이터를 전송하기 위해 TCP를 사용한다. 이와 유사하게 TCP는 IP 위의 계층이다.

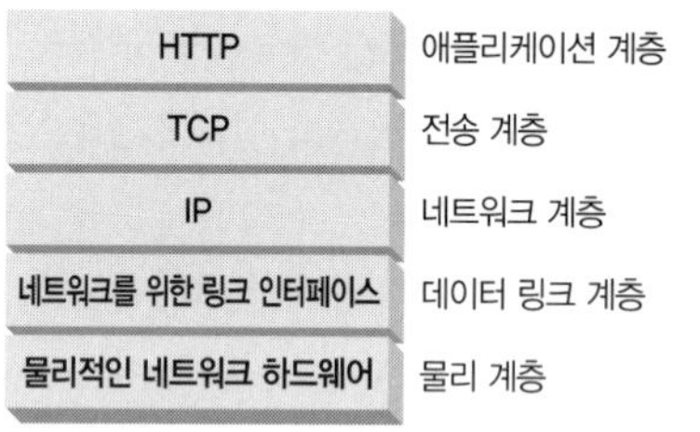

그림 1-9 HTTP 네트워크 프로토콜 스택

1.6.2 접속, IP 주소 그리고 포트번호

HTTP 클라이언트가 서버에 메시지를 전송할 수 있게 되기 전에, 인터넷 프로토콜(Internet protocol, IP) 주소와 포트번호를 사용해 클라이언트와 서버 사이에 TCP/IP 커넥션을 맺어야 한다.

TCP 커넥션을 맺는 것은 다른 회사 사무실에 있는 누군가에게 전화를 거는 것과 다소 비슷하다. 먼저 회사의 전화번호를 누른다. 이렇게 하면 그 회사로 연결된다. 그 다음엔 전화를 걸고자 하는 상대방이 쓰는 번호를 누른다.

TCP에서는 서버 컴퓨터에 대한 IP 주소와 그 서버에서 실행 중인 프로그램이 사용 중인 포트번호가 필요하다.

다 좋은데, HTTP 서버의 IP 주소와 포트번호를 어떻게 알아낼 수 있을까? 그렇다. URL을 이용하면 된다. 앞에서 URL이란 리소스에 대한 주소라고 언급했었다. 따라서 당연하게도 URL은 그 리소스를 가지고 있는 장비에 대한 IP 주소를 알려줄 수 있다. 몇 가지 URL을 살펴보자.

```
http://207.200.83.29:80/index.html
http://www.netscape.com:80/index.html
http://www.netscape.com/index.html
```

첫 번째 URL은 IP 주소 '207.200.83.29'와 포트번호 '80'을 갖고 있다.

두 번째 URL에는 숫자로 된 IP 주소가 없다. 대신 글자로 된 도메인 이름 혹은 호스트 명("www.netscape.com")을 갖고 있다. 호스트 명은 IP 주소에 대한 이해하기 쉬운 형태의 별명이다. 호스트 명은 도메인 이름 서비스(Domain Name Service, DNS)라 불리는 장치를 통해 쉽게 IP로 변환될 수 있으므로 모든 준비는 끝난 것이다. DNS와 URL에 대해서는 2장에서 많이 이야기할 것이다.

마지막 URL은 포트번호가 없다. HTTP URL에 포트번호가 빠진 경우에는 기본값 80이라고 가정하면 된다.

IP 주소와 포트번호를 이용해 클라이언트는 TCP/IP로 쉽게 통신할 수 있다. 그림 1-10은 웹브라우저가 어떻게 HTTP를 이용해서 멀리 떨어진 곳에 있는 서버의 단순한 HTML 리소스를 사용자에게 보여주는지 묘사하고 있다.

순서는 다음과 같다.

(a) 웹브라우저는 서버의 URL에서 호스트 명을 추출한다.
(b) 웹브라우저는 서버의 호스트 명을 IP로 변환한다.
(c) 웹브라우저는 URL에서 포트번호(있다면)를 추출한다.
(d) 웹브라우저는 웹 서버와 TCP 커넥션을 맺는다.
(e) 웹브라우저는 서버에 HTTP 요청을 보낸다.
(f) 서버는 웹브라우저에 HTTP 응답을 돌려준다.
(g) 커넥션이 닫히면, 웹브라우저는 문서를 보여준다.

1.6.3 텔넷(Telnet)을 이용한 실제 예제

HTTP는 TCP/IP를 사용하고 있으며, 이진 형식이 아닌 문자열 기반이기 때문에, 웹 서버와 직접 대화하는 것도 간단하다.

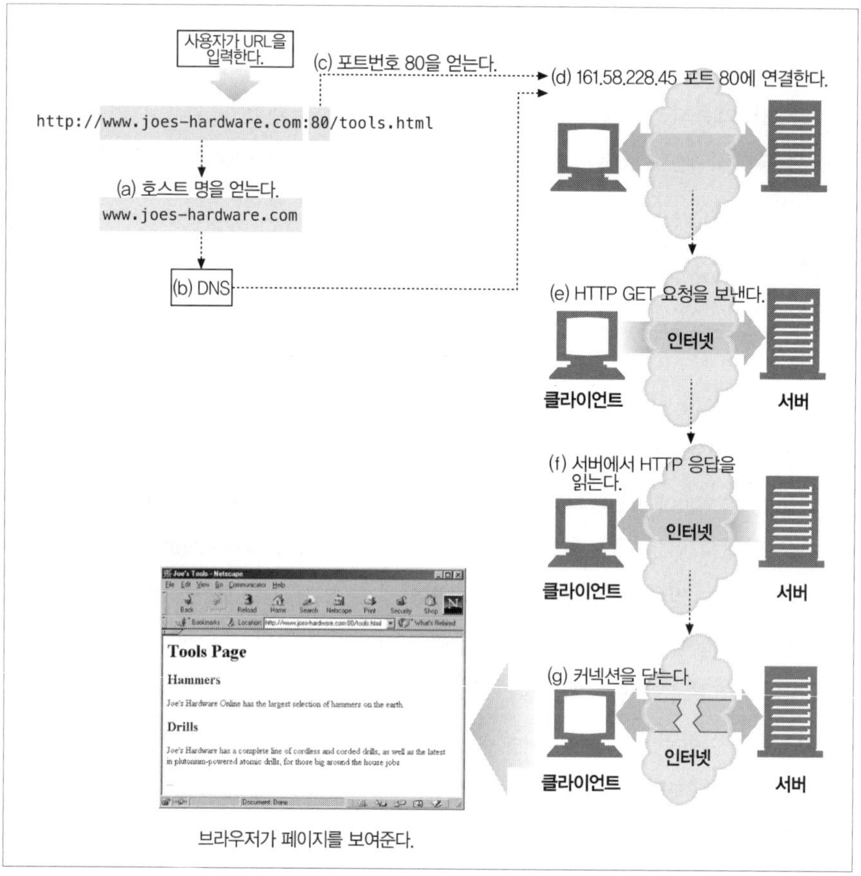

그림 1-10 웹브라우저 연결의 기본적인 절차

텔넷 유틸리티는 당신의 키보드를 목적지의 TCP 포트로 연결해주고 출력 TCP 포트를 당신의 화면으로 연결해준다. 텔넷은 원격 터미널 세션을 위해 흔히 사용되지만 HTTP 서버를 포함한 일반적인 TCP 서버에 연결하기 위해 사용될 수도 있다.

웹 서버와 직접 대화하기 위해 텔넷 유틸리티를 사용할 수 있다. 텔넷은 직접 컴퓨터의 포트로 TCP 커넥션을 연결해서 그 포트로 글자를 타이핑해 넣을 수 있게 해준다. 웹 서버는 당신을 웹 클라이언트처럼 취급하고, TCP 커넥션을 통해 돌려주는 데이터는 화면에 출력된다.

진짜 웹 서버와의 상호작용을 위해 텔넷을 사용해보자. 우리는 텔넷으로 http://www.joes-hardware.com:80/tools.html에 있는 문서를 가져올 것이다(직접 따라해보자).

어떤 일을 해야 하는지 살펴보자.

- 우선 우리는 www.joes-hardware.com의 IP 주소를 찾아 그 컴퓨터의 80번 포트로 TCP 커넥션을 맺어야 한다. 텔넷이 이 귀찮은 일을 대신해 줄 것이다.
- 일단 TCP 커넥션이 연결되면, 우리는 HTTP 요청을 타이핑해서 입력해야 한다.
- 요청이 완료되면(빈 줄을 입력하면 완료된다), 서버는 콘텐츠를 HTTP 응답에 담아 반환하고 커넥션을 끊을 것이다.

http://www.joes-hardware.com:80/tools.html에 대한 우리의 HTTP 요청의 예는 예 1-1에 나타나 있다. 우리가 직접 타이핑한 것은 굵게 표시했다.

예 1-1 텔넷을 이용한 HTTP 트랜잭션

```
% telnet www.joes-hardware.com 80
Trying 128.121.66.211...
Connected to joes-hardware.com.
Escape character is '^]'.
GET /tools.html HTTP/1.1
Host: www.joes-hardware.com

HTTP/1.1 200 OK
Date: Mon, 18 Nov 2013 11:36:48 GMT
Server: Apache/2.2.22 (Unix) DAV/2 FrontPage/5.0.2.2635 mod_ssl/2.2.22 OpenSSL/1.0.1c
Last-Modified: Fri, 12 Jul 2002 07:50:17 GMT
ETag: "146deb7-1b1-3a58f649c4040"
Accept-Ranges: bytes
Content-Length: 433
Content-Type: text/html

<HTML>
<HEAD><TITLE>Joe's Tools</TITLE></HEAD>
<BODY>
<H1>Tools Page</H1>
<H2>Hammers</H2>
<P>Joe's Hardware Online has the largest selection of hammers on the earth.</P>
<H2><A NAME=drills></A>Drills</H2>
<P>Joe's Hardware has a complete line of cordless and corded drills,
as well as the latest in plutonium-powered atomic drills, for those
big around the house jobs.</P> ...
</BODY>
</HTML>
```

텔넷은 호스트 명을 찾아, 80번 포트로 대기 중인 www.joes-hardware.com 웹 서버에 연결한다. 텔넷 실행 명령에서 세 번째 줄 아래부터는, 커넥션이 수립되었음을 알려주는 텔넷의 출력이다.

그럼 우리는 기본적인 요청 명령 "GET /tools.html HTTP/1.1"을 입력하고, 원래의 호스트 명을 Host 헤더로 전송하고, 한 줄을 더 띄우면, 서버에게 리소스 "/

tools.html"을 서버 www.joes-hardware.com에서 가져오도록 요청한다. 그러면 서버는 응답 줄, 여러 개의 응답 헤더, 빈 줄 그리고 마지막으로 HTML 문서의 본문을 포함한 응답을 돌려준다.

텔넷은 HTTP 클라이언트는 잘 흉내 내지만 서버로서는 변변치 않음을 주의하라. 그리고 자동화된 텔넷 스크립팅은 전혀 재미있지 않다. 보다 유연한 도구로, nc(netcat)를 검토해 볼 수 있다. nc는 HTTP를 포함한 UDP 혹은 TCP 기반의 트래픽을 조작하고 스크립트할 수 있게 해준다. 자세한 것은 http://www.bgw.org/tutorials/utilities/nc.php[2]를 보라.

1.7 프로토콜 버전

오늘날 쓰이고 있는 HTTP 프로토콜은 버전이 여러 가지다. HTTP 프로토콜의 여러 변형을 모두 잘 다루려면 HTTP 애플리케이션이 일을 열심히 해야 한다. 그 버전들이란 다음과 같다.

HTTP/0.9

1991년의 HTTP 프로토타입은 HTTP/0.9로 알려져 있다. 이 프로토콜은 심각한 디자인 결함이 다수 있고 구식 클라이언트하고만 같이 사용할 수 있다. HTTP/0.9는 오직 GET 메서드만 지원하고, 멀티미디어 콘텐츠에 대한 MIME 타입이나, HTTP 헤더, 버전 번호는 지원하지 않는다. HTTP/0.9는 원래 간단한 HTML 객체를 받아오기 위해 만들어진 것이다. HTTP/0.9는 금방 HTTP/1.0으로 대체되었다.

HTTP/1.0

1.0은 처음으로 널리 쓰이기 시작한 HTTP 버전이다. HTTP/1.0은 버전 번호, HTTP 헤더, 추가 메서드, 멀티미디어 객체 처리를 추가했다. HTTP/1.0은 시각적으로 매력적인 웹페이지와 상호작용하는 폼을 실현했고 이는 월드 와이드 웹을 대세로 만들었다. HTTP/1.0은 결코 잘 정의된 명세가 아니다. HTTP가 상업적, 학술적으로 급성장하던 시기에 만들어진, 잘 동작하는 용례들의 모음에 가깝다.

HTTP/1.0+

1990년대 중반, 월드 와이드 웹이 급격히 팽창하고 상업적으로도 성공하면서 여

---

2 (옮긴이) 이 책을 읽는 시점에서는 이 URL이 가리키는 웹페이지가 존재하지 않거나 있더라도 nc에 대한 내용이 아닐 수도 있다. 그렇다면 대신 http://netcat.sourceforge.net/ 혹은 https://github.com/bonzini/netcat을 시도해보라.

러 유명 웹 클라이언트와 서버 들은 그에 따른 요구를 만족시키기 위해 발 빠르게 HTTP에 기능을 추가해갔다. 오래 지속되는 "keep-alive" 커넥션, 가상 호스팅 지원, 프락시 연결 지원을 포함해 많은 기능이 공식적이진 않지만 사실상의 표준으로 HTTP에 추가되었다. 이 규격 외의 확장된 HTTP 버전을 흔히 HTTP/1.0+라고 부른다.

HTTP/1.1

HTTP/1.1은 HTTP 설계의 구조적 결함 교정, 두드러진 성능 최적화, 잘못된 기능 제거에 집중했다. 뿐만 아니라 HTTP/1.1은 더 복잡해진 웹 애플리케이션과 배포(1990년대 후반에 이미 쓰이고 있었다)를 지원한다. HTTP/1.1은 현재의 HTTP 버전이다.

HTTP/2.0

HTTP/2.0은, HTTP/1.1 성능 문제를 개선하기 위해 구글의 SPDY 프로토콜을 기반으로 설계가 진행 중인 프로토콜이다. 더 자세한 것은 10장을 보라.

1.8 웹의 구성요소

이 장에서, 우리는 웹 애플리케이션(웹브라우저와 웹 서버)이 기본적인 트랜잭션을 구현하기 위해 어떻게 메시지를 주고받는지에 중점을 두었다. 인터넷과 상호작용할 수 있는 웹 애플리케이션은 많다. 이 절에서 우리는 다음을 포함한 여러 애플리케이션들에 대해 간략히 설명할 것이다.

프락시

클라이언트와 서버 사이에 위치한 HTTP 중개자

캐시

많이 찾는 웹페이지를 클라이언트 가까이에 보관하는 HTTP 창고

게이트웨이

다른 애플리케이션과 연결된 특별한 웹 서버

터널

단순히 HTTP 통신을 전달하기만 하는 특별한 프락시

에이전트

자동화된 HTTP 요청을 만드는 준지능적(semi-intelligent) 웹클라이언트

1.8.1 프락시

웹 보안, 애플리케이션 통합, 성능 최적화를 위한 중요한 구성요소인 HTTP 프락시 서버에 대해 살펴보자.

그림 1-11에서 보다시피, 프락시는 클라이언트와 서버 사이에 위치하여, 클라이언트의 모든 HTTP 요청을 받아 서버에 전달한다(대개 요청을 수정한 뒤에). 이 애플리케이션은 사용자를 위한 프락시로 동작하며 사용자를 대신해서 서버에 접근한다.

프락시는 주로 보안을 위해 사용된다. 즉, 모든 웹 트래픽 흐름 속에서 신뢰할 만한 중개자 역할을 한다. 또한 프락시는 요청과 응답을 필터링한다. 예를 들어, 회사에서 무엇인가를 다운 받을 때 애플리케이션 바이러스를 검출하거나 초등학교 학생들에게서 성인 콘텐츠를 차단한다. 프락시에 대해서는 6장에서 자세히 이야기할 것이다.

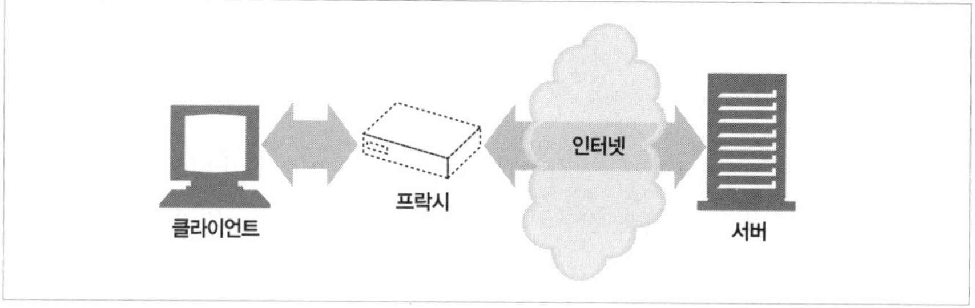

그림 1-11 프락시는 클라이언트와 서버 사이에서 트래픽을 전달한다.

1.8.2 캐시

웹캐시와 캐시 프락시는 자신을 거쳐 가는 문서들 중 자주 찾는 것의 사본을 저장해 두는, 특별한 종류의 HTTP 프락시 서버다. 다음번에 클라이언트가 같은 문서를 요청하면 그 캐시가 갖고 있는 사본을 받을 수 있다. (그림 1-12를 보라)

클라이언트는 멀리 떨어진 웹 서버보다 근처의 캐시에서 훨씬 더 빨리 문서를 다운 받을 수 있다. HTTP는, 캐시를 효율적으로 동작하게 하고 캐시된 콘텐츠를 최신 버전으로 유지하면서 동시에 프라이버시도 보호하기 위한 많은 기능을 정의한다. 우리는 7장에서 캐싱 기술에 대해 다룰 것이다.

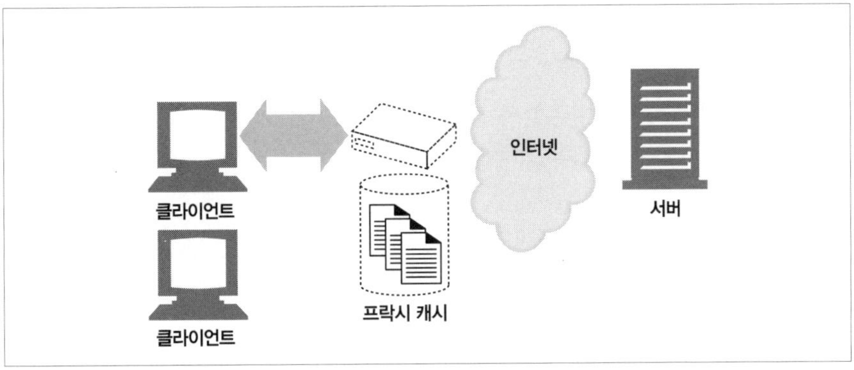

그림 1-12 캐시 프락시는 성능 향상을 위해 자주 찾는 문서의 사본을 저장해둔다.

1.8.3 게이트웨이

게이트웨이는 다른 서버들의 중개자로 동작하는 특별한 서버다. 게이트웨이는 주로 HTTP 트래픽을 다른 프로토콜로 변환하기 위해 사용된다. 게이트웨이는 언제나 스스로가 리소스를 갖고 있는 진짜 서버인 것처럼 요청을 다룬다. 클라이언트는 자신이 게이트웨이와 통신하고 있음을 알아채지 못할 것이다.

HTTP/FTP 게이트웨이는 FTP URI에 대한 HTTP 요청을 받아들인 뒤, FTP 프로토콜을 이용해 문서를 가져온다(그림 1-13을 보라). 받아온 문서는 HTTP 메시지에 담겨 클라이언트에게 보낸다. 8장에서 게이트웨이에 대해 다룰 것이다.

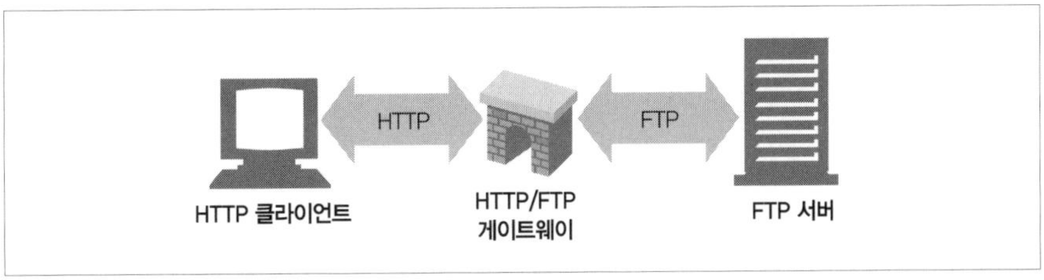

그림 1-13 HTTP/FTP 게이트웨이

1.8.4 터널

터널은 두 커넥션 사이에서 날(raw) 데이터를 열어보지 않고 그대로 전달해주는 HTTP 애플리케이션이다. HTTP 터널은 주로 비 HTTP 데이터를 하나 이상의 HTTP 연결을 통해 그대로 전송해주기 위해 사용된다.

HTTP 터널을 활용하는 대표적인 예로, 암호화된 SSL 트래픽을 HTTP 커넥션으로 전송함으로써 웹 트래픽만 허용하는 사내 방화벽을 통과시키는 것이 있다. 그림

1-14에 묘사된 바와 같이, 우선 HTTP/SSL 터널은 HTTP 요청을 받아들여 목적지의 주소와 포트번호로 커넥션을 맺는다. 이후부터는 암호화된 SSL 트래픽을 HTTP 채널을 통해 목적지 서버로 전송할 수 있게 된다.

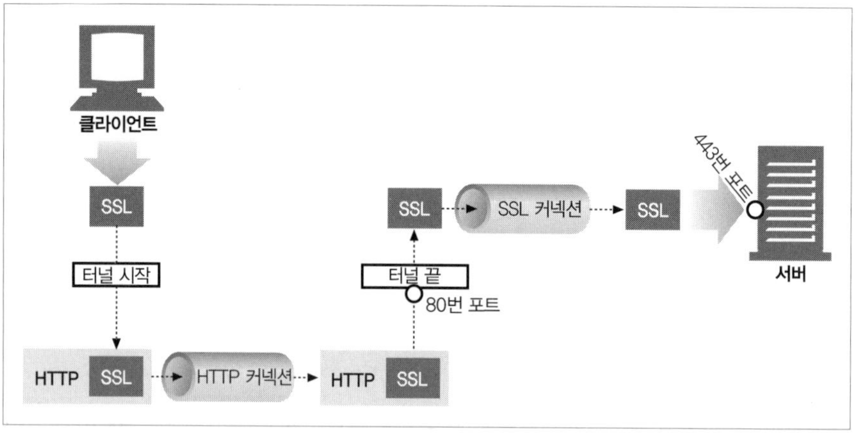

그림 1-14 비 HTTP 네트워크 너머로 데이터를 전달하는 터널(HTTP/SSL 터널)

1.8.5 에이전트

사용자 에이전트(혹은 그냥 에이전트)는 사용자를 위해 HTTP 요청을 만들어주는 클라이언트 프로그램이다. 웹 요청을 만드는 애플리케이션은 뭐든 HTTP 에이전트다. 지금까지 우리는 한 가지 종류의 HTTP 에이전트, 웹브라우저에 대해서만 이야기했다. 그러나 사용자 에이전트에는 여러 가지 종류가 더 있다.

예를 들어, 사람의 통제 없이 스스로 웹을 돌아다니며 HTTP 트랜잭션을 일으키고 콘텐츠를 받아오는 자동화된 사용자 에이전트가 있다. 이들 자동화된 에이전트는 보통 '스파이더'나 '웹로봇'과 같이 다채로운 이름을 갖고 있다(그림 1-15를 보라). 스파이더는 웹을 돌아다니며, 검색엔진의 데이터베이스나 가격비교 로봇을 위한 제품 카탈로그와 같은 유용한 웹 콘텐츠 보관소를 만든다. 자세한 것은 9장을 보라.

1.9 시작의 끝

여기까지 HTTP에 대해 간단히 소개했다. 이 장에서 우리는 HTTP의 멀티미디어 전송 프로토콜로서의 역할에 주목했다. 우리는 어떻게 HTTP가 URI로 원격 서버에 있는 멀티미디어 리소스에 이름을 붙이는지 개략적으로 살펴보았고, HTTP를 사용하는 몇몇 웹 애플리케이션을 조사해보면서 이 장을 마무리했다.

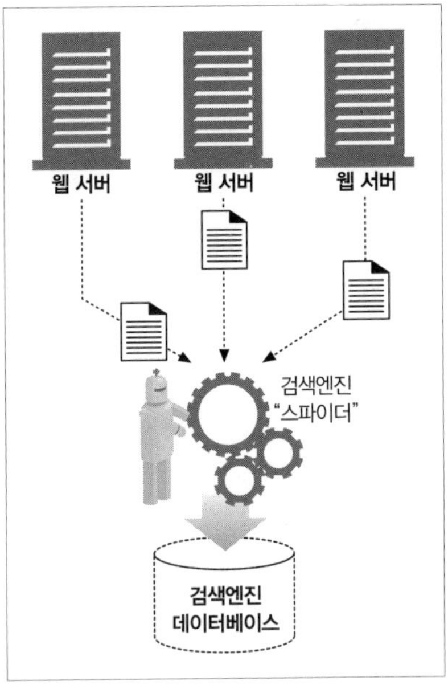

그림 1-15 자동화된 검색 엔진 스파이더는 전 세계의 웹페이지를 수집하는 에이전트이다.

남은 장들에서는 HTTP 프로토콜, 애플리케이션, 리소스의 구조에 대해 훨씬 더 자세히 설명할 것이다.

1.10 추가 정보

이 책의 이후 장들에서 HTTP를 더 자세히 탐구하고 분석하겠지만, 아래에 소개하는 자료들을 찾아보고 이 장에서 다룬 내용들에 대한 배경을 이해하는 것도 유용할 것이다.

1.10.1 HTTP 프로토콜에 대한 정보

HTTP Pocket Reference
클린턴 웡(Clinton Wong), 오라일리 출판사(O'Reilly & Associates, Inc). 이 작은 책은 HTTP에 대해 간략하게 소개하며, HTTP 트랜잭션을 구성하는 각 헤더와 상태 코드에 대한 설명을 찾아보기 쉬운 형태로 제공한다.

http://www.w3.org/Protocols/
이 W3C 웹페이지는 HTTP 프로토콜에 대한 여러 훌륭한 링크를 포함하고 있다.

http://www.ietf.org/rfc/rfc2616.txt

RFC 2616, "Hypertext Transfer Protocol—HTTP/1.1"은 HTTP/1.1의 현재 버전에 대한 공식 명세다.[3] 이 명세는 HTTP에 대한 잘 쓰였고 잘 조직된 상세한 참고문서이지만, HTTP의 근간이 되는 개념 및 계기나 이론과 실제의 차이를 배우길 원하는 독자에게는 이상적이지 않다. 우리는 이 책이 그러한 개념을 채워주어 독자가 이 명세를 더 잘 활용하게 되기를 희망한다.

http://www.ietf.org/rfc/rfc1945.txt

RFC 1945, "Hypertext Transfer Protocol—HTTP/1.0"은 오늘날 HTTP의 초석이 된 HTTP/1.0을 서술한 정보성(informational) RFC이다.[4] 이 명세가 쓰일 당시를 기준으로, 공식적으로 허용되는 동시에 모범이 될 만한 웹 애플리케이션의 행동방식들에 대해 자세히 설명한다. 또한 HTTP/1.1에서는 더 이상 사용하지 않게 되었지만 여전히 구식 애플리케이션에서는 널리 구현되어 있는 동작들에 대한 유용한 설명도 포함한다.

http://www.w3.org/Protocols/HTTP/AsImplemented.html

이 웹페이지에는 GET 요청만이 구현되어 있고 내용 유형 개념도 없는 1991년의 HTTP/0.9 프로토콜에 대한 설명이 담겨있다.

1.10.2 역사적 시각

http://www.w3.org/Protocols/WhyHTTP.html

1991년에 HTTP의 저자에 의해 만들어진 이 간략한 웹페이지는, HTTP의 최소주의적인 본래 목표 중의 일부를 강조한다.

http://www.w3.org/History.html

"A Little History of the World Wide Web"은 월드 와이드 웹과 HTTP의 초기 목표와 탄생에 대한 짧지만 재미있는 시각을 제공한다.

http://www.w3.org/DesignIssues/Architecture.html

"Web Architecture from 50,000 Feet"는 HTTP를 비롯한 관련 웹 기술에 영향을 미

3 (옮긴이) 2014년 현재, HTTP/1.1의 가장 최신 명세는 RFC 7230~7235이다.

4 (옮긴이) IETF의 RFC는 크게 표준 트랙과 비표준 트랙으로 나뉘고, 비표준 트랙은 다시 성숙도에 따라 informational, experimental, best current practice, historic, unknown으로 분류된다. 자세한 내용은 http://www.rfc-editor.org/rfc/rfc2026.txt를 보라.

친 설계 원리와 월드 와이드 웹에 대해 폭넓고도 대담한 시각으로 서술한다.

1.10.3 기타 월드 와이드 웹 정보

http://www.w3.org
월드 와이드 웹 컨소시엄(W3C)은 웹을 기술적으로 주도하는 팀이다. W3C는 진화하는 웹을 위한 상호 교환이 가능한 기술(명세, 가이드라인, 소프트웨어, 도구)을 개발한다. W3C 사이트는 웹 기술에 대한 자세한 문서와 입문 자료의 보고다.

http://www.ietf.org/rfc/rfc2396.txt
RFC 2396, "Uniform Resource Identifiers (URI): Generic Syntax"는 URI와 URL에 대한 자세한 참고서다.

http://www.ietf.org/rfc/rfc2141.txt
RFC 2141, "URN Syntax"는 URN 문법을 묘사한 1997년의 명세다.

http://www.ietf.org/rfc/rfc2046.txt
RFC 2046, "MIME Part 2: Media Types"은 멀티미디어 콘텐츠 관리를 위한 다목적 인터넷 메일 확장 표준의 다섯 인터넷 명세 중 두 번째 것이다.

http://www.wrec.org/Drafts/draft-ietf-wrec-taxonomy-06.txt
인터넷 초안 "Internet Web Replication and Caching Taxonomy"는 웹 구성요소에 대한 표준 용어집이다.

2장

HTTP: The Definitive Guide

URL과 리소스

인터넷을 볼만한 장소와 할 것이 많은 거대한 도시라고 생각해보자. 이 멋진 지역에 있는 당신과 거주민들과 여행객들은 도시의 주요 볼거리와 서비스들을 지칭하는 표준 작명 프로토콜을 사용하기로 한다. 박물관, 레스토랑, 사람들의 집을 설명하기 위해 길거리 주소를 사용하고 소방서, 사장의 비서, 전화가 너무 뜸하다는 당신의 어머니에게 연락하기 위해 전화번호를 사용한다.

도시의 리소스를 분류하기 위해서 모든 것이 그만의 표준화된 이름을 가지고 있다. 책은 ISBN 번호를, 버스는 노선 번호를, 은행 계좌는 계좌번호를, 사람은 사회보장번호(주민등록번호)를 가진다. 내일 당신은 공항의 31번 출구에서 사업 동료를 만날 것이다. 매일 아침에는 빨간색 노선의 기차를 타고 캔들 스퀘어(Kendall Square) 역을 빠져나간다.

모두가 이렇게 각기 다른 이름들에 대한 작명 표준에 동의하기 때문에, 도시에 있는 소중한 리소스를 모두 쉽게 공유할 수 있다. 택시 기사에게 246번지 맥엘리스터(McAllister) 거리로 가달라고 하면, 택시 기사는 어느 곳을 말하는지 이해한다(기사가 잘못된 길로 간다 하더라도).

URL(Uniform Resource Locator)은 인터넷의 리소스[1]를 가리키는 표준이름이다. URL은 전자정보 일부를 가리키고 그것이 어디에 있고 어떻게 접근할 수 있는지 알려준다.

이 장에서 우리는 다음과 같은 것들을 다룬다.

1 (옮긴이) 이 장에서 사용되는 용어인 '리소스'는 텍스트, 이미지, 동영상 같이 웹에서 사용되는 식별을 할 수 있는 모든 자원을 가리킨다. 리소스에 대한 정확한 개념은 RFC 2396의 1.1절에서 볼 수 있다. (http://tools.ietf.org/html/rfc2396#section-1.1)

- URL 문법, 여러 URL 컴포넌트가 어떤 의미를 가지며 무엇을 수행하는지.
- 여러 웹 클라이언트가 지원하는 상대 URL과 확장 URL 같은 단축 URL에 대해서.
- URL의 인코딩과 문자 규칙.
- 여러 인터넷 정보 시스템에 적용되는 공통 URL 스킴.
- 기존 이름은 유지하면서 객체들을 다른 장소로 옮기는 것을 가능하게 해주는 URN(Uniform Resource Name)을 포함한 URL의 미래.

2.1 인터넷의 리소스 탐색하기

URL은 브라우저가 정보를 찾는데 필요한 리소스의 위치를 가리키며, URL을 이용해 사람과 애플리케이션이 인터넷상의 수십억 개의 리소스를 찾고 사용하며 공유할 수 있다. 그리고 URL을 통해 사람이 HTTP 및 다른 프로토콜를 통해 접근할 수 있다. 사용자는 브라우저에 URL을 입력하고 브라우저는 화면 뒤에서 사용자가 원하는 리소스를 얻기 위해서 적절한 프로토콜을 사용하여 메시지를 전송한다.

URL은 통합 자원 식별자(Uniform Resource Identifier) 혹은 URI라고 불리는 더 일반화된 부류의 부분집합이다. URI는 두 가지 주요 부분집합인, URL과 URN으로 구성된 종합적인 개념이다. URN(이 장의 뒤에서 다룬다)은 현재 그 리소스가 어디에 존재하든 상관없이 그 이름만으로 리소스를 식별하는데 비해 URL은 리소스가 어디 있는지 설명해서 리소스를 식별한다.

HTTP 명세에서는 URI를 더 일반화된 개념의 리소스 식별자로 사용한다. 하지만 실제로 HTTP 애플리케이션은 URL을 URI의 한 부분으로 취급한다. 이 책의 곳곳에서 URI와 URL을 번갈아가며 사용할 것이지만, 대부분 URL을 가리키는 것으로 보면 된다.

http://www.joes-hardware.com/seasonal/index-fall.html이라는 URL을 불러오고 싶다고 해보자.

- URL의 첫 부분인 http는 URL의 스킴이다. 스킴은 웹 클라이언트가 리소스에 어떻게 접근하는지 알려준다. 이 경우에, URL이 HTTP 프로토콜을 사용한다.
- URL의 두 번째 부분인 www.joes-hardware.com은 서버의 위치다. 이는 웹 클라이언트가 리소스가 어디에 호스팅 되어 있는지 알려준다.
- URL의 세 번째 부분인 /seasonal/index-fall.html은 리소스의 경로다. 경로는 서버에 존재하는 로컬 리소스들 중에서 요청받은 리소스가 무엇인지 알려준다.

그림 2-1을 보자.

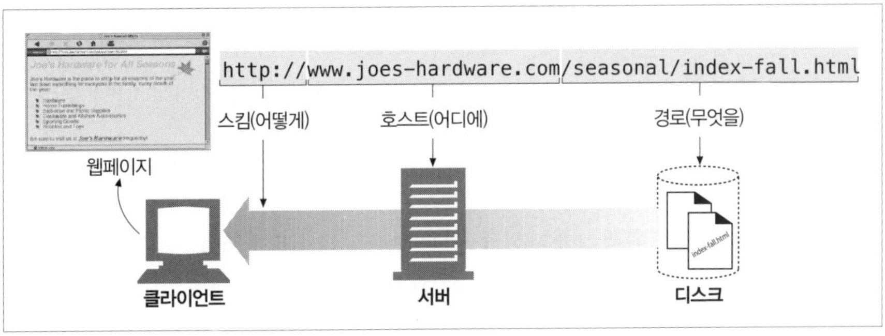

그림 2-1 URL이 브라우저, 컴퓨터, 서버, 서버 파일 시스템의 어디에 위치하고 어떻게 연결되는지 보여준다.

URL은 HTTP 프로토콜이 아닌 다른 가용한 프로토콜을 사용할 수도 있다.

```
mailto:president@whitehouse.gov
```

는 이메일 주소를 가리키며,

```
ftp://ftp.lots-o-books.com/pub/complete-price-list.xls
```

는 FTP(File Transfer Protocol) 서버에 올라가 있는 파일을 가리키고,

```
rtsp://www.joes-hardware.com:554/interview/cto_video
```

는 스트리밍을 제공하기 위해 비디오 서버에 호스팅하고 있는 영화를 가리킨다. 이렇게 URL은 인터넷에 있는 어떤 리소스든지 가리킬 수 있다.

URL을 사용하면 리소스를 일관된 방식으로 지칭할 수 있다. 대부분의 URL은 동일하게 '스킴://서버위치/경로' 구조로 이루어져 있다. 따라서 인터넷상의 모든 리소스를 가리키고 가져오기 위해, 그리고 모든 사람이 같은 방식으로 이름을 써서 리소스를 찾을 수 있도록, 단일 방식의 작명 규칙을 가진 것이다. 하지만 처음부터 일관된 명명 방식이 있었던 것은 아니다.

2.1.1 URL이 있기 전 암흑의 시대

웹과 URL이 있기 전에 사람들은 네트워크상에 산재해 있는 데이터에 접근하기 위해서, 오합지졸에 가까울 정도로 애플리케이션마다 달리 가지고 있는 분류 방식을 사용했다. 안타깝게도 대부분 사람은 좋은 애플리케이션을 충분히 가지고 있지 않거나, 그것들을 사용할 만큼의 요령이나 인내심을 가지고 있지 않았다.

URL이 있기 전에 친구와 complete-catalog.xls이라는 파일을 공유하려고 했다면 이렇게 말해야 했을 것이다. "ftp.joes-hardware.com에 FTP로 접속해. 익명 사용자로 로그인한 다음 비밀번호로 네 이름을 입력해. pub 디렉터리로 이동한 다음, 바이너리 형식으로 전환해. 이제 complete-catalog.xls란 이름의 파일을 너의 로컬 파일 시스템에 내려 받은 다음 보면 될 거야."

오늘날 브라우저들은 이러한 기능들을 한 개의 편리한 패키지에 담아놓았다. URL을 사용하면 이런 애플리케이션들에서 하나의 인터페이스를 통해 일관된 방식으로 많은 리소스에 접근할 수 있다. 위의 복잡한 설명 대신에, 친구에게 브라우저에서 "ftp://ftp.lots-o-books.com/pub/complete-catalog.xls를 열어봐"라고 말하면 된다.

URL은 애플리케이션이 리소스에 접근할 수 있는 방법을 제공한다. 사실 많은 사용자는 브라우저가 그들이 요청하는 리소스를 가져오는 데 사용되는 프로토콜과 접근 방식이 무엇인지 모른다.

웹브라우저를 사용하면, 인터넷 뉴스를 읽으려고 뉴스 리더를 사용할 필요가 없고, FTP 서버에 있는 파일에 접근하려고 FTP 클라이언트를 사용할 필요가 없다. 이메일을 보내거나 받으려고 전자메일 프로그램을 쓸 필요도 없게 된다. URL은 브라우저가 더 영리하게 리소스에 접근하고 그것을 다루게 함으로써 온라인 세상을 단순화시킨다.[2] 애플리케이션은 URL을 사용하여 정보에 쉽게 접근할 수 있다.

URL은 당신과 브라우저에게 정보 찾는데 필요한 모든 것을 제공하며, 당신이 원하는 리소스가 어디에 위치하고 어떻게 가져오는지 정의한다.

2.2 URL 문법

URL로 인터넷상의 모든 리소스를 찾을 수 있지만, 그 리소스들은 다른 스킴(예를 들어 HTTP, FTP, SMTP)을 통해 접근할 수 있으며, URL 문법은 스킴에 따라서 달라진다.

다른 URL 스킴을 사용한다는 것이 전혀 다른 문법을 사용한다는 뜻일까? 사실은 그렇지 않다. 대부분의 URL은 일반 URL 문법을 따르며, 서로 다른 URL 스킴도 형태와 문법 면에서 매우 유사하다.

---

2 브라우저는 특정 리소스를 다루기 위해 별도의 애플리케이션을 사용하기도 한다. 예를 들어 인터넷 익스플로러는 이메일 리소스를 식별하는 URL을 처리하려고 이메일 애플리케이션을 사용한다.

대부분의 URL 스킴의 문법은 일반적으로 9개 부분으로 나뉜다.

```
<스킴>://<사용자 이름>:<비밀번호>@<호스트>:<포트>/<경로>;<파라미터>?<질의>#<프래그먼트>
```

이 모든 컴포넌트를 가지는 URL은 거의 없다. URL의 가장 중요한 세 가지 컴포넌트는 스킴, 호스트, 경로다. 표 2-1은 URL 컴포넌트에 대한 설명이다.

컴포넌트	설명	기본값
스킴	리소스를 가져오려면 어떤 프로토콜을 사용하여 서버에 접근해야 하는지 가리킨다.	없음
사용자 이름	몇몇 스킴은 리소스에 접근을 하기 위해 사용자 이름을 필요로 한다.	anonymous
비밀번호	사용자의 비밀번호를 가리키며, 사용자 이름에 콜론(:)으로 이어서 기술한다.	〈이메일 주소〉
호스트	리소스를 호스팅하는 서버의 호스트 명이나 IP 주소.	없음
포트	리소스를 호스팅하는 서버가 열어놓은 포트번호. 많은 스킴이 기본 포트를 가지고 있다(HTTP의 기본 포트는 80이다).	스킴에 따라 다름
경로	이전 컴포넌트와 빗금(/)으로 구분되어 있으며, 서버 내 리소스가 서버 어디에 있는지를 가리킨다. 경로 컴포넌트의 문법은 서버와 스킴에 따라 다르다. (이 장 뒤에서는 URL의 경로를 세그먼트로 나눌 수 있고, 각 세그먼트는 자체 컴포넌트를 가질 수 있다는 것을 알게 될 것이다.)	없음
파라미터	특정 스킴들에서 입력 파라미터를 기술하는 용도로 사용한다. 파라미터는 이름/값을 쌍으로 가진다. 파라미터는, 다른 파라미터나 경로의 일부와 세미콜론(;)으로 구분하여 기술하며, 여러 개를 가질 수 있다.	없음
질의	스킴에서 애플리케이션(데이터베이스, 게시판, 검색엔진, 기타 인터넷 게이트웨이)에 파라미터를 전달하는데 쓰인다. 질의 컴포넌트를 작성하는데 쓰이는 공통 포맷은 없다. 이는 URL의 끝에 "?"로 구분한다.	없음
프래그먼트	리소스의 조각이나 일부분을 가리키는 이름이다. URL이 특정 객체를 가리킬 경우에 프래그먼트 필드는 서버에 전달되지 않는다. 이는 클라이언트에서만 사용한다. URL의 끝에서 "#"문자로 구분한다.	없음

표 2-1 일반적인 URL 컴포넌트들

예를 들어 http://www.joes-hardware.com:80/index.html이라는 URL이 있다고 해보자. 스킴은 'http', 호스트는 'www.joes-hardware.com', 포트는 '80', 경로는 '/index.html'이 된다.

2.2.1 스킴: 사용할 프로토콜

스킴은 주어진 리소스에 어떻게 접근하는지 알려주는 중요한 정보다. 이는 URL을 해석하는 애플리케이션이 어떤 프로토콜을 사용하여 리소스를 요청해야 하는지 알려준다. 위에서 예로 사용하고 있는 URL의 스킴은 'http'이다.

스킴 컴포넌트는 알파벳으로 시작해야 하고 URL의 나머지 부분들과 첫 번째

':' 문자로 구분한다. 스킴 명은 대소문자를 가리지 않으므로 'http://www.joes-hardware.com'와 'HTTP://www.joes-hardware.com'는 같다.

2.2.2 호스트와 포트

애플리케이션이 인터넷에 있는 리소스를 찾으려면, 리소스를 호스팅하고 있는 장비와 그 장비 내에서 리소스에 접근할 수 있는 서버가 어디에 있는지 알아야 한다. URL의 호스트와 포트 컴포넌트는 그 두 가지 정보를 제공해준다.

호스트 컴포넌트는 접근하려고 하는 리소스를 가지고 있는 인터넷상의 호스트 장비를 가리킨다.

해당 값은 위에서와 같이('www.joes-hardware.com') 호스트 명이나 IP 주소로 제공한다. 예를 들어, 아래 두 개의 URL은 같은 리소스를 가리킨다. 첫 번째는 호스트 명으로, 두 번째는 IP 주소로 가리킨다.

```
http://www.joes-hardware.com:80/index.html
http://161.58.228.45:80/index.html
```

포트 컴포넌트는 서버가 열어놓은 네트워크 포트를 가리킨다. 내부적으로 TCP 프로토콜을 사용하는 HTTP는 기본 포트로 80을 사용한다.

2.2.3 사용자 이름과 비밀번호

더 흥미로운 컴포넌트는 사용자 이름과 비밀번호 컴포넌트다. 많은 서버가 자신이 가지고 있는 데이터에 접근을 허용하기 전에 사용자 이름과 비밀번호를 요구한다. FTP 서버가 좋은 예다. 여기 몇 가지 예가 있다.

```
ftp://ftp.prep.ai.mit.edu/pub/gnu
ftp://anonymous@ftp.prep.ai.mit.edu/pub/gnu
ftp://anonymous:my_passwd@ftp.prep.ai.mit.edu/pub/gnu
http://joe:joespasswd@www.joes-hardware.com/sales_info.txt
```

첫 번째 예는 사용자 이름이나 비밀번호 컴포넌트가 없이 표준 스킴, 호스트, 경로만 있다. 애플리케이션이 FTP와 같이 사용자 이름과 비밀번호를 요구하는 URL 스킴을 사용한다면, 그 값들이 삽입되어 있지 않을 경우 기본 사용자 이름과 비밀번호 값을 넣어놓을 것이다. 예를 들어, 사용자 이름과 비밀번호를 기술하지 않고 FTP URL에 접근하면, 기본 사용자 이름 값으로 'anonymous'가, 비밀번호는 브라우저마다 가지고 있는 기본값을 사용한다(인터넷 익스플로러는 'IEUser'를, 크롬은

'chrome@example.com'을 넣는다).

두 번째 예에는 사용자 이름이 'anonymous'로 되어 있다. 호스트 컴포넌트와 나란히 기술되어 있는 사용자 이름은 단순한 이메일 주소처럼 보이기도 한다. '@' 문자는 URL로부터 사용자 이름과 비밀번호 컴포넌트를 분리한다.

세 번째 예는 사용자 이름('anonymous')과 비밀번호('my_passwd')를 ':' 문자로 분리하여 모두 기술하였다.

2.2.4 경로

URL의 경로 컴포넌트는 리소스가 서버의 어디에 있는지 알려준다. 해당 경로는 아래 예와 같이 계층적 파일 시스템 경로와 유사한 구조를 가진다.

```
http://www.joes-hardware.com:80/seasonal/index-fall.html
```

이 URL의 경로는 '/seasonal/index-fall.html'로 유닉스 파일 시스템의 파일 경로와 유사하다. 경로는 서버가 리소스의 위치를 찾는데 사용하는 정보다.[3] HTTP URL에서 경로 컴포넌트는 '/'문자를 기준으로 경로조각으로 나뉜다(다시 한번 말하지만, 유닉스 파일 시스템의 파일 경로와 유사하게). 각 경로조각은 자체만의 파라미터 컴포넌트를 가질 수 있다.

2.2.5 파라미터

많은 스킴이 객체에 대한 호스트 및 경로 정보만으로는 리소스를 찾지 못한다. 서버가 어떤 포트를 열어놓고 있는지, 리소스에 접근하기 위해 사용자 이름과 비밀번호를 명시했는지 여부 외에도 많은 프로토콜이 더 많은 정보를 요구한다.

URL을 사용하는 애플리케이션이 리소스에 접근하려면 프로토콜 파라미터가 필요하다. 프로토콜 파라미터가 없으면, 다른 한편에 있는 서버는 그 요청을 잘못 처리하거나 처리를 하지 않을 것이다. 바이너리와 텍스트, 총 두 개의 포맷을 지원하는 FTP를 예로 들어보자. 사용자는 바이너리 이미지가 텍스트 형식으로 전송되는 것을 원하지 않는다. 이미지가 엉망이 될 게 뻔하기 때문이다.

URL의 파라미터 컴포넌트는, 애플리케이션이 서버에 정확한 요청을 하기 위해 필요한 입력 파라미터를 받는데 사용한다. 이 컴포넌트는 이름/값 쌍의 리스트로 URL 나머지 부분들로부터 ';' 문자로 구분하여 URL에 기술한다. 이를 통해 애플리

3 이는 꽤 단순하다. 18장의 "가상 호스팅"에서 경로가, 리소스의 위치를 알려주는 정보로 항상 충분하지는 않다는 점을 살펴볼 예정이다. 종종 서버에 추가 정보가 필요할 때도 있다.

케이션이 리소스에 접근하는데 필요한 어떤 추가 정보든 전달할 수 있다. 예를 들면 다음과 같다.

```
ftp://prep.ai.mit.edu/pub/gnu;type=d
```

이 경우 이름은 'type'이고, 값은 'd'인 type=d라는 단 한 개의 파라미터를 전달한다.

앞서 언급했듯이, HTTP URL에서의 경로 컴포넌트는 경로조각으로 나눌 수 있다. 각 조각은 자체 파라미터를 가질 수 있다. 예를 들면 다음과 같다.

```
http://www.joes-hardware.com/hammers;sale=false/index.html;graphics=true
```

위 URL에는 hammers와 index.html이라는 두 개의 경로조각이 있다. hammers 경로조각은 값이 false인 sale이라는 파라미터를 가진다. index.html 경로조각은 값이 true인 graphics란 파라미터를 가진다.

2.2.6 질의 문자열

데이터베이스 같은 서비스들은 요청받을 리소스 형식의 범위를 좁히기 위해서 질문이나 질의를 받을 수 있다.

죠의 컴퓨터 가게가 판매되지 않은 상품의 재고 리스트가 있고, 어떤 상품들이 비축되어 있는지 조회할 수 있다고 해보자. 다음 URL은 아이템 번호 12731의 재고가 있는지 확인하기 위해서 웹 데이터베이스 게이트웨이에 질의하는데 사용된다.

```
http://www.joes-hardware.com/inventory-check.cgi?item=12731
```

이는 우리가 요청해오던 URL과 거의 유사하다. 다른 점은 물음표(?)의 우측에 있는 값들이다. 이를 질의 컴포넌트라고 부른다. URL의 질의 컴포넌트는 게이트웨이를 가리키는 URL의 경로 컴포넌트와 함께 전달하고 있다. 보통 게이트웨이는, 다른 애플리케이션에 접근하려고 할 때 거치는 통로라고 할 수 있다(게이트웨이에 대한 내용은 8장에서 자세히 다룬다).

그림 2-2는 죠의 컴퓨터 가게에 재고 확인을 하기 위해 게이트웨이 서버로 전달하는 질의 컴포넌트의 예를 보여준다. 이 질의는 제품번호가 12731이고, 큰(large) 치수에, 파란색인 물품의 재고가 있는지 검사한다.

이 장의 뒤에서 언급할 사용하면 안 되는 특정 문자들을 제외하고는 질의 컴포넌트 포맷에 제약사항은 없다. 편의상 많은 게이트웨이가 '&'로 나뉜 '이름=값' 쌍 형식의 질의 문자열을 원한다.

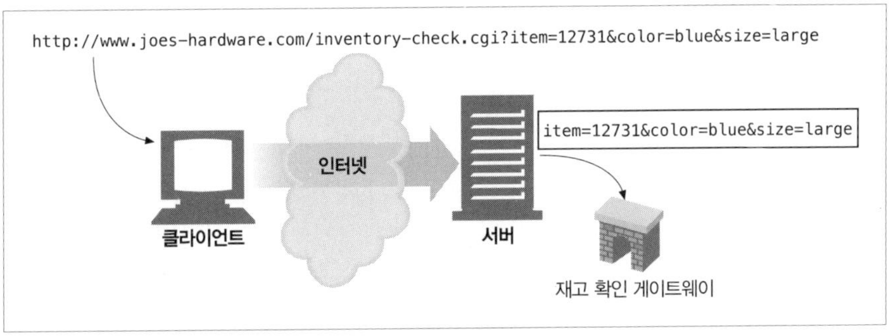

그림 2-2 URL 질의 컴포넌트는 게이트웨이 애플리케이션으로 전달된다.

```
http://www.joes-hardware.com/inventory-check.cgi?item=12731&color=blue
```

이 예에는 이름/값 쌍으로 된 두 개의 질의 컴포넌트가 존재한다. item=12731과 color=blue.

2.2.7 프래그먼트

HTML 같은 리소스 형식들은 본래의 수준보다 더 작게 나뉠 수 있다. 예를 들어 절(paragraph)이 포함된 용량이 큰 한 개의 텍스트 문서의 경우, 그 리소스에 대한 URL은 텍스트 문서 전체를 가리키겠지만, 이상적으로는 리소스 안에 있는 특정 절을 가리킬 수 있어야 한다.

리소스의 특정 부분을 가리킬 수 있도록, URL은 리소스 내의 조각을 가리킬 수 있는 프래그먼트 컴포넌트를 제공한다. 예를 들어 URL은 HTML 문서에 있는 특정 이미지나 일부분을 가리킬 수 있다.

프래그먼트는 URL의 오른쪽에 # 문자에 이어서 온다. 예를 들면 다음과 같다.

```
http://www.joes-hardware.com/tools.html#drills
```

이 예에서 drills라는 프래그먼트는 죠의 컴퓨터 가게 웹 서버에 위치한 /tools.html 웹페이지의 일부를 가리킨다. 그 부분을 'drills'라고 기술하였다.

일반적으로 HTTP 서버는 객체 일부가 아닌 전체만 다루기 때문에[4], 클라이언트는 서버에 프래그먼트를 전달하지 않는다(그림 2-3 참고). 브라우저가 서버로부터 전체 리소스를 내려받은 후, 프래그먼트를 사용하여 당신이 보고자 하는 리소스의 일부를 보여준다.

4 15장의 "범위 요청"에서, HTTP 에이전트가 객체의 일정 바이트 범위를 요청하는 것을 볼 것이다. 하지만 URL 프래그먼트의 경우 서버는 전체 객체를 전송하고, 에이전트는 그 전체 객체를 받은 다음 프래그먼트 식별자를 사용하여 객체 일부를 보여준다.

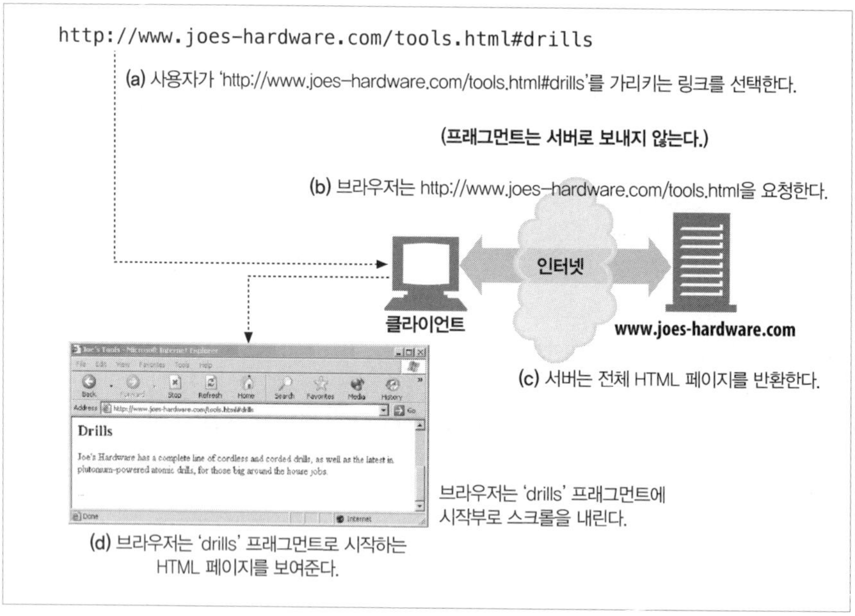

그림 2-3 서버는 객체를 전체 단위로만 전송하기 때문에 URL 프래그먼트 클라이언트에서만 사용된다.

2.3 단축 URL

웹 클라이언트는 몇몇 단축 URL을 인식하고 사용한다. 상대 URL은 리소스 안에 있는 리소스를 간결하게 기술하는데 사용할 수 있다. 많은 브라우저가 사용자가 기억하고 있는 URL 일부를 입력하면 나머지 부분을 자동으로 입력해주는 URL '자동 확장'을 지원한다. 이에 대해서는 'URL 확장'에서 다룬다.

2.3.1 상대 URL

URL은 상대 URL과 절대 URL 두 가지로 나뉜다. 지금까지 우리가 본 것들은 절대 URL뿐이었다. 절대 URL은 리소스에 접근하는데 필요한 모든 정보를 가지고 있다.

그와 달리 상대 URL은 모든 정보를 담고 있지는 않다. 상대 URL로 리소스에 접근하는데 필요한 모든 정보를 얻기 위해서는, 기저(base)라고 하는 다른 URL을 사용해야 한다.

상대 URL은 URL을 짧게 표기하는 방식이다. 직접 HTML을 작성해 본 경험이 있다면, 그것이 얼마나 HTML 작성을 손쉽게 해주는지 알 것이다. 예 2-1에서는 상대 URL이 포함된 HTML 문서의 예를 보여준다.

예 2-1 상대 URL을 포함한 HTML 조각

```
<HTML>
<HEAD><TITLE>Joe's Tools</TITLE></HEAD>
<BODY>
<H1> Tools Page </H1>
<H2> Hammers <H2>
<P> Joe's Hardware Online has the largest selection of <A HREF="./hammers.
html">hammers
</A> on earth.
</BODY>
</HTML>
```

예 2-1은 http://www.joes-hardware.com/tools.html가 가리키는 리소스인 HTML 문서의 내용을 보여준다. 해당 HTML 문서에는 ./hammers.html URL을 가리키는 하이퍼링크가 있다. 이 URL은 미완성인 것처럼 보이지만, 올바른 문법의 상대 URL이다. 이는 문서의 URL을 기준으로 상대경로로 해석될 수 있다. 이 경우 죠의 컴퓨터 가게 웹 서버의 /tools.html 리소스를 기준으로 상대경로로 명시되었다.

상대 URL 문법에 따르면, HTML 작성자는 URL에 스킴과 호스트 그리고 다른 컴포넌트들을 모두 입력하지 않아도 된다. 그 정보는 컴포넌트가 포함된 리소스의 기저 URL에서 알아낼 수 있다. 다른 리소스에 대한 URL 역시 이 상대 URL로 기술할 수 있다.

예 2-1의 경우 기저 URL은 다음과 같다.

```
http://www.joes-hardware.com/tools.html
```

이 URL을 기저 URL로 사용하여, 상대 URL에서는 기술하지 않은 정보를 추측할 수 있다. 필요한 리소스가 ./hammers.html이라는 것을 알지만 스킴이나 호스트는 모른다. 기저 URL을 사용하면 스킴은 http이고 호스트는 www.joes-hardware.com라는 것을 추측할 수 있다. 그림 2-4는 이것을 설명한다.

그림 2-4 기저 URL의 사용

상대 URL은 프래그먼트이거나 URL 일부다. URL을 처리하는 브라우저 같은 애플리케이션은 상대 URL과 절대 URL 간에 상호 변환을 할 수 있어야 한다.

상대 URL을 사용하면 리소스 집합(HTML 페이지 같은)을 쉽게 변경할 수 있다. 그리고 문서 집합의 위치를 변경하더라도, 새로운 기저 URL에 의해서 해석될 것이기 때문에 위치를 변경하더라도 잘 동작할 것이다. 이는 마치 다른 서버에 있는 콘텐츠를 미러링 할 수 있게 허용하는 것과 유사하다.

기저 URL

변환 과정의 첫 단계는 기저 URL을 찾는 것이다. 기저 URL은 상대 URL의 기준이 된다. 그것을 가져오는 몇 가지 방법이 있다.

리소스에서 명시적으로 제공

어떤 리소스들은 기저 URL을 명확하게 기술하기도 한다. 예를 들어 HTML 문서에서는 그 안에 있는 모든 상대 URL을 변경하기 위해서 기저 URL을 가리키는 〈BASE〉 HTML 태그를 기술할 수 있다.

리소스를 포함하고 있는 기저 URL

만약 상대 URL이 예 2-1에서와 같이 기저 URL이 명시되지 않은 리소스에 포함된 경우, 해당 리소스의 URL을 기저 URL로 쓸 수 있다(앞선 예에서와 같이).

기저 URL이 없는 경우

기저 URL이 없는 경우도 있다. 보통 이런 경우는 절대 URL만으로 이루어져 있다는 뜻이다. 하지만 불완전하거나 깨진 URL일 수도 있다.

상대 참조 해석하기

우리는 앞에서 URL의 기본 컴포넌트와 문법에 대해서 알아보았다. 상대 URL을 절대 URL로 변환하기 위한 다음 단계는 상대 URL과 기저 URL을 각각의 컴포넌트 조각으로 나누는 것이다.

사실상 이것은 URL을 파싱하는 것에 불과하지만, 컴포넌트 단위로 분리한다는 점에서 이 작업을 'URL 분해하기'라고 부르기도 한다. 기저 URL과 상대 URL을 컴포넌트로 분해하고 나면, 변환을 끝내기 위해 그림 2-5에서 설명하고 있는 알고리즘을 사용할 수 있다.

이 알고리즘은 상대 URL을 리소스를 참조하는데 사용할 수 있는 절대 경로 형태로 변환한다. 이 알고리즘은 RFC 1808에 최초로 기술되었고, 그 이후 RFC 2396에 포함되었다.

그림 2-1에서의 ./hammers.html 예의 경우, 그림 2-5에서 설명한 알고리즘을 적

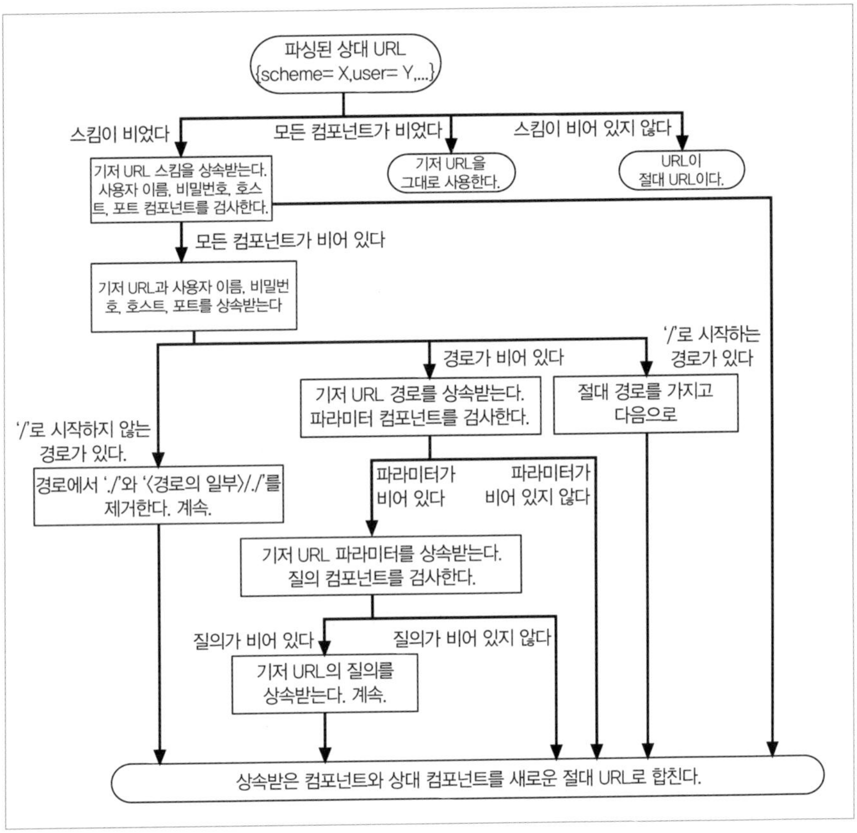

그림 2-5 상대 URL을 절대 URL로 변환하기

용할 수 있다.

1. 경로는 ./hammers.html. 기저 URL은 http://www.joes-hardware.com/tools.html.
2. 스킴은 비어 있다. 도표의 왼쪽으로 따라 내려가면, 알고리즘에 따라 기저 URL의 스킴을 상속받는다(HTTP).
3. 적어도 한 개의 컴포넌트는 비어 있지 않다. 아래로 내려가서 호스트와 포트 컴포넌트를 상속받는다.
4. 상대 URL(경로: ./hammers.html) 컴포넌트와 상속받은 컴포넌트를(스킴:http, 호스트:www.joes-hardware.com, 포트: 80) 합치면, 새로운 절대 URL인 http://www.joes-hardware.com/hammers.html을 얻을 수 있다.

2.3.2 URL 확장

어떤 브라우저들은 URL을 입력한 다음이나 입력하고 있는 동안에 자동으로 URL을 확장한다. 이는 사용자가 URL을 빠르게 입력하게 도와준다. 자동으로 URL이 확장되기 때문에 URL 전체를 입력하지 않아도 된다.

이러한 '확장' 기능은 두 가지로 나뉜다.

호스트 명 확장

호스트 명 확장 기능을 지원하는 브라우저는 단순한 휴리스틱만을 사용해서 입력한 호스트 명을 전체 호스트 명으로 확장할 수 있다.

예를 들어 주소 입력란에 'yahoo'를 입력하면, 브라우저는 호스트 명에 자동으로 'www.'와 '.com'을 붙여서 'www.yahoo.com'을 만든다. 어떤 브라우저는 'yahoo'란 단어를 포함한 사이트를 찾지 못하면, 확장을 포기하기 전에 몇 가지의 URL을 추가로 제시한다.

브라우저는 이런 간단한 기능을 제공하여 사용자의 시간을 절약하고 혼란을 막아준다. 하지만 호스트 명에 대한 확장 기능은 프락시와 같은 다른 HTTP 애플리케이션에 문제를 발생시킬 수도 있다. 6장에서 이 문제에 대해 상세히 다룬다.

히스토리 확장

사용자가 URL을 입력하는 시간을 줄이고자, 브라우저가 사용하는 또 다른 기술은 과거에 사용자가 방문했던 URL의 기록을 저장해 놓는 것이다. URL을 입력하면, 그 입력된 URL의 앞 글자들을 포함하는 완결된 형태의 URL들을 선택하게 해준다. 따라서 http://www.joes-와 같이 이전에 방문했던 URL의 시작 부분을 입력하면, 브라우저는 http://www.joes-hardware.com을 보여줄 것이다. 그러면 사용자는 전체 URL을 입력하는 대신 선택만 하면 된다.

프락시를 사용할 경우 URL 자동확장 기능은 다르게 동작할 수 있다는 것을 유념하자. 이에 대해서는 6장의 "URI 클라이언트 자동확장과 호스트 명 분석(Hostname Resolution)"에서 상세히 다룰 것이다.

2.4 안전하지 않은 문자

URL은 잘 호환되도록 설계되었다. 그리고 URL은 인터넷에 있는 모든 리소스가 여러 프로토콜을 통해서 전달될 수 있도록, 각 리소스에 유일한 이름을 지을 수 있게 설계되었다. 모든 프로토콜이 데이터를 전송하기 위해서 서로 다른 장치를 가지고 있기 때문에, 어떤 인터넷 프로토콜을 통해서든 안전하게 전송될 수 있도록 URL을 설계하는 것은 중요했다.

안전한 전송이란, 정보가 유실될 위험 없이 URL을 전송할 수 있다는 것을 의미한다. 전자메일에 사용되는 SMTP(Simple Mail Transfer Protocol)같은 프로토콜은 특정 문자를 제거할 수도 있는 전송 방식을 사용한다.[5] 문자가 제거되는 일을 피하고자 URL은 상대적으로 작고 일반적으로 안전한 알파벳 문자만 포함하도록 허락한다.

URL 설계자들은, 모든 인터넷 프로토콜로 URL이 전송될 수 있기를 바랐고, 이와 함께 가독성도 있기를 바랐다. 따라서 출력이 되지 않거나 보이지 않는 문자를 이메일 프로그램에서 사용할 수 있다고 해서, 그리고 그 문자들이 변환될 수 있다 하더라도, URL에서 그런 문자들을 사용하는 것은 금지되었다.[6]

여기에 더하여 URL은 더 완벽해져야 했다. URL 설계자는 사람들이 URL에 이진 데이터나 일반적으로 안전한 알파벳 외의 문자도 포함하려고 할 때가 있다는 것을 알게 되었다. 그래서 이스케이프라는 기능을 추가하여, 안전하지 않은 문자를 안전한 문자로 인코딩할 수 있게 하였다.

아래에서, 사용할 수 있는 알파벳과 URL의 인코딩 규칙을 간략히 요약한다.

2.4.1 URL 문자 집합

컴퓨터 시스템의 기본 문자 집합은 보통 영어 중심으로 설정되어 있다. 역사적으로 많은 컴퓨터 애플리케이션이 US-ASCII 문자 집합을 사용해왔다. US-ASCII는 문자를 서식화하고 하드웨어상에서 신호를 주고받기 위해, 7비트를 사용하여 영문 자판에 있는 키 대부분과 몇몇 출력되지 않는 제어 문자를 표현한다.

US-ASCII는 만들어진 지 오래된 문자 집합이기 때문에, 적은 수의 문자만을 포함하고 있다. 미국 시민들 사이에서는 편리하게 쓰이고 있기는 하지만, 전 세계 십수억의 사람들이 사용하는 유럽 언어나 수백 가지의 비 라틴계 언어들에 존재하는 변형된 문자들까지 US-ASCII가 지원하지는 않는다.

그뿐만 아니라 URL이 특정 이진 데이터를 포함해야 하는 경우도 있다. 이런 것들을 지원하기 위해서, URL 설계자들은 URL에 이스케이프 문자열을 쓸 수 있게 설계하였다. 이스케이프 문자열은 US-ASCII에서 사용이 금지된 문자들로, 특정 문자나 데이터를 인코딩할 수 있게 함으로써 이동성과 완성도를 높였다.

---

5 이는 메시지에 대해 7비트 인코딩을 사용하기 때문이다. 만약 소스가 8비트 이상으로 인코딩되어 있으면 정보가 소실될 수 있다.

6 인쇄되지 않는 문자에는 공백이 포함된다(RFC 2396에서는 애플리케이션이 공백을 무시하기를 추천한다는 점을 알아두자).

2.4.2 인코딩 체계

안전한 문자 집합을 이용하는 경우 그 표현의 한계를 넘기 위해, URL에 있는 안전하지 않은 문자들을 표현할 수 있는 인코딩 방식이 고안되었다. 인코딩은 안전하지 않은 문자를 퍼센티지 기호(%)로 시작해, ASCII 코드로 표현되는 두 개의 16진수 숫자로 이루어진 '이스케이프' 문자로 바꾼다.

표 2-2는 몇 가지 예를 보여준다.

문자	ASCII 코드	URL의 예
~	126 (0x7E)	http://www.joes-hardware.com/%7Ejoe
빈 문자	32 (0x20)	http://www.joes-hardware.com/more%20tools.html
%	37 (0x25)	http://www.joes-hardware.com/100%25satisfaction.html

표 2-2 인코딩된 문자의 예

2.4.3 문자 제한

몇몇 문자는 URL 내에서 특별한 의미로 예약되어 있다. 어떤 문자는 US-ASCII의 출력 가능한 문자 집합에 포함되어 있지 않다. 그리고 어떤 문자는 몇몇 인터넷 게이트웨이와 프로토콜에서 혼동되는 것으로 알려져 있어서, 사용이 꺼려지기도 했다.

표 2-3은 URL에서 예약된 문자들을 본래의 목적이 아닌 다른 용도로 사용하려면, 그 전에 반드시 인코딩해야 하는 문자들을 나열해 놓았다.

문자	선점 및 제한
%	인코딩된 문자에 사용할 이스케이프 토큰으로 선점
/	경로 컴포넌트에 있는 경로 세그먼트를 나누는 용도로 선점
.	경로 컴포넌트에서 선점
..	경로 컴포넌트에서 선점
#	프래그먼트의 구획 문자로 선점
?	질의 문자열의 구획 문자로 선점
;	파라미터의 구획 문자로 선점
:	스킴, 사용자 이름/비밀번호, 호스트/포트의 구획 문자로 선점
$, +	선점
@ & =	특정 스킴에서 특별한 의미가 있기 때문에 선점
{ } | \ · ~ [ ] `	게이트웨이와 같은 여러 전송 에이전트에서 불안전하게 다루기 때문에 제한됨
〈 〉 "	안전하지 않음. 웹 문서에서 URL을 구분 지어 표시하듯이(예를 들어 'http://www.joes-hardware.com'), URL 범위 밖에서 역할이 있는 문자이기 때문에 반드시 인코딩해야 한다.

0x00-0x1F, 0x7F	제한됨. 이 16진수 범위에 속하는 문자들은 인쇄되지 않는 US-ASCII 문자다.
〉0x7F	제한됨. 이 16진수 범위에 속하는 문자들은 7비트 US-ASCII 문자가 아니다.

표 2-3 선점되었거나 사용이 제한된 문자들

2.4.4 좀 더 알아보기

이쯤 되면, 예전에 안전하지 않은 문자를 URL에 사용했어도 아무런 문제가 발생하지 않았던 것이 생각나면서 의아해질 것이다. 예를 들어 http://www.joes-hardware.com/~joe에 있는 죠의 홈페이지에 접근할 수 있다. '~' 문자는 인코딩하지 않는다. 어떤 전송 프로토콜에서는 이것이 별문제가 되지 않기는 하지만, 애플리케이션 개발자들이 안전하지 않은 문자를 인코딩하지 않는 것은 실수다.

애플리케이션은 정해진 방식대로 구현해야 한다. 어떤 애플리케이션에 어떤 URL을 보내든지, 그 전에 클라이언트 애플리케이션에서 안전하지 않거나 제한된 문자를 변환하는 것이 좋다.[7] 안전하지 않은 모든 문자를 인코딩하기만 하면, 다른 애플리케이션으로부터 특별한 의미를 가지는 문자를 받았을 때 혼동할 걱정 없이, 애플리케이션 간에 공유할 수 있는 URL의 원형을 유지할 수 있다.

입력받은 URL에서 어떤 문자를 인코딩해야 하는지 결정하는 데는 브라우저와 같이 사용자로부터 최초로 URL을 입력받는 애플리케이션에서 하는 것이 가장 적절하다. URL을 구성하는 각 컴포넌트마다 사용할 수 있거나 없는 문자들이 있을 것이고, 또 어떤 문자는 스킴에 따라서 가용성이 달라지기 때문에, 해당 문자들을 직접 입력 받는 애플리케이션이야말로 어떤 문자를 인코딩해야 하는지 결정하기에 가장 좋은 위치라는 것이다.

물론 극단적인 방법은 애플리케이션이 모든 문자를 인코딩하는 것이다. 이 방식을 추천하지는 않지만, 이미 안전한 것으로 판단되는 문자를 재차 인코딩하는 것보다 더 완벽하고 빠른 규칙은 없다. 하지만 실제로 이 방식은 안전한 문자들을 인코딩하지 않는 애플리케이션도 있기 때문에 오동작을 일으킬 수 있다.

악의적인 사람들은 URL의 패턴 매칭을 하는 애플리케이션(예를 들어 필터링 애플리케이션)을 회피하여 다른 문자들을 인코딩하기도 한다. 안전한 URL 컴포넌트를 인코딩하면, 패턴 매칭 애플리케이션이 원하는 패턴을 찾지 못하는 원인이 될

7 여기서는 프락시 같은 HTTP 중개 애플리케이션이 아닌 클라이언트 애플리케이션에 대해서만 이야기한다. 6장의 "전송 중 URI 변경"에서는 클라이언트 애플리케이션 대신 프락시나 다른 중개 HTTP 애플리케이션이 URL을 수정(예를 들어 인코딩)할 경우 발생할 수 있는 문제에 대해 논의한다.

수 있다. 보통, URL을 해석하는 애플리케이션은 그것을 처리하기 전에 URL을 디코드해야 한다.

스킴 같은 몇몇 URL 컴포넌트는 쉽게 알아볼 수 있어야 하며 알파벳 문자로 시작되어야 한다. 각 URL 컴포넌트 간에 선점된 문자나 안전하지 않은 문자를 사용하는 방법에 대한 상세한 내용은, 앞서 다룬 "URL 문법"을 다시 참고하자.[8]

2.5 스킴의 바다

이 절에서는 웹에서 쓰이는 일반 스킴들의 포맷에 대해 알아볼 것이다. 부록 A에는 스킴 목록이 상당히 자세히 나열되어 있으며 스킴 각각에 대한 문서 정보가 기술되어 있다.

표 2-4에는 가장 유명한 스킴들을 요약해 놓았다. "URL 문법"을 복습하면 표에 있는 스킴의 문법을 좀 더 편하게 볼 수 있을 것이다.

스킴	설명
http	사용자 이름이나 비밀번호가 없다는 것을 제외하고는, 일반 URL 포맷을 지키는 하이퍼텍스트 전송 프로토콜(Hypertext Transfer Protocol) 스킴이다. 포트값이 생략되어 있으면 기본값은 80이다. 기본형식: http://〈호스트〉:〈포트〉/〈경로〉?〈질의〉#〈프래그먼트〉 예: http://www.joes-hardware.com/index.html http://www.joes-hardware.com:80/index.html
https	https 스킴은 http 스킴과 거의 같다. 다른 점이라고는 https는 HTTP의 커넥션의 양 끝단에서 암호화하기 위해 넷스케이프에서 개발한 보안 소켓 계층(Secure Sockets Layer, SSL)을 사용한다는 것뿐이다. 문법은 HTTP와 같고 기본 포트값은 443이다. 기본형식: https://〈호스트〉:〈포트〉/〈경로〉?〈질의〉#〈프래그먼트〉 예: https://www.joes-hardware.com/secure.html
mailto	mailto URL은 이메일 주소를 가리킨다. 이메일은 다른 스킴과는 다르게 동작하기 때문에, mailto URL은 표준 URL과는 다른 포맷을 가진다. 인터넷 이메일 주소의 문법은 RFC 822에 기술되어 있다. 기본형식: mailto:〈RFC-822-addr-spec〉 예: mailto:joe@joes-hardware.com

8 표 2-3에 여러 URL 컴포넌트에 대한 예약문자가 기술되어 있다. 일반적으로, 인코딩은 전송하기에 안전하지 않은 문자에만 적용해야 한다.

ftp	파일 전송 프로토콜(File Transfer Protocol) URL은 FTP 서버에 있는 파일을 내려 받거나 올리고, FTP 서버의 디렉터리에 있는 콘텐츠 목록을 가져오는 데 사용할 수 있다. FTP는 웹과 URL이 출현하기 전부터 있었다. 웹 애플리케이션은 데이터에 접근하는 용도의 스킴으로 FTP를 사용한다. URL 문법은 다음과 같이 일반적인 URL 포맷이다. 기본형식: ftp://〈사용자 이름〉:〈비밀번호〉@〈호스트〉:〈포트〉/〈경로〉;〈파라미터〉 예: ftp://anonymous:joe%40joes-hardware.com@prep.ai.mit.edu:21/pub/gnu/
rtsp, rtspu	RTSP URL은 실시간 스트리밍 프로토콜(Real Time Streaming Protocol)을 통해서 읽을 수 있는 오디오 및 비디오와 같은 미디어 리소스 식별자다. rtspu 스킴에 있는 'u'는 리소스를 읽기 위해서 UDP 프로토콜이 사용됨을 뜻한다. 기본형식: rtsp://〈사용자 이름〉:〈비밀번호〉@〈호스트〉:〈포트〉/〈경로〉 rtspu://〈사용자 이름〉:〈비밀번호〉@〈호스트〉:〈포트〉/〈경로〉 예: rtsp://www.joes-hardware.com:554/interview/cto_video
file	file 스킴은 주어진 호스트 기기(로컬 디스크, 네트워크 파일 시스템 혹은 기타 파일 공유 시스템)에서 바로 접근할 수 있는 파일들을 나타낸다. 각 필드도 일반적인 URL 포맷을 따른다. 만약 호스트가 생략되어 있으면, URL을 사용하고 있는 기기의 로컬 호스트가 기본값이 된다. 기본형식: file://〈호스트〉/〈경로〉 예: file://OFFICE-FS/policies/casual-fridays.doc
news	news 스킴은 RFC 1036에 정의된 바와 같이 특정 문서나 뉴스 그룹에 접근하는데 사용한다. news URL은 리소스의 위치 정보를 충분히 포함하지 않는 특이한 속성이 있다. news URL은 해당 리소스가 어디에 있는지에 대한 정보를 포함하지 않는다. 호스트 명이나 서버 이름도 제공하지 않는다. 사용자로부터 그 정보를 알아내는 것은 애플리케이션의 몫이다. 예를 들어 넷스케이프 브라우저의 옵션 메뉴에서 NNTP(news) 서버를 명시할 수 있다. URL을 입력 받은 브라우저는, 현재 설명되어 있는 뉴스 서버 정보를 사용하여 어떤 서버로부터 뉴스를 가져올지 결정한다. 뉴스 리소스는 여러 서버를 통해 접근할 수 있다. 뉴스 리소스에 접근하는 것이 하나의 서버로만 접근할 수 있는 게 아니므로, 위치에 독립적이라고 할 수 있다. news URL에서 선점한 '@' 문자는 뉴스 그룹을 가리키는 뉴스 URL과 특정 뉴스 문서를 가리키는 뉴스 URL을 구분하기 위해 사용된다. 기본형식: news:〈newsgroup〉 news:〈news-article-id〉 예: news:rec.arts.startrek
telnet	telnet 스킴은 대화형 서비스에 접근하는데 사용한다. telnet URL 자체가 객체를 가리키지는 않지만, 리소스라고 할 수 있는 대화형 애플리케이션은 이 telnet 프로토콜을 통해 접근할 수 있다. 기본형식: telnet://〈사용자 이름〉:〈비밀번호〉@〈호스트〉:〈포트〉/ 예: telnet://slurp:webhound@joes-hardware.com:23/

표 2-4 일반 스킴 포맷

2.6 미래

URL은 강력한 도구다. URL은 세상에 존재하는 모든 객체에 이름을 지을 수 있고, 새로운 포맷을 쉽게 추가할 수 있게 설계됐다. URL은 인터넷 프로토콜 간에 공유할 수 있는 일관된 작명 규칙을 제공한다.

하지만 URL이 완벽한 것은 아니다. 사실 URL은 주소이지 실제 이름은 아니다. 이는 URL이 특정 시점에 어떤 것이 위치한 곳을 알려준다는 것을 뜻한다. URL은 리소스를 찾는데 필요한 포트와 서버 이름을 제공한다. 이런 스킴의 단점은 리소스가 옮겨지면 URL을 더는 사용할 수 없다는 것이다. 그리고 그 시점에 기존 URL이 가리키고 있던 객체를 찾을 방법이 없어진다.

이런 문제를 예방할 수 있는 이상적인 방법은, 객체의 위치와 상관없이, 그 객체를 가리키는 실제 객체의 이름을 사용하는 것이다. 사람처럼 리소스의 이름과 다른 몇 가지 정보만 있으면 그것의 위치가 바뀌더라도 리소스의 위치를 찾을 수 있다.

인터넷 기술 태스크 포스(Internet Engineering Task Force, IEFT)는 한동안 고심한 끝에 URN(Uniform Resource Names)이라는 새로운 표준 작업에 착수하였다. URN은 객체가 옮겨지더라도(웹 서버 내에서나 웹 서버 간 모두) 항상 객체를 가리킬 수 있는 이름을 제공한다.

지속 통합 자원 지시자(Persistent uniform resource locators, PURL)을 사용하면 URL로 URN의 기능을 제공할 수 있다. PURL은 리소스의 실제 URL 목록을 관리하고 추적하는 리소스 위치 중개 서버를 두고, 해당 리소스를 우회적으로 제공한다.

클라이언트는 위치 할당자에게 리소스를 가져올 수 있는 영구적인 URL을 요청할 수 있으며, 영구적인 URL은 클라이언트를 리소스의 실제 URL로 연결해준다(그림 2-6). PURL에 대한 더 자세한 정보는 http://purl.oclc.org를 참고하자.

2.6.1 지금이 아니면, 언제?

한동안 URN 방식이 활용되었었다. 실제로 그 명세들의 출시 날짜를 조회해 보면, 그것이 왜 아직 채택되지 않았는지 스스로에게 묻게 될 것이다.

URL에서 URN으로 주소 체계를 바꾸는 것은 매우 큰 작업이다. 표준화는 매우 중요한 작업인 만큼 느리게 진행될 때도 있다. URN을 지원하려면 많은 변화가 필요할 것이다. 표준을 제정하는 것에서부터 여러 HTTP 애플리케이션을 수정하기 위한 벤더들과의 합의도 필요하다. 그러한 변화를 만들어내기 위해서는 엄청난 작업량이 필요하고, 유감스럽게도(혹은 다행스럽게도) URN으로 전환하기 위한 모든 것

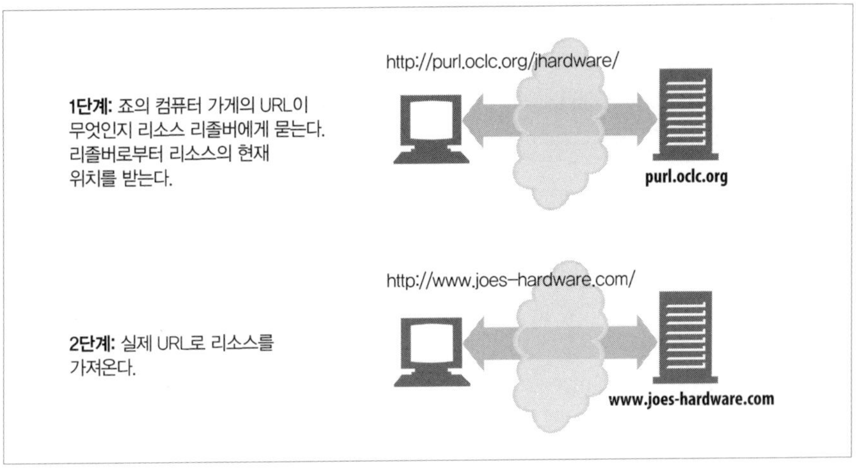
1단계: 죠의 컴퓨터 가게의 URL이 무엇인지 리소스 리졸버에게 묻는다. 리졸버로부터 리소스의 현재 위치를 받는다.
http://purl.oclc.org/jhardware/
purl.oclc.org
2단계: 실제 URL로 리소스를 가져온다.
http://www.joes-hardware.com/
www.joes-hardware.com

그림 2-6 PURL은 리소스의 현재 위치를 가리키기 위해서 리소스 위치 할당 서버를 사용한다.

이 준비되려면 시간이 걸리기 때문에, URL은 당분간 계속 사용될 것이다.

웹이 폭발적으로 성장함에 따라 인터넷 사용자(컴퓨터 과학자에서부터 일반 인터넷 사용자까지)는 URL의 사용법을 배워왔다. 그들은 URL의 어설픈 문법(초보자들의 경우)과 고질적인 문제로 고통받으면서도, 그것의 사용 방법과 함께 결점을 다루는 방법을 익혀왔다. URL은 나름의 한계를 가지고 있지만, 웹 개발 커뮤니티에서 이를 가장 긴급한 사안이라고 이야기하지는 않는다.

URL은 현재는 물론 가까운 미래에도 인터넷에 있는 리소스를 명명하는 방법이 될 것이다. 그것은 어디에나 쓰일 것이고 웹이 성공하는데 있어 매우 중요한 부분임이 입증될 것이다. URL은 그것을 대체할 수 있는 작명 스킴이 나오기 전까지는 계속 사용될 것이다. 다만 URL은 그 한계를 가진 상태에서, 그것을 해결할 수 있는 새로운 표준(아마도 URN) 같은 것들이 나오고 적용될 것이다.

2.7 추가 정보

URL에 대한 더 자세한 정보는 다음을 참고하기 바란다.

http://www.w3.org/Addressing/
URI와 URL의 작명 및 할당에 대한 W3C 웹페이지

http://www.ietf.org/rfc/rfc1738
RFC 1738, "Uniform Resource Locators (URL)," by T. Berners-Lee, L. Masinter,

and M. McCahill.

http://www.ietf.org/rfc/rfc2396.txt
RFC 2396, "Uniform Resource Identifiers (URI): Generic Syntax," by T. Berners-Lee, R. Fielding, and L. Masinter.

http://www.ietf.org/rfc/rfc2141.txt
RFC 2141, "URN Syntax," by R. Moats.

http://purl.oclc.org
지속 통합 자원 지시자(persistent uniform resource locator, PURL) 웹 사이트.

http://www.ietf.org/rfc/rfc1808.txt
RFC 1808, "Relative Uniform Resource Locators," by R. Fielding.

3장

HTTP: The Definitive Guide

HTTP 메시지

HTTP가 인터넷의 배달원이라면, HTTP 메시지는 무언가를 담아 보내는 소포와 같다. 1장에서 우리는 어떻게 HTTP 프로그램이 일을 처리하기 위해 서로에게 메시지를 전달하는지 보여주었다. 이번 장은 HTTP 메시지의 모든 것(어떻게 메시지를 만들고 이해하는지)에 대해 말해준다. 이번 장을 읽고 나면 당신만의 HTTP 애플리케이션을 만들기 위해 필요한 대부분을 알게 될 것이다. 좀 더 구체적으로, 다음을 배우게 될 것이다.

- 메시지가 어떻게 흘러가는가
- HTTP 메시지의 세 부분(시작줄, 헤더, 개체 본문)
- 요청과 응답 메시지의 차이
- 요청 메시지가 지원하는 여러 기능(메서드)들
- 응답 메시지가 반환하는 여러 상태 코드들
- 여러 HTTP 헤더들은 무슨 일을 하는가

3.1 메시지의 흐름

HTTP 메시지는 HTTP 애플리케이션 간에 주고받은 데이터의 블록들이다. 이 데이터의 블록들은 메시지의 내용과 의미를 설명하는 텍스트 메타 정보로 시작하고 그 다음에 선택적으로 데이터가 올 수 있다. 이 메시지는 클라이언트, 서버, 프락시 사이를 흐른다. '인바운드', '아웃바운드', '업스트림', '다운스트림'은 메시지의 방향을 의미하는 용어다.

3.1.1 메시지는 원 서버 방향을 인바운드로 하여 송신된다

HTTP는 인바운드와 아웃바운드라는 용어를 트랜잭션 방향을 표현하기 위해 사용한다. 메시지가 원 서버로 향하는 것은 인바운드로 이동하는 것이고, 모든 처리가 끝난 뒤에 메시지가 사용자 에이전트로 돌아오는 것은 아웃바운드로 이동하는 것이다(그림 3-1을 보라).

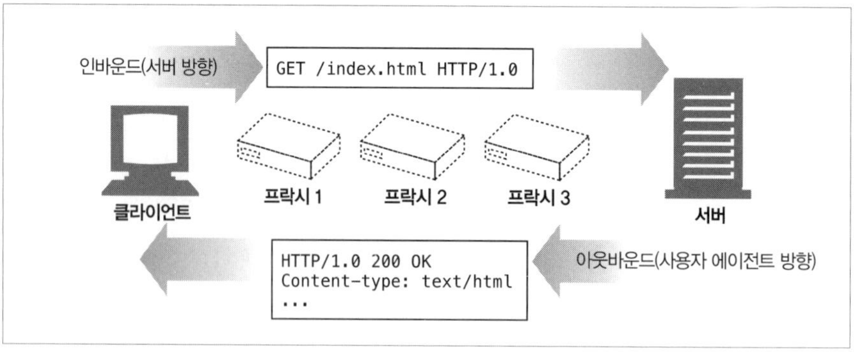

그림 3-1 원 서버로 인바운드로 이동하고 클라이언트로 아웃바운드로 복귀하는 메시지

3.1.2 다운스트림으로 흐르는 메시지

HTTP 메시지는 강물과 같이 흐른다. 요청 메시지냐 응답 메시지냐에 관계없이 모든 메시지는 다운스트림으로 흐른다(그림 3-2를 보라). 메시지의 발송자는 수신자의 업스트림이다. 그림 3-2에서, 요청에서는 프락시 1이 프락시 3의 업스트림이지만 응답에서는 프락시 3의 다운스트림이다.[1]

3.2 메시지의 각 부분

HTTP 메시지는 단순한, 데이터의 구조화된 블록이다. 그림 3-3의 예를 통해 살펴보자. 각 메시지는 클라이언트로부터의 요청이나 서버로부터의 응답 중 하나를 포함한다. 메시지는 시작줄, 헤더 블록, 본문 이렇게 세 부분으로 이루어진다. 시작줄은 이것이 어떤 메시지인지 서술하며, 헤더 블록은 속성을, 본문은 데이터를 담고 있다. 본문은 아예 없을 수도 있다.

시작줄과 헤더는 그냥 줄 단위로 분리된 아스키 문자열이다. 각 줄은 캐리지 리턴

1 '업스트림'이나 '다운스트림'이란 용어는 발송자와 수신자에 대한 것이다. 메시지가 원 서버를 향하는가 아니면 클라이언트를 향하는가에 대한 것이 아니다. 어느 방향이든 다운스트림이기 때문이다.

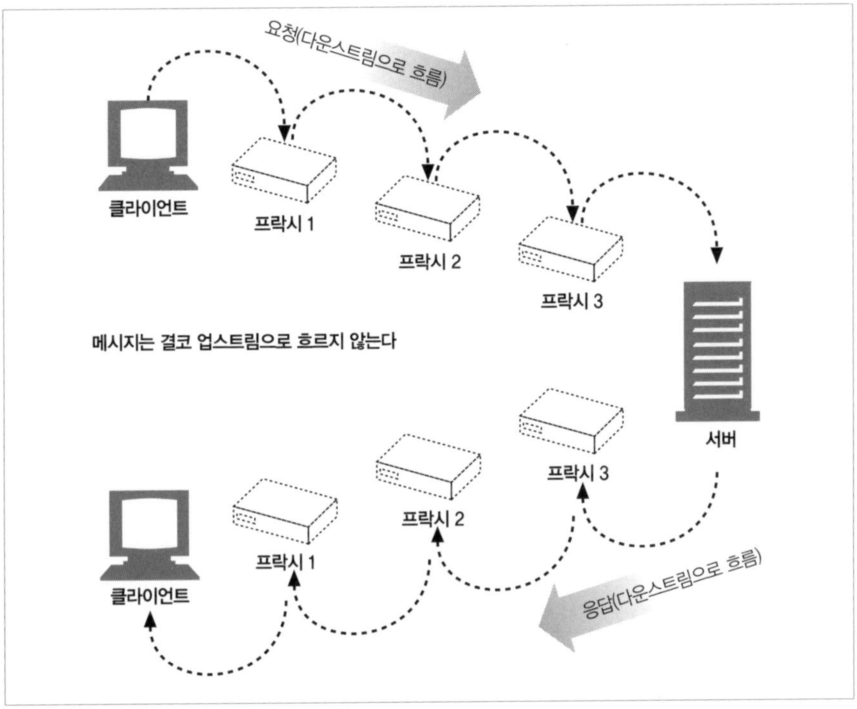

그림 3-2 모든 메시지는 다운스트림으로 흐른다.

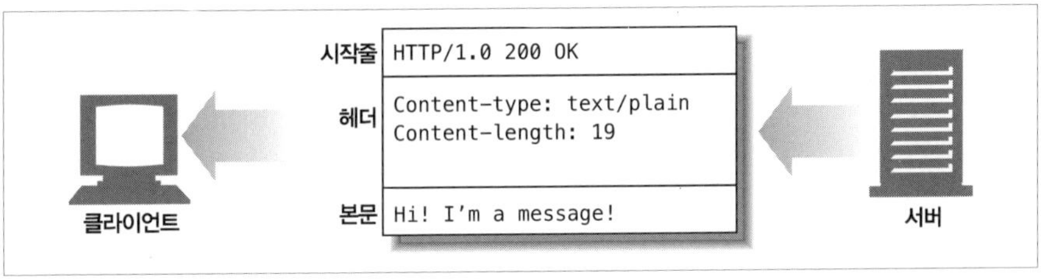

그림 3-3 HTTP 메시지의 세 부분

(ASCII 13)과 개행 문자(ASCII 10)로 구성된 두 글자의 줄바꿈 문자열으로 끝난다. 이 줄바꿈 문자열은 'CRLF'라고 쓴다. HTTP 명세에 따른다면 줄바꿈 문자열은 CRLF이지만 견고한 애플리케이션이라면 그냥 개행 문자도 받아들일 수 있어야 한다는 점을 언급할 필요가 있을 듯하다. 오래되거나 잘못 만들어진 HTTP 애플리케이션들 중에서는 캐리지 리턴과 개행 문자 모두를 항상 전송하지는 않는 것들도 있다.

엔터티 본문이나 메시지 본문(혹은 그냥 '본문')은 단순히 선택적인 데이터 덩어리이다. 시작줄이나 헤더와는 달리, 본문은 텍스트나 이진 데이터를 포함할 수도 있고 그냥 비어있을 수도 있다.

그림 3-3의 예에서 헤더는 본문에 대한 꽤 많은 정보를 준다. Content-Type 줄은

본문이 무엇인지 말해준다(이 예에서는 플레인 텍스트 문서다). Content-Length 줄은 본문의 크기를 말해준다. 이 예에서는 19바이트이다.

3.2.1 메시지 문법

모든 HTTP 메시지는 요청 메시지나 응답 메시지로 분류된다. 요청 메시지는 웹 서버에 어떤 동작을 요구한다. 응답 메시지는 요청의 결과를 클라이언트에게 돌려준다. 요청과 응답 모두 기본적으로 구조가 같다. 그림 3-4는 GIF image를 가져오기 위한 요청과 응답 메시지를 보여준다.

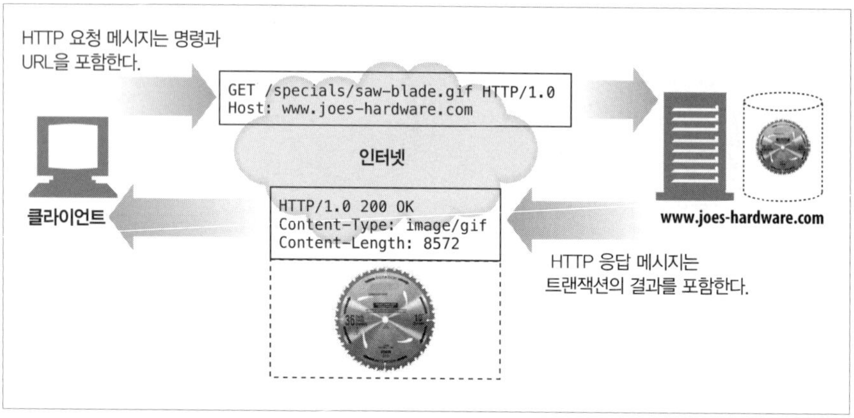
HTTP 요청 메시지는 명령과 URL을 포함한다.
GET /specials/saw-blade.gif HTTP/1.0
Host: www.joes-hardware.com
인터넷
클라이언트
HTTP/1.0 200 OK
Content-Type: image/gif
Content-Length: 8572
www.joes-hardware.com
HTTP 응답 메시지는 트랜잭션의 결과를 포함한다.

그림 3-4 요청과 응답 메시지를 포함한 HTTP 트랜잭션

요청 메시지의 형식은 다음과 같다.

```
<메서드> <요청 URL> <버전>
<헤더>

<엔터티 본문>
```

응답 메시지의 형식은 다음과 같다(시작줄에서만 문법이 다르다는 점에 주목하라).

```
<버전> <상태 코드> <사유 구절>
<헤더>

<엔터티 본문>
```

각 부분에 대한 설명은 다음과 같다.

메서드

클라이언트 측에서 서버가 리소스에 대해 수행해주길 바라는 동작이다. 'GET',

'HEAD', 'POST'와 같이 한 단어로 되어 있다. 우리는 메서드에 대해 이 장의 뒷부분에서 자세히 다룰 것이다.

요청 URL

요청 대상이 되는 리소스를 지칭하는 완전한 URL 혹은 URL의 경로 구성요소다. 완전한 URL이 아닌 URL의 경로 구성요소라고 해도, 클라이언트가 서버와 직접 대화하고 있고 경로 구성요소가 리소스를 가리키는 절대 경로이기만 하면 대체로 문제가 없다. 서버는 URL에서 생략된 호스트/포트가 자신을 가리키는 것으로 간주할 것이다. URL 문법은 2장에서 자세히 다루고 있다.

버전

이 메시지에서 사용 중인 HTTP의 버전이다. 형식은 다음과 같다.

```
HTTP/<메이저>.<마이너>
```

메이저와 마이너는 모두 정수다. 이 장의 뒷부분에서 HTTP 버전을 매기는 방식에 대해 좀 더 자세히 다룰 것이다.

상태 코드

요청 중에 무엇이 일어났는지 설명하는 세 자리의 숫자다. 각 코드의 첫 번째 자릿수는 상태의 일반적인 분류('성공', '에러' 등)를 나타낸다. HTTP 명세에 정의된 상태 코드와 그들의 의미에 대한 완전한 목록은 이 장의 뒷부분에서 제공될 것이다.

사유 구절(reason-phrase)

숫자로 된 상태 코드의 의미를 사람이 이해할 수 있게 설명해주는 짧은 문구로, 상태 코드 이후부터 줄바꿈 문자열까지가 사유 구절이다. HTTP 명세에 정의된 모든 상태 코드에 대한 사유 구절의 예는 이 장의 뒷부분에서 제공할 것이다. 사유 구절은 오로지 사람에게 읽히기 위한 목적으로만 존재하는 것이다. 예를 들어 'HTTP/1.0 200 NOT OK'와 'HTTP/1.0 200 OK'는 사유 구절이 서로 전혀 달라 보임에도 불구하고 동등하게 성공을 의미하는 것으로 처리되어야 한다.

헤더들

이름, 콜론(:), 선택적인 공백, 값, CRLF가 순서대로 나타나는 0개 이상의 헤더들. 이 헤더의 목록은 빈 줄(CRLF)로 끝나 헤더 목록의 끝과 엔터티 본문의 시작을 표시한다. HTTP/1.1과 같은 몇몇 버전의 HTTP는 요청이나 응답에 어떤 특정 헤더가 포함되어야만 유효한 것으로 간주한다. 다양한 HTTP 헤더에 대해서는 이 장의 뒷부분에서 다룰 것이다.

엔터티 본문

엔터티 본문은 임의의 데이터 블록을 포함한다. 모든 메시지가 엔터티 본문을 갖는 것은 아니므로, 때때로 메시지는 그냥 CRLF으로 끝나게 된다. 우리는 엔터티에 대해 15장에서 자세히 다룰 것이다.

그림 3-5는 가상의 요청과 응답 메시지의 예를 보여주고 있다.

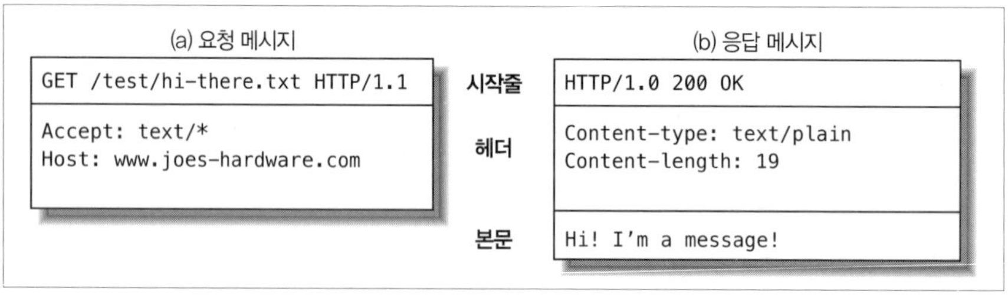
(a) 요청 메시지
GET /test/hi-there.txt HTTP/1.1
Accept: text/*
Host: www.joes-hardware.com
시작줄
헤더
본문
(b) 응답 메시지
HTTP/1.0 200 OK
Content-type: text/plain
Content-length: 19
Hi! I'm a message!

그림 3-5 요청과 응답 메시지의 예

헤더나 엔터티 본문이 없더라도 HTTP 헤더의 집합은 항상 빈 줄(그냥 CRLF)로 끝나야 함에 주의하라. 그러나 역사적으로 많은 클라이언트와 서버가 엔터티 본문이 없는 경우에 (실수로) 마지막 CRLF를 빠뜨린다. 이와 같이 널리 쓰이지만 규칙을 잘 지키지 않는 구현체와의 호환을 위해, 클라이언트와 서버는 마지막 CRLF 없이 끝나는 메시지도 받아들일 수 있어야 한다.

3.2.2 시작줄

모든 HTTP 메시지는 시작줄로 시작한다. 요청 메시지의 시작줄은 무엇을 해야 하는지 말해준다. 응답 메시지의 시작줄은 무슨 일이 일어났는지 말해준다.

요청줄

요청 메시지는 서버에게 리소스에 대해 무언가를 해달라고 부탁한다. 요청 메시지의 시작줄, 혹은 요청줄에는 서버에서 어떤 동작이 일어나야 하는지 설명해주는 메서드와 그 동작에 대한 대상을 지칭하는 요청 URL이 들어있다. 또한 요청줄은 클라이언트가 어떤 HTTP 버전으로 말하고 있는지 서버에게 알려주는 HTTP 버전도 포함한다.

이 모든 필드는 공백으로 구분된다. 그림 3-5a에서, 요청 메서드는 GET이고, 요청 URL은 /test/hi-there.txt이며, 버전은 HTTP/1.1이다. HTTP/1.0 이전에는 요청줄에 HTTP 버전이 들어있을 필요가 없었다.

응답줄

응답 메시지는 수행 결과에 대한 상태 정보와 결과 데이터를 클라이언트에게 돌려준다. 응답 메시지의 시작줄 혹은 응답줄에는 응답 메시지에서 쓰인 HTTP의 버전, 숫자로 된 상태 코드, 수행 상태에 대해 설명해주는 텍스트로 된 사유 구절이 들어있다.

이 모든 필드는 공백으로 구분된다. 그림 3-5b에서, HTTP 버전은 HTTP/1.0이고, 상태 코드는 200(성공을 의미)이며, 사유 구절은 OK로 문서가 성공적으로 반환되었음을 의미한다. HTTP/1.0 이전 시절에는 응답에 응답줄이 들어있을 필요가 없었다.

메서드

요청의 시작줄은 메서드로 시작하며, 서버에게 무엇을 해야 하는지 말해준다. 예를 들어, 'GET /specials/saw-blade.gif HTTP/1.0'이라는 줄에서 메서드는 GET이다.

HTTP 명세는 공통 요청 메서드의 집합을 정의한다. 예를 들어, GET 메서드는 서버에서 문서를 가져오는 것이며, POST 메서드는 서버가 처리해줬으면 하는 데이터를 보내는 것이고, OPTIONS 메서드는 웹 서버의 일반적인 지원 범위 혹은 웹 서버의 특정 리소스에 대한 지원 범위를 알아보는 것이다.

표 3-1은 일곱 가지 메서드에 대해 서술하고 있다. 메서드에 따라 요청 메시지에 본문이 있는 경우도 있고 그렇지 않은 경우도 있다는 점에 주의하라.

메서드	설명	메시지 본문이 있는가?
GET	서버에서 어떤 문서를 가져온다.	없음
HEAD	서버에서 어떤 문서에 대해 헤더만 가져온다.	없음
POST	서버가 처리해야 할 데이터를 보낸다.	있음
PUT	서버에 요청 메시지의 본문을 저장한다.	있음
TRACE	메시지가 프락시를 거쳐 서버에 도달하는 과정을 추적한다.	없음
OPTIONS	서버가 어떤 메서드를 수행할 수 있는지 확인한다.	없음
DELETE	서버에서 문서를 제거한다.	없음

표 3-1 많이 쓰이는 HTTP 메서드

모든 서버가 표 3-1의 메서드를 모두 구현한 것은 아니라는 점에 주의하라. 더 나아가, HTTP는 쉽게 확장할 수 있도록 설계되었기 때문에, 다른 서버는 그들만의 메서드를 추가로 구현했을 수도 있다. 이러한 추가 메서드는 HTTP 명세를 확장하는 것이기 때문에 확장 메서드라고 불린다.

상태 코드

메서드가 서버에게 무엇을 해야 하는지 말해주는 것처럼, 상태 코드는 클라이언트에게 무엇이 일어났는지 말해준다. 상태 코드는 응답의 시작줄에 위치한다. 예를 들어, 'HTTP/1.0 200 OK'라는 줄에서 상태 코드는 200이다.

클라이언트가 HTTP 서버에게 요청 메시지를 보낼 때, 많은 일이 일어난다. 만약 운이 좋다면 요청은 완전히 성공할 것이다. 그러나 항상 운이 좋을 수는 없다. 서버는 요청한 리소스가 발견되지 않았거나, 그 리소스에 접근할 권한이 없거나, 어쩌면 그 리소스가 다른 곳으로 옮겨졌다고 알려올 수도 있다.

상태 코드는 각 응답 메시지의 시작줄에 담겨 반환된다. 숫자로 된 코드와, 문자열로 되어 있어서 사람이 이해하기 쉬운 메시지 두 형태 모두로 반환된다. 사유 구절이 사람에게 쉽게 읽히는 한편, 숫자로 된 코드는 프로그램이 에러를 처리하기 쉽다.

상태 코드들은 세 자리 숫자로 된 그들의 코드값을 기준으로 묶인다. 200에서 299까지의 상태 코드는 성공을 나타낸다. 300에서 399까지의 코드는 리소스가 옮겨졌음을 뜻한다. 400에서 499까지의 코드는 클라이언트가 뭔가 잘못된 요청을 했음을 의미한다. 500에서 599까지의 코드는 서버에서 뭔가 실패했음을 의미한다.

표 3-2는 상태 코드의 종류를 보여주고 있다.

전체 범위	정의된 범위	분류
100-199	100-101	정보
200-299	200-206	성공
300-399	300-305	리다이렉션
400-499	400-415	클라이언트 에러
500-599	500-505	서버 에러

표 3-2 상태 코드의 종류

현재 버전의 HTTP는 각 상태 분류에 대해 적은 수의 코드만을 정의했다. 프로토콜이 진화하면서, 더 많은 상태 코드가 HTTP 명세에 공식적으로 정의될 것이다. 만약 당신이 인식할 수 없는 상태 코드를 받게 되면, 누군가가 현재 프로토콜의 확장으로 그것을 정의했을 가능성이 있다. 그 상태 코드를 그것이 포함되는 범주의 일반적인 구성원으로 가정하고 다루어야 한다.

예를 들어, 만약 상태 코드 515(표 3-2에 나열된 5XX 코드의 정의된 범위에서 벗어나는)를 받게 되면, 그 응답을 다른 5XX 메시지들과 마찬가지로 서버 에러를 의미하는 것으로 간주하고 다루어야 한다.

표 3-3은 만날 수 있는 가장 흔한 상태 코드 중 몇 가지를 나열한다. 우리는 모든 HTTP 상태 코드를 이 장의 뒷부분에서 자세히 설명할 것이다.

상태 코드	사유 구절	의미
200	OK	성공! 요청한 모든 데이터는 응답 본문에 들어있다.
401	Unauthorized	사용자 이름과 비밀번호를 입력해야 한다.
404	Not Found	서버는 요청한 URL에 해당하는 리소스를 찾지 못했다.

표 3-3 많이 쓰이는 상태 코드들

사유 구절

사유 구절은 응답 시작줄의 마지막 구성요소다. 이것은 상태 코드에 대한 글로 된 설명을 제공한다. 예를 들어, 'HTTP/1.0 200 OK'라는 줄에서, 사유 구절은 OK이다.

사유 구절은 상태 코드와 일대일로 대응된다. 사유 구절은, 애플리케이션 개발자들이 그들의 사용자에게 요청 중에 무슨 일이 일어났는지 알려주기 위해 넘겨줄 수 있는, 상태 코드의 사람이 이해하기 쉬운 버전이다.

HTTP 명세는 사유 구절이 어때야 한다는 어떤 엄격한 규칙도 제공하지 않는다. 이 장의 뒷부분에서, 우리는 상태 코드와 그에 어울릴만한 사유 구절을 열거해 보일 것이다.

버전 번호

버전 번호는 HTTP/x.y 형식으로 요청과 응답 메시지 양쪽 모두에 기술된다. 이것은 HTTP 애플리케이션들이 자신이 따르는 프로토콜의 버전을 상대방에게 말해주기 위한 수단이 된다.

버전 번호는 HTTP로 대화하는 애플리케이션들에게 대화 상대의 능력과 메시지의 형식에 대한 단서를 제공해주기 위한 것이다. HTTP 버전 1.1 애플리케이션과 대화하는 HTTP 버전 1.2 애플리케이션은 1.2 버전의 새로운 기능을 사용할 수 없다는 것을 알아야한다. 버전 1.1 애플리케이션은 아마도 1.2 버전의 기능을 구현하지 않았을 것이기 때문이다.

버전 번호는 어떤 애플리케이션이 지원하는 가장 높은 HTTP 버전을 가리킨다. 때때로 이는 애플리케이션 간에 혼란을 유발하는데[2], HTTP/1.0 애플리케이션이 버전 번호가 HTTP/1.1로 된 응답을 받았을 때, 이를 HTTP/1.1 메시지라고 해석하는 경우가 있기 때문이다. 응답의 프로토콜 버전이 HTTP/1.1이라는 것은 사실 응답을 보낸 애플리케이션이 HTTP/1.1까지 이해할 수 있음을 의미하는 것이다.

버전 번호는 분수로 다루어지지 않음에 주의하라. 버전의 각 숫자(예를 들어, HTTP/1.0의 '1'과 '0')는 각각 분리된 숫자로 다루어진다. 따라서 어느 쪽이 큰지 HTTP 버전을 비교할 때 각 숫자는 반드시 따로따로 비교해야 한다. 예를 들어, HTTP/2.22는 HTTP/2.3보다 크다. 왜냐하면 22는 3보다 큰 숫자이기 때문이다.

3.2.3 헤더

전 절에서는 요청과 응답의 첫 번째 줄(메서드, 상태 코드, 사유 구절, 버전 번호)에 초점을 맞췄다. 시작줄 다음에는 0개, 1개 혹은 여러 개의 HTTP 헤더가 온다(그림 3-5를 보라).

HTTP 헤더 필드는 요청과 응답 메시지에 추가 정보를 더한다. 그들은 기본적으로 이름/값 쌍의 목록이다. 예를 들어, 다음의 헤더줄은 Content-Length 헤더 필드에 19라는 값을 할당한다.

```
Content-length: 19
```

헤더 분류

HTTP 헤더 명세는 여러 헤더 필드를 정의한다. 애플리케이션은 또한 자유롭게 자신만의 헤더를 만들어낼 수 있다. HTTP 헤더는 다음과 같이 분류된다.

일반 헤더

요청과 응답 양쪽에 모두 나타날 수 있음

요청 헤더

요청에 대한 부가 정보를 제공

응답 헤더

응답에 대한 부가 정보를 제공

---

2 아파치가 클라이언트와 이런 문제를 겪을 수 있는 더 많은 사례에 대해서는 http://httpd.apache.org/docs-2.0/misc/known_client_problems.html을 보라.

Entity 헤더

본문 크기와 콘텐츠, 혹은 리소스 그 자체를 서술

확장 헤더

명세에 정의되지 않은 새로운 헤더

각 HTTP 헤더는 간단한 문법을 가진다. 이름, 쉼표, 공백(없어도 된다), 필드 값, CRLF가 순서대로 온다. 표 3-4는 몇 가지 흔히 쓰이는 헤더의 예를 나열하고 있다.

헤더의 예	설명
Date: Tue, 3 Oct 1997 02:16:03 GMT	서버가 응답을 만들어 낸 시각
Content-length: 15040	15,040바이트의 데이터를 포함한 엔터티 본문
Content-type: image/gif	엔터티 본문은 GIF 이미지다.
Accept: image/gif, image/jpeg, text/html	클라이언트는 GIF, JPEG 이미지와 HTML을 받아들일 수 있다.

표 3-4 흔히 쓰이는 헤더의 예

헤더를 여러 줄로 나누기

긴 헤더 줄은 그들을 여러 줄로 쪼개서 더 읽기 좋게 만들 수 있는데, 추가 줄 앞에는 최소 하나의 스페이스 혹은 탭 문자가 와야 한다.

예:

```
HTTP/1.0 200 OK
Content-Type: image/gif
Content-Length: 8572
Server: Test Server
   Version 1.0
```

이 예에서, 응답 메시지는 여러 줄로 값이 쪼개진 Server 헤더를 포함하고 있다. 그 헤더의 완전한 값은 'Test Server Version 1.0'이다.

우리는 모든 HTTP 헤더를 이 장의 뒷부분에서 간략히 설명할 것이다. 또한 모든 헤더에 대한 더 자세한 요약을 부록 C에서 제공한다.

3.2.4 엔터티 본문

HTTP 메시지의 세 번째 부분은 선택적인 엔터티 본문이다. 엔터티 본문은 HTTP 메시지의 화물이라고 할 수 있다. 그것들은 HTTP가 수송하도록 설계된 것들이다.

HTTP 메시지는 이미지, 비디오, HTML 문서, 소프트웨어 애플리케이션, 신용카드 트랜잭션, 전자우편 등 여러 종류의 디지털 데이터를 실어 나를 수 있다.

3.2.5 버전 0.9 메시지

HTTP 버전 0.9는 HTTP 프로토콜의 초기 버전이다. 그것은 오늘날 HTTP가 갖고 있는 요청과 응답 메시지의 시초이지만, 훨씬 단순한 프로토콜로 되어 있다(그림 3-6을 보라).

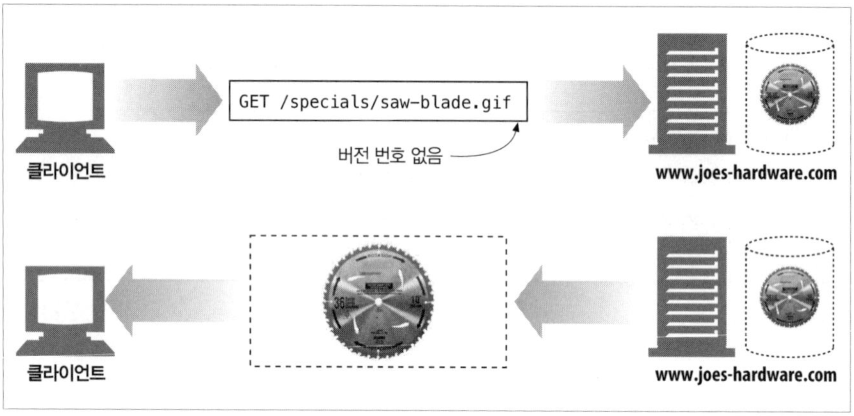

그림 3-6 HTTP/0.9 트랜잭션

HTTP/0.9 메시지도 마찬가지로 요청과 응답으로 이루어져 있지만, 요청은 그저 메서드와 요청 URL를 갖고 있을 뿐이며, 응답은 오직 엔터티로만 되어 있다. 버전 정보도 없고(그 시절엔 최초이자 유일한 버전이었다), 상태 코드나 사유 구절도 없으며, 헤더도 포함되어 있지 않다.

이와 같은 지나칠 정도의 단순함 때문에, HTTP/0.9로는 다양한 상황에 대응할 수 없으며 이 책에서 설명하고 있는 HTTP의 기능들과 애플리케이션들도 대부분 구현할 수 없다. 여기서 HTTP/0.9에 대해 설명한 것은, 여전히 그것을 사용하는 클라이언트, 서버, 기타 애플리케이션 들이 있기 때문에, 애플리케이션 개발자들이 HTTP/0.9의 제약에 대해 알아둘 수 있게 하기 위함이다.

3.3 메서드

표 3-1에 열거된 몇몇 기본적인 HTTP 메서드에 대해 자세히 이야기해보자. 모든 서버가 모든 메서드를 구현하지는 않는다는 것에 주의하라. HTTP 버전 1.1과 호환되고자 한다면, 서버는 자신의 리소스에 대해 GET과 HEAD 메서드만을 구현하는

것으로 충분하다.

비록 서버가 모든 메서드를 구현하지 않았다 하더라도 메서드는 대부분 제한적으로 사용될 것이다. 예를 들어, DELETE와 PUT(이 절에서 나중에 설명할 것이다)을 지원하는 서버는 아무나 저장된 리소스를 삭제할 수 있길 바라지는 않을 것이다. 이 제한은 일반적으로 서버 설정에 의해 정해지며, 따라서 사이트마다 또 서버마다 다를 수 있다.

3.3.1 안전한 메서드(Safe Method)

HTTP는 안전한 메서드라 불리는 메서드의 집합을 정의한다. GET과 HEAD 메서드는 안전하다고 할 수 있는데, 이는 GET이나 HEAD 메서드를 사용하는 HTTP 요청의 결과로 서버에 어떤 작용도 없음을 의미한다.

작용이 없다는 것은, HTTP 요청의 결과로 인해 서버에서 일어나는 일은 아무것도 없다는 의미이다. 예를 들어, 죠의 하드웨어에서 온라인 쇼핑을 하다 '구매' 버튼을 클릭했다고 해보자. 그 순간 당신의 신용카드 정보를 담은 POST 요청(나중에 설명할 것이다)이 전송될 것이고, 서버에서 당신을 위한 작용이 일어날 것이다. 이 사례에서, '작용'이란 구매로 인해 신용카드로 대금이 청구되는 것을 말한다.

안전한 메서드가 서버에 작용을 유발하지 않는다는 보장은 없다(사실 그건 웹 개발자에게 달렸다). 안전한 메서드의 목적은, 서버에 어떤 영향을 줄 수 있는 안전하지 않은 메서드가 사용될 때 사용자들에게 그 사실을 알려주는 HTTP 애플리케이션을 만들 수 있도록 하는 것에 있다. 죠의 하드웨어 예에서, 웹브라우저는 안전하지 않은 메서드를 담은 요청이 만들어졌고, 그 결과 서버에서 어떤 일(신용카드가 결제된다거나)이 일어날 수 있음을 알려주는 경고 메시지를 띄울 것이다.

3.3.2 GET

GET은 가장 흔히 쓰이는 메서드다. 주로 서버에게 리소스를 달라고 요청하기 위해 쓰인다. HTTP/1.1은 서버가 이 메서드를 구현할 것을 요구한다. 그림 3-7은 클라이언트가 GET 메서드로 요청을 만드는 예를 보여준다.

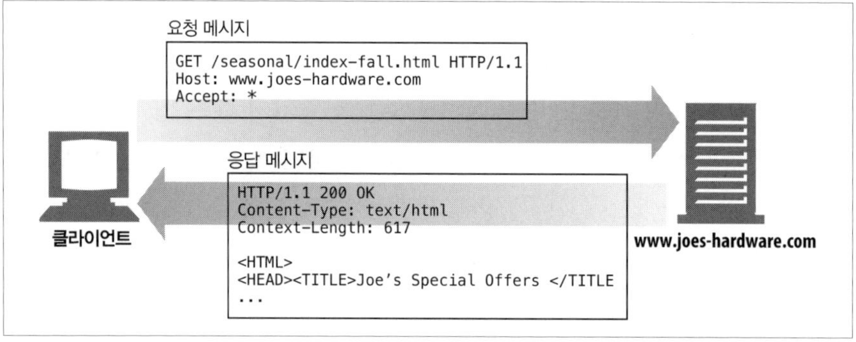
요청 메시지
GET /seasonal/index-fall.html HTTP/1.1
Host: www.joes-hardware.com
Accept: *
응답 메시지
HTTP/1.1 200 OK
Content-Type: text/html
Context-Length: 617
<HTML>
<HEAD><TITLE>Joe's Special Offers </TITLE
...
클라이언트
www.joes-hardware.com

그림 3-7 GET의 예

3.3.3 HEAD

HEAD 메서드는 정확히 GET처럼 행동하지만, 서버는 응답으로 헤더만을 돌려준다. 엔터티 본문은 결코 반환되지 않는다. 이는 클라이언트가 리소스를 실제로 가져올 필요 없이 헤더만을 조사할 수 있도록 해준다. HEAD를 사용하면,

- 리소스를 가져오지 않고도 그에 대해 무엇인가(타입이라거나)를 알아낼 수 있다.
- 응답의 상태 코드를 통해, 개체가 존재하는지 확인할 수 있다.
- 헤더를 확인하여 리소스가 변경되었는지 검사할 수 있다.

서버 개발자들은 반드시 반환되는 헤더가 GET으로 얻는 것과 정확히 일치함을 보장해야 한다. 또한 HTTP/1.1 준수를 위해서는 HEAD 메서드가 반드시 구현되어 있어야 한다. 그림 3-8은 HEAD 메서드의 실제 동작을 보여준다.

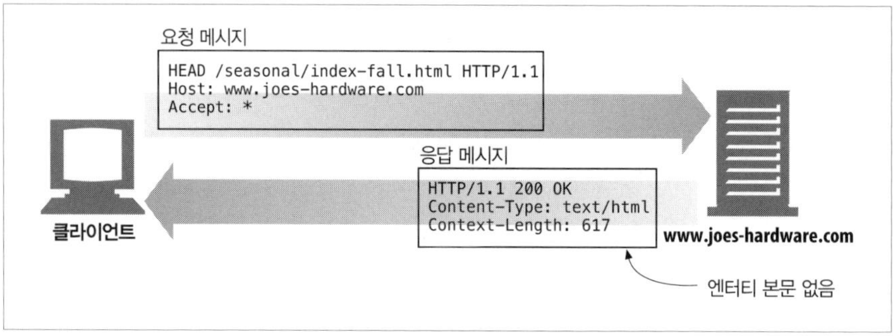
요청 메시지
HEAD /seasonal/index-fall.html HTTP/1.1
Host: www.joes-hardware.com
Accept: *
응답 메시지
HTTP/1.1 200 OK
Content-Type: text/html
Context-Length: 617
클라이언트
www.joes-hardware.com
엔터티 본문 없음

그림 3-8 HEAD의 예

3.3.4 PUT

GET 메서드가 서버로부터 문서를 읽어 들이는데 반해 PUT 메서드는 서버에 문서를 쓴다. 어떤 발행 시스템은 사용자가 PUT을 이용해 웹페이지를 만들고 웹 서버에 직접 게시할 수 있도록 해준다(그림 3-9를 보라).

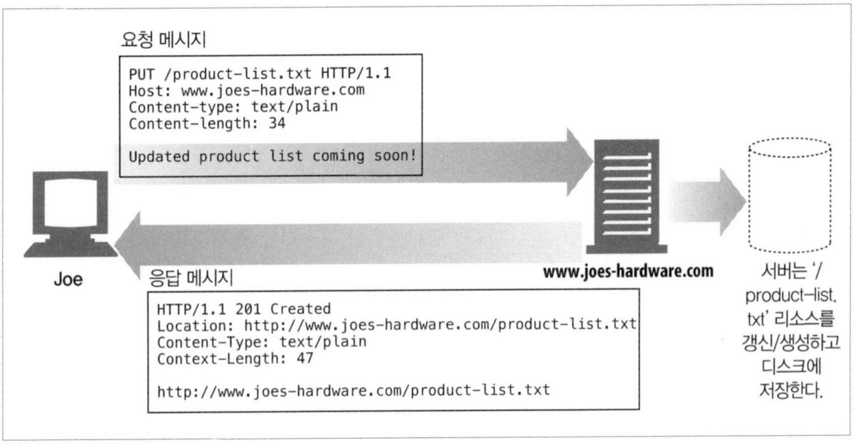
요청 메시지
PUT /product-list.txt HTTP/1.1
Host: www.joes-hardware.com
Content-type: text/plain
Content-length: 34
Updated product list coming soon!
Joe
응답 메시지
HTTP/1.1 201 Created
Location: http://www.joes-hardware.com/product-list.txt
Content-Type: text/plain
Context-Length: 47
http://www.joes-hardware.com/product-list.txt
www.joes-hardware.com
서버는 '/product-list.txt' 리소스를 갱신/생성하고 디스크에 저장한다.

그림 3-9 PUT의 예

PUT 메서드의 의미는, 서버가 요청의 본문을 가지고 요청 URL의 이름대로 새 문서를 만들거나, 이미 URL이 존재한다면 본문을 사용해서 교체하는 것이다.

PUT은 콘텐츠를 변경할 수 있게 해주기 때문에, 많은 웹 서버가 PUT을 수행하기 전에 사용자에게 비밀번호를 입력해서 로그인을 하도록 요구할 것이다. 비밀번호 인증에 대해서는 12장에서 더 자세히 알아볼 것이다.

3.3.5 POST

POST 메서드는 서버에 입력 데이터를 전송하기 위해 설계되었다.[3] 실제로, HTML 폼을 지원하기 위해 흔히 사용된다. 채워진 폼에 담긴 데이터는 서버로 전송되며, 서버는 이를 모아서 필요로 하는 곳(예를 들면 그 데이터를 처리할 서버 게이트웨이 프로그램)에 보낸다. 그림 3-10은 클라이언트가 POST 메서드를 이용해 폼 데이터를 서버로 전달하는 요청을 하는 것을 보여준다.

3.3.6 TRACE

클라이언트가 어떤 요청을 할 때, 그 요청은 방화벽, 프락시, 게이트웨이 등의 애플

3 POST는 서버에 데이터를 보내기 위해 사용한다. PUT은 서버에 있는 리소스(예: 파일)에 데이터를 입력하기 위해 사용한다.

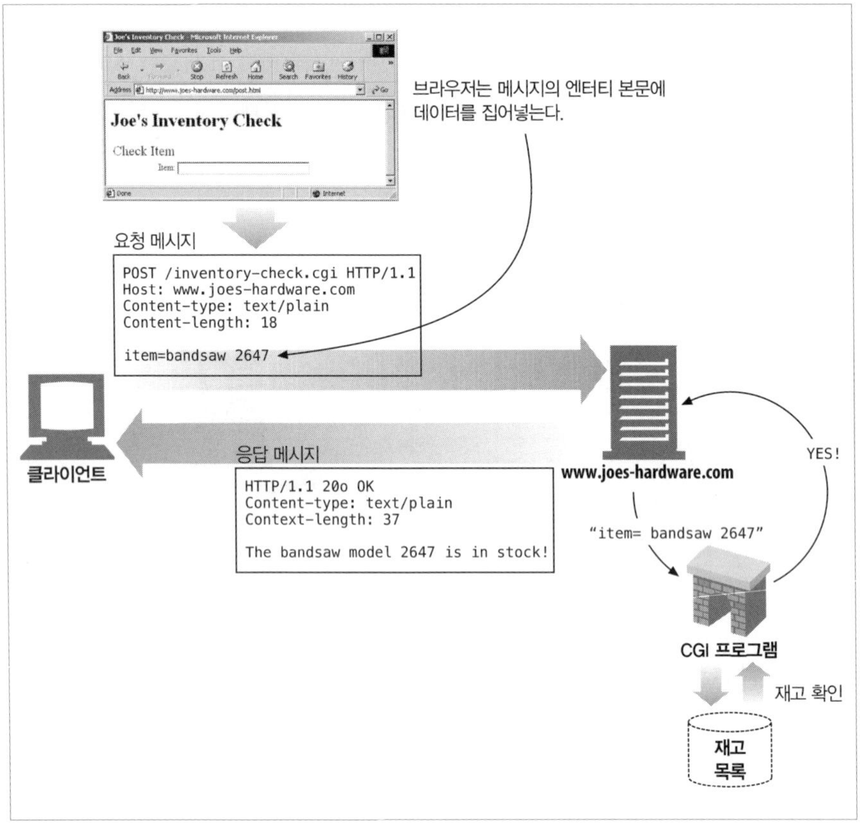

그림 3-10 POST의 예

리케이션을 통과할 수 있다. 이들에게는 원래의 HTTP 요청을 수정할 수 있는 기회가 있다. TRACE 메서드는 클라이언트에게 자신의 요청이 서버에 도달했을 때 어떻게 보이게 되는지 알려준다.

TRACE 요청은 목적지 서버에서 '루프백(loopback)' 진단을 시작한다. 요청 전송의 마지막 단계에 있는 서버는 자신이 받은 요청 메시지를 본문에 넣어 TRACE 응답을 되돌려준다. 클라이언트는 자신과 목적지 서버 사이에 있는 모든 HTTP 애플리케이션의 요청/응답 연쇄를 따라가면서 자신이 보낸 메시지가 망가졌거나 수정되었는지, 만약 그렇다면 어떻게 변경되었는지 확인할 수 있다(그림 3-11을 보라).

TRACE 메서드는 주로 진단을 위해 사용된다. 예를 들면 요청이 의도한 요청/응답 연쇄를 거쳐가는지 검사할 수 있다. 또한 프락시나 다른 애플리케이션들이 요청에 어떤 영향을 미치는지 확인해보고자 할 때도 좋은 도구다.

TRACE는 진단을 위해 사용할 때는 괜찮지만, 그 대신 중간 애플리케이션이 여러 다른 종류의 요청(GET, HEAD, POST 등 각각 다른 메서드를 사용한)들을 일관되게

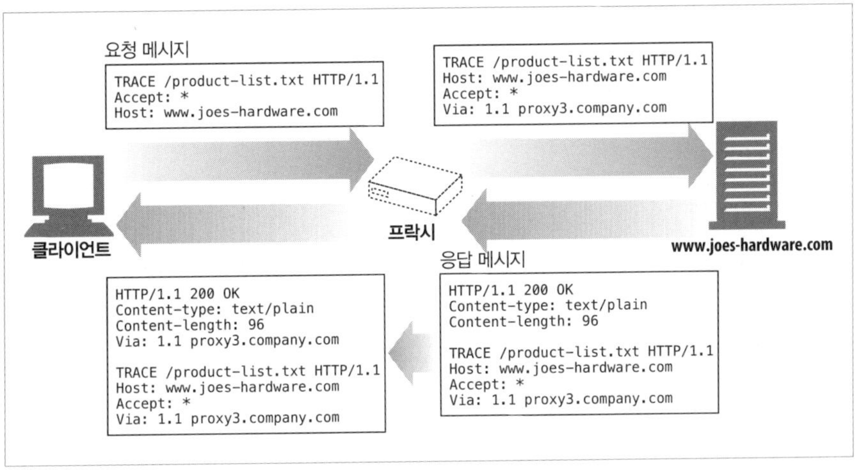
요청 메시지
TRACE /product-list.txt HTTP/1.1
Accept: *
Host: www.joes-hardware.com
TRACE /product-list.txt HTTP/1.1
Host: www.joes-hardware.com
Accept: *
Via: 1.1 proxy3.company.com
클라이언트
프락시
www.joes-hardware.com
응답 메시지
HTTP/1.1 200 OK
Content-type: text/plain
Content-length: 96
Via: 1.1 proxy3.company.com
TRACE /product-list.txt HTTP/1.1
Host: www.joes-hardware.com
Accept: *
Via: 1.1 proxy3.company.com
HTTP/1.1 200 OK
Content-type: text/plain
Content-length: 96
TRACE /product-list.txt HTTP/1.1
Host: www.joes-hardware.com
Accept: *
Via: 1.1 proxy3.company.com

그림 3-11 TRACE의 예

다룬다고 가정하는 문제가 있다. 많은 HTTP 애플리케이션은 메서드에 따라 다르게 동작한다. 예를 들어, 프락시는 POST 요청을 바로 서버로 통과시키는 반면 GET 요청은 웹 캐시와 같은 다른 HTTP 애플리케이션으로 전송한다. TRACE는 메서드를 구별하는 메커니즘을 제공하지 않는다. 어떻게 TRACE 요청을 처리할 것인지에 대해서는 일반적으로 중간 애플리케이션이 결정을 내린다.

TRACE 요청은 어떠한 엔터티 본문도 보낼 수 없다. TRACE 응답의 엔터티 본문에는 서버가 받은 요청이 그대로 들어있다.

3.3.7 OPTIONS

OPTIONS 메서드는 웹 서버에게 여러 가지 종류의 지원 범위에 대해 물어본다. 서버에게 특정 리소스에 대해 어떤 메서드가 지원되는지 물어볼 수 있다(몇몇 서버는 특정 종류의 객체에 대해 특정 동작만을 지원한다).

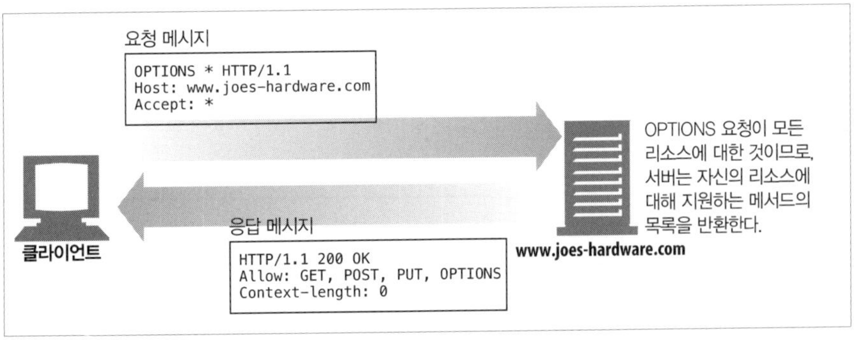
요청 메시지
OPTIONS * HTTP/1.1
Host: www.joes-hardware.com
Accept: *
OPTIONS 요청이 모든 리소스에 대한 것이므로, 서버는 자신의 리소스에 대해 지원하는 메서드의 목록을 반환한다.
클라이언트
응답 메시지
HTTP/1.1 200 OK
Allow: GET, POST, PUT, OPTIONS
Context-length: 0
www.joes-hardware.com

그림 3-12 OPTIONS의 예

이 메서드는 여러 리소스에 대해 실제로 접근하지 않고도 그것들을 어떻게 접근하는 것이 최선인지 확인할 수 있는 수단을 클라이언트 애플리케이션에게 제공한다. 그림 3-12는 OPTIONS 메서드를 사용한 요청 시나리오를 보여준다.

3.3.8 DELETE

DELETE 메서드는 당신이 예상한 바로 그 일을 한다. 서버에게 요청 URL로 지정한 리소스를 삭제할 것을 요청한다. 그러나 클라이언트는 삭제가 수행되는 것을 보장하지 못한다. 왜냐하면 HTTP 명세는 서버가 클라이언트에게 알리지 않고 요청을 무시하는 것을 허용하기 때문이다. 그림 3-13은 DELETE 메서드의 예를 보여준다.

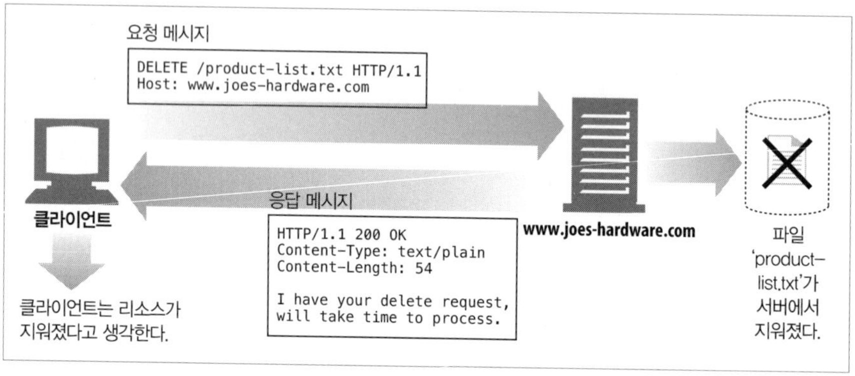
요청 메시지
DELETE /product-list.txt HTTP/1.1
Host: www.joes-hardware.com
클라이언트
응답 메시지
HTTP/1.1 200 OK
Content-Type: text/plain
Content-Length: 54
I have your delete request,
will take time to process.
www.joes-hardware.com
클라이언트는 리소스가 지워졌다고 생각한다.
파일 'product-list.txt'가 서버에서 지워졌다.

그림 3-13 DELETE의 예

3.3.9 확장 메서드

HTTP는 필요에 따라 확장해도 문제가 없도록 설계되어 있으므로, 새로 기능을 추가해도 과거에 구현된 소프트웨어들의 오동작을 유발하지 않는다. 확장 메서드는 HTTP/1.1 명세에 정의되지 않은 메서드다. 그들은 개발자들에게 그들의 서버가 구현한 HTTP 서비스의 서버가 관리하는 리소스에 대한 능력을 확장하는 수단을 제공한다. 확장 메서드의 대표적인 예 몇 가지가 표 3-5에 열거되어 있다. 그 메서드들은 모두 웹 콘텐츠를 웹 서버로 발행하는 것을 돕는 WebDAV HTTP 확장(19장을 보라)의 일부다.

메서드	설명
LOCK	사용자가 리소스를 잠글 수 있게 해준다. 예를 들어, 문서를 편집하는 동안 다른 사람이 동시에 같은 문서를 편집하지 못하도록 문서를 잠글 수 있다.
MKCOL	사용자가 문서를 생성할 수 있게 해준다.

COPY	서버에 있는 리소스를 복사한다.
MOVE	서버에 있는 리소스를 옮긴다.

표 3-5 웹 배포 확장 메서드의 예

모든 확장 메서드가 형식을 갖춘 명세로 정의된 것은 아니라는 점에 주의해야 한다. 만약 당신이 어떤 확장 메서드를 정의한다면, 그것은 대부분의 HTTP 애플리케이션이 이해할 수 없을 것이다. 마찬가지로, 당신의 HTTP 애플리케이션이 이해할 수 없는 확장 메서드를 사용하는 애플리케이션과 마주칠 수도 있다.

이런 상황에서는 확장 메서드에 대해 관용적인 것이 최고다. 프락시는, 종단 간(end-to-end) 행위를 망가뜨리지 않을 수 있다면, 알려지지 않은 메서드가 담긴 메시지를 다운스트림 서버로 전달하려고 시도한다. 그렇지 않다면 프락시는 501 Not Implemented 상태 코드로 응답해야 한다. 확장 메서드(그리고 대부분의 HTTP 확장)를 다룰 때는 "엄격하게 보내고 관대하게 받아들여라"[4]라는 오랜 규칙에 따르는 것이 가장 좋다.

3.4 상태 코드

앞서 표 3-2에서 보았듯이, HTTP 상태 코드는 크게 다섯 가지로 나뉜다. 이 절에서는 HTTP 상태 코드의 각 분류에 대해 요약한다.

상태 코드는 클라이언트에게 그들의 트랜잭션을 이해할 수 있는 쉬운 방법을 제공한다. 이 절에서는 또한 사유 구절의 예를 나열해 보일 것이다(사실 사유 구절을 정확히 어떻게 써야 하는지에 대한 가이드는 존재하지 않는다). 우리는 여기에 HTTP/1.1 명세에서 추천하는 사유 구절을 포함시켰다.

3.4.1 100-199: 정보성 상태 코드

정보성 상태 코드는 HTTP/1.1에서 도입되었다. 이들은 비교적 새로운 것이며, 복잡함을 감수할 만한 가치가 있는지에 대해 논란이 되고 있다. 표 3-6은 정의된 정보성 상태 코드를 나열하고 있다.

4 (옮긴이) 원문은 "be conservative in what you send, be liberal in what you accept."로 Postel의 법칙이라고도 불린다.

상태 코드	사유 구절	의미
100	Continue	요청의 시작 부분 일부가 받아들여졌으며, 클라이언트는 나머지를 계속 이어서 보내야 함을 의미한다. 이것을 보낸 후, 서버는 반드시 요청을 받아 응답해야 한다. 더 자세한 정보는 부록 C의 Expect 헤더를 보라.
101	Switching Protocols	클라이언트가 Upgrade 헤더에 나열한 것 중 하나로 서버가 프로토콜을 바꾸었음을 의미한다.

표 3-6 정보성 상태 코드와 사유 구절

특히 100 Continue 상태 코드는 약간 혼란스럽다. 100 Continue는 HTTP 클라이언트 애플리케이션이 서버에 엔터티 본문을 전송하기 전에 그 엔터티 본문을 서버가 받아들일 것인지 확인하려고 할 때, 그 확인 작업을 최적화하기 위한 의도로 도입된 것이다. 이는 HTTP 프로그래머를 혼란스럽게 하는 경향이 있으므로, 여기서 좀 더 자세히(어떻게 클라이언트, 서버, 프락시와 상호작용하는지) 다룰 것이다.

클라이언트와 100 Continue

만약 클라이언트가 엔터티를 서버에게 보내려고 하고, 그 전에 100 Continue 응답을 기다리겠다면, 클라이언트는 값을 100-continue로 하는 Expect 요청 헤더를 보낼 필요가 있다(부록 C를 보라). 만약 클라이언트가 엔터티를 보내지 않으려 한다면, 100-continue Expect 헤더를 보내지 않아야 한다. 왜냐하면 이것은 클라이언트가 엔터티를 보낼 것이라고 생각하게 만들어 서버를 혼란에 빠뜨릴 뿐이기 때문이다.

100-continue는 여러 측면에서 최적화를 위한 것이다. 클라이언트 애플리케이션은 100-continue를 서버가 다루거나 사용할 수 없는 큰 엔터티를 서버에게 보내지 않으려는 목적으로만 사용해야 한다.

100 Continue 상태에 대한 초창기의 혼란 때문에(그리고 더 오래된 구현들을 고려해 볼 때), 100-continue 값이 담긴 Expect 헤더를 보낸 클라이언트는 서버가 100 Continue 응답을 보내주기를 막연히 기다리기만 해서는 안 된다. 약간의 타임아웃 후에 클라이언트는 그냥 엔터티를 보내야 한다.

사실 클라이언트 개발자는 예상하지 못한 100 Continue 응답에도 대비해야 한다(짜증나겠지만 사실이 그렇다). 몇몇 잘못 만들어진 HTTP 애플리케이션은 이 코드를 부적절하게 보낸다.

서버와 100 Continue

서버가 100-continue 값이 담긴 Expect 헤더가 포함된 요청을 받는다면, 100 Continue 응답 혹은 에러 코드로 답해야 한다(표 3-9를 보라). 서버는 절대로

100-continue 응답을 받을 것을 의도하지 않은 클라이언트에게 100 Continue 상태 코드를 보내서는 안 된다. 그러나 위에서 언급한 바와 같이, 몇몇 잘못 만들어진 서버는 그렇게 한다.

서버가 100 Continue 응답을 보낼 기회를 갖기 전에 어떤 이유로 인해 엔터티의 일부(혹은 전체)를 수신하였다면, 서버는 이 상태 코드를 보낼 필요가 없다. 왜냐하면 클라이언트는 이미 계속 전송하기로 결정하였기 때문이다. 그러나 서버가 요청을 끝까지 다 읽은 후에는 그 요청에 대한 최종 응답을 보내야 한다(100 Continue 상태는 그냥 생략해도 된다).

마지막으로, 만약 서버가 100 continue 응답을 받을 것을 의도한 요청을 받고 난 상태에서 엔터티 본문을 읽기 전에 요청을 끝내기로 결정했다면(에러 등의 이유로), 서버는 그냥 응답을 보내고 연결을 닫아서는 안 된다. 클라이언트가 응답을 받을 수 없게 되기 때문이다(4장의 "TCP 끊기와 리셋 에러"를 보라).

프락시와 *100 Continue*

클라이언트로부터 100-continue 응답을 의도한 요청을 받은 프락시는 몇 가지 해야 할 일이 있다. 만약 다음 홉(next-hop) 서버(6장에서 다룬다)가 HTTP/1.1을 따르거나 혹은 어떤 버전을 따르는지 모른다면, Expect 헤더를 포함시켜서 요청을 다음으로 전달해야 한다. 만약 다음 홉의 서버가 1.1보다 이전 버전의 HTTP를 따른다는 것을 알고 있다면, 프락시는 417 Expectation Failed 에러로 응답해야 한다.

만약 프락시가 HTTP/1.0이나 이전 버전을 따르는 클라이언트를 대신하여 Expect 헤더와 100-continue 값을 요청에 포함시키기로 결정했다면, 프락시는 100 Continue 응답을 클라이언트에 전달해서는 안 된다. 왜냐하면 클라이언트는 그것을 어떻게 해야 할지 모를 것이기 때문이다.

프락시가 다음 홉 서버들에 대한 상태 몇 가지와 그들이 지원하는 HTTP 버전을 기억해둔다면(최소한 최근에 요청을 받은 서버들에 대해서라도), 100-continue 응답을 기대한 요청을 더 잘 다룰 수 있게 되므로 프락시에게 이득이 된다.

3.4.2 200-299: 성공 상태 코드

클라이언트가 요청을 보내면, 그 요청은 대개 성공한다. 서버는 대응하는 성공을 의미하는 상태 코드의 배열을 갖고 있으며, 각각 다른 종류의 요청에 대응한다. 표 3-7은 정의된 성공 상태 코드를 열거하고 있다.

상태 코드	사유 구절	의미
200	OK	요청은 정상이고, 엔터티 본문은 요청된 리소스를 포함하고 있다.
201	Created	서버 개체를 생성하라는 요청(예: PUT)을 위한 것. 응답은, 생성된 리소스에 대한 최대한 구체적인 참조가 담긴 Location 헤더와 함께, 그 리소스를 참조할 수 있는 여러 URL을 엔터티 본문에 포함해야 한다. Location 헤더에 대해 더 자세히 알고 싶다면 표 3-21을 보라. 서버는 상태 코드를 보내기에 앞서 반드시 객체를 생성해야 한다.
202	Accepted	요청은 받아들여졌으나 서버는 아직 그에 대한 어떤 동작도 수행하지 않았다. 서버가 요청의 처리를 완료할 것인지에 대한 어떤 보장도 없다. 이것은 단지 요청이 받아들이기에 적법해 보인다는 의미일 뿐이다. 서버는 엔터티 본문에 요청에 대한 상태와 가급적이면 요청의 처리가 언제 완료될 것인지에 대한 추정(혹은 그에 대한 정보를 어디서 얻을 수 있는지)도 포함해야 한다.
203	Non-Authoritative Information	엔터티 헤더(자세한 설명은 "엔터티 헤더"를 보라)에 들어있는 정보가 원래 서버가 아닌 리소스의 사본에서 왔다. 중개자가 리소스의 사본을 갖고 있었지만 리소스에 대한 메타 정보(헤더)를 검증하지 못한(혹은 안 한) 경우 이런 일이 발생할 수 있다. 이 응답 코드는 필수적으로 사용되어야 하는 것은 아니다. 이것은 엔터티 헤더가 원래 서버에서 온 것이였다면 응답이 200 상태였을 애플리케이션을 위한 선택사항이다.
204	No Content	응답 메시지는 헤더와 상태줄을 포함하지만 엔터티 본문은 포함하지 않는다. 주로 웹브라우저를 새 문서로 이동시키지 않고 갱신하고자 할 때(예: 폼을 리프래시) 사용한다.
205	Reset Content	주로 브라우저를 위해 사용되는 또 하나의 코드. 브라우저에게 현재 페이지에 있는 HTML 폼에 채워진 모든 값을 비우라고 말한다.
206	Partial Content	부분 혹은 범위 요청이 성공했다. 나중에 우리는 클라이언트가 특별한 헤더를 사용해서 문서의 부분 혹은 특정 범위를 요청할 수 있다는 것을 보게 될 것이다. 이 상태 코드는 범위 요청이 성공했음을 의미한다. Range 헤더에 대해 더 자세한 것은 15장의 "범위 요청"을 보라. 206 응답은 Content-Rage와 Date 헤더를 반드시 포함해야 하며, Etag와 Content-Location 중 하나의 헤더도 반드시 포함해야 한다.

표 3-7 성공 상태 코드와 사유 구절

3.4.3 300-399: 리다이렉션 상태 코드

리다이렉션 상태 코드는 클라이언트가 관심있어 하는 리소스에 대해 다른 위치를 사용하라고 말해주거나 그 리소스의 내용 대신 다른 대안 응답을 제공한다. 만약 리소스가 옮겨졌다면, 클라이언트에게 리소스가 옮겨졌으며 어디서 찾을 수 있는지(그림 3-14를 보라) 알려주기 위해 리다이렉션 상태 코드와 (선택적으로) Location 헤더를 보낼 수 있다. 이는 브라우저가 사용자를 귀찮게 하지 않고 알아서 새 위치로 이동할 수 있게 해준다.

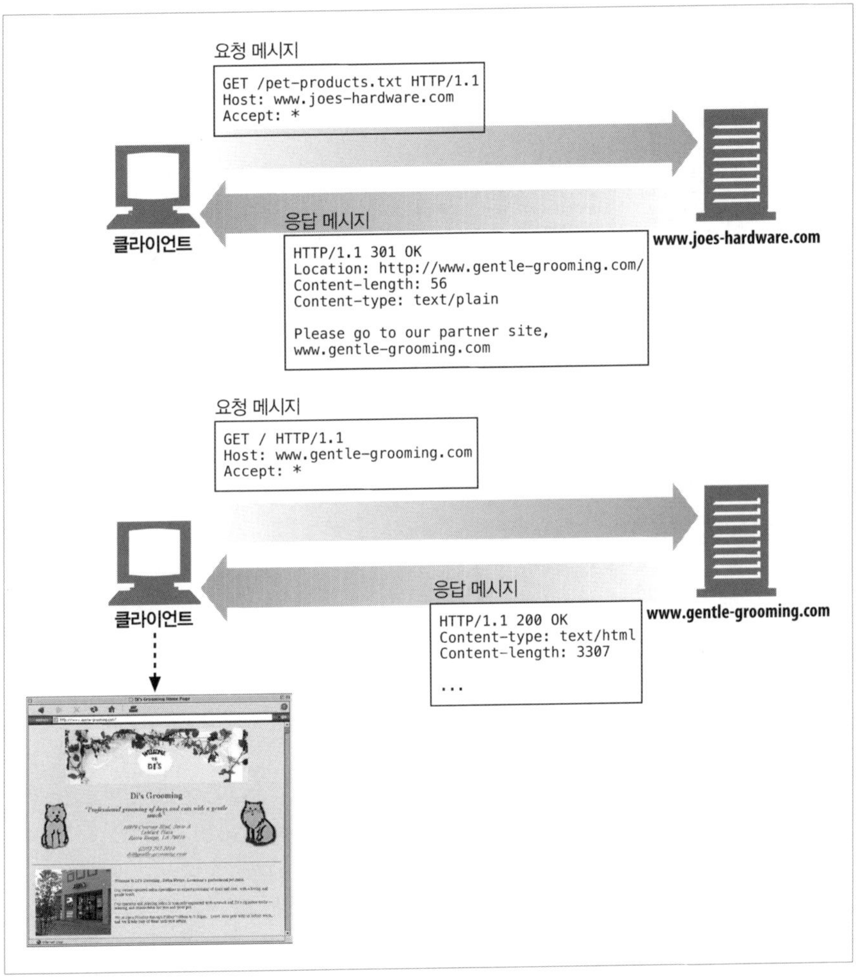
요청 메시지
GET /pet-products.txt HTTP/1.1
Host: www.joes-hardware.com
Accept: *
클라이언트
응답 메시지
HTTP/1.1 301 OK
Location: http://www.gentle-grooming.com/
Content-length: 56
Content-type: text/plain
Please go to our partner site,
www.gentle-grooming.com
www.joes-hardware.com
요청 메시지
GET / HTTP/1.1
Host: www.gentle-grooming.com
Accept: *
클라이언트
응답 메시지
HTTP/1.1 200 OK
Content-type: text/html
Content-length: 3307
...
www.gentle-grooming.com
Di's Grooming

그림 3-14 새 위치로 리다이렉트된 요청

리다이렉션 상태 코드 중 몇몇은 리소스에 대한 애플리케이션의 로컬 복사본이 원래 서버와 비교했을 때 유효한지 확인하기 위해 사용된다. 예를 들어, HTTP 애플리케이션은 그의 리소스에 대한 로컬 복사본이 여전히 최신인지 혹은 원래 서버에 있는 리소스가 수정되었는지 검사할 수 있다. 그림 3-15는 이에 대한 예를 보여준다. 클라이언트는 문서가 1997년 10월 이후에 수정된 경우에만 문서를 가져오라고 말하기 위해 특별한 If-Modified-Since 헤더를 전송한다. 그 문서가 그 날짜 이후에 변한 것이 없다면, 서버는 콘텐츠 대신 304 상태 코드로 답할 것이다.

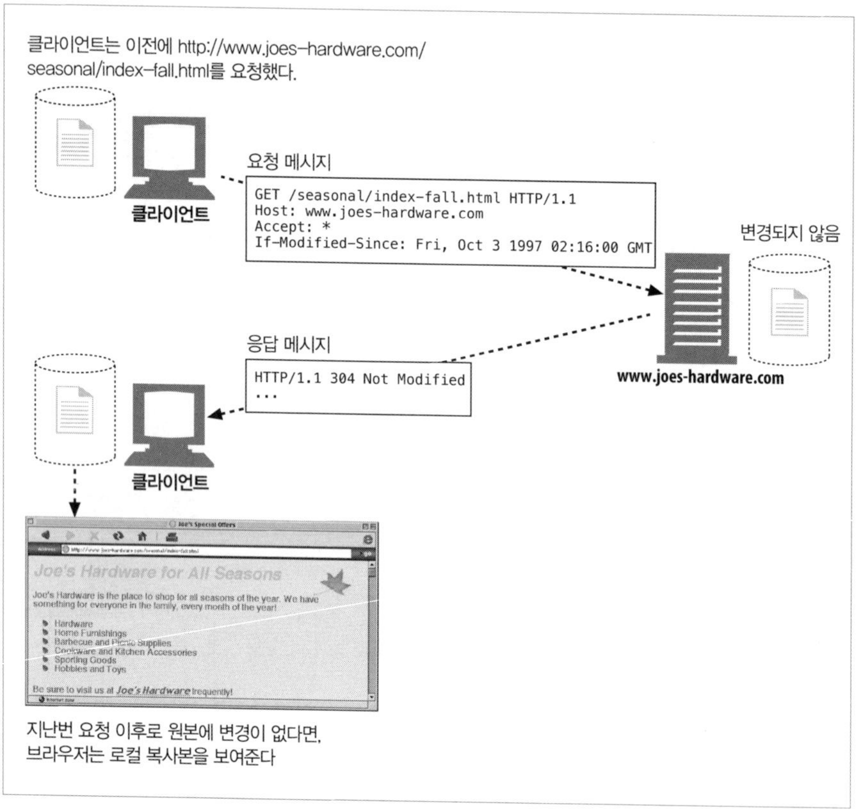

그림 3-15 로컬 복사본을 사용하도록 리다이렉트되는 요청

일반적으로, HEAD가 아닌 요청에 대해 리다이렉션 상태 코드를 포함한 응답을 할 때, 리다이렉트될 URL에 대한 링크와 설명을 포함시키는 것은 좋은 습관이다(그림 3-14의 첫 번째 응답 메시지를 보라). 표 3-8은 정의된 리다이렉션 상태 코드를 나열하고 있다.

상태 코드	사유 구절	의미
300	Multiple Choices	클라이언트가 동시에 여러 리소스를 가리키는 URL을 요청한 경우, 그 리소스의 목록과 함께 반환한다. 사용자는 목록에서 원하는 하나를 선택할 수 있다. 어떤 서버가 하나의 HTML 문서를 영어와 프랑스어 모두로 제공하는 경우 등에 사용할 수 있을 것이다. 이와 같이 여러 버전이 존재할 때의 클라이언트 협상에 대해서는 17장을 보라. 서버는 Location 헤더에 선호하는 URL을 포함시킬 수 있다.
301	Moved Permanently	요청한 URL이 옮겨졌을 때 사용한다. 응답은 Location 헤더에 현재 리소스가 존재하고 있는 URL을 포함해야 한다.
302	Found	301 상태 코드와 같다. 그러나 클라이언트는 Location 헤더로 주어진 URL을 리소스를 임시로 가리키기 위한 목적으로 사용해야 한다. 이후의 요청에서는 원래 URL을 사용해야 한다.

303	See Other	클라이언트에게 리소스를 다른 URL에서 가져와야 한다고 말해주고자 할 때 쓰인다. 새 URL은 응답 메시지의 Location 헤더에 들어있다. 이 상태 코드의 주 목적은 POST 요청에 대한 응답으로 클라이언트에게 리소스의 위치를 알려주는 것이다.
304	Not Modified	클라이언트는 헤더를 이용해 조건부 요청을 만들 수 있다. 조건부 헤더에 대해서는 표 3-15를 보라. 만약 클라이언트가 GET과 같은 조건부 요청을 보냈고 그 요청한 리소스가 최근에 수정된 일이 없다면, 이 코드는 리소스가 수정되지 않았음을 의미하게 된다. 이 상태 코드를 동반한 응답은 엔터티 본문을 가져서는 안 된다.
305	Use Proxy	리소스가 반드시 프락시를 통해서 접근되어야 함을 나타내기 위해 사용한다. 프락시의 위치는 Location 헤더를 통해 주어진다. 클라이언트는 이 응답을 특정 리소스에 대한 것이라고만 해석한다. 클라이언트는 모든 요청에 대해 이 프락시를 통해야 한다고 상정하지 않으며, 그 리소스를 갖고 있는 서버에 대한 요청이라 할지라도 마찬가지다. 이 점은 중요하다. 프락시가 요청에 잘못 간섭한다면 이는 오동작을 유발할 수 있고, 보안 문제를 일으킬 수 있다.
306	(사용되지 않음)	현재는 사용되지 않는다.
307	Temporary Redirect	301 상태 코드와 비슷하다. 그러나 클라이언트는 Location 헤더로 주어진 URL을 리소스를 임시로 가리키기 위한 목적으로 사용해야 한다. 이후의 요청에서는 원래 URL을 사용해야 한다.

표 3-8 리다이렉션 상태 코드와 사유 구절

표 3-8에서, 302, 303, 307 상태 코드 사이에서 중복되는 부분이 있음을 눈치챘을 것이다. 이 상태 코드들이 어떻게 사용되는가에 대해서는 약간 미묘한 차이가 있는데, 이는 주로 HTTP/1.0과 HTTP/1.1 애플리케이션이 이 상태 코드를 다루는 방식의 차이점에 기인한다.

HTTP/1.0 클라이언트가 POST 요청을 보내고 302 리다이렉트 상태 코드가 담긴 응답을 받으면, 클라이언트는 Location 헤더에 들어있는 리다이렉트 URL을 GET 요청으로(원래 요청에서 POST였던 것과는 달리) 따라갈 것이다.

HTTP/1.0 서버가 HTTP/1.0 클라이언트로부터 POST 요청을 받은 뒤 302 상태 코드를 보내는 상황이라면, 서버는 클라이언트가 리다이렉션 URL에 대한 GET 요청으로 리다이렉트를 따라가길 기대한다.

그런데 HTTP/1.1이 혼란을 일으켰다. HTTP/1.1 명세는 그러한 리다이렉션을 위해 303 상태 코드를 사용한다(서버는 뒤이어 GET 요청이 오도록 POST 요청을 리다이렉션하기 위해 303 상태 코드를 보낼 수 있다).

이 혼란을 막기 위해, HTTP/1.1 명세는 HTTP/1.1 클라이언트의 일시적인 리다이렉트를 위해 302 상태 코드 대신 307 상태 코드를 사용하라고 한다. 그리고 서버는 302 상태 코드를 HTTP/1.0 클라이언트에게 사용하기 위해 남겨둘 수 있을 것이다.

결국 서버는 리다이렉트 응답에 들어갈 가장 적절한 리다이렉트 상태 코드를 선택하기 위해 클라이언트의 HTTP 버전을 검사할 필요가 있다.

3.4.4 400-499: 클라이언트 에러 상태 코드

가끔 클라이언트는 서버가 다룰 수 없는 무엇인가를 보낸다. 잘못 구성된 요청 메시지 같은 것이 있을 수 있으며, 가장 흔한 것은 존재하지 않는 URL에 대한 요청이다.

웹 브라우징을 하면서 우리는 모두 악명 높은 404 Not Found 에러를 만난 일이 있다. 이건 바로 서버가 우리에게 우리가 알 수 없는 리소스에 대해 요청을 했다고 말해주는 것이다.

많은 클라이언트 에러가 당신을 귀찮게 하지 않고 브라우저에 의해 처리된다. 404를 비롯한 몇몇은 알아서 처리되지 않고 당신에게 전달될 것이다. 표 3-9는 다양한 클라이언트 에러 상태 코드를 보여주고 있다.

상태 코드	사유 구절	의미
400	Bad Request	클라이언트가 잘못된 요청을 보냈다고 말해준다.
401	Unauthorized	리소스를 얻기 전에 클라이언트에게 스스로를 인증하라고 요구하는 내용의 응답을 적절한 헤더와 함께 반환한다. 인증에 대해 자세한 것은 12장을 보라.
402	Payment Required	현재 이 상태 코드는 쓰이지 않지만, 미래에 사용될 가능성을 위해 준비해 두었다.
403	Forbidden	요청이 서버에 의해 거부되었음을 알려주기 위해 사용한다. 만약 서버가 왜 요청이 거부되었는지 알려주고자 한다면, 서버는 그 이유를 설명하는 엔터티 본문을 포함시킬 수 있다. 그러나 이 코드는 보통 서버가 거절의 이유를 숨기고 싶을 때 사용한다.
404	Not Found	서버가 요청한 URL을 찾을 수 없음을 알려주기 위해 사용한다. 종종, 클라이언트 애플리케이션이 사용자에게 보여주기 위한 엔터티가 포함된다.
405	Method Not Allowed	요청한 URL에 대해, 지원하지 않는 메서드로 요청받았을 때 사용한다. 요청한 리소스에 대해 어떤 메서드가 사용 가능한지 클라이언트에게 알려주기 위해, 응답에 Allow 헤더가 포함되어야 한다. Allow 헤더에 대해 자세한 것은 "엔터티 헤더"를 보라.
406	Not Acceptable	클라이언트는 자신이 어떤 종류의 엔터티를 받아들이고자 하는지에 대해 매개변수로 명시할 수 있다. 이 코드는 주어진 URL에 대한 리소스 중 클라이언트가 받아들일 수 있는 것이 없는 경우 사용한다. 종종 서버는 클라이언트에게 왜 요청이 만족될 수 없었는지 알려주는 헤더를 포함시킨다. 자세한 것은 17장 "내용 협상과 트랜스코딩"을 보라.
407	Proxy Authentication Required	401 상태 코드와 같으나, 리소스에 대해 인증을 요구하는 프락시 서버를 위해 사용한다.

408	Request Timeout	클라이언트의 요청을 완수하기에 시간이 너무 많이 걸리는 경우, 서버는 이 상태 코드로 응답하고 연결을 끊을 수 있다. 이 타임아웃의 길이는 서버마다 다르지만 대개 어떠한 적법한 요청도 받아들일 수 있을 정도로 충분히 길다.
409	Conflict	요청이 리소스에 대해 일으킬 수 있는 몇몇 충돌을 지칭하기 위해 사용한다. 서버는 요청이 충돌을 일으킬 염려가 있다고 생각될 때 이 요청을 보낼 수 있다. 응답은 충돌에 대해 설명하는 본문을 포함해야 한다.
410	Gone	404와 비슷하나, 서버가 한때 그 리소스를 갖고 있었다는 점이 다르다. 주로 웹 사이트를 유지보수하면서, 서버 관리자가 클라이언트에게 리소스가 제거된 경우 이를 알려주기 위해 사용한다.
411	Length Required	서버가 요청 메시지에 Content-Length 헤더가 있을 것을 요구할 때 사용한다. Content-Length 헤더에 대해 더 자세한 것은 "콘텐츠 헤더"를 보라.
412	Precondition Failed	클라이언트가 조건부 요청을 했는데 그중 하나가 실패했을 때 사용한다. 조건부 요청은 클라이언트가 Expect 헤더를 포함했을 때 발생한다. Expect 헤더에 대해 더 자세한 것은 부록 C를 보라.
413	Request Entity Too Large	서버가 처리할 수 있는 혹은 처리하고자 하는 한계를 넘은 크기의 요청을 클라이언트가 보냈을 때 사용한다.
414	Request URI Too Long	서버가 처리할 수 있는 혹은 처리하고자 하는 한계를 넘은 길이의 요청 URL이 포함된 요청을 클라이언트가 보냈을 때 사용한다.
415	Unsupported Media Type	서버가 이해하거나 지원하지 못하는 내용 유형의 엔터티를 클라이언트가 보냈을 때 사용한다.
416	Requested Range Not Satisfiable	요청 메시지가 리소스의 특정 범위를 요청했는데, 그 범위가 잘못되었거나 맞지 않을 때 사용한다.
417	Expectation Failed	요청에 포함된 Expect 요청 헤더에 서버가 만족시킬 수 없는 기대가 담겨있는 경우 사용한다. Expect 헤더에 대해 더 자세한 것은 부록 C를 보라. 프락시나 다른 중개자 애플리케이션은, 원 서버가 요청의 기대를 만족시킬 수 없을 명확한 증거가 있다면 이 응답 코드를 전송할 수 있다.

표 3-9 클라이언트 에러 상태 코드와 사유 구절

3.4.5 500-599: 서버 에러 상태 코드

때때로, 클라이언트가 올바른 요청을 보냈음에도 서버 자체에서 에러가 발생하는 경우가 있다. 이것은 클라이언트가 서버의 제한에 걸린 것일 수도 있고 혹은 게이트웨이 리소스와 같은 서버의 보조 구성요소에서 발생한 에러일 수도 있다.

프락시는 클라이언트의 입장에서 서버와 대화를 시도할 때 자주 에러를 만나게 된다. 프락시는 문제를 설명하기 위해 5XX 서버 에러 상태 코드를 생성한다(6장에서 자세히 다룬다). 표 3-10은 정의된 서버 에러 상태 코드를 열거하고 있다.

상태 코드	사유 구절	의미
500	Internal Server Error	서버가 요청을 처리할 수 없게 만드는 에러를 만났을 때 사용한다.
501	Not Implemented	클라이언트가 서버의 능력을 넘은 요청을 했을 때 사용한다. (예: 서버가 지원하지 않는 메서드를 사용)
502	Bad Gateway	프락시나 게이트웨이처럼 행동하는 서버가 그 요청 응답 연쇄에 있는 다음 링크로부터 가짜 응답에 맞닥뜨렸을 때 사용한다. (예: 만약 자신의 부모 게이트웨이에 접속하는 것이 불가능할 때)
503	Service Unavailable	현재는 서버가 요청을 처리해 줄 수 없지만 나중에는 가능함을 의미하고자 할 때 사용한다. 만약 서버가 언제 그 리소스를 사용할 수 있게 될지 알고 있다면, 서버는 Retry-After 헤더를 응답에 포함시킬 수 있다. Retry-After 헤더에 대해 자세한 것은 "응답 헤더"를 보라.
504	Gateway Timeout	상태 코드 408과 비슷하지만, 다른 서버에게 요청을 보내고 응답을 기다리다 타임아웃이 발생한 게이트웨이나 프락시에서 온 응답이라는 점이 다르다.
505	HTTP Version Not Supported	서버가 지원할 수 없거나 지원하지 않으려고 하는 버전의 프로토콜로 된 요청을 받았을 때 사용한다. 몇몇 서버 애플리케이션들은 오래된 버전의 프로토콜은 지원하지 않는 것을 택한다.

표 3-10 서버 에러 상태 코드와 사유 구절

3.5 헤더

헤더와 메서드는 클라이언트와 서버가 무엇을 하는지 결정하기 위해 함께 사용된다. 이 절에서는 표준 HTTP 헤더와 명시적으로 HTTP/1.1 명세(RFC 2616)에 정의되지 않은 몇몇 헤더의 목적에 대해 간략히 설명한다.

헤더에는 특정 종류의 메시지에만 사용할 수 있는 헤더와, 더 일반 목적으로 사용할 수 있는 헤더, 그리고 응답과 요청 메시지 양쪽 모두에서 정보를 제공하는 헤더가 있다. 헤더는 크게 다섯 가지로 분류된다.

일반 헤더(General Headers)

일반 헤더는 클라이언트와 서버 양쪽 모두가 사용한다. 이들은 클라이언트, 서버, 그리고 어딘가에 메시지를 보내는 다른 애플리케이션들을 위해 다양한 목적으로 사용된다. 예를 들어, Date 헤더는 서버와 클라이언트를 가리지 않고 메시지가 만들어진 일시를 지칭하기 위해 사용하는 일반 목적 헤더이다.

```
Date: Tue, 3 Oct 1974 02:16:00 GMT
```

요청 헤더(Request Headers)

이름에서 드러나는 것과 같이, 요청 헤더는 요청 메시지를 위한 헤더다. 그들은 서버에게 클라이언트가 받고자 하는 데이터의 타입이 무엇인지와 같은 부가 정보를 제공한다, 예를 들어, 다음의 Accept 헤더는 서버에게 클라이언트가 자신의 요청에 대응하는 어떤 미디어 타입도 받아들일 것임을 의미한다.

```
Accept: */*
```

응답 헤더(Response Headers)

응답 메시지는 클라이언트에게 정보를 제공하기 위한 자신만의 헤더를 갖고 있다(예: 클라이언트가 어떤 종류의 서버와 대화하고 있는가). 예를 들어, 다음의 Server 헤더는 클라이언트에게 그가 Tiki-Hut 서버 1.0 버전과 대화하고 있음을 말해준다.

```
Server: Tiki-Hut/1.0
```

엔터티 헤더(Entity Headers)

엔터티 헤더란 엔터티 본문에 대한 헤더를 말한다. 예를 들어, 엔터티 헤더는 엔터티 본문에 들어있는 데이터의 타입이 무엇인지 말해줄 수 있다. 예를 들어, 다음의 Content-Type 헤더는 애플리케이션에게 데이터가 iso-latin-1 문자집합으로 된 HTML 문서임을 알려준다.

```
Content-Type: text/html; charset=iso-latin-1
```

확장 헤더(Extension Headers)

확장 헤더는 애플리케이션 개발자들에 의해 만들어졌지만 아직 승인된 HTTP 명세에는 추가되지 않은 비표준 헤더다. HTTP 프로그램은 확장 헤더들에 대해 설령 그 의미를 모른다 할지라도 용인하고 전달해야 할 필요가 있다.

3.5.1 일반 헤더

어떤 헤더는 메시지에 대한 아주 기본적인 정보를 제공한다. 이 헤더들은 일반 헤더라고 불린다. 그들은 메시지가 어떤 종류이든 상관없이 유용한 정보를 제공한다.

예를 들어, 당신이 요청 메시지나 응답 메시지를 작성할 때, 요청에서나 응답에서나 메시지가 생성된 일시는 같은 의미를 가지므로, 이런 종류의 정보를 제공하는 헤더는 양쪽 메시지 모두에 대해 일반적이다. 표 3-11은 일반 정보 헤더를 나열하고 있다.

헤더	설명
Connection	클라이언트와 서버가 요청/응답 연결에 대한 옵션을 정할 수 있게 해준다.
Date[a]	메시지가 언제 만들어졌는지에 대한 날짜와 시간을 제공한다.
MIME-Version	발송자가 사용한 MIME의 버전을 알려준다.
Trailer chunked transfer	인코딩으로 인코딩된 메시지의 끝 부분에 위치한 헤더들의 목록을 나열한다.[b]
Transfer-Encoding	수신자에게 안전한 전송을 위해 메시지에 어떤 인코딩이 적용되었는지 말해준다.
Upgrade	발송자가 '업그레이드'하길 원하는 새 버전이나 프로토콜을 알려준다.
Via	이 메시지가 어떤 중개자(프락시, 게이트웨이)를 거쳐 왔는지 보여준다.

a 부록 C는 Date 헤더에서 사용할 수 있는 날짜 포맷들을 나열하고 있다.
b 청크(chunk) 전송 코딩은 15장의 "청크와 지속 커넥션"에서 더 자세히 다룬다.

표 3-11 일반 정보 헤더

일반 캐시 헤더

HTTP/1.0은 HTTP 애플리케이션에게 매번 원 서버로부터 객체를 가져오는 대신 로컬 복사본으로 캐시할 수 있도록 해주는 최초의 헤더를 도입했다. 최신 버전의 HTTP는 매우 풍부한 캐시 매개변수의 집합을 가지고 있다. 7장에서, 우리는 캐시에 대해 자세히 다룰 것이다. 표 3-12는 기본적인 캐시 헤더를 열거하고 있다.

헤더	설명
Cache-Control	메시지와 함께 캐시 지시자를 전달하기 위해 사용한다.
Pragma[a]	메시지와 함께 지시자를 전달하는 또 다른 방법. 캐시에 국한되지 않는다.

a Pragma는 엄밀히 말하면 요청 헤더이며, 응답에 사용하기 위해 정의되지 않았다. 응답 헤더로 사용하는 흔한 오용 때문에 많은 클라이언트와 프락시는 Pragma를 응답 헤더로 해석하지만, 사실 엄밀한 의미는 잘 정의되어 있지 않다. 어쨌든 Pragma는 Cache-Control로 인해 더 이상 사용되지 않을 예정(deprecated)이다.

표 3-12 일반 캐시 헤더

3.5.2 요청 헤더

요청 헤더는 요청 메시지에서만 의미를 갖는 헤더다. 그들은 요청이 최초 발생한 곳에서 누가 혹은 무엇이 그 요청을 보냈는지에 대한 정보나 클라이언트의 선호나 능력에 대한 정보를 준다. 서버는 요청 헤더가 준 클라이언트에 대한 그 정보를 클라이언트에게 더 나은 응답을 주기 위해 활용할 수 있다. 표 3-13은 요청 정보 헤더를 나열하고 있다.

헤더	설명
Client-IP[a]	클라이언트가 실행된 컴퓨터의 IP를 제공한다.
From	클라이언트 사용자의 메일 주소를 제공한다.[b]
Host	요청의 대상이 되는 서버의 호스트 명과 포트를 준다.
Referer	현재의 요청 URI가 들어있었던 문서의 URL을 제공한다.
UA-Color	클라이언트 기기 디스플레이의 색상 능력에 대한 정보를 제공한다.
UA-CPU[c]	클라이언트 CPU의 종류나 제조사를 알려준다.
UA-Disp	클라이언트의 디스플레이(화면) 능력에 대한 정보를 제공한다.
UA-OS	클라이언트 기기에서 동작 중인 운영체제의 이름과 버전을 알려준다.
UA-Pixels	클라이언트 기기 디스플레이에 대한 픽셀 정보를 제공한다.
User-Agent	요청을 보낸 애플리케이션의 이름을 서버에게 말해준다.

a Client-IP와 UA-* 헤더는 RFC 2616에 정의되어 있지 않지만 많은 HTTP 클라이언트 애플리케이션에서 구현되어 있다.

b RFC 822 이메일 주소 포맷.

c 몇몇 클라이언트에서 구현되어 있기는 하지만, UA-* 헤더는 해로운 것일 수도 있다. 콘텐츠(특히 HTML)는 특정 클라이언트 설정에 맞추어져서는 안 된다.

표 3-13 요청 정보 헤더

Accept 관련 헤더

클라이언트는 Accept 관련 헤더들은 이용해 서버에게 자신의 선호와 능력을 알려줄 수 있다. 즉 클라이언트가 무엇을 원하고 무엇을 할 수 있는지, 그리고 무엇보다도 원치 않는 것은 무엇인지 알려줄 수 있다. 서버는 그 후 이 추가 정보를 활용해서 무엇을 보낼 것인가에 대해 더 똑똑한 결정을 내릴 수 있다. Accept 관련 헤더들은 서버와 클라이언트 양쪽 모두에게 유익하다. 클라이언트는 그들이 원하는 것을 얻을 수 있으며, 서버는 클라이언트가 사용할 수도 없는 것을 전송하는 데 시간과 대역폭을 낭비하지 않을 수 있다.

헤더	설명
Accept	서버에게 서버가 보내도 되는 미디어 종류를 말해준다.
Accept-Charset	서버에게 서버가 보내도 되는 문자집합을 말해준다.
Accept-Encoding	서버에게 서버가 보내도 되는 인코딩을 말해준다.
Accept-Language	서버에게 서버가 보내도 되는 언어를 말해준다.
TE[a]	서버에게 서버가 보내도 되는 확장 전송 코딩을 말해준다.

a 자세한 것은 15장의 "Transfer-Encoding 헤더"를 보라.

표 3-14 Accept 관련 헤더들

조건부 요청 헤더

때때로, 클라이언트는 요청에 몇몇 제약을 넣기도 한다. 예를 들어, 클라이언트가 이미 어떤 문서의 사본을 갖고 있는 상태라면, 클라이언트는 서버에게 그 문서를 요청할 때 자신이 갖고 있는 사본과 다를 때만 전송해 달라고 요청하고 싶을 수 있을 것이다. 조건부 요청 헤더를 사용하면, 클라이언트는 서버에게 요청에 응답하기 전에 먼저 조건이 참인지 확인하게 하는 제약을 포함시킬 수 있다. 표 3-15는 여러 종류의 조건부 요청 헤더를 열거하고 있다.

헤더	설명
Expect	클라이언트가 요청에 필요한 서버의 행동을 열거할 수 있게 해준다.
If-Match	문서의 엔터티 태그가 주어진 엔터티 태그와 일치하는 경우에만 문서를 가져온다.[a]
If-Modified-Since	주어진 날짜 이후에 리소스가 변경되지 않았다면 요청을 제한한다.
If-None-Match	문서의 엔터티 태그가 주어진 엔터티 태그와 일치하지 않는 경우에만 문서를 가져온다.
If-Range	문서의 특정 범위에 대한 요청을 할 수 있게 해준다.
If-Unmodified-Since	주어진 날짜 이후에 리소스가 변경되었다면 요청을 제한한다.
Range	서버가 범위 요청을 지원한다면, 리소스에 대한 특정 범위를 요청한다.[b]

a 엔터티 태그에 대해 더 자세한 것은 7장을 보라. 태그는 기본적으로 리소스의 버전에 대한 식별자이다.
b Range 헤더에 대해 더 자세한 것은 15장의 "범위 요청"을 보라.

표 3-15 조건부 요청 헤더

요청 보안 헤더

HTTP는 자체적으로 요청을 위한 간단한 인증요구/응답 체계를 갖고 있다. 그것은 요청하는 클라이언트가 어느 정도의 리소스에 접근하기 전에 자신을 인증하게 함으로써 트랜잭션을 약간 더 안전하게 만들고자 한다. 우리는 인증요구/응답 체계에 대해, HTTP 위에서 구현된 다른 보안 체계들과 함께 14장에서 다룰 것이다. 표 3-16은 요청 보안 헤더를 열거하고 있다.

헤더	요청
Authorization	클라이언트가 서버에게 제공하는 인증 그 자체에 대한 정보를 담고 있다.
Cookie	클라이언트가 서버에게 토큰을 전달할 때 사용한다. 진짜 보안 헤더는 아니지만, 보안에 영향을 줄 수 있다는 것은 확실하다.[a]
Cookie2	요청자가 지원하는 쿠키의 버전을 알려줄 때 사용한다. 11장의 "Version 1(RFC 2965) 쿠키"를 보라.

a Cookie 헤더는 RFC 2616에 정의되어 있지 않다. 이것에 대해서는 11장에서 자세히 다룰 것이다.

표 3-16 요청 보안 헤더

프락시 요청 헤더

인터넷에서 프락시가 점점 흔해지면서, 그들의 기능을 돕기 위해 몇몇 헤더들이 정의되어 왔다. 6장에서, 우리는 이 헤더들에 대해 자세히 다룰 것이다. 표 3-17은 프락시 요청 헤더를 나열하고 있다.

헤더	설명
Max-Forwards	요청이 원 서버로 향하는 과정에서 다른 프락시나 게이트웨이로 전달될 수 있는 최대 횟수. TRACE 메서드와 함께 사용된다.[a]
Proxy-Authorization	Authorization과 같으나 프락시에서 인증을 할 때 쓰인다.
Proxy-Connection	Connection과 같으나 프락시에서 연결을 맺을 때 쓰인다.

a 6장의 "Max-Forwards"를 보라.

표 3-17 프락시 요청 헤더

3.5.3 응답 헤더

응답 메시지는 그들만의 응답 헤더를 갖는다. 응답 헤더는 클라이언트에게 부가 정보를 제공한다. 누가 응답을 보내고 있는지 혹은 응답자의 능력은 어떻게 되는지 알려주며, 더 나아가 응답에 대한 특별한 설명도 제공할 수 있다. 이 헤더들은 클라이언트가 응답을 잘 다루고 나중에 더 나은 요청을 할 수 있도록 도와준다. 표 3-18은 응답 정보 헤더를 나열하고 있다.

헤더	설명
Age	응답이 얼마나 오래되었는지[a]
Public[b]	서버가 특정 리소스에 대해 지원하는 요청 메서드의 목록
Retry-After	현재 리소스가 사용 불가능한 상태일 때, 언제 가능해지는지 날짜 혹은 시각
Server	서버 애플리케이션의 이름과 버전
Title[c]	HTML 문서에서 주어진 것과 같은 제목
Warning	사유 구절에 있는 것보다 더 자세한 경고 메시지

a 응답이 중개자(아마 프락시 캐시)를 통해서 왔음을 암시한다.
b Public 헤더는 RFC 2068에서 정의되었지만 이후의 HTTP 명세인 RFC 2616에서 빠졌으며, 최신 HTTP 명세인 RFC 7231에서도 정의되어 있지 않다.
c Title 헤더는 RFC 2616에는 정의되어 있지 않다. HTTP/1.0 초안을 보라(http://www.w3.org/Protocols/HTTP/HTTP2.html).

표 3-18 응답 정보 헤더

협상 헤더

서버에 프랑스어와 독일어로 번역된 HTML 문서가 있는 경우와 같이 여러 가지 표현이 가능한 상황이라면, HTTP/1.1은 서버와 클라이언트가 어떤 표현을 택할 것인가에 대한 협상을 할 수 있도록 지원한다. 17장에서 협상에 대해 보여줄 것이다. 여기 서버가 협상 가능한 리소스에 대한 정보를 운반하는 몇 가지 헤더들이 있다. 표 3-19는 협상 헤더를 나열한다.

헤더	설명
Accept-Ranges	서버가 자원에 대해 받아들일 수 있는 범위의 형태
Vary	서버가 확인해 보아야 하고 그렇기 때문에 응답에 영향을 줄 수 있는 헤더들의 목록. 예) 서버가 클라이언트에게 보내줄 리소스의 가장 적절한 버전을 선택하기 위해 살펴보아야 하는 헤더들의 목록.

표 3-19 협상 헤더

응답 보안 헤더

기본적으로 HTTP 인증요구/응답 체계에서 응답 측에 해당하는 요청 보안 헤더는 이미 본 적이 있을 것이다. 우리는 보안에 대해 14장에서 자세히 이야기할 것이다. 여기서는 기본적인 인증요구 헤더에 대해 다룬다. 표 3-20은 응답 보안 헤더를 나열하고 있다.

헤더	설명
Proxy-Authenticate	프락시에서 클라이언트로 보낸 인증요구의 목록
Set-Cookie	진짜 보안 헤더는 아니지만, 보안에 영향은 줄 수 있다. 서버가 클라이언트를 인증할 수 있도록 클라이언트 측에 토큰을 설정하기 위해 사용한다.[a]
Set-Cookie2	Set-Cookie와 비슷하게 RFC 2965로 정의된 쿠키. 11장의 "Version 1(RFC 2965) 쿠키"를 보라.
WWW-Authenticate	서버에서 클라이언트로 보낸 인증요구의 목록

a Set-Cookie와 Set-Cookie2는 확장 헤더이며, 11장에서 다룰 것이다.

표 3-20 응답 보안 헤더

3.5.4 엔터티 헤더

HTTP 메시지의 엔터티에 대해 설명하는 헤더들은 많다. 요청과 응답 양쪽 모두 엔터티를 포함할 수 있기 때문에, 이 헤더들은 양 타입의 메시지에 모두 나타날 수 있다.

엔터티 헤더는 엔터티와 그것의 내용물에 대한, 개체의 타입부터 시작해서 주어진 리소스에 대해 요청할 수 있는 유효한 메서드들까지, 광범위한 정보를 제공한다. 일반적으로 엔터티 헤더는 메시지의 수신자에게 자신이 다루고 있는 것이 무엇인지 말해준다. 표 3-21은 엔터티 정보 헤더들을 나열하고 있다.

헤더	설명
Allow	이 엔터티에 대해 수행될 수 있는 요청 메서드들을 나열한다.
Location	클라이언트에게 엔터티가 실제로 어디에 위치하고 있는지 말해준다. 수신자에게 리소스에 대한 (아마도 새로운) 위치(URL)를 알려줄 때 사용한다.

표 3-21 엔터티 정보 헤더

콘텐츠 헤더

콘텐츠 헤더는 엔터티의 콘텐츠에 대한 구체적인 정보를 제공한다. 콘텐츠의 종류, 크기, 기타 콘텐츠를 처리할 때 유용하게 활용될 수 있는 것들이다. 예를 들어, 웹브라우저는 내용 유형을 기술한 Content-Type 헤더를 보고 그 객체를 어떻게 보여줄지 결정할 수 있다. 표 3-22는 여러 종류의 콘텐츠 헤더를 열거하고 있다.

헤더	설명
Content-Base[a]	본문에서 사용된 상대 URL을 계산하기 위한 기저 URL
Content-Encoding	본문에 적용된 어떤 인코딩
Content-Language	본문을 이해하는데 가장 적절한 자연어
Content-Length	본문의 길이나 크기
Content-Location	리소스가 실제로 어디에 위치하는지
Content-MD5	본문의 MD5 체크섬(checksum)
Content-Range	전체 리소스에서 이 엔터티가 해당하는 범위를 바이트 단위로 표현
Content-Type	이 본문이 어떤 종류의 객체인지

a Content-Base 헤더는 RFC 2616에 정의되어 있지 않다.

표 3-22 콘텐츠 헤더

엔터티 캐싱 헤더

일반 캐싱 헤더는 언제 어떻게 캐시가 되어야 하는지에 대한 지시자를 제공한다. 엔터티 캐싱 헤더는 엔터티 캐싱에 대한 정보를 제공한다. 예를 들면, 리소스에 대해 캐시된 사본이 아직 유효한지에 대한 정보와, 캐시된 리소스가 더 이상 유효하지 않게 되는 시점을 더 잘 추정하기 위한 단서 같은 것이다.

7장에서 우리는 HTTP 요청과 응답의 캐싱에 대해 깊이 살펴볼 것이다. 우리는 이 헤더들을 그때 다시 만나게 될 것이다. 표 3-23은 엔터티 캐싱 헤더를 나열하고 있다.

헤더	설명
ETag[a]	이 엔터티에 대한 엔터티 태그
Expires	이 엔터티가 더 이상 유효하지 않아 원본을 다시 받아와야 하는 일시
Last-Modified	가장 최근 이 엔터티가 변경된 일시

a 엔터티 태그는 기본적으로 리소스의 특정 버전에 대한 식별자다.

표 3-23 엔터티 캐싱 헤더

3.6 추가 정보

더 자세한 정보가 필요하다면, 다음을 참조하라.

http://www.w3.org/Protocols/rfc2616/rfc2616.txt
RFC 2616, "Hypertext Transfer Protocol," by R. Fielding, J. Gettys, J. Mogul, H. Frystyk, L. Masinter, P. Leach, and T. Berners-Lee.

HTTP Pocket Reference
Clinton Wong, O'Reilly & Associates, Inc.

http://www.w3.org/Protocols/
HTTP를 위한 W3C 아키텍처 페이지

4장

HTTP: The Definitive Guide

커넥션 관리

HTTP 명세는 HTTP 메시지에 대해서 자세히 설명하고 있지만, HTTP 커넥션과 HTTP 메시지의 흐름에 대한 내용은 충분히 다루지 않고 있다. HTTP 애플리케이션을 개발하고 있다면 HTTP 커넥션과 그것이 어떻게 사용되는지에 대해 잘 이해하고 있어야 한다.

HTTP 커넥션 관리는 관련 문서에서 배울 수 있는 것 못지않게 실험이나 시행착오를 통해서도 많은 것을 배울 수 있는 어떻게 보면 마술 같은 기술이다. 이 장에서는 다음과 같은 것들을 배운다.

- HTTP는 어떻게 TCP 커넥션을 사용하는가
- TCP 커넥션의 지연, 병목, 막힘
- 병렬 커넥션, keep-alive 커넥션, 커넥션 파이프라인을 활용한 HTTP의 최적화
- 커넥션 관리를 위해 따라야 할 규칙들

4.1 TCP 커넥션

전 세계 모든 HTTP 통신은, 지구상의 컴퓨터와 네트워크 장비에서 널리 쓰이고 있는 패킷 교환 네트워크 프로토콜들의 계층화된 집합인 TCP/IP를 통해 이루어진다. 세계 어디서든 클라이언트 애플리케이션은 서버 애플리케이션으로 TCP/IP 커넥션을 맺을 수 있다. 일단 커넥션이 맺어지면 클라이언트와 서버 컴퓨터 간에 주고받는 메시지들은 손실 혹은 손상되거나 순서가 바뀌지 않고 안전하게 전달된다.[1]

1 메시지가 충돌하거나 유실되지 않더라도, 컴퓨터나 네트워크가 고장 나면 클라이언트와 서버 간의 통신에 심각한 문제가 생길 수 있다.

죠의 컴퓨터 가게에서 전동공구의 최신 가격 목록을 가져온다고 해보자.

```
http://www.joes-hardware.com:80/power-tools.html
```

이 URL을 입력받은 브라우저는 그림 4-1과 같은 단계를 수행한다. 1단계 ~ 3단계에서 URL을 통해 서버의 IP 주소와 포트 번호를 가져온다. 4단계에서 웹 서버가 TCP 커넥션을 맺고 5단계에서는 그 커넥션을 통해서 요청 메시지가 전달된다. 6단계에서 응답을 읽고 7단계에서 커넥션이 끊어진다.

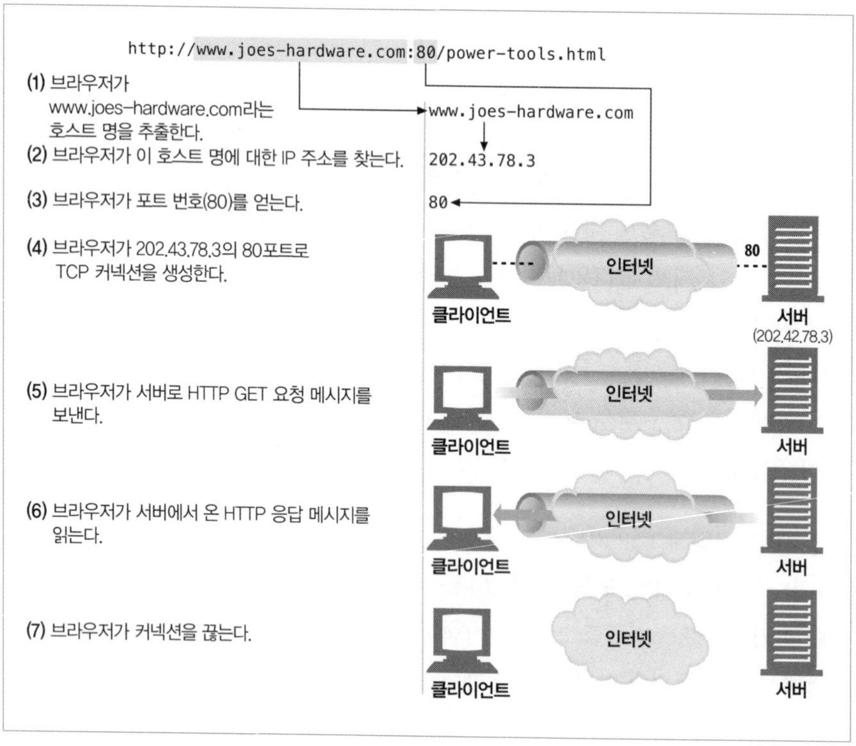

그림 4-1 웹브라우저가 TCP 커넥션을 통해서 웹 서버에 요청을 보낸다.

4.1.1 신뢰할 수 있는 데이터 전송 통로인 TCP

HTTP 커넥션은 몇몇 사용 규칙을 제외하고는 TCP 커넥션에 불과하다. TCP 커넥션은 인터넷을 안정적으로 연결해준다. 신속 정확하게 데이터를 보내고자 한다면 TCP의 기초적인 내용을 알아야 한다.[2]

---

2 복잡하면서도 빠른 HTTP 애플리케이션을 개발하려면, 이번 장에서 간략히 다루는 TCP의 내부와 성능에 대한 내용보다 더 많은 것을 알아야 할 것이다. 리처드 스티븐스(W. Richard Stevens)가 집필한 『TCP/IP Illustrated』(Addison-Wesley)를 추천한다.

TCP는 HTTP에게 신뢰할 만한 통신 방식을 제공한다. TCP 커넥션의 한쪽에 있는 바이트들은 반대쪽으로 순서에 맞게 정확히 전달된다(그림 4-2 참고).

그림 4-2 TCP는 충돌 없이 순서에 맞게 HTTP 데이터를 전달한다.

4.1.2 TCP 스트림은 세그먼트로 나뉘어 IP 패킷을 통해 전송된다

TCP는 IP 패킷(혹은 IP 데이터그램)이라고 불리는 작은 조각을 통해 데이터를 전송한다. HTTP는 그림 4-3a와 같이 'IP, TCP, HTTP'로 구성된 '프로토콜 스택'에서 최상위 계층이다. HTTP에 보안 기능을 더한 HTTPS는 TLS 혹은 SSL이라 불리기도 하며 HTTP와 TCP 사이에 있는 암호화(cryptographic encryption) 계층이다(그림 4-3b 참고).

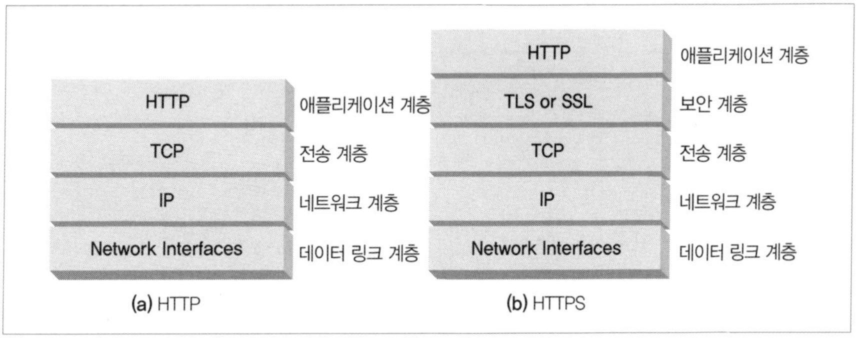

그림 4-3 HTTP와 HTTPS 네트워크 프로토콜 스택

HTTP가 메시지를 전송하고자 할 경우, 현재 연결되어 있는 TCP 커넥션을 통해서 메시지 데이터의 내용을 순서대로 보낸다. TCP는 세그먼트라는 단위로 데이터 스트림을 잘게 나누고, 세그먼트를 IP 패킷라고 불리는 봉투에 담아서 인터넷을 통해 데이터를 전달한다(그림 4-4 참고). 이 모든 것은 TCP/IP 소프트웨어에 의해 처리되며, 그 과정은 HTTP 프로그래머에게 보이지 않는다.

각 TCP 세그먼트는 하나의 IP 주소에서 다른 IP 주소로 IP 패킷에 담겨 전달된다. 이 IP 패킷들 각각은 다음을 포함한다.

- IP 패킷 헤더(보통 20바이트)
- TCP 세그먼트 헤더(보통 20바이트)
- TCP 데이터 조각(0 혹은 그 이상의 바이트)

IP 헤더는 발신지와 목적지 IP 주소, 크기, 기타 플래그를 가진다. TCP 세그먼트 헤더는 TCP 포트 번호, TCP 제어 플래그, 그리고 데이터의 순서와 무결성을 검사하기 위해 사용되는 숫자 값을 포함한다.

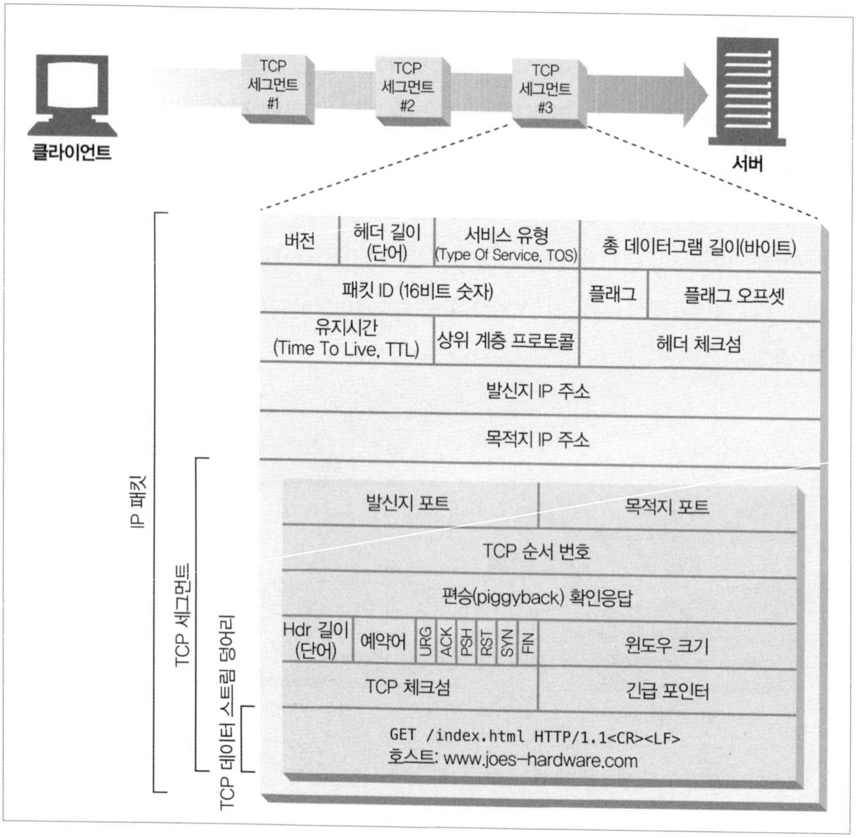

그림 4-4 IP 패킷은 TCP 데이터 스트림의 덩어리를 운반하는 TCP 세그먼트를 실어 나른다.

4.1.3 TCP 커넥션 유지하기

컴퓨터는 항상 TCP 커넥션을 여러 개 가지고 있다. TCP는 포트 번호를 통해서 이런 여러 개의 커넥션을 유지한다.

포트 번호는 회사 직원의 내선전화와 같다. 회사의 대표 전화번호는 안내 데스크로 연결되고 내선전화는 해당 직원으로 연결되듯이 IP 주소는 해당 컴퓨터에 연결되고 포트 번호는 해당 애플리케이션으로 연결된다. TCP 커넥션은 네 가지 값으로 식별한다.

<발신지 IP 주소, 발신지 포트, 수신지 IP 주소, 수신지 포트>

이 네 가지 값으로 유일한 커넥션을 생성한다. 서로 다른 두 개의 TCP 커넥션은 네 가지 주소 구성요소의 값이 모두 같을 수 없다(하지만 주소 구성요소 일부가 같을 수는 있다).

그림 4-5에는 A, B, C, D 네 개의 커넥션이 있다. 표 4-1에는 각각의 포트 정보가 적혀있다.

커넥션	발신지 IP 주소	발신지 포트	목적지 IP 주소	목적지 포트
A	209.1.32.34	2034	204.62.128.58	4133
B	209.1.32.35	3227	204.62.128.58	4140
C	209.1.32.35	3105	207.25.71.25	80
D	209.1.33.89	5100	207.25.71.25	80

표 4-1 TCP 커넥션 값

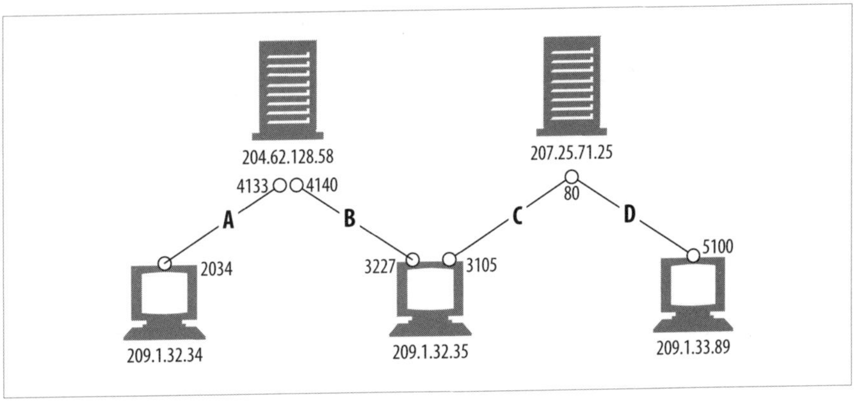

그림 4-5 각기 다른 네 개의 TCP 커넥션

어떤 커넥션들은 같은 목적지 포트 번호를 가리킬 수 있다(C와 D 모두 목적지 포트 80을 가리키고 있다). 같은 발신지 IP 주소를 가리키는 커넥션들(B와 C)도 있고 같은 목적지 IP 주소를 가리키는 커넥션들(A와 B, C와 D)도 있다. 하지만 네 가지 커넥션 구성요소를 모두 똑같이 가리키고 있는 커넥션은 있을 수 없다.

4.1.4 TCP 소켓 프로그래밍

운영체제는 TCP 커넥션의 생성과 관련된 여러 기능을 제공한다. 어떤 기능들이 있는지 TCP 프로그래밍 인터페이스를 간단히 살펴보자. 표 4-2는 소켓 API의 주요 인터페이스를 보여준다. 이 소켓 API는 HTTP 프로그래머에게 TCP와 IP의 세부사항들을 숨긴다. 소켓 API는 유닉스 운영체제용으로 먼저 개발되었지만, 지금은 소켓 API의 다양한 구현체들 덕분에 대부분의 운영체제와 프로그램 언어에서 이를 사용할 수 있게 되었다.

소켓 API 호출	설명
s = socket(〈parameters〉)	연결이 되지 않은 익명의 새로운 소켓 생성
bind(s, 〈local IP:port〉)	소켓에 로컬 포트 번호와 인터페이스 할당
connect(s, 〈remote IP:port〉)	로컬의 소켓과 원격의 호스트 및 포트 사이에 TCP 커넥션 생성
listen(s,...)	커넥션을 받아들이기 위해 로컬 소켓에 허용함을 표시
s2 = accept(s)	누군가 로컬 포트에 커넥션을 맺기를 기다림
n = read(s,buffer,n)	소켓으로부터 버퍼에 n바이트 읽기 시도
n = write(s,buffer,n)	소켓으로부터 버퍼에 n바이트 쓰기 시도
close(s)	TCP 커넥션을 완전히 끊음
shutdown(s, 〈side〉)	TCP 커넥션의 입출력만 닫음
getsockopt(s, . . .)	내부 소켓 설정 옵션값을 읽음
setsockopt(s, . . .)	내부 소켓 설정 옵션값을 변경

표 4-2 TCP 커넥션 프로그래밍을 위한 공통 소켓 인터페이스 함수들

소켓 API를 사용하면, TCP 종단(endpoint) 데이터 구조를 생성하고, 원격 서버의 TCP 종단에 그 종단 데이터 구조를 연결하여 데이터 스트림을 읽고 쓸 수 있다. TCP API는, 기본적인 네트워크 프로토콜의 핸드셰이킹, 그리고 TCP 데이터 스트림과 IP 패킷 간의 분할 및 재조립에 대한 모든 세부사항을 외부로부터 숨긴다.

그림 4-1에서는 웹브라우저가 HTTP를 이용하여 죠의 컴퓨터 가게에서 power-tools.html을 내려받는 방법을 보여준다. 그림 4-6에 있는 슈도코드(pseudocode)는 클라이언트와 서버 간에 HTTP 트랜잭션을 수행하기 위한 소켓 API의 사용 방법을 보여준다.

웹 서버는 커넥션을 기다리기 시작한다(그림 4-6, S4). 클라이언트는 URL에서 IP 주소와 포트 번호를 알아내고 서버에 TCP 커넥션을 생성하기 시작한다(그림 4-6, C3). 커넥션 생성은 서버와의 거리, 서버의 부하, 인터넷 혼잡도에 따라서 시간이

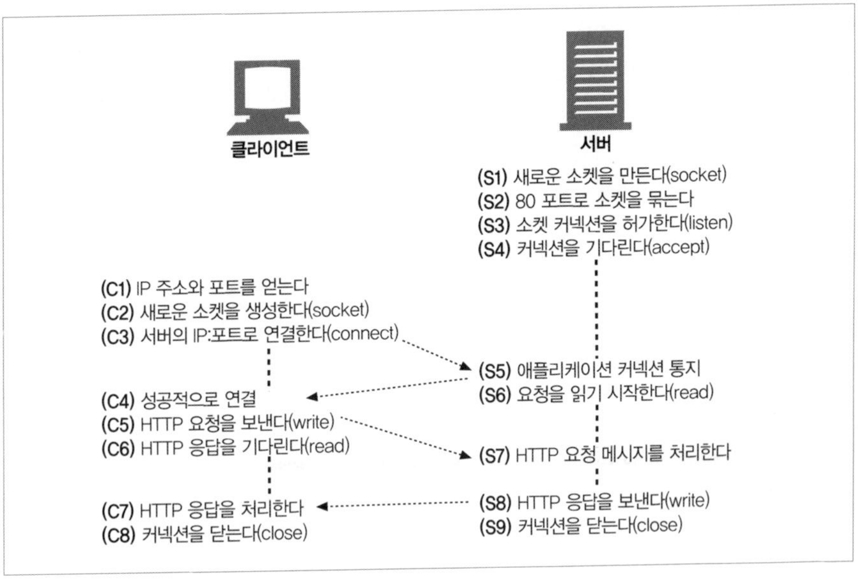

그림 4-6 클라이언트와 서버가 TCP 소켓 인터페이스를 사용하여 상호작용하는 방법

걸린다.

일단 커넥션이 맺어지면 클라이언트는 HTTP 요청을 보내고(그림 4-6, C5) 서버는 그것을 읽는다(그림 4-6, S6). 서버가 요청 메시지를 다 받으면, 그 요청을 분석하여 클라이언트가 원하는 동작을 수행하고(그림 4-6, S7) 클라이언트에게 데이터를 보낸다. 클라이언트는 그것을 받아(그림 4-6, C6) 응답 데이터를 처리한다(그림 4-6, C7).

4.2 TCP의 성능에 대한 고려

HTTP는 TCP 바로 위에 있는 계층이기 때문에 HTTP 트랙잭션의 성능은 그 아래 계층인 TCP 성능에 영향을 받는다. 이 절에서는 TCP 커넥션의 성능에 관련된 주요 고려사항을 집중적으로 다룬다. 기본적인 TCP 성능의 특성을 이해함으로써, HTTP의 커넥션 최적화 요소들을 더 잘 알게 되고 더 좋은 성능의 HTTP 애플리케이션을 설계하고 구현할 수 있게 될 것이다.

이 절을 이해하려면 TCP 프로토콜 내부를 자세히 알아야 한다. 만약 TCP 성능에 대한 고려사항에 관심이 없으면 "HTTP 커넥션 관리"로 바로 넘어가도 좋다. TCP는 복잡한 주제이기 때문에, 여기서는 TCP 성능에 대한 내용은 간략히 다룰 것이다. TCP에 대한 자료는 이 장의 끝에 있는 "추가 정보" 절을 참고하기 바란다.

4.2.1 HTTP 트랜잭션 지연

HTTP 요청 과정에서 어떤 네트워크 지연이 발생하는지 살펴보면서 TCP 성능에 대한 이야기를 시작해보자. 그림 4-7에서는 HTTP의 주요 커넥션, 전송, 처리의 지연을 보여준다.

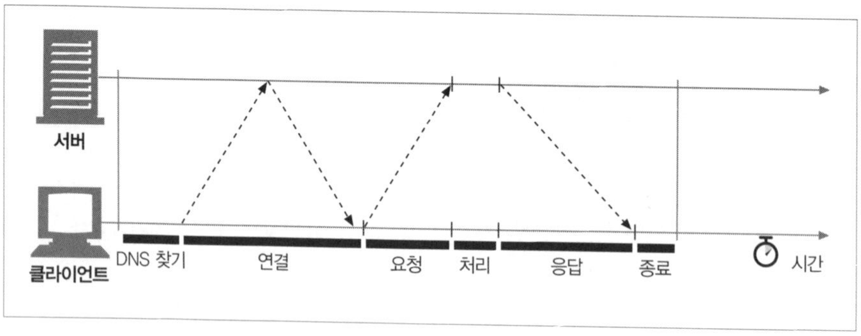

그림 4-7 HTTP 트랜잭션이 처리되는 과정

트랜잭션을 처리하는 시간은 TCP 커넥션을 설정하고, 요청을 전송하고, 응답 메시지를 보내는 것에 비하면 상당히 짧다는 것을 알 수 있다. 클라이언트나 서버가 너무 많은 데이터를 내려받거나 복잡하고 동적인 자원들을 실행하지 않는 한, 대부분의 HTTP 지연은 TCP 네트워크 지연 때문에 발생한다.

HTTP 트랜잭션을 지연시키는 원인은 여러 가지가 있다.

1. 클라이언트는 URI에서 웹 서버의 IP 주소와 포트 번호를 알아내야 한다. 만약 URI에 기술되어 있는 호스트에 방문한 적이 최근에 없으면, DNS 이름 분석(DNS resolution) 인프라를 사용하여 URI에 있는 호스트 명을 IP 주소로 변환하는데 수십 초의 시간이 걸릴 것이다.[3]
2. 다음으로, 클라이언트는 TCP 커넥션 요청을 서버에게 보내고 서버가 커넥션 허가 응답을 회신하기를 기다린다. 커넥션 설정 시간은 새로운 TCP 커넥션에서 항상 발생한다. 이는 보통 1~2초의 시간이 소요되지만[4], 수백 개의 HTTP 트랜잭션이 만들어지면 소요시간은 크게 증가할 것이다.
3. 커넥션이 맺어지면 클라이언트는 HTTP 요청을 새로 생성된 TCP 파이프를 통해

3 (옮긴이) 현재는 인터넷 인프라의 발전으로 대부분 밀리초 단위로 DNS 이름 분석이 끝난다. host 명령어(리눅스 혹은 맥)로 얼마나 걸리는지 체감해볼 수 있다. 예〉 host google.com
운이 좋게도, 대부분의 HTTP 클라이언트는 최근 접속한 사이트에 대한 IP 주소의 DNS 캐시를 가지고 있다. IP 주소가 이미 로컬에 '캐시'되었다면, IP 주소를 찾는 작업은 순간적으로 처리된다.

4 (옮긴이) 이 역시 인터넷 인프라의 발전으로 대부분 1초 미만으로 끝난다.

전송한다. 웹 서버는 데이터가 도착하는 대로 TCP 커넥션에서 요청 메시지를 읽고 처리한다. 요청 메시지가 인터넷을 통해 전달되고 서버에 의해서 처리되는 데까지는 시간이 소요된다.

4. 웹 서버가 HTTP 응답을 보내는 것 역시 시간이 소요된다.

이런 TCP 네트워크 지연은 하드웨어의 성능, 네트워크와 서버의 전송 속도, 요청과 응답 메시지의 크기, 클라이언트와 서버 간의 거리에 따라 크게 달라진다. 또한 TCP 프로토콜의 기술적인 복잡성도 지연에 큰 영향을 끼친다.

4.2.2 성능 관련 중요 요소

여기서부터는, 다음과 같은 요인과 그로 인한 성능상의 문제를 포함해 HTTP 프로그래머에게 영향을 주는 가장 일반적인 TCP 관련 지연들에 대해 간략히 다룰 것이다.

- TCP 커넥션의 핸드셰이크 설정
- 인터넷의 혼잡을 제어하기 위한 TCP의 느린 시작(slow-start)
- 데이터를 한데 모아 한 번에 전송하기 위한 네이글(nagle) 알고리즘
- TCP의 편승(piggyback) 확인응답(acknowledgment)을 위한 확인응답 지연 알고리즘
- TIME_WAIT 지연과 포트 고갈

고성능의 HTTP 소프트웨어를 개발하고 있다면, 위 항목 각각을 모두 이해해야 한다. 그 정도의 성능 최적화를 할 게 아니라면 이 부분은 건너뛰어도 좋다.

4.2.3 TCP 커넥션 핸드셰이크 지연

어떤 데이터를 전송하든 새로운 TCP 커넥션을 열 때면, TCP 소프트웨어는 커넥션을 맺기 위한 조건을 맞추기 위해 연속으로 IP 패킷을 교환한다(그림 4-8). 작은 크기의 데이터 전송에 커넥션이 사용된다면 이런 패킷 교환은 HTTP 성능을 크게 저하시킬 수 있다.

다음은 TCP 커넥션이 핸드셰이크를 하는 순서다.

1. 클라이언트는 새로운 TCP 커넥션을 생성하기 위해 작은 TCP 패킷(보통 40~60바이트)을 서버에게 보낸다. 그 패킷은 'SYN'라는 특별한 플래그를 가지는데, 이 요

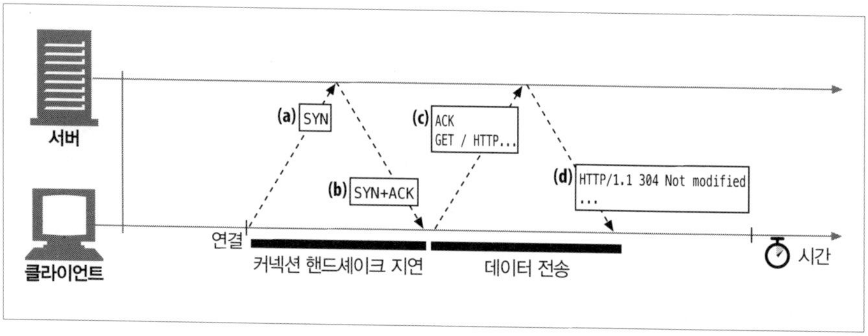

그림 4-8 TCP는 데이터를 전송하기 전에, 커넥션 설정을 위해 두 개의 패킷 전송을 해야 한다.

청이 커넥션 생성 요청이라는 뜻이다. 그림 4-8a에서 볼 수 있다.

2. 서버가 그 커넥션을 받으면 몇 가지 커넥션 매개변수를 산출하고, 커넥션 요청이 받아들여졌음을 의미하는 'SYN'과 'ACK' 플래그를 포함한 TCP 패킷을 클라이언트에게 보낸다(그림 4-8b 참고).
3. 마지막으로 클라이언트는 커넥션이 잘 맺어졌음을 알리기 위해서 서버에게 다시 확인응답 신호를 보낸다(그림 4-8c 참고). 오늘날의 TCP는 클라이언트가 이 확인응답 패킷과 함께 데이터를 보낼 수 있다.

HTTP 프로그래머는 이 패킷들을 보지 못한다(패킷들은 보이지 않게 TCP 소프트웨어가 관리한다). HTTP 프로그래머가 보는 것은 새로운 TCP 커넥션이 생성될 때 발생하는 지연이 전부다.

HTTP 트랜잭션이 아주 큰 데이터를 주고받지 않는 평범한 경우에는, SYN/SYN+ACK 핸드셰이크(그림 4-8a와 그림 4-8b)가 눈에 띄는 지연을 발생시킨다. TCP의 ACK 패킷(그림 4-8c)은 HTTP 요청 메시지 전체[5]를 전달할 수 있을 만큼 큰 경우가 많고, 많은 HTTP 서버 응답 메시지는 하나의 IP 패킷에도 담길 수 있다(예를 들어 응답이 장식용 이미지가 있는 작은 크기의 HTML 파일이거나 브라우저의 캐시 요청에 대한 응답인 304 Not Modified일 경우).

결국, 크기가 작은 HTTP 트랜잭션은 50% 이상의 시간을 TCP를 구성하는 데 쓴다. 이후 절에서는 이러한 TCP 구성으로 인한 지연을 제거하기 위해서 HTTP가 이미 존재하는 커넥션을 어떻게 재활용하는지 알아볼 것이다.

5 IP 패킷은 인터넷상에서 수백 바이트 정도 되고 로컬상에서 1500바이트 정도 된다.

4.2.4 확인응답 지연

인터넷 자체가 패킷 전송을 완벽히 보장하지는 않기 때문에(인터넷 라우터는 과부하가 걸렸을 때 패킷을 마음대로 파기할 수 있다), TCP는 성공적인 데이터 전송을 보장하기 위해서 자체적인 확인 체계를 가진다.

각 TCP 세그먼트는 순번과 데이터 무결성 체크섬을 가진다. 각 세그먼트의 수신자는 세그먼트를 온전히 받으면 작은 확인응답 패킷을 송신자에게 반환한다. 만약 송신자가 특정 시간 안에 확인응답 메시지를 받지 못하면 패킷이 파기되었거나 오류가 있는 것으로 판단하고 데이터를 다시 전송한다.

확인응답은 그 크기가 작기 때문에, TCP는 같은 방향으로 송출되는 데이터 패킷에 확인응답을 '편승(piggyback)'시킨다. TCP는 송출 데이터 패킷과 확인응답을 하나로 묶음으로써 네트워크를 좀 더 효율적으로 사용한다. 확인응답이 같은 방향으로 가는 데이터 패킷에 편승되는 경우를 늘리기 위해서, 많은 TCP 스택은 '확인응답 지연' 알고리즘을 구현한다. 확인응답 지연은 송출할 확인응답을 특정 시간 동안(보통 0.1~0.2초) 버퍼에 저장해 두고, 확인응답을 편승시키기 위한 송출 데이터 패킷을 찾는다. 만약 일정 시간 안에 송출 데이터 패킷을 찾지 못하면 확인응답은 별도 패킷을 만들어 전송된다.

안타깝게도 요청과 응답 두 가지 형식으로만 이루어지는 HTTP 동작 방식은, 확인 응답이 송출 데이터 패킷에 편승할 기회를 감소시킨다. 막상 편승할 패킷을 찾으려고 하면 해당 방향으로 송출될 패킷이 많지 않기 때문에, 확인응답 지연 알고리즘으로 인한 지연이 자주 발생한다. 운영체제에 따라 다르지만, 지연의 원인이 되는 확인응답 지연 관련 기능을 수정하거나 비활성화할 수 있다.

TCP 스택에 있는 매개변수를 수정할 때는, 지금 무엇을 하고 있는지 항상 잘 알고 수정해야 한다. TCP의 내부 알고리즘은 잘못 만들어진 애플리케이션으로부터 인터넷을 보호하도록 설계되어 있다. TCP 설정을 수정하려고 한다면, TCP의 내부 알고리즘이 피하려고 하는 문제를 애플리케이션이 발생시키지 않을 것이라고 확신할 수 있어야 한다.

4.2.5 TCP 느린 시작(slow start)

TCP의 데이터 전송 속도는 TCP 커넥션이 만들어진 지 얼마나 지났는지에 따라 달라질 수 있다. TCP 커넥션은 시간이 지나면서 자체적으로 '튜닝'되어서, 처음에는 커넥션의 최대 속도를 제한하고 데이터가 성공적으로 전송됨에 따라서 속도 제한을 높여나간다. 이렇게 조율하는 것을 TCP 느린 시작이라고 부르며, 이는 인터넷의 급작스러운 부하와 혼잡을 방지하는 데 쓰인다.

TCP 느린 시작은 TCP가 한 번에 전송할 수 있는 패킷의 수를 제한한다. 간단히 말해서, 패킷이 성공적으로 전달되는 각 시점에 송신자는 추가로 2개의 패킷을 더 전송할 수 있는 권한을 얻는다. HTTP 트랜잭션에서 전송할 데이터의 양이 많으면 모든 패킷을 한 번에 전송할 수 없다. 그 대신 한 개의 패킷만 전송하고 확인응답을 기다려야 한다. 확인응답을 받으면 2개의 패킷을 보낼 수 있으며, 그 패킷 각각에 대한 확인응답을 받으면 총 4개의 패킷을 보낼 수 있게 된다. 이를 '혼잡 윈도를 연다(opening the congestion window)'라고 한다.

이 혼잡제어 기능 때문에, 새로운 커넥션은 이미 어느 정도 데이터를 주고받은 '튜닝'된 커넥션보다 느리다. '튜닝'된 커넥션은 더 빠르기 때문에, HTTP에는 이미 존재하는 커넥션을 재사용하는 기능이 있다. 이 장의 뒤에서 HTTP의 "지속 커넥션"을 다룰 것이다.

4.2.6 네이글(Nagle) 알고리즘과 TCP_NODELAY

애플리케이션이 어떤 크기의 데이터든지(심지어 1바이트라도) TCP 스택으로 전송할 수 있도록, TCP는 데이터 스트림 인터페이스를 제공한다. 하지만 각 TCP 세그먼트는 40바이트 상당의 플래그와 헤더를 포함하여 전송하기 때문에, TCP가 작은 크기의 데이터를 포함한 많은 수의 패킷을 전송한다면 네트워크 성능은 크게 떨어진다.[6]

네이글 알고리즘(알고리즘을 만들어낸 존 네이글(John Nagle)의 이름을 따서 만들어졌다)은 네트워크 효율을 위해서, 패킷을 전송하기 전에 많은 양의 TCP 데이터를 한 개의 덩어리로 합친다. 이 알고리즘은 RFC896, "Congestion Control in IP/TCP Internetworks"에 설명되어 있다.

네이글 알고리즘은 세그먼트가 최대 크기(패킷의 최대 크기는 LAN상에서 1,500바이트 정도, 인터넷상에서는 수백 바이트 정도다)가 되지 않으면 전송을 하지 않는다. 다만 다른 모든 패킷이 확인응답을 받았을 경우에는 최대 크기보다 작은 패킷의 전송을 허락한다. 다른 패킷들이 아직 전송 중이면 데이터는 버퍼에 저장된다. 전송되고 나서 확인응답을 기다리던 패킷이 확인응답을 받았거나 전송하기 충분할 만큼의 패킷이 쌓였을 때 버퍼에 저장되어 있던 데이터가 전송된다.[7]

---

6 1바이트 크기의 패킷을 대량으로 전송하는 것을 '실리 윈도 증후군(silly window syndrome) 전송자'라 한다. 이는 비효율적이고 반사회적인 것이며 다른 인터넷 통신에 방해가 된다.

7 타임아웃과 확인응답 로직을 변형시킨 다양한 종류의 알고리즘이 존재하지만, 그 알고리즘 모두 TCP 세그먼트보다 더 작은 데이터를 버퍼에 저장한다.

네이글 알고리즘은 HTTP 성능 관련해 여러 문제를 발생시킨다. 첫 번째로, 크기가 작은 HTTP 메시지는 패킷을 채우지 못하기 때문에, 앞으로 생길지 생기지 않을지 모르는 추가적인 데이터를 기다리며 지연될 것이다. 두 번째로, 네이글 알고리즘은 확인응답 지연과 함께 쓰일 경우 형편없이 동작한다. 네이글 알고리즘은 확인응답이 도착할 때까지 데이터를 전송을 멈추고 있는 반면, 확인응답 지연 알고리즘은 확인응답을 100~200밀리초 지연시킨다.[8]

HTTP 애플리케이션은 성능 향상을 위해서 HTTP 스택에 TCP_NODELAY 파라미터 값을 설정하여 네이글 알고리즘을 비활성화하기도 한다. 이 설정을 했다면, 작은 크기의 패킷이 너무 많이 생기지 않도록 큰 크기의 데이터 덩어리를 만들어야 한다.

4.2.7 TIME_WAIT의 누적과 포트 고갈

TIME_WAIT 포트 고갈은 성능 측정 시에 심각한 성능 저하를 발생시키지만, 보통 실제 상황에서는 문제를 발생시키지 않는다. 하지만 성능 측정을 하는 사람이라면, 결국에는 이 문제에 봉착하게 될 것이고 생각하지도 못했던 성능상의 문제가 생긴 것으로 오해할 수 있으니 특별히 조심해야 한다.

TCP 커넥션의 종단에서 TCP 커넥션을 끊으면, 종단에서는 커넥션의 IP 주소와 포트 번호를 메모리의 작은 제어영역(control block)에 기록해 놓는다. 이 정보는 같은 주소와 포트 번호를 사용하는 새로운 TCP 커넥션이 일정 시간 동안에는 생성되지 않게 하기 위한 것으로, 보통 세그먼트의 최대 생명주기에 두 배 정도('2MSL'이라고 불리며 보통 2분 정도[9])의 시간 동안만 유지된다. 이는 이전 커넥션과 관련된 패킷이 그 커넥션과 같은 주소와 포트 번호를 가지는 새로운 커넥션에 삽입되는 문제를 방지한다. 실제로 이 알고리즘은 특정 커넥션이 생성되고 닫힌 다음, 그와 같은 IP 주소와 포트 번호를 가지는 커넥션이 2분 이내에 또 생성되는 것을 막아준다.

현대의 빠른 라우터들 덕분에 커넥션이 닫힌 후에 중복되는 패킷이 생기는 경우는 거의 없어졌다. 2MSL을 더 짧은 값으로 수정하는 운영체제도 있지만, 이 값 수정은 조심해야 한다. 만약 이전 커넥션의 패킷이 그 커넥션과 같은 연결 값으로 생성된 커넥션에 삽입되면, 패킷은 중복되고 TCP 데이터는 충돌할 것이다.

---

8 이 문제는 파이프라인 커넥션(이번 장 뒤에서 설명할 예정)을 사용하면 더 심해지는데, 클라이언트가 지연 없이 같은 서버로 보내려고 하는 메시지들을 많이 가지고 있기 때문이다.

9 2분을 의미하는 2MSL에는 역사적인 배경이 있다. 오래전, 라우터가 매우 느렸던 때에는 중복되는 패킷의 복제본이 삭제되기 전까지 인터넷에 있는 큐에 1분이 넘게 보관되어 있었기 때문에 최대 생명주기를 1분으로 정했다. 오늘날의 세그먼트의 최대 생명주기는 훨씬 짧아졌다.

일반적으로 2MSL의 커넥션 종료 지연이 문제가 되지는 않지만, 성능시험을 하는 상황에서는 문제가 될 수 있다. 성능 측정 대상 서버는 클라이언트가 접속할 수 있는 IP 주소의 개수를 제한하고, 그 서버에 접속하여 부하를 발생시킬 컴퓨터의 수는 적기 때문이다. 게다가 일반적으로 서버는 HTTP의 기본 TCP 포트인 80번을 사용한다. 이런 상황에서는 가능한 연결의 조합이 제한되며, TIME_WAIT로 인해서 순간순간 포트를 재활용하는 것이 불가능해진다.

각각 한 개의 클라이언트와 웹 서버가 있고, TCP 커넥션을 맺기 위한 네 개의 값이 있다고 해보자.

```
<발신지 IP 주소, 발신지 포트, 목적지 IP 주소, 목적지 포트>
```

이 중에서 세 개는 고정되어 있고 발신지 포트만 변경할 수 있다.

```
<클라이언트 IP, 발신지 포트, 서버 IP, 80>
```

클라이언트가 서버에 접속할 때마다, 유일한 커넥션을 생성하기 위해서 새로운 발신지 포트를 쓴다. 하지만 사용할 수 있는 발신지 포트의 수는 제한되어 있고 (60,000개로 가정) 2MSL초 동안(120초로 가정) 커넥션이 재사용될 수 없으므로, 초당 500개(60,000 / 120 = 500)로 커넥션이 제한된다. 서버가 초당 500개 이상의 트랜잭션을 처리할 만큼 빠르지 않다면 TIME_WAIT 포트 고갈은 일어나지 않는다. 이 문제를 해결하기 위해 부하를 생성하는 장비를 더 많이 사용하거나 클라이언트와 서버가 더 많은 커넥션을 맺을 수 있도록 여러 개의 가상 IP 주소를 쓸 수도 있다.

포트 고갈 문제를 겪지 않더라도, 커넥션을 너무 많이 맺거나 대기 상태로 있는 제어 블록이 너무 많아지는 상황은 주의해야 한다. 커넥션이나 제어 블록이 너무 많이 생기면 극심하게 느려지는 운영체제도 있다.

4.3 HTTP 커넥션 관리

이 장의 첫 두 절에서는 TCP 커넥션과 그로 인한 성능상의 영향을 개략적으로 다루었다. TCP 네트워크에 대한 더 자세한 내용은 이 장의 끝에 있는 자료 목록을 참고하기 바란다.

이제 다시 본론으로 돌아가 HTTP에 대해서 알아보자. 다음부터는 커넥션을 생성하고 최적화하는 HTTP 기술을 설명할 것이다. HTTP 커넥션 관리에 있어서 매우 중요 부분임에도 흔히 잘못 이해하고 있는 HTTP 커넥션 헤더에 대해 알아볼 것이다. 그 다음 HTTP 커넥션의 최적화 기술에 대해 알아본다.

4.3.1 흔히 잘못 이해하는 Connection 헤더

HTTP는 클라이언트와 서버 사이에 프락시 서버, 캐시 서버 등과 같은 중개 서버가 놓이는 것을 허락한다. HTTP 메시지는 클라이언트에서 서버(혹은 리버스 서버)까지 중개 서버들을 하나하나 거치면서 전달된다.

어떤 경우에는, 두 개의 인접한 HTTP 애플리케이션이 현재 맺고 있는 커넥션에만 적용될 옵션을 지정해야 할 때가 있다. HTTP Connection 헤더 필드는 커넥션 토큰을 쉼표로 구분하여 가지고 있으며, 그 값들은 다른 커넥션에 전달되지 않는다. 예를 들어, 다음 메시지를 보낸 다음 끊어져야 할 커넥션은 Connection: close라고 명시할 수 있다.

Connection 헤더에는 다음 세 가지 종류의 토큰이 전달될 수 있기 때문에 다소 혼란스러울 수 있다.

- HTTP 헤더 필드 명은, 이 커넥션에만 해당되는 헤더들을 나열한다
- 임시적인 토큰 값은, 커넥션에 대한 비표준 옵션을 의미한다.
- close 값은, 커넥션이 작업이 완료되면 종료되어야 함을 의미한다.

커넥션 토큰이 HTTP 헤더 필드 명을 가지고 있으면, 해당 필드들은 현재 커넥션만을 위한 정보이므로 다음 커넥션에 전달하면 안 된다. Connection 헤더에 있는 모든 헤더 필드는 메시지를 다른 곳으로 전달하는 시점에 삭제되어야 한다. Connection 헤더에는 홉별(hop-by-hop)[10] 헤더 명을 기술하는데, 이것을 '헤더 보호하기'라 한다. Connection 헤더에 명시된 헤더들이 전달되는 것을 방지하기 때문이다. 그림 4-9는 그 예를 보여준다.

HTTP 애플리케이션이 Connection 헤더와 함께 메시지를 전달받으면, 수신자는 송신자에게서 온 요청에 기술되어 있는 모든 옵션을 적용한다. 그리고 다음 홉(hop)에 메시지를 전달하기 전에 Connection 헤더와 Connection 헤더에 기술되어 있던 모든 헤더를 삭제한다. 또한, Connection 헤더에 기술되어 있지는 않더라도, 홉별 헤더인 것들도 있다. 예를 들면 Proxy-Authenticate, Proxy-Connection, Transfer-Encoding, Upgrade 같은 것이다. Connection 헤더의 더 자세한 내용은

---

10 (옮긴이) 홉(hop)은 각 서버를 의미하며 '홉별(hop-by-hop)'은 특정 두 서버 간에만 영향을 미치고 다른 서버 간에는 영향을 미치지 않음을 뜻한다.

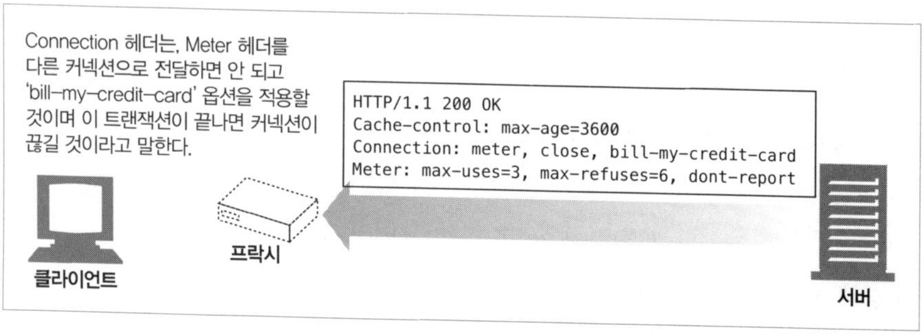
Connection 헤더는, Meter 헤더를
다른 커넥션으로 전달하면 안 되고
'bill-my-credit-card' 옵션을 적용할
것이며 이 트랜잭션이 끝나면 커넥션이
끊길 것이라고 말한다.
HTTP/1.1 200 OK
Cache-control: max-age=3600
Connection: meter, close, bill-my-credit-card
Meter: max-uses=3, max-refuses=6, dont-report
클라이언트
프락시
서버

그림 4-9 Connection 헤더는 전송자가 특정 커넥션에만 해당되는 옵션을 지정하게 해준다.

부록 C를 참고하자.

4.3.2 순차적인 트랜잭션 처리에 의한 지연

커넥션 관리가 제대로 이루어지지 않으면 TCP 성능이 매우 안 좋아질 수 있다. 예를 들어 3개의 이미지가 있는 웹페이지가 있다고 해보자. 브라우저가 이 페이지를 보여주려면 네 개의 HTTP 트랜잭션을 만들어야 한다. 하나는 해당 HTML을 받기 위해, 나머지 세 개는 첨부된 이미지를 받기 위한 것이다. 각 트랜잭션이 새로운 커넥션을 필요로 한다면, 커넥션을 맺는데 발생하는 지연과 함께 느린 시작 지연이 발생할 것이다(그림 4-10 참고).[11]

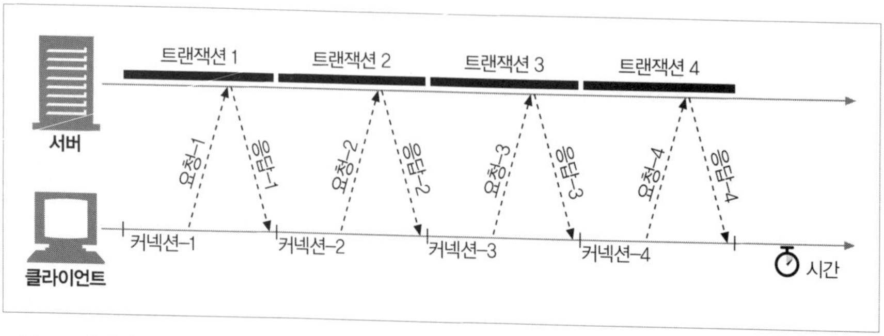
트랜잭션 1
트랜잭션 2
트랜잭션 3
트랜잭션 4
서버
요청-1
응답-1
요청-2
응답-2
요청-3
응답-3
요청-4
응답-4
커넥션-1
커넥션-2
커넥션-3
커넥션-4
클라이언트
시간

그림 4-10 네 개의 트랜잭션(순차)

순차적인 처리로 인한 지연에는 물리적인 지연뿐 아니라, 하나의 이미지를 내려받고 있는 중에는 웹페이지의 나머지 공간에 아무런 변화가 없어서 느껴지는 심리적인 지연도 있다. 사용자는 여러 개의 이미지가 동시에 로드되는 것을 더 좋아한다.[12]

11 이 예에서는 모든 객체가 거의 같은 크기이고 같은 서버에 호스팅 되며, DNS에 대한 IP가 캐시되어 있어서 DNS 검색 시간이 없다고 가정한다.

12 심지어 이 방식이 한 번에 이미지를 하나씩 순차적으로 내려받는 방식보다 느리더라도 사용자들은 이를 더 좋아한다! 사용자들은 여러 개의 이미지가 동시에 로드되는 방식이 더 빠르다고 느낀다.

순차적으로 로드하는 방식의 또 하나의 단점은, 특정 브라우저의 경우 객체를 화면에 배치하려면 객체의 크기를 알아야 하기 때문에, 모든 객체를 내려받기 전까지는 텅 빈 화면을 보여준다는 것이다. 이 경우 브라우저는 객체들을 연속해서 하나씩 내려받는 것이 효율적이겠으나, 사용자는 어떻게 진행되고 있는지 모르는 상태로 흰색의 텅 빈 화면만 보게 된다.[13]

HTTP 커넥션의 성능을 향상시킬 수 있는 여러 최신 기술이 있다. 이제 그런 기술 네 가지에 대해서 알아보자.

병렬(parallel) 커넥션
여러 개의 TCP 커넥션을 통한 동시 HTTP 요청

지속(persistent) 커넥션
커넥션을 맺고 끊는 데서 발생하는 지연을 제거하기 위한 TCP 커넥션의 재활용

파이프라인(pipelined) 커넥션
공유 TCP 커넥션을 통한 병렬 HTTP 요청

다중(multiplexed) 커넥션
요청과 응답들에 대한 중재(실험적인 기술이다)

4.4 병렬 커넥션

앞서 언급했듯이 브라우저는 HTML 페이지에 이어 첫 번째 첨부된 객체, 두 번째 첨부된 객체를 하나씩 내려받는 식으로 웹페이지를 보여줄 수 있다. 하지만 이 방식은 너무 느리다!

그림 4-11과 같이, HTTP는 클라이언트가 여러 개의 커넥션을 맺음으로써 여러 개의 HTTP 트랜잭션을 병렬로 처리할 수 있게 한다. 이 예에서는 네 개의 이미지를, 할당받은 각 TCP 커넥션상의 트랜잭션을 통해 병렬로 내려받는다.[14]

---

13 HTML 퍼블리셔는 이미지와 같은 내부 객체에 대한 HTML 태그에 폭(width)과 높이(height) 속성을 기술하여 '레이아웃 지연'을 없앨 수 있다. 내부 객체들에 대한 폭과 높이를 명시함으로써 브라우저는 서버에서 객체들을 내려받기 전에 레이아웃을 그릴 수 있다.

14 웹페이지 내부의 컴포넌트들 모두가 항상 같은 서버에 호스팅되는 것은 아니므로, 병렬 커넥션은 여러 개의 서버와 맺어질 수 있어야 한다.

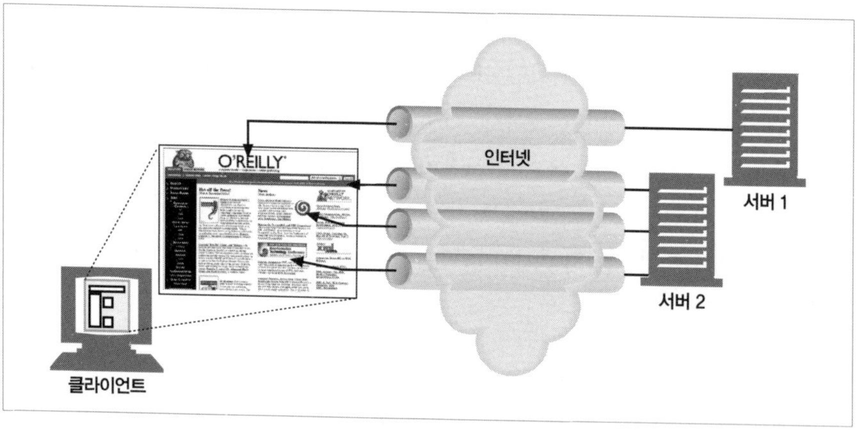

그림 4-11 웹페이지의 컴포넌트들은 각각의 HTTP 커넥션에서 처리된다.

4.4.1 병렬 커넥션은 페이지를 더 빠르게 내려받는다

단일 커넥션의 대역폭 제한과 커넥션이 동작하지 않고 있는 시간을 활용하면, 객체가 여러 개 있는 웹페이지를 더 빠르게 내려받을 수 있을 것이다. 하나의 커넥션으로 객체들을 로드할 때의 대역폭 제한과 대기 시간을 줄일 수 있다면 더 빠르게 로드할 수 있을 것이다. 각 커넥션의 지연 시간을 겹치게 하면 총 지연 시간을 줄일 수 있고, 클라이언트의 인터넷 대역폭을 한 개의 커넥션이 다 써버리는 것이 아니라면 나머지 객체를 내려받는 데에 남은 대역폭을 사용할 수 있다.

그림 4-12는 병렬 커넥션 방식을 개략적으로 보여주는데, 그림 4-10에서 봤던 일반 커넥션보다 월등히 빠른 것을 볼 수 있다. HTML 페이지를 먼저 내려받고 남은 세 개의 트랜잭션이 각각 별도의 커넥션에서 동시에 처리된다.[15] 이미지들을 병렬로 내려받아 커넥션 지연이 겹쳐짐으로써 총 지연시간이 줄어든다.

4.4.2 병렬 커넥션이 항상 더 빠르지는 않다

병렬 커넥션이 일반적으로 더 빠르기는 하지만, 항상 그렇지는 않다. 클라이언트의 네트워크 대역폭이 좁을 때(예를 들어, 브라우저가 28.8Kbps 모뎀으로 인터넷에 연결되어 있는 경우)는 대부분 시간을 데이터를 전송하는 데만 쓸 것이다. 여러 개의 객체를 병렬로 내려받는 경우, 이 제한된 대역폭 내에서 각 객체를 전송받는 것은 느리기 때문에 성능상의 장점은 거의 없어진다.[16]

---

15 보통은 소프트웨어의 성능 때문에 각 커넥션 요청 간에 약간의 지연이 있을 수 있다. 하지만 대부분의 커넥션 요청과 전송 시간이 겹치기 때문에 시간이 단축된다.

16 실제로는, 여러 개의 커넥션을 생성하면서 생기는 부하 때문에, 객체들을 순차적으로 내려받는 것보다 더 오래 걸릴 수 있다.

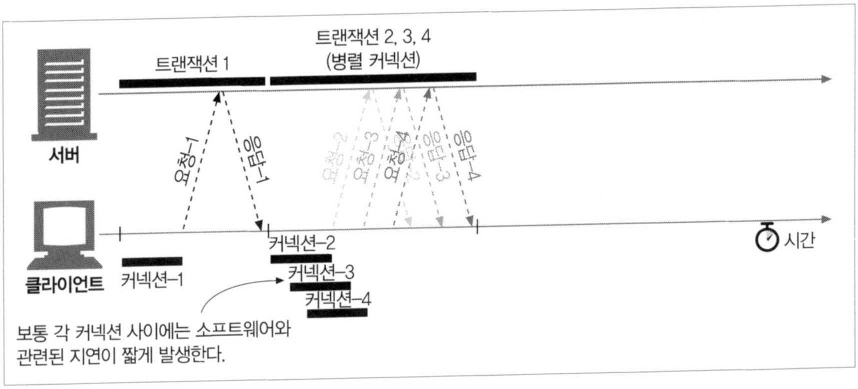

그림 4-12 네 개의 트랜잭션(병렬)

또한 다수의 커넥션은 메모리를 많이 소모하고 자체적인 성능 문제를 발생시킨다. 복잡한 웹페이지는 수십 개에서 수 백 개의 객체를 포함한다. 클라이언트가 수백 개의 커넥션을 열 수도 있겠지만, 서버는 다른 여러 사용자의 요청도 함께 처리해야 하기 때문에 수백 개의 커넥션을 허용하는 경우는 드물다.

백 명의 가상 사용자가 각각 100개의 커넥션을 맺고 있다면, 서버는 총 10,000개의 커넥션을 떠안게 되는 것이다. 이는 서버의 성능을 크게 떨어뜨린다. 이런 상황은 고부하 프락시에서도 동일하게 발생할 수 있다.

브라우저는 실제로 병렬 커넥션을 사용하긴 하지만 적은 수(대부분 4개[17])의 병렬 커넥션만을 허용한다. 서버는 특정 클라이언트로부터 과도한 수의 커넥션이 맺어졌을 경우, 그것을 임의로 끊어버릴 수 있다.

4.4.3 병렬 커넥션은 더 빠르게 '느껴질 수' 있다

병렬 커넥션이 페이지를 항상 더 빠르게 로드하지는 않는다. 병렬 커넥션이 실제로 페이지를 더 빠르게 내려받는 것은 아니지만, 화면에 여러 개의 객체가 동시에 보이면서 내려받고 있는 상황을 볼 수 있기 때문에 사용자는 더 빠르게 내려받고 있는 것처럼 느낄 수 있다.[18] 사실 사람들은 페이지의 총 다운로드 시간이 더 걸린다 하더라도, 화면 전체에서 여러 작업이 일어나는 것을 눈으로 확인할 수 있으면 그것을 더 빠르다고 여긴다.

---

17 (옮긴이) 현재 최신 브라우저들은 대부분 6~8개의 병렬 커넥션을 지원한다.

18 (옮긴이) 처음에는 저해상도로 시작하여 점차 해상도를 높여가는 형태의 이미지를 사용하여 그 효과를 극대화시킬 수 있다.

4.5 지속 커넥션

웹 클라이언트는 보통 같은 사이트에 여러 개의 커넥션을 맺는다. 예를 들어 웹페이지에 첨부된 이미지들 대부분은 같은 웹 사이트에 있고, 상당수의 하이퍼링크도 같은 사이트를 가리킨다. 따라서 서버에 HTTP 요청을 하기 시작한 애플리케이션은 웹페이지 내의 이미지 등을 가져오기 위해서 그 서버에 또 요청하게 될 것이다. 이 속성을 사이트 지역성(site locality)라 부른다.

따라서 HTTP/1.1(HTTP/1.0의 개선 버전)을 지원하는 기기는 처리가 완료된 후에도 TCP 커넥션을 유지하여 앞으로 있을 HTTP 요청에 재사용할 수 있다. 처리가 완료된 후에도 계속 연결된 상태로 있는 TCP 커넥션을 지속 커넥션이라고 부른다. 비지속 커넥션은 각 처리가 끝날 때마다 커넥션을 끊지만, 지속 커넥션은 클라이언트나 서버가 커넥션을 끊기 전까지는 트랜잭션 간에도 커넥션을 유지한다.

해당 서버에 이미 맺어져 있는 지속 커넥션을 재사용함으로써, 커넥션을 맺기 위한 준비작업에 따르는 시간을 절약할 수 있다. 게다가 이미 맺어져 있는 커넥션은 TCP의 느린 시작으로 인한 지연을 피함으로써 더 빠르게 데이터를 전송할 수 있다.

4.5.1 지속 커넥션 vs 병렬 커넥션

앞서 봤듯이, 병렬 커넥션은 여러 객체가 있는 페이지를 더 빠르게 전송한다. 하지만 병렬 커넥션에는 다음과 같은 몇 가지 단점이 있다.

- 각 트랜잭션마다 새로운 커넥션을 맺고 끊기 때문에 시간과 대역폭이 소요된다.
- 각각의 새로운 커넥션은 TCP 느린 시작 때문에 성능이 떨어진다.
- 실제로 연결할 수 있는 병렬 커넥션의 수에는 제한이 있다.

지속 커넥션은 병렬 커넥션에 비해 몇 가지 장점이 있다. 커넥션을 맺기 위한 사전 작업과 지연을 줄여주고, 튜닝된 커넥션[19]을 유지하며, 커넥션의 수를 줄여준다. 하지만 지속 커넥션을 잘못 관리할 경우, 계속 연결된 상태로 있는 수많은 커넥션이 쌓이게 될 것이다. 이는 로컬의 리소스 그리고 원격의 클라이언트와 서버의 리소스에 불필요한 소모를 발생시킨다.

지속 커넥션은 병렬 커넥션과 함께 사용될 때에 가장 효과적이다. 오늘날 많은 웹

19 (옮긴이) TCP 느린 시작에서, 패킷을 수차례 성공적으로 전송한 결과로 한 번에 다수의 패킷을 전송할 수 있는 권한을 얻은 상태의 커넥션을 의미한다.

애플리케이션은 적은 수의 병렬 커넥션만을 맺고 그것을 유지한다. 두 가지 지속 커넥션 타입이 있는데, HTTP/1.0+에는 'keep-alive' 커넥션이 있고 HTTP/1.1에는 '지속' 커넥션이 있다. 이어지는 절들에서는 이 두 가지에 대해 알아볼 것이다.

4.5.2 HTTP/1.0+의 Keep-Alive 커넥션

많은 HTTP/1.0 브라우저와 서버들은 일찍부터 다소 실험적이었던 keep-alive 커넥션이라는 지속 커넥션을 지원하기 위해 확장되었다(1996년경에 시작됨). 이 초기의 지속 커넥션은 상호 운용과 관련된 설계에 문제가 있었지만, 아직 많은 클라이언트와 서버는 이 초기 keep-alive 커넥션을 사용하고 있다. 그리고 그 설계상의 문제는 HTTP/1.1에서 수정되었다.

keep-alive 커넥션의 성능상의 장점은 그림 4-13에서 볼 수 있다. 그림 4-13에서 같은 네 개의 HTTP 트랜잭션에 대해서, 연속적으로 네 개의 커넥션을 생성하여 처리하는 방식과 하나의 지속 커넥션으로만 처리하는 방식을 비교하였다. 커넥션을 맺고 끊는 데 필요한 작업이 없어서 시간이 단축되었다.[20]

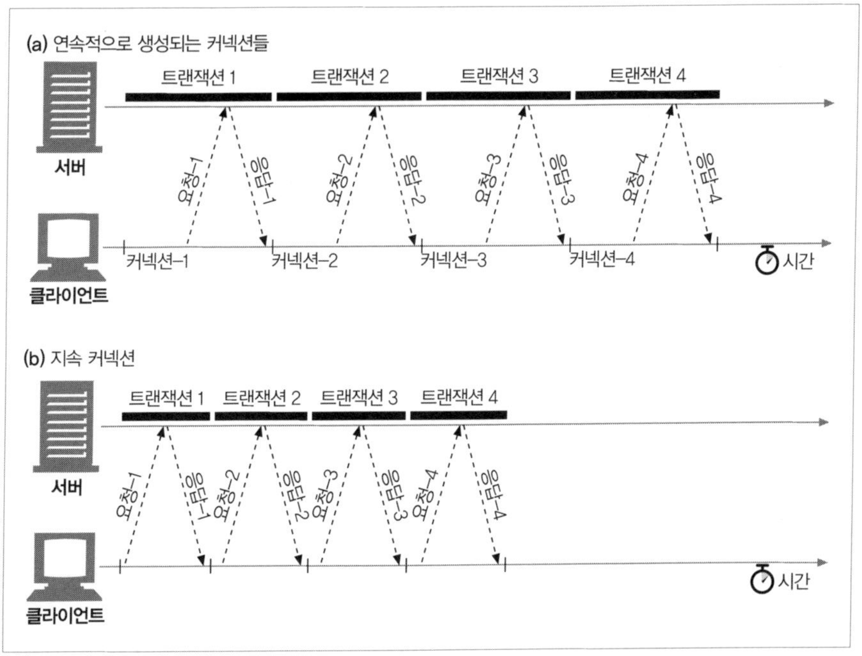

그림 4-13 네 개의 트랜잭션(연속 vs 지속)

20 또한, TCP 느린 시작이 일어나지 않기 때문에 요청 및 응답 시간이 줄어들지만, 이 그림에는 표현되어 있지 않다.

4.5.3 Keep-Alive 동작

keep-alive는 사용하지 않기로 결정되어 HTTP/1.1 명세에서 빠졌다. 하지만 아직도 브라우저와 서버 간에 keep-alive 핸드셰이크가 널리 사용되고 있기 때문에, HTTP 애플리케이션은 그것을 처리할 수 있게 개발해야 한다. 이제 keep-alive가 동작하는 방식을 간단히 살펴보자. keep-alive 핸드셰이크에 대한 자세한 설명은 RFC 2068 같은 HTTP/1.1 이전 버전의 명세를 참고하자.

HTTP/1.0 keep-alive 커넥션을 구현한 클라이언트는 커넥션을 유지하기 위해서 요청에 Connection:Keep-Alive 헤더를 포함시킨다. 이 요청을 받은 서버는 그다음 요청도 이 커넥션을 통해 받고자 한다면, 응답 메시지에 같은 헤더를 포함시켜 응답한다(그림 4-14). 응답에 Connection: Keep-Alive 헤더가 없으면, 클라이언트는 서버가 keep-alive를 지원하지 않으며, 응답 메시지가 전송되고 나면 서버 커넥션을 끊을 것이라 추정한다.

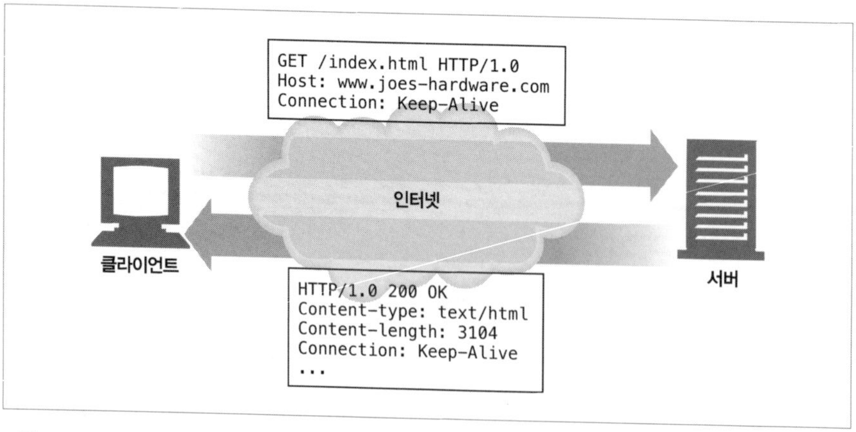
GET /index.html HTTP/1.0
Host: www.joes-hardware.com
Connection: Keep-Alive
인터넷
클라이언트
서버
HTTP/1.0 200 OK
Content-type: text/html
Content-length: 3104
Connection: Keep-Alive
...

그림 4-14 HTTP/1.0 keep-alive 트랜잭션 헤더 핸드셰이크

4.5.4 Keep-Alive 옵션

Keep-Alive 헤더는 커넥션을 유지하기를 바라는 요청일 뿐이다. 클라이언트나 서버가 keep-alive 요청을 받았다고 해서 무조건 그것을 따를 필요는 없다. 언제든지 현재의 keep-alive 커넥션을 끊을 수 있으며 keep-alive 커넥션에서 처리되는 트랜잭션의 수를 제한할 수도 있다.

keep-alive의 동작은 Keep-Alive 헤더의 쉼표로 구분된 옵션들로 제어할 수 있다.

- timeout 파라미터는 Keep-Alive 응답 헤더를 통해 보낸다. 이는 커넥션이 얼마간 유지될 것인지를 의미한다. 하지만 이대로 동작한다는 보장은 없다.

- max 파라미터는 Keep-Alive 응답 헤더를 통해 보낸다. 이는 커넥션이 몇 개의 HTTP 트랜잭션을 처리할 때까지 유지될 것인지를 의미한다. 하지만 이대로 동작한다는 보장은 없다.
- Keep-Alive 헤더는 진단이나 디버깅을 주목적으로 하는, 처리되지는 않는 임의의 속성들을 지원하기도 한다. 그 문법은 이름[=값] 같은 식이다.

Keep-Alive 헤더 사용은 선택 사항이지만, Connection: Keep-Alive 헤더가 있을 때만 사용할 수 있다. 다음 예는 서버가 약 5개의 추가 트랜잭션이 처리될 동안 커넥션을 유지하거나, 2분 동안 커넥션을 유지하라는 내용의 Keep-Alive 응답 헤더다.

```
Connection: Keep-Alive
Keep-Alive: max=5, timeout=120
```

4.5.5 Keep-Alive 커넥션 제한과 규칙

다음은 keep-alive 커넥션에 대한 몇 가지 제한과 사용 방법에 대한 상세 내용이다.

- keep-alive는 HTTP/1.0에서 기본으로 사용되지는 않는다. 클라이언트는 keep-alive 커넥션을 사용하기 위해 Connection: Keep-Alive 요청 헤더를 보내야 한다.
- 커넥션을 계속 유지하려면 모든 메시지에 Connection: Keep-Alive 헤더를 포함해 보내야 한다. 만약 클라이언트가 Connection: Keep-Alive 헤더를 보내지 않으면 서버는 요청을 처리한 후 커넥션을 끊을 것이다.
- 클라이언트는 Connection: Keep-Alive 응답 헤더가 없는 것을 보고 서버가 응답 후에 커넥션을 끊을 것임을 알 수 있다.
- 커넥션이 끊어지기 전에 엔터티 본문의 길이를 알 수 있어야 커넥션을 유지할 수 있다. 이 말은 엔터티 본문이 정확한 Content-Length 값과 함께 멀티파트 미디어 형식(multipart media type)을 가지거나 청크 전송 인코딩(chunked transfer encoding)으로 인코드 되어야 함을 뜻한다. keep-alive 커넥션에서 잘못된 Content-Length 값을 보내는 것은 좋지 않은데, 트랜잭션이 끝나는 시점에 기존 메시지의 끝과 새로운 메시지의 시작점을 정확히 알 수 없기 때문이다.
- 프락시와 게이트웨이는 Connection 헤더의 규칙을 철저히 지켜야 한다. 프락시와 게이트웨이는 메시지를 전달하거나 캐시에 넣기 전에 Connection 헤더에 명시된 모든 헤더 필드와 Connection 헤더를 제거해야 한다.
- 정석대로라면, keep-alive 커넥션은 Connection 헤더를 인식하지 못하는 프락시

서버와는 맺어지면 안 된다. 이는 뒤에서 설명할 멍청한(dumb) 프락시로 인해 발생할 문제를 예방하기 위한 것이지만, 현실적으로 그것이 쉽진 않다.

- 기술적으로 HTTP/1.0을 따르는 기기로부터 받는 모든 Connection 헤더 필드(Connection: Keep-Alive를 포함)는 무시해야 한다. 오래된 프락시 서버로부터 실수로 전달될 수 있기 때문이다. 실제로, 어떤 클라이언트나 서버는 오래된 프락시에 행(hang)이 걸릴 수 있는 위험이 있음에도 이 규칙을 지키지 않기도 한다.
- 클라이언트는, 응답 전체를 모두 받기 전에 커넥션이 끊어졌을 경우, 별다른 문제가 없으면 요청을 다시 보낼 수 있게 준비되어 있어야 한다. 그렇지 않으면 요청이 반복될 경우 문제가 발생할 수 있다.

4.5.6 Keep-Alive와 멍청한(dumb) 프락시

멍청한 프락시에서 keep-alive를 사용할 때 생기는 문제에 대해 더 자세히 살펴보자. 웹 클라이언트의 요청에 Connection: Keep-Alive 헤더가 있으면, 클라이언트가 현재 연결하고 있는 TCP 커넥션을 끊지 않고 계속 유지하려는 것이다. 헤더 이름이 'connection'인 것도 이 때문이다. 클라이언트가 웹 서버에 요청을 보내려는 중이라면, 그 요청으로 생긴 커넥션이 keep-alive가 되기를 원한다는 의미로 Connection: Keep-Alive 헤더를 전송한다. 서버가 keep-alive를 지원한다면 Connection: Keep-Alive를 응답에 포함할 것이고, 지원하지 않으면 포함하지 않을 것이다.

Connection 헤더의 무조건 전달

특히 문제는 프락시에서 시작되는데, 프락시는 Connection 헤더를 이해하지 못해서 해당 헤더들을 삭제하지 않고 요청 그대로를 다음 프락시에 전달한다. 오래되고 단순한 수많은 프락시들이 Connection 헤더에 대한 처리 없이 요청을 그대로 전달한다. 웹 클라이언트가 무조건 전달을 하는 멍청한 프락시를 거쳐 웹 서버에 메시지를 전송한다고 생각해보자. 그 상황은 그림 4-15에서 볼 수 있다.

그림 4-15에서 일어나는 일은 다음과 같다.

1. 그림 4-15a에서 웹 클라이언트는 프락시에 Connection: Keep-Alive 헤더와 함께 메시지를 보내고, 커넥션을 유지하기를 요청한다. 클라이언트는 커넥션을 유지하자는 요청이 받아들여졌는지 확인하기 위해 응답을 기다린다.
2. 멍청한 프락시는 요청받은 HTTP의 Connection 헤더(단순히 확장 헤더로만 취

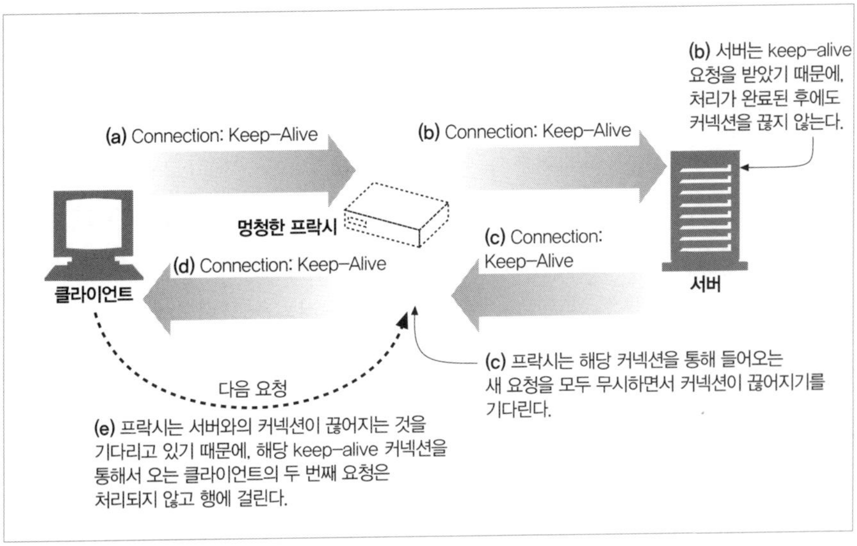

(b) 서버는 keep-alive 요청을 받았기 때문에, 처리가 완료된 후에도 커넥션을 끊지 않는다.
(a) Connection: Keep-Alive
(b) Connection: Keep-Alive
멍청한 프락시
(c) Connection: Keep-Alive
(d) Connection: Keep-Alive
클라이언트
서버
다음 요청
(c) 프락시는 해당 커넥션을 통해 들어오는 새 요청을 모두 무시하면서 커넥션이 끊어지기를 기다린다.
(e) 프락시는 서버와의 커넥션이 끊어지는 것을 기다리고 있기 때문에, 해당 keep-alive 커넥션을 통해서 오는 클라이언트의 두 번째 요청은 처리되지 않고 행에 걸린다.

그림 4-15 keep-alive는 Connection 헤더를 지원하지 않은 프락시와는 상호작용하지 않는다.

급된다)를 이해하지 못한다. 프락시는 keep-alive가 무엇인지 모르기 때문에, 다음 서버에 메시지를 그대로 전달한다(그림 4-15b). 하지만 Connection 헤더는 홉별(hop-by-hop) 헤더다(이는 오직 한 개의 전송 링크에만 적용되며 다음 서버로 전달되어서는 안 된다). 여기서부터 문제가 시작된다.

3. 그림 4-15b에서 보이는 것처럼, 전달된 HTTP 요청이 서버에 도착한다. 웹 서버가 프락시로부터 Connection: Keep-Alive 헤더를 받으면, 웹 서버는 프락시(기존에 클라이언트로부터 받았을 때와 같이)가 커넥션을 유지하자고 요청하는 것으로 잘못 판단하게 된다. 그림 4-15c와 같이 웹 서버는 문제될 게 없기 때문에, 프락시와 커넥션을 유지하는 것에 동의를 하고 Connection: Keep-Alive 헤더를 포함하여 응답한다. 웹 서버는 프락시와 keep-alive 커넥션이 맺어져 있는 상태로 keep-alive 규칙에 맞게 통신을 하는 것으로 판단한다. 하지만 프락시는 keep-alive를 전혀 이해하지 못한다.
4. 그림 4-15b에서 멍청한(dumb) 프락시는 서버로부터 받은 Connection: Keep-Alive 헤더를 포함하고 있는 응답 메시지를 클라이언트에게 전달한다. 클라이언트는 이 헤더를 통해 프락시가 커넥션을 유지하는 것에 동의했다고 추정한다. 이 시점에 클라이언트와 서버는 커넥션을 유지하고 있다고 생각하지만, 정작 프락시는 keep-alive를 전혀 이해하지 못한다.
5. 프락시는 keep-alive를 전혀 모르지만, 받았던 모든 데이터를 그대로 클라이언트에게 전달하고 나서 서버가 커넥션을 끊기를 기다린다. 하지만 서버는 프락시

가 자신에게 커넥션을 유지하기를 요청한 것으로 알고 있기 때문에 커넥션을 끊지 않는다. 따라서 프락시는 커넥션이 끊어지기 전까지는 계속 커넥션이 끊어지기를 기다리게 된다.

6. 그림 4-15d와 같이 클라이언트가 응답 메시지를 받으면, 다음 요청을 보내기 시작하는데, 커넥션이 유지되고 있는 프락시에 그 요청을 보낸다(그림 4-15e를 참고하라). 프락시는 같은 커넥션상에서 다른 요청이 오는 경우는 예상하지 못하기 때문에, 그 요청은 프락시로부터 무시되고 브라우저는 아무런 응답 없이 로드 중이라는 표시만 나온다.
7. 이런 잘못된 통신 때문에, 브라우저는 자신이나 서버가 타임아웃이 나서 커넥션이 끊길 때까지 기다린다.[21]

프락시와 홉별 헤더

이런 종류의 잘못된 통신을 피하려면, 프락시는 Connection 헤더와 Connection 헤더에 명시된 헤더들은 절대 전달하면 안 된다. 따라서 프락시가 Connection: Keep-Alive 헤더를 받으면 Connection 헤더뿐만 아니라 Keep-Alive란 이름의 헤더도 전달하면 안 된다.

또한, Connection 헤더의 값으로 명시되지 않는, Proxy-Authenticate, Proxy-Connection, Transfer-Encoding, Upgrade와 같은 홉별 헤더들 역시 전달하거나 캐시하면 안 된다. 더 자세한 내용은 앞서 설명한 "흔히 잘못 이해하는 Connection 헤더"를 참고하기 바란다.

4.5.7 Proxy-Connection 살펴보기

넷스케이프의 브라우저 및 프락시 개발자들은 모든 웹 애플리케이션이 HTTP 최신 버전을 지원하지 않아도, 모든 헤더를 무조건 전달하는 문제를 해결할 수 있는 기발한 차선책을 제시하였다. 그 차선책은, 클라이언트의 요청이 중개서버를 통해 이어지는 경우 모든 헤더를 무조건 전달하는 문제를 해결하기 위해 Proxy-Connection이라는 헤더를 사용하는 것이다(하지만 모든 상황에서 동작하지는 않는다). Proxy-Connection은 프락시를 별도로 설정할 수 있는 현대의 브라우저들에서 지원하고 있으며, 많은 프락시들도 이것을 인식한다.

멍청한 프락시는 Connection: Keep-Alive 같은 홉별 헤더를 무조건 전달하기 때

21 이 밖에도, 무조건 전달(blind relay)과 핸드셰이크의 전달(forwarded handshaking)로 인해 발생하는 문제들이 많다.

문에 문제를 일으킨다. 홉별 헤더들은 한 개의 특정 커넥션에서 쓰이고 그 이후에는 전달하면 안 된다. 홉별 헤더를 전달받은 서버가 그 헤더를 자신과 프락시 간의 커넥션에 대한 것으로 오해하면서 문제가 생기는 것이다.

넷스케이프는 멍청한 프락시 문제를 해결하기 위해 브라우저에서 일반적으로 전달하는 Connection 헤더 대신에 비표준인 Proxy-Connection 확장 헤더를 프락시에게 전달한다. 프락시가 Proxy-Connection 헤더를 무조건 전달하더라도 웹 서버는 그것을 무시하기 때문에 별문제가 되지 않는다. 하지만 영리한 프락시(지속 커넥션 핸드셰이킹을 이해할 수 있는)라면, 의미 없는 Proxy-Connection 헤더를 Connection 헤더로 바꿈으로써 원하던 효과를 얻게 될 것이다.

그림 4-16의 a~b는 무조건 전달로 인해 Proxy-Connection 헤더가 웹 서버에 전달되더라도 아무런 문제가 생기지 않는다는 것을 보여준다. Proxy-Connection 헤더가 웹 서버에 전달되더라도 클라이언트와 프락시 사이 혹은 프락시와 서버 사이에 keep-alive 커넥션이 맺어지지 않는다. 그림 4-16의 e~h에서 영리한 프락시는 Proxy-Connection 헤더가 keep-alive를 요청하는 것임을 인식하여, keep-alive 커넥션을 맺기 위해 자체적으로 Connection: Keep-Alive 헤더를 웹 서버에 전송한다.

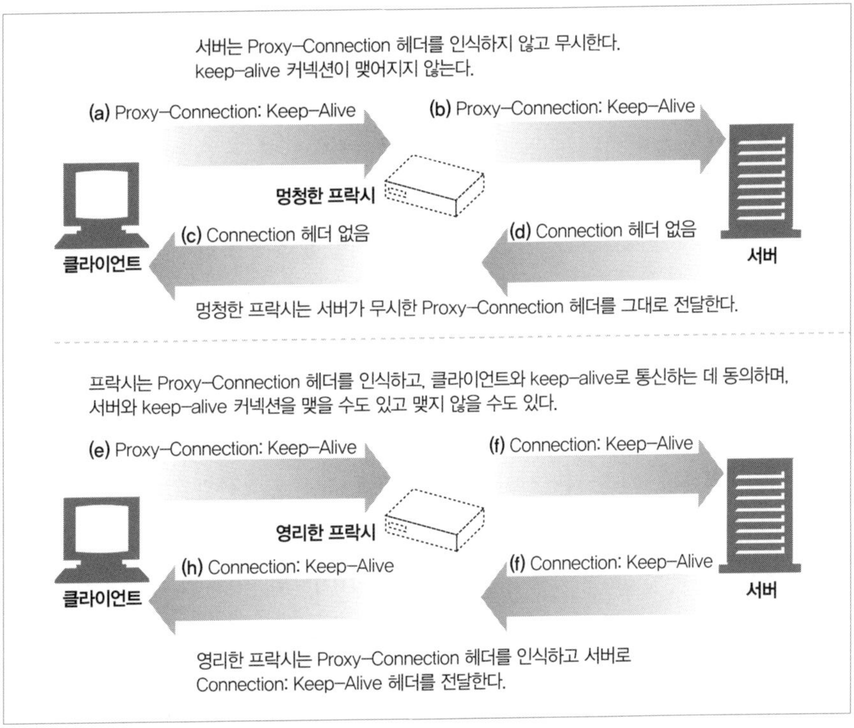

그림 4-16 Proxy-Connection 헤더는 단일 무조건 전달 문제를 해결해준다.

이 방식은 클라이언트와 서버 사이에 한 개의 프락시만 있는 경우에서만 동작한다. 하지만 멍청한 프락시의 양옆에 영리한 프락시가 있다면 그림 4-17에서와 같이 잘못된 헤더를 만들어내는 문제가 다시 발생한다.

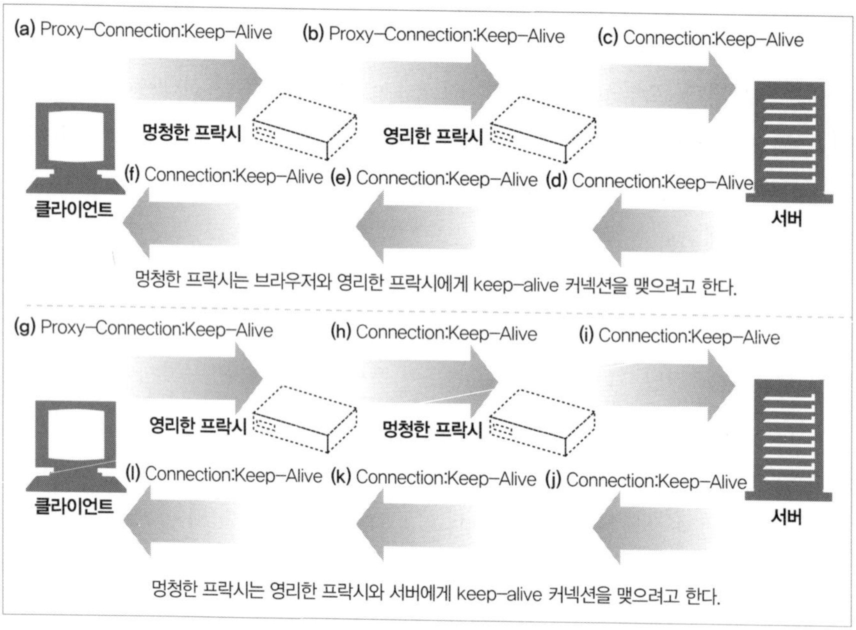

그림 4-17 프락시가 많은 구조에서는 Proxy-Connection을 사용하더라도 여전히 문제가 생길 수 있다.

게다가 문제를 발생시키는 프락시들은 방화벽, 캐시 서버, 혹은 리버스 프락시 서버 가속기와 같이 네트워크상에서 '보이지 않는' 경우가 많다. 브라우저는 이러한 기기들을 볼 수 없으므로 Proxy-Connection 헤더를 보내지 못한다. 보이지 않는 웹 애플리케이션들이 지속 커넥션을 명확히 구현하는 것은 중요하다.

4.5.8 HTTP/1.1의 지속 커넥션

HTTP/1.1에서는 keep-alive 커넥션을 지원하지 않는 대신, 설계가 더 개선된 지속 커넥션을 지원한다. 지속 커넥션의 목적은 keep-alive 커넥션과 같지만 그에 비해 더 잘 동작한다.

HTTP/1.0의 keep-alive 커넥션과는 달리 HTTP/1.1의 지속 커넥션은 기본으로 활성화되어 있다. HTTP/1.1에서는 별도 설정을 하지 않는 한, 모든 커넥션을 지속 커넥션으로 취급한다. HTTP/1.1 애플리케이션은 트랜잭션이 끝난 다음 커넥션을 끊으려면 Connection: close 헤더를 명시해야 한다. 이는 keep-alive 커넥션이 선택사항이 아닐 뿐만 아니라 지원 자체를 하지 않다는 점에서 이전 HTTP 프로토콜과는 크게 다르다.

HTTP/1.1 클라이언트는 응답에 Connection: close 헤더가 없으면 응답 후에도 HTTP/1.1 커넥션을 계속 유지하자는 것으로 추정한다. 하지만 클라이언트와 서버는 언제든지 커넥션을 끊을 수 있다. Connection: close를 보내지 않는 것이 서버가 커넥션을 영원히 유지하겠다는 것을 뜻하지는 않는다.

4.5.9 지속 커넥션의 제한과 규칙

다음은 지속 커넥션에 대한 몇 가지 제한과 사용 방법에 대한 상세 내용이다.

- 클라이언트가 요청에 Connection: close 헤더를 포함해 보냈으면, 클라이언트는 그 커넥션으로 추가적인 요청을 보낼 수 없다.
- 클라이언트가 해당 커넥션으로 추가적인 요청을 보내지 않을 것이라면, 마지막 요청에 Connection: close 헤더를 보내야 한다.
- 커넥션에 있는 모든 메시지가 자신의 길이 정보를 정확히 가지고 있을 때에만 커넥션을 지속시킬 수 있다. 예를 들어 엔터티 본문은 정확한 Content-Length 값을 가지거나 청크 전송 인코딩(chunked transfer encoding)으로 인코드 되어 있어야 한다.
- HTTP/1.1 프락시는 클라이언트와 서버 각각에 대해 별도의 지속 커넥션을 맺고 관리해야 한다.
- HTTP/1.1 프락시 서버는 클라이언트가 커넥션 관련 기능에 대한 클라이언트의 지원 범위를 알고 있지 않은 한 지속 커넥션을 맺으면 안 된다. 앞서 설명했듯이 오래된 프락시가 Connection 헤더를 전달하는 문제가 발생할 수 있기 때문이다. 현실적으로 이것이 쉽지는 않으며, 많은 벤더가 이 규칙을 지키지 않는다.
- 서버는 메시지를 전송하는 중간에 커넥션을 끊지 않을 것이고 커넥션을 끊기 전에 적어도 한 개의 요청에 대해 응답을 할 것이긴 하지만, HTTP/1.1 기기는 Connection 헤더의 값과는 상관없이 언제든지 커넥션을 끊을 수 있다.
- HTTP/1.1 애플리케이션은 중간에 끊어지는 커넥션을 복구할 수 있어야만 한다. 클라이언트는 다시 보내도 문제가 없는 요청이라면 가능한 한 다시 보내야 한다.
- 클라이언트는 전체 응답을 받기 전에 커넥션이 끊어지면, 요청을 반복해서 보내도 문제가 없는 경우에는 요청을 다시 보낼 준비가 되어 있어야 한다.
- 하나의 사용자 클라이언트는 서버의 과부하를 방지하기 위해서, 넉넉잡아 두 개

의 지속 커넥션만을 유지해야 한다. 따라서 N명의 사용자가 서버로 접근하려 한다면, 프락시는 서버나 상위 프락시에 넉넉잡아 약 2N개의 커넥션을 유지해야 한다.

4.6 파이프라인 커넥션

HTTP/1.1은 지속 커넥션을 통해서 요청을 파이프라이닝할 수 있다. 이는 keep-alive 커넥션의 성능을 더 높여준다. 여러 개의 요청은 응답이 도착하기 전까지 큐에 쌓인다. 첫 번째 요청이 네트워크를 통해 지구 반대편에 있는 서버로 전달되면, 거기에 이어 두 번째와 세 번째 요청이 전달될 수 있다. 이는 대기 시간이 긴 네트워크 상황에서 네트워크상의 왕복으로 인한 시간을 줄여서 성능을 높여준다.

그림 4-18의 a에서 c는 지속 커넥션이 어떻게 TCP 커넥션 지연을 제거하며, 파이프라인을 통한 요청이(그림 4-18c) 어떻게 전송 대기 시간을 단축시키는지 보여준다.

파이프라인에는 여러 가지 제약 사항이 있다.

- HTTP 클라이언트는 커넥션이 지속 커넥션인지 확인하기 전까지는 파이프라인을 이어서는 안 된다.
- HTTP 응답은 요청 순서와 같게 와야 한다. HTTP 메시지는 순번이 매겨져 있지 않아서 응답이 순서 없이 오면 순서에 맞게 정렬시킬 방법이 없다.
- HTTP 클라이언트는 커넥션이 언제 끊어지더라도, 완료되지 않은 요청이 파이프라인에 있으면 언제든 다시 요청을 보낼 준비가 되어 있어야 한다. 클라이언트가 지속 커넥션을 맺고 나서 바로 10개의 요청을 보낸다고 하더라도 서버는 5개의 요청만 처리하고 커넥션을 임의로 끊을 수 있다. 남은 5개의 요청은 실패할 것이고 클라이언트는 예상치 못하게 끊긴 커넥션을 다시 맺고 요청을 보낼 수 있어야 한다.
- HTTP 클라이언트는 POST 요청같이 반복해서 보낼 경우 문제가 생기는 요청은 파이프라인을 통해 보내면 안 된다. 에러가 발생하면 파이프라인을 통한 요청 중에 어떤 것들이 서버에서 처리되었는지 클라이언트가 알 방법이 없다. POST와 같은 비멱등(nonidempotent)[22] 요청을 재차 보내면 문제가 생길 수 있기 때문에,

22 (옮긴이) 연산을 여러 번 수행하더라도 결과가 변하지 않는 멱등(idempotent)과 반대되는 용어로, 연산이 한 번 일어날 때마다 결과가 변할 수 있음을 뜻한다. 예를 들어 POST는 보통 회원 가입이나 글 작성 등에 사용하는 HTTP 요청 메서드이기 때문에 요청이 처리될 때마다 서버의 데이터에 변화가 생긴다. 반면 글 조회를 할 때 사용하는 GET HTTP 요청 메서드 여러 번 처리되어도 서버의 데이터에 변화가 생기지 않기 때문에 멱등이라고 할 수 있다.

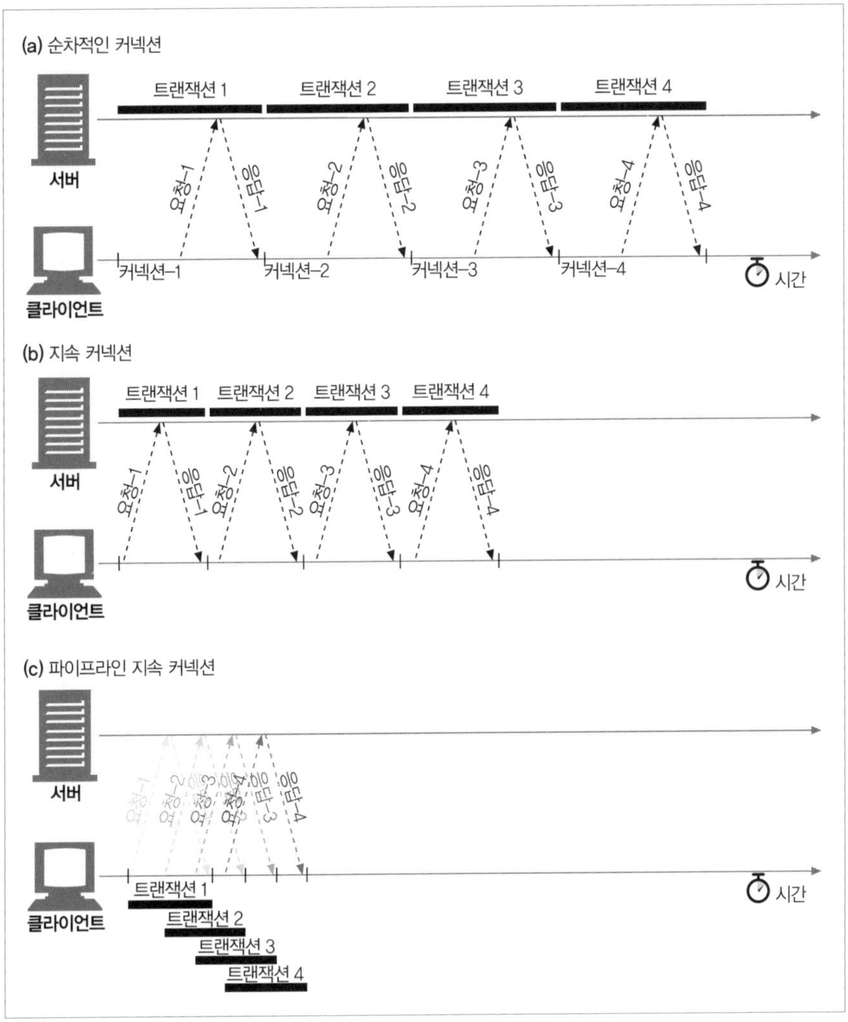

그림 4-18 네 개의 트랜잭션(파이프라인 커넥션)

문제가 있는 상황에서 그런 위험한 메서드로 요청을 보내서는 안 된다.

4.7 커넥션 끊기에 대한 미스터리

커넥션 관리(특히 언제 어떻게 커넥션을 끊는가)에는 명확한 기준이 없다. 이 이슈는 수많은 개발자가 알고 있는 것보다 더 미묘하며, 그에 관한 기술 문서도 별로 없다.

4.7.1 '마음대로' 커넥션 끊기

어떠한 HTTP 클라이언트, 서버, 혹은 프락시든 언제든지 TCP 전송 커넥션을 끊을 수 있다. 보통 커넥션은 메시지를 다 보낸 다음 끊지만[23], 에러가 있는 상황에서는 헤더의 중간이나 다른 엉뚱한 곳에서 끊길 수 있다.

이 상황은 파이프라인 지속 커넥션에서와 같다. HTTP 애플리케이션은 언제든지 지속 커넥션을 임의로 끊을 수 있다. 예를 들어, 지속 커넥션이 일정 시간 동안 요청을 전송하지 않고 유휴 상태에 있으면 서버는 그 커넥션을 끊을 수 있다.

하지만 서버가 그 유휴상태에 있는 커넥션을 끊는 시점에, 서버는 클라이언트가 데이터를 전송하지 않을 것이라고 확신하지 못한다. 만약 이 일이 벌어지면 클라이언트는 그 요청 메시지를 보내는 도중에 문제가 생긴다.

4.7.2 Content-Length와 Truncation

각 HTTP 응답은 본문의 정확한 크기 값을 가지는 Content-Length 헤더를 가지고 있어야 한다. 일부 오래된 HTTP 서버는 자신이 커넥션을 끊으면 데이터 전송이 끝났음을 의미하는 형태로 개발되어 있기 때문에, Content-Length 헤더를 생략하거나 잘못된 길이 정보로 응답하는 경우도 있다.

클라이언트나 프락시가 커넥션이 끊어졌다는 HTTP 응답을 받은 후, 실제 전달된 엔터티의 길이와 Content-Length의 값이 일치하지 않거나 Content-Length 자체가 존재하지 않으면 수신자는 데이터의 정확한 길이를 서버에게 물어봐야 한다.

만약 수신자가 캐시 프락시일 경우 응답(잠재적인 에러가 복합적으로 발생하는 것을 최소화하기 위해)을 캐시하면 안 된다. 프락시는 Content-Length를 정정하려 하지 말고 메시지를 받은 그대로 전달해야 한다.

4.7.3 커넥션 끊기의 허용, 재시도, 멱등성

커넥션은 심지어 에러가 없더라도 언제든 끊을 수 있다. HTTP 애플리케이션은 예상치 못하게 커넥션이 끊어졌을 때에 적절히 대응할 수 있는 준비가 되어 있어야 한다. 클라이언트가 트랜잭션을 수행 중에 전송 커넥션이 끊기게 되면, 클라이언트는 그 트랜잭션을 재시도 하더라도 문제가 없다면 커넥션을 다시 맺고 한 번 더 전송을 시도해야 한다. 그 상황은 파이프라인 커넥션에서 좀 더 어려워진다. 클라이언트는 여러 요청을 큐에 쌓아 놓을 수 있지만, 서버는 아직 처리되지 않고 스케줄이 조정되어야 하는 요청들을 남겨둔 채로 커넥션을 끊어버릴 수도 있다.

그로 인한 부작용들을 조심해야 한다. 어떤 요청 데이터가 전송되었지만, 응답이

23 서버는 클라이언트나 네트워크 실패가 의심되지 않는 이상 응답 중간에 커넥션을 끊으면 안 된다.

오기 전에 커넥션이 끊기면 클라이언트는 실제로 서버에서 얼마만큼 요청이 처리되었는지 전혀 알 수 없다. 정적인 HTML 페이지를 GET 하는 부류의 요청들은 반복적으로 요청하더라도 결과적으로 아무런 영향을 끼치지 않는다. 반면 온라인 서점에 주문을 POST 하는 부류의 요청들은 반복될 경우 주문이 여러 번 중복될 것이기 때문에 반복은 피해야 한다.

한 번 혹은 여러 번 실행됐는지에 상관없이 같은 결과를 반환한다면 그 트랜잭션은 멱등(idempotent)하다고 한다. GET, HEAD, PUT, DELETE, TRACE 그리고 OPTIONS 메서드들은 멱등하다고 이해하면 된다.[24] 클라이언트는 POST와 같이 멱등인 아닌 요청은 파이프라인을 통해 요청하면 안 된다. 그렇지 않으면 전송 커넥션이 예상치 못하게 끊어져 버렸을 때, 알 수 없는 결과를 초래할 수 있다. 비멱등인 요청을 다시 보내야 한다면, 이전 요청에 대한 응답을 받을 때까지 기다려야 한다.

비멱등인 메서드나 순서에 대해 에이전트가 요청을 다시 보낼 수 있도록 기능을 제공한다 하더라도, 자동으로 재시도하면 안 된다. 예를 들어 대부분 브라우저는 캐시된 POST 요청 페이지를 다시 로드하려고 할 때, 요청을 다시 보내기를 원하는지 묻는 대화상자를 보여준다.

4.7.4 우아한 커넥션 끊기

TCP 커넥션은 그림 4-19에서 보듯이 양방향이다. TCP 커넥션의 양쪽에는 데이터를 읽거나 쓰기 위한 입력 큐와 출력 큐가 있다. 한쪽 출력 큐에 있는 데이터는 다른 쪽의 입력 큐에 보내질 것이다.

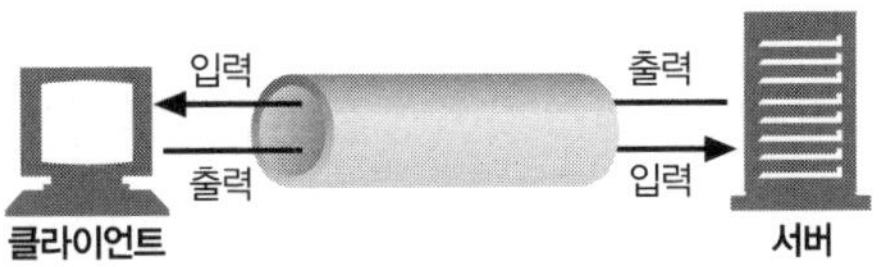

그림 4-19 TCP 커넥션은 양방향이다.

전체 끊기와 절반 끊기

애플리케이션은 TCP 입력 채널과 출력 채널 중 한 개만 끊거나 둘 다 끊을 수 있다. close()를 호출하면 TCP 커넥션의 입력 채널과 출력 채널의 커넥션을 모두 끊는다.

---

24 GET 기반의 동적인 폼을 사용할 경우에는 GET이 멱등하게 동작하는 것이 맞는지 확인이 필요하다.

이를 '전체 끊기'라고 하며 그림 4-20a에서 볼 수 있다. 입력 채널이나 출력 채널 중에 하나를 개별적으로 끊으려면 shutdown()을 호출하면 된다. 이를 '절반 끊기'라고 부르며 그림 4-20b와 4-20c에서 볼 수 있다.

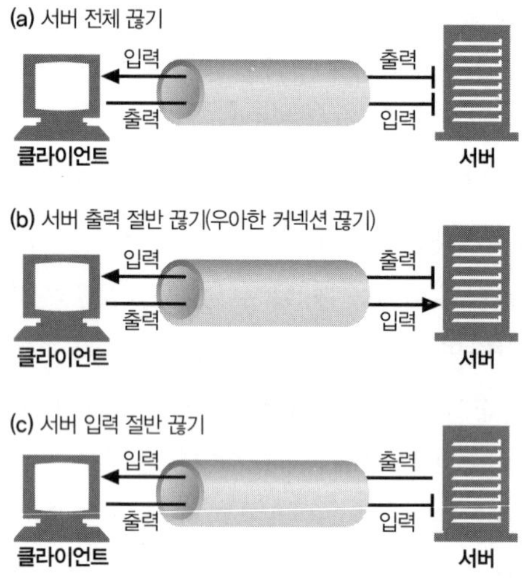

그림 4-20 전체 끊기와 절반 끊기

TCP 끊기와 리셋 에러

단순한 HTTP 애플리케이션은 전체 끊기만을 사용할 수 있다. 하지만 애플리케이션이 각기 다른 HTTP 클라이언트, 서버, 프락시와 통신할 때, 그리고 그들과 파이프라인 지속 커넥션을 사용할 때, 기기들에 예상치 못한 쓰기 에러를 발생하는 것을 예방하기 위해 '절반 끊기'를 사용해야 한다.

보통은 커넥션의 출력 채널을 끊는 것이 안전하다. 커넥션의 반대편에 있는 기기는 모든 데이터를 버퍼로부터 읽고 나서 데이터 전송이 끝남과 동시에 당신이 커넥션을 끊었다는 것을 알게 될 것이다.

클라이언트에서 더는 데이터를 보내지 않을 것임을 확신할 수 없는 이상, 커넥션의 입력 채널을 끊는 것은 위험하다. 만약 클라이언트에서 이미 끊긴 입력 채널에 데이터를 전송하면, 그림 4-21과 같이 서버의 운영체제는 TCP 'connection reset by peer' 메시지를 클라이언트에 보낼 것이다. 대부분 운영체제는 이것을 심각한 에러로 취급하여 버퍼에 저장된, 아직 읽히지 않은 데이터를 모두 삭제한다. 이러한 상황은 파이프라인 커넥션에서는 더 악화된다.

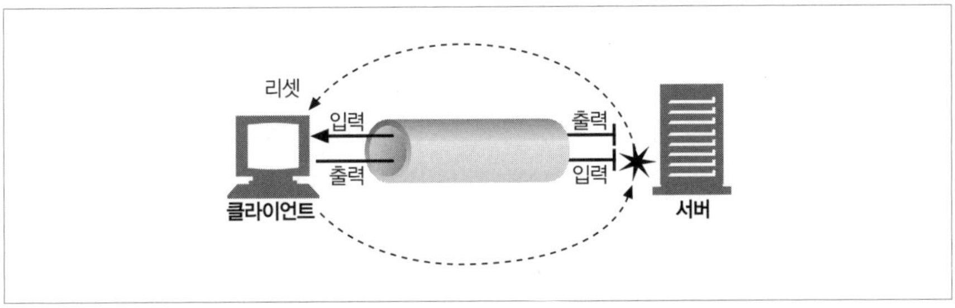

그림 4-21 연결이 끊긴 커넥션에 데이터가 도착하게 되면 'connection reset by peer' 에러를 낸다

10개의 요청을 파이프라인 지속 커넥션을 통해 전송하였고, 이미 응답은 운영체제의 버퍼에 있지만 아직은 애플리케이션이 읽지는 않았다고 해보자. 그러고 나서 당신은 11번째 요청을 보냈지만, 서버는 이 커넥션을 충분히 오래 유지되었다고 판단하고 연결을 끊어버렸다고 해보자. 11번째 요청을 이미 종료된 커넥션에 보냈기 때문에, 서버는 요청을 처리하지 않고 'connection reset by peer' 메시지로 응답한다. 이 리셋 메시지는 입력 버퍼에 있는 데이터를 지운다.

결론적으로 데이터를 읽으려 하면, connection reset by peer 에러를 받게 될 것이고, 응답 데이터가 당신의 기기에 잘 도착하였어도 아직 읽히지 않은 버퍼에 있는 응답 데이터는 사라지게 된다.

우아하게 커넥션 끊기

HTTP 명세에서는 클라이언트나 서버가 예기치 않게 커넥션을 끊어야 한다면, "우아하게 커넥션을 끊어야 한다"라고 하지만, 정작 그 방법은 설명하지 않고 있다.

일반적으로 애플리케이션이 우아한 커넥션 끊기를 구현하는 것은 애플리케이션 자신의 출력 채널을 먼저 끊고 다른 쪽에 있는 기기의 출력 채널이 끊기는 것을 기다리는 것이다. 양쪽에서 더는 데이터를 전송하지 않을 것이라고 알려주면(예를 들어 출력 채널의 커넥션을 끊는 것), 커넥션은 리셋의 위험 없이 온전히 종료된다.

안타깝게도 상대방이 절반 끊기를 구현했다는 보장도 없고 절반 끊기를 했는지 검사해준다는 보장도 없다. 따라서 커넥션을 우아하게 끊고자 하는 애플리케이션은 출력 채널에 절반 끊기를 하고 난 후에도 데이터나 스트림의 끝을 식별하기 위해 입력 채널에 대해 상태 검사를 주기적으로 해야 한다. 만약 입력 채널이 특정 타임아웃 시간 내에 끊어지지 않으면, 애플리케이션은 리소스를 보호하기 위해 커넥션을 강제로 끊을 수도 있다.

4.8 추가 정보

여기까지 HTTP 통신에 대한 개요를 마친다. TCP 성능과 HTTP 커넥션 관리 기능에 대한 더 자세한 내용은 다음 참고자료들을 보기 바란다.

4.8.1 HTTP 커넥션 관련 참고자료

http://www.ietf.org/rfc/rfc2616.txt

RFC 2616, "Hypertext Transfer Protocol-HTTP/1.1"은 HTTP/1.1의 공식 명세이다. 이는 병렬, 지속, 파이프라인 HTTP 커넥션을 구현하기 위한 HTTP 헤더 필드들의 사용법을 설명한다. 이 문서는 HTTP의 하위 계층인 TCP의 올바른 사용법에 대해서는 다루지 않는다.

http://www.ietf.org/rfc/rfc2068.txt

RFC 2068은 HTTP/1.1 프로토콜의 1997년도 버전이다. 이는 RFC 2616에는 빠져 있는 HTTP/1.0+ Keep-Alive 커넥션에 대한 설명을 포함한다.

http://www.ics.uci.edu/pub/ietf/http/draft-ietf-http-connection-00.txt

이 만료된 인터넷 초안인 "HTTP Connection Management"는 HTTP 커넥션 관리와 관련된 이슈들에 대한 좋은 논의들을 포함한다.

4.8.2 HTTP 성능 이슈 관련 참고자료

http://www.w3.org/Protocols/HTTP/Performance/

"HTTP Performance Overview"라는 제목의 이 W3C 웹페이지는 HTTP 성능과 커넥션 관리와 관련된 문서와 도구를 소개한다.

http://www.w3.org/Protocols/HTTP/1.0/HTTPPerformance.html

시몬 스페로(Simon Spero)가 쓴 짧은 문서인 "Analysis of HTTP Performance Problems"은 HTTP 커넥션 성능에 대한 가장 초기(1994)의 평가서이다. 이 문서는 커넥션 설정, 느린 시작, 커넥션 공유의 부족에 대한 성능 측정을 제공한다.

ftp://gatekeeper.dec.com/pub/DEC/WRL/research-reports/WRL-TR-95.4.pdf

"The Case for Persistent-Connection HTTP"

http://www.isi.edu/lsam/publications/phttp_tcp_interactions/paper.html
"Performance Interactions Between P-HTTP and TCP Implementations."

http://www.sun.com/sun-on-net/performance/tcp.slowstart.html
"TCP Slow Start Tuning for Solaris"는 썬마이크로시스템즈에서 작성한 웹페이지로, 실전에서 TCP 느린 시작의 효과에 대한 내용을 다룬다. 당신이 솔라리스가 아닌 다른 운영체제상에서 개발을 한다고 하더라도 읽어볼 만하다.

4.8.3 TCP/IP 관련 참고자료

다음 W. 리처드 스티븐스가 쓴 세 권의 책은 매우 훌륭하며, TCP/IP 기술에 대한 상세한 내용을 다룬다. 이것들은 TCP를 사용하는 모든 이에게 도움이 된다.

TCP Illustrated, Volume I: The Protocols(W. Richard Stevens, Addison Wesley)

UNIX Network Programming, Volume 1: Networking APIs(W. Richard Stevens, Prentice-Hall)

UNIX Network Programming, Volume 2: The Implementation(W. Richard Stevens, Prentice-Hall)

다음 문서 및 명세들은 TCP/IP와 그것의 성능에 영향을 끼치는 기능들에 대해 다룬다. 이 명세들은 20년이 넘은 것도 있으며, TCP/IP가 세계적으로 널리 쓰이는 데 도움을 주었던 만큼 오래된 보물로 분류될 수도 있겠다.

http://www.acm.org/sigcomm/ccr/archive/2001/jan01/ccr-200101-mogul.pdf
제프 모글(Jeff Mogul)과 그레그 미느쉘(Greg Minshall)의 "Rethinking the TCP Nagle Algorithm"은 네이글 알고리즘을 현대적인 관점으로 표현하였다. 어떤 애플리케이션이 이 알고리즘을 써야 하는지와, 몇 가지 개선사항을 제안한다.

http://www.ietf.org/rfc/rfc2001.txt
RFC 2001, "TCP Slow Start, Congestion Avoidance, Fast Retransmit, and Fast Recovery Algorithms"에서는 TCP 느린 시작 알고리즘을 정의한다.

http://www.ietf.org/rfc/rfc1122.txt
RFC 1122, "Requirements for Internet Hosts—Communication Layers"는 TCP 확인 응답과 지연된 확인응답에 대해 논의한다.

http://www.ietf.org/rfc/rfc896.txt
RFC 896, "Congestion Control in IP/TCP Internetworks"는 존 네이글이 1984년에 발표한 문서다. 지금은 '네이글 알고리즘'라 불리는 TCP 혼잡 제어에 대한 필요성을 설명한다.

http://www.ietf.org/rfc/rfc0813.txt
RFC 813, "Window and Acknowledgement Strategy in TCP"는 오래된(1982) 명세로 TCP 윈도와 확인 응답 구현 전략을 다루고 지연된 확인 응답 기술에 대한 초기의 설명을 제공한다.

http://www.ietf.org/rfc/rfc0793.txt
RFC 793, "Transmission Control Protocol"은 존 포스텔(Jon Postel)의 1981년 판 TCP 프로토콜 정의서이다.

2부

HTTP 아키텍처

2부의 여섯 개 장은 웹 시스템 아키텍처를 구성하는 HTTP 서버, 프락시, 캐시, 게이트웨이, 로봇 애플리케이션에 대해 중점적으로 설명하고 있다.

- 5장 웹 서버는 웹 서버 아키텍처에 대해 개략적으로 설명한다.
- 6장 프락시는 HTTP 클라이언트와 연결되어 HTTP 서비스와 제어를 위한 플랫폼처럼 동작하는 중개 서버인 HTTP 프락시 서버에 대해 설명한다.
- 7장 캐시는 웹 캐시의 과학에 대해 깊이 파고든다. 웹 캐시는 많이 찾는 문서에 대한 지역 사본을 만듦으로써 트래픽을 줄이고 성능을 개선하는 장치이다.
- 8장 통합점: 게이트웨이, 터널, 릴레이는 SSL 보안 프로토콜 등과 같은 서로 다른 프로토콜을 사용하는 소프트웨어들 간에 HTTP로 상호작용을 할 수 있게 해주는 애플리케이션들을 설명한다.
- 9장 웹 로봇은 웹 클라이언트를 통해 이 파트에서 설명한 HTTP 아키텍처를 정리한다.
- 10장 HTTP/2.0은 HTTP/1.1의 성능 문제를 개선한 새로운 프로토콜인 HTTP/2.0을 소개한다.

5장

HTTP: The Definitive Guide

웹 서버

웹 서버는 매일 수십억 개의 웹페이지를 쏟아 낸다. 웹서버는 당신에게 날씨를 알려주고, 온라인 쇼핑 카트에 물건을 싣고, 오랫동안 만나지 못했던 고등학교 친구를 찾을 수 있게 해준다. 웹 서버는 월드 와이드 웹의 일꾼이다. 이 장에서 다룰 내용은 다음과 같다.

- 여러 종류의 소프트웨어 및 하드웨어 웹 서버에 대해 조사한다.
- HTTP 통신을 진단해주는 간단한 웹 서버를 펄(Perl)로 작성해본다.
- 어떻게 웹 서버가 HTTP 트랜잭션을 처리하는지 단계별로 설명한다.

또한 이해를 돕기 위해 아파치 웹 서버를 이용하는 (필요에 따라 설정 옵션도 변경해가면서) 예를 보여줄 것이다.

5.1 다채로운 웹 서버

웹 서버는 HTTP 요청을 처리하고 응답을 제공한다. '웹 서버'라는 용어는 웹 서버 소프트웨어와 웹페이지 제공에 특화된 장비(컴퓨터와 같은) 양쪽 모두를 가리킨다.

웹 서버는 기능, 형태, 크기가 다양하다. 열 줄짜리 조그마한 펄 스크립트 웹 서버가 있는가 하면, 50메가바이트짜리 안전한 상용 엔진이 있고, 아주 작은 기판 위의 서버도 있다. 그러나 기능은 달라도, 모든 웹 서버는 리소스에 대한 HTTP 요청을 받아서 콘텐츠를 클라이언트에게 돌려준다(그림 1-5를 다시 보라).

5.1.1 웹 서버 구현

웹 서버는 HTTP 및 그와 관련된 TCP 처리를 구현한 것이다. 웹 서버는 자신이 제공하는 리소스를 관리하고 웹 서버를 설정, 통제, 확장하기 위한 관리 기능을 제공한다.

웹 서버는 HTTP 프로토콜을 구현하고, 웹 리소스를 관리하고, 웹 서버 관리 기능을 제공한다. 웹 서버는 TCP 커넥션 관리에 대한 책임을 운영체제와 나눠 갖는다. 운영체제는 컴퓨터 시스템의 하드웨어를 관리하고 TCP/IP 네트워크 지원, 웹 리소스를 유지하기 위한 파일 시스템, 현재 연산 활동을 제어하기 위한 프로세스 관리를 제공한다.

웹 서버는 여러 가지 형태가 가능하다.

- 다목적 소프트웨어 웹 서버를 표준 컴퓨터 시스템에 설치하고 실행할 수 있다.
- 마이크로프로세서의 기적으로, 어떤 회사들은 사용자에게 판매할 전자기기 안에 몇 개의 컴퓨터 칩만으로 구현된 웹 서버를 내장시켜서 완전한 관리 콘솔로 제공한다.[1]

이러한 구현들을 각각 살펴보자.

5.1.2 다목적 소프트웨어 웹 서버

다목적 소프트웨어 웹 서버는 네트워크에 연결된 표준 컴퓨터 시스템에서 동작한다. 아파치나 W3C의 직소 같은 오픈 소스 소프트웨어를 사용할 수도 있고, 마이크로소프트나 아이플래닛의 웹 서버 같은 상용 소프트웨어를 사용할 수도 있다. 웹 서버 소프트웨어는 거의 모든 컴퓨터와 운영체제에서 동작한다.

세상에는 수만 가지 종류의 웹 서버 프로그램이 존재하지만(직접 만들어진 것과 특수 목적용 웹 서버를 포함해서), 그중 몇 가지 웹 서버 소프트웨어만이 널리 사용된다.

넷크래프트의 조사(http://news.netcraft.com/archives/2014/08/27/august-2014-web-server-survey.html)는 인터넷 웹 사이트들이 어떤 서버를 통해 서비스되고 있는지 보여준다.

1 (옮긴이) 예를 들면 몇몇 공유기들은 웹브라우저로 접근 가능한 관리 기능을 제공한다.

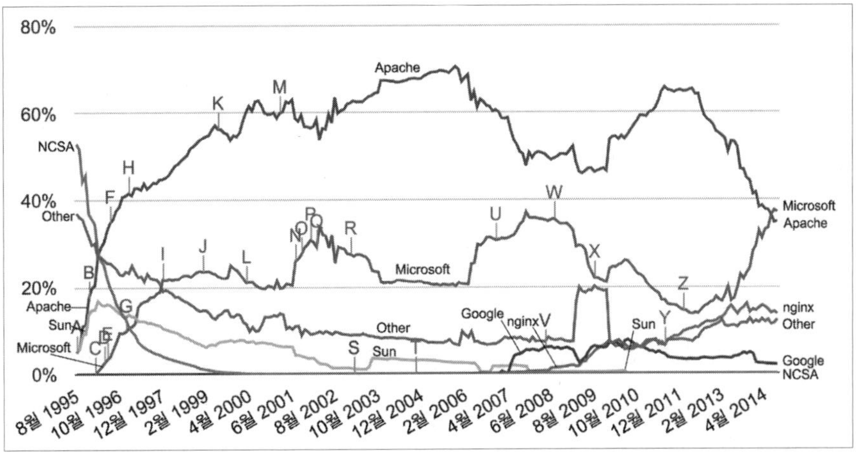

그림 5-1 넷크래프트의 자동화된 조사에 의해 추정된 웹 서버 시장 점유율

- 모든 인터넷 웹 사이트의 37%가 마이크로소프트 웹 서버를 통해 서비스되고 있다.
- 아파치 웹 서버가 점유율 35%로, 최근 근소한 차이로 점유율 2위로 밀려났다.
- nginx 서버를 사용하는 사이트가 최근 수년간 꾸준히 증가하여 약 14%를 점유하고 있다.

5.1.3 임베디드 웹 서버

임베디드 웹 서버는 일반 소비자용 제품에 내장될 목적으로 만들어진 작은 웹 서버이다(예: 프린터나 가전제품). 임베디드 웹 서버는 사용자가 그들의 일반 소비자용 기기를 간편한 웹 브라우저 인터페이스로 관리할 수 있게 해준다.

몇몇 임베디드 웹 서버는 1제곱인치도 안 되는 크기로 구현되어 있고, 보통 최소한의 기능만을 제공한다. 아주 작은 임베디드 웹 서버의 예를 두 개 들면 다음과 같다.

- 아이픽 성냥 머리 크기 웹 서버(http://www-ccs.cs.umass.edu/~shri/iPic.html)[2]
- 넷미디어 사이트플레이어 SP1 이더넷 웹 서버(http://www.siteplayer.com)

5.2 간단한 펄 웹 서버

완전한 기능을 갖춘 HTTP 서버를 만들고자 한다면 해야 할 일이 좀 많다. 아파치 웹 서버의 코어는 50,000줄이 넘는 코드로 되어 있고, 부가적인 처리 모듈들을 더

---

2 (옮긴이) 이 링크는 더 이상 동작하지 않는다. 대신 http://web.archive.org/web/20020126140230/http://www-ccs.cs.umass.edu/~shri/iPic.html/를 보라.

하면 훨씬 커진다.

HTTP/1.1의 기능들을 지원하려면, 풍부한 리소스 지원, 가상 호스팅, 접근 제어, 로깅, 설정, 모니터링, 그 외 성능을 위한 각종 기능들이 필요하다. 그러나 최소한으로 기능하는 HTTP 서버라면 30줄 이하의 펄(Perl) 코드로도 만들 수 있다. 한번 살펴보자.

예 5-1은 type-o-serve라고 이름 붙은 작은 펄 프로그램을 보여준다. 이 프로그램은 클라이언트와 프락시 간의 상호작용 테스트에 유용한 진단 툴이다. 여느 웹 서버와 마찬가지로, type-o-serve는 HTTP 커넥션을 기다린다. type-o-serve는 요청 메시지를 받자마자, 화면에 메시지를 출력한다. 그리고 클라이언트에게 답해줄 응답 메시지를 타이핑하기를 (혹은 붙여넣기를) 기다린다. type-o-serve가 웹 서버를 흉내 내는 이 방식은, HTTP 요청 메시지를 정확하게 기록하고 어떤 HTTP 응답 메시지라도 돌려보내줄 수 있도록 해준다.

이 간단한 type-o-serve 유틸리티는 HTTP 기능 대부분을 구현하지는 않았지만, 예 5-1에서 텔넷으로 클라이언트 요청 메시지를 생성했었던 것과 같은 방법으로 서버 응답 메시지를 생성할 수 있게 해 주는 유용한 도구다.

예 5-1 HTTP 디버깅을 위해 사용되는 type-o-serve 최소 기능 펄 웹 서버

```
#!/usr/bin/perl

use Socket;
use Carp;
use FileHandle;

# (1) 명령줄에서 덮어쓰지 않는 이상 8080 포트를 기본으로 사용한다.
$port = (@ARGV ? $ARGV[0] : 8080);

# (2) 로컬 TCP 소켓을 생성하고 커넥션을 기다리도록(listen) 설정한다.
$proto = getprotobyname('tcp');
socket(S, PF_INET, SOCK_STREAM, $proto) || die;
setsockopt(S, SOL_SOCKET, SO_REUSEADDR, pack("l", 1)) || die;
bind(S, sockaddr_in($port, INADDR_ANY)) || die;
listen(S, SOMAXCONN) || die;

# (3) 시작 메시지를 출력한다.
printf("    <<<Type-O-Serve Accepting on Port %d>>>\n\n",$port);

while (1)
{
    # (4) 커넥션 C를 기다린다.
    $cport_caddr = accept(C, S);
    ($cport,$caddr) = sockaddr_in($cport_caddr);
    C->autoflush(1);
```

```
    # (5) 누구로부터의 커넥션인지 출력한다.
    $cname = gethostbyaddr($caddr,AF_INET);
    printf("    <<<Request From '%s'>>>\n",$cname);

    # (6) 빈 줄이 나올 때까지 요청 메시지를 읽어서 화면에 출력한다.
    while ($line = <C>)
    {
        print $line;
        if ($line =~ /^\r/) { last; }
    }

    # (7) 응답 메시지를 위한 프롬프트를 만들고, 응답줄을 입력 받는다.
    #     "." 하나만으로 되어 있는 줄이 입력되기 전까지, 입력된 줄을 클라이언트에게 보낸다.

    printf("    <<<Type Response Followed by '.'>>>\n");

    while ($line = <STDIN>)
    {
        $line =~ s/\r//;
        $line =~ s/\n//;
        if ($line =~ /^\./) { last; }
        print C $line . "\r\n";
    }
    close(C);
}
```

그림 5-2는 죠의 하드웨어 상점의 관리자가 type-o-serve를 이용해 어떻게 HTTP 통신을 테스트하는지 보여준다.

- 먼저, 관리자는 특정 포트로 수신하는 type-o-serve 진단 서버를 시작한다. 죠의 하드웨어 상점은 이미 80번 포트로 수신하고 있는 웹 서버를 가지고 있기 때문에, 관리자는 다음과 같은 명령을 입력해 type-o-serve 서버를 8080번 포트(사용하지 않는 아무 포트나 선택할 수 있다)로 시작한다.

```
% type-o-serve.pl 8080
```

- type-o-serve가 동작하기 시작하면, 이 웹 서버에 브라우저로 접근할 수 있다. 그림 5-2에서, 우리는 http://www.joes-hardware.com:8080/foo/bar/blah.txt에 접근한다.
- type-o-serve 프로그램은 브라우저로부터 HTTP 요청 메시지를 받아 그 내용을 화면에 출력한 뒤, 관리자가 마침표 하나뿐인 줄로 끝나는 간단한 응답 메시지를 입력할 때까지 기다린다.
- type-o-serve는 HTTP 응답 메시지를 브라우저에게 돌려주고, 브라우저는 응답 메시지의 본문을 출력한다.

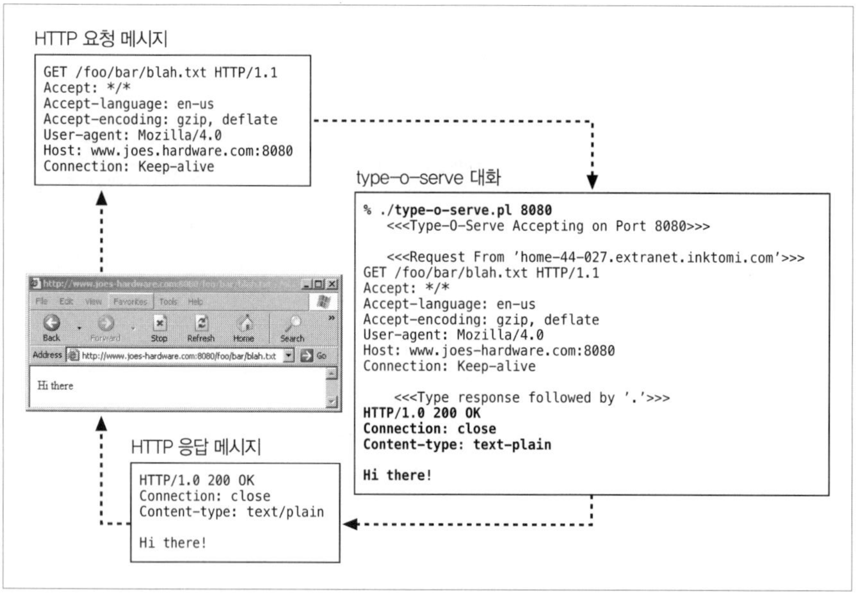

그림 5-2 type-o-serve 유틸리티는 클라이언트에게 돌려줄 서버 응답에 들어갈 내용을 직접 타이핑해 넣을 수 있게 해준다.

5.3 진짜 웹 서버가 하는 일

우리가 예 5-1에서 보여준 펄 서버는 예제용으로 만든 간단한 웹 서버다. 최신식 상용 웹 서버는 그보다 훨씬 복잡하지만, 그들은 공통적으로 그림 5-3에서 보이는 몇 가지 일들을 수행한다.

1. 커넥션을 맺는다 -- 클라이언트의 접속을 받아들이거나, 원치 않는 클라이언트라면 닫는다.
2. 요청을 받는다 -- HTTP 요청 메시지를 네트워크로부터 읽어 들인다.
3. 요청을 처리한다 -- 요청 메시지를 해석하고 행동을 취한다.
4. 리소스에 접근한다 -- 메시지에서 지정한 리소스에 접근한다
5. 응답을 만든다 -- 올바른 헤더를 포함한 HTTP 응답 메시지를 생성한다.
6. 응답을 보낸다 -- 응답을 클라이언트에게 돌려준다.
7. 트랜잭션을 로그로 남긴다 -- 로그파일에 트랜잭션 완료에 대한 기록을 남긴다.

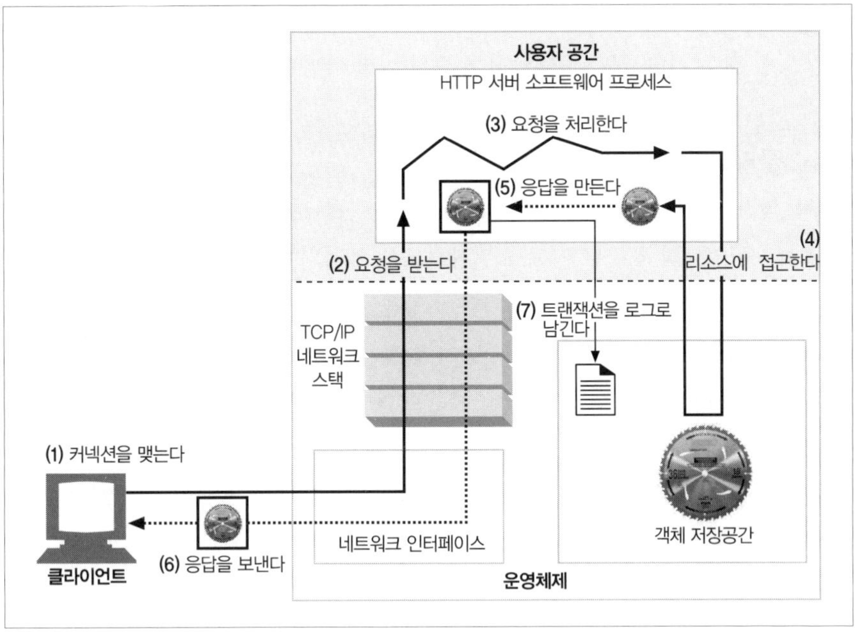

그림 5-3 기본 웹 서버 요청의 단계

다음 일곱 개의 절은 어떻게 웹 서버가 이러한 기본 작업을 수행하는지 보여준다.

5.4 단계 1: 클라이언트 커넥션 수락

클라이언트가 이미 서버에 대해 열려있는 지속적 커넥션을 갖고 있다면, 클라이언트는 요청을 보내기 위해 그 커넥션을 사용할 수 있다. 그렇지 않다면, 클라이언트는 서버에 대한 새 커넥션을 열 필요가 있다(HTTP 커넥션 관리 기술에 대해 복습하려면 4장을 다시 보라).

5.4.1 새 커넥션 다루기

클라이언트가 웹 서버에 TCP 커넥션을 요청하면, 웹 서버는 그 커넥션을 맺고 TCP 커넥션에서 IP 주소를 추출하여 커넥션 맞은편에 어떤 클라이언트가 있는지 확인한다.[3] 일단 새 커넥션이 맺어지고 받아들여지면, 서버는 새 커넥션을 커넥션 목록에 추가하고 커넥션에서 오가는 데이터를 지켜보기 위한 준비를 한다.

웹 서버는 어떤 커넥션이든 마음대로 거절하거나 즉시 닫을 수 있다. 어떤 웹 서

3 TCP 커넥션을 조작하는 인터페이스와 자료구조는 운영체제마다 다르다. 유닉스 환경에서 TCP 커넥션은 소켓으로 표현되며 클라이언트의 IP 주소는 getpeername을 호출하여 그 소켓으로부터 얻을 수 있다.

버들은 클라이언트의 IP 주소나 호스트 명이 인가되지 않았거나 악의적이라고 알려진 것인 경우 커넥션을 닫는다. 다른 신원 식별 기법 또한 사용될 수 있다.

5.4.2 클라이언트 호스트 명 식별

대부분의 웹 서버는 '역방향 DNS(reverse DNS)'를 사용해서 클라이언트의 IP 주소를 클라이언트의 호스트 명으로 변환하도록 설정되어 있다. 웹 서버는 클라이언트 호스트 명을 구체적인 접근 제어와 로깅을 위해 사용할 수 있다. 호스트 명 룩업(hostname lookup)은, 꽤 시간이 많이 걸릴 수 있어 웹 트랜잭션을 느려지게 할 수 있음을 미리 경고해두겠다. 많은 대용량 웹 서버는 호스트 명 분석(hostname resolution)을 꺼두거나 특정 콘텐츠에 대해서만 켜놓는다.

아파치에서는 HostnameLookups 설정 지시자로 호스트 명 룩업을 켤 수 있다. 예를 들어, 예 5-2의 아파치 설정 지시자는 HTML과 CGI 리소스만을 위해 호스트 명 분석을 켠다.

예 5-2 HTML과 CGI 리소스에 대한 호스트 명 룩업 아파치 설정

```
HostnameLookups off
<Files ~ "\.(html|htm|cgi)$">
    HostnameLookups on
</Files>
```

5.4.3 ident를 통해 클라이언트 사용자 알아내기

몇몇 웹 서버는 또한 IETF ident 프로토콜을 지원한다. ident 프로토콜은 서버에게 어떤 사용자 이름이 HTTP 커넥션을 초기화했는지 찾아낼 수 있게 해준다. 이 정보는 특히 웹 서버 로깅에서 유용하기 때문에, 널리 쓰이는 일반 로그 포맷(Common Log Format)의 두 번째 필드는 각 HTTP 요청의 ident 사용자 이름을 담고 있다.[4]

만약 클라이언트가 ident 프로토콜을 지원한다면, 클라이언트는 ident 결과를 위해 TCP 포트 113번을 listen한다. 그림 5-4는 어떻게 ident 프로토콜이 동작하는지 보여준다. 그림 5-4a에서 클라이언트는 HTTP 커넥션을 연다. 서버는 그 후 자신의 커넥션을 클라이언트의 identd 서버 포트(113)를 향해 열고, 새 커넥션(클라이언트와 서버 포트 번호로 지정되는)에 대응하는 사용자 이름을 묻는 간단한 요청을 보낸다.

4 일반 로그 포맷의 ident 필드는 'rfc931'이라 하는데, 같은 이름의 RFC 문서가 ident 프로토콜을 정의한 후부터 그렇게 불리고 있다. 이 문서는 현재 RFC 1413에 의해 대체되어 낡은 것이 되었다.

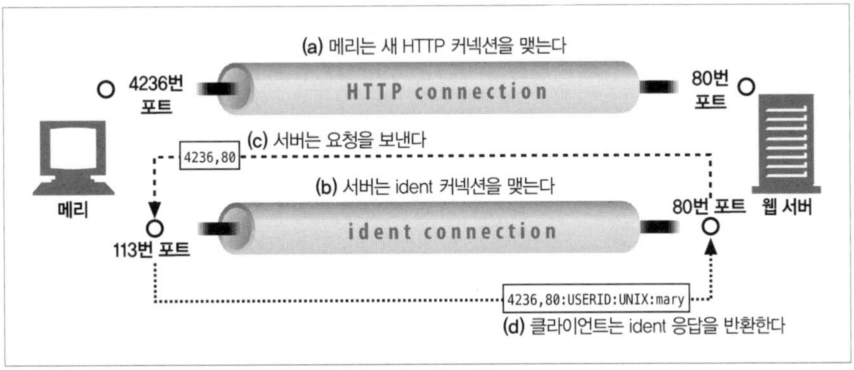

그림 5-4 HTTP 클라이언트의 사용자 이름을 알아내기 위해 ident 프로토콜 사용하기

ident는 조직 내부에서는 잘 사용할 수 있지만, 공공 인터넷에서는 다음을 포함한 여러 이유로 잘 동작하지 않는다.

- 많은 클라이언트 PC는 identd 신원확인 프로토콜 데몬 소프트웨어를 실행하지 않는다.
- ident 프로토콜은 HTTP 트랜잭션을 유의미하게 지연시킨다.
- 방화벽이 ident 트래픽이 들어오는 것을 막는 경우가 많다.
- ident 프로토콜은 안전하지 않고 조작하기 쉽다.
- ident 프로토콜은 가상 IP 주소를 잘 지원하지 않는다.
- 클라이언트 사용자 이름의 노출로 인한 프라이버시 침해의 우려가 있다.

아파치 웹 서버의 경우 IdentityCheck 지시어를 이용해 ident 룩업을 사용하게 할 수 있다. 만약 가용한 ident 정보가 없다면, 아파치는 ident 로그 필드를 하이픈(-)으로 채울 것이다. 보통 ident 정보가 없기 때문에 일반 로그 포맷 로그파일의 두 번째 필드는 하이픈으로 채워진다.

5.5 단계 2: 요청 메시지 수신

커넥션에 데이터가 도착하면, 웹 서버는 네트워크 커넥션에서 그 데이터를 읽어 들이고 파싱하여 요청 메시지를 구성한다.

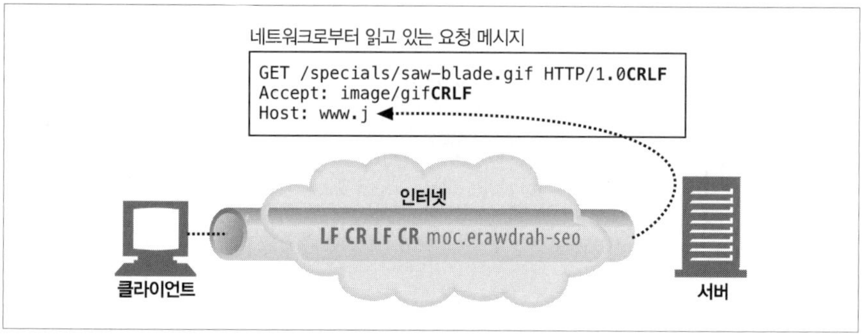

그림 5-5 커넥션에서 요청 메시지 읽기

요청 메시지를 파싱할 때, 웹 서버는 다음과 같은 일을 한다.

- 요청줄을 파싱하여 요청 메서드, 지정된 리소스의 식별자(URI), 버전 번호[5]를 찾는다. 각 값은 스페이스 한 개로 분리되어 있으며, 요청줄은 캐리지 리턴 줄바꿈(CRLF) 문자열[6]로 끝난다.
- 메시지 헤더들을 읽는다. 각 메시지 헤더는 CRLF로 끝난다.
- 헤더의 끝을 의미하는 CRLF로 끝나는 빈 줄을 찾아낸다. (존재한다면)
- 요청 본문이 있다면, 읽어 들인다(길이는 Content-Length 헤더로 정의된다).

요청 메시지를 파싱할 때, 웹 서버는 입력 데이터를 네트워크로부터 불규칙적으로 받는다. 네트워크 커넥션은 언제라도 무효화될 수 있다. 웹 서버는 파싱해서 이해하는 것이 가능한 수준의 분량을 확보할 때까지 데이터를 네트워크로부터 읽어서 메시지 일부분을 메모리에 임시로 저장해 둘 필요가 있다.

5.5.1 메시지의 내부 표현

몇몇 웹 서버는 요청 메시지를 쉽게 다룰 수 있도록 내부의 자료 구조에 저장한다. 예를 들어, 그 자료 구조는 요청 메시지의 각 조각에 대한 포인터와 길이를 담을 수 있을 것이고, 헤더는 속도가 빠른 룩업 테이블에 저장되어 각 필드에 신속하게 접근할 수 있을 것이다(그림 5-6).

---

5 HTTP의 초기 버전인 HTTP/0.9는 버전 번호를 지원하지 않는다. 버전 번호가 빠진 메시지도 지원하는 몇몇 웹 서버는 그러한 메시지를 HTTP/0.9 요청으로 해석한다.

6 많은 웹 서버들이 LF와 CRLF 모두를 줄바꿈 문자로 인식한다. 줄의 끝을 표현하기 위해 실수로 LF를 보내는 클라이언트들도 종종 있기 때문이다.

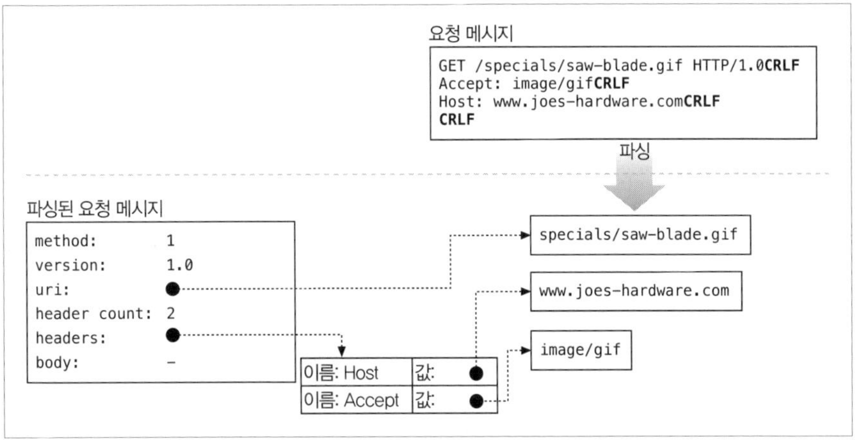

그림 5-6 요청 메시지를 편리한 내부 표현 형태로 파싱

5.5.2 커넥션 입력/출력 처리 아키텍처

고성능 웹 서버는 수천 개의 커넥션을 동시에 열 수 있도록 지원한다. 이 커넥션들은 웹 서버가 전 세계의 클라이언트들과 각각 한 개 이상의 커넥션을 통해 통신할 수 있게 해준다. 어떤 커넥션들로부터는 요청이 느리게 혹은 드물게 흘러 들어오고, 또 어떤 것들은 나중에 일어날 활동을 위해 조용히 대기하고 있는데 비해, 일부 커넥션들은 웹 서버로 급속히 요청을 보내고 있을 것이다.

웹 서버들은 항상 새 요청을 주시하고 있다. 왜냐하면 요청은 언제라도 도착할 수 있기 때문이다. 그림 5-7에 그려진 것과 같이, 웹 서버 아키텍처의 차이에 따라 요청을 처리하는 방식도 달라진다.

단일 스레드 웹 서버(그림 5-7a)

단일 스레드 웹 서버는 한 번에 하나씩 요청을 처리한다. 트랜잭션이 완료되면, 다음 커넥션이 처리된다. 이 아키텍처는 구현하기 간단하지만 처리 도중에 모든 다른 커넥션은 무시된다. 이것은 심각한 성능 문제를 만들어내므로 오직 로드가 적은 서버나 type-o-serve와 같은 진단도구에서만 적당하다.

멀티프로세스와 멀티스레드 웹 서버(그림 5-7b)

멀티프로세스와 멀티스레드 웹 서버는 여러 요청을 동시에 처리하기 위해 여러 개의 프로세스 혹은 고효율 스레드를 할당한다.[7] 스레드/프로세스는 필요할 때마다

7 프로세스란 어떤 프로그램의 자신만의 변수 집합을 갖는 하나의 독립된 제어 흐름이다. 스레드는 프로세스의 더 빠르고 더 효율적인 버전이다. 스레드와 프로세스 모두 하나의 프로그램이 여러 작업을 동시에 할 수 있게 해준다. 설명을 단순하게 하기 위해 우리는 프로세스와 스레드를 서로 바꿔 쓸 수 있는 것처럼 다루고 있지만, 사실 둘 사이에는 성능상의 차이가 존재한다. 이러한 성능상의 이유로 많은 고성능 서버는 멀티프로세스인 동시에 멀티스레드다.

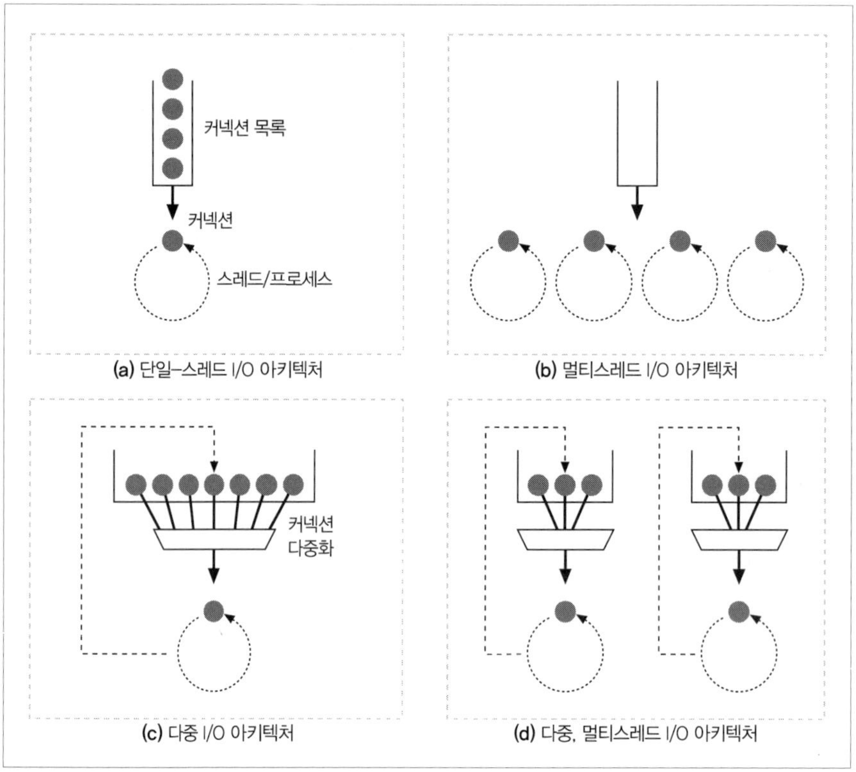

그림 5-7 웹 서버 입력/출력 아키텍처

만들어질 수도 있고 미리 만들어질 수 있다.[8] 몇몇 서버는 매 커넥션마다 스레드/프로세스 하나를 할당하지만, 서버가 수백, 수천, 심지어 수만 개의 동시 커넥션을 처리할 때 그로 인해 만들어진 수많은 프로세스나 스레드는 너무 많은 메모리나 시스템 리소스를 소비한다. 그러므로 많은 멀티스레드 웹 서비스가 스레드/프로세스의 최대 개수에 제한을 건다.

다중 I/O 서버(그림 5-7c)

대량의 커넥션을 지원하기 위해, 많은 웹 서버는 다중 아키텍처를 채택했다. 다중 아키텍처에서는, 모든 커넥션은 동시에 그 활동을 감시당한다. 커넥션의 상태가 바뀌면(예: 데이터를 사용할 수 있게 되거나 에러가 발생), 그 커넥션에 대해 작은 양의 처리가 수행된다. 그 처리가 완료되면, 커넥션은 다음번 상태 변경을 위해 열린 커넥션 목록으로 돌아간다. 어떤 커넥션에 대해 작업을 수행하는 것은 그 커넥션에

8 스레드가 미리 생성되는 시스템을 "작업자 풀(worker pool)" 시스템이라고 부르는데, 왜냐하면 스레드들의 집합이 수행할 작업을 풀(pool)에서 기다리기 때문이다.

실제로 해야 할 일이 있을 때뿐이다. 스레드와 프로세스는 유휴 상태의 커넥션에 매여 기다리느라 리소스를 낭비하지 않는다.

다중 멀티스레드 웹 서버(그림 5-7d)

몇몇 시스템은 자신의 컴퓨터 플랫폼에 올라와 있는 CPU 여러 개의 이점을 살리기 위해 멀티스레딩과 다중화(multiplexing)를 결합한다. 여러 개의 스레드(보통 하나의 물리적 프로세스)는 각각 열려있는 커넥션(혹은 열려있는 커넥션의 부분 집합)을 감시하고 각 커넥션에 대해 조금씩 작업을 수행한다.

5.6 단계 3: 요청 처리

웹 서버가 요청을 받으면, 서버는 요청으로부터 메서드, 리소스, 헤더, 본문(없는 경우도 있다)을 얻어내어 처리한다.

POST를 비롯한 몇몇 메서드는 요청 메시지에 엔터티 본문이 있을 것을 요구한다. 그 외 OPTIONS를 비롯한 다수의 메서드는 요청에 본문이 있는 것을 허용하되 요구하지는 않는다. 많지는 않지만 GET과 같이 요청 메시지에 엔터티 본문이 있는 것을 금지하는 메서드도 있다.

우리는 요청 처리에 대해서는 이야기하지 않을 것이다. 왜냐하면 그건 이 책 나머지 대부분의 주제이기 때문이다!

5.7 단계 4: 리소스의 매핑과 접근

웹 서버는 리소스 서버다. 그들은 HTML 페이지나 JPEG 이미지 같은 미리 만들어진 콘텐츠를 제공하며, 마찬가지로 서버 위에서 동작하는 리소스 생성 애플리케이션을 통해 만들어진 동적 콘텐츠도 제공한다.

웹 서버가 클라이언트에 콘텐츠를 전달하려면, 그전에 요청 메시지의 URI에 대응하는 알맞은 콘텐츠나 콘텐츠 생성기를 웹 서버에서 찾아서 그 콘텐츠의 원천을 식별해야 한다.

5.7.1 Docroot

웹 서버는 여러 종류의 리소스 매핑을 지원한다. 하지만 리소스 매핑의 가장 단순한 형태는 요청 URI를 웹 서버의 파일 시스템 안에 있는 파일 이름으로 사용하는 것이다. 일반적으로 웹 서버 파일 시스템의 특별한 폴더를 웹 콘텐츠를 위해 예약해 둔다. 이 폴더는 문서 루트 혹은 docroot로 불린다. 웹 서버는 요청 메시지에서 URI를 가져와서 문서 루트 뒤에 붙인다.

그림 5-8에서, /specials/saw-blade.gif에 대한 요청이 도착했다. 이 예에서 웹 서버는 문서 루트 /usr/local/httpd/files를 갖고 있다. 웹 서버는 /usr/local/httpd/files/specials/saw-blade.gif 파일을 반환한다.

그림 5-8 요청 URI를 local 웹 서버 리소스에 매핑

다음과 같이 httpd.conf 설정 파일에 DocumentRoot 줄을 추가하여 아파치 웹 서버의 문서 루트를 설정할 수 있다.

```
DocumentRoot /usr/local/httpd/files
```

서버는 상대적인 url이 docroot를 벗어나서 파일 시스템의 docroot 이외 부분이 노출되는 일이 생기지 않도록 주의해야 한다. 예를 들어 대부분의 성숙한 웹 서버는 Joe's Hardware의 문서 루트 위의 파일을 보려고 하는 이와 같은 URI를 허용하지 않는다.

```
http://www.joes-hardware.com/../
```

가상 호스팅된 *docroot*

가상 호스팅 웹 서버는, 각 사이트에 그들만의 분리된 문서 루트를 주는 방법으로 한 웹 서버에서 여러 개의 웹 사이트를 호스팅 한다. 가상 호스팅 웹 서버는 URI나 Host 헤더에서 얻은 IP 주소나 호스트 명을 이용해 올바른 문서 루트를 식별한다. 이 방법으로, 하나의 웹 서버 위에서 두 개의 사이트가 완전히 분리된 콘텐츠를 갖고 호스팅 되도록 할 수 있다.

그림 5-9에서, 서버는 두 사이트 www.joes-hardware.com와 www.marys-antiques.com을 호스팅 한다. 서버는 두 웹 사이트를 HTTP Host 헤더나 서로 다른 IP 주소를 이용해 구분할 수 있다.

- 요청 A가 도착했을 때, 서버는 /docs/joe/index.html 파일을 가져온다.
- 요청 B가 도착했을 때, 서버는 /docs/mary/index.html 파일을 가져온다.

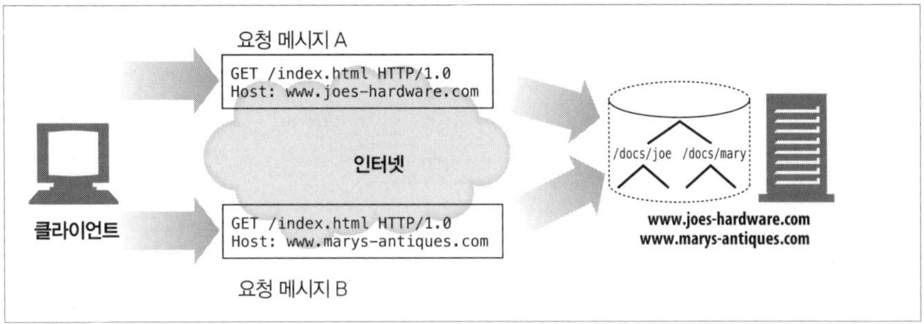

그림 5-9 가상 호스트 요청에 따라 다른 docroot

가상으로 호스팅 되는 docroot 설정은 대부분의 웹 서버에서 간단하다. 널리 쓰이는 아파치 웹 서버에서는, 각 가상 웹 사이트의 VirtualHost 블록이 가상 서버에 대한 DocumentRoot 지시자를 포함하도록 설정해야 한다(예 5-3).

예 5-3 아파치 웹 서버 가상 호스트 docroot 설정

```
<VirtualHost www.joes-hardware.com>
  ServerName www.joes-hardware.com
  DocumentRoot /docs/joe
  TransferLog /logs/joe.access_log
  ErrorLog /logs/joe.error_log
</VirtualHost>

<VirtualHost www.marys-antiques.com>
  ServerName www.marys-antiques.com
  DocumentRoot /docs/mary
  TransferLog /logs/mary.access_log
  ErrorLog /logs/mary.error_log
</VirtualHost>
    ...
```

가상 호스팅에 대해 더 자세히 알고 싶다면 18장의 "가상 호스팅"을 보라.

사용자 홈 디렉터리 docroots

docroot의 또 다른 대표적인 활용은, 사용자들이 한 대의 웹 서버에서 각자의 개인

웹 사이트를 만들 수 있도록 해주는 것이다. 보통 빗금(/)과 물결표(~) 다음에 사용자 이름이 오는 것으로 시작하는 URI는 그 사용자의 개인 문서 루트를 가리킨다. 개인 docroot는 주로 사용자 홈 디렉터리 안에 있는 public_html로 불리는 디렉터리지만, 설정에 따라 다르다(그림 5-10).

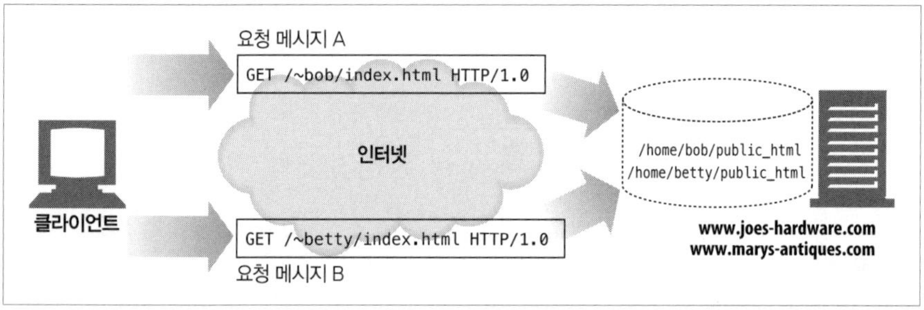

그림 5-10 사용자별로 다른 docroot

5.7.2 디렉터리 목록

웹 서버는, 경로가 파일이 아닌 디렉터리를 가리키는, 디렉터리 URL에 대한 요청을 받을 수 있다. 대부분의 웹 서버는 클라이언트가 디렉터리 URL을 요청했을 때 다음과 같이 몇 가지 다른 행동을 취하도록 설정할 수 있다.

- 에러를 반환한다.
- 디렉터리 대신 특별한 '색인 파일'을 반환한다.
- 디렉터리를 탐색해서 그 내용을 담은 HTML 페이지를 반환한다.

대부분의 웹 서버는 요청한 URL에 대응되는 디렉터리 안에서 index.html 혹은 index.htm으로 이름 붙은 파일을 찾는다. 만약 사용자가 어떤 디렉터리에 대한 URL을 요청했는데, 그 디렉터리가 index.html(혹은 index.htm)이란 이름을 가진 파일을 갖고 있다면, 서버는 그 파일의 콘텐츠를 반환할 것이다.

아파치 웹 서버에서, DirectoryIndex 설정 지시자를 사용해서 기본 디렉터리 파일로 사용될 파일 이름의 집합을 설정할 수 있다. DirectoryIndex 지시자는 디렉터리 색인 파일로 사용될 모든 파일의 이름을 우선순위로 나열한다. 다음의 설정은 아파치가 디렉터리 URL 요청에 대한 응답으로 나열된 파일 중 하나를 찾게 만든다.

```
DirectoryIndex index.html index.htm home.html home.htm index.cgi
```

사용자가 디렉터리 URI를 요청했을 때 기본 색인 파일이 없고 디렉터리 색인 기능이 꺼져 있지 않다면, 많은 웹 서버는 자동으로 그 디렉터리의 파일들을 크기, 변경일 및 그 파일에 대한 링크와 함께 열거한 HTML 파일을 반환한다. 이 파일 열거는 편리하기는 하지만, 일반적으로는 발견할 수 없는 파일도 드러나게 된다는 단점이 있다.

다음과 같이 아파치 지시자로 디렉터리 색인 파일 자동 생성을 끌 수 있다.

```
Options -Indexes
```

5.7.3 동적 콘텐츠 리소스 매핑

웹 서버는 URI를 동적 리소스에 매핑할 수도 있다. 즉, 요청에 맞게 콘텐츠를 생성하는 프로그램에 URI를 매핑하는 것이다(그림 5-11). 사실, 웹 서버들 중에서 애플리케이션 서버라고 불리는 것들은 웹 서버를 복잡한 백엔드 애플리케이션과 연결하는 일을 한다. 어떤 리소스가 동적 리소스라면, 애플리케이션 서버는 그에 대한 동적 콘텐츠 생성 프로그램이 어디에 있는지, 그리고 어떻게 그 프로그램을 실행하는지 알려줄 수 있어야 한다. 대부분의 웹 서버는 동적 리소스를 식별하고 매핑할

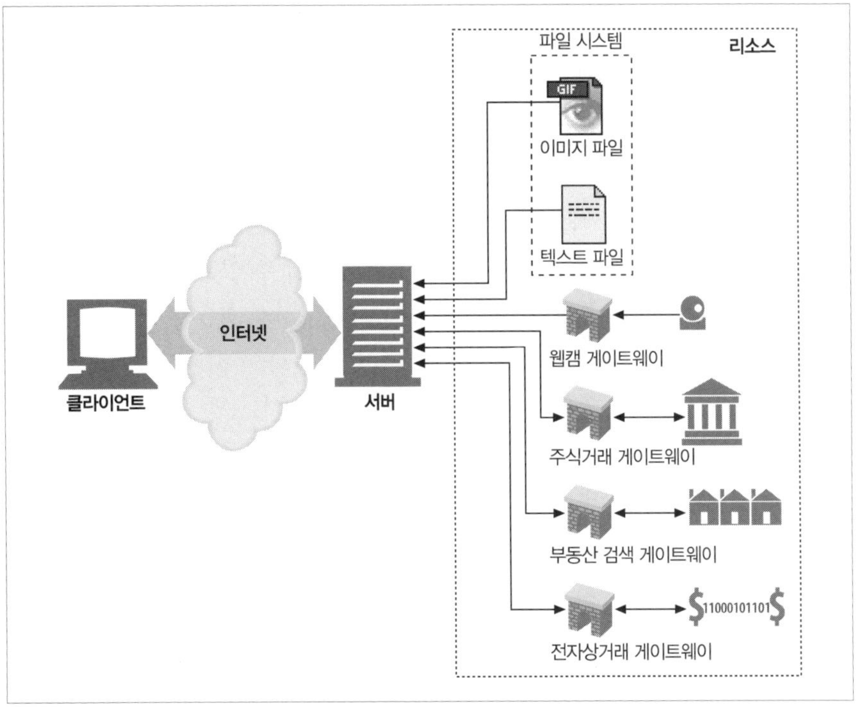

그림 5-11 웹 서버는 정적 리소스뿐만 아니라 동적 리소스도 제공할 수 있다.

수 있는 기본적인 메커니즘을 갖고 있다.

아파치는 URI의 경로명이 실행 가능한 프로그램이 위치한 디렉터리로 매핑되도록 설정하는 기능을 제공한다. 서버가 실행 가능한 경로명을 포함한 URI로 요청을 받으면, 그 경로에 대응하는 디렉터리에서 프로그램을 찾아 실행하려 시도한다. 예를 들어, 다음의 아파치 설정 지시자는 URI의 경로가 /cgi-bin/으로 시작한다면 /usr/local/etc/httpd/cgi-programs/에서 프로그램을 찾아 실행하라는 의미다.

```
ScriptAlias /cgi-bin/ /usr/local/etc/httpd/cgi-programs/
```

또한 아파치에서는 특정 확장자의 파일만 실행하도록 설정할 수도 있다. 이 방법은, 실행 가능한 스크립트를 아무 디렉터리에나 위치시킬 수 있다. 다음의 아파치 설정 지시자는 .cgi로 끝나는 모든 웹 리소스는 실행되어야 함을 명시한다.

```
AddHandler cgi-script .cgi
```

웹 초창기에 널리 쓰였던 CGI는 서버사이드 애플리케이션을 실행하기 위한 간단한 인터페이스다. 오늘날의 애플리케이션 서버는, 마이크로소프트의 액티브 서버 페이지와 자바 서블릿과 같은 한층 더 강력하고 효과적인 서버사이드 동적 콘텐츠 지원 기능을 갖고 있다.

5.7.4 서버사이드 인클루드(Server-Side Includes, SSI)

많은 웹 서버가 서버사이드 인클루드도 지원한다. 만약 어떤 리소스가 서버사이드 인클루드를 포함하고 있는 것으로 설정되어 있다면, 서버는 그 리소스의 콘텐츠를 클라이언트에게 보내기 전에 처리한다.

서버는 콘텐츠에 변수 이름이나 내장된 스크립트가 될 수 있는 어떤 특별한 패턴이 있는지(주로 특별한 HTML 주석 안에 포함된다) 검사를 받는다. 특별한 패턴은 변수 값이나 실행 가능한 스크립트의 출력 값으로 치환된다. 이것은 동적 콘텐츠를 만드는 쉬운 방법이다.

5.7.5 접근 제어

웹 서버는 또한 각각의 리소스에 접근 제어를 할당할 수 있다. 접근 제어되는 리소스에 대한 요청이 도착했을 때 웹 서버는 클라이언트의 IP 주소에 근거하여 접근을 제어할 수 있고 혹은 리소스에 접근하기 위한 비밀번호를 물어볼 수도 있다.

HTTP 인증에 대한 자세한 정보는 12장을 참고하라.

5.8 단계 5: 응답 만들기

한번 서버가 리소스를 식별하면, 서버는 요청 메서드로 서술되는 동작을 수행한 뒤 응답 메시지를 반환한다. 응답 메시지는 응답 상태 코드, 응답 헤더, 그리고 응답 본문(생성되었다면)을 포함한다. HTTP 응답 코드에 대해서는 3장의 "상태 코드"에 자세하게 나와 있다.

5.8.1 응답 엔터티

만약 트랜잭션이 응답 본문을 생성한다면, 그 내용을 응답 메시지와 함께 돌려보낸다. 만약 본문이 있다면, 응답 메시지는 주로 다음을 포함한다.

- 응답 본문의 MIME 타입을 서술하는 Content-Type 헤더
- 응답 본문의 길이를 서술하는 Content-Length 헤더
- 실제 응답 본문의 내용

5.8.2 MIME 타입 결정하기

웹 서버에게는 응답 본문의 MIME 타입을 결정해야 하는 책임이 있다. 다음은 MIME 타입과 리소스를 연결하는 여러 가지 방법이다.

mime.types

웹 서버는 MIME 타입을 나타내기 위해 파일 이름의 확장자를 사용할 수 있다. 웹 서버는 각 리소스의 MIME 타입을 계산하기 위해 확장자별 MIME 타입이 담겨 있는 파일을 탐색한다. 이러한 확장자 기반 타입 연계가 가장 흔한 방법이다. 이는 그림 5-12에 묘사되어 있다.

매직 타이핑(Magic typing)

아파치 웹 서버는 각 파일의 MIME 타입을 알아내기 위해 파일의 내용을 검사해서 알려진 패턴에 대한 테이블(매직 파일이라 불린다)에 해당하는 패턴이 있는지 찾아볼 수 있다. 이 방법이 느리긴 하지만 파일이 표준 확장자 없이 이름 지어진 경우에는 특히 편리하다.

유형 명시(Explicit typing)

특정 파일이나 디렉터리 안의 파일들이 파일 확장자나 내용에 상관없이 어떤 MIME 타입을 갖도록 웹 서버를 설정할 수 있다.

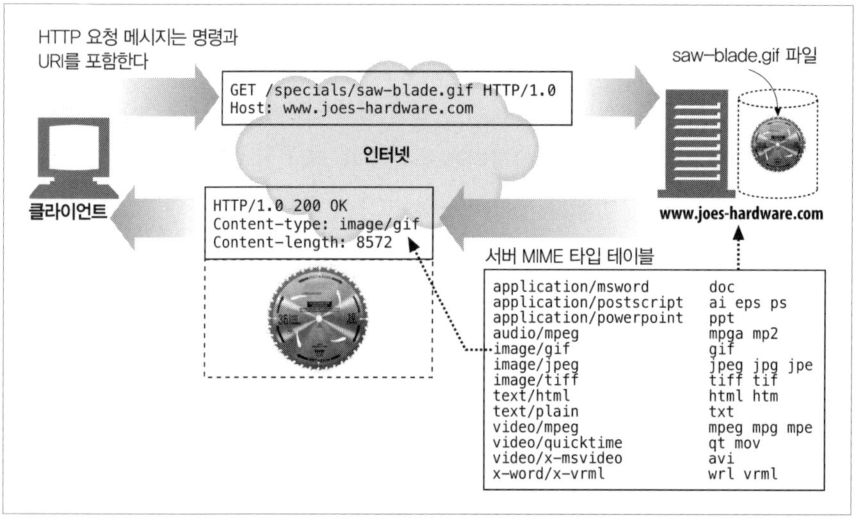

그림 5-12 웹 서버는 리소스가 외부로 보내질 때의 Content-Type을 설정하기 위해 MIME 타입 목록 파일을 사용한다.

유형 협상(Type negotiation)

어떤 웹 서버는 한 리소스가 여러 종류의 문서 형식에 속하도록 설정할 수 있다. 이때 웹 서버가 사용자와의 협상 과정을 통해 사용하기 가장 좋은 형식(그리고 대응하는 MIME 타입)을 판별할 것인지의 여부도 설정할 수 있다.

또한 웹 서버는 특정 파일이 특정 MIME 타입을 갖게끔 설정할 수도 있다.

5.8.3 리다이렉션

웹 서버는 종종 성공 메시지 대신 리다이렉션 응답을 반환한다. 웹 서버는 요청을 수행하기 위해 브라우저가 다른 곳으로 가도록 리다이렉트 할 수 있다. 리다이렉션 응답은 3XX 상태 코드로 지칭된다. Location 응답 헤더는 콘텐츠의 새로운 혹은 선호하는 위치에 대한 URI를 포함한다. 리다이렉트는 다음의 경우에 유용하다.

영구히 리소스가 옮겨진 경우

리소스는 새 URL이 부여되어 새로운 위치로 옮겨졌거나 이름이 바뀌었을 수 있다. 웹 서버는 클라이언트에게 리소스의 이름이 바뀌었으므로, 클라이언트는 북마크를 갱신하거나 할 수 있다고 말해줄 수 있다. 301 Moved Permanently 상태 코드는 이런 종류의 리다이렉트를 위해 사용된다.

임시로 리소스가 옮겨진 경우

만약 리소스가 임시로 옮겨지거나 이름이 변경된 경우, 서버는 클라이언트를 새 위치로 리다이렉트하길 원할 것이다. 그러나 이름 변경이 임시적이기 때문에, 서버는 클라이언트가 나중에는 원래 URL로 찾아오고 북마크도 갱신하지 않기를 원한다. 303 See Other와 307 Temporary Redirect 상태 코드는 이런 종류의 리다이렉트를 위해 사용된다.

URL 증강

서버는 종종 문맥 정보를 포함시키기 위해 재 작성된 URL로 리다이렉트한다. 요청이 도착했을 때, 서버는 상태 정보를 내포한 새 URL을 생성하고 사용자를 이 새 URL로 리다이렉트한다.[9] 클라이언트는 리다이렉트를 따라가서, 이번엔 상태정보가 추가된 완전한 URL을 포함한 요청을 다시 보낸다. 이것은 트랜잭션 간 상태를 유지하는 유용한 방법이다. 이러한 종류의 리다이렉트를 위해 303 See Other와 307 Temporary Redirect 상태 코드를 사용한다.

부하 균형

만약 과부하된 서버가 요청을 받으면, 서버는 클라이언트를 좀 덜 부하가 걸린 서버로 리다이렉트할 수 있다. 이런 종류의 리다이렉트를 위해 303 See Other와 307 Temporary Redirect 상태 코드를 사용한다.

친밀한 다른 서버가 있을 때

웹 서버는 어떤 사용자에 대한 정보를 가질 수 있다. 서버는 클라이언트를 그 클라이언트에 대한 정보를 갖고 있는 다른 서버로 리다이렉트할 수 있다. 이런 종류의 리다이렉트를 위해 303 See Other와 307 Temporary Redirect 상태 코드를 사용한다.

디렉터리 이름 정규화

클라이언트가 디렉터리 이름에 대한 URI를 요청하는데 끝에 빗금(/)을 빠뜨렸다면, 대부분의 웹 서버는 상대경로가 정상적으로 동작할 수 있도록 클라이언트를 슬래시를 추가한 URI로 리다이렉트한다.

5.9 단계 6: 응답 보내기

웹 서버는 받을 때와 마찬가지로 커넥션 너머로 데이터를 보낼 때도 비슷한 이슈에 직면한다. 서버는 여러 클라이언트에 대한 많은 커넥션을 가질 수 있다. 그들 중 일

9 이와 같이 확장되고 상태 정보가 추가된 URL은 흔히 '뚱뚱한(fat) URL'이라고도 부른다.

부는 아무것도 안하고 있는 상태이고, 일부는 서버로 데이터를 보내고 있으며, 또 다른 일부는 클라이언트로 돌려줄 응답 데이터를 실어 나르고 있을 것이다.

서버는 커넥션 상태를 추적해야 하며 지속적인 커넥션은 특별히 주의해서 다룰 필요가 있다. 비지속적인 커넥션이라면, 서버는 모든 메시지를 전송했을 때 자신 쪽의 커넥션을 닫을 것이다.

지속적인 커넥션이라면, 서버가 Content-Length 헤더를 바르게 계산하기 위해 특별한 주의를 필요로 하는 경우나, 클라이언트가 응답이 언제 끝나는지 알 수 없는 경우(4장을 보라)에, 커넥션은 열린 상태를 유지할 것이다.

5.10 단계 7: 로깅

마지막으로, 트랜잭션이 완료되었을 때 웹 서버는 트랜잭션이 어떻게 수행되었는지에 대한 로그를 로그파일에 기록한다. 대부분의 웹 서버는 로깅에 대한 여러 가지 설정 양식을 제공한다. 더 자세한 것은 21장을 보라.

5.11 추가 정보

아파치, 직소, ident에 대한 더 자세한 정보가 필요하면, 다음을 조사해보라.

Apache: The Definitive Guide
Ben Laurie and Peter Laurie, O'Reilly & Associates, Inc.

Professional Apache
Peter Wainwright, Wrox Press.

http://www.w3c.org/Jigsaw/
Jigsaw-W3C's Server W3C Consortium Web Site.

http://www.ietf.org/rfc/rfc1413.txt
RFC 1413, "Identification Protocol," by M. St. Johns.

6장

HTTP: The Definitive Guide

프락시

웹 프락시 서버는 중개자다. 프락시는 클라이언트와 서버 사이에 위치하여 그들 사이의 HTTP 메시지를 정리하는 중개인처럼 동작한다. 이 장에서는 프락시 기능에 대한 특별한 지원, 그리고 프락시 서버를 사용할 때 보게 될 몇 가지 교묘한 동작을 포함하여 HTTP 프락시 서버의 모든 것에 대해 이야기한다.

이 장에서 다룰 내용은 다음과 같다.

- HTTP 프락시와 웹 게이트웨이를 비교하고 HTTP 프락시가 어떻게 배치되는지 그림으로 보여주면서 설명한다.
- 몇 가지 유용한 활용방법을 보여준다.
- 프락시가 실제 네트워크에 어떻게 배치되어 있는지 그리고 트래픽이 어떻게 프락시 서버로 가게 되는지 설명한다.
- 브라우저에서 프락시를 사용하려면 어떻게 설정해야 하는지 보여준다.
- HTTP 프락시 요청이 서버 요청과 어떻게 다른지, 그리고 프락시가 어떻게 브라우저의 동작을 미묘하게 바꾸는지 보여준다.
- 일련의 프락시 서버들을 통과하는 메시지의 경로를, Via 헤더와 TRACE 메서드를 이용해 기록하는 방법을 설명한다.
- 프락시에 기반한 HTTP 접근 제어를 설명한다.
- 어떻게 프락시가 클라이언트와 서버 사이에서 각각의 다른 기능과 버전 들을 지원하면서 상호작용 할 수 있는지 설명한다.

6.1 웹 중개자

웹 프락시 서버는 클라이언트의 입장에서 트랜잭션을 수행하는 중개인이다. 웹 프락시가 없다면, 클라이언트는 HTTP 서버와 직접 이야기한다. 웹 프락시가 있다면, 클라이언트는 HTTP 서버와 이야기하는 대신, 자신의 입장에서 서버와 대화해주는 프락시와 이야기한다. 트랜잭션을 완료하는 것이 클라이언트라는 점은 변하지 않지만, 프락시 서버가 제공하는 좋은 서비스를 이용하게 된다.

HTTP 프락시 서버는 웹 서버이기도 하고 웹 클라이언트이기도 하다. 프락시는 HTTP 클라이언트의 요청을 받게 되므로, 반드시 웹 서버처럼 요청과 커넥션을 적절히 다루고 응답을 돌려줘야 한다. 동시에 프락시는 요청을 서버로 보내기도 하므로, 요청을 보내고 응답을 받는 올바른 HTTP 클라이언트처럼 동작해야 한다(그림 6-1). 만약 직접 HTTP 프락시를 만든다면, HTTP 클라이언트와 HTTP 서버의 양쪽 규칙 모두를 주의 깊게 따라야 한다.

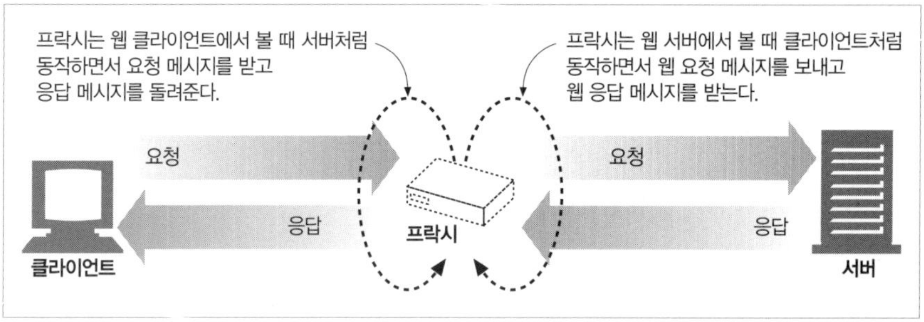

그림 6-1 프락시는 서버이면서 동시에 클라이언트여야 한다.

6.1.1 개인 프락시와 공유 프락시

프락시 서버는 하나의 클라이언트가 독점적으로 사용할 수도 있고, 여러 클라이언트가 공유할 수도 있다. 하나의 클라이언트만을 위한 프락시를 개인 프락시라고 부른다. 여러 클라이언트가 함께 사용하는 프락시는 공용 프락시라 부른다.

공용 프락시

대부분의 프락시는 공용이며 공유된 프락시다. 중앙 집중형 프락시를 관리하는 게 더 비용효율이 높고 쉽다. 그리고 캐시 프락시 서버와 같은 몇몇 프락시 애플리케이션은 프락시를 이용하는 사용자가 많을수록 유리한데, 왜냐하면 여러 사용자들의 공통된 요청에서 이득을 취할 수 있기 때문이다.

개인 프락시

개인 전용 프락시는 그다지 흔하지는 않지만 꾸준히 사용되고 있다(특히 클라이언트 컴퓨터에서 직접 실행되는 형태로). 어떤 브라우저 보조 제품들은 몇몇 ISP 서비스와 마찬가지로 브라우저의 기능을 확장하거나 성능을 개선하거나 무료 ISP 서비스를 위한 광고를 운영하기 위해 작은 프락시를 사용자의 컴퓨터에서 직접 실행한다.

6.1.2 프락시 대 게이트웨이

엄밀하게 말하면, 프락시는 같은 프로토콜을 사용하는 둘 이상의 애플리케이션을 연결하고, 게이트웨이는 서로 다른 프로토콜을 사용하는 둘 이상을 연결한다. 게이트웨이는 클라이언트와 서버가 서로 다른 프로토콜로 말하더라도 서로 간의 트랜잭션을 완료할 수 있도록 해주는 프로토콜 변환기처럼 동작한다.

그림 6-2는 프락시와 게이트웨이의 차이점을 묘사한다.

- 그림 6-2a의 중개 장치는 클라이언트와 서버 양쪽 모두에게 HTTP로 말하고 있으므로 HTTP 프락시다.
- 그림 6-2b의 중개 장치는 HTTP 프론트엔드에 매여서 POP 이메일 백엔드를 향하고 있으므로 HTTP/POP 게이트웨이다. 이 게이트웨이는 웹 트랜잭션을 적절한 POP 트랜잭션으로 변환하고, 사용자가 이메일을 HTTP를 통해 읽을 수 있게 해준다. 야후! 메일이나 MSN 핫메일과 같은 웹 기반 이메일 프로그램은 HTTP 이메일 게이트웨이다.

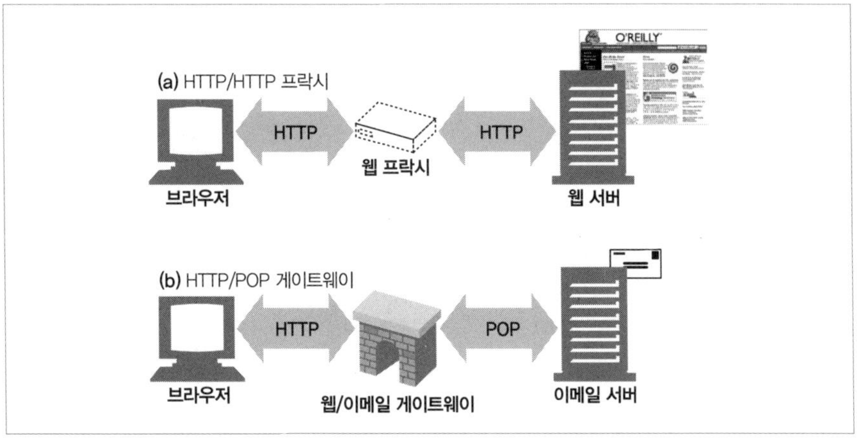

그림 6-2 프락시는 같은 프로토콜로 말하고 게이트웨이는 서로 다른 프로토콜을 연결해준다.

실질적으로 프락시와 게이트웨이의 차이점은 모호하다. 브라우저와 서버는 다른 버전의 HTTP를 구현하기 때문에, 프락시는 때때로 약간의 프로토콜 변환을 하기도 한다. 그리고 상용 프락시 서버는 SSL 보안 프로토콜, SOCKS 방화벽, FTP 접근, 그리고 웹 기반 애플리케이션을 지원하기 위해 게이트웨이 기능을 구현한다. 우리는 8장에서 게이트웨이에 대해 더 자세히 이야기할 것이다.

6.2 왜 프락시를 사용하는가?

프락시 서버는 실용적이고 유용한 것이라면 무슨 일이든 한다. 보안을 개선하고, 성능을 높여주며, 비용을 절약한다. 그리고 프락시 서버는 모든 HTTP 트래픽을 들여다보고 건드릴 수 있기 때문에, 프락시는 부가적인 가치를 주는 여러 유용한 웹 서비스를 구현하기 위해 트래픽을 감시하고 수정할 수 있다.

어린이 필터(그림 6-3)

초등학교는 어린이들에게 교육 사이트를 제공하면서 동시에 성인 콘텐츠를 차단하려고 필터링 프락시를 사용할 수 있다. 그림 6-3에서 보이는 바와 같이, 프락시는 교육 콘텐츠에는 제한 없는 접근을 허용하면서 어린이에게 부적절한 사이트의 접근은 강제로 거부할 수 있다.[1]

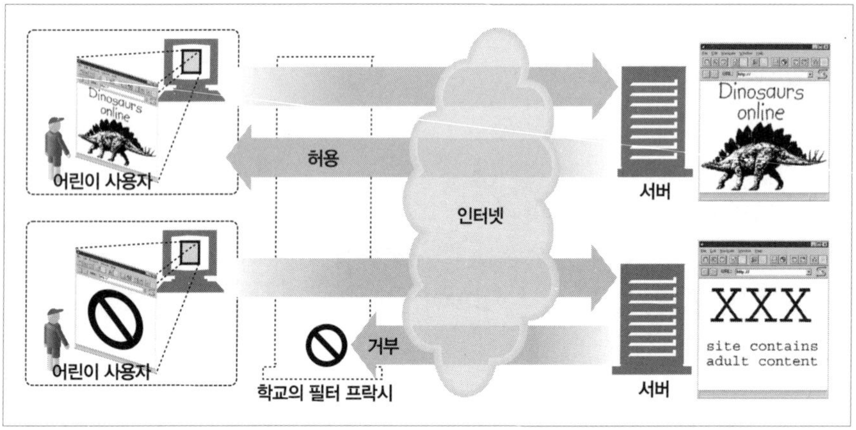

그림 6-3 프락시 애플리케이션의 예: 어린이를 보호하는 인터넷 필터

1 몇몇 회사들과 비영리단체들은 악성 콘텐츠를 식별하고 그에 대한 접근을 제한하기 위해 필터링 소프트웨어를 제공하고 블랙리스트를 관리한다.

문서 접근 제어자(그림 6-4)

프락시 서버는 많은 웹 서버들과 웹 리소스에 대한 단일한 접근 제어 전략을 구현하고 감사 추적(audit trail)을 하기 위해 사용될 수 있다. 이것은 대기업 환경이나 혹은 그 외의 분산된 관료 조직에서 유용하다.

각기 다른 조직에서 관리되는 다양한 종류의 수많은 웹 서버들에 대한 접근 제어를 수시로 갱신할 필요 없이, 중앙 프락시 서버에서 접근 제어를 설정할 수 있다.[2]

그림 6-4에서, 중앙화된 접근 제어 프락시는 다음과 같은 일을 한다.

- 클라이언트 1에게 제약 없이 서버의 뉴스 페이지에 접근할 수 있도록 허가한다.
- 클라이언트 2에게 제약 없이 인터넷 콘텐츠에 접근할 수 있는 권한을 준다.
- 클라이언트 3이 서버 B에 접근하기 전에 먼저 비밀번호를 요구한다.

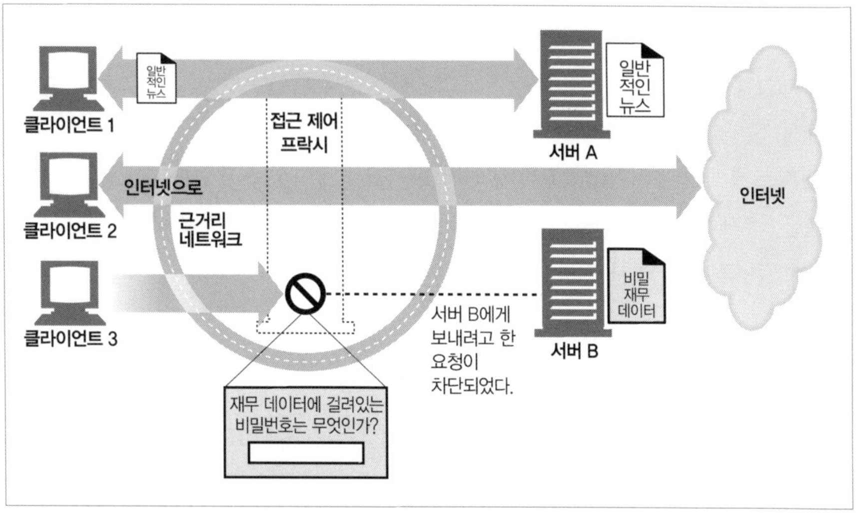

그림 6-4 프락시 애플리케이션의 예: 중앙화된 문서 접근 제어

보안 방화벽(그림 6-5)

네트워크 보안 엔지니어는 종종 보안을 강화하기 위해 프락시 서버를 사용한다. 프락시 서버는 조직 안에 들어오거나 나가는 응용 레벨 프로토콜의 흐름을 네트워크의 한 지점에서 통제한다. 또한 바이러스를 제거하는 웹이나 이메일 프락시가 사용할 수 있는, 트래픽을 세심히 살펴볼 수 있는 후크(hook)를 제공한다(그림 6-5).

---

2 똑똑한 사용자들이 고의적으로 제어 프락시를 피해가는 것을 방지하기 위해, 웹 서버가 고정적으로 프락시 서버로부터의 요청만 받아들이도록 설정할 수도 있다.

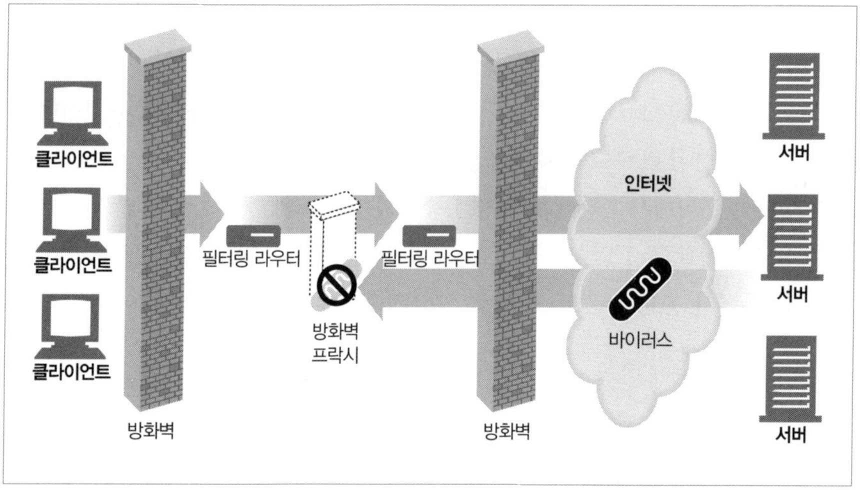

그림 6-5 프락시 애플리케이션의 예: 보안 방화벽

웹 캐시(그림 6-6)

프락시 캐시는 인기 있는 문서의 로컬 사본을 관리하고 해당 문서에 대한 요청이 오면 빠르게 제공하여, 느리고 비싼 인터넷 커뮤니케이션을 줄인다.

그림 6-6에서 클라이언트 3과 4가 원 서버의 문서에 접근하는데 비해, 클라이언트 1과 2는 근처 웹 캐시의 문서에 접근한다.

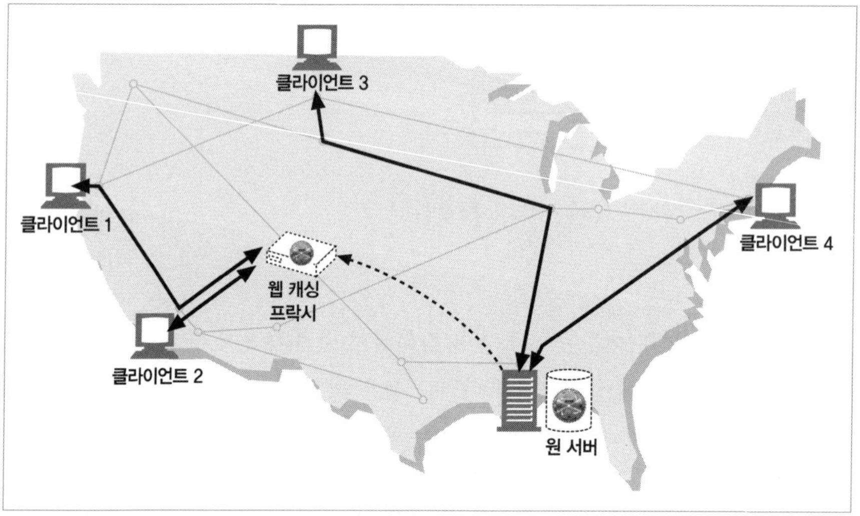

그림 6-6 프락시 애플리케이션의 예: 웹 캐시

대리 프락시(Surrogate)(그림 6-7)

어떤 프락시들은 웹 서버인 것처럼 위장한다. 그렇기 때문에 대리 혹은 리버스 프락시로 불리는 이들은 진짜 웹 서버 요청을 받지만 웹 서버와는 달리 요청 받은 콘텐츠의 위치를 찾아내기 위해 다른 서버와 커뮤니케이션을 시작한다.

대리 프락시는 공용 콘텐츠에 대한 느린 웹 서버의 성능을 개선하기 위해 사용될 수 있다. 이런 식으로 사용하는 대리 프락시를 흔히 서버 가속기(그림 6-7)라고 부른다. 대리 프락시는 또한 콘텐츠 라우팅 기능과 결합되어 주문형 복제 콘텐츠의 분산 네트워크를 만들기 위해 사용될 수 있다.

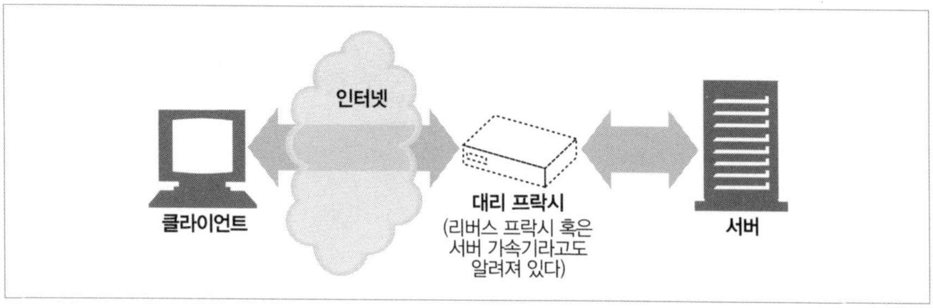

그림 6-7 프락시 애플리케이션의 예: 대리 프락시(서버 가속기 배치에서)

콘텐츠 라우터(그림 6-8)

프락시 서버는 인터넷 트래픽 조건과 콘텐츠의 종류에 따라 요청을 특정 웹 서버로 유도하는 콘텐츠 라우터로 동작할 수 있다.

콘텐츠 라우터는 또한 사용자들에게 제공할 여러 서비스를 구현하는데 사용할 수 있다. 예를 들어 사용자나 콘텐츠 제공자가 더 높은 성능을 위해 돈을 지불했다면(그림 6-8) 콘텐츠 라우터는 요청을 가까운 복제 캐시로 전달할 수 있을 것이다. 또 사용자가 필터링 서비스에 가입했다면 HTTP 요청이 필터링 프락시를 통과하도록 할 수 있을 것이다. 많은 흥미로운 서비스가 맞춤형 콘텐츠 라우팅 프락시를 이용해서 구성될 수 있다.

트랜스코더(그림 6-9)

프락시 서버는 콘텐츠를 클라이언트에게 전달하기 전에 본문 포맷을 수정할 수 있다. 이와 같이 데이터의 표현 방식을 자연스럽게 변환하는 것을 트랜스코딩이라고 부른다.[3]

---

3 어떤 사람들은 '트랜스코딩'과 '트랜스레이션'을 구분해서, 트랜스코딩을 데이터 인코딩의 상대적으로 단순한 변환으로(예: 무손실 압축) 정의하며 트랜스레이션은 데이터의 보다 두드러진 매체 변경 혹은 의미 변경으로 정의한다. 우리는 트랜스코딩이라는 단어를 중개자에 의한 콘텐츠의 변형을 의미하는 것으로 사용하겠다.

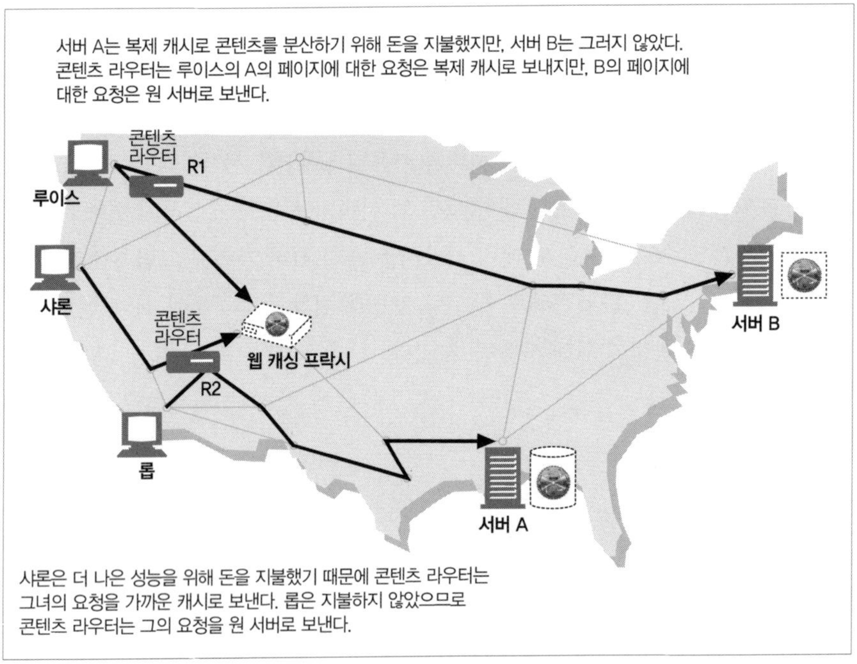

그림 6-8 프락시 애플리케이션의 예: 콘텐츠 라우팅

트랜스코딩 프락시는 크기를 줄이기 위해 자신을 거쳐 가는 GIF 이미지를 JPG 이미지로 변환할 수 있다. 이미지의 크기를 줄이거나 이미지를 텔레비전에서 볼 수 있게 색 강도를 줄일 수 있다. 마찬가지로, 텍스트 파일은 압축될 수 있고, 인터넷을 이용할 수 있는 무선 호출기와 스마트폰을 위해 작은 텍스트로 줄인 웹페이지를 생성할 수 있다. 필요시 문서를 바로 외국어 문서로 변환하는 것 또한 가능하다!

그림 6-9는 한국어 텍스트를 스페인어 텍스트로 변환하고 또한 HTML 문서를 휴

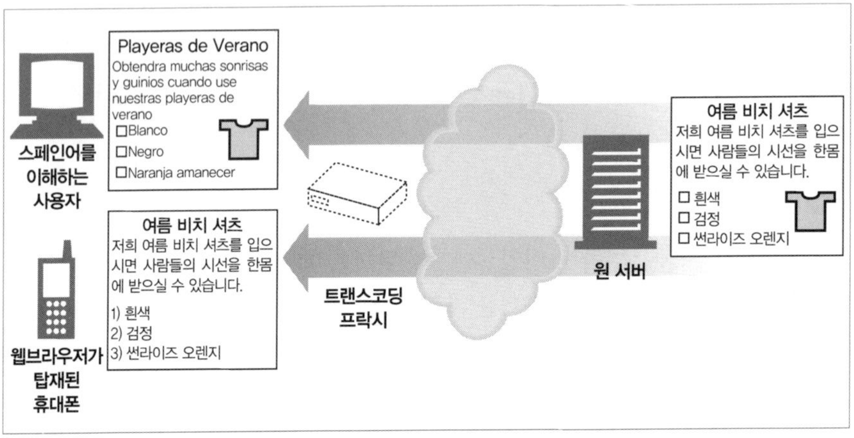

그림 6-9 프락시 애플리케이션의 예: 콘텐츠 트랜스코더

대 전화의 작은 화면에서도 잘 볼 수 있도록 단순한 텍스트로 변환하는 트랜스코딩 프락시를 보여준다.

익명화 프락시(Anonymizer)(그림 6-10)

익명화 프락시는 HTTP 메시지에서 신원을 식별할 수 있는 특성들(예: 클라이언트 IP 주소, From 헤더, Referer 헤더, 쿠키, URI 세션 아이디)을 적극적으로 제거함으로써 개인 정보 보호와 익명성 보장에 기여한다.[4]

그림 6-10에서, 익명화 프락시는 개인 정보를 보호하기 위해 사용자의 메시지를 다음과 같이 변경한다.

- User-Agent 헤더에서 사용자의 컴퓨터와 OS의 종류를 제거한다.
- 사용자의 이메일 주소를 보호하기 위해 From 헤더는 제거된다.
- 어떤 사이트를 거쳐서 방문했는지 알기 어렵게 하기 위해 Referer 헤더는 제거된다.
- 프로필과 신원 정보를 없애기 위해 Cookie 헤더는 제거된다.

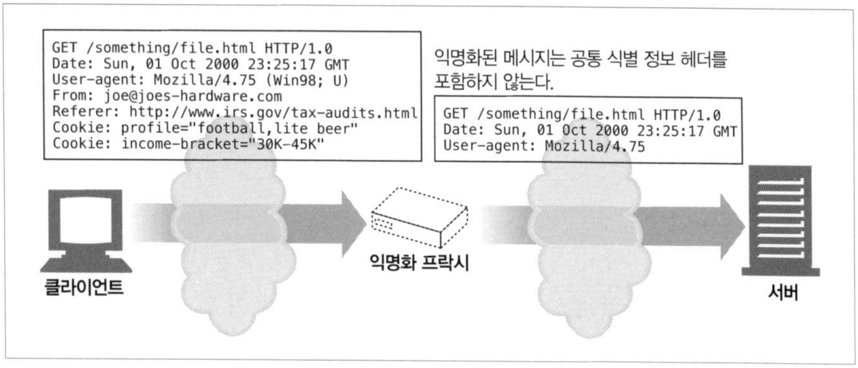

그림 6-10 프락시 애플리케이션의 예: 익명화 프락시

6.3 프락시는 어디에 있는가?

이전 절에서 프락시가 무엇을 하는지 설명했다. 이제 프락시가 어디에 있고 언제 네트워크 아키텍처상에 배치되는지 이야기해보자. 다음 내용을 다룰 것이다.

- 어떻게 프락시가 네트워크에 배치되는가
- 어떻게 프락시의 연쇄가 계층을 이루는가

4 그러나 신원 정보를 제거하게 되면 사용자의 브라우징 경험의 질이 떨어지게 될 수 있고, 심지어 몇몇 웹 사이트는 적절히 동작하지 않을 수도 있다.

- 어떻게 트래픽이 올바르게 프락시를 찾아가는가

6.3.1 프락시 서버 배치

어떻게 사용할지에 따라서 프락시는 어디에든 배치할 수 있다. 그림 6-11은 프락시 서버가 배치될 수 있는 몇 가지 방법을 보여주고 있다.

출구(Egress) 프락시(그림 6-11a)

로컬 네트워크와 더 큰 인터넷 사이를 오가는 트래픽을 제어하기 위해 프락시를 로컬 네트워크의 출구에 박아 넣을 수 있다. 회사 밖의 악의적인 해커들을 막는 방화벽을 제공하기 위해, 혹은 인터넷 요금을 절약하고 인터넷 트래픽의 성능을 개선하기 위해 회사에서 출구 프락시를 사용할 수 있다. 초등학교에서는 조숙한 학생들이 부적절한 콘텐츠를 브라우징하는 것을 막기 위해 필터링 출구 프락시를 사용할 수 있다.

접근(입구) 프락시(그림 6-11b)

고객으로부터의 모든 요청을 종합적으로 처리하기 위해 프락시는 ISP 접근 지점에 위치하기도 한다. ISP는 사용자들의 다운로드 속도를 개선하고(특히 고속 접속 사용자들을 위해) 인터넷 대역폭 비용을 줄이기 위해 캐시 프락시를 사용해 많이 찾는 문서들의 사본을 저장한다.

대리 프락시(그림 6-11c)

프락시는 종종 대리 프락시(리버스 프락시라고도 한다)로 사용된다. 대리 프락시는 네트워크의 가장 끝에 있는 웹 서버들의 바로 앞에 위치하여 웹 서버로 향하는 모든 요청을 처리하고 필요할 때만 웹 서버에게 자원을 요청할 수 있다. 또한 웹 서버에 보안 기능을 추가하거나 빠른 웹 서버 캐시를 느린 웹 서버의 앞에 놓음으로써 성능을 개선할 수도 있다. 대리 프락시는 일반적으로 웹 서버의 이름과 IP 주소로 스스로를 가장하기 때문에, 모든 요청은 서버가 아닌 이 프락시로 가게 된다.

네트워크 교환 프락시(그림 6-11d)

캐시를 이용해 인터넷 교차로의 혼잡을 완화하고 트래픽 흐름을 감시하기 위해, 충분한 처리 능력을 갖춘 프락시가 네트워크 사이의 인터넷 피어링 교환 지점들에 놓일 수 있다.[5]

---

5 주요 프락시들은 보통 인터넷 대역폭이 매우 비싼 곳에(특히 유럽) 배치된다. 또한 영국과 같은 몇몇 국가는 국가 안보를 위해 인터넷 트래픽을 감시하는 프락시를 배치하는 것을 고려하고 있는데, 이러한 프락시의 배치는 논란의 대상이 되고 있다. (옮긴이) 이 책이 쓰여진 시점이 2002년임을 감안하길 바란다.

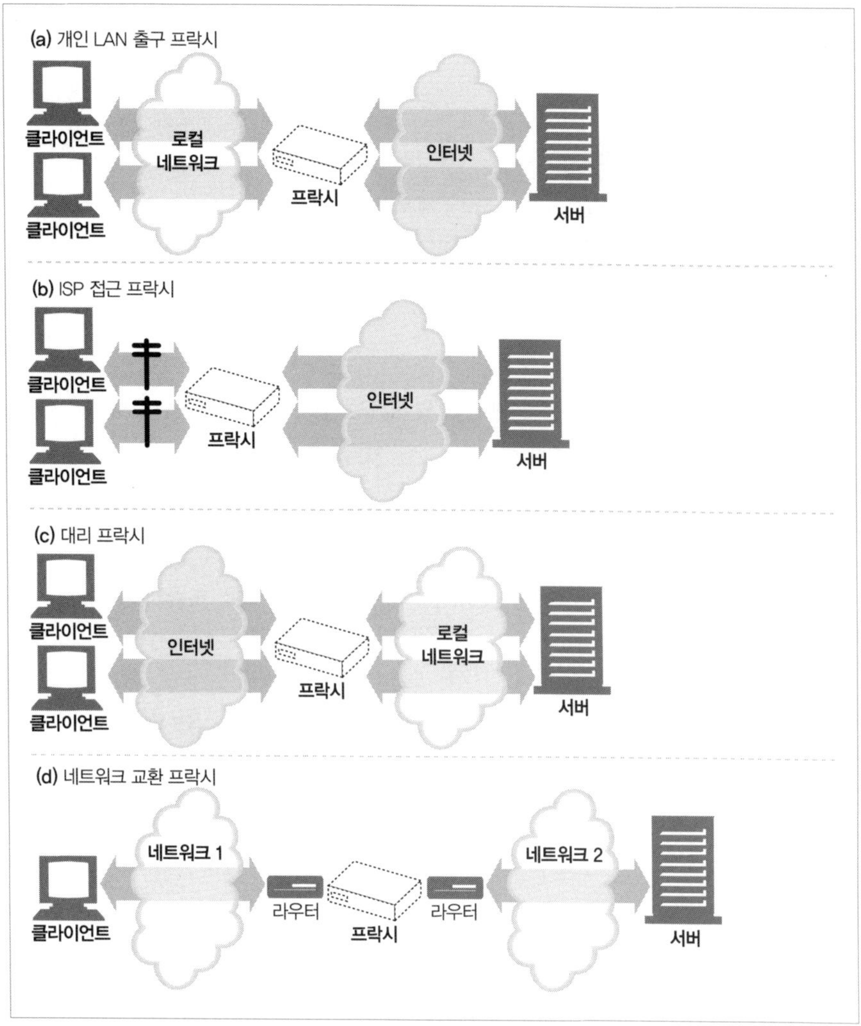

그림 6-11 프락시는 사용 목적에 따라 여러 가지 방식으로 배치될 수 있다.

6.3.2 프락시 계층

그림 6-12에서 보여주고 있는 것과 같이, 프락시들은 프락시 계층이라고 불리는 연쇄를 구성할 수 있다. 프락시 계층에서, 메시지는 최종적으로 원 서버에 도착할 때까지 프락시와 프락시를 거쳐 이동한다(그 후 다시 프락시들을 거쳐 클라이언트로 돌아온다).

프락시 계층에서 프락시 서버들은 부모와 자식의 관계를 갖는다. 다음번 인바운드 프락시(서버에 가까운 쪽)를 부모라고 부르고 다음번 아웃바운드 프락시(클라이언트 가까운 쪽)는 자식이라고 부른다. 따라서 프락시 2는 프락시 3의 자식 프락시이며, 프락시 3은 프락시 2의 부모 프락시다.

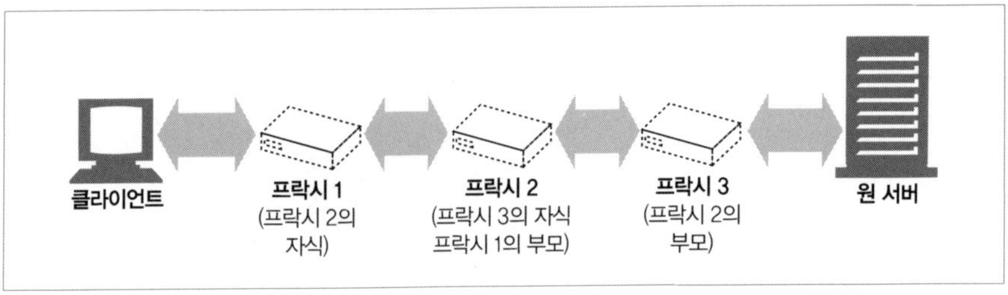

그림 6-12 3단계 프락시 계층

프락시 계층 콘텐츠 라우팅

그림 6-12의 프락시 계층은 정적이다. 프락시 1은 언제나 메시지를 프락시 2로 보내고, 프락시 2는 언제나 메시지를 프락시 3으로 보낸다. 그러나 계층이 반드시 정적이어야 하는 것은 아니다. 프락시 서버는 여러 가지 판단 근거에 의해 메시지를 다양하고 유동적인 프락시 서버와 원 서버들의 집합에게 보낼 수 있다.

예를 들어, 그림 6-13에서, 접근 프락시는 상황에 맞게 부모 프락시나 원 서버에게 라우팅한다.

- 요청된 객체가 콘텐츠 분산을 위해 돈을 지불한 웹 서버에 속한 경우, 프락시는 요청을 가까운 캐시 서버에게 보내 캐시된 객체를 반환하거나 그럴 수 없을 때는 서버에서 가져오게 할 수 있다.
- 요청이 특정 종류의 이미지에 대한 것인 경우, 접근 프락시는 그 요청을 특화된 압축 프락시에게 보내어 그 프락시가 이미지를 가져와 압축하게 하여 느린 모뎀으로 접속했더라도 빠르게 클라이언트가 다운로드할 수 있게 한다.

동적 부모 선택의 몇 가지 예를 들면 다음과 같다.

부하 균형

자식 프락시는 부하를 분산하기 위해 현재 부모들의 작업량 수준에 근거하여 부모 프락시를 고른다.

지리적 인접성에 근거한 라우팅

자식 프락시는 원 서버의 지역을 담당하는 부모를 선택할 수도 있다.

프로토콜/타입 라우팅

어떤 자식 프락시는 URI에 근거하여 다른 부모나 원 서버로 라우팅 할 수 있다. 어

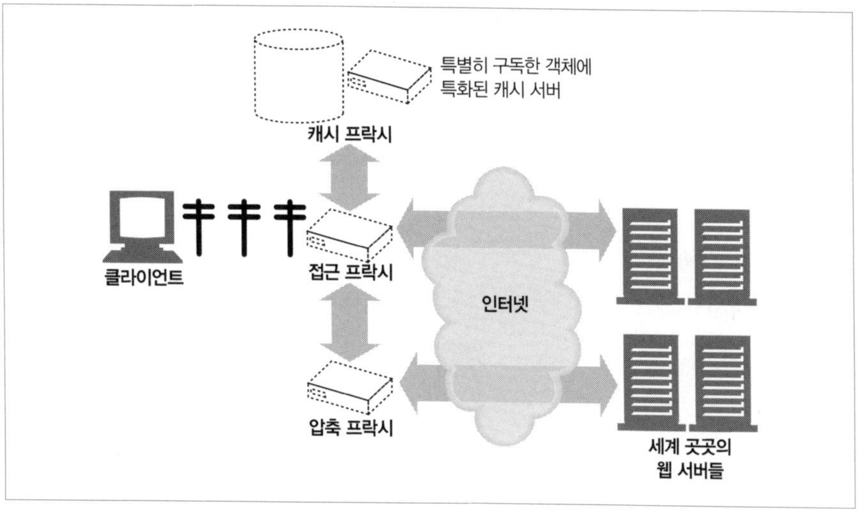

그림 6-13 프락시 계층은 동적으로 매 요청에 따라 바뀔 수 있다.

떤 특정 종류의 URI를 갖고 있는 요청의 경우, 특별한 프락시 서버로 보내져 특별한 프로토콜로 처리될 수도 있다.

유료 서비스 가입자를 위한 라우팅

웹서비스 운영자가 빠른 서비스를 위해 추가금을 지불했다면, 그들의 URI는 대형 캐시나 성능 개선을 위한 압축 엔진으로 라우팅 될 수 있다.

동적 부모 라우팅 로직은 제품(설정 파일, 스크립트 언어, 동적으로 실행 가능한 플러그인 등)마다 다르게 구현된다.

6.3.3 어떻게 프락시가 트래픽을 처리하는가

클라이언트는 보통 웹 서버와 직접 대화하기 때문에, 우리는 먼저 어떻게 HTTP 트래픽이 프락시로 향하는 길을 찾아내는지 설명할 필요가 있다. 클라이언트 트래픽이 프락시로 가도록 만드는 방법에는 다음 네 가지가 있다.

클라이언트를 수정한다

구글 크롬과 마이크로소프트의 브라우저를 포함한 많은 웹 클라이언트들은 수동 혹은 자동 프락시 설정을 지원한다. 만약 클라이언트가 프락시를 사용하도록 설정되어 있다면, 클라이언트는 HTTP 요청을 바로 그리고 의도적으로 원 서버가 아닌 프락시로 보낸다(그림 6-14a).

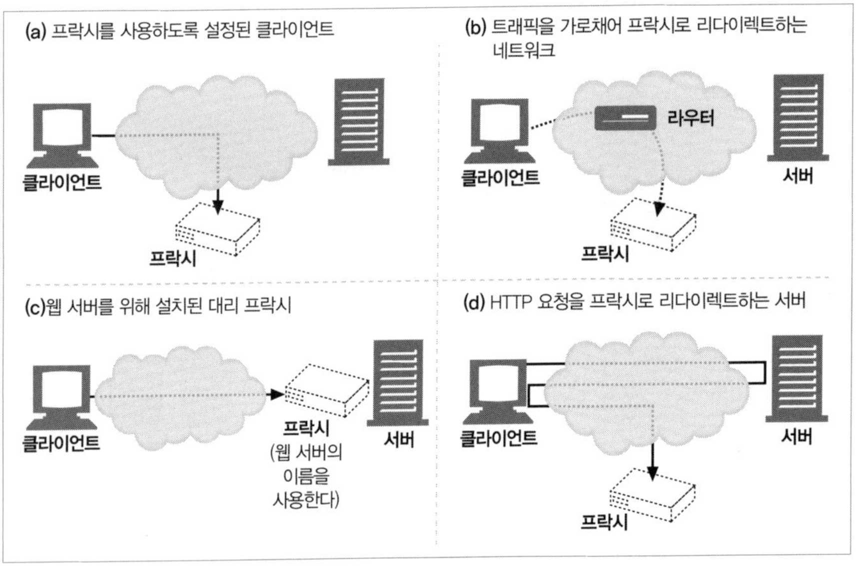

그림 6-14 웹 요청을 프락시로 보내는 방법엔 여러 가지가 있다.

네트워크를 수정한다

클라이언트는 알지도 못하고 간섭도 할 수 없는 상태에서, 네트워크 인프라를 가로채서 웹 트래픽을 프락시로 가도록 조정하는 몇 가지 기법이 있다. 이 가로챔은 일반적으로 HTTP 트래픽을 지켜보고 가로채어 클라이언트 모르게 트래픽을 프락시로 보내는 스위칭 장치와 라우팅 장치를 필요로 한다(그림 6-14b). 이것을 인터셉트 프락시라고 부른다.[6]

DNS 이름공간을 수정한다

웹 서버 앞에 위치하는 프락시 서버인 대리 프락시는 웹 서버의 이름과 IP 주소를 자신이 직접 사용한다. 그래서 모든 요청은 서버 대신 대리 프락시로 간다(그림 6-14c). 이는 DNS 이름 테이블을 수동으로 편집하거나 사용할 적절한 프락시나 서버를 계산해주는 특별한 동적 DNS 서버를 이용해서 조정될 수 있다. 몇몇 설치본에서는, 실제 서버의 IP 주소와 이름은 변경되고 대리 프락시에게는 이전의 주소와 이름이 주어진다.

6 인터셉트 프락시들은 흔히 '투명 프락시(transparent proxy)'라고도 불리는데, 왜냐하면 존재한다는 것조차 눈치 채지 못하고 그들에게 연결하게 되기 때문이다. '투명'이라는 단어가 이미 HTTP 명세에서 행위의 의미를 변경하지 않는다는 뜻으로 사용되고 있기 때문에, 표준 커뮤니티에서는 트래픽 캡처(traffic capture)에 대해서는 '가로챔(interception)'이라는 단어를 사용할 것을 권하고 있다. 여기서는 이 명명법을 따르기로 한다.

웹 서버를 수정한다

몇몇 웹 서버는 HTTP 리다이렉션 명령(응답 코드 305)을 클라이언트에게 돌려줌으로써 클라이언트의 요청을 프락시로 리다이렉트 하도록 설정할 수 있다. 리다이렉트를 받는 즉시 클라이언트는 프락시와의 트랜잭션을 시작한다(그림 6-14).

다음 절은 클라이언트가 트래픽을 프락시로 보내도록 어떻게 설정하는지 설명한다. 20장은 네트워크, DNS, 서버가 트래픽을 프락시 서버로 리다이렉트 하도록 설정하는 방법에 대해 설명한다.

6.4 클라이언트 프락시 설정

모든 현대적인 브라우저는 프락시를 사용할 수 있도록 설정할 수 있다. 사실 많은 브라우저가 프락시를 설정하는 여러 가지 방법을 제공한다.

수동 설정

프락시를 사용하겠다고 명시적으로 설정한다.

브라우저 기본 설정

브라우저 벤더나 배포자는 브라우저(혹은 다른 웹 클라이언트)를 소비자에게 전달하기 전에 프락시를 미리 설정해 놓을 수 있다.

프락시 자동 설정(Proxy auto-configuration, PAC)

자바스크립트 프락시 자동 설정(PAC) 파일에 대한 URI를 제공할 수 있다. 클라이언트는 프락시를 써야 하는지, 만약 그렇다면 어떤 프락시 서버를 써야 하는지 판단하기 위해 그 자바스크립트 파일을 가져와서 실행한다.

WPAD 프락시 발견

대부분의 브라우저는 자동설정 파일을 다운받을 수 있는 '설정 서버'를 자동으로 찾아주는, 웹 프락시 자동발견 프로토콜(Web Proxy Autodiscovery Protocol, WPAD)을 제공한다.

6.4.1 클라이언트 프락시 설정: 수동

많은 웹 클라이언트가 프락시를 수동으로 설정할 수 있도록 하고 있다. 구글 크롬과 마이크로소프트 인터넷 익스플로러 둘 모두 간편하게 프락시 설정을 할 수 있도록 지원한다.

구글 크롬에서는 설정 > 고급 설정 표시 > 프록시 설정 변경...에서 프락시를 설정할 수 있다.

마이크로소프트 인터넷 익스플로러 10에서는, 도구 > 인터넷 옵션에서 연결을 선택하고 'LAN 설정'을 누른 뒤 '사용자 LAN에 프락시 서버 사용' 체크박스를 체크하고 '고급'을 클릭함으로써 수동으로 프락시를 지정할 수 있다.

다른 브라우저는 수동으로 설정을 변경하는 다른 방법을 갖고 있지만 아이디어 자체는 같다. 프락시의 호스트와 포트를 지정한다. 몇몇 ISP는 그들의 요구에 맞춰 미리 설정된 브라우저나 웹 트래픽을 프락시 서버로 리다이렉트 하는 맞춤형 운영체제를 구입한다.

6.4.2 클라이언트 프락시 설정: PAC 파일

수동 프락시 설정은 단순하지만 반면에 유연하지 못하다. 모든 콘텐츠를 위해 단 하나의 프락시 서버만을 지정할 수 있고, 장애 시의 대체 작동에 대한 지원도 없다. 또한 수동 프락시 설정은 큰 조직에서는 관리 문제를 야기한다. 설정된 브라우저가 매우 많다면, 그 모두를 원하는 대로 설정 변경을 하는 것은 어렵거나 불가능하다.

프락시 자동 설정(PAC) 파일은 프락시 설정에 대한 보다 동적인 해결책인데, 왜냐하면 그들은 프락시 설정을 그때그때 상황에 맞게 계산해주는 작은 자바스크립트 프로그램이기 때문이다. 문서에 접근할 때마다, 자바스크립트 함수가 적절한 프락시 서버를 선택한다.

PAC 파일을 사용하려면, 자바스크립트 PAC 파일의 URI를 브라우저에 설정해야 한다(설정은 수동 설정과 매우 비슷하지만, '자동 설정' 상자에 URI를 제공해줘야 한다). 브라우저는 URI로부터 PAC 파일을 가져와서 매 접근마다 적절한 프락시 서버를 계산하기 위해 자바스크립트 로직을 이용할 것이다. PAC 파일은 일반적으로 .pac 확장자를 가지며 MIME 타입은 'application/x-ns-proxy-autoconfig'이다.

각 PAC 파일은 반드시 URI에 접근할 때 사용할 적절한 프락시 서버를 계산해주는 FindProxyForUrl(url,host)라는 함수를 정의해야 한다. 이 함수의 반환값은 표 6-1에 있는 값들 중 하나다.

FindProxyForURL 반환값	설명
DIRECT	프락시 없이 연결이 직접 이루어져야 한다.
PROXY host:port	지정한 프락시를 사용해야 한다.
SOCKS host:port	지정한 SOCKS 서버를 사용해야 한다.

표 6-1 프락시 자동 설정 스크립트의 반환값

예 6-1의 PAC 파일은 HTTP 트랜잭션과 FTP 트랜잭션에 대해 각각 사용할 프락시를 알려주고, 그 외의 다른 모든 종류의 트랜잭션에 대해서는 직접 연결을 하도록 지시한다.

예 6-1 프락시 자동설정 파일의 예

```
function FindProxyForURL(url, host) {
    if (url.substring(0,5) == "http:") {
        return "PROXY http-proxy.mydomain.com:8080";
    } else if (url.substring(0,4) =="ftp:") {
        return "PROXY ftp-proxy.mydomain.com:8080";
    } else {
        return "DIRECT";
    }
}
```

PAC 파일에 대해 더 자세한 것은 20장을 참조하라.

6.4.3 클라이언트 프락시 설정: WPAD

브라우저 설정을 위한 또 다른 메커니즘은 웹 프락시 자동발견 프로토콜(WPAD)이다. WPAD는 여러 발견 메커니즘들의 상승 전략을 이용해 브라우저에게 알맞은 PAC 파일을 자동으로 찾아주는 알고리즘이다. WPAD 프로토콜이 구현된 클라이언트가 하게 될 일은 다음과 같다.

- PAC URI를 찾기 위해 WPAD를 사용한다.
- 주어진 URI에서 PAC 파일을 가져온다.
- 프락시 서버를 알아내기 위해 PAC 파일을 실행한다.
- 알아낸 프락시 서버를 이용해서 요청을 처리한다.

WPAD는 올바른 PAC 파일을 알아내기 위해 일련의 리소스 발견 기법을 사용한다. 여러 가지 발견 기법을 사용하게 되는데, 모든 조직이 모든 기법을 사용할 수 있는 것은 아니기 때문이다. WPAD는 성공할 때까지 각 기법을 하나씩 시도해본다.

현재의 WPAD 명세는 다음의 기법을 순서대로 정의한다.

- 동적 호스트 발견 규약(DHCP)
- 서비스 위치 규약(SLP)
- DNS 잘 알려진 호스트 명
- DNS SRV 레코드
- DNS TXT 레코드 안의 서비스 URI

더 많은 정보가 필요하다면 20장을 찾아보라.

6.5 프락시 요청의 미묘한 특징들

이 절은 다음을 포함하여 프락시 서버 요청의 미묘하고도 오해하기 쉬운 측면들에 대해 설명한다.

- 프락시 요청의 URI는 서버 요청과 어떻게 다른가
- 인터셉트 프락시와 리버스 프락시는 어떻게 서버 호스트 정보를 알아내기 어렵게 만드는가
- URI 수정에 대한 규칙
- 프락시는 브라우저의 똑똑한 URI 자동완성이나 호스트 명 확장 기능에 어떻게 영향을 주는가

6.5.1 프락시 URI는 서버 URI와 다르다

웹 서버와 웹 프락시 메시지의 문법은 서로 같지만, 한 가지 예외가 있다. 클라이언트가 프락시 대신 서버로 요청을 보내면 요청의 URI가 달라진다.

클라이언트가 웹 서버로 요청을 보낼 때, 요청줄은 다음의 예와 같이 스킴, 호스트, 포트번호가 없는 부분 URI를 가진다.

```
GET /index.html HTTP/1.0
User-Agent: SuperBrowserv1.3
```

그러나 클라이언트가 프락시로 요청을 보낼 때, 요청줄은 다음의 예와 같이 완전한 URI를 갖는다.

```
GET http://www.marys-antiques.com/index.html HTTP/1.0
User-Agent: SuperBrowser v1.3
```

왜 서버와 프락시는 각각 다른 요청 형식을 갖는가? 원래의 HTTP 설계에서, 클라이언트는 단일한 서버와 직접 대화했다. 가상 호스팅은 아직 존재하지 않았고, 프락시에 대한 대비도 없었다. 단일 서버는 자신의 호스트 명과 포트번호를 알고 있으므로, 클라이언트는 불필요한 정보 발송을 피하기 위해 스킴과 호스트(그리고 포트번호)가 없는 부분 URI만 보냈다.

프락시가 부상하면서, 부분 URI는 문제가 되었다. 프락시는 목적지 서버와 커넥션을 맺어야 하기 때문에, 그 서버의 이름을 알 필요가 있었다. 그리고 프락시 기반 게이트웨이는 FTP 리소스나 혹은 그 외의 스킴과 연결하기 위해 URI의 스킴을 알 필요가 있었다. HTTP/1.0은 프락시 요청의 경우 완전한 URI를 요구하는 것으로 이 문제를 해결했지만, 서버 요청의 부분 URI는 여전히 남아있었다(모두 완전한 URI로 전환하기에는 이미 너무 많은 서버가 배치되어 있었다).[7]

그래서 우리는 서버로는 부분 URI를, 그리고 프락시로는 완전한 URI를 보낼 필요가 있다. 명시적으로 설정된 클라이언트 프락시 설정의 경우, 클라이언트는 어떻게 요청을 보내야 하는지 알고 있다.

- 클라이언트가 프락시를 사용하지 않도록 설정되어 있다면, 부분 URI를 보낸다(그림 6-15a).
- 클라이언트가 프락시를 사용하도록 설정되어 있다면, 완전한 URI를 보낸다(그림 6-15b).

6.5.2 가상 호스팅에서 일어나는 같은 문제

프락시의 '스킴/호스트/포트번호 누락' 문제는 가상으로 호스팅 되는 웹 서버가 직면한 것과 같은 문제다. 가상으로 호스팅 되는 웹 서버는 여러 웹 사이트가 같은 물리적 웹 서버를 공유한다. 요청 하나가 부분 URI /index.html로 오면, 가상으로 호스팅 되는 웹 서버는 그 요청이 접근하고자 하는 웹 사이트의 호스트 명을 알 필요

7 프락시와 서버 요청 모두에 대해 HTTP/1.1은 현재 서버들이 완전한 URI를 다룰 것을 요구한다. 그러나 현실에서는 배치되어 있는 서버들 중 다수가 여전히 부분 URI만을 받아들인다.

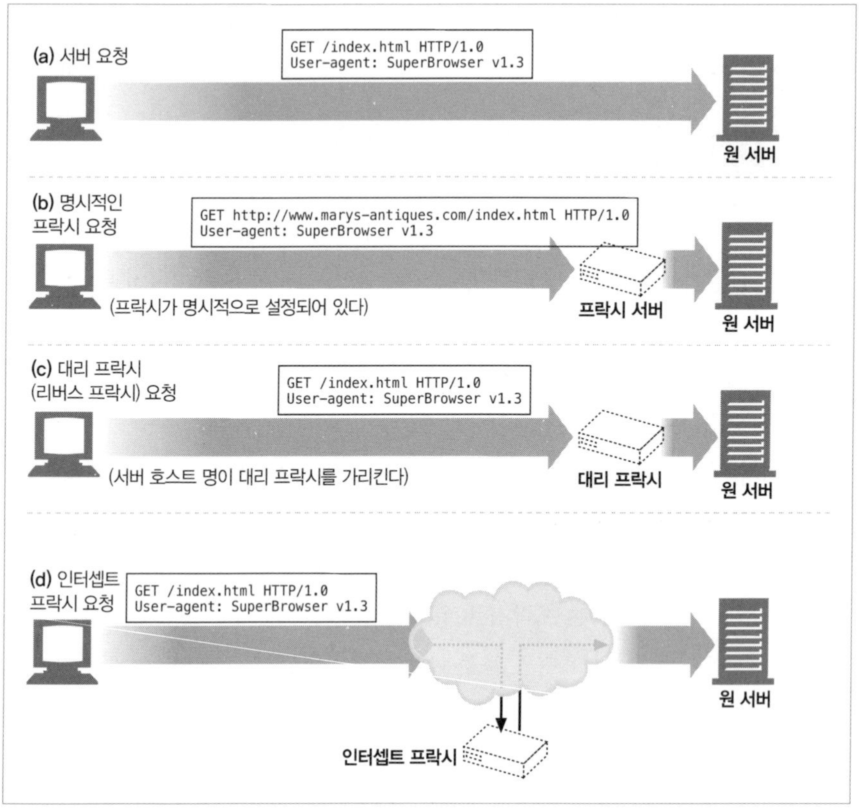
(a) 서버 요청
GET /index.html HTTP/1.0
User-agent: SuperBrowser v1.3
원 서버
(b) 명시적인
프락시 요청
GET http://www.marys-antiques.com/index.html HTTP/1.0
User-agent: SuperBrowser v1.3
(프락시가 명시적으로 설정되어 있다)
프락시 서버
원 서버
(c) 대리 프락시
(리버스 프락시) 요청
GET /index.html HTTP/1.0
User-agent: SuperBrowser v1.3
(서버 호스트 명이 대리 프락시를 가리킨다)
대리 프락시
원 서버
(d) 인터셉트
프락시 요청
GET /index.html HTTP/1.0
User-agent: SuperBrowser v1.3
원 서버
인터셉트 프락시

그림 6-15 인터셉트 프락시는 서버 요청을 받을 것이다.

가 있다(더 많은 정보가 필요하다면 5장의 "가상 호스팅된 docroot"와 18장의 "가상 호스팅"을 보라).

이 문제들은 비슷함에도 불구하고, 다음과 같이 각각 다른 방법으로 해결되었다.

- 명시적인 프락시는 요청 메시지가 완전한 URI를 갖도록 함으로써 이 문제를 해결했다.
- 가상으로 호스팅 되는 웹 서버는 호스트와 포트에 대한 정보가 담겨 있는 Host 헤더를 요구한다.

6.5.3 인터셉트 프락시는 부분 URI를 받는다

클라이언트가 HTTP를 올바르게 구현했다면, 그들은 명시적으로 설정된 프락시에게는 완전한 URI를 보낼 것이다. 이것으로 문제의 일부분은 해결되지만, 여전히 남은 문제가 있다. 클라이언트는 자신이 프락시와 대화하고 있음을 항상 알고 있는 것은 아니다, 왜냐하면 몇몇 프락시는 클라이언트에게는 보이지 않을 수 있기 때문이다. 비록 클라이언트가 프락시를 사용한다고 설정되어 있지 않더라도, 클라이언트의 트래픽은 여전히 대리 프락시나 인터셉트 프락시를 지날 수 있다. 두 가지 경우 모두, 클라이언트는 자신이 웹 서버와 대화하고 있다고 생각하고 완전한 URI를 보내지 않을 것이다.

- 대리 프락시는 앞에서 설명한 바와 같이 원 서버의 호스트 명과 아이피 주소를 사용해 원 서버를 대신하는 프락시 서버다.
- 인터셉트 프락시는 네트워크 흐름에서 클라이언트에서 서버로 가는 트래픽을 가로채 캐시된 응답을 돌려주는 등의 일을 하는 프락시 서버다. 인터셉트 프락시는 클라이언트에서 서버로 가는 트래픽을 가로채기 때문에, 웹 서버로 보내는 부분 URI를 얻게 될 것이다(그림 6-15d).[8]

6.5.4 프락시는 프락시 요청과 서버 요청을 모두 다룰 수 있다

트래픽이 프락시 서버로 리다이렉트 될 수 있는 여러 가지 방법이 존재하기 때문에, 다목적 프락시 서버는 요청 메시지의 완전한 URI와 부분 URI를 모두 지원해야 한다. 프락시는 명시적인 프락시 요청에 대해서는 완전한 URI를 사용하고 아니면 부분 URI를 사용해야 하며, 웹 서버 요청의 경우에는 가상 Host 헤더를 사용해야 한다.

완전 URI와 부분 URI를 사용하는 규칙은 다음과 같다.

- 완전한 URI가 주어졌다면, 프락시는 그것을 사용해야 한다.
- 부분 URI가 주어졌고 Host 헤더가 있다면, Host 헤더를 이용해 원 서버의 이름과 포트 번호를 알아내야 한다.
- 부분 URI가 주어졌으나 Host 헤더가 없다면, 다음의 방법으로 원 서버를 알아내야 한다.
  - 프락시가 원 서버를 대신하는 대리 프락시라면, 프락시에 실제 서버의 주소와 포트 번호가 설정되어 있을 수 있다.
  - 이전에 어떤 인터셉트 프락시가 가로챘던 트래픽을 받았고, 그 인터셉트 프락

8 어떤 경우에는 인터셉트 프락시가 클라이언트에서 프락시로 가는 트래픽을 가로채게 되기도 한다. 그러한 경우라면 인터셉트 프락시는 완전한 URI를 받았을 것이고 그것을 다룰 수 있어야 할 것이다. 그러나 이런 일은 자주 일어나지 않는다. 왜냐하면 명시적인 프락시들은 보통 HTTP가 사용하는 포트와는 다른 포트(보통 80 대신 8080)로 통신하는데 반해 인터셉트 프락시는 보통 80번 포트만을 가로채기 때문이다.

시가 원 IP 주소와 포트번호를 사용할 수 있도록 해두었다면, 그 IP 주소와 포트번호를 사용할 수 있다(20장을 보라).

- 모두 실패했다면, 프락시는 원 서버를 알아낼 수 있는 충분한 정보를 갖고 있지 못한 것이므로 반드시 에러 메시지(보통 사용자에게 Host 헤더를 지원하는 현대적인 웹브라우저로 업그레이드를 하라는 것이다)를 반환해야 한다.[9]

6.5.5 전송 중 URI 변경

프락시 서버는 요청 URI의 변경에 매우 신경을 써야 한다. 무해해 보이는 사소한 URI 변경이라도 다운스트림 서버와 상호운용성 문제를 일으킬 수 있다.

특히 몇몇 프락시는 URI를 다음 홉으로 보내기 전에 표준 형식으로 '정규화'하는 것으로 알려져 있다. URI에서 기본 HTTP 포트를 명시적인 ':80'로 변경하는 것이나 잘못 사용한 예약된 글자를 올바르게 이스케이프하여 교체하는 것과 같은 무해해 보이는 변형이라 할지라도, 상호운용성 문제를 일으킬 수 있다.

일반적으로 프락시 서버는 가능한 한 관대하도록 애써야 한다. 그들은 프로토콜을 엄격하게 준수하도록 강제하는 '프로토콜 경찰'처럼 되려고 해서는 안 된다. 이는 기존에 잘 동작하던 기능들을 심각하게 망가뜨리는 결과를 수반할 수 있기 때문이다.

특히 HTTP 명세는 일반적인 인터셉트 프락시가 URI를 전달할 때 절대 경로를 고쳐 쓰는 것을 금지한다. 유일한 예외는 빈 경로를 '/'로 교체하는 것뿐이다.

6.5.6 URI 클라이언트 자동확장과 호스트 명 분석(Hostname Resolution)

브라우저는 프락시의 존재 여부에 따라 요청 URI를 다르게 분석한다. 프락시가 없다면 사용자가 타이핑한 URI를 가지고 그에 대응하는 IP 주소를 찾는다. 만약 호스트명이 발견되면 그에 대응하는 IP 주소들을 연결에 성공할 때까지 시도해본다.

그러나 호스트가 발견되지 않는다면, 많은 브라우저들은 사용자가 호스트 명의 짧은 약어를 타이핑한 것으로 보고 자동화된 호스트 명의 '확장'을 제공하고자 다음과 같이 몇 가지 시도를 한다(2장의 "확장 URL"을 참고하라).[10]

- 일반적인 웹 사이트 이름의 가운데 부분만 입력했다면, 많은 브라우저는 'www.' 접두사를 붙이고 '.com' 접미사를 붙인다(예: 'www.yahoo.com' 대신 'yahoo'만

---

9 이것은 가벼이 넘겨서는 안 된다. 사용자들은 이전에는 결코 본 적이 없는 이해하기 힘든 에러 페이지를 보게 될 것이다.

10 대부분의 브라우저는 사용자가 'yahoo'라고 타이핑한 경우 그것을 'www.yahoo.com'로 자동 확장할 것이다. 이와 비슷하게, 브라우저는 사용자가 'http://' 접두사를 빠뜨린 경우에도 그것을 추가해 줄 것이다.

입력해도 되도록 허용한다).

- 심지어 몇몇 브라우저는 해석할 수 없는 URI를 서드파티 사이트로 넘기기도 하는데, 이 사이트는 오타 교정을 시도하고 사용자가 의도했을 URI를 제시한다.
- 이뿐만 아니라, 대부분의 시스템에서 DNS는 사용자가 호스트 명의 앞부분만 입력하면 자동으로 도메인을 검색하도록 설정되어 있다. 예를 들어 'oreilly.com'이라는 도메인에 있을 때 'host7'을 입력한다면 그 도메인의 DNS는 자동으로 'host7.oreilly.com'를 찾아본다. 이것은 완전하지도, 유효하지도 않은 호스트 명이다.

6.5.7 프락시 없는 URI 분석(URI Resolution)

그림 6-16은 프락시 없는 브라우저 호스트 명 자동확장을 보여준다. 2a부터 3c까지의 단계에서, 브라우저는 유효한 호스트 명이 발견될 때까지 다양한 호스트 명의 가능성들을 검색한다.

이 그림에서 진행된 일은 다음과 같다.

- 단계 1에서, 사용자는 'oreilly'를 브라우저의 URI 창에 입력했다. 브라우저는 'oreilly'를 호스트 명으로 사용하고 기본 스킴을 'http://'로, 기본 포트를 '80'으로, 기본 경로를 '/'로 간주한다.
- 단계 2a에서, 브라우저는 호스트 'oreilly'를 찾아본다. 이것은 실패한다.
- 단계 3a에서, 브라우저는 호스트 명을 자동으로 확장한 후 DNS에 'www.oreilly.com'의 주소 분해(resolve)를 요청한다. 이것은 성공한다.

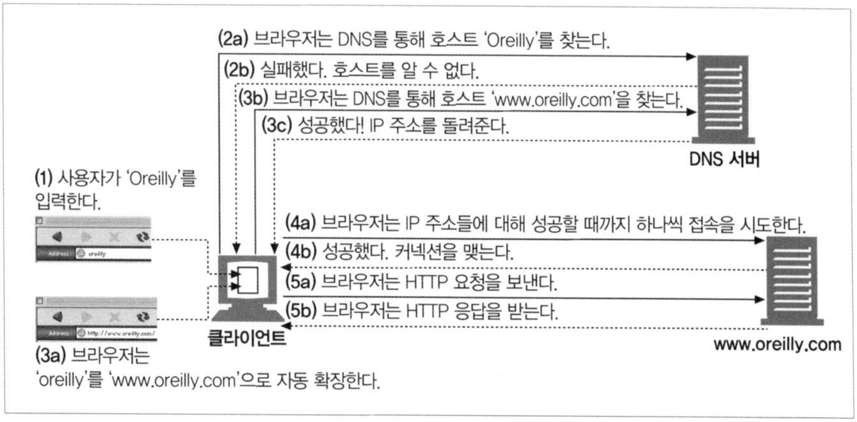

그림 6-16 브라우저는 명시적인 프락시가 존재하지 않는 경우 부분 호스트 명을 자동으로 확장한다.

- 이제 브라우저는 www.oreilly.com으로 연결하는데 성공한다.

6.5.8 명시적인 프락시를 사용할 때의 URI 분석

만약 당신이 명시적인 프락시를 사용한다면, 브라우저는 이와 같이 편리한 확장들 중 어느 것도 더 이상 수행할 수 없다. 브라우저의 URI가 프락시를 그냥 지나쳐버리기 때문이다.

그림 6-17에서 보인 바와 같이, 브라우저는 명시적인 프락시가 있는 경우 부분 호스트 명을 자동확장하지 않는다. 그 결과, 사용자가 브라우저의 위치 창에 'oreilly'이라고 타이핑했을 때, 프락시는 'http://oreilly/'라고 보냈다(브라우저는 기본 스킴과 경로를 추가하지만 호스트 명은 입력한 대로 남겨두었다).

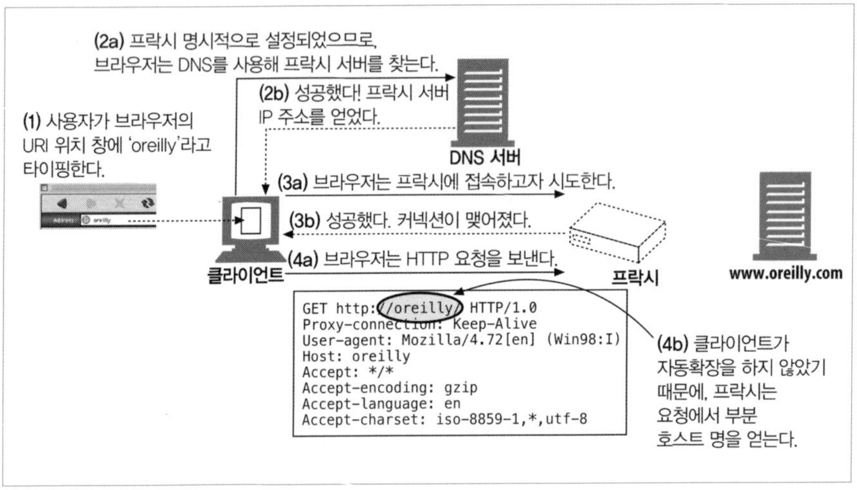

그림 6-17 명시적인 프락시가 있는 경우 브라우저는 부분 호스트 명을 자동 확장하지 않는다.

이러한 이유로, 몇몇 프락시는 'www...com' 자동확장이나 지역 도메인 접미사 추가와 같은 브라우저의 편리한 서비스를 할 수 있다면 최대한 흉내 내려고 시도한다.[11]

6.5.9 인터셉트 프락시를 이용한 URI 분석

호스트 명 분석은 보이지 않는 인터셉트 프락시와 함께일 때 약간 달라지는데, 왜냐하면 클라이언트의 입장에서 프락시는 존재하지 않는 것이기 때문이다. DNS가

11 그러나 프락시들은 광범위하게 공유되고 있기 때문에 개개인들 각각에게 알맞은 도메인 접미사를 알아내는 것은 불가능할 것이다.

성공할 때까지 호스트 명을 자동확장하는 브라우저를 사용할 때, 동작은 프락시가 아닌 서버의 경우와 별 차이가 없다. 그러나 서버로의 커넥션이 만들어졌을 때는 그림 6-18에서 묘사된 것과 같은 분명한 차이가 발생한다.

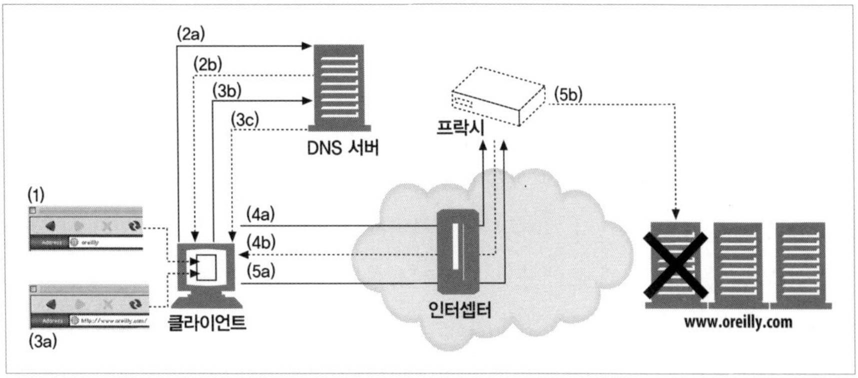

그림 6-18 인터셉트 프락시를 사용하고 있는 브라우저는 죽은 서버의 IP 주소를 탐지할 수 없다.

그림 6-18은 다음의 트랜잭션을 보여주고 있다.

- 단계 1에서 사용자는 브라우저의 URI 위치 창에 'oreilly'라고 타이핑한다.
- 단계 2a에서 브라우저는 호스트 'oreilly'를 DNS를 통해 찾아보지만, 단계 2b에서 DNS 서버는 실패하고 그 호스트는 알 수 없다고 응답한다.
- 단계 3a에서 브라우저는 'oreilly'를 'www.oreilly.com'으로 변환하는 자동확장을 한다. 단계 3b에서 브라우저는 DNS를 통해 호스트 'www.oreilly.com'를 찾아본다. 이때, 단계 3c에서 DNS 서버는 성공하고 IP 주소를 브라우저에게 반환한다.
- 단계 4a에서 클라이언트는 이미 성공적으로 호스트 명을 분석하였고 IP 주소의 목록을 갖고 있다. 일반적으로, 클라이언트는 성공할 때까지 모든 IP 주소에 대해 접속을 시도하지만, 어떤 IP 주소들은 죽은 것일 수 있다. 그러나 인터셉트 프락시와 함께라면, 첫 번째 접속 시도는 원 서버가 아닌 프락시 서버에 의해 종료된다. 클라이언트는 성공적으로 웹 서버와 대화했다고 믿지만, 웹 서버는 살아있지도 않았을 것이다.
- 프락시가 최종적으로 진짜 원 서버와 상호작용할 준비가 되었을 때(단계 5b), 프락시는 그 IP 주소가 실제로는 다운된 서버를 가리키고 있음을 알게 될 것이다. 브라우저에서 제공하는 것과 동등한 수준의 장애 허용(fault tolerance)을 제공하기 위해서, 프락시는 호스트 헤더에 들어 있는 호스트 명을 다시 분석하든 아니면 IP 주소에 대한 역방향 DNS 룩업을 해서든 다른 IP 주소를 시도해야 한다. 인

터셉트 프락시와 명시적인 프락시 모두 죽은 서버의 DNS 분석에 대한 장애 허용을 지원해야 한다는 것은 중요한데, 왜냐하면 브라우저가 명시적인 프락시를 사용하도록 설정되어 있는 경우의 장애 허용은 프락시에 달려있기 때문이다.

6.6 메시지 추적

오늘날, 웹 요청이 클라이언트에서 서버로 향하는 도중에 둘 이상의 프락시를 지나게 되는 것은 드문 일이 아니다(그림 6-19). 예를 들어, 많은 회사들이 보안과 비용 절감을 위해 인터넷 접속 시 캐시 프락시 서버를 사용하며, 많은 대형 ISP들이 성능 개선과 기능 구현을 위해 프락시 캐시를 사용한다. 오늘날 웹 요청의 상당수가 프락시를 지나간다. 동시에 성능상의 이유로 세계 곳곳에 흩어져 있는 대리 캐시 저장고에 콘텐츠를 복제해두는 방식이 점점 더 흔해지고 있다.[12]

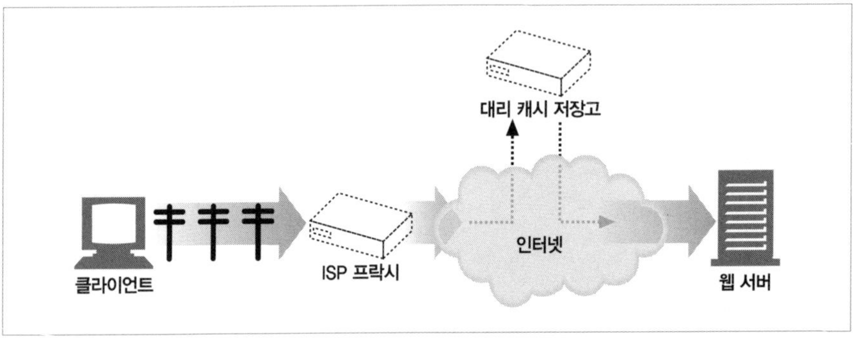

그림 6-19 접근 프락시와 CDN 프락시는 두 단계의 프락시 계층을 만든다.

프락시는 여러 벤더에 의해 개발된다. 그들은 서로 다른 기능과 버그 들을 갖고 있으며 여러 조직에 의해 관리된다.

프락시가 점점 더 흔해지면서, 서로 다른 스위치와 라우터를 넘나드는 IP 패킷의 흐름을 추적하는 것 못지않게 프락시를 넘나드는 메시지의 흐름을 추적하고 문제점을 찾아내는 것도 필요한 일이 되었다.

6.6.1 Via 헤더

Via 헤더 필드는 메시지가 지나는 각 중간 노드(프락시나 게이트웨이)의 정보를 나열한다. 메시지가 또 다른 노드를 지날 때마다, 중간 노드는 Via 목록의 끝에 반드

12 (옮긴이) 자세한 것은 18장의 "CDN의 대리 캐시"를 보라.

시 추가되어야 한다.

다음의 Via 문자열은 메시지가 두 개의 프락시를 지나갔음을 말해준다. 이 문자열에 따르면 첫 번째 프락시는 HTTP/1.1 프로토콜을 구현했으며 proxy-62.irenes-isp.net라 불리고, 두 번째 프락시는 HTTP/1.0을 구현했고 cache.joes-hardware.com로 불린다.

```
Via: 1.1 proxy-62.irenes-isp.net, 1.0 cache.joes-hardware.com
```

Via 헤더 필드는 메시지의 전달을 추적하고, 메시지 루프를 진단하고, 요청을 보내고 그에 대한 응답을 돌려주는 과정에 관여하는 모든 메시지 발송자들의 프로토콜을 다루는 능력을 알아보기 위해 사용된다(그림 6-20).

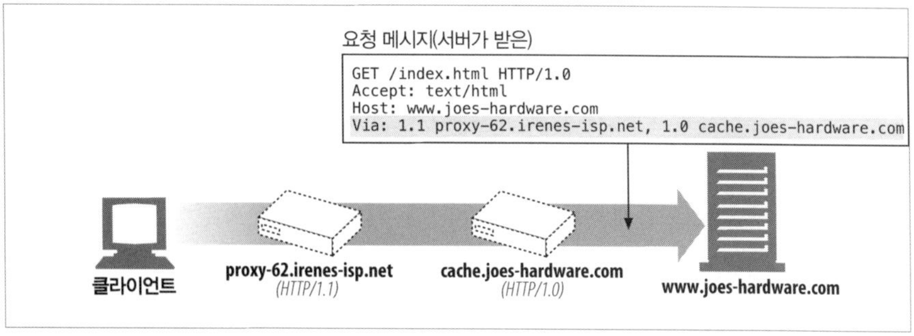

그림 6-20 Via 헤더의 예

프락시는 또한 네트워크의 라우팅 루프를 탐지하기 위해 Via 헤더를 사용할 수 있다. 프락시는 요청을 보내기 전에 자신을 가리키는 유일한(unique) 문자열을 Via 헤더에 삽입해야 하며 네트워크에 라우팅 루프가 있는지 탐지하기 위해 이 문자열이 들어온 요청에 있는지 검사해야 한다.

Via 문법

Via 헤더 필드는 쉼표로 구분된 경유지(waypoint)의 목록이다. 각 경유지는 개별 프락시 서버나 게이트웨이 홉을 나타내며 그들 중간 노드의 프로토콜과 주소에 대한 정보를 담고 있다. 다음은 2개의 경유지에 대한 Via 헤더의 예이다.

```
Via: 1.1 proxy-62.irenes-isp.net, 1.0 cache.joes-hardware.com
```

Via 헤더의 형식 구문은 다음과 같다.

```
Via               = "Via" ":" ( waypoint ) [", " ( waypoint )...]
waypoint          = ( received-protocol received-by [ comment ] )
received-protocol = [ protocol-name "/" ] protocol-version
received-by       = ( host [ ":" port ] ) | pseudonym
```

각 Via waypoint는 프로토콜 이름(선택. 기본은 HTTP), 프로토콜 버전(필수), 노드 이름(필수), 코멘트(선택)의 최대 4개의 구성요소를 담을 수 있다.

프로토콜 이름

중개자가 받은 프로토콜. 만약 프로토콜이 HTTP라면 프로토콜 이름은 없어도 된다. 한편, 프로토콜 이름은 버전 앞에 "/"로 구분되어 붙는다. 비 HTTP 프로토콜은 게이트웨이가 다른 프로토콜(HTTPS, FTP 등)을 위해 HTTP 요청에 접속할 때 발생할 수 있다.

프로토콜 버전

수신한 메시지의 버전. 버전의 포맷은 프로토콜에 달려있다. HTTP의 경우, 표준 버전 번호("1.0", "1.1" 등)가 사용된다. 버전은 Via 필드에 포함되므로, 애플리케이션들은 자신 이전의 모든 중개자들이 어떤 버전을 다룰 수 있는지 알 수 있다.

노드 이름

중개자의 호스트와 포트 번호(선택. 만약 포트가 포함되어 있지 않다면, 사용하는 프로토콜의 기본 포트라고 간주할 수 있다). 몇몇 조직은 정보 보호를 이유로 진짜 호스트 명을 밝히고 싶어 하지 않을 수 있는데, 그러한 경우 가명으로 대체할 수 있다.

노드 코멘트

중개자 노드를 서술하는 선택적인 코멘트. 벤더나 버전 정보를 여기에 포함시키는 것은 흔한 일이며, 몇몇 프락시 서버는 장치에서 일어난 이벤트에 대한 진단 정보를 포함하는 데도 코멘트 필드를 사용한다.[13]

Via 요청과 응답 경로

요청 메시지와 응답 메시지 모두 프락시를 지나므로 둘 모두 Via 헤더를 가진다.

요청과 응답은 보통 같은 TCP 커넥션을 오가므로, 응답 메시지는 요청과 같은 경로를 되돌아간다. 만약 요청 메시지가 프락시 A, B, C를 지나간다면, 그에 대한 응

13 예를 들어 캐시 프락시 서버는 적중/부적중 정보를 포함하고 있을 수도 있다.

답 메시지는 프락시 C, B, A를 지나간다. 즉, 응답의 Via 헤더는 거의 언제나 요청의 Via 헤더와 반대다.

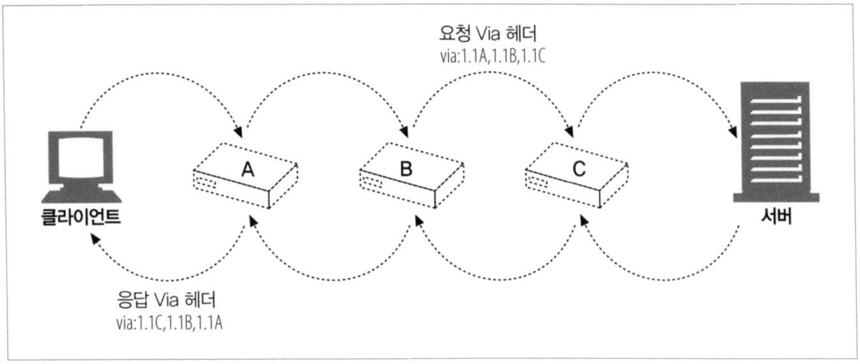

그림 6-21 응답 Via는 보통 요청 Via의 반대다.

Via와 게이트웨이

몇몇 프락시는 서버에게 비 HTTP 프로토콜을 사용할 수 있는 게이트웨이 기능을 제공한다. Via 헤더는 이러한 프로토콜 변환을 기록하므로 HTTP 애플리케이션은 프락시 연쇄에서 프로토콜 능력과 변환이 있었는지를 알아챌 수 있다. 그림 6-22은 HTTP/FTP 게이트웨이를 통해 FTP URI를 요청하는 HTTP 클라이언트를 보여준다.

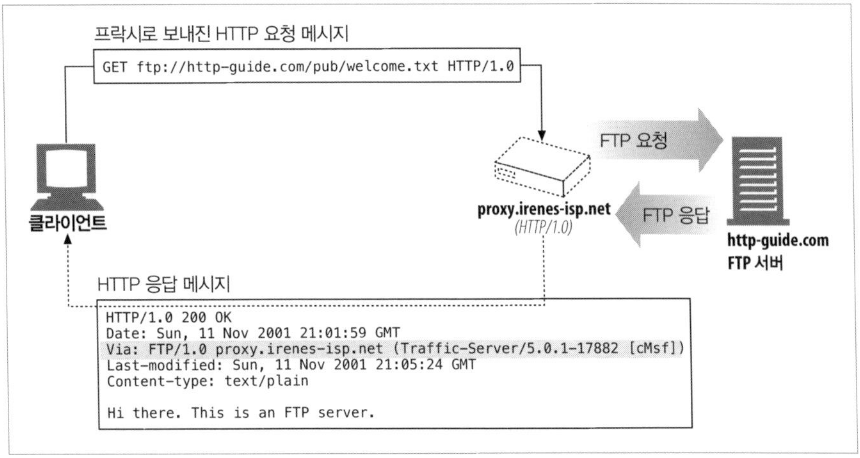

그림 6-22 HTTP/FTP 게이트웨이는 받은 프로토콜(FTP)에 대한 로그를 남기면서 Via 헤더를 생성한다.

클라이언트는 ftp://http-guide.com/pub/welcome.txt에 대한 HTTP 요청을 게이트웨이 proxy.irenes-isp.net로 보낸다. 프로토콜 게이트웨이로 동작하는 그 프락시는, FTP 프로토콜을 이용해 FTP 서버로부터 원하는 객체를 받아온다. 그러고 나서 그 프락시는 그 객체를 다음과 같은 Via 헤더 필드와 함께 클라이언트에게 HTTP 응답으로 돌려준다.

```
Via: FTP/1.0 proxy.irenes-isp.net (Traffic-Server/5.0.1-17882 [cMs f ])
```

수신 프로토콜이 FTP라는 것에 주의하라. 선택적인 코멘트는 프락시 서버의 브랜드, 버전 번호, 몇 가지 벤더 진단 정보를 포함한다. 게이트웨이에 대한 모든 것은 8장에서 읽을 수 있다.

Server 헤더와 Via 헤더

Server 응답 헤더 필드는 원 서버에 의해 사용되는 소프트웨어를 알려준다. 예를 들어보면 다음과 같다.

```
Server: Apache/1.3.14 (Unix) PHP/4.0.4
Server: Netscape-Enterprise/4.1
Server: Microsoft-IIS/5.0
```

응답 메시지가 프락시를 통과할 때, 프락시는 Server 헤더를 수정해서는 안 된다. Server 헤더는 원 서버를 위해 존재한다. 대신 프락시는 Via 항목을 추가해야 한다.

Via가 개인정보 보호와 보안에 미치는 영향

Via 문자열 안에 정확한 호스트 명이 들어가기를 원하지 않는 몇 가지 경우가 있다. 보통 명시적으로 이 동작이 켜져 있지 않은 이상, 프락시 서버가 네트워크 방화벽의 일부인 경우 프락시는 방화벽 뒤에 숨어있는 호스트의 이름과 포트를 전달해서는 안 된다. 방화벽 뒤의 네트워크 아키텍처에 대한 정보가 악의적인 집단에 의해 이용될 수 있기 때문이다.[14]

만약 Via 노드 이름 전달이 가능하지 않다면, 보안 경계선의 일부분인 프락시는 호스트 명을 그 호스트에 대한 적당한 가명으로 교체해야 한다. 하지만 이로 인해 실제 이름을 알기 어렵게 되었다고 하더라도, 일반적으로 프락시는 각 프락시 서버에 대한 Via 경유지 항목을 유지하려 노력해야 한다.

내부 네트워크 아키텍처의 설계와 토폴로지를 알아내기 어렵게 하기 위한 아주 강력한 보안 요구사항을 갖고 있는 조직들을 위해, 프락시는 정렬된 일련의 Via 경

14 나쁜 의도를 갖고 있는 사람들은 보안 영역 안의 네트워크 설계를 알아내기 위해 컴퓨터들의 이름과 버전 번호를 이용할 수 있다. 이 정보는 보안 공격에 도움이 될 수 있을 것이다. 또한 컴퓨터들의 이름은 어떤 조직의 비밀 프로젝트에 대해 알아낼 수 있는 단서가 될 수도 있다.

유지 항목들(수신된 프로토콜 값들이 동일한)을 하나로 합칠 수 있다. 예를 들면 다음은,

```
Via: 1.0 foo, 1.1 devirus.company.com, 1.1 access-logger.company.com
```

이렇게 합쳐질 수 있다.

```
Via: 1.0 foo, 1.1 concealed-stuff
```

여러 경유지들이 모두 같은 조직의 통제하에 있고 호스트가 이미 가명으로 교체되지 않은 이상 그들에 대한 항목들을 합쳐서는 안 된다. 수신된 프로토콜 값이 서로 다른 항목들도 합쳐서는 안 된다.

6.6.2 TRACE 메서드

프락시 서버는 메시지가 전달될 때 메시지를 바꿀 수 있다. 헤더가 추가되거나, 변경되거나, 삭제될 수 있으며, 본문이 다른 형식으로 변환될 수 있다. 프락시가 점점 복잡해지고 더 많은 벤더가 프락시 제품을 배치하면서, 상호운용성 문제가 증가한다. 프락시 네트워크를 쉽게 진단하기 위해, 우리는 HTTP 프락시 네트워크를 통해 홉에서 홉으로 전달될 때마다 메시지의 내용이 어떻게 변하는지 편리하게 관찰할 방법이 필요하다.

HTTP/1.1의 TRACE 메서드는 요청 메시지를 프락시의 연쇄를 따라가면서 어떤 프락시를 지나가고 어떻게 각 프락시가 요청 메시지를 수정하는지 관찰/추적할 수 있도록 해준다. TRACE는 프락시 흐름을 디버깅하는데 매우 유용하다.[15]

TRACE 요청이 목적지 서버에 도착했을 때,[16] 서버는 전체 요청 메시지를 HTTP 응답 메시지의 본문에 포함시켜 송신자에게 그대로 돌려보낸다(그림 6-23을 보라). TRACE 응답이 도착했을 때, 클라이언트는 서버가 받은 메시지와 그 메시지가 지나간 프락시들의 목록(Via 헤더 안에 있다)을 검사할 수 있다. TRACE 응답의 Content-Type은 message/http이며 상태는 200 OK이다.

Max-Forwards

일반적으로 TRACE 메시지는 중간에 프락시들이 몇 개나 있든 신경 쓰지 않고 목적지 서버로의 모든 경로를 여행한다. TRACE와 OPTIONS 요청의 프락시 홉(hop) 개

---

15 불행히도 이것은 널리 구현되지 않았다.

16 마지막 수신자는 원 서버이거나 아니면 Max-Forwards 값이 0인 요청을 받은, 첫 번째 프락시 혹은 게이트웨이이다.

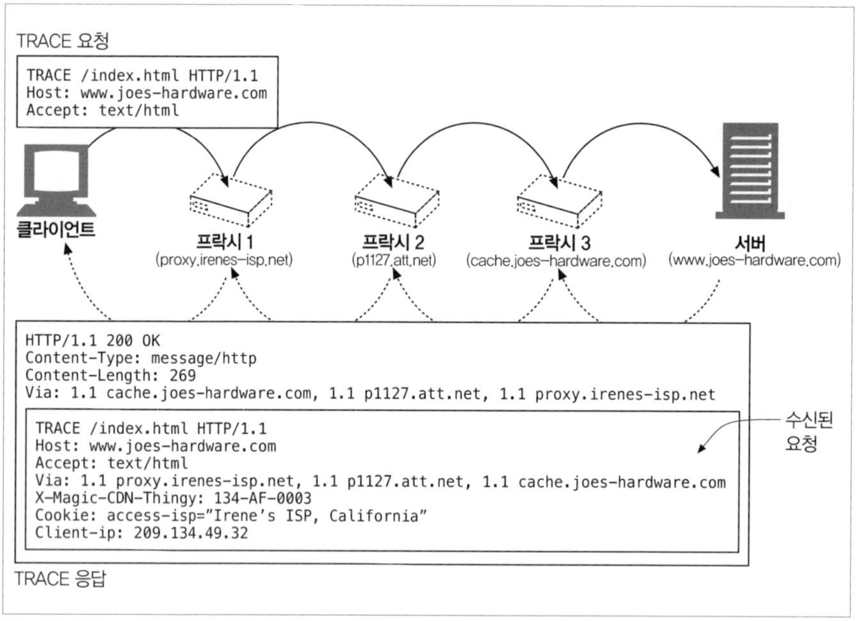

그림 6-23 TRACE 응답은 수신한 요청 메시지를 그대로 돌려보낸다.

수를 제한하기 위해 Max-Forwards 헤더를 사용할 수 있는데, 이는 전달되는 메시지가 무한 루프에 빠지지 않는지 프락시 연쇄를 테스트하거나 연쇄 중간의 특정 프락시 서버들의 효과를 체크할 때 유용하다. Max-Forwards는 또한 OPTIONS 메시지의 전달 횟수도 제한한다("프락시 상호운용성"을 보라).

Max-Forwards 요청 헤더 필드는 이 요청 메시지가 몇 번 더 다음 홉으로 전달될 수 있는지(그림 6-24) 말해주는 정수 하나를 담고 있다. 만약 Max-Forwards 값이 0이라면(Max-Forwards: 0), 수신자는 자신이 원 서버가 아니라 할지라도 TRACE 메시지를 더 이상 전달하지 말고 반드시 클라이언트에게 돌려줘야 한다.

받은 Max-Fowards 값이 0보다 크다면, 전달될 메시지의 Max-Fowards 필드는 반드시 1 감소된 값으로 갱신되어야 한다. 모든 프락시와 게이트웨이는 Max-Forwards를 지원해야 한다. 프락시 연쇄의 어떤 특정 홉에서의 요청을 보기 위해 Max-Forwards를 사용할 수도 있다.

6.7 프락시 인증

프락시는 접근 제어 장치로서 제공될 수 있다. HTTP는 사용자가 유효한 접근 권한 자격을 프락시에 제출하지 않는 한 콘텐츠에 대한 요청을 차단하는 프락시 인증이

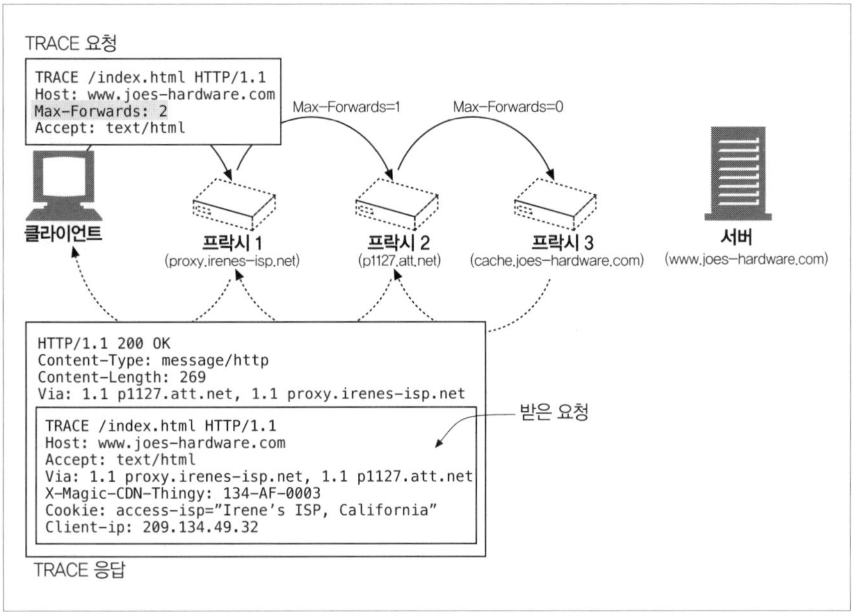

그림 6-24 Max-Forwards 헤더 필드로 전달될 홉의 횟수를 제한할 수 있다.

라는 메커니즘을 정의하고 있다.

- 제한된 콘텐츠에 대한 요청이 프락시 서버에 도착했을 때, 프락시 서버는 접근 자격을 요구하는 407 Proxy Authorization Required 상태 코드를 어떻게 그러한 자격을 제출할 수 있는지 설명해주는 Proxy-Authenticate 헤더 필드와 함께 반환할 수 있다.
- 클라이언트는 407 응답을 받게 되면, 로컬 데이터베이스를 확인해서든 사용자에게 물어봐서든 요구되는 자격을 수집한다.
- 자격을 획득하면, 클라이언트는 요구되는 자격을 Proxy-Authorization 헤더 필드에 담아서 요청을 다시 보낸다.
- 자격이 유효하다면, 프락시는 원 요청을 연쇄를 따라 통과시킨다(그림 6-25c). 유효하지 않다면 407 응답을 보낸다.

프락시 인증은 인증에 참여하는 프락시가 프락시 연쇄상에 여러 개 있을 때는 일반적으로 잘 동작하지 않는다. 사람들은 프락시 연쇄의 특정 경유지와 인증 자격을 서로 짝지어 주는 HTTP의 기능 확장을 제안했지만, 널리 구현되지는 않았다.

HTTP 인증 메커니즘의 자세한 설명이 필요하다면 꼭 12장을 읽어보라.

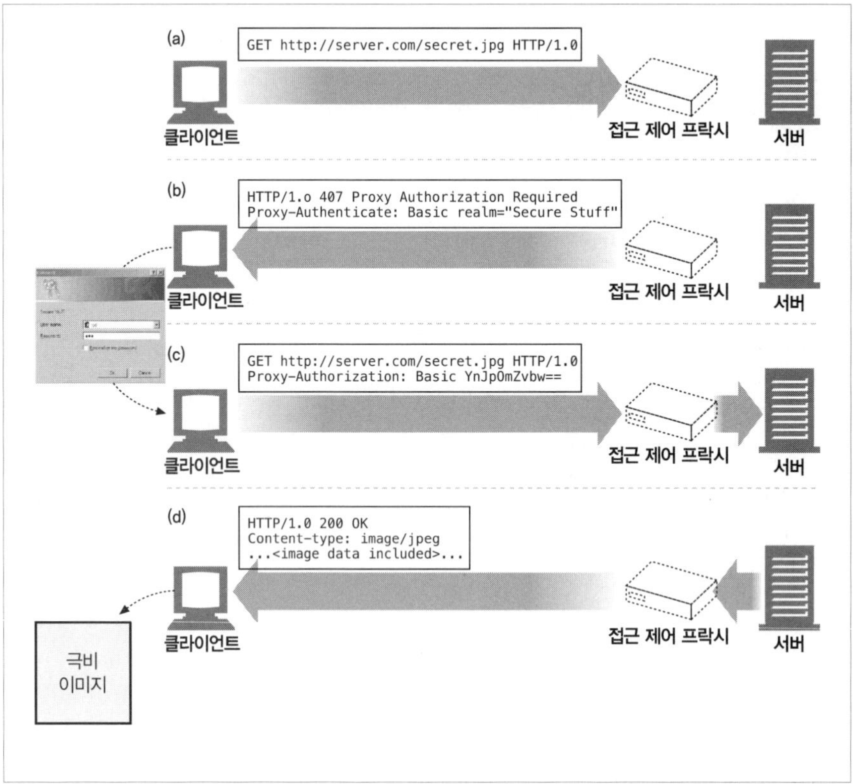

그림 6-25 프락시는 콘텐츠에 대한 접근을 통제하기 위해 인증을 구현할 수 있다.

6.8 프락시 상호운용성

클라이언트, 서버, 프락시는 HTTP 명세의 여러 버전에 대해 여러 벤더에 의해 만들어진다. 그들이 지원하는 여러 가지 기능을 지원하며 제각각 다른 버그를 갖고 있다. 프락시 서버는 서로 다른 프로토콜을 구현했을 수도 있고 골치 아프게 이상한 동작을 할 수도 있는 클라이언트와 서버 사이를 중개해야 한다.

6.8.1 지원하지 않는 헤더와 메서드 다루기

프락시 서버는 넘어오는 헤더 필드들을 모두 이해하지 못할 수도 있다. 몇몇 헤더는 프락시 자신보다도 새로운 것일 수도 있다. 또 다른 헤더들은 특정 애플리케이션만을 위해 특별히 만들어진 것일 수도 있다. 프락시는 이해할 수 없는 헤더 필드는 반드시 그대로 전달해야 하며, 같은 이름의 헤더 필드가 여러 개 있는 경우에는 그들의 상대적인 순서도 반드시 유지해야 한다.[17] 비슷하게, 만약 프락시가 어떤 메서드와 친숙하지 않다면, 가능한 한 그 메시지를 다음 홉으로 전달하려 시도해야 한다.

지원하지 않는 메서드를 통과시킬 수 없는 프락시는 오늘날 대부분의 네트워크에서 살아남지 못한다. HTTP/1.1은 메서드를 확장하는 것을 허용하고 있다. 실제로 이 책의 19장에서 설명하고 있는 WebDAV 프로토콜과 같이 메서드를 확장하여 사용하는 일이 적지 않게 일어나기 때문이다.

6.8.2 OPTIONS: 어떤 기능을 지원하는지 알아보기

HTTP OPTIONS 메서드는 서버나 웹 서버의 특정 리소스가 어떤 기능을 지원하는지(예를 들면 지원하는 메서드) 클라이언트(혹은 프락시)가 알아볼 수 있게 해준다(그림 6-26). 서로 다른 기능 수준의 서버와 프락시가 더 쉽게 상호작용할 수 있도록 클라이언트는 OPTIONS를 이용해 서버의 능력을 먼저 알아낼 수 있다.

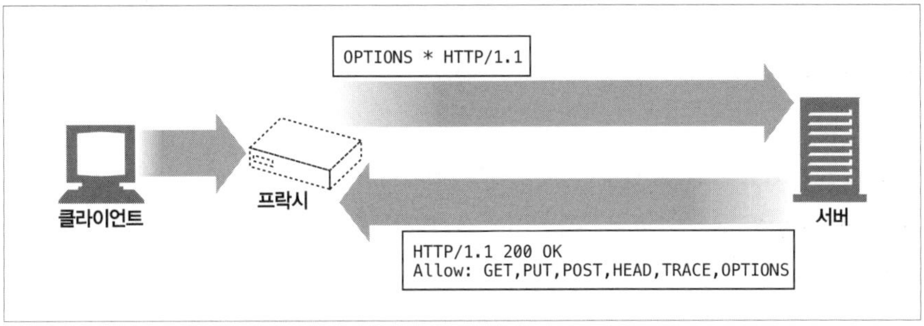

그림 6-26 서버가 지원하는 메서드를 찾기 위해 OPTIONS 사용하기

만약 OPTIONS 요청의 URI가 다음과 같이 별표(*)라면, 요청은 서버 전체의 능력에 대해 묻는 것이 된다.

```
OPTIONS * HTTP/1.1
```

만약 URI가 실제 리소스라면, OPTIONS 요청은 특정 리소스에 대해 가능한 기능들을 묻는 것이다.

```
OPTIONS http://www.joes-hardware.com/index.html HTTP/1.1
static HTML file wouldn't accept a POST method.
```

---

17 한 메시지에 같은 필드 이름을 가진 메시지 헤더 필드가 여러 개 존재할 수 있지만, 이들은 쉼표로 구분된 목록으로 동등하게* 결합될 수 있어야 한다. 이 결합된 필드 값들을 해석할 때 같은 이름을 가진 헤더 필드들의 순서가 영향을 미치기 때문에 프락시는 메시지를 전달할 때 같은 이름의 필드 값들의 상대적인 순서를 바꿀 수 없다.

(옮긴이) 결합 후에도 정보의 손실이 없어야 한다.

성공한다면, OPTIONS 메서드는 서버에서 지원하거나 지정한 리소스에 대해 가능한 선택적인 기능들을 서술하는 여러 헤더 필드를 포함한 200 OK 응답을 반환한다. 하지만 HTTP/1.1이 명시한 헤더는 서버에 의해(혹은 서버의 특정 리소스에 대해) 어떤 메서드가 지원되는지 서술하는 Allow 헤더 하나뿐이다. 더 많은 정보를 위해 OPTIONS는 선택적인 응답 본문을 허용하지만 이에 대해 정의된 것은 없다.

6.8.3 Allow 헤더

Allow 엔터티 헤더 필드는, 요청 URI에 의해 식별되는 자원에 대해 지원되는 메서드들이나 서버가 지원하는 모든 메서드(요청 URI가 *인 경우)를 열거한다.[18] 예를 들면 다음과 같다.

```
Allow: GET, HEAD, PUT
```

Allow 헤더는 새 리소스가 지원했으면 하는 메서드를 추천하기 위해 요청 헤더로 사용될 수 있다. 서버는 추천 받은 메서드를 모두 지원해야 할 의무는 없으며, 그 요청에 대한 응답에는 실제로 지원하는 메서드들을 열거하는 Allow 헤더를 포함시켜야 한다.

만약 프락시가 지정된 모든 메서드를 이해할 수는 없다고 해도, 프락시는 Allow 헤더 필드를 수정할 수 없다. 왜냐하면 클라이언트는 원 서버와 대화하는 다른 경로를 갖고 있을 수도 있기 때문이다.

6.9 추가 정보

더 자세한 정보가 필요하다면, 다음을 참조하라.

http://www.w3.org/Protocols/rfc2616/rfc2616.txt
RFC 2616, "Hypertext Transfer Protocol," by R. Fielding, J. Gettys, J. Mogul, H. Frystyk, L. Mastinter, P. Leach, and T. Berners-Lee.

http://search.ietf.org/rfc/rfc3040.txt
RFC 3040, "Internet Web Replication and Caching Taxonomy."

18 모든 리소스가 모든 메서드를 지원하는 것은 아니다. 예를 들어, CGI 스크립트 질의는 파일 PUT을 지원하지 않을 수 있으며, 정적 HTML 파일이라면 POST 요청을 받아들이지 않을 것이다.

Web Proxy Servers

Ari Luotonen, Prentice Hall Computer Books.

http://search.ietf.org/rfc/rfc3143.txt

RFC 3143, "Known HTTP Proxy/Caching Problems."

Web Caching

Duane Wessels, O'Reilly & Associates, Inc.

7장

HTTP: The Definitive Guide

캐시

웹 캐시는 자주 쓰이는 문서의 사본을 자동으로 보관하는 HTTP 장치다. 웹 요청이 캐시에 도착했을 때, 캐시된 로컬 사본이 존재한다면, 그 문서는 원 서버가 아니라 그 캐시로부터 제공된다. 캐시는 다음과 같은 혜택을 준다.

- 캐시는 불필요한 데이터 전송을 줄여서, 네트워크 요금으로 인한 비용을 줄여준다.
- 캐시는 네트워크 병목을 줄여준다. 대역폭을 늘리지 않고도 페이지를 빨리 불러올 수 있게 된다.
- 캐시는 원 서버에 대한 요청을 줄여준다. 서버는 부하를 줄일 수 있으며 더 빨리 응답할 수 있게 된다.
- 페이지를 먼 곳에서 불러올수록 시간이 많이 걸리는데, 캐시는 거리로 인한 지연을 줄여준다.

이 장에서 우리는 어떻게 캐시가 성능을 개선하고 비용을 줄이는지, 어떻게 그 효과를 측정하는지, 그리고 효과를 극대화하기 위해 캐시를 어디에 위치시켜야 하는지 설명한다. 우리는 또한 어떻게 HTTP가 캐시된 사본을 신선하게 유지하는지, 그리고 어떻게 캐시가 다른 캐시나 서버와 상호작용하는지도 설명할 것이다.

7.1 불필요한 데이터 전송

복수의 클라이언트가 자주 쓰이는 원 서버 페이지에 접근할 때, 서버는 같은 문서를 클라이언트들에게 각각 한 번씩 전송하게 된다. 똑같은 바이트들이 네트워크를 통해 계속 반복해서 이동한다. 이 불필요한 데이터 전송은 값비싼 네트워크 대역폭을 잡아먹고, 전송을 느리게 만들며, 웹 서버에 부하를 준다. 캐시를 이용하면, 첫 번째 서버 응답은 캐시에 보관된다. 캐시된 사본이 뒤이은 요청들에 대한 응답으로 사용될 수 있기 때문에, 원 서버가 중복해서 트래픽을 주고받는 낭비가 줄어들게 된다.

7.2 대역폭 병목

캐시는 또한 네트워크 병목을 줄여준다. 많은 네트워크가 원격 서버보다 로컬 네트워크 클라이언트에 더 넓은 대역폭을 제공한다(그림 7-1). 클라이언트들이 서버에 접근할 때의 속도는, 그 경로에 있는 가장 느린 네트워크의 속도와 같다. 만약 클라이언트가 빠른 LAN에 있는 캐시로부터 사본을 가져온다면, 캐싱은 성능을 대폭 개선할 수 있을 것이다(특히 큰 문서들에 대해서).

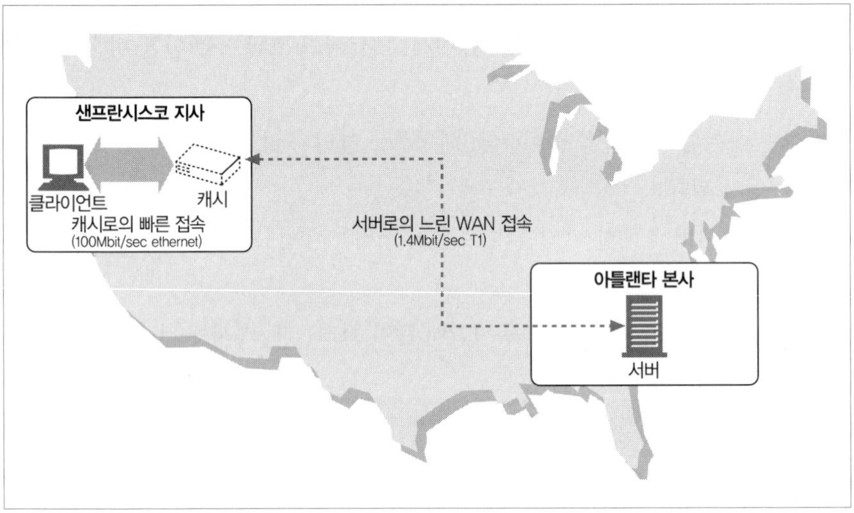

그림 7-1 캐시는 광역 통신망의 제한된 대역폭으로 인한 병목을 개선할 수 있다.

그림 7-1에서, 죠의 하드웨어 주식회사의 샌프란시스코 지사에 있는 사용자는 애틀랜타의 본사로부터 5MB 크기의 물품 목록 파일을 받는데 30초가 걸릴 수 있다. 만약 문서가 샌프란시스코의 사무실에 캐시되어 있다면, 로컬 사용자는 같은 문서를 이더넷 접속을 통해 1초 미만의 시간에 가져올 수 있을 것이다.

표 7-1은 대역폭이 네트워크 속도와 문서 크기에 따라 전송 시간에 얼마나 영향을 주는지 보여준다. 대역폭은 큰 문서에 대해 현저한 지연을 일으키며, 속도는 네

트워크 종류의 차이에 따라 극적으로 달라진다.[1] 이더넷 LAN이라면 5MB 크기의 파일을 전송하는데 1초도 걸리지 않지만, 56-Kbps 모뎀이라면 749초(12분 이상)가 걸릴 것이다.

	큰 HTML (15KB)	JPEG (40KB)	큰 JPEG (150KB)	큰 파일 (5MB)
전화식 모뎀 (56킬로비트/초)	2.19	5.85	21.94	748.98
DSL (256킬로비트/초)	.48	1.28	4.80	163.84
T1 (1.4메가비트/초)	.09	.23	.85	29.13
느린 이더넷 (10메가비트/초)	.01	.03	.12	4.19
DS3 (45메가비트/초)	.00	.01	.03	
빠른 이더넷 (100메가비트/초)	.00	.00	.01	.42

표 7-1 이상적인 환경에서의, 대역폭별 전송 시간 지연(초 단위)

7.3 갑작스런 요청 쇄도(Flash Crowds)

캐싱은 갑작스런 요청 쇄도에 대처하기 위해 특히 중요하다. 갑작스런 사건(뉴스 속보, 스팸 메일, 유명 인사와 관련된 사건 등)으로 인해 많은 사람이 거의 동시에 웹 문서에 접근할 때 이런 일이 발생한다(그림 7-2). 이 결과로 초래된 불필요한 트래픽 급증은 네트워크와 웹 서버의 심각한 장애를 야기시킨다.

케네스 스타의 클린턴 미 대통령에 대한 조사에 대해 자세한 내용이 담긴 "스타 보고서"가 인터넷을 통해 공개된 1998년 9월 11일, 미 하원 웹 서버는 한 시간 동안 3백만 건이 넘는 요청을 받았으며, 이는 평소의 50배에 달하는 것이었다. 뉴스 웹 사이트인 CNN.com은 자신들의 웹 서버가 평균 매초 50,000건이 넘는 요청을 받았다고 보고했다.

1 이 표는 전송 시간에서의 네트워크 대역폭의 효과만 보여주기 위한 것이다. 네트워크가 100% 완벽하게 효율적이고 네트워크나 애플리케이션의 처리 회전 지연(latency)은 존재하지 않는다고 가정한다. 따라서 여기서의 지연은 실제 값에 대한 하계(lower bound)이다. 실제로는, 지연이 더 커질 것이며 작은 객체에 대한 지연은 대역폭과 상관없는 오버헤드에 의해 좌우될 것이다.

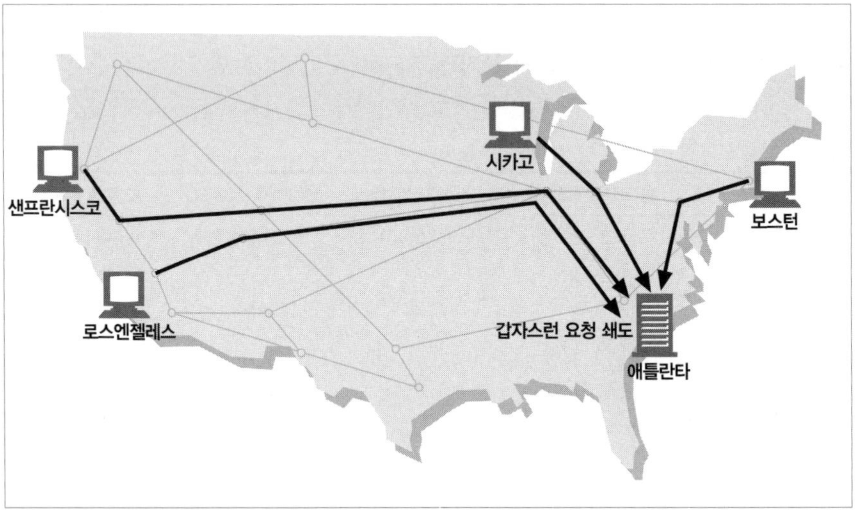

그림 7-2 갑작스런 요청 쇄도는 웹 서버에 과부하를 준다.

7.4 거리로 인한 지연

비록 대역폭이 문제가 되지 않더라도, 거리가 문제가 될 수 있다. 모든 네트워크 라우터는 제각각 인터넷 트래픽을 지연시킨다. 그리고 클라이언트와 서버 사이에 라우터가 그다지 많지 않더라도, 빛의 속도 그 자체가 유의미한 지연을 유발한다.

보스턴과 샌프란시스코 사이의 거리는 약 4,400킬로미터이다. 이상적인 경우라면 빛의 속도로(300,000킬로미터/초) 신호가 보스턴과 샌프란시스코 사이를 약 15밀리초만에 여행할 것이고 왕복 여행은 30밀리초만에 끝낼 수 있을 것이다.[2]

어떤 웹페이지가 20개의 작은 이미지를 포함하고 있는데, 이 모두가 샌프란시스코에 있는 한 서버에 들어있다고 가정해보자. 만약 보스턴에 있는 클라이언트가 서버로 동시에 네 개의 커넥션을 열고, 그 커넥션을 유지한다면, 다운 받을 때 빛의 속도로 인한 지연은 거의 1/4초(240밀리초)가 된다(그림 7-3). 만약 서버가 보스턴에서 10,800킬로미터 떨어진 도쿄에 위치한다면, 그 지연은 600밀리초로 커진다. 보통 수준으로 복잡한 웹페이지들은 빛의 속도로 인한 지연이 수 초에 달할 수도 있다.

기계실 근처에 캐시를 설치해서 문서가 전송되는 거리를 수천 킬로미터에서 수십 미터로 줄일 수 있다.

---

2 사실 신호는 빛보다 약간 느리게 이동하므로, 거리로 인한 지연은 이보다 더 크다.

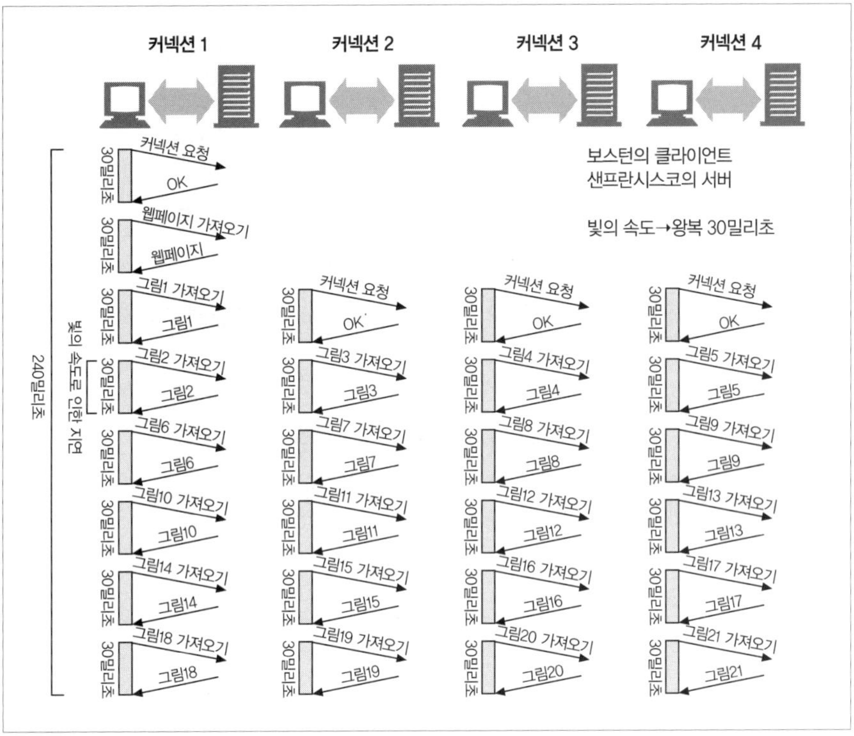

그림 7-3 병렬이면서 keep-alive인 커넥션이라 할지라도, 빛의 속도는 뚜렷한 지연을 발생시킨다.

7.5 적중과 부적중

이와 같이 캐시는 유용하다. 그러나 캐시가 세상 모든 문서의 사본을 저장하지는 않는다.[3]

캐시에 요청이 도착했을 때, 만약 그에 대응하는 사본이 있다면 그를 이용해 요청이 처리될 수 있다. 이것을 캐시 적중(cache hit)이라고 부른다(그림 7-4a). 만약 대응하는 사본이 없다면 그냥 원 서버로 전달되기만 할 뿐이다. 이것을 캐시 부적중(cache miss)이라고 부른다(그림 7-4b).

3 웹에 올라있는 모든 문서를 보관할 수 있을 만큼 충분한 캐시를 살 능력이 있는 사람은 거의 없다. 그리고 만약 어마어마하게 거대한 '세상 모든 웹에 대한 캐시'를 살 수 있다고 해도, 몇몇 문서는 매우 자주 변경되므로 항상 신선한 상태를 유지하지는 못할 것이다.

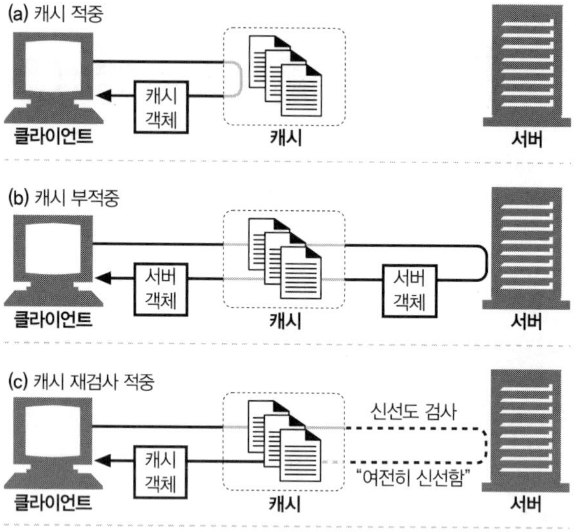

그림 7-4 캐시 적중, 부적중, 재검사

7.5.1 재검사(Revalidation)

원 서버 콘텐츠는 변경될 수 있기 때문에, 캐시는 반드시 그들이 갖고 있는 사본이 여전히 최신인지 서버를 통해 때때로 점검해야 한다. 이러한 '신선도 검사'를 HTTP 재검사라 부른다(그림 7-4c). 효과적인 재검사를 위해, HTTP는 서버로부터 전체 객체를 가져오지 않고도 콘텐츠가 여전히 신선한지 빠르게 검사할 수 있는 특별한 요청을 정의했다.

캐시는 스스로 원한다면 언제든지 사본을 재검사할 수 있다. 그러나 캐시가 문서를 수백만 개씩 갖고 있는 경우가 흔한데 비해 네트워크 대역폭은 부족하기 때문에, 대부분의 캐시는 클라이언트가 사본을 요청하였으며 그 사본이 검사를 할 필요가 있을 정도로 충분히 오래된 경우에만 재검사를 한다. 우리는 신선도 검사에 대한 HTTP 규칙을 이 장의 뒷부분에서 설명할 것이다.

캐시는 캐시된 사본의 재검사가 필요할 때, 원 서버에 작은 재검사 요청을 보낸다. 콘텐츠가 변경되지 않았다면, 서버는 아주 작은 304 Not Modified 응답을 보낸다. 그 사본이 여전히 유효함을 알게 된 캐시는 즉각 사본이 신선하다고 임시로 다시 표시한 뒤 그 사본을 클라이언트에 제공한다(그림 7-5a). 이를 재검사 적중 혹은 느린 적중이라고 부른다. 이것은 순수 캐시 적중보다 느린데, 원 서버와 검사를 할 필요가 있기 때문이다. 그러나 캐시 부적중보다는 빠른데, 서버로부터 객체 데이터를 받아올 필요가 없기 때문이다.

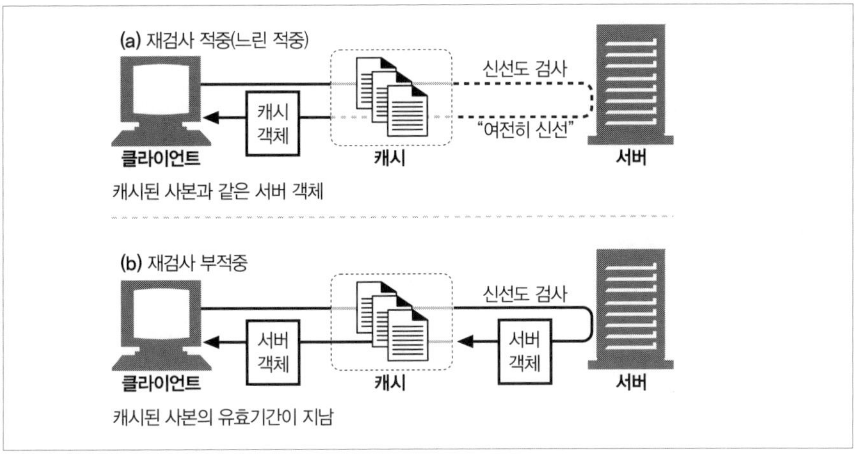

그림 7-5 성공적인 재검사는 캐시 부적중보다 빠르다. 실패한 재검사는 부적중과 거의 같다.

HTTP는 캐시된 객체를 재확인하기 위한 몇 가지 도구를 제공하는데, 그중에서 가장 많이 쓰이는 것은 If-Modified-Since 헤더다. 서버에게 보내는 GET 요청에 이 헤더를 추가하면 캐시된 시간 이후에 변경된 경우에만 사본을 보내달라는 의미가 된다.

다음은 GET If-Modified-Since 요청이 서버에 도착했을 때 일어날 수 있는 세 가지 상황이다. 서버 콘텐츠가 변경되지 않은 경우, 서버 콘텐츠가 변경된 경우, 객체가 삭제된 경우. 이들에 대한 설명은 다음과 같다.

재검사 적중

만약 서버 객체가 변경되지 않았다면, 서버는 클라이언트에게 작은 HTTP 304 Not Modified 응답을 보낸다. 이는 그림 7-6에 묘사되어 있다.

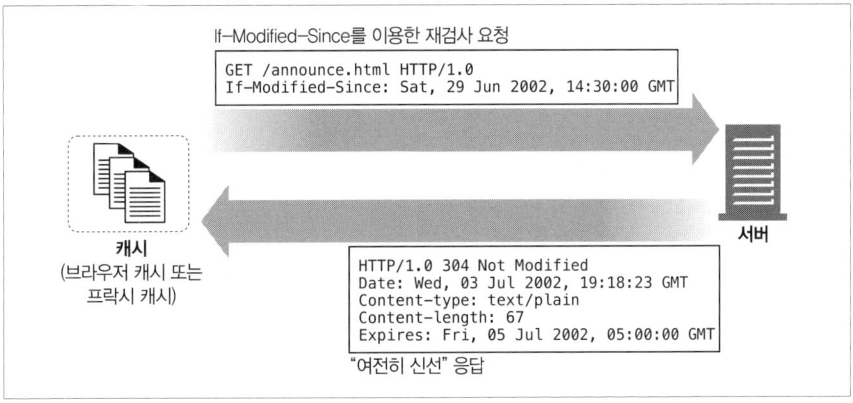

그림 7-6 HTTP는 재검사를 위해 If-Modified-Since 헤더를 사용한다.

재검사 부적중

만약 서버 객체가 캐시된 사본과 다르다면, 서버는 콘텐츠 전체와 함께 평범한 HTTP 200 OK 응답을 클라이언트에게 보낸다.

객체 삭제

만약 서버 객체가 삭제되었다면, 서버는 404 Not Found 응답을 돌려보내며, 캐시는 사본을 삭제한다.

7.5.2 적중률

캐시가 요청을 처리하는 비율을 캐시 적중률(혹은 캐시 적중비), 혹은 문서 적중률(혹은 문서 적중비)이라고 부르기도 한다. 적중률은 0에서 1까지의 값으로 되어 있지만, 흔히 퍼센트로 표현되기도 한다. 0%는 모든 요청이 캐시 부적중(네트워크 너머로 문서를 가져와야 했던 경우)임을, 그리고 100%는 모든 요청이 캐시 적중(캐시에서 사본을 가져온 경우)임을 의미한다.[4]

캐시 관리자는 캐시 적중률이 100%에 근접하게 되는 것을 좋아할 것이다. 실제 적중률은 캐시가 얼마나 큰지, 캐시 사용자들의 관심사가 얼마나 비슷한지, 캐시된 데이터가 얼마나 자주 변경되거나 개인화되는지, 캐시가 어떻게 설정되어 있는지에 달려있다. 적중률은 예측하기 어려운 것으로 악명이 높지만 오늘날 적중률 40%면 웹 캐시로 괜찮은 편이다. 다행인 사실은, 보통 크기의 캐시라도 충분한 분량의 자주 쓰이는 문서들을 보관하여 상당히 트래픽을 줄이고 성능을 개선할 수 있다는 점이다. 캐시는 유용한 콘텐츠가 캐시 안에 머무르도록 보장하기 위해 노력한다.

7.5.3 바이트 적중률

문서들이 모두 같은 크기인 것은 아니기 때문에 문서 적중률이 모든 것을 말해주지는 않는다. 몇몇 큰 객체는 덜 접근되지만 그 크기 때문에 전체 트래픽에는 더 크게 기여한다. 이런 이유로, 어떤 사람들은 바이트 단위 적중률 측정값을 더 선호한다(특히 트래픽의 모든 바이트에 요금을 매기려는 사람들이 그렇다!).

바이트 단위 적중률은 캐시를 통해 제공된 모든 바이트의 비율을 표현한다. 이 측정값은 트래픽이 절감된 정도를 포착해낸다. 바이트 단위 적중률 100%는 모든 바이트가 캐시에서 왔으며, 어떤 트래픽도 인터넷으로 나가지 않았음을 의미한다.

4 때때로 사람들은 재검사 적중도 캐시 적중률에 포함시키지만, 대개 적중률과 재검사 적중률은 별도로 측정된다. 캐시 적중률을 검증할 때는, 무엇을 '적중'으로 치는지 정확히 알고 있어야 한다.

문서 적중률과 바이트 단위 적중률은 둘 다 캐시 성능에 대한 유용한 지표다. 문서 적중률은 얼마나 많은 웹 트랜잭션을 외부로 내보내지 않았는지 보여준다. 트랜잭션은 고정된 소요 시간을 포함하게 되는데, 이것은 종종 길 수도 있기 때문에(예를 들어 서버로의 TCP 커넥션을 맺는 경우), 문서 적중률을 개선하면 전체 대기시간(지연)이 줄어든다. 바이트 단위 적중률은 얼마나 많은 바이트가 인터넷으로 나가지 않았는지 보여준다. 바이트 단위 적중률의 개선은 대역폭 절약을 최적화한다.

7.5.4 적중과 부적중의 구별

불행히도, HTTP는 클라이언트에게 응답이 캐시 적중이었는지 아니면 원 서버 접근인지 말해줄 수 있는 방법을 제공하지 않는다. 두 경우 모두 응답 코드는 응답이 본문을 갖고 있음을 의미하는 200 OK가 될 것이다. 어떤 상용 프락시 캐시는 캐시에 무슨 일이 일어났는지 설명하기 위해 Via 헤더에 추가 정보를 붙인다.

클라이언트가 응답이 캐시에서 왔는지 알아내는 한 가지 방법은 Date 헤더를 이용하는 것이다. 응답의 Date 헤더 값을 현재 시각과 비교하여, 응답의 생성일이 더 오래되었다면 클라이언트는 응답이 캐시된 것임을 알아낼 수 있다. 클라이언트가 캐시된 응답을 감지하는 또 다른 방법은, 응답이 얼마나 오래되었는지 말해주는 Age 헤더를 이용하는 것이다(부록 C의 "Age"를 보라).

7.6 캐시 토폴로지

캐시는 한 명의 사용자에게만 할당될 수도 있고 반대로 수천 명의 사용자들 간에 공유될 수도 있다. 한 명에게만 할당된 캐시를 개인 전용 캐시(private cache)라 부른다. 개인 전용 캐시는 개인만을 위한 캐시이므로, 한 명의 사용자가 자주 찾는 페이지를 담는다(그림 7-7a). 공유된 캐시는 공용 캐시(public cache)라고 불린다. 공용 캐시는 사용자 집단에게 자주 쓰이는 페이지를 담는다(그림 7-7b).

7.6.1 개인 전용 캐시

개인 전용 캐시는 많은 에너지나 저장 공간을 필요로 하지 않으므로, 작고 저렴할 수 있다. 웹브라우저는 개인 전용 캐시를 내장하고 있다. 대부분의 브라우저는 자주 쓰이는 문서를 개인용 컴퓨터의 디스크와 메모리에 캐시해 놓고, 사용자가 캐시 사이즈와 설정을 수정할 수 있도록 허용한다. 캐시에 어떤 것들이 들어있는지 확인하기 위해 브라우저 안을 들여다보는 것도 가능하다. 예를 들어, 인터넷 익스

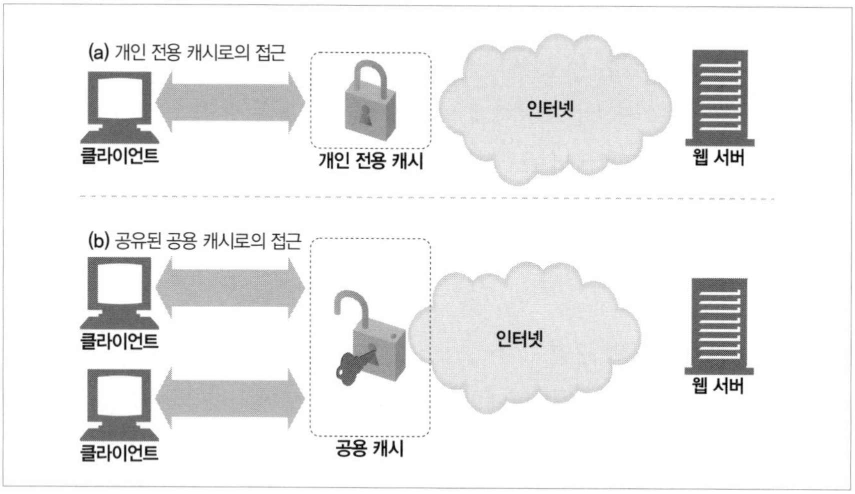

그림 7-7 공용 캐시와 개인 전용 캐시

플로러라면, 도구 〉 인터넷 옵션 〉 검색 기록 〉 설정 〉 파일 보기에서 캐시 콘텐츠를 얻을 수 있다. 익스플로러는 캐시된 문서를 '임시 파일'이라고 부르며 그것들을 연관된 URL 및 문서 만료 시각과 함께 파일 목록에 나열한다. 구글 크롬의 경우, 특별한 URL인 about:cache를 통해 연결되는 페이지에서 캐시 콘텐츠의 목록을 볼 수 있다.

7.6.2 공용 프락시 캐시

공용 캐시는 캐시 프락시 서버 혹은 더 흔히 프락시 캐시라고 불리는 특별한 종류의 공유된 프락시 서버다(프락시에 대해서는 6장에서 다루었다). 프락시 캐시는 로컬 캐시에서 문서를 제공하거나, 혹은 사용자의 입장에서 서버에 접근한다. 공용 캐시에는 여러 사용자가 접근하기 때문에, 불필요한 트래픽을 줄일 수 있는 더 많은 기회가 있다.[5]

그림 7-8a에서, 클라이언트들은 새롭고 '따끈따끈한' 문서(아직 개인 전용 캐시에 들어있지 않은)에 제각각 접근한다. 각 개인 전용 캐시는 같은 문서를 네트워크를 거쳐 여러 번 가져온다. 그림 7-8b과 같이 공유된 공용 캐시에서, 캐시는 자주 찾는 객체를 단 한 번만 가져와 모든 요청에 대해 공유된 사본을 제공함으로써 네트워크 트래픽을 줄인다.

5 공용 캐시는 사용자 집단의 다양한 관심사들을 캐시하기 때문에, 캐시가 보관하고 있는 자주 쓰이는 문서들이 특정 개인의 관심사에 의해 지워지는 일이 없도록 충분히 클 필요가 있다.

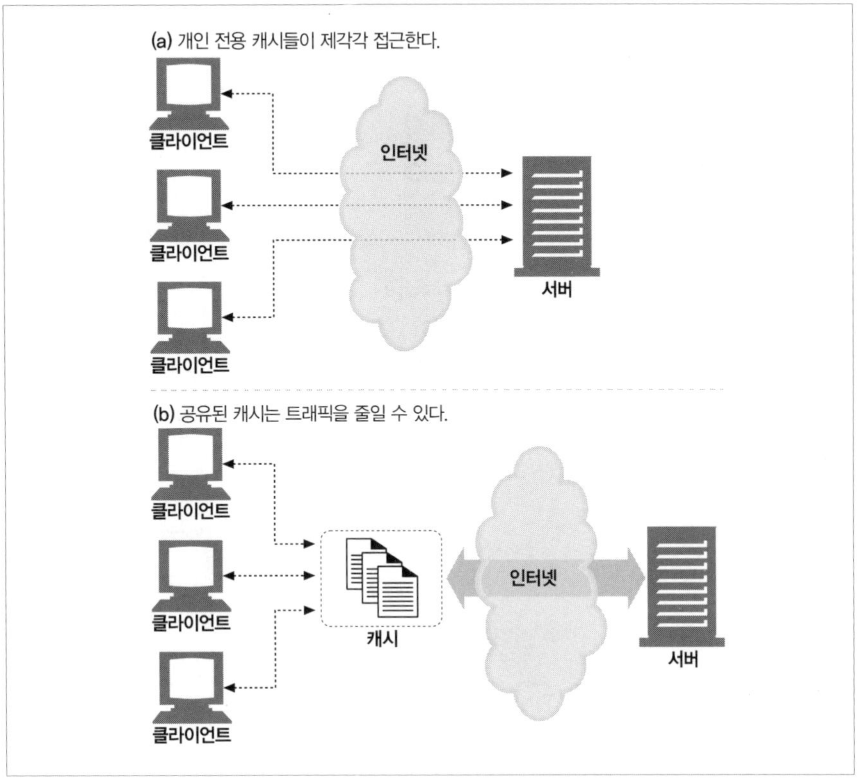

그림 7-8 공유된 공용 캐시는 네트워크 트래픽을 줄인다.

프락시 캐시는 6장에서 서술된, 프락시를 위한 규칙에 따른다. 수동 프락시를 지정하거나 프락시 자동설정 파일을 설정함으로써(6장의 "클라이언트 프락시 설정: 수동"을 보라) 브라우저가 프락시 캐시를 사용하도록 설정할 수 있다. 또한 인터셉트 프락시를 사용함으로써 브라우저의 설정 없이 HTTP 요청이 캐시를 통하도록 강제할 수 있다(20장을 보라).

7.6.3 프락시 캐시 계층들

작은 캐시에서 캐시 부적중이 발생했을 때 더 큰 부모 캐시가 그 '걸러 남겨진' 트래픽을 처리하도록 하는 계층을 만드는 방식이 합리적인 경우가 많다. 그림 7-9는 두 단계의 캐시 계층을 보여준다.[6] 이 아이디어는 클라이언트 주위에는 작고 저렴한 캐시를 사용하고, 계층 상단에는 많은 사용자들에 의해 공유되는 문서를 유지하

6 만약 클라이언트가 브라우저 캐시를 갖고 있는 브라우저라면, 그림 7-9는 엄밀히 말하면 세 단계의 캐시 계층을 보여주고 있다.

기 위해 더 크고 강력한 캐시를 사용하자는 것이다.[7]

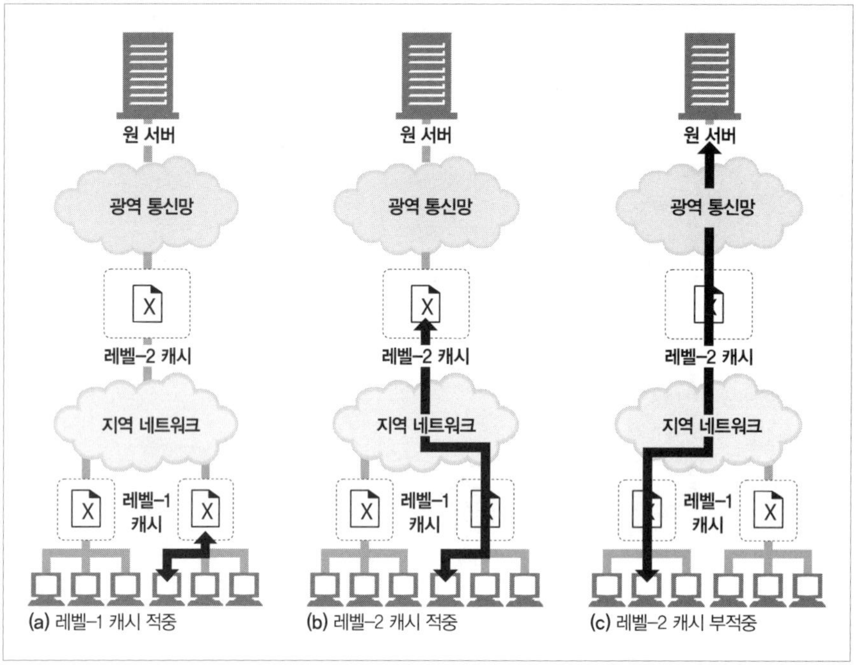

그림 7-9 두 단계 캐시 계층으로 문서에 접근하기.

대부분의 사용자들이 그림 7-9a에 묘사된 것과 같이 가까운 1단계 캐시에서 적중을 얻는다면 다행일 것이다. 그러나 그렇지 못했다면 더 큰 부모 캐시가 사용자의 요청을 처리할 수 있을 것이다(그림 7-9b).

캐시 계층이 깊다면 요청은 캐시의 긴 연쇄를 따라가게 될 것이다. 프락시 연쇄가 길어질수록 각 중간 프락시는 현저한 성능 저하가 발생할 것이다.[8]

7.6.4 캐시망, 콘텐츠 라우팅, 피어링

몇몇 네트워크 아키텍처는 단순한 캐시 계층 대신 복잡한 캐시망을 만든다. 캐시망의 프락시 캐시는 복잡한 방법으로 서로 대화하여, 어떤 부모 캐시와 대화할 것인지, 아니면 요청이 캐시를 완전히 우회해서 원 서버로 바로 가도록 할 것인지에 대한 캐시 커뮤니케이션 결정을 동적으로 내린다.

7 부모 캐시는 관심사가 제각각인 많은 자식 캐시들로부터의 트래픽 모두를 감당해야 하므로, 더 많은 사용자가 자주 쓰는 문서들을 보관할 수 있도록 더 크고 더 고성능이어야 할 것이다.

8 실제로 네트워크 아키텍트들은 두 개 혹은 세 개의 프락시만 거치도록 스스로 제한한다. 그러나 새로운 세대의 고성능 프락시 서버들은 프락시 연쇄의 길이가 문제가 되지 않도록 할 것이다.

캐시망 안에서의 콘텐츠 라우팅을 위해 설계된 캐시들은 다음에 나열된 일들을 모두 할 수 있을 것이다.

- URL에 근거하여, 부모 캐시와 원 서버 중 하나를 동적으로 선택한다.
- URL에 근거하여 특정 부모 캐시를 동적으로 선택한다.
- 부모 캐시에게 가기 전에, 캐시된 사본을 로컬에서 찾아본다.
- 다른 캐시들이 그들의 캐시된 콘텐츠에 부분적으로 접근할 수 있도록 허용하되, 그들의 캐시를 통한 인터넷 트랜짓(Internet transit)[9]은 허용하지 않는다.

이러한 한층 더 복잡한 캐시 사이의 관계는, 서로 다른 조직들이 상호 이득을 위해 그들의 캐시를 연결하여 서로를 찾아볼 수 있도록 해준다. 선택적인 피어링을 지원하는 캐시는 형제 캐시라고 불린다(그림 7-10). HTTP는 형제 캐시를 지원하지 않기 때문에, 사람들은 인터넷 캐시 프로토콜(ICP)이나 하이퍼텍스트 캐시 프로토콜(HTCP) 같은 프로토콜을 이용해 HTTP를 확장했다. 우리는 이 프로토콜들에 대해 20장에서 이야기할 것이다.

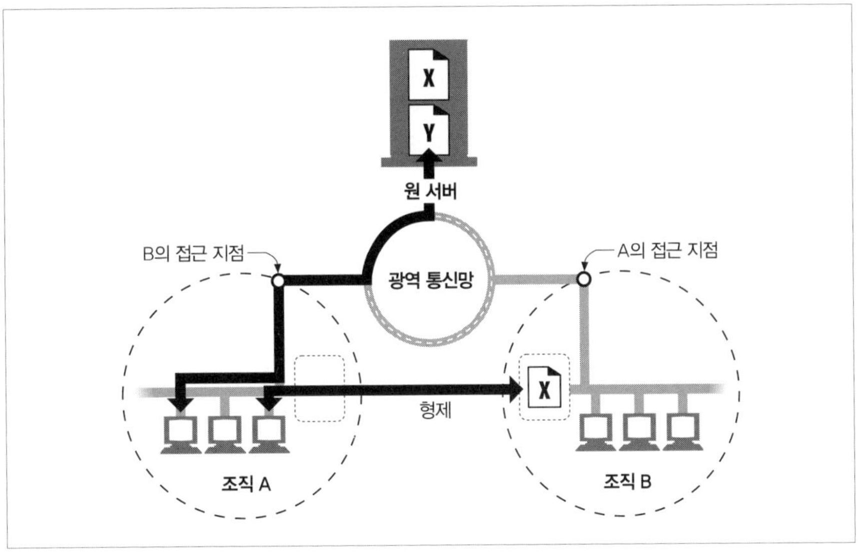

그림 7-10 형제 캐시

9 (옮긴이) 트래픽이 다른 네트워크로 건너가는 것.

7.7 캐시 처리 단계

오늘날 상용 프락시 캐시는 꽤 복잡하다. 매우 고성능이면서도 HTTP와 그 외 다른 기술의 고급 기능을 지원하도록 만들어졌다. 그러나 몇 군데 미묘한 구석이 있긴 하지만, 웹 캐시의 기본적인 동작은 대개 단순하다. HTTP GET 메시지 하나를 처리하는 기본적인 캐시 처리 절차는 일곱 단계로 이루어져 있다(그림 7-11에 묘사되어 있다).

1. 요청 받기 - 캐시는 네트워크로부터 도착한 요청 메시지를 읽는다.
2. 파싱 - 캐시는 메시지를 파싱하여 URL과 헤더들을 추출한다.
3. 검색 - 캐시는 로컬 복사본이 있는지 검사하고, 사본이 없다면 사본을 받아온다(그리고 로컬에 저장한다).
4. 신선도 검사 - 캐시는 캐시된 사본이 충분히 신선한지 검사하고, 신선하지 않다면 변경사항이 있는지 서버에게 물어본다.
5. 응답 생성 - 캐시는 새로운 헤더와 캐시된 본문으로 응답 메시지를 만든다.
6. 발송 - 캐시는 네트워크를 통해 응답을 클라이언트에게 돌려준다.
7. 로깅 - 선택적으로, 캐시는 로그파일에 트랜잭션에 대해 서술한 로그 하나를 남긴다.

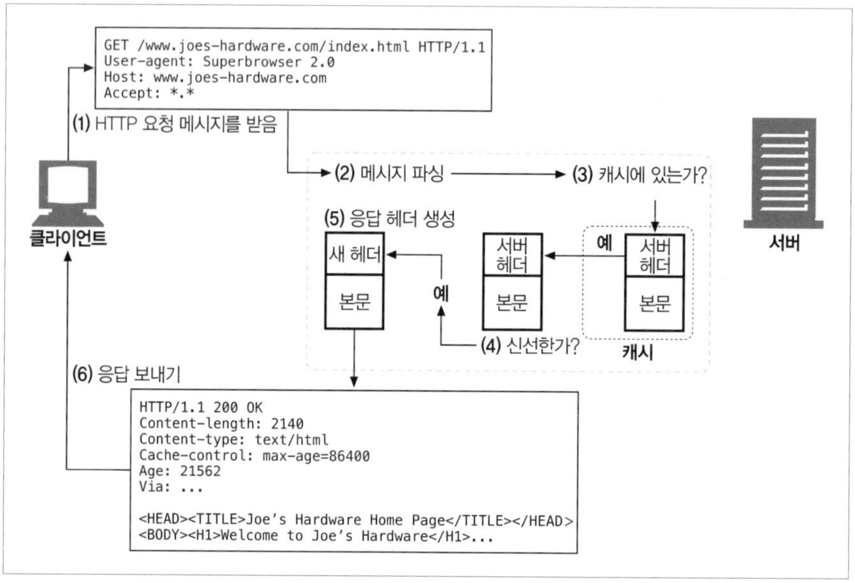
GET /www.joes-hardware.com/index.html HTTP/1.1
User-agent: Superbrowser 2.0
Host: www.joes-hardware.com
Accept: *.*
(1) HTTP 요청 메시지를 받음
(2) 메시지 파싱
(3) 캐시에 있는가?
(5) 응답 헤더 생성
새 헤더
본문
예
서버 헤더
본문
예
서버 헤더
본문
(4) 신선한가?
캐시
클라이언트
서버
(6) 응답 보내기
HTTP/1.1 200 OK
Content-length: 2140
Content-type: text/html
Cache-control: max-age=86400
Age: 21562
Via: ...
<HEAD><TITLE>Joe's Hardware Home Page</TITLE></HEAD>
<BODY><H1>Welcome to Joe's Hardware</H1>...

그림 7-11 신선 캐시 적중의 처리

7.7.1 단계 1: 요청 받기

단계 1에서, 캐시는 네트워크 커넥션에서의 활동을 감지하고, 들어오는 데이터를 읽어들인다. 고성능 캐시는 여러 개의 들어오는 커넥션들로부터 데이터를 동시에 읽어들이고 메시지 전체가 도착하기 전에 트랜잭션 처리를 시작한다.

7.7.2 단계 2: 파싱

다음으로, 캐시는 요청 메시지를 여러 부분으로 파싱하여 헤더 부분을 조작하기 쉬운 자료 구조에 담는다. 이는 캐싱 소프트웨어가 헤더 필드를 처리하고 조작하기 쉽게 만들어준다.[10]

7.7.3 단계 3: 검색

단계 3에서, 캐시는 URL을 알아내고 그에 해당하는 로컬 사본이 있는지 검사한다. 로컬 복사본은 메모리에 저장되어 있을 수도 있고, 아니면 디스크나 심지어 근처의 다른 컴퓨터에 있을 수도 있다. 전문적인 수준의 캐시는 객체를 로컬 캐시에서 가져올 수 있는지 판단하기 위해 빠른 알고리즘을 사용한다. 만약 문서를 로컬에서 가져올 수 없다면, 캐시는 상황이나 설정에 따라서 그것을 원 서버나 부모 프락시에서 가져오거나 혹은 실패를 반환한다.

캐시된 객체는 서버 응답 본문과 원 서버 응답 헤더를 포함하고 있으므로, 캐시 적중 동안 올바른 서버 헤더가 반환될 수 있다. 캐시된 객체는 또한 객체가 얼마나 오랫동안 캐시에 머무르고 있었는지를 알려주는 기록이나 얼마나 자주 사용되었는지 등에 대한 몇몇 메타데이터를 포함한다.[11]

7.7.4 단계 4: 신선도 검사

HTTP는 캐시가 일정 기간 동안 서버 문서의 사본을 보유할 수 있도록 해준다. 이 기간 동안, 문서는 '신선'한 것으로 간주되고 캐시는 서버와의 접촉 없이 이 문서를 제공할 수 있다. 그러나 일단 캐시된 사본을 신선도 한계를 넘을 정도로 너무 오래 갖고 있었다면 그 객체는 '신선하지 않은' 것으로 간주되며, 캐시는 그 문서를 제공하기 전에 문서에 어떤 변경이 있었는지 검사하기 위해 서버와 재검사를 해야 한다.

---

10 이 파서는 또한 헤더 부분에 대해 대소문자나 날짜 형식의 차이와 같은 중요하지 않은 차이점이 모두 무시되도록 정규화할 책임을 갖고 있다. 또 어떤 요청 메시지들은 완전한 절대 URL을 갖고 있고, 어떤 메시지들은 상대 URL과 Host 헤더를 갖는데, 파서는 대개 이러한 차이점을 숨긴다.(2장의 "상대 URL"을 보라.)

11 복잡한 캐시들은, HTTP/1.1 콘텐츠 협상에 사용하기 위해, 서버 응답을 결정하기 위해 사용했던 원 클라이언트 요청 헤더들의 사본도 보관한다(17장을 보라).

HTTP의 신선도 검사 규칙은 매우 복잡한데, 캐시 제품들이 지원하는 많은 수의 설정 옵션과 비 HTTP 신선도 표준과의 상호작용은 상황을 더 복잡하게 만들었다. 우리는 이 장 나머지의 대부분을 신선도 계산 설명에 할애할 것이다.

7.7.5 단계 5: 응답 생성

우리는 캐시된 응답을 원 서버에서 온 것처럼 보이게 하고 싶기 때문에, 캐시는 캐시된 서버 응답 헤더를 토대로 응답 헤더를 생성한다. 이 기저 헤더들은 캐시에 의해 수정되고 늘어난다.

캐시는 클라이언트에 맞게 이 헤더를 조정해야 하는 책임이 있다. 예를 들어, 클라이언트가 HTTP/1.1 응답을 기대하는 상황에서 서버가 HTTP/1.0 응답(혹은 HTTP/0.9 응답)을 반환했다면, 캐시는 반드시 헤더를 적절하게 번역해야 한다. 캐시는 또한 캐시 신선도 정보를 삽입하며(Cache-Control, Age, Expires 헤더), 또 요청이 프락시 캐시를 거쳐갔음을 알려주기 위해 종종 Via 헤더를 포함시킨다.

캐시가 Date 헤더를 조정해서는 안 된다는 것에 주의하라. Date 헤더는 그 객체가 원 서버에서 최초로 생겨난 일시를 표현하는 것이다.

7.7.6 단계 6: 전송

일단 응답 헤더가 준비되면, 캐시는 응답을 클라이언트에게 돌려준다. 모든 프락시 서버들과 마찬가지로, 프락시 캐시는 클라이언트와의 커넥션을 유지할 필요가 있다. 고성능 캐시는 종종 로컬 저장장치와 네트워크 I/O 버퍼 사이에서 문서의 콘텐츠 복사를 피함으로써 데이터를 효과적으로 전송하기 위해 노력한다.

7.7.7 단계 7: 로깅

대부분의 캐시는 로그 파일과 캐시 사용에 대한 통계를 유지한다. 각 캐시 트랜잭션이 완료된 후, 캐시는 통계 캐시 적중과 부적중 횟수(그리고 다른 관련 지표들)에 대한 통계를 갱신하고 로그 파일에 요청 종류, URL 그리고 무엇이 일어났는지를 알려주는 항목을 추가한다.

가장 많이 쓰이는 캐시 로그 포맷은 스퀴드 로그 포맷(Squid log format)과 넷스케이프 확장 공용 로그 포맷(Netscape extended common log format)이지만, 많은 캐시 제품이 커스텀 로그 파일을 허용한다. 우리는 로그 파일 포맷에 대해 21장에서 자세히 다룰 것이다.

7.7.8 캐시 처리 플로 차트

그림 7-12는 캐시가 어떻게 GET 요청을 처리하는지 간략한 형태로 보여준다.[12]

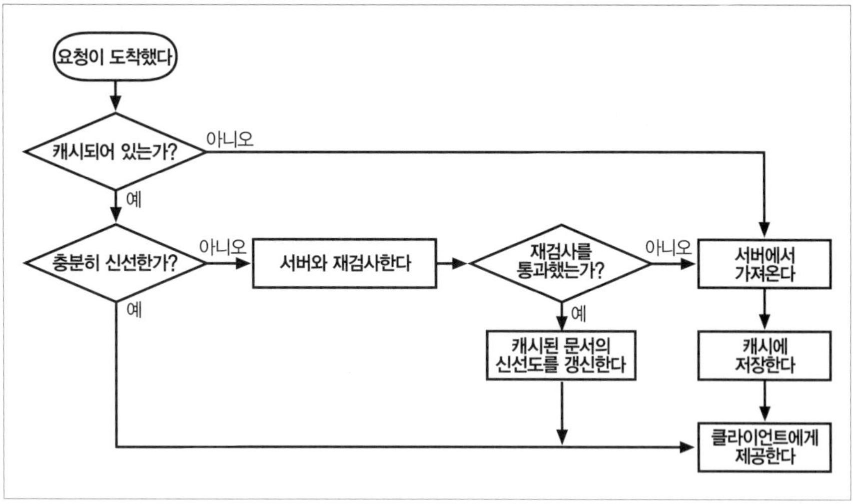

그림 7-12 캐시 GET 요청 플로 차트

7.8 사본을 신선하게 유지하기

캐시된 사본 모두가 서버의 문서와 항상 일치하는 것은 아니다. 결국 문서들은 시간에 따라 변경된다. 보고서는 매달 바뀔 수 있다. 온라인 신문은 매일 바뀐다. 금융 자료는 매 초 변경될 수 있다. 오래된 데이터를 제공하는 캐시는 불필요하다. 캐시된 데이터는 서버의 데이터와 일치하도록 관리되어야 한다.

HTTP는 어떤 캐시가 사본을 갖고 있는지 서버가 기억하지 않더라도, 캐시된 사본이 서버와 충분히 일치하도록 유지할 수 있게 해주는 단순한 메커니즘을 갖고 있다. HTTP는 이 단순한 메커니즘을 문서 만료와 서버 재검사라고 부른다.

7.8.1 문서 만료

HTTP는 Cache-Control과 Expires라는 특별한 헤더들을 이용해서 원 서버가 각 문서에 유효기간을 붙일 수 있게 해준다(그림 7-13). 우유팩에 쓰여 있는 유효기간과 마찬가지로, 이 헤더들은 콘텐츠가 얼마나 오랫동안 신선한 상태로 보일 수 있는지 좌우한다.

---

12 그림 7-12에 표현된, 리소스를 재검사하고 가져오는 과정은 조건부 요청을 이용하면 한 번에 완료될 수 있다("조건부 메서드와 재검사"를 보라).

```
HTTP/1.0 200 OK
Date: Sat, 29 Jun 2002, 14:30:00 GMT
Content-type: text/plain
Content-length: 67
Expires: Fri, 05 Jul 2002, 05:00:00 GMT

Independence Day sale at Joe's Hardware
Come shop with us today!
```

(a) Expires 헤더

```
HTTP/1.0 200 OK
Date: Sat, 29 Jun 2002, 14:30:00 GMT
Content-type: text/plain
Content-length: 67
Cache-Control: max-age=484200

Independence Day sale at Joe's Hardware
Come shop with us today!
```

(b) Cache-Control: max-age 헤더

그림 7-13 Expires 헤더와 Cache-Control 헤더

캐시 문서가 만료되기 전에, 캐시는 필요하다면 서버와의 접촉 없이 사본을 제공할 수 있다(물론 캐시되었거나 검사되지 않은 리소스의 제공을 거부하는 헤더가 클라이언트 요청에 들어있지 않아야 한다). 그러나 일단 캐시된 문서가 만료되면, 캐시는 반드시 서버와 문서에 변경된 것이 있는지 검사해야 하며, 만약 그렇다면 신선한 사본을 얻어 와야 한다(새 유효기간과 함께).

7.8.2 유효기간과 나이

서버는 응답 본문과 함께 하는, HTTP/1.0+ Expires나 HTTP/1.1 Cache-Control: max-age 응답 헤더를 이용해서 유효기간을 명시한다. Expires와 Cache-Control: max-age 헤더는 기본적으로 같은 일을 하지만, 절대 시간은 컴퓨터의 시계가 올바르게 맞추어져 있을 것을 요구한다. 표 7-2는 유효기간과 관련된 응답 헤더들을 나열하고 있다.

헤더	설명
Cache-Control: max-age	max-age 값은 문서의 최대 나이를 정의한다. 최대 나이는 문서가 처음 생성된 이후부터, 제공하기엔 더 이상 신선하지 않다고 간주될 때까지 경과한 시간의 합법적인 최댓값(초 단위)이다. `Cache-Control: max-age=484200`
Expires	절대 유효기간을 명시한다. 만약 유효기간이 경과했다면, 그 문서는 더 이상 신선하지 않다. `Expires: Fri, 05 Jul 2002, 05:00:00 GMT`

표 7-2 유효기간과 관련된 응답 헤더

오늘이 동부 표준시로 2002년 6월 29일 오전 9시 30분이라고 가정해보자. 그리고 죠의 하드웨어 가게는 미국 독립기념일(7월 4일) 할인 판매를 할 준비가 되어 있다(딱 5일간만). 죠는 특별한 웹페이지를 운영하는 웹 서버에 밀어 넣은 뒤 그 페이지

가 2002년 7월 5일 자정에 만료되는 것을 보고 싶다. 만약 죠의 서버가 옛날 방식의 Expires 헤더를 사용한다면, 서버 응답 메시지(그림 7-13a)는 다음의 헤더를 포함했을 것이다.[13]

```
Expires: Fri, 05 Jul 2002, 05:00:00 GMT
```

만약 죠의 서버가 새로운 Cache-Control: max-age 헤더를 사용한다면, 서버 응답 메시지(그림 7-13b)는 다음의 헤더를 포함했을 것이다.

```
Cache-Control: max-age=484200
```

여기서 484,200은, 단번에 알아채긴 어렵겠지만 현재 날짜인 동부 표준시 2002년 6월 29일 오전 9시 30분과 할인 판매가 끝나는 2002년 7월 5일 자정 사이의 시간을 초로 환산한 것이다. 할인 판매가 끝날 때까지 134.5시간(약 5일)이 남아 있다. 매 시간은 3,600초이므로, 할인 판매가 끝날 때까지 484,200초가 남은 것이다.

7.8.3 서버 재검사

캐시된 문서가 만료되었다는 것은, 그 문서가 원 서버에 현재 존재하는 것과 실제로 다르다는 것을 의미하지는 않으며, 다만 이제 검사할 시간이 되었음을 뜻한다. 이 검사를 캐시가 원 서버에게 문서가 변경되었는지의 여부를 물어볼 필요가 있음을 의미하는 '서버 재검사'라고 부른다.

- 재검사 결과 콘텐츠가 변경되었다면, 캐시는 그 문서의 새로운 사본을 가져와 오래된 데이터 대신 저장한 뒤 클라이언트에게도 보내준다.
- 재검사 결과 콘텐츠가 변경되지 않았다면, 캐시는 새 만료일을 포함한 새 헤더들만 가져와서 캐시 안의 헤더들을 갱신한다.

이것은 괜찮은 시스템이다. 캐시는 문서의 신선도를 매 요청마다 검증할 필요가 없다. 문서가 만료되었을 때 한 번만 서버와 재검사하면 된다. 이는 신선하지 않은 콘텐츠는 제공하지 않으면서도, 서버 트래픽을 절약하고 사용자 응답 시간을 개선한다.

HTTP 프로토콜은 캐시가 다음 중 하나를 반환하는 적절한 행동을 할 것을 요구한다.

---

13 모든 HTTP 날짜와 시간은 그리니치 표준시(GMT)로 표현된다는 것에 주의하라. GMT는 영국의 그리니치를 지나는 본초자오선(경도 0°)에서의 시각이다. GMT는 한국 표준시(KST)보다 아홉 시간 늦으므로 자정 KST는 그 전날의 15:00 GMT가 된다.

- '충분히 신선한' 캐시된 사본
- 원 서버와 재검사되었기 때문에, 충분히 신선하다고 확신할 수 있는 캐시된 사본
- 에러 메시지(재검사해야 하는 원 서버가 다운된 경우)[14]
- 경고 메시지가 부착된 캐시된 사본(부정확하다면)

7.8.4 조건부 메서드와의 재검사

HTTP의 조건부 메서드는 재검사를 효율적으로 만들어준다. HTTP는 캐시가 서버에게 '조건부 GET'이라는 요청을 보낼 수 있도록 해준다. 이 요청은 서버가 갖고 있는 문서가 캐시가 갖고 있는 것과 다른 경우에만 객체 본문을 보내달라고 하는 것이다. 이런 식으로, 신선도 검사와 객체를 받아오는 것은 하나의 조건부 GET으로 결합된다. 조건부 GET은 GET 요청 메시지에 특별한 조건부 헤더를 추가함으로써 시작된다. 웹 서버는 조건이 참인 경우에만 객체를 반환한다.

HTTP는 다섯 가지 조건부 요청 헤더를 정의한다. 그 중 둘은 캐시 재검사를 할 때 가장 유용한 If-Modified-Since와 If-None-Match[15]이다. 모든 조건부 헤더는 'If-' 접두어로 시작한다. 표 7-3은 캐시 재검사를 위해 사용되는 조건부 응답 헤더를 나열하고 있다.

헤더	설명
If-Modified-Since: 〈date〉	만약 문서가 주어진 날짜 이후로 수정되었다면 요청 메서드를 처리한다. 이것은 캐시된 버전으로부터 콘텐츠가 변경된 경우에만 콘텐츠를 가져오기 위해 Last-Modified 서버 응답 헤더와 함께 사용된다.
If-None-Match: 〈tags〉	마지막 변경된 날짜를 맞춰보는 대신, 서버는 문서에 대한 일련번호와 같이 동작하는 특별한 태그(부록 C의 "ETag"를 보라)를 제공할 수 있다. If-None-Match 헤더는 캐시된 태그가 서버에 있는 문서의 태그와 다를 때만 요청을 처리한다.

표 7-3 캐시 재검사에 사용되는 두 조건부 헤더

7.8.5 If-Modified-Since: 날짜 재검사

가장 흔히 쓰이는 캐시 재검사 헤더는 If-Modified-Since이다. If-Modified-Since

14 캐시가 재검사를 해야 하는데 원 서버에 접근할 수 없다면, 캐시는 반드시 통신에 실패했다는 에러나 경고를 반환해야 한다. 그 외의 경우라면 제거된 서버의 페이지들은 언젠가 필요할 때를 위해 네트워크 캐시에 살아있을 수 있다.

15 다른 조건부 헤더들에는 If-Unmodified-Since(부분 문서 전송을 하면서, 전에 일부분을 가져왔던 문서가 지금도 여전히 변함이 없음을 확인하려고 할 때 유용하다), If-Range(불완전한 문서의 캐싱을 지원하기 위해), If-Match(웹 서버에 대한 동시성 제어를 할 때 유용하다.*) 등이 있다.

(옮긴이) 예를 들면, If-Match 헤더를 이용해 문서가 이전에 알고 있던 것과 변경되지 않은 경우에만 그 문서를 갱신하도록 하는 PUT 요청을 보낼 수 있다.

재검사 요청은 흔히 'IMS' 요청으로 불린다. IMS 요청은 서버에게 리소스가 특정 날짜 이후로 변경된 경우에만 요청한 본문을 보내달라고 한다.

- 만약 문서가 주어진 날짜 이후에 변경되었다면, If-Modified-Since 조건은 참이고, 따라서 GET 요청은 평범하게 성공한다. 새 문서가, 새로운 만료 날짜와 그 외 다른 정보들이 담긴 헤더들과 함께 캐시에게 반환된다.
- 만약 문서가 주어진 날짜 이후에 변경되지 않았다면 조건은 거짓이고, 서버는 작은 304 Not Modified 응답 메시지를 클라이언트에게 돌려준다. 효율을 위해 본문은 보내지 않는다.[16] 응답은 헤더들을 포함하지만, 원래 돌려줘야 할 것에서 갱신이 필요한 것만을 보내준다. 예를 들어, Content-Type 헤더는 잘 변하지 않기 때문에 대개 보내줄 필요가 없고, 새 만료 날짜는 보통 보내주게 된다.

If-Modified-Since 헤더는 서버 응답 헤더의 Last-Modified 헤더와 함께 동작한다. 원 서버는 제공하는 문서에 최근 변경 일시를 붙인다. 캐시가 캐시된 문서를 재검사 하려고 할 때, 캐시된 사본이 마지막으로 수정된 날짜가 담긴 If-Modified-Since 헤더를 포함한다.

```
If-Modified-Since: <캐시된 마지막 수정일>
```

만약 콘텐츠가 그동안 변경되었다면, 최근 변경 일시는 다를 것이다. 그리고 원 서버는 새 문서를 돌려줄 것이다. 그렇지 않다면, 서버는 캐시의 최근 변경 일시가 서버에 있는 문서의 현재 최근 변경 일시와 같음을 발견하고 304 Not Modified 응답을 돌려줄 것이다.

예를 들어, 그림 7-14에 보여준 것처럼, 사용자의 캐시가 죠의 하드웨어의 미국 독립기념일(7월 4일) 기념 할인판매 공지를 7월 3일에 재검사한다면, Not Modified 응답을 돌려받게 될 것이다(그림 7-14a). 그러나 판매가 끝난 7월 5일 심야 이후에 캐시가 그 문서를 재검사한다면, 캐시는 새 문서를 받을 것이다. 왜냐하면 서버의 콘텐츠가 변경되었기 때문이다(그림 7-14b).

몇몇 웹 서버는 If-Modified-Since를 실제 날짜 비교로 구현하지 않는다. 대신 그들은 IMS 날짜와 최근 변경일 간의 문자열 비교를 수행한다. 즉 "이 날짜 이후로 변경되었다면"이 아니라 "정확히 이 날짜에 마지막 변경이 일어난 것이 아니라면"이

16 If-Modified-Since 헤더를 인식하지 못하는 어떤 오래된 서버가 조건부 요청을 받았다면, 그 서버는 그 요청을 평범한 GET 요청으로 해석한다. 이 경우, 그 시스템은 여전히 동작하겠지만 변경되지 않은 문서 데이터를 불필요하게 전송하기 때문에 덜 효율적일 것이다.

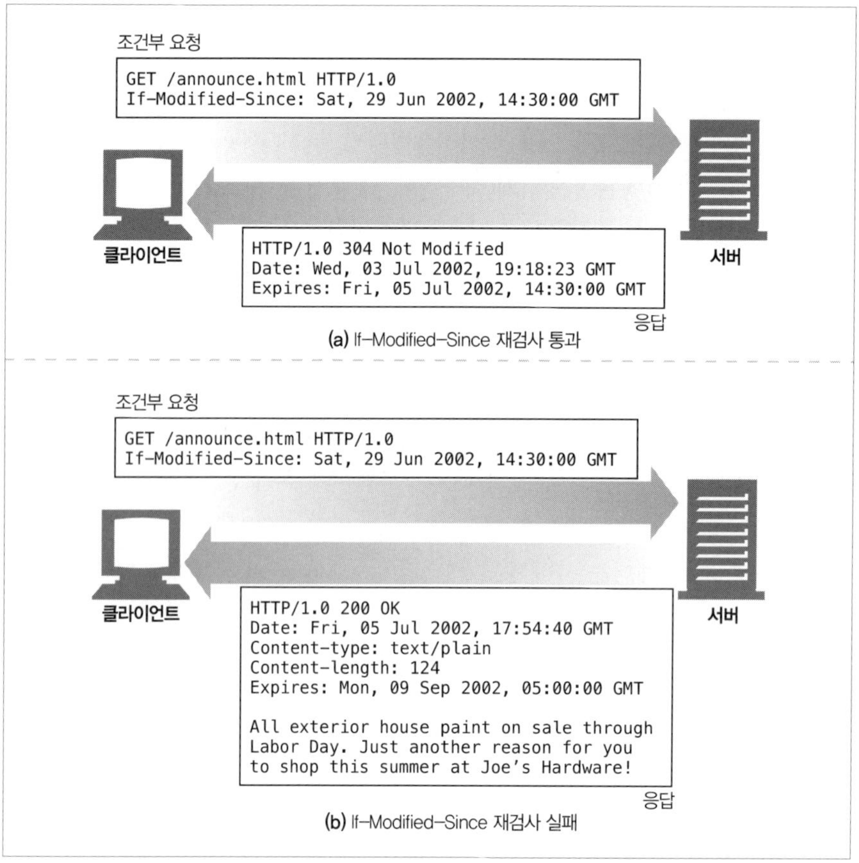

그림 7-14 If-Modified-Since 재검사는 변경이 없는 경우 304를 반환하고 변경되었다면 새 본문과 함께 200을 반환한다.

라는 의미로 동작한다. 예를 들어 일련번호 같은 것을 최근 변경 일시로 사용한다면, 클라이언트가 If-Modified-Since 헤더를 시간에 대한 값으로서 활용할 수는 없겠지만, 캐시 만료와 관련된 동작에는 문제가 없다.

7.8.6 If-None-Match: 엔터티 태그 재검사

다음과 같이 최근 변경 일시 재검사가 적절히 행해지기 어려운 상황이 몇 가지 있다.

- 어떤 문서는 일정 시간 간격으로 다시 쓰여지지만(예를 들면 백그라운드 프로세스에 의해) 실제로는 같은 데이터를 포함하고 있다. 내용에는 아무런 변화가 없더라도 변경시각은 바뀔 수 있다.
- 어떤 문서들의 변경은 전 세계의 캐시들이 그 데이터를 다시 읽어들이기엔 사소한 것일 수도 있다. (예: 철자나 주석의 변경)

- 어떤 서버들은 그들이 갖고 있는 페이지에 대한 최근 변경 일시를 정확하게 판별할 수 없다.
- 1초보다 작은 간격으로 갱신되는 문서를 제공하는 서버들에게는, 변경일에 대한 1초의 정밀도는 충분하지 않을 수 있다.

퍼블리셔가 문서를 변경했을 때, 그는 문서의 엔터티 태그를 새로운 버전으로 표현할 수 있다. 엔터티 태그가 변경되었다면, 캐시는 새 문서의 사본을 얻기(GET) 위해 If-None-Match 조건부 헤더를 사용할 수 있다.

그림 7-15에서, 캐시는 엔터티 태그 "v2.6"인 문서를 갖고 있다. 캐시는 원 서버에게 태그가 더 이상 "v2.6"이 아닌 경우에만 새 객체를 달라고 요청하는 방법으로 유효한지 여부를 재검사한다. 그림 7-15에서는 태그가 여전히 변경되지 않았기 때문에 304 Not Modified 응답이 반환된다.

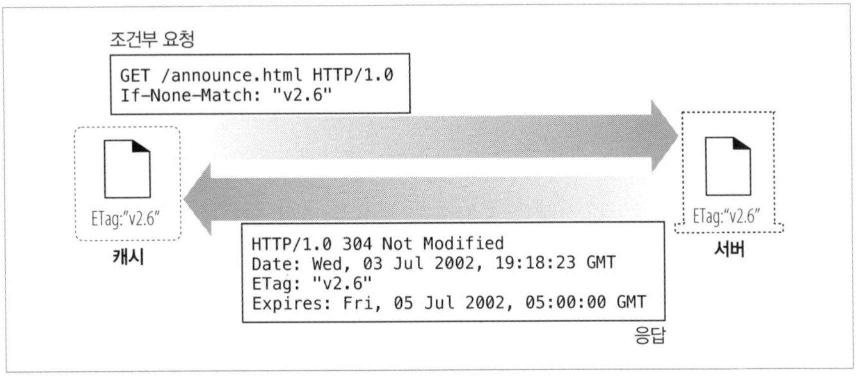

그림 7-15 엔터티 태그가 여전히 변경되지 않았으므로 If-None-Match는 리소스가 유효함을 재확인하게 된다.

만약 서버의 엔터티 태그가 변경되었다면(아마 "v3.0"으로), 서버는 200 OK 응답으로 새 콘텐츠를 새 ETag와 함께 반환했을 것이다.

캐시가 객체에 대한 여러 개의 사본을 갖고 있는 경우, 그 사실을 서버에게 알리기 위해 하나의 If-None-Match 헤더에 여러 개의 엔터티 태그를 포함시킬 수 있다.

```
If-None-Match: "v2.6"
If-None-Match: "v2.4","v2.5","v2.6"
If-None-Match: "foobar","A34FAC0095","Profiles in Courage"
```

7.8.7 약한 검사기와 강한 검사기

캐시는 캐시된 버전이 서버가 갖고 있는 것에 대해 최신인지 확인하기 위해 엔터티 태그를 사용한다(최근 변경일시를 사용하는 것과 비슷하다). 이 경우, 엔터티 태그와 최근 변경일시는 둘 다 캐시 검사기다.

서버는 때때로 모든 캐시된 사본을 무효화시키지 않고 문서를 살짝 고칠 수 있도록 허용하고 싶은 경우가 있다. HTTP/1.1은, 비록 콘텐츠가 조금 변경되었더라도 "그 정도면 같은 것"이라고 서버가 주장할 수 있도록 해주는 '약한 검사기(weak validator)'를 지원한다.

강한 검사기(strong validator)는 콘텐츠가 바뀔 때마다 바뀐다. 약한 검사기는 어느 정도 콘텐츠 변경을 허용하지만, 콘텐츠의 중요한 의미가 변경되면 함께 변경된다. 조건부 특정범위 가져오기 같은 몇몇 동작은 약한 검사기로는 불가능하기 때문에, 서버는 'W/' 접두사로 약한 검사기를 구분한다.

```
ETag: W/"v2.6"
If-None-Match: W/"v2.6"
```

강한 엔터티 태그는 대응하는 엔터티 값이 어떻게 바뀌든 매번 반드시 같이 바뀌어야 한다. 약한 엔터티 태그는 대응하는 엔터티에 유의미한 변경이 있을 때마다 같이 변경되어야 한다.

원 서버는 서로 다른 두 엔터티에 대해 강한 엔터티 태그 값을 재활용해서는 안 되며, 약한 엔터티 태그 값이라고 할지라도 서로 의미가 다른 두 엔터티에 대해서는 재활용해서는 안 된다는 것에 주의하라. 유효기간에 상관없이 캐시 항목은 임의의 긴 기간 동안 계속될 수 있다. 따라서 캐시가 과거의 특정 시점에서 얻은 검사기를 사용해서 캐시 항목을 다시 검사하려 시도하지 않을 것이라는 예상은 틀릴 수 있다.

7.8.8 언제 엔터티 태그를 사용하고 언제 Last-Modified 일시를 사용하는가

HTTP/1.1 클라이언트는 만약 서버가 엔터티 태그를 반환했다면, 반드시 엔터티 태그 검사기를 사용해야 한다. 만약 서버가 Last-Modified 값만을 반환했다면, 클라이언트는 If-Modified-Since 검사를 사용할 수 있다. 만약 엔터티 태그와 최근 변경일시가 모두 사용 가능하다면, HTTP/1.0과 HTTP/1.1 캐시 모두 적절히 응답할 수 있도록 클라이언트는 각각을 위해 두 가지의 재검사 정책을 모두 사용해야 한다.

HTTP/1.1 원 서버는 실현 불가능하지만 않다면 엔터티 태그 검사기를 보내야 하며, 이점이 있다면 강한 엔터티 태그 대신 약한 엔터티 태그를 보낼 수도 있다. 또한 Last-Modified 값을 같이 보내는 것도 선호된다.

만약 HTTP/1.1 캐시나 서버가 If-Modified-Since와 엔터티 태그 조건부 헤더를 모두 받았다면, 요청의 모든 조건부 헤더 필드의 조건에 부합되지 않는 한 304 Not Modified 응답을 반환해서는 안 된다.

7.9 캐시 제어

HTTP는 문서가 만료되기 전까지 얼마나 오랫동안 캐시될 수 있게 할 것인지 서버가 설정할 수 있는 여러 가지 방법을 정의한다. 우선순위대로 나열해보면 서버는,

- Cache-Control: no-store 헤더를 응답에 첨부할 수 있다.
- Cache-Control: no-cache 헤더를 응답에 첨부할 수 있다.
- Cache-Control: must-revalidate 헤더를 응답에 첨부할 수 있다.
- Cache-Control: max-age 헤더를 응답에 첨부할 수 있다.
- Expires 날짜 헤더를 응답에 첨부할 수 있다.
- 아무 만료 정보도 주지 않고, 캐시가 스스로 체험적인(휴리스틱) 방법으로 결정하게 할 수 있다.

이 절은 캐시를 제어하는 헤더에 대해 설명한다. 다음 절, "캐시 제어 설정"은 어떻게 여러 콘텐츠에 각각 다른 캐시 정보를 설정하는지 설명한다.

7.9.1 no-cache와 no-store 응답 헤더

HTTP/1.1은 신선도를 관리하기 위해, 객체를 캐시하는 것을 제한하거나 캐시된 객체를 제공하는 여러 가지 방법을 제공한다. no-store와 no-cache 헤더는 캐시가 검증되지 않은 캐시된 객체로 응답하는 것을 막는다.

```
Cache-Control: no-store
Cache-Control: no-cache
Pragma: no-cache
```

'no-store'가 표시된 응답은 캐시가 그 응답의 사본을 만드는 것을 금지한다. 캐시는 보통, 캐시가 아닌 프락시 서버가 그러는 것처럼, 클라이언트에게 no-store 응답을 전달하고 나면 객체를 삭제할 것이다.

'no-cache'로 표시된 응답은 사실 로컬 캐시 저장소에 저장될 수 있다. 다만 먼저 서버와 재검사를 하지 않고서는 캐시에서 클라이언트로 제공될 수 없을 뿐이다. 이

헤더의 더 나은 이름은 "Do-Not-Serve-From-Cache-Without-Revalidation(재검사 없이 캐시에서 제공하지 마라)"일 것이다.

Pragma: no-cache 헤더는 HTTP/1.0+와의 하위호환성을 위해 HTTP/1.1에 포함되어 있다. HTTP1.1 애플리케이션은 Pragma: no-cache만 이해할 수 있는 HTTP/1.0 애플리케이션에 대응해야 하는 경우가 아니라면 Cache-Control: no-cache를 사용해야 한다.[17]

7.9.2 Max-Age 응답 헤더

Cache-Control: max-age 헤더는 신선하다고 간주되었던 문서가 서버로부터 온 이후로 흐른 시간이고, 초로 나타낸다. 또한 s-maxage 헤더는('maxage'에 하이픈이 없음에 주의하라) max-age처럼 행동하지만 공유된(공용) 캐시에만 적용된다.

```
Cache-Control: max-age=3600
Cache-Control: s-maxage=3600
```

서버는 최대 나이먹음(maximum aging)을 0으로 설정함으로써, 캐시가 매 접근마다 문서를 캐시하지 않거나 혹은 매 접근마다 리프레시 하도록 요청할 수 있다.

7.9.3 Expires 응답 헤더

더 이상 사용하지 않기를 권하는(deprecated) Expires 헤더는 초 단위의 시간 대신 실제 만료 날짜를 명시한다. HTTP를 설계한 사람들은, 많은 서버가 동기화되어 있지 않거나 부정확한 시계를 갖고 있기 때문에, 만료를 절대시각 대신 경과된 시간으로 표현하는 것이 낫다고 판단했다. 신선도 수명의 근사값은 만료일과 생성일의 초 단위 시간차를 계산하여 얻을 수 있다.

```
Expires: Fri, 05 Jul 2002, 05:00:00 GMT
```

몇몇 서버는 문서를 항상 만료되도록 하기 위해 Expires: 0 응답 헤더를 돌려보내지만, 이는 문법 위반이며 몇몇 소프트웨어와 문제를 일으킬 수 있다. 이런 값들을 가급적 받아들일 수는 있어야 하나, 생성해서는 안 된다.

---

17 Pragma no-cache는 HTTP 요청과 응답 모두를 위한 확장 헤더로 널리 쓰이고 있기는 하지만, 엄밀히 말하면 HTTP 요청에서만 유효하다.

7.9.4 Must-Revalidate 응답 헤더

캐시는 성능을 개선하기 위해 신선하지 않은(만료된) 객체를 제공하도록 설정될 수 있다. 만약 캐시가 만료 정보를 엄격하게 따르길 원한다면, 원 서버는 다음과 같은 Cache-Control을 붙일 수 있다.

```
Cache-Control: must-revalidate
```

Cache-Control: must-revalidate 응답 헤더는 캐시가 이 객체의 신선하지 않은 사본을 원 서버와의 최초의 재검사 없이는 제공해서는 안 됨을 의미한다. 캐시는 자유롭게 신선한 사본을 제공할 수 있다. 만약 캐시가 must-revalidate 신선도 검사를 시도했을 때 원 서버가 사용할 수 없는 상태라면, 캐시는 반드시 504 Gateway Timeout error를 반환해야 한다.

7.9.5 휴리스틱 만료

만약 응답이 Cache-Control: max-age 헤더나 Expires 헤더 중 어느 것도 포함하지 않고 있다면, 캐시는 경험적인 방법으로(heuristic) 최대 나이를 계산할 것이다. 어떤 알고리즘이든 사용될 수 있지만, 계산 결과 얻은 최대 나이 값이 24시간보다 크다면, Heuristic Expiration 경고(경고 13) 헤더가 응답 헤더에 추가되어야 한다. 우리가 알고 있는 바에 따르면, 이 경고 정보를 사용자가 볼 수 있게 해주는 브라우저는 거의 없다.

유명한 휴리스틱 만료 알고리즘의 하나인 LM 인자 알고리즘은, 문서가 최근 변경 일시를 포함하고 있다면 사용할 수 있다. LM 인자 알고리즘은 최근 변경 일시를 문서가 얼마나 자주 바뀌는지에 대한 추정에 사용한다. 그 로직은 다음과 같다.

- 만약 캐시된 문서가 마지막으로 변경된 것이 상당히 예전이라면, 그것은 아마 안정적인 문서일 것이고 갑자기 바뀔 가능성은 별로 크지 않을 것이므로, 캐시에 더 오래 보관하고 있어도 안전하다.
- 만약 캐시된 문서가 최근에 변경되었다면, 그것은 아마 자주 변경될 것이고, 따라서 우리는 그것을 서버와 재검사하기 전까지 짧은 기간 동안만 캐시해야 한다.

실제 LM 인자 알고리즘은 캐시가 서버와 대화했을 때와 서버가 문서의 최근 변경 일시를 말해줬을 때의 시간차를 계산하고, 이 차의 일부분을 취하여, 이 일부분을 캐시의 신선도 지속기간으로 사용한다. LM 인자 알고리즘을 펄 의사코드(pseudocode)로 표현하면 다음과 같다.

```
$마지막_수정_이후로_경과한_시간 = max(0, $서버의_Date - $서버의_Last_Modified);
$서버_신선도_한계 = int($마지막_수정_이후로_경과한_시간 * $lm_인자);
```

그림 7-16은 LM 인자 신선도 기간을 시각적으로 묘사한 것이다. 사선 무늬 줄은 LM 인자를 0.2로 했을 때의 신선도 유지기간을 나타낸다.

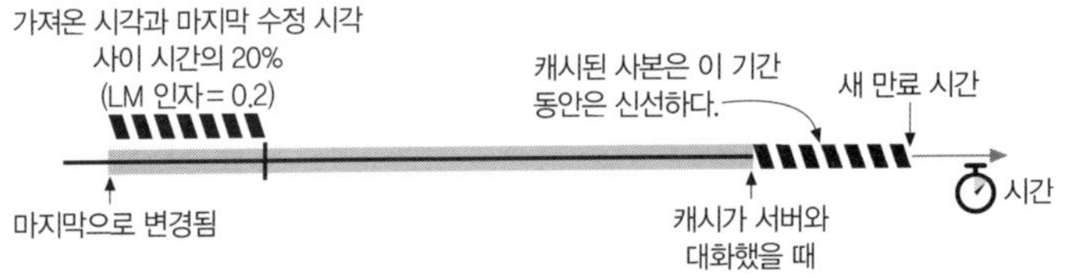

그림 7-16 LM 인자 알고리즘을 이용한 신선도 유지기간 계산

일반적으로, 사람들은 휴리스틱 신선도 유지기간에 상한을 설정하여 지나치게 커지는 것을 막는다. 보통 1주일로 하지만, 보수적인 사이트는 하루로 설정한다.

마지막으로, 만약 최근 변경일조차 없다면, 캐시는 판단 근거가 될 정보를 그다지 갖지 못한 것이 된다. 캐시는 일반적으로 신선도에 대한 아무런 단서가 없는 문서에 대해 기본 신선도 유지기간을 설정한다(보통 한 시간이나 하루로). 더 보수적인 캐시는 보통 이 휴리스틱 문서들에 대해 0의 신선도 수명을 설정하여, 캐시가 클라이언트에게 데이터를 제공할 때마다 아직 신선한지 검사하도록 강제한다.

마지막으로 한 가지 더 일러두자면, 휴리스틱 신선도 계산은 생각보다 흔히 하게 되는 일이다. 많은 원 서버들이 아직도 Expires와 max-age 헤더를 생성하지 못한다. 캐시의 만료 기본값을 신중하게 선택하라!

7.9.6 클라이언트 신선도 제약

웹브라우저는 브라우저나 프락시 캐시의 신선하지 않은 콘텐츠를 강제로 갱신시켜 주는 리프레시나 리로드 버튼을 갖고 있다. 이 리프레시 버튼은 Cache-control 요청 헤더가 추가된 GET 요청을 발생시켜서, 강제로 재검사하거나 서버로부터 콘텐츠를 무조건 가져온다. 정확한 리프레시 동작은 각 브라우저나 문서, 중간 캐시 설정에 달려있다.

클라이언트는 Cache-Control 요청 헤더를 사용하여 만료 제약을 엄격하게 하거나 느슨하게 할 수 있다. 클라이언트는 문서를 최신으로 유지할 필요가 있는 애플리케이션(수동 리프레시 버튼과 같은)을 위해 Cache-Control 헤더를 사용해 만료를 더 엄격하게 할 수 있다. 한편, 클라이언트 역시 성능, 신뢰성, 비용 개선을 위한 절충안으로 신선도 요구사항을 느슨하게 하고자 할 수도 있다. 표 7-4는 Cache-Control 요청 지시어를 요약한 것이다.

지시어	목적
Cache-Control: max-stale Cache-Control: max-stale = <s>	캐시는 신선하지 않은 문서라도 자유롭게 제공할 수 있다. 만약 〈s〉 매개변수가 지정되면, 클라이언트는 만료시간이 그 매개변수의 값만큼 지난 문서도 받아들인다. 이것은 캐싱 규칙을 느슨하게 한다.
Cache-Control: min-fresh = <s>	클라이언트는 지금으로부터 적어도 〈s〉초 후까지 신선한 문서만을 받아들인다. 이것은 캐싱 규칙을 엄격하게 한다.
Cache-Control: max-age = <s>	캐시는 〈s〉초보다 오랫동안 캐시된 문서를 반환할 수 없다. 나이가 유효기간을 넘어서게 되는 max-stale 지시어가 함께 설정되지 않는 이상, 이 지시어는 캐싱 규칙을 더 엄격하게 만든다.
Cache-Control: no-cache Pragma: no-cache	이 클라이언트는 캐시된 리소스는 재검사하기 전에는 받아들이지 않을 것이다.
Cache-Control: no-store	이 캐시는 저장소에서 문서의 흔적을 최대한 빨리 삭제해야 한다. 그 문서에는 민감한 정보가 포함되어 있기 때문이다.
Cache-Control: only-if-cached	클라이언트는 캐시에 들어있는 사본만을 원한다.

표 7-4. Cache-Control 요청 지시어

7.9.7 주의할 점

문서 만료는 완벽한 시스템이 아니다. 만약 퍼블리셔가 잘못해서 유효기간을 까마득한 미래로 설정해버린다면, 만료되기 전까지는 그 문서에 대한 어떤 변경도 캐시에 반영되지 않을 것이다.[18] 이런 이유로 많은 퍼블리셔가 유효기간을 길게 잡지 않는다. 심지어 퍼블리셔가 아예 유효기간을 사용조차 하지 않아서, 문서가 얼마나 오랫동안 신선할 것인지 캐시가 알기 어렵게 되는 경우도 많다.

7.10 캐시 제어 설정

웹 서버들은 캐시 제어와 만료 HTTP 헤더들을 설정하는 서로 다른 메커니즘을 제공한다. 이 절에서, 우리는 유명한 아파치 웹 서버가 캐시 제어를 어떻게 지원하는지 간략하게 이야기할 것이다. 구체적인 상세에 대해서는 사용하고 있는 웹 서버의 문서를 참조하라.

18 문서 만료는 DNS와 같은 많은 인터넷 프로토콜에서 사용되는 '생존 시간(time to live)' 기법의 한 형식이다. HTTP와 마찬가지로, DNS에서 만료일을 먼 미래로 발행해버렸다면 나중에 내용을 변경할 일이 생겼을 때 곤란해진다. 그러나 HTTP는 DNS와 달리 클라이언트가 만료일을 덮어쓰고 강제로 다시 로딩할 수 있는 메커니즘을 제공한다.

7.10.1 아파치로 HTTP 헤더 제어하기

아파치 웹 서버는 HTTP 캐시 제어 헤더를 설정할 수 있는 여러 가지 메커니즘을 제공한다. 이 메커니즘들 중 많은 것이 디폴트로는 가능하지 않게 되어 있어서 사용하려면 일단 활성화시킬 필요가 있다(어떤 경우에는 아파치 확장 모듈이 필요하다). 그러한 기능 중 몇 가지에 대해 간략히 설명하면 다음과 같다.

mod_headers

mod_headers 모듈은 개별 헤더들을 설정할 수 있게 해준다. 한번 이 모듈이 로드되면, 개별 HTTP 헤더를 설정할 수 있는 지시어를 이용해 아파치 설정 파일에 설정을 추가할 수 있다. 또한 개별 콘텐츠에 헤더들을 연결시키기 위해 아파치의 정규식과 필터를 조합하여 사용할 수 있다. 어떤 디렉터리의 모든 HTML 파일을 캐시되지 않도록 설정하는 예는 다음과 같다.

```
<Files *.html>
 Header set Cache-control no-cache
</Files>
```

mod_expires

mod_expires 모듈은 적절한 만료 날짜가 담긴 Expires 헤더를 자동으로 생성하는 프로그램 로직을 제공한다. 이 모듈은 문서에 마지막으로 접근한 날 혹은 수정한 날 이후의 일정 시한으로 유효기간을 설정할 수 있게 해준다. 이 모듈은 또한 파일 종류별로 다른 만료 날짜를 설정할 수 있게 해주며, "access plus 1 month"와 같은 편리한 기술 형식을 사용할 수도 있다. 몇 가지 예를 들어보면 다음과 같다.

```
ExpiresDefault A3600
ExpiresDefault M86400
ExpiresDefault "access plus 1 week"
ExpiresByType text/html "modification plus 2 days 6 hours 12 minutes"
```

mod_cern_meta

mod_cern_meta 모듈은 HTTP 헤더들의 파일을 특정 객체와 연결시켜준다. 이 모듈을 켜면 제어하고자 하는 파일에 각각 대응되는 메타파일들을 생성하게 되므로, 각 메타파일에 원하는 헤더를 추가하면 된다.

7.10.2 HTTP-EQUIV를 통한 HTML 캐시 제어

HTTP 서버 응답 헤더는 문서의 만료와 캐시 제어 정보를 돌려주기 위해 사용된다. 웹 서버는 제공할 문서에 올바른 캐시 제어 헤더들을 부여하기 위해 설정 파일들과 상호작용한다.

저자가 웹 서버 설정 파일과의 상호작용 없이도 쉽게 HTML 문서에 HTTP 헤더 정보를 부여할 수 있도록 하기 위해, HTML 2.0은 〈META HTTP-EQUIV〉 태그를 정의했다. 이 선택적인 태그는 HTML 문서의 최상단에 위치하여 문서와 연동되어야 하는 HTTP 헤더들을 정의한다. HTML 문서를 캐시하지 않도록 설정하는 〈META HTTP-EQUIV〉 태그의 예는 다음과 같다.

```
<HTML>
 <HEAD>
   <TITLE>My Document</TITLE>
   <META HTTP-EQUIV="Cache-control" CONTENT="no-cache">
 </HEAD>
   ...
```

이 HTTP-EQUIV 태그는 원래 웹 서버에서 사용되도록 의도된 것이다. 웹 서버는 HTML에서 〈META HTTP-EQUIV〉 태그를 파싱하여 HTTP 응답에 정해진 헤더를 삽입할 것이다. 이 동작에 대해서는 RFC 1866에 다음과 같이 문서화 되어 있다.

> HTTP 서버는 문서를 처리하는 과정에서 이 정보를 사용한다. 특히, 서버는 이 문서에 대한 요청의 응답에 헤더 필드를 포함할 것이다. 헤더의 이름은 HTTP-EQUIV의 속성값에서 얻고 헤더의 값은 CONTENT 속성의 값에서 얻는다.

불행히도 이 기능을 지원하는 웹 서버나 프락시는 거의 없다. 왜냐하면 이 기능은 서버의 부하를 가중시키고, 설정값이 정적이고, HTML을 제외한 다른 타입의 파일은 지원하지 않기 때문이다.

그러나 몇몇 브라우저는 HTML 콘텐츠 내의 HTTP-EQUIV 태그를 파싱하고 실제 HTTP 헤더처럼 다룬다(그림 7-17). 이건 불행한 일인데, 왜냐하면 HTTP-EQUIV를 지원하는 HTML 브라우저들은 중간의 프락시 캐시와는 다른 캐시 제어 규칙을 적용할 것이기 때문이다. 이는 캐시 만료에 대한 동작에 혼란을 초래한다.

일반적으로, 〈META HTTP-EQUIV〉 태그는 문서의 캐시의 동작을 제어하는 서투른 방법이다. 문서의 캐시 제어 요청과 커뮤니케이션하는 유일하게 확실한 방법은 올바르게 설정된 서버가 보내온 HTTP 헤더를 이용하는 것이다.

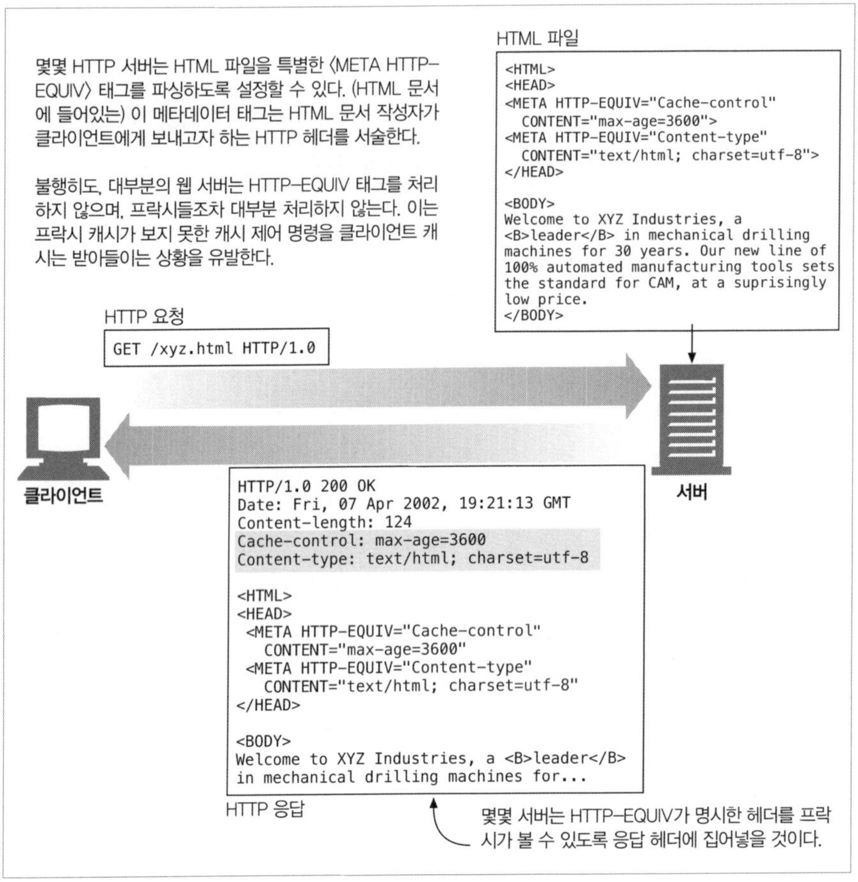

몇몇 HTTP 서버는 HTML 파일을 특별한 〈META HTTP-EQUIV〉 태그를 파싱하도록 설정할 수 있다. (HTML 문서에 들어있는) 이 메타데이터 태그는 HTML 문서 작성자가 클라이언트에게 보내고자 하는 HTTP 헤더를 서술한다.
불행히도, 대부분의 웹 서버는 HTTP-EQUIV 태그를 처리하지 않으며, 프락시들조차 대부분 처리하지 않는다. 이는 프락시 캐시가 보지 못한 캐시 제어 명령을 클라이언트 캐시는 받아들이는 상황을 유발한다.
HTML 파일
<HTML>
<HEAD>
<META HTTP-EQUIV="Cache-control"
CONTENT="max-age=3600">
<META HTTP-EQUIV="Content-type"
CONTENT="text/html; charset=utf-8">
</HEAD>
<BODY>
Welcome to XYZ Industries, a
<B>leader</B> in mechanical drilling
machines for 30 years. Our new line of
100% automated manufacturing tools sets
the standard for CAM, at a suprisingly
low price.
</BODY>
HTTP 요청
GET /xyz.html HTTP/1.0
클라이언트
서버
HTTP/1.0 200 OK
Date: Fri, 07 Apr 2002, 19:21:13 GMT
Content-length: 124
Cache-control: max-age=3600
Content-type: text/html; charset=utf-8
<HTML>
<HEAD>
<META HTTP-EQUIV="Cache-control"
CONTENT="max-age=3600"
<META HTTP-EQUIV="Content-type"
CONTENT="text/html; charset=utf-8"
</HEAD>
<BODY>
Welcome to XYZ Industries, a <B>leader</B>
in mechanical drilling machines for...
HTTP 응답
몇몇 서버는 HTTP-EQUIV가 명시한 헤더를 프락시가 볼 수 있도록 응답 헤더에 집어넣을 것이다.

그림 7-17 HTTP-EQUIV 태그는 문제를 일으키기 때문에 대부분의 소프트웨어가 무시한다.

7.11 자세한 알고리즘

HTTP 명세는 문서의 나이와 캐시 신선도를 계산하는, 자세하지만 조금 이해하기 어렵고 종종 혼란스러운 알고리즘을 제공한다. 이 절에서 우리는 HTTP 신선도 계산 알고리즘에 대해 자세히 이야기하고(그림 7-12의 '충분히 신선한가?' 다이아몬드) 그 뒤에 담긴 동기에 대해서 설명할 것이다.

이 절은 캐시 내부에 대한 일을 하는 독자들에게 가장 유용하다. HTTP 명세에 나온 알고리즘을 설명할 때, 편의상 우리는 펄 의사코드를 사용할 것이다. 만약 캐시 만료 공식의 적나라한 세부사항에 관심이 없다면, 이 절은 건너뛰어도 좋다.

7.11.1 나이와 신선도 수명

캐시된 문서가 제공하기에 충분히 신선한지 알려주려면, 캐시는 단 두 가지 값만 계산하면 된다. 캐시된 사본의 나이와 신선도 수명이 그것이다. 만약 캐시된 사본의 나이가 신선도 수명보다 작으면 사본은 제공해주기에 충분히 신선한 것이다. 이를 펄로 작성하면 다음과 같다.

```
$충분히_신선한가 = ($나이 < $신선도_수명);
```

문서의 나이는 서버가 문서를 보낸(혹은 서버가 마지막으로 재검사한) 후 그 문서가 '나이를 먹은' 시간의 총합이다.[19] 캐시는 문서 응답이 업스트림 캐시에서 왔는지 서버에서 왔는지 모를 수 있기 때문에, 문서가 완전히 새롭다고 가정하지 못한다. Age 헤더를 통해 명시적으로든(이쪽을 추천) 서버가 생성한 Date 헤더를 통해 계산하든 간에 문서의 나이를 판별해야 한다.

문서의 신선도 수명은 아직 문서가 신선하다고 볼 수 있는 수명이다. 문서의 나이가 신선도 수명을 넘었다면, 클라이언트에게 제공해주기엔 더 이상 충분히 신선하지 않은 것이다. 신선도 수명의 계산에는 문서의 유효기간과 신선도에 영향을 주는 클라이언트의 모든 요청을 고려한다.

어떤 클라이언트는 약간 신선하지 않은 문서라도 받아들이려고 할 수도 있다(Cache-Control: max-stale 헤더를 사용해서). 다른 클라이언트는 조만간 신선하지 않게 될 문서조차 받아들이지 않으려 할 수도 있다(Cache-Control: min-fresh 헤더를 사용해서). 캐시는 서버 만료 정보와 클라이언트 신선도 요구사항을 조합해서 최대 신선도 수명을 판별한다.

7.11.2 나이 계산

응답의 나이는 응답이 서버에서 생성되었을(혹은 서버로부터 재검사되었을) 때부터 지금까지의 총 시간이다. 그 나이는 응답이 인터넷상의 라우터들과 게이트웨이들 사이를 떠돌아다닌 시간(중개 캐시에 기록되어 있다)과 응답이 캐시에 머물렀던 시간을 포함한다.

예 7-1 HTTP/1.1 나이 계산 알고리즘은 캐시된 문서의 총 나이를 계산한다

```
$겉보기_나이 = max(0, $응답을_받은_시각 - $Date_헤더값);
$보정된_겉보기_나이 = max($겉보기_나이, $Age_헤더값);
```

19 서버는 항상 최신 버전의 문서를 갖고 있다는 것을 기억하라.

```
$응답_지연_추정값 = ($응답을_받은_시각 - $요청을_보낸_시각);
$문서가_우리의_캐시에_도착했을_때의_나이 = $보정된_겉보기_나이 + $응답_지연_추정값;
$사본이_우리의_캐시에_머무른_시간 = $현재_시각 - $응답을_받은_시각;

$나이 = $문서가_우리의_캐시에_도착했을_때의_나이 +
        $사본이_우리의_캐시에_머무른_시간;
```

HTTP 나이 계산의 세부는 다소 까다롭지만, 기본 개념은 단순하다. 캐시는 응답이 캐시에 도착했을 때 Date나 Age 헤더를 분석해서 얼마나 오래된 것인지 알 수 있다. 캐시는 또한 그 문서가 로컬 캐시에 얼마나 오래 머물렀는지 알 수 있다. 이 둘을 합하면, 이 값들은 응답의 전체 나이가 된다. HTTP는 클록 스큐(clock skew)와 네트워크 지연을 보상하기 위해 마법을 약간 사용하지만, 기본 계산은 다음과 같이 충분히 단순하다.

```
$나이 = $문서가_우리의_캐시에_도착했을_때의_나이 +
        $사본이_우리의_캐시에_머무른_시간;
```

캐시는 캐시된 사본이 로컬에서 얼마나 오랫동안 캐시되었는지 아주 쉽게 알아낼 수 있다(장부에 적어놓은 것을 보기만 하면 되는 수준). 그러나 캐시에서 온 응답의 나이를 알아내는 것은 더 어려운데, 왜냐하면 모든 서버가 동기화된 시계를 갖고 있지는 않으며 우리는 응답이 어디에서 왔는지도 모르기 때문이다. 완전한 나이 계산 알고리즘은 이것을 바로잡으려 시도한다.

겉보기 나이는 Date 헤더에 기반한다.

만약 모든 컴퓨터가 똑같이 정확한 시계를 갖고 있다면, 캐시된 문서의 나이는, 단순히 현재 시간에서 서버가 문서를 보낸 시간을 뺀, 문서의 '겉보기 나이'가 될 것이다. 서버는 시간을 단순히 Date 헤더의 값으로 보낸다. 가장 단순한 기초적 나이 계산은 그냥 겉보기 나이를 사용하는 것이다.

```
$겉보기_나이 = $응답을_받은_시각 - $Date_헤더값;
$문서가_우리의_캐시에_도착했을_때의_나이 = $겉보기_나이;
```

불행히도, 모든 시계가 잘 동기화되진 않았다. 클라이언트와 서버의 시계는 몇 분 정도 서로 차이가 있을 수 있으며, 심지어 시계가 잘못 맞추어져 있는 경우에는 몇 시간이나 며칠이 다를 수도 있다.[20]

20 HTTP 명세는 클라이언트, 서버, 프락시가 서로 동일한 시간축을 갖도록 NTP와 같은 시간 동기화 프로토콜을 사용할 것을 권한다.

웹 애플리케이션, 특히 캐시 프락시는 시계 값이 극단적으로 차이 나는 서버와 상호작용 하는 경우를 대비해야 한다. 이와 같은 두 컴퓨터의 시계 설정 차이로 인한 문제를 클록 스큐라고 부른다. 클록 스큐 때문에 겉보기 나이는 종종 부정확하며 때로는 음수가 되기도 한다.

만약 나이가 음수가 되는 일이 있다면, 다음의 펄 의사코드와 같이 우리는 바로 그것을 0으로 만들어야 한다. 우리는 또한 겉보기 나이가 터무니없이 커지지 않도록 간단한 검사를 추가할 수도 있지만, 큰 겉보기 나이가 사실은 맞는 값일 수도 있다. 우리는 오랫동안 문서를 캐시하고 있는(그리고 원래의 Date 헤더를 보관하고 있는) 부모 캐시와 대화 중이었을 수도 있기 때문이다.

```
$겉보기_나이 = max(0, $응답을_받은_시각 - $Date_헤더값)
$문서가_우리의_캐시에_도착했을_때의_나이 = $겉보기_나이;
```

Date 헤더가 원래의 원 서버 날짜를 서술한다는 사실에 주의하라. 프락시와 캐시는 이 날짜를 절대로 변경하면 안 된다!

점층적 나이 계산

그래서 우리는 클록 스큐를 초래하는 음수 나이를 제거할 수 있지만, 클록 스큐로 인한 정확도 손실 전반에 대해서는 별로 할 수 있는 일이 없다. HTTP/1.1은 동기화된 시계라는 것이 존재하지 않는다는 문제에 대한 우회책으로, 문서가 프락시나 캐시를 통과할 때마다 그 장치들이 Age 헤더에 상대적인 나이를 누적해서 더하도록 한다. 이 방법은 서버 간의 시간 비교나 종단 간의 시간 비교를 필요로 하지 않는다.

Age 헤더 값은 문서가 프락시들을 통과하면서 점점 늘어난다. HTTP/1.1을 이해하는 애플리케이션은 문서가 각 애플리케이션에 머무른 시간과 네트워크 사이를 이동한 시간만큼 Age 헤더의 값을 늘려야 한다. 각 중간 애플리케이션은 자신의 내부 시계를 이용해서 쉽게 문서의 체류 시간을 계산할 수 있다.

그러나 응답 체인에 있는 비-HTTP/1.1 장치는 Age 헤더를 인식하지 못하고 그 헤더를 고치지 않거나 삭제해 버린다. 따라서 어디서나 HTTP/1.1을 채택하는 날이 오기 전까지는, Age 헤더는 상대 나이에 대한 모자란 추정값인 상태로 남아있을 것이다.

이 상대 나이 값은 Date 기반 나이와는 별개로 계산되어, 두 나이 추정값 중 보수적인(가장 큰) 것이 선택되는데, 왜냐하면 다른 서버에서 넘어온 Date 값이나 나이 계산값은 실제보다 작게 계산된 값일 수 있기 때문이다. 이 방법에서 HTTP는 더 신선한 콘텐츠를 얻을 수만 있다면 Age 헤더의 오류도 용인한다.

```
$겉보기_나이 = max(0, $응답을_받은_시각- $Date_헤더값);
$보정된_겉보기_나이 = max($겉보기_나이, $Age_헤더값);
$문서가_우리의_캐시에_도착했을_때의_나이 = $보정된_겉보기_나이;
```

네트워크 지연에 대한 보상

트랜잭션은 느려질 수 있다. 이는 캐시를 하는 주요한 동기다. 그러나 매우 느린 네트워크나 과부하가 걸린 서버에서, 문서가 네트워크나 서버의 교통 혼잡에 긴 시간 동안 갇혀있었던 경우 상대 나이 계산은 문서의 나이에 대한 상당히 모자란 추정이 될 수도 있다.

Date 헤더는 언제 문서가 원 서버를 떠났는지 나타내지만[21], 문서가 캐시로 옮겨가는 도중에 얼마나 시간을 소비했는지는 말해주지 않는다. 만약 문서가 프락시들과 부모 캐시의 긴 연쇄를 거쳐서 왔다면 네트워크 지연은 상당한 수준일 것이다.[22]

서버에서 캐시로의 단방향 네트워크 지연을 측정하는 쉬운 방법은 없지만, 왕복 지연을 계산하는 것은 상대적으로 쉽다. 캐시는 언제 문서를 요청했고 언제 도착했는지 알고 있다. HTTP/1.1은 이를 이용해 계산한 전체 왕복 시간을 더함으로써 네트워크 지연을 보수적으로 교정한다. 캐시에서 서버로 갔다가 다시 캐시로 돌아오느라 발생한 지연은, 서버에서 캐시로 가느라 발생한 지연을 보수적으로 크게 추정한 것이다. 만약 오차가 있다면, 문서를 실제보다 오래되어 보이게 만들어서 불필요한 재검사를 하게 만들 것이다. 계산은 다음과 같이 수행된다.

```
$겉보기_나이 = max(0, $응답을_받은_시각- $Date_헤더값);
$보정된_겉보기_나이 = max($겉보기_나이, $Age_헤더값);
$응답_지연_추정값 = ($응답을_받은_시각 - $요청을_보낸_시각);
$문서가_우리의_캐시에_도착했을_때의_나이 = $보정된_겉보기_나이 + $응답_지연_추정값
```

7.11.3 완전한 나이 계산 알고리즘

HTTP로 실어 날라진 문서가 도착했을 때 그 나이를 어떻게 계산하는지 이전 절에서 보여주었다. 이 응답이 캐시에 한번 저장되면, 나이를 더 먹게 된다. 문서에 대한 요청이 캐시에 도착했을 때, 우리는 그 문서의 현재 나이를 계산하기 위해 그 문서가 캐시에 얼마나 오랫동안 머물렀는지 알 필요가 있다.

---

21 만약 그 문서가 부모 캐시로부터 왔다면 Date 헤더는 부모 캐시가 아니라 원 서버의 날짜를 반영한다는 것에 주의하라.

22 실제로는, 이는 수십 초보다 크지 않을 것이지만(그보다 크다면 사용자가 취소할 것이다), HTTP의 설계자들은 짧은 수명의 객체에 대해서도 만료를 정밀하게 지원하기를 원했다.

```
$나이 = $문서가_우리의_캐시에_도착했을_때의_나이 +
        $사본이_얼마나_오래_우리의_캐시에_있었는지;
```

나왔다! 이것이 바로 예 7-1에서 보았던 완전한 HTTP/1.1 나이 계산 알고리즘이다. 이것은 더하기 빼기만 하면 되는 수준의 간단한 문제다. 우리는 언제 문서가 캐시에 도착했는지 알고 있고($응답을_받은_시각) 언제 현재 요청이 도착했는지도 안다(바로 지금). 따라서 체류시간은 정확히 둘의 차와 같다. 그림 7-18에서 이 모든 것을 보여주고 있다.

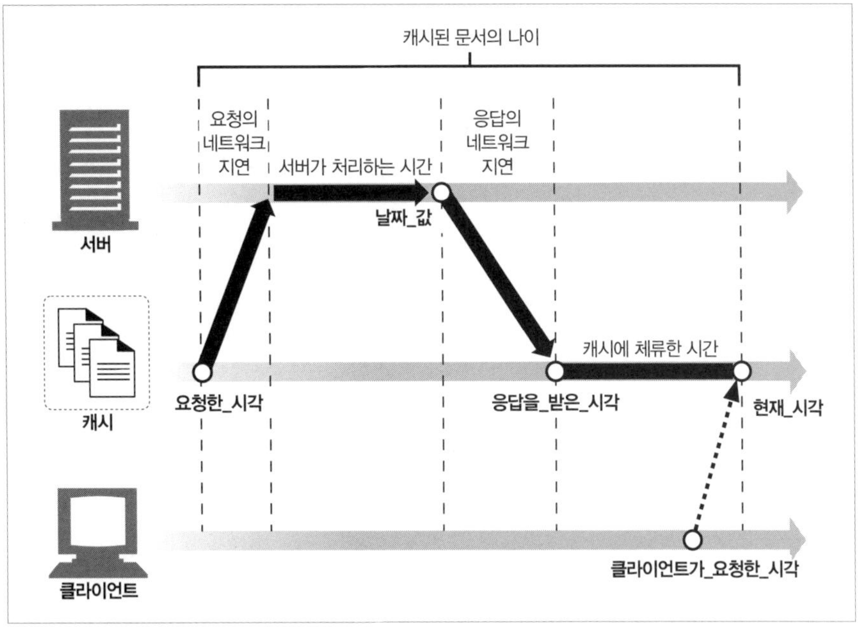

그림 7-18 캐시된 문서의 나이는 네트워크와 캐시에서의 체류 시간을 포함한다.

7.11.4 신선도 수명 계산

캐시된 문서가 클라이언트에게 제공해주기에 충분히 신선한지 알아내려 시도하고 있다는 것을 상기하라. 이 질문에 답하기 위해, 우리는 캐시된 문서의 나이를 알아내고 서버와 클라이언트의 제약조건에 따라 신선도 수명을 계산해야 한다. 우리는 직전까지 나이를 어떻게 계산하는지 설명했다. 그럼 이제는 신선도 수명에 대해 이야기해보자.

어떤 문서의 신선도 수명은 문서가 특정 클라이언트에게 제공해주기에는 더 이상 신선하지 않게 될 때까지 얼마나 오랜 시간 동안 가져올 수 있도록 허용되는지 말해준다. 신선도 수명은 서버와 클라이언트의 제약조건에 의존한다. 서버는 문서가 얼마나 자주 변경되어 발행되는지에 대한 정보를 갖고 있을 수도 있다. 매우 안정된, 서류철 속의 보고서는 수년 동안 신선한 상태를 유지하는 경우도 있다. 정기간행물이라면 다음번 출판일(다음 주든 내일 오전 6시든) 전까지 남아있는 시간 동안만 신간일 수 있을 것이다.

클라이언트는 다른 가이드라인을 갖고 있을 수도 있다. 그들은 속도가 더 빠르다면 약간 신선하지 못한 콘텐츠도 받아들이려 할 수도 있고, 반대로 가능한 가장 최신의 콘텐츠를 요구할 수도 있다. 캐시는 사용자를 위해 봉사한다. 우리는 반드시 그들의 요구에 충실히 따라야 한다.

7.11.5 완전한 서버 신선도 알고리즘

예 7-2는 서버 신선도 한계를 계산하는 펄 알고리즘을 보여준다. 이 알고리즘은 문서가 여전히 서버에서 제공되는 상황에서 도달할 수 있는 최대 나이를 반환한다.

예 7-2 서버 신선도 제약 계산

```
sub 서버_신선도_한계
{
    local($휴리스틱,$서버_신선도_한계,$마지막으로_변경된_시각);

    $휴리스틱 = 0;

    if ($Max_Age_값이_설정되었나)
    {
        $서버_신선도_한계 = $Max_Age_값;
    }
    elsif ($Expires_값이_설정되었나)
    {
        $서버_신선도_한계 = $Expires_값 - $Date_값;
    }
    elsif ($Last_Modified_값이_설정되었나)
    {
        $마지막으로_변경된_시각 = max(0, $Date_값 - $Last_Modified_값);
        $서버_신선도_한계 = int($마지막으로_변경된_시각 * $lm_인자);
        $휴리스틱 = 1;
    }
    else
    {
        $서버_신선도_한계 = $캐시_최소_수명_기본값;
        $휴리스틱 = 1;
    }

    if ($휴리스틱)
    {
        if ($서버_신선도_한계 > $캐시_최대_수명_기본값)
        { $서버_신선도_한계 = $캐시_최대_수명_기본값; }
```

```
        if ($서버_신선도_한계 < $캐시_최소_수명_기본값)
        { $서버_신선도_한계 = $캐시_최소_수명_기본값; }
    }

    return($서버_신선도_한계);
}
```

이제 서버가 명시한 문서의 나이 제한을 클라이언트가 어떻게 덮어쓸 수 있는지 알아보자. 예 7-3은 서버 신선도 한계를 가져와서 클라이언트의 제약에 맞게 수정하는 예를 보여준다. 그 예는 문서가 도달할 수 있고 재검사 없이 캐시로부터 제공될 수 있는 최대 나이를 반환한다.

예 7-3 클라이언트 신선도 대조 계산

```
sub 클라이언트가_수정한_신선도_한계
{
    $나이_한계 = 서버_신선도_한계( );    ## 예 7-2에서

    if ($Max_Stale_값이_설정되었나)
    {
        if ($Max_Stale_값 == $INT_MAX)
        { $나이_한계 = $INT_MAX; }
        else
        { $나이_한계 = 서버_신선도_한계( ) + $Max_Stale_값; }
    }

    if ($Min_Fresh_값이_설정되었나)
    {
        $나이_한계 = min($나이_한계, 서버_신선도_한계( ) - $Min_Fresh_값);
    }

    if ($Max_Age_값이_설정되었나)
    {
        $나이_한계 = min($나이_한계, $Max_Age_값);
    }
}
```

전체 과정은 문서의 나이와 신선도 한계라는 두 가지 변수가 관련되어 있다. 만약 나이가 신선도 한계보다 작다면 문서는 '충분히 신선'하다. 예 7-3의 알고리즘은 서버 신선도 한계를 그대로 가져온 뒤 추가적인 클라이언트의 제약사항에 근거하여 조절한다. 이 절이 HTTP 명세에 서술된 미묘한 만료 알고리즘을 조금 더 명확하게 해주었길 바란다.

7.12 캐시와 광고

지금까지의 설명을 이해했다면, 캐시가 성능을 개선하고 트래픽을 줄인다는 것을

깨달았을 것이다. 캐시는 사용자를 도와 더 좋은 경험을 제공하고, 또한 네트워크 사업자들이 트래픽을 줄일 수 있도록 도와준다.

7.12.1 광고 회사의 딜레마

콘텐츠 제공자들은 아마 캐시를 좋아할 것이다. 만약 캐시가 모든 곳에 있다면 콘텐츠 제공자는 수요를 견디기 위해 대용량 멀티프로세서 웹 서버를 살 필요가 없을 것이며, 같은 데이터를 방문자들에게 몇 번이고 반복해서 보여주기 위해 터무니없는 네트워크 서비스 요금을 지불할 필요도 없을 것이다. 그리고 더욱 좋은 점은, 캐시는 호화로운 기사나 광고를 사용자의 스크린에 빠르면서도 더 잘 보여줌으로써, 그들이 더 많은 콘텐츠를 소비하고 더 많은 광고를 보게 한다는 것이다. 더 많은 방문자와 더 많은 광고! 이것이 바로 콘텐츠 제공자가 원하는 것이다!

그러나 여기엔 문제가 있다. 많은 콘텐츠 제공자가 광고를 통해 돈을 번다. 더 정확히 말하면, 사용자가 광고를 볼 때마다 돈을 번다(아마 몇 분의 1센트 정도겠지만, 만약 하루에 광고를 백만 번 보여준다면 상당할 것이다!). 그리고 그것이 캐시와 관련되면 문제가 된다. 캐시는 원 서버가 실제 접근 횟수를 알 수 없게 숨길 수 있다. 만약 캐싱이 완벽하게 동작한다면 원 서버는 HTTP 접근을 전혀 수신하지 않게 된다. 인터넷 캐시가 그 접근들을 모두 흡수하기 때문이다. 만약 접근 횟수에 따라 돈을 벌고 있다면, 이는 달갑지 않은 일일 것이다.

7.12.2 퍼블리셔의 응답

오늘날 광고회사들은 캐시가 광고 시청 수를 가로채지 못하도록 모든 종류의 '캐시 무력화' 기법을 사용한다. 그들은 광고를 CGI 게이트웨이를 통해 제공한다. 그들은 매 접근마다 광고 URL을 고쳐 쓴다.

그리고 이 캐시 무력화 기법은 단지 프락시 캐시만에 대한 것이 아니다. 사실, 오늘날 그들은 주로 모든 웹브라우저에서 켜져 있는 캐시를 주요 대상으로 하고 있다. 불행히도, 광고의 시청 수를 관리하려는 과하게 의욕적인 시도는, 몇몇 콘텐츠 제공자가 그들의 사이트에 대한 캐싱의 긍정적인 효과를 감소시키고 있다.

이상적으로는, 콘텐츠 제공자는 캐시가 그들의 트래픽을 흡수하도록 내버려 두어야 하며, 캐시는 그들에게 적중이 얼마나 많이 일어났는지[23] 알려주어야 한다. 오늘날에는 몇 가지 방법으로 캐시가 이렇게 하도록 한다.

23 (옮긴이) 광고를 얼마나 많이 보았는지 알 수 있도록

한 가지 방법은 모든 접근에 대해 원 서버와 재검사하도록 캐시를 설정하는 것이다. 이것은 매 접근마다 원 서버에 캐시 적중이 있었음을 알리지만 보통 본문 데이터를 전송하지 않는다. 물론 이는 트랜잭션을 느리게 만든다.[24]

7.12.3 로그 마이그레이션

이상적인 해결책 하나는 서버로 요청이 가지 않도록 하는 것이다. 결국 캐시는 모든 적중의 로그를 유지할 수 있다. 캐시는 이 로그를 서버에게 나누어 줄 수 있을 것이다. 사실, 몇몇 큰 캐시 제공자들은 영향력 있는 콘텐츠 제공자들을 기쁘게 하기 위해 그들에 대한 캐시 로그를 수동으로 처리해서 직접 건네준다.

불행히도, 적중 로그는 그 크기 때문에 옮기기 어렵다. 그리고 캐시 로그는 개별 콘텐츠 제공자별로 분리될 수 있도록 표준화되어 있지도 조직되어 있지도 않다. 뿐만 아니라 인증과 프라이버시 이슈도 있다.

효율적인 로그 재분산을 위한 전략들이 제안되어왔지만 웹 소프트웨어 벤더들이 받아들일 만큼 충분히 발전된 것은 없다. 대부분 극단적으로 복잡하고, 효과를 보려면 공동 사업 협력이 필요하다.[25] 광고 수익을 교정해주는 지원 인프라를 개발하기 위해 몇몇 벤처 기업들이 설립되었다.

7.12.4 적중 측정과 사용량 제한

RFC 2227, "HTTP를 위한 간단한 캐시 적중량 측정과 사용량 제한(Simple Hit-Metering and Usage-Limiting for HTTP)"은 더 간단한 방법을 정의한다. 이 프로토콜은 HTTP에 때때로 특정 URL에 대한 캐시 적중 횟수를 정기적으로 서버에게 돌려주는 Meter라고 하는 새 헤더 하나를 추가한다. 이 방법은, 서버가 캐시된 문서가 적중한 횟수의 정기적인 업데이트를 캐시로부터 받는다.

추가적으로, 서버는 캐시가 서버에게 보고해야 하기 전까지, 문서를 제공할 수 있는 횟수나 소모할 수 있는 처리시간을 제어할 수 있다. 이를 사용량 제한이라고 부른다. 이것은 캐시가 원 서버에게 보고하기 전에 캐시된 리소스가 얼마나 많이 사용될 수 있는지 서버가 제어할 수 있게 해준다.

우리는 21장에서 RFC 2227에 대해 자세히 설명할 것이다.

---

24 어떤 캐시들은 사용자가 눈치 채지 못하게 조건부 GET이나 HEAD 요청을 보내는 재검사의 변종을 지원한다. 사용자는 지연을 감지하지 못하겠지만, 이러한 요청은 원 서버에 대한 접근을 유발한다. 이는 트랜잭션의 느려짐은 개선하지만, 캐시에 더 많은 부하를 주며 네트워크 간의 트래픽을 뚜렷하게 증가시킨다.

25 통합된 캐싱과 로깅을 위한 글로벌 솔루션의 개발을 시도하는 몇몇 사업이 런칭된 상태다.

7.13 추가 정보

다음을 통해 캐시에 대한 더 자세한 정보를 얻을 수 있다.

http://www.w3.org/Protocols/rfc2616/rfc2616.txt
RFC 2616, "Hypertext Transfer Protocol" by R. Fielding, J. Gettys, J. Mogul, H. Frystyk, L. Mastinter, P. Leach, and T. Berners-Lee.

Web Caching
Duane Wessels, O'Reilly & Associates, Inc.

http://www.ietf.org/rfc/rfc3040.txt
RFC 3040, "Internet Web Replication and Caching Taxonomy."

Web Proxy Servers
Ari Luotonen, Prentice Hall Computer Books.

http://www.ietf.org/rfc/rfc3143.txt
RFC 3143, "Known HTTP Proxy/Caching Problems."

http://www.squid-cache.org
Squid Web Proxy Cache.

8장

HTTP: The Definitive Guide

통합점: 게이트웨이, 터널, 릴레이

웹이 콘텐츠를 전파하는 놀라운 도구라는 것은 검증된 사실이다. 시간이 지나면서 사람들은 온라인에 단순히 정적인 문서뿐만 아니라 더욱 복잡한 리소스(데이터베이스 콘텐츠나 동적으로 생성된 HTML 페이지)를 공유하기를 원했다. 브라우저 같은 HTTP 애플리케이션은 인터넷상의 콘텐츠에 접근하는 통일된 방법을 제공한다.

HTTP 위에 다른 프로토콜을 얹으려고 하는 개발자들에게는 HTTP가 기본 구성요소다(예를 들어 HTTP만 허용하는 방화벽이 있는 회사에서 다른 프로토콜로 통신하는 트래픽을 HTTP로 감싸서 터널링하거나 릴레이 하는 것). HTTP는 웹에 있는 모든 리소스에 대한 프로토콜로 사용됐으며, 애플리케이션 간에 서로 다른 프로토콜을 상호 운용하는 용도로 사용하기도 한다.

이 장에서는 여러 종류의 리소스에 접근하는데 HTTP가 어떻게 쓰이는지 알아보고, 다른 프로토콜이나 애플리케이션 간 통신에 HTTP를 어떻게 사용하는지 알아볼 것이다.

이 장에서는 다음과 같은 내용을 다룬다.

- 게이트웨이: 서로 다른 프로토콜과 애플리케이션 간의 HTTP 인터페이스다.
- 애플리케이션 인터페이스: 서로 다른 형식의 웹 애플리케이션이 통신하는 데 사용한다.
- 터널: HTTP 커넥션을 통해서 HTTP가 아닌 트래픽을 전송하는 데 사용한다.
- 릴레이: 일종의 단순한 HTTP 프락시로, 한 번에 한 개의 홉에 데이터를 전달하는 데 사용한다.

8.1 게이트웨이

HTTP의 확장과 인터페이스는 사람들의 필요에 따라 발전해왔다. 웹에 더 복잡한 리소스를 올려야 할 필요가 생기면서, 모든 리소스를 한 개의 애플리케이션으로만 처리할 수 없다는 것은 분명해졌다. 개발자들은 이 문제에 대한 해결책으로, 인터프리터 같이 리소스를 받기 위한 경로를 안내하는 역할을 하는 게이트웨이를 고안해냈다. 게이트웨이는 리소스와 애플리케이션을 연결하는 역할을 한다. 애플리케이션은 게이트웨이에게 요청을 처리해달라고 할 수 있고(HTTP 혹은 그 밖의 정의해 둔 인터페이스를 통해), 게이트웨이는 그에 응답할 수 있다. 게이트웨이는 요청을 받고 응답을 보내는 포털 같이 동작하는데, 동적인 콘텐츠를 생성하거나 데이터베이스에 질의를 보낼 수 있다.

그림 8-1은 리소스 게이트웨이를 보여준다. 여기서는 죠의 컴퓨터 가게의 서버가 데이터베이스로 가는 게이트웨이 역할을 하고 있다. 클라이언트는 단순히 HTTP를 통해서 리소스를 요청하고, 죠의 컴퓨터 가게 서버는 리소스를 얻기 위한 게이트웨이 인터페이스 역할을 하고 있다.

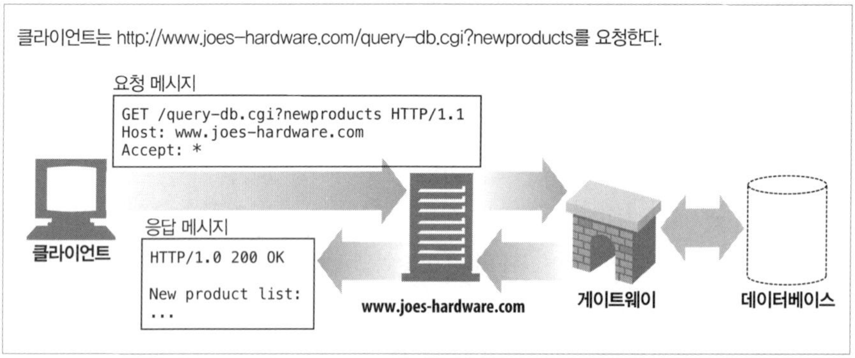
클라이언트는 http://www.joes-hardware.com/query-db.cgi?newproducts를 요청한다.
요청 메시지
GET /query-db.cgi?newproducts HTTP/1.1
Host: www.joes-hardware.com
Accept: *
응답 메시지
HTTP/1.0 200 OK
New product list:
...
클라이언트
www.joes-hardware.com
게이트웨이
데이터베이스

그림 8-1 게이트웨이 마술

게이트웨이는 HTTP 트래픽을 다른 프로토콜로 자동으로 변환하여, HTTP 클라이언트가 다른 프로토콜을 알 필요 없이 서버에 접속할 수 있게 하기도 한다.

그림 8-2는 게이트웨이의 세 가지 예를 보여준다.

- 그림 8-2a에서, 게이트웨이는 FTP URL을 가리키는 HTTP 요청을 받는다. 게이트웨이는 FTP 커넥션을 맺고 FTP 서버에 적절한 명령을 전송한다. 클라이언트는 적절한 HTTP 헤더와 함께 HTTP를 통해서 문서를 받는다.

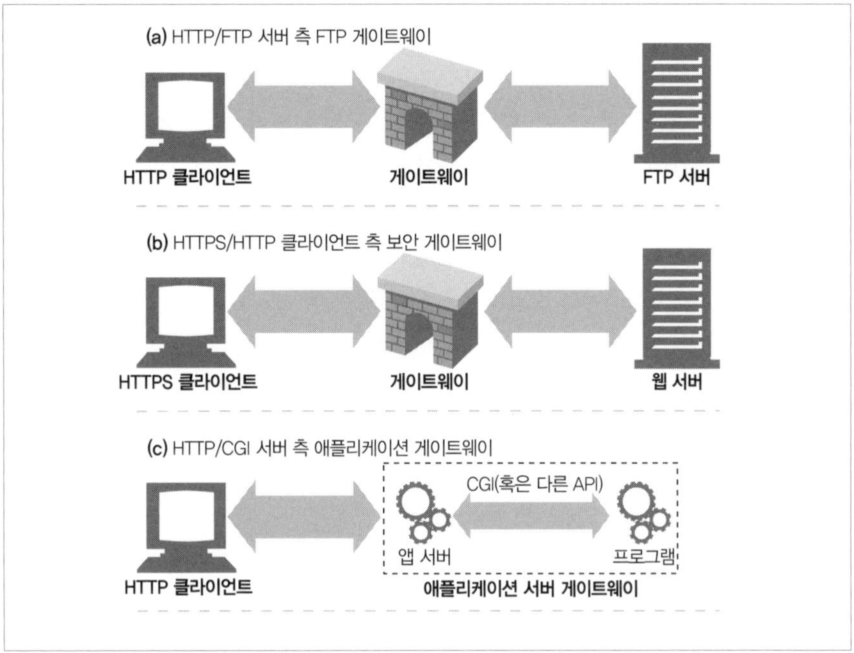

그림 8-2 웹 게이트웨이의 세 가지 예

- 그림 8-2b에서 게이트웨이는 암호화된 웹 요청을 SSL을 통해 받고, 요청을 해독해서[1] 생성한 일반 HTTP 요청을 목적지 서버로 전달한다. 이런 보안 가속기는 원 서버에 고성능 암호화 기능을 제공할 목적으로 웹 서버의 바로 앞단(보통 같은 구역 내에)에 위치시킬 수 있다.
- 그림 8-2c에서 게이트웨이는 애플리케이션 서버 게이트웨이 API를 통해서 HTTP 클라이언트를 서버 측 애플리케이션 프로그램에 연결한다. 웹에서 물건을 사거나 일기예보를 보거나 주식시세를 볼 때, 사실은 애플리케이션 서버 게이트웨이를 방문하는 것이다.

8.1.1 클라이언트 측 게이트웨이와 서버 측 게이트웨이

웹 게이트웨이는 한쪽에서는 HTTP로 통신하고 다른 한쪽에서는 HTTP가 아닌 다른 프로토콜로 통신한다.[2] 게이트웨이는 클라이언트 측 프로토콜과 서버 측 프로토콜을 빗금(/)으로 구분해 기술한다.

---

1 게이트웨이에 해당 서버 인증서가 설치되어 있어야 한다.

2 상이한 HTTP 버전 사이에서 변환을 수행하는 웹 프락시는 게이트웨이와 같다. 그 웹 프락시는 양쪽 사이에서 교섭을 위한 복잡한 로직을 수행하기 때문이다. 하지만 양쪽에서 HTTP로 통신하기 때문에, 기술적으로는 프락시다.

<클라이언트 프로토콜>/<서버 프로토콜>

게이트웨이가 HTTP 클라이언트와 NNTP 뉴스 서버 사이에 있으면 HTTP/NNTP 게이트웨이가 된다. 우리는 게이트웨이가 어느 쪽 역할을 하고 있는지 설명하기 위해서 '서버 측 게이트웨이'와 '클라이언트 측 게이트웨이'라는 용어를 사용할 것이다.

- 서버 측 게이트웨이는 클라이언트와 HTTP로 통신하고, 서버와는 외래 프로토콜로 통신한다.
- 클라이언트 측 게이트웨이는 클라이언트와 외래 프로토콜로 통신하고, 서버와는 HTTP로 통신한다.

8.2 프로토콜 게이트웨이

프락시에 트래픽을 바로 보내는 것과 같이 게이트웨이에도 HTTP 트래픽을 바로 보낼 수 있다. 보통, 브라우저에 명시적으로 게이트웨이를 설정하여 자연스럽게 트래픽이 게이트웨이를 거쳐 가게 하거나, 게이트웨이를 대리 서버(리버스 프락시)로 설정할 수도 있다.

그림 8-3은 브라우저에서 서버 측 FTP 게이트웨이를 사용하게 설정할 수 있는 창을 보여준다. 설정 창에서 볼 수 있듯이, 브라우저는 gw1.joes-hardware.com을 모든 FTP URL에 대한 HTTP/FTP 게이트웨이로 설정한다. 브라우저는 FTP 서버에 FTP 명령을 보내는 대신에, HTTP/FTP 게이트웨이인 gw1.joes-hardware.com의 8080포트에 HTTP 명령을 보낼 것이다.

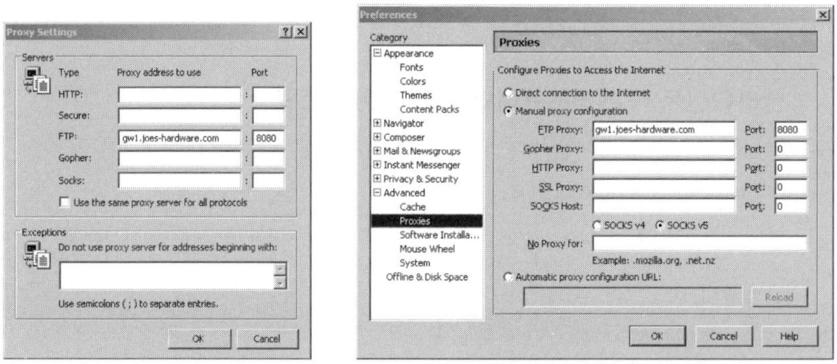

(a) MSIE 프락시 설정 (b) 내비게이터 프락시 설정

그림 8-3 HTTP/FTP 게이트웨이 설정

이 게이트웨이 설정을 하고 나면 브라우저가 어떻게 동작하는지 그림 8-4에서 볼 수 있다. 이는 일반적인 HTTP 트래픽에는 영향을 끼치지 않는다. 브라우저는 일반 HTTP 트래픽은 원 서버로 바로 보낸다. 하지만 FTP URL을 포함한 요청은 gw1.joes-hardware.com 게이트웨이로 HTTP 요청을 보낸다. 게이트웨이는 클라이언트 측의 요청을 FTP 요청으로 변환하여 처리한 뒤 클라이언트에게 그 결과를 HTTP로 전송한다.

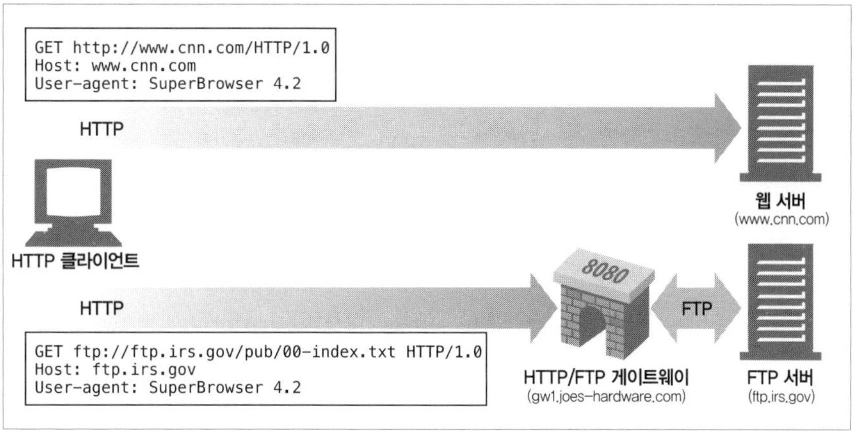

그림 8-4 브라우저는 특정 프로토콜에 게이트웨이를 설정한다.

다음 절에서는 서버 프로토콜 변환기, 서버 측 보안 게이트웨이, 클라이언트 측 보안 게이트웨이, 애플리케이션 서버 같은 일반적인 게이트웨이의 종류를 설명한다.

8.2.1 HTTP/*: 서버 측 웹 게이트웨이

서버 측 웹 게이트웨이는 클라이언트로부터 HTTP 요청이 원 서버 영역으로 들어오는 시점에 클라이언트 측의 HTTP 요청을 외래 프로토콜로 전환한다(그림 8-5).

그림 8-5에서 게이트웨이는 원 서버의 FTP 포트(21 포트)로 FTP 커넥션을 연결하고 FTP 프로토콜을 통해서 객체를 가져온다. 게이트웨이는 다음과 같은 일을 한다.

- USER와 PASS 명령을 보내서 서버에 로그인한다.
- 서버에서 적절한 디렉터리로 변경하기 위해 CWD 명령을 내린다.
- 다운로드 형식을 ASCII로 설정한다.
- MDTM으로 문서의 최근 수정 시간을 가져온다.
- PASV로 서버에게 수동형 데이터 검색을 하겠다고 말한다.

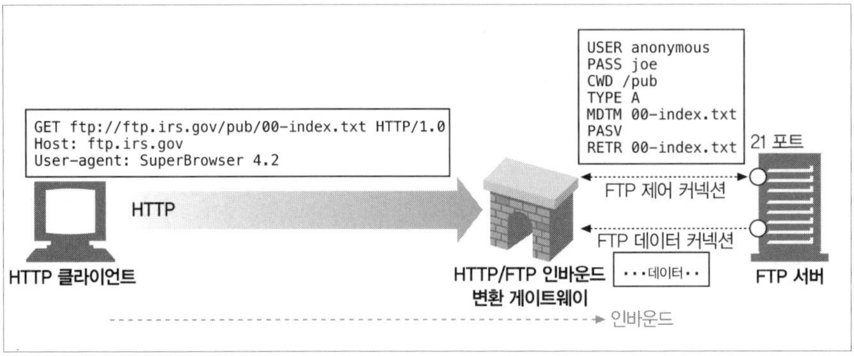

그림 8-5 HTTP/FTP 게이트웨이는 HTTP 요청을 FTP 요청으로 변환한다.

- RETR[3]로 객체를 검색한다.
- 제어 채널에서 반환된 포트로 FTP 서버에 데이터 커넥션을 맺는다. 데이터 채널이 열리는 대로, 객체가 게이트웨이로 전송된다.

게이트웨이는 객체를 받는 대로 HTTP 응답에 실어서 클라이언트에 전송할 것이다.

8.2.2 HTTP/HTTPS: 서버 측 보안 게이트웨이

기업 내부의 모든 웹 요청을 암호화함으로써 개인 정보 보호와 보안을 제공하는데 게이트웨이를 사용할 수 있다. 클라이언트는 일반 HTTP를 사용하여 웹을 탐색할 수 있지만, 게이트웨이는 자동으로 사용자의 모든 세션을 암호화할 것이다(그림 8-6).

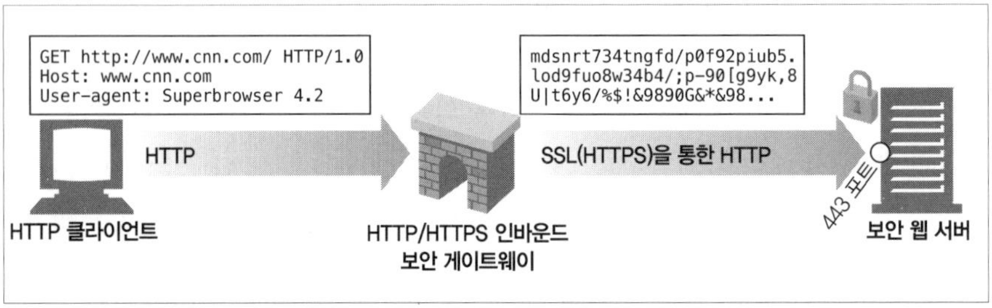

그림 8-6 내부 HTTP/HTTPS 보안 게이트웨이

3 (옮긴이) RETRIEVE(검색하다, 읽어오다)란 뜻을 가진 FTP 프로토콜에 정의되어 있는 명령어다. 클라이언트가 서버에게 파일 전송을 요청할 때 사용한다.

8.2.3 HTTPS/HTTP: 클라이언트 측 보안 가속 게이트웨이

HTTPS/HTTP 게이트웨이는 보안 가속기로 유명하다. 이 HTTPS/HTTP 게이트웨이는 웹 서버의 앞단에 위치하고, 보이지 않는 인터셉트 게이트웨이나 리버스 프락시 역할을 한다. 이 게이트웨이는 보안 HTTPS 트래픽을 받아서 복호화하고, 웹 서버로 보낼 일반 HTTP 요청을 만든다(그림 8-7).[4]

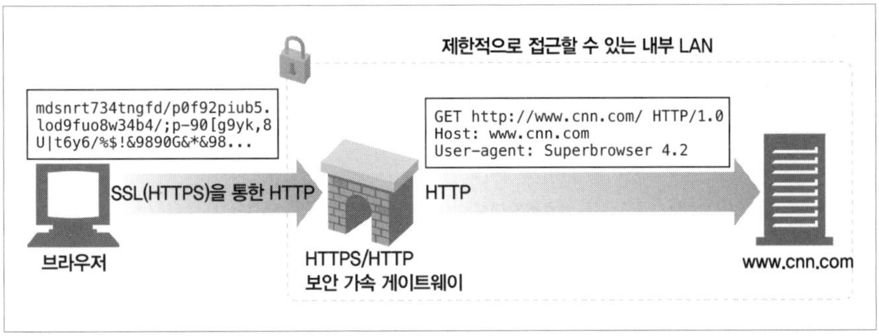

그림 8-7 HTTPS/HTTP 보안 가속 게이트웨이

이런 게이트웨이는 원 서버보다 더욱 효율적으로 보안 트래픽을 복호화하는 암호화 하드웨어를 내장해서 원 서버의 부하를 줄여주기도 한다. 하지만 이는 게이트웨이와 원 서버 간의 암호화하지 않은 트래픽을 전송하기 때문에, 게이트웨이와 원 서버 간에 있는 네트워크가 안전한지 확인을 확실히 하고 사용해야 한다.

8.3 리소스 게이트웨이

여기까지 네트워크상에서 클라이언트와 서버를 연결하는 게이트웨이에 관해 이야기하였다. 그러나 게이트웨이의 가장 일반적인 형태인 애플리케이션 서버는 목적지 서버와 게이트웨이를 한 개의 서버로 결합한다. 애플리케이션 서버는 HTTP를 통해서 클라이언트와 통신하고 서버 측에 있는 애플리케이션 프로그램에 연결하는 서버 측 게이트웨이다(그림 8-8을 보자).

그림 8-8에서는 두 개의 클라이언트가 HTTP를 사용하여 애플리케이션 서버로 연결한다. 하지만 서버로부터 파일이 전송되는 대신에, 애플리케이션 서버는 게이트웨이의 애플리케이션 프로그래밍 인터페이스(Application Programming

4 (옮긴이) 요즘에는 인프라 성능이 좋아져서 대부분 SSL 암/복호화 모듈을 내장한다. 로드 밸런서 중에는 SSL 모듈을 내장하여 HTTPS/HTTP 게이트웨이 역할을 해주는 것도 있다.

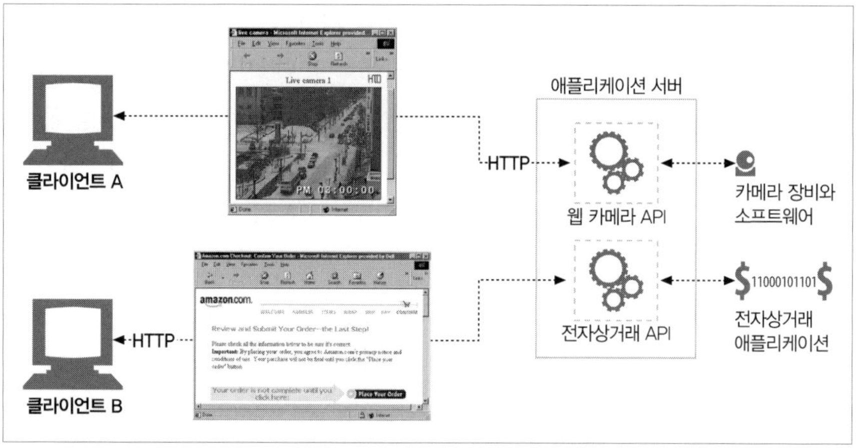

그림 8-8 애플리케이션 서버는 HTTP 클라이언트를 여러 백엔드 애플리케이션으로 연결한다.

Interface, API)를 통해서 요청을 서버에서 동작하고 있는 애플리케이션에 전달한다.

- 클라이언트 A의 요청을 받으면, 그 요청의 URI를 따라서 API를 통해 디지털카메라 애플리케이션에 요청이 전송된다. HTTP 응답 메시지는 최종 카메라 이미지를 감싸 클라이언트로 전송하고 클라이언트의 브라우저에 보인다.
- 클라이언트 B의 URI는 전자상거래 애플리케이션을 가리킨다. 클라이언트 B의 요청은 서버 게이트웨이 API를 통해 전자상거래 소프트웨어로 전송되고, 결과는 브라우저로 전송된다. 전자상거래 소프트웨어는 클라이언트와 통신하여, 사용자가 순차적인 HTML 페이지를 통해서 구매를 완료할 수 있게 한다.

애플리케이션 게이트웨이에서 유명했던 최초의 API는 공용 게이트웨이 인터페이스(Common Gateway Interface, CGI)였다. CGI는 특정 URL에 대한 HTTP 요청에 따라 프로그램을 실행하고, 프로그램의 출력을 수집하고, HTTP 응답으로 회신하는데 웹 서버가 사용하는 표준화된 인터페이스 집합이다. 지난 수년간, 상용 웹 서버는 웹 서버와 애플리케이션 간의 통신에 사용할 정교한 인터페이스를 제공해왔다.

초기 웹 서버는 제작이 꽤 단순했으며, 게이트웨이의 인터페이스를 구현하는 단순한 접근 방식은 오늘날까지 이어지고 있다.

게이트웨이를 통해야 받을 수 있는 리소스 요청이 들어오면, 서버는 헬퍼 애플리케이션을 생성하여 요청을 처리한다. 헬퍼 애플리케이션은 필요한 데이터를 전달받는다. 전달받은 데이터는 요청 전체이거나 사용자가 데이터베이스에서 실행시키려는 질의 같은 것이다(URL의 질의 문자열(query string)을 통해 전송된다. 2장을 참고하기 바란다).

그 다음, 바로 클라이언트로 전달할 응답이나 응답 데이터를 서버에 반환한다. 서버와 게이트웨이는 별개의 애플리케이션이기 때문에 각각 가지고 있는 책임은 분명히 나뉘어 있다. 그림 8-9는 서버와 게이트웨이 애플리케이션 간의 기본적인 상호작용 메커니즘을 보여준다.

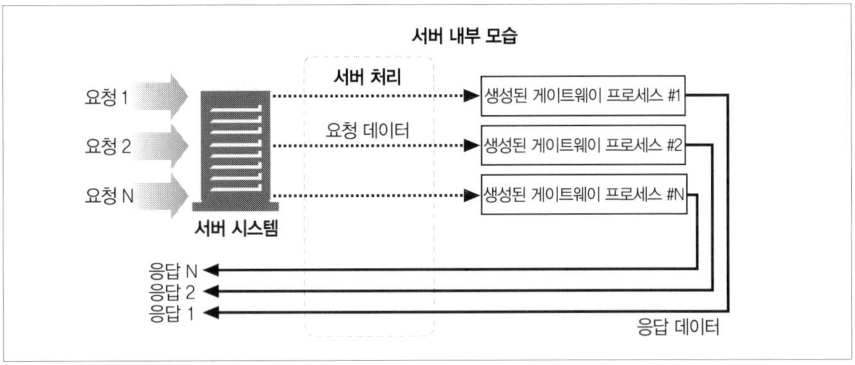

그림 8-9 서버 게이트웨이 애플리케이션의 동작

이 단순한 프로토콜(요청을 받아 처리해서 응답하는)은 가장 오래되고 널리 쓰이는 서버 확장 인터페이스인 CGI이다.

8.3.1 공용 게이트웨이 인터페이스

공용 게이트웨이 인터페이스(CGI)는 최초의 서버 확장이자 지금까지도 가장 널리 쓰이는 서버 확장이다. 이는 웹에서 동적인 HTML, 신용카드 처리, 데이터베이스 질의 등을 제공하는 데 사용한다.

CGI 애플리케이션이 서버와 분리되면서 펄(Perl), Tcl, C, 다양한 셸 언어를 포함하여 수많은 언어로 구현할 수 있게 되었다. 그리고 CGI는 단순하므로 거의 모든 HTTP 서버가 지원한다. CGI 모델의 기본 체계는 그림 8-9에서 볼 수 있다.

CGI가 내부에서 어떤 처리를 하는지는 사용자에게 보이지 않는다. 사용자의 시각에서는 CGI가 내부적으로 일반적인 요청을 만드는 것일 뿐이다. 그리고 서버와 CGI 애플리케이션 간에 진행되는 처리 단계를 감춘다. 클라이언트가 CGI 애플리케이션이 무언가를 하고 있다는 것을 알 수 있는 유일한 단서는 URL에 있는 'cgi' 혹은 '?' 같은 것들뿐이다.

이런 점에서 CGI는 훌륭하다고 볼 수 있겠지만, 그럴 수도 그렇지 않을 수도 있다. CGI는 거의 모든 리소스 형식과 서버의 접점에 있으면서 필요에 따라 어떤 변형이든 처리해내는 단순한 기능을 제공한다. 인터페이스는 문제가 많은 확장으로부터 서버를 보호한다는 점에서 훌륭하다고 할 수 있다(만약 그 문제가 있는 확장이 서버 자체에 들어가면, 에러를 발생시키고 서버를 뻗게 할 것이다).

하지만 이런 분리 때문에 성능 관련한 비용이 발생했다. 모든 CGI 요청마다 새로운 프로세스를 만드는 데 따르는 부하가 꽤 크고, CGI를 사용하는 서버의 성능을 제한하며 서버 장비에 부담을 준다. 이 문제를 피하고자 새로운 CGI 형식인, 그 이름도 적절한 Fast CGI가 개발되었다. 이 인터페이스는 CGI와 유사하지만, 데몬으로 동작함으로써 요청마다 새로운 프로세스를 만들고 제거하면서 생기는 성능 저하 문제를 해결하였다.

8.3.2 서버 확장 API

CGI 프로토콜은 구동 중인 HTTP 서버에 외부 인터프리터가 쉽게 접속할 수 있게는 해주지만, 서버 자체의 동작을 바꾸고 싶거나 서버의 처리능력을 최고치로 끌어올리고자 할 때는 어떻게 해야 할까? 이러한 두 가지 필요 때문에, 서버 개발자는 웹 개발자가 자신의 모듈을 HTTP와 직접 연결할 수 있는 강력한 인터페이스인 서버 확장 API를 제공하였다. 확장 API는 프로그래머가 자신의 코드를 서버에 연결하거나 서버의 컴포넌트를 자신이 만든 것으로 교체해버릴 수 있게 하였다.

유명한 서버 대부분은 개발자에게 확장 API를 한 개 이상 제공한다. 이러한 확장은 서버 자체의 아키텍처에 의존하기 때문에, 대부분 한 가지 서버 형식으로 특화되었다. 마이크로소프트, 넷스케이프, 아파치 등 서버들은 개발자가 서버의 동작을 변경하거나 다른 리소스에 대한 사용자 맞춤 인터페이스를 제공하는 데 쓸 수 있는 API를 가진다. 이러한 맞춤 인터페이스는 개발자에게 매우 유용하다.

서버 확장의 한 가지 예는, 프론트페이지(FrontPage) 제작자가 웹 출판 서비스를 하게 지원해주는 마이크로소프트의 프론트페이지 서버 확장(FrontPage Server Extension, FPSE)이다. FPSE는 프론트페이지 클라이언트로부터 전송되는 원격 프로시져 호출(remote procedure call, RPC) 명령을 인식할 수 있다. 이 명령은 HTTP에 편승하여 온다(특히, HTTP POST 메서드상에 붙어서 온다). 더 자세한 내용은, 19장에 있는 "배포 지원을 위한 FrontPage 서버 확장"을 참고하자.

8.4 애플리케이션 인터페이스와 웹 서비스

지금까지 웹 서버가 애플리케이션과 통신하는 수단인 리소스 게이트웨이에 대해 논의하였다. 웹 애플리케이션이 더 많은 형식의 서비스를 제공함에 따라, HTTP가 애플리케이션을 연결하는 도구로 활용할 수 있다는 게 더 확실해졌다. 애플리케이션을 연결하면서 생기는 까다로운 이슈 중 하나는, 데이터를 교환하려는 두 애플리케이션 사이에서 프로토콜 인터페이스를 맞추는 일이다.

애플리케이션이 상호 운용을 하다보면 HTTP 헤더로는 표현하기 힘든 복잡한 정보를 교환해야 할 수도 있다. HTTP 확장의 몇 가지 예나 HTTP의 위에 프로토콜을 덧씌워 사용자 맞춤 정보를 교환하는 것에 대해서는 19장에서 다룬다. 19장의 "배포 지원을 위한 FrontPage 서버 확장"은 HTTP POST 메시지 위에 덧씌워진 RPC에 대해 다루고, "WebDAV와 공동 저작"은 HTTP 헤더에 XML을 추가하는 방법을 다룬다.

인터넷 커뮤니티는 각 웹 애플리케이션이 서로 통신하는데 사용할 표준과 프로토콜 집합을 개발하였다. 이러한 표준은, 원래 웹 서비스가 독립형 웹 애플리케이션(빌딩 블록) 그 자체를 의미함에도 불구하고, 그냥 그대로 웹 서비스로 불리게 되었다. 원래 웹 서비스가 새로운 용어는 아니지만, 여기서 웹 서비스는 애플리케이션이 정보를 공유하는데 사용하는 새로운 메커니즘을 의미한다. 웹 서비스는 HTTP 같은 표준 웹 기술 위에서 개발한다.

웹 서비스는 SOAP을 통해 XML을 사용하여 정보를 교환한다. XML(eXtensible Markup Language)은 데이터 객체를 담는 데이터를 생성하고 해석하는 방식을 제공한다. SOAP(Simple Object Access Protocol)은 HTTP 메시지에 XML 데이터를 담는 방식에 관한 표준이다.[5]

8.5 터널

우리는 여러 종류의 리소스에 게이트웨이를 통해 접근하거나 애플리케이션 간에 통신하는 데 HTTP를 사용하는 여러 가지 방법에 대해 논의하였다. 이 절에서는 HTTP의 또 다른 사용 방식인 웹 터널에 대해 알아볼 것이다. 웹 터널은 HTTP 프로토콜을 지원하지 않는 애플리케이션에 HTTP 애플리케이션을 사용해 접근하는 방법을 제공한다.

---

5 더 자세한 정보는, http://www.w3.org/TR/2001/WD-soap12-part0-20011217/를 참고하라. 더그 티드웰(Doug Tidwell), 제임스 스넬(James Snel), 파블 컬첸코(Pavel Kulchenko)가 쓴 오라일리의 『Programming Web Services with SOAP』은 SOAP 프로토콜에 대한 훌륭한 참고자료다.
(옮긴이) 현대 웹 서비스의 데이터 교환 방식은 SOAP보다 REST 방식을 더 많이 쓰며, 데이터의 포맷도 XML보다는 JSON을 주로 사용한다.

웹 터널을 사용하면 HTTP 커넥션을 통해서 HTTP가 아닌 트래픽을 전송할 수 있고, 다른 프로토콜을 HTTP 위에 올릴 수 있다. 웹 터널을 사용하는 가장 일반적인 이유는 HTTP 커넥션 안에 HTTP가 아닌 트래픽을 얹기 위해서다. 따라서 웹 터널을 사용하면 웹 트래픽만을 허락하는 방화벽이 있더라도 HTTP가 아닌 트래픽을 전송할 수 있다.

8.5.1 CONNECT로 HTTP 터널 커넥션 맺기

웹 터널은 HTTP의 CONNECT 메서드를 사용하여 커넥션을 맺는다. CONNECT 프로토콜은 HTTP/1.1 명세에 자세히 나와 있지는 않지만[6], 많이 구현하는 확장이다. CONNECT에 대한 기능 명세는, 기한이 만료된 인터넷 초안 명이기는 하지만 아리 루오터넨(Ari Luotonen)이 기술한 「Tunneling TCP based protocols through Web proxy servers」나 그의 책인 『Web Proxy Servers』에 있다.

CONNECT 메서드는 터널 게이트웨이가 임의의 목적 서버와 포트에 TCP 커넥션을 맺고 클라이언트와 서버 간에 오는 데이터를 무조건 전달하기를 요청한다.

그림 8-10은 CONNECT 메서드가 어떻게 게이트웨이로 터널을 연결하는지 보여준다.

- 그림 8-10a에서, 클라이언트는 게이트웨이에 터널을 연결하려고 CONNECT 요청을 보낸다. 클라이언트의 CONNECT 메서드는 TCP 커넥션을 위해 게이트웨이에 터널 연결을 요청한다(여기서는 SSL 포트인 443 포트에 호스트 명이 orders.joes-hardware.com인 곳으로).
- TCP 커넥션은 그림 8-10b와 그림 8-10c와 같이 생성되었다.
- TCP 커넥션이 맺어지면, 게이트웨이는 클라이언트에게 HTTP 200 Connection Established 응답을 전송(그림 8-10d)하여 연결되었음을 알린다.
- 이 시점에 터널이 연결된다. HTTP 터널을 통해 전송된 클라이언트의 모든 데이터는 위에서 맺은 TCP 커넥션으로 바로 전달될 것이며, 서버로부터 전송된 모든 데이터 역시 HTTP 터널을 통해서 클라이언트에게 전달될 것이다.

그림 8-10에 있는 예는 SSL 트래픽이 HTTP 커넥션을 통해 전송되는 SSL 터널을 묘사한 것이지만, CONNECT 메서드는 모든 서버나 프로토콜에 TCP 커넥션을 맺는

6 HTTP/1.1 명세에서는 CONNECT 메서드를 예약하였지만, 그 기능에 대해서는 설명하지 않는다.

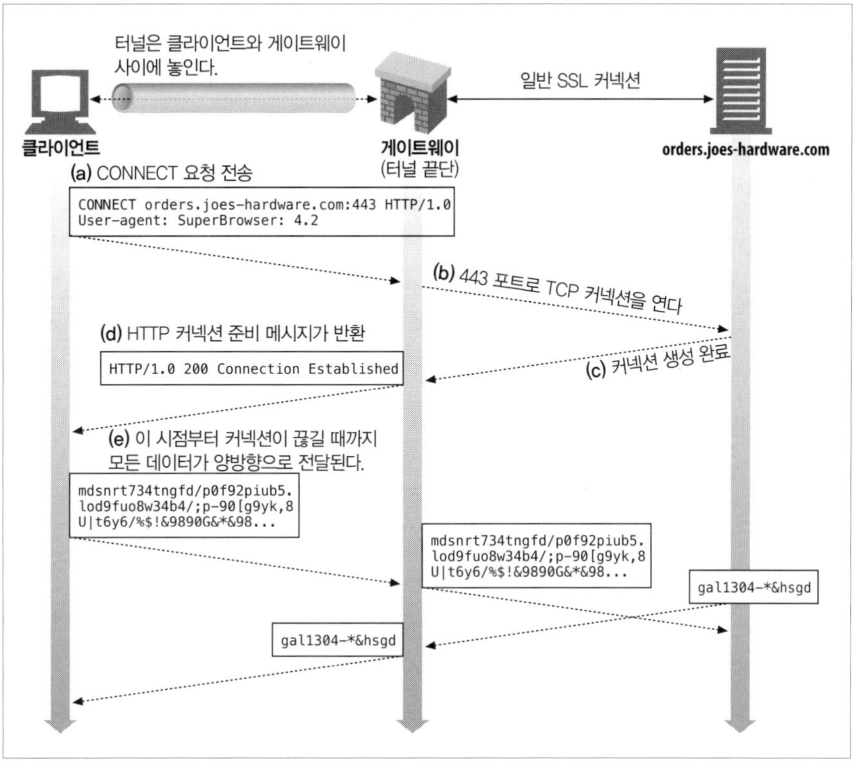

그림 8-10 SSL 터널을 연결하기 위해 사용되는 CONNECT

데 사용할 수 있다.

CONNECT 요청

CONNECT 문법은 시작줄을 제외하고는 다른 HTTP 메서드와 같다. 요청 URI는 호스트 명이 대신하며 콜론에 이어 포트를 기술한다. 호스트와 포트는 다음과 같이 기술해야 한다.

```
CONNECT home.netscape.com:443 HTTP/1.0
User-agent: Mozilla/4.0
```

시작줄 다음에는 다른 HTTP 메시지와 같이, 추가적인 HTTP 요청 헤더 필드가 있거나 없다. 보통 각 행은 CRLF로 끝나고, 헤더 목록의 끝은 빈 줄의 CRLF로 끝난다.

CONNECT 응답

클라이언트는 요청을 전송한 다음, 게이트웨이의 응답을 기다린다. 일반 HTTP 메시지와 같이 200 응답 코드는 성공을 뜻한다. 편의상 응답에 있는 사유 구절은

'Connection Established'로 기술된다.

```
HTTP/1.0 200 Connection Established
Proxy-agent: Netscape-Proxy/1.1
```

일반적인 HTTP 응답과는 달리 Content-Type 헤더를 포함할 필요는 없다. 커넥션이 메시지를 전달하는 대신 바이트를 그대로 전달하기 때문에 콘텐츠의 형식을 기술하는 Content-Type 헤더를 포함할 필요가 없다.[7]

8.5.2 데이터 터널링, 시간, 커넥션 관리

터널을 통해 전달되는 데이터는 게이트웨이에서 볼 수 없어서, 게이트웨이는 패킷의 순서나 흐름에 대한 어떤 가정도 할 수 없다. 터널이 일단 연결되면, 데이터는 언제 어디로든 흘러가버릴 수 있다.[8]

클라이언트는 성능을 높이기 위해 CONNECT 요청을 보낸 다음, 응답을 받기 전에 터널 데이터를 전송할 수 있다. 이는 서버에 데이터를 더 빨리 보내는 방법이지만, 게이트웨이가 요청에 이어서 데이터를 적절하게 처리할 수 있어야 함을 전제로 한다. 특히, 게이트웨이는 네트워크 I/O 요청이 헤더 데이터만을 반환해줄 거라고 가정할 수 없어서, 게이트웨이는 커넥션이 맺어지는 대로 헤더를 포함해서 읽어들인 모든 데이터를 서버에 전송해야 한다. 요청 후에 터널을 통해 데이터를 전송한 클라이언트는 인증요구(authentication challenge)나 200 외의 응답이 왔을 때 요청 데이터를 다시 보낼 준비가 되어 있어야 한다.[9]

터널의 끝단 어느 부분이든 커넥션이 끊어지면, 그 끊어진 곳으로부터 온 데이터는 반대편으로 전달된다. 그 다음 커넥션이 끊어졌던 터널의 끝단 반대편의 커넥션도 프락시에 의해서 끊어질 것이다. 커넥션이 끊긴 한쪽에 아직 전송하지 않은 데이터는 버려진다.

---

7 미래의 명세는 터널에 대한 미디어 타입을 일괄 정의할 것이다(예를 들어 application/tunnel).
(옮긴이) 10여년이 지난 현재까지 터널에 대한 미디어 타입은 정의된 바가 없다.

8 터널의 양 끝단에서는 두 커넥션으로부터 언제든지 패킷을 받을 수 있는 준비를 해야 하고 그 데이터를 즉시 전달해야 한다. 터널링된 프로토콜은 데이터 의존성을 포함하고 있거나, 터널의 한쪽에서 입력받은 데이터를 무시할 수 있기 때문이다. 터널의 한쪽 끝단에서 데이터를 소비하지 않으면 터널의 다른 끝단의 데이터 생산자는 행에 걸리게 될 것이고, 결국 교착상태가 일어날 수 있다.

9 TCP 요청 패킷이 차지한 영역을 제외한 나머지 영역보다 더 큰 데이터를 파이프라인을 통해 전달하지 말아야 한다. 그보다 더 큰 데이터를 파이프라인을 통해 보내면, 게이트웨이가 파이프라인을 통해 모든 TCP 패킷을 받기 전에 커넥션을 끊었을 경우, 클라이언트에 TCP 리셋을 일으킬 수 있기 때문이다. TCP 리셋은 클라이언트가 게이트웨이로부터 받은 응답을 잃게 해 버림으로써, 클라이언트는 통신 실패가 네트워크 에러 때문인지 접근 제어나 인증요구 때문인지 알 수 없게 된다.

8.5.3 SSL 터널링

웹 터널은 원래 방화벽을 통해서 암호화된 SSL 트래픽을 전달하려고 개발되었다. 많은 회사가 더 강력한 보안을 위해 모든 트래픽이 패킷을 필터링하는 라우터와 프락시를 지나도록 하였다. 하지만 SSL 같이 암호화된 프로토콜은 정보가 암호화되어 있기 때문에 낡은 방식의 프락시에서는 처리되지 않는다. 터널을 사용하면 SSL 트래픽을 HTTP 커넥션으로 전송하여 80 포트의 HTTP만을 허용하는 방화벽을 통과시킬 수 있다(그림 8-11).

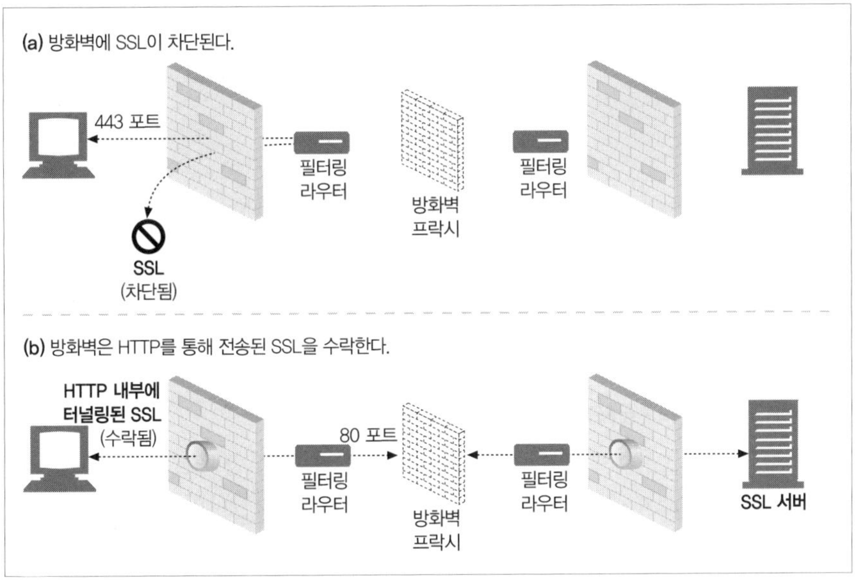

그림 8-11 터널은 HTTP가 아닌 트래픽을 HTTP 커넥션으로 전송한다.

SSL 트래픽이 기존 프락시 방화벽을 통과할 수 있도록 HTTP에 터널링 기능이 추가되었다. 이 터널링 기능은 HTTP 메시지에 암호화된 날 데이터를 담고 일반 HTTP 채널을 통해 데이터를 전송한다(그림 8-12).

그림 8-12a에서는 보안 웹 서버로 SSL 트래픽이 바로 전송된다(SSL 포트인 443으로). 그림 8-12b에서, SSL 트래픽은 일반 SSL 커넥션을 통해 전송되기 전까지는 HTTP 메시지에 담겨 HTTP 포트인 80에 전송된다.

터널은 HTTP가 아닌 트래픽이 포트를 제한하는 방화벽을 통과할 수 있게 해준다. 이는 보안 SSL 트래픽이 방화벽을 통과하는 데 유용하게 사용될 수 있다. 하지만 터널은 악의적인 트래픽이 사내로 유입되는 경로가 될 수도 있다.

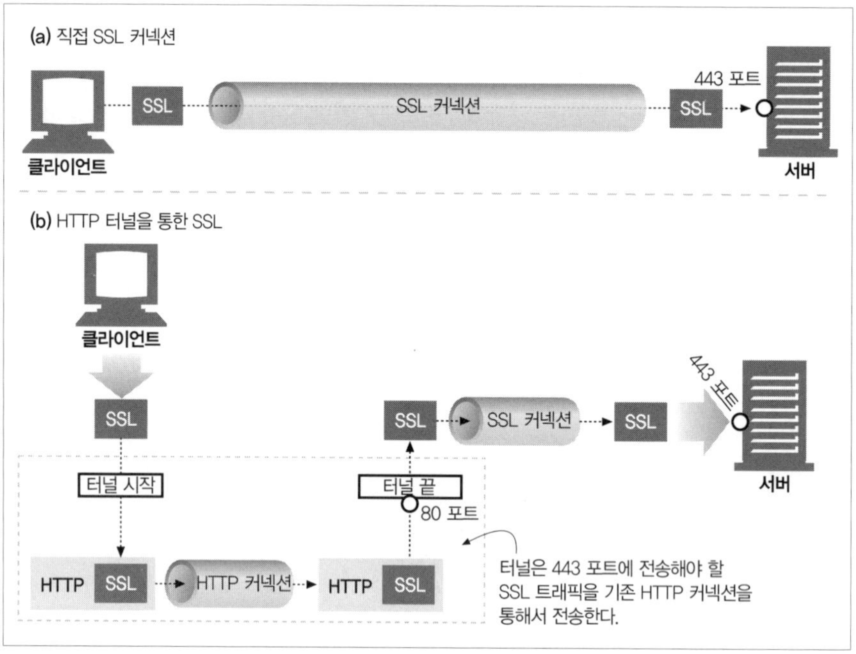

그림 8-12 직접 SSL 커넥션 vs 터널링된 SSL 커넥션

8.5.4 SSL 터널링 vs HTTP/HTTPS 게이트웨이

HTTPS 프로토콜(SSL상의 HTTP)은 다른 프로토콜과 같은 방식으로 게이트웨이를 통과할 수 있다. 원격 HTTPS 서버와 SSL 세션을 시작하는 게이트웨이(클라이언트 대신)를 두고 클라이언트 측의 HTTPS 트랜잭션을 수행하는 방식이다. 응답은 프락시가 받아서 복호화하고 난 후에, HTTP(보안이 좋지 않은)를 통해 클라이언트로 전송한다. 이는 게이트웨이가 FTP를 처리하는 방식과 같다. 하지만 이 접근은 몇 가지 단점이 있다.

- 클라이언트-게이트웨이 사이에는 보안이 적용되지 않은 일반 HTTP 커넥션이 맺어져 있다.
- 프락시가 인증을 담당하고 있기 때문에, 클라이언트는 원격 서버에 SSL 클라이언트 인증(X509 인증서 기반의 인증)을 할 수 없다.
- 게이트웨이는 SSL을 완벽히 지원해야 한다.

이 상황에서 SSL 터널링을 사용하면, 프락시에 SSL을 구현할 필요가 없다. SSL 세션은 클라이언트가 생성한 요청과 목적지(보안이 적용된) 웹 서버 간에 생성된다. 프락시 서버는 트랜잭션의 보안에는 관여하지 않고 암호화된 데이터를 그대로 터널링할 뿐이다.

8.5.5 터널 인증

HTTP의 다른 기능들은 터널과 함께 적절히 사용할 수 있다. 특히 프락시 인증 기능은, 클라이언트가 터널을 사용할 수 있는 권한을 검사하는 용도로 터널에서 사용할 수 있다.

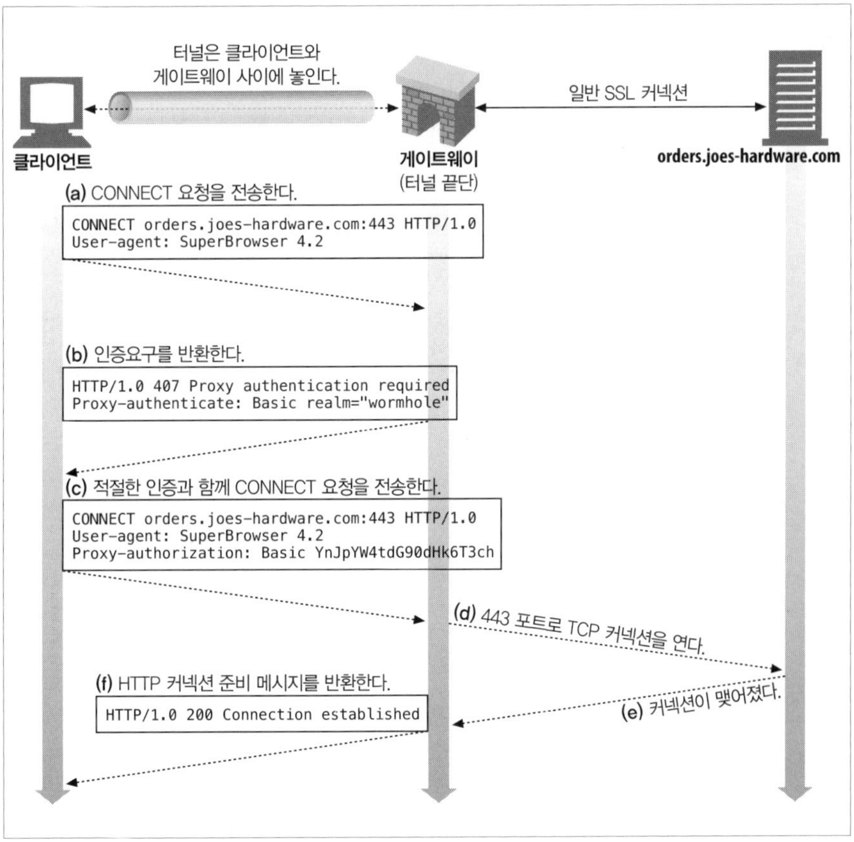

그림 8-13 게이트웨이는 터널 사용 허가를 내리기 전에 프락시 인증을 할 수 있다.

8.5.6 터널 보안에 대한 고려사항들

보통, 터널 게이트웨이는 통신하고 있는 프로토콜이 터널을 올바른 용도로 사용하고 있는지 검증할 방법이 없다. 예를 들면, 짓궂은 회사 직원이 게임을 하려고 회사 방화벽에 터널을 생성하여 게임 트래픽을 사내로 유입시킬 수도 있고, 악의적인 사용자가 회사에 텔넷 세션을 열거나 회사의 이메일 차단 장치를 우회하려고 터널을 사용할 수 있다.

터널의 오용을 최소화하기 위해서, 게이트웨이는 HTTPS 전용 포트인 443 같이 잘 알려진 특정 포트만을 터널링할 수 있게 허용해야 한다.

8.6 릴레이

HTTP 릴레이는 HTTP 명세를 완전히 준수하지는 않는 간단한 HTTP 프락시다. 릴레이는 커넥션을 맺기 위한 HTTP 통신을 한 다음, 바이트를 맹목적으로 전달한다.

HTTP는 복잡하기에, 모든 헤더와 메서드 로직을 수행하지 않고 맹목적으로 트래픽을 전달하는 간단한 프락시를 구현하는 방식이 유용할 때가 있다. 데이터를 맹목적으로 전달하도록 구현하기는 쉽기 때문에, 단순 필터링이나 진단 혹은 콘텐츠 변환을 하는데 사용되기도 한다. 하지만 이는 잠재적으로 심각한 상호 운용 문제를 가지고 있기 때문에 주의해서 배포해야 한다.

단순 맹목적 릴레이를 구현하는데 관련된 더 일반적인(악명 높은) 문제 중 하나는, 맹목적 릴레이가 Connection 헤더를 제대로 처리하지 못해서 keep-alive 커넥션이 행(hang)에 걸리는 것이다.

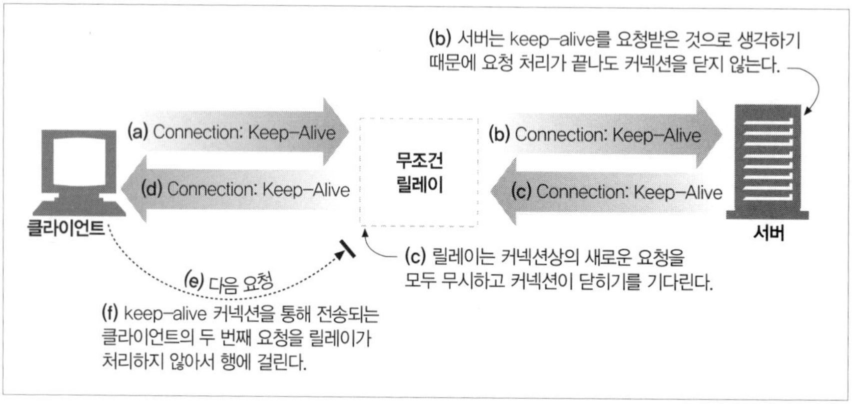

그림 8-14 Connection 헤더를 지원하지 않고 한 가지 작업만 하는 단순 맹목적 릴레이는 행(hang)에 걸릴 수 있다.

그림에서 일어나는 일은 다음과 같다.

- 그림 8-14a에서 웹 클라이언트는 Connection: Keep-Alive 헤더를 보내서, 릴레이에 keep-alive 커넥션을 맺기를 원한다는 내용의 요청 메시지를 전송한다. 클라이언트는 keep-alive 채널에 대한 요청이 받아들여졌는지 확인하기 위해 응답

을 기다린다.

- 릴레이가 HTTP 요청을 받지만, Connection 헤더를 이해하지 못하므로, 단순히 요청을 서버로 넘긴다(그림 8-14b). 하지만 Connection 헤더는 홉과 홉 사이(hop-by-hop)에만 사용하는 헤더다. 이는 단일 전송 링크만을 지원하고 체인을 따라 전달할 수 없다. 문제는 여기서 시작된다.
- 그림 8-14b에서 릴레이 된 HTTP 요청이 웹 서버에 도착한다. 웹 서버가 프락시로부터 Connection: Keep-Alive 헤더를 받으면, 릴레이가 keep-alive를 하기 바란다고(보통 클라이언트가 서버에게 하는 것처럼) 잘못된 결론을 내려버린다. 웹 서버에는 문제가 없다. 웹 서버는 그림 8-14c와 같이 keep-alive로 통신하는 것에 동의하고 Connection: Keep-Alive 응답 헤더로 응답한다. 이 시점부터, 웹 서버는 릴레이와 함께 keep-alive 통신을 하고, keep-alive의 규칙에 맞게 동작할 것이다. 하지만 릴레이는 keep-alive에 대해 아무것도 모른다.
- 그림 8-14d에서 릴레이는 웹 서버로부터 받은 Connection: Keep-Alive 헤더를 포함한 응답 메시지를 클라이언트에게 전달한다. 클라이언트는 이 헤더를 통해 릴레이가 keep-alive로 통신하는 것에 동의했다고 추측한다. 이 시점에 클라이언트와 서버는 keep-alive로 통신하고 있다고 믿고 있지만, 그들이 실제로 통신하는 릴레이는 keep-alive가 무엇인지도 모른다.
- 릴레이는 keep-alive에 대해 아무것도 모르기 때문에, 원 서버가 커넥션을 끊기를 기다리며 받은 데이터 전부를 그대로 클라이언트에게 전달한다. 하지만 원 서버는 릴레이가 자신에게 커넥션을 계속 맺고 있기를 요청했다고 믿기 때문에 커넥션을 끊지 않을 것이다. 따라서 릴레이는 커넥션이 끊길 때를 기다리며 계속 커넥션을 맺고(hang) 있을 것이다.
- 그림 8-14d와 같이 클라이언트가 응답 메시지를 받으면, 바로 다음 요청을 keep-alive 커넥션을 통해 릴레이에게 전송한다(그림8-14e). 단순한 릴레이는 같은 커넥션으로 또 다른 요청이 오는 것을 예측하지 못한다. 브라우저는 계속 돌고 있지만, 아무런 작업도 진행되지 않는다.

이러한 위험을 예방하기 위해 릴레이를 조금이나마 똑똑하게 만드는 방법이 있지만, 프락시의 단순함 이면에는 상호 운용과 관련한 문제가 발생할 위험이 있다. 만약 특정 목적을 위해서 단순한 HTTP 릴레이를 구축하는 중이라면, 그것을 어떻게 사용할지 신중히 고민해봐야 한다. 여러 문제를 예방하기 위해서, HTTP를 제대로 준수하는 프락시를 사용하는 게 좋다.

8.7 추가 정보

더 자세한 정보는 다음을 참고하기 바란다.

http://www.w3.org/Protocols/rfc2616/rfc2616.txt
RFC 2616, "Hypertext Transfer Protocol," by R. Fielding, J. Gettys, J. Mogul, H. Frystyk, L. Mastinter, P. Leach, and T. Berners-Lee.

Web Proxy Servers
Ari Luotonen, Prentice Hall Computer Books.

http://tools.ietf.org/html/draft-luotonen-web-proxy-tunneling-01
"Tunneling TCP based protocols through Web proxy servers," by Ari Luotonen.

http://www.w3.org/CGI/
The Common Gateway Interface—FC Project Page.

http://www.w3.org/TR/2001/WD-soap12-part0-20011217/
W3C—OAP Version 1.2 Working Draft.

Programming Web Services with SOAP
James Snell, Doug Tidwell, and Pavel Kulchenko, O'Reilly & Associates, Inc.

http://www.w3.org/TR/2002/WD-wsa-reqs-20020429
W3C—eb Services Architecture Requirements.

Web Services Essentials
Ethan Cermai, O'Reilly & Associates, Inc.

9장

HTTP: The Definitive Guide

웹 로봇

그럼 이제 웹 로봇이라 불리는 스스로 움직이는 사용자 에이전트에 대해 면밀히 살펴보면서 HTTP 아키텍처에 대한 여행을 계속하자.

웹 로봇은 사람과의 상호작용 없이 연속된 웹 트랜잭션들을 자동으로 수행하는 소프트웨어 프로그램이다. 많은 로봇이 웹 사이트에서 다른 웹 사이트로 떠돌아다니면서, 콘텐츠를 가져오고, 하이퍼링크를 따라가고, 그들이 발견한 데이터를 처리한다. 이러한 종류의 로봇들은 마치 스스로 마음을 가지고 있는 것처럼 자동으로 웹 사이트들을 탐색하며, 그 방식에 따라 '크롤러', '스파이더', '웜', '봇' 등 각양각색의 이름으로 불린다.

웹 로봇의 몇 가지 예를 들면 다음과 같다.

- 주식시장 서버에 매 분 HTTP GET 요청을 보내고, 여기서 얻은 데이터를 활용해 주가 추이 그래프를 생성하는 주식 그래프 로봇
- 월드 와이드 웹의 규모와 진화에 대한 통계 정보를 수집하는 웹 통계 조사 로봇. 이것들은 웹을 떠돌면서 페이지의 개수를 세고, 각 페이지의 크기, 언어, 미디어 타입을 기록한다.[1]
- 검색 데이터베이스를 만들기 위해 발견한 모든 문서를 수집하는 검색엔진 로봇.
- 상품에 대한 가격 데이터베이스를 만들기 위해 온라인 쇼핑몰의 카탈로그에서 웹페이지를 수집하는 가격 비교 로봇

1 http://www.netcraft.com는 웹 전체에서 사이트들이 어떤 종류의 서버를 사용하고 있는지에 대한 방대한 통계 자료를 수집하고 있다.

9.1 크롤러와 크롤링

웹 크롤러는, 먼저 웹페이지를 한 개 가져오고, 그 다음 그 페이지가 가리키는 모든 웹페이지를 가져오고, 다시 그 페이지들이 가리키는 모든 웹페이지들을 가져오는, 이러한 일을 재귀적으로 반복하는 방식으로 웹을 순회하는 로봇이다. 웹 링크를 재귀적으로 따라가는 로봇을 크롤러 혹은 스파이더라고 부르는데, HTML 하이퍼링크들로 만들어진 웹을 따라 '기어다니기(crawl)' 때문이다.

인터넷 검색엔진은 웹을 돌아다니면서 그들이 만나는 모든 문서를 끌어오기 위해 크롤러를 사용한다. 이 문서들은 나중에 처리되어 검색 가능한 데이터베이스로 만들어지는데, 이는 사용자들이 특정 단어를 포함한 문서를 찾을 수 있게 해준다. 찾아서 가져와야 하는 페이지들이 수십억 개나 되다 보니 필연적으로 이들 검색엔진 스파이더들은 가장 복잡한 로봇들 중 하나가 되었다. 크롤러들이 어떻게 동작하는지 더 자세히 살펴보자.

9.1.1 어디에서 시작하는가: '루트 집합'

굶주린 크롤러를 풀어놓기 전에, 우선 출발지점을 주어야 한다. 크롤러가 방문을 시작하는 URL들의 초기 집합은 루트 집합(root set)이라고 불린다. 루트 집합을 고를 때, 모든 링크를 크롤링하면 결과적으로 관심 있는 웹페이지들의 대부분을 가져오게 될 수 있도록 충분히 다른 장소에서 URL들을 선택해야 한다.

그림 9-1의 웹을 크롤링하려고 한다면 어떤 루트 집합이 좋은가? 진짜 웹에서는, 최종적으로 모든 문서로 이어지게 되는 하나의 문서란 없다. 만약 문서 A에서 시작한다면, B, C, D를 얻고 거기서 E, F를 얻은 뒤 J를 얻고 마지막으로 K를 얻게 된다. 그러나 A에서 G로, 그리고 A에서 N으로 이어지는 연결 고리는 없다.

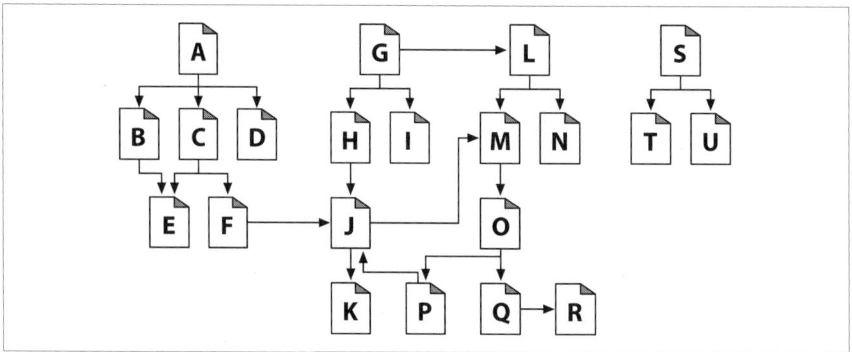

그림 9-1 모든 페이지에 도달하려면 루트 집합이 필요하다.

웹의 몇몇 웹페이지들은 S, T, U와 같이 그들로 향하는 어떤 링크도 없이 오도 가도 못하게 거의 고립되어 있다. 이들 외로운 페이지들은 아마도 새로이 만들어지고 나서 아직 누구도 찾아내지 못한 것들일 것이다. 혹은 정말 오래되었거나 잘 알려져 있지 않은 것일 수도 있다.

일반적으로 웹의 대부분을 커버하기 위해 루트 집합에 너무 많은 페이지가 있을 필요는 없다. 그림 9-1에서라면 오직 A, G, S가 루트 집합에 있기만 하면 모든 페이지에 도달할 수 있다.

일반적으로 좋은 루트 집합은 크고 인기 있는 웹 사이트(예를 들면 http://www.yahoo.com), 새로 생성된 페이지들의 목록, 그리고 자주 링크되지 않는 잘 알려져 있지 않은 페이지들의 목록으로 구성되어 있다. 인터넷 검색엔진에서 쓰이는 것과 같은 많은 대규모 크롤러 제품들은 사용자들이 루트 집합에 새 페이지나 잘 알려지지 않은 페이지들을 추가하는 기능을 제공한다. 이 루트 집합은 시간이 지남에 따라 성장하며 새로운 크롤링을 위한 시드 목록이 된다.

9.1.2 링크 추출과 상대 링크 정상화

크롤러는 웹을 돌아다니면서 꾸준히 HTML 문서를 검색한다. 크롤러는 검색한 각 페이지 안에 들어있는 URL 링크들을 파싱해서 크롤링할 페이지들의 목록에 추가해야 한다. 크롤러가 크롤링을 진행하면서 탐색해야 할 새 링크를 발견함에 따라, 이 목록은 보통 급속히 확장된다.[2] 크롤러들은 간단한 HTML 파싱을 해서 이들 링크들을 추출하고 상대 링크를 절대 링크로 변환할 필요가 있다. 2장의 "상대 URL"은 어떻게 이 변환을 하는지 논의한다.

9.1.3 순환 피하기

로봇이 웹을 크롤링 할 때, 루프나 순환에 빠지지 않도록 매우 조심해야 한다. 그림 9-2의 크롤러를 살펴보자.

- 그림 9-2a에서, 로봇은 페이지 A를 가져와서 B가 A에 링크되어 있는 것을 보고 B를 가져온다.
- 그림 9-2b에서, 로봇은 페이지 B를 가져와서 C가 B에 링크되어 있는 것을 보고

2 "순환 피하기"에서 우리는 크롤러가 그들이 방문한 곳을 기억할 필요에 대해 이야기할 것이다. 크롤링이 진행되면서, 웹 공간이 완전히 모두 탐색되어서 더 이상 크롤러가 방문할 새 링크가 없게 되는 시점에 이를 때까지 방문한 URL의 목록은 계속 성장할 것이다.

C를 가져온다.

- 그림 9-2c에서, 로봇은 페이지 C를 가져와서 A가 C에 링크되어 있는 것을 본다. 만약 로봇이 A를 다시 가져온다면, A, B, C, A, B, C, A... 를 계속 가져오게 되는 순환에 빠지게 될 것이다.

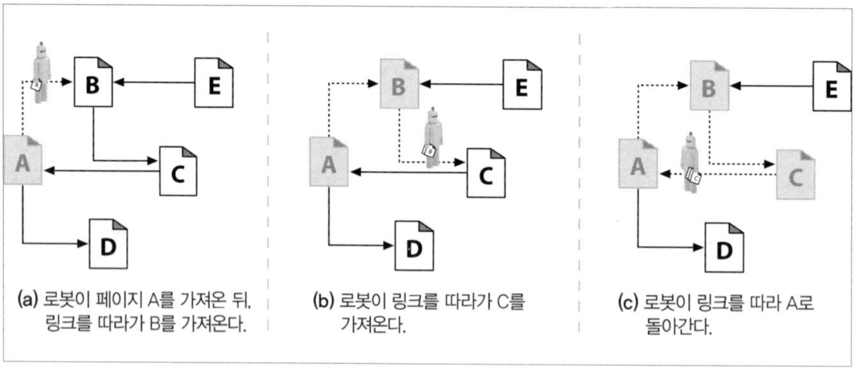
B
E
A
C
D
(a) 로봇이 페이지 A를 가져온 뒤, 링크를 따라가 B를 가져온다.
B
E
A
C
D
(b) 로봇이 링크를 따라가 C를 가져온다.
B
E
A
C
D
(c) 로봇이 링크를 따라 A로 돌아간다.

그림 9-2 하이퍼링크의 웹을 크롤링하기

로봇들은 순환을 피하기 위해 반드시 그들이 어디를 방문했는지 알아야 한다. 순환은 로봇을 함정에 빠뜨려서 멈추게 하거나 진행을 느려지게 한다.

9.1.4 루프와 중복

순환은 최소한 다음의 세 이유로 인해 크롤러에게 해롭다.

- 순환은 크롤러를 루프에 빠뜨려서 꼼짝 못하게 만들 수 있다. 루프는 허술하게 설계된 크롤러를 빙빙 돌게 만들 수 있고, 같은 페이지들을 반복해서 가져오는데 모든 시간을 허비하게 만들 수 있다. 이러한 크롤러가 네트워크 대역폭을 다 차지하고 그 어떤 페이지도 가져올 수 없게 되어버릴 수 있다.
- 크롤러가 같은 페이지를 반복해서 가져오면 고스란히 웹 서버의 부담이 된다. 만약 크롤러의 네트워크 접근 속도가 충분히 빠르다면, 웹 사이트를 압박하여 어떤 실제 사용자도 사이트에 접근할 수 없도록 막아버리게 될 수도 있다. 이러한 서비스 방해 행위는 법적인 문제제기의 근거가 될 수도 있다.
- 비록 루프 자체가 문제가 되지 않더라도, 크롤러는 많은 수의 중복된 페이지('loops'와 운율을 맞추기 위해 흔히 'dups'라고 불리는)들을 가져오게 된다. 크롤러의 애플리케이션은 자신을 쓸모없게 만드는 중복된 콘텐츠로 넘쳐나게 될 것이다. 이러한 예 중 하나가 수백 개의 정확히 똑같은 페이지를 반환하는 인터

넷 검색엔진이다.

9.1.5 빵 부스러기의 흔적

불행히도, 방문한 곳을 지속적으로 추적하는 것은 쉽지 않다. 이 글을 쓰는 시점에서, 인터넷에는 동적인 게이트웨이에서 생성된 콘텐츠를 제외하더라도 수십억 개의 서로 다른 웹페이지들이 존재한다.

만약 전 세계 웹 콘텐츠의 상당 부분을 크롤링하려 한다면, 수십억 개의 URL을 방문할 준비가 필요할 것이다. 어떤 URL을 방문하였는지 계속 추적하는 작업은 꽤나 도전적인 일일 수 있다. URL들은 굉장히 많기 때문에, 어떤 URL을 방문했는지 빠르게 판단하기 위해서는 복잡한 자료 구조를 사용할 필요가 있다. 이 자료 구조는 속도와 메모리 사용 면에서 효과적이어야 한다.

수억 개의 URL은 빠른 검색 구조를 요구하기 때문에 빠른 속도는 중요하다. URL 목록의 완벽한 검색은 불가능하다. 로봇은 어떤 URL이 방문했던 곳인지 빠르게 결정하기 위해 적어도 검색 트리나 해시 테이블을 필요로 할 것이다.

수억 개의 URL은 많은 공간을 차지한다. 만약 평균 URL이 40바이트 길이이고, 웹 로봇이 5억 개의 URL을 크롤링 했다면(웹의 일부에 불과하다), 검색 데이터 구조는 이 URL들을 유지하기 위해 20GB 이상의 메모리를 요구할 것이다(URL 당 40바이트×5억 URL = 20GB)!

대규모 웹 크롤러가 그들이 방문한 곳을 관리하기 위해 사용하는 유용한 기법을 몇 가지 들어보면 다음과 같다.

트리와 해시 테이블

복잡한 로봇이라면 방문한 URL을 추적하기 위해 검색 트리나 해시 테이블을 사용했을 수도 있다. 이들은 URL을 훨씬 빨리 찾아볼 수 있게 해주는 소프트웨어 자료 구조다.

느슨한 존재 비트맵

공간 사용을 최소화하기 위해, 몇몇 대규모 크롤러들은 존재 비트 배열(presence bit array)과 같은 느슨한 자료 구조를 사용한다. 각 URL은 해시 함수에 의해 고정된 크기의 숫자로 변환되고 배열 안에 대응하는 '존재 비트(presence bit)'를 갖는다. URL이 크롤링 되었을 때, 해당하는 존재 비트가 만들어진다. 만약 존재 비트가 이

미 존재한다면, 크롤러는 그 URL을 이미 크롤링 되었다고 간주한다.[3]

체크포인트

로봇 프로그램이 갑작스럽게 중단될 경우를 대비해, 방문한 URL의 목록이 디스크에 저장되었는지 확인한다.

파티셔닝

웹이 성장하면서, 한 대의 컴퓨터에서 하나의 로봇이 크롤링을 완수하는 것은 불가능해졌다. 크롤링을 완수하기엔 한 대의 컴퓨터로는 메모리, 디스크 공간, 연산 능력, 네트워크 대역폭이 충분하지 못할 수 있다. 몇몇 대규모 웹 로봇은, 각각이 분리된 한 대의 컴퓨터인 로봇들이 동시에 일하고 있는 '농장(farm)'을 이용한다. 각 로봇엔 URL들의 특정 '한 부분'이 할당되어 그에 대한 책임을 진다. 로봇들은 서로 도와 웹을 크롤링 한다. 개별 로봇들은 URL들을 이리저리 넘겨주거나, 오동작하는 동료를 도와주거나, 혹은 그 외의 이유로 그들의 활동을 조정하기 위해 커뮤니케이션을 할 필요가 있다.

거대한 자료 구조를 구현하기 위한 좋은 참고 도서는 위튼(Witten) 등이 쓴 『Managing Gigabytes: Compressing and Indexing Documents and Images』(Morgan Kaufmann, 1999)이다. 이 책은 많은 양의 데이터를 관리하기 위한 트릭과 기법으로 꽉 채워져 있다.

9.1.6 별칭(alias)과 로봇 순환

올바른 자료 구조를 갖추었더라도 URL이 별칭을 가질 수 있는 이상 어떤 페이지를 이전에 방문했었는지 말해주는 게 쉽지 않을 때도 있다. 한 URL이 또 다른 URL에 대한 별칭이라면, 그 둘이 서로 달라 보이더라도 사실은 같은 리소스를 가리키고 있다.

표 9-1은 다른 URL들이 같은 리소스를 가리키게 되는 몇 가지 간단한 예를 묘사하고 있다.

---

3 URL의 개수는 잠재적으로 무한한 데 반해, 존재 비트 배열에는 유한한 개수의 비트만이 존재하기 때문에 같은 존재 비트에 두 URL이 매핑되어 충돌할 잠재적 가능성이 존재한다. 이런 일이 일어나면, 크롤러는 크롤링 한 적 없는 페이지를 크롤링 했다고 잘못 판단할 것이다. 큰 존재 비트를 사용해서 이런 일이 거의 일어나지 않도록 할 수 있다. 충돌로 인한 페널티는 페이지 하나가 크롤링에서 제외되는 것이다.

	첫 번째 URL	두 번째 URL	어떤 경우에 같은 URL을 가리키게 되는가
a	http://www.foo.com/bar.html	http://www.foo.com:80/bar.html	기본 포트가 80번일 때
b	http://www.foo.com/~fred	http://www.foo.com/%7Ffred	%7F이 ~과 같을 때
c	http://www.foo.com/x.html#early	http://www.foo.com/x.html#middle	태그에 따라 페이지가 바뀌지 않을 때
d	http://www.foo.com/readme.htm	http://www.foo.com/README.HTM	서버가 대소문자를 구분하지 않을 때
e	http://www.foo.com/	http://www.foo.com/index.html	기본 페이지가 index.html일 때
f	http://www.foo.com/index.html	http://209.231.87.45/index.html	www.foo.com이 이 아이피 주소를 가질 때

표 9-1 같은 문서를 가리키는 다른 URL들

9.1.7 URL 정규화하기

대부분의 웹 로봇은 URL들을 표준 형식으로 '정규화' 함으로써 다른 URL과 같은 리소스를 가리키고 있음이 확실한 것들을 미리 제거하려 시도한다. 로봇은 다음과 같은 방식으로 모든 URL을 정규화된 형식으로 변환할 수 있다.

1. 포트 번호가 명시되지 않았다면, 호스트 명에 ':80'을 추가한다.
2. 모든 %xx 이스케이핑된 문자들을 대응되는 문자로 변환한다.
3. # 태그들을 제거한다.

이 단계들은 표 9-1의 a부터 c까지에 보여진 문제들을 제거할 수 있다. 그러나 각 웹 서버에 대한 지식 없이 로봇이 d에서 f까지에서와 같은 중복을 피할 수 있는 좋은 방법은 없다.

- 로봇은 표 9-1d의 문제를 피하기 위해 웹 서버가 대소문자를 구분하는지 알 필요가 있을 것이다.
- 로봇은 표 9-1e의 URL들이 같은 리소스를 가리키는지 알려면 이 디렉터리에 대한 웹 서버의 색인 페이지 설정을 알 필요가 있을 것이다.
- 로봇이 표 9-1f의 URL들이 같은 리소스를 가리키는지 알려면, 첫 번째 URL의 호스트 명과 두 번째 URL의 IP 주소가 같은 물리적 컴퓨터를 참조한다는 것뿐 아니라, 웹 서버가 가상 호스팅을 하도록 설정되어 있는지도 알아야 한다.

URL 정규화는 기본적인 문법의 별칭을 제거할 수 있지만, 로봇들은 URL을 표준 형식으로 변환하는 것만으로는 제거할 수 없는 다른 URL 별칭도 만나게 될 것이다.

9.1.8 파일 시스템 링크 순환

파일 시스템의 심벌릭 링크는 사실상 아무것도 존재하지 않으면서도 끝없이 깊어지는 디렉터리 계층을 만들 수 있기 때문에, 매우 교묘한 종류의 순환을 유발할 수 있다. 심벌릭 링크 순환은 서버 관리자가 실수로 만들게 되는 것이 보통이지만, 때때로 '사악한 웹 마스터'가 로봇을 함정에 빠뜨리기 위해 악의적으로 만들기도 한다.

그림 9-3은 두 파일 시스템을 보여주고 있다. 그림 9-3a에서, subdir은 보통 디렉터리이다. 그림 9-3b에서 subdir은 /을 가리키는 심벌릭 링크다. 두 그림 모두에서 파일 /index.html은 파일 subdir/index.html을 가리키는 하이퍼링크를 담고 있다.

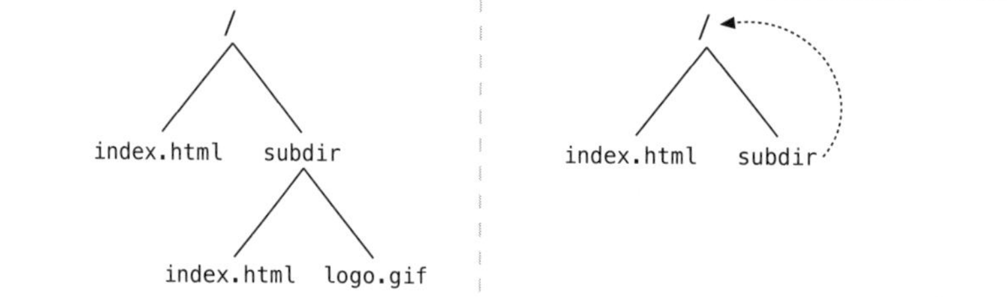

(a) subdir은 디렉터리이다.

(b) subdir은 위쪽을 가리키는 심벌릭 링크이다.

그림 9-3 심벌릭 링크 사이클

그림 9-3a의 파일 시스템을 사용해, 웹 크롤러는 다음의 동작을 수행할 것이다.

1. GET http://www.foo.com/index.html
   /index.html을 가져와서, subdir/index.html로 이어지는 링크를 발견한다.
2. GET http://www.foo.com/subdir/index.html
   subdir/index.html을 가져와서, subdir/logo.gif로 이어지는 링크를 발견한다.
3. GET http://www.foo.com/subdir/logo.gif
   subdir/logo.gif를 가져오고, 더 이상 링크가 없으므로 여기서 완료된다.

그러나 그림 9-3b의 파일 시스템에서는 다음과 같은 일이 일어났을 것이다.

1. GET http://www.foo.com/index.html
   /index.html을 가져와서, subdir/index.html로 이어지는 링크를 발견한다.
2. GET http://www.foo.com/subdir/index.html
   subdir/index.html을 가져왔지만 같은 index.html로 되돌아간다.
3. GET http://www.foo.com/subdir/subdir/index.html
   subdir/subdir/index.html을 가져온다.
4. GET http://www.foo.com/subdir/subdir/subdir/index.html
   subdir/subdir/subdir/index.html을 가져온다.

그림 9-3b의 문제는, subdir/이 /로 링크되어 있기 때문에 순환되는 것이지만 URL이 달라 보이기 때문에 로봇은 URL만으로는 문서가 같다는 것을 모른다는 점이다. 이상한 낌새를 눈치 채지 못한 로봇은 루프로 빠져들 위험이 있다. 어떤 식으로든 루프 발견을 하지 못한다면, URL의 길이가 로봇이나 서버의 한계를 넘을 때까지 이 순환은 계속될 것이다.

9.1.9 동적 가상 웹 공간

악의적인 웹 마스터들이 죄 없고 순진한 로봇들을 함정으로 빠뜨리기 위해 의도적으로 복잡한 크롤러 루프를 만드는 것은 있을 수 있는 일이다. 특히 평범한 파일처럼 보이지만 사실은 게이트웨이 애플리케이션인 URL을 만드는 것은 쉬운 일이다. 이 애플리케이션은 같은 서버에 있는 가상의 URL에 대한 링크를 포함한 HTML을 즉석에서 만들어 낼 수 있다. 이 끔찍한 서버는 저 가상의 URL로 요청을 받으면 새로운 가상 URL을 갖고 있는 새 HTML 페이지를 날조하여 만들어 낸다.

악의적인 웹 서버는 불쌍한 로봇을 무한한 가상 웹 공간 너머에 있는 이상한 나라의 앨리스의 세계로 여행을 보내버린다. 이때 심지어 웹 서버가 실제로는 파일을 하나도 갖고 있지 않았을 수도 있다. 더 나쁜 점은, URL과 HTML은 매번 전혀 달라 보일 수 있기 때문에 로봇이 순환을 감지하기가 매우 어렵다는 것이다. 그림 9-4는 가짜 콘텐츠를 만들어 내는 악의적인 웹 서버의 예를 보여준다.

이보다 더 흔하게 일어날 수 있는 일은, 웹 마스터가 나쁜 뜻이 없음에도 자신도 모르게 심벌릭 링크나 동적 콘텐츠를 통한 크롤러 함정을 만드는 것이다. 예를 들어, 한 달 치 달력을 생성하고 그다음 달로 링크를 걸어주는 CGI 기반의 달력 프로그램을 생각해보자. 실제 사용자라면 영원히 다음 달 링크만 누르고 있지는 않겠지만, 콘텐츠의 동적 성질을 이해하지 못하는 로봇이라면 무한히 다음 달 달력을 요

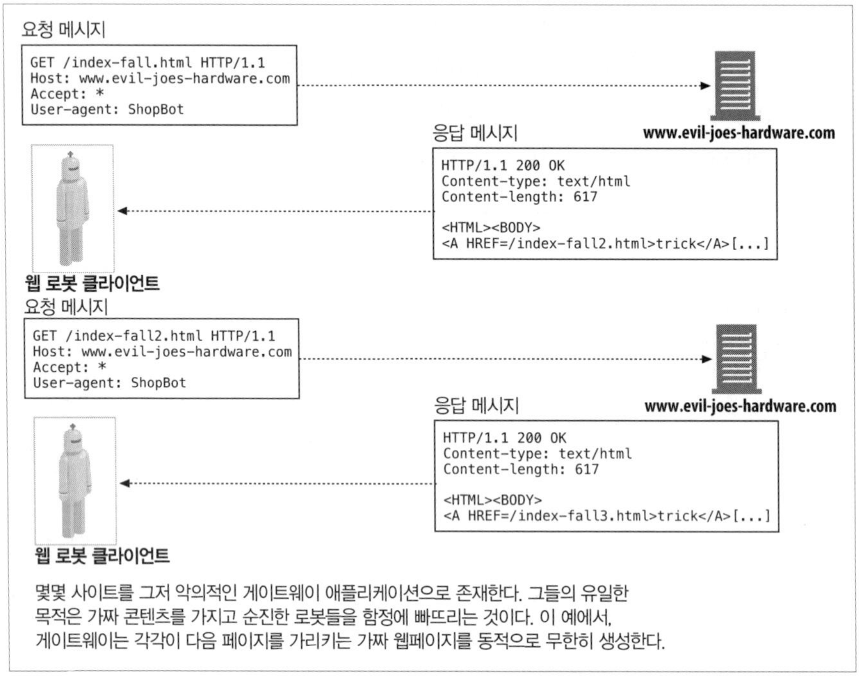

그림 9-4 악의적인 동적 웹 공간의 예

청할 수도 있다.[4]

9.1.10 루프와 중복 피하기

모든 순환을 피하는 완벽한 방법은 없다. 실제로 잘 설계된 로봇은 순환을 피하기 위해 휴리스틱의 집합을 필요로 한다.

일반적으로 더욱 자율적인 크롤러(인간의 감독을 덜 필요로 하는)는 더 쉽게 곤란한 상황에 부딪힌다. 로봇 구현자가 생각해야 할 트레이드오프가 하나 있는데, 이들 휴리스틱은 문제를 피하는데 도움을 주지만 동시에 약간 '손실'을 유발할 수도 있다는 점이다. 왜냐하면 의심스러워 보이지만 실은 유효한 콘텐츠를 걸러버리게 되는 일도 일어날 수 있기 때문이다.

웹은 로봇이 문제를 일으킬 가능성으로 가득 차 있다. 이러한 웹에서 로봇이 더 올바르게 동작하기 위해 사용하는 기법들은 다음과 같다.

4 이것은 http://www.searchtools.com/robots/robot-checklist.html에서 언급된, 달력 사이트 https://webviewer.collegenet.com/umbc에 대한 실제 예다. 동적 콘텐츠로 인해 발생할 수 있는 이러한 결과 때문에, 많은 로봇이 URL의 어딘가에 'cgi'라는 문자열을 포함한 사이트 크롤링을 거부한다.

URL 정규화

URL을 표준 형태로 변환함으로써, 같은 리소스를 가리키는 중복된 URL이 생기는 것을 일부 회피한다.

너비 우선 크롤링

크롤러들은 언제든지 크롤링을 할 수 있는 URL들의 큰 집합을 갖고 있다. 방문할 URL들을 웹 사이트들 전체에 걸쳐 너비 우선으로 스케줄링하면, 순환의 영향을 최소화할 수 있다. 혹여 로봇 함정을 건드리게 되더라도, 여전히 그 순환에서 페이지를 받아오기 전에 다른 웹 사이트들에서 수십만 개의 페이지들을 받아올 수 있다. 만약 로봇을 깊이 우선 방식으로 운용하여 웹 사이트 하나에 성급하게 뛰어든다면, 순환을 건드리는 경우 영원히 다른 사이트로 빠져나올 수 없게 될 것이다.[5]

스로틀링[6]

로봇이 웹 사이트에서 일정 시간 동안 가져올 수 있는 페이지의 숫자를 제한한다. 만약 로봇이 순환을 건드려서 지속적으로 그 사이트의 별칭들에 접근을 시도한다면, 스로틀링을 이용해 그 서버에 대한 접근 횟수와 중복의 총 횟수를 제한할 수 있을 것이다.

URL 크기 제한

로봇은 일정 길이(보통 1KB)를 넘는 URL의 크롤링은 거부할 수 있다. 만약 순환으로 인해 URL이 계속해서 길어진다면, 결국에는 길이 제한으로 인해 순환이 중단될 것이다. 어떤 웹 서버들은 긴 URL이 주어진 경우 실패한다, 그리고 URL이 점점 길어지는 순환에 빠진 로봇은 이러한 웹 서버들과 충돌을 유발할 수 있다. 이것은 웹 마스터가 로봇을 서비스 거부 공격자로 오해하도록 만든다.

주의해야 할 점은, 이 기법을 적용하면 가져오지 못하는 콘텐츠들도 틀림없이 있을 것이라는 점이다. 많은 사이트들이 오늘날 URL을 사용자 상태를 관리하기 위해 사용한다(예를 들어, 사용자 아이디를 페이지에서 참조하고 있는 URL들에 저장한다). URL 길이는 크롤링을 제한하는 방법으로서는 까다로운 것일 수 있다. 그러나 이 기법은 요청 URL이 특정 크기에 도달할 때마다 에러 로그를 남김으로써, 특정 사이트에서 어떤 일이 벌어지는지 감시하는 사용자에게는 훌륭한 신호를 제공할 수 있다.

---

5 너비 우선 크롤링은 요청을 더 분산시켜서 특정 서버가 압박 받지 않도록 해준다는 점에서 대체로 좋은 생각이다. 이것은 한 로봇이 한 서버의 자원을 최소로 사용하도록 유지해준다.

6 요청의 스로틀링 비율은 "로봇 에티켓"에서도 다룬다.

URL/사이트 블랙리스트

로봇 순환을 만들어 내거나 함정인 것으로 알려진 사이트와 URL의 목록을 만들어 관리하고 그들을 전염병 피하듯 피한다. 문제를 일으키는 사이트나 URL이 발견될 때마다 이 블랙리스트에 추가한다.

이는 사람의 손을 필요로 한다. 그러나 오늘날 실제 사용 중인 대부분의 대규모 크롤러들은 어떤 문제를 내재하고 있거나 악의적인 것이 확실한 사이트들을 피하기 위해 사용하는 몇 가지 형태의 블랙리스트를 가지고 있다. 블랙리스트는 크롤링되는 것을 싫어하는 특정 사이트를 피하기 위해 사용될 수 있다.[7]

패턴 발견

파일 시스템의 심벌릭 링크를 통한 순환과 그와 비슷한 오설정들은 일정 패턴을 따르는 경향이 있다. 예를 들어, URL은 중복된 구성 요소와 함께 점점 길어질 수도 있다. 몇몇 로봇은 반복되는 구성요소를 가진 URL을 잠재적인 순환으로 보고, 둘 혹은 셋 이상의 반복된 구성요소를 갖고 있는 URL을 크롤링하는 것을 거절한다.

반복이 '/subdir/subdir/subdir...'과 같이 단순한 것만 있는 것은 아니다. '/subdir/images/subdir/images/subdir/images/...'과 같이 주기의 길이가 2 이상인 반복도 있을 수 있다. 몇몇 로봇은 몇 가지 다른 주기의 반복 패턴을 감지해낸다.

콘텐츠 지문(fingerprint)

지문은 더욱 복잡한 웹 크롤러들 몇몇에 의해 사용되는 중복을 감지하는 보다 직접적인 방법이다. 콘텐츠 지문을 사용하는 로봇들은 페이지의 콘텐츠에서 몇 바이트를 얻어내어 체크섬(checksum)을 계산한다. 이 체크섬은 그 페이지 내용의 간략한 표현이다. 만약 로봇이 이전에 보았던 체크섬을 가진 페이지를 가져온다면, 그 페이지의 링크는 크롤링하지 않는다. 로봇이 그 페이지의 콘텐츠를 이전에 본 것이므로, 그 페이지의 링크들은 이미 크롤링이 시작된 상태이기 때문이다.

체크섬 함수는, 어떤 두 페이지가 서로 내용이 다름에도 체크섬은 똑같을 확률이 적은 것을 사용해야 한다. 지문 생성용으로는 MD5와 같은 메시지 요약 함수가 인기 있다.

어떤 웹 서버들은 동적으로 그때그때 페이지를 수정하기 때문에, 로봇들은 때때로 웹페이지 콘텐츠에 임베딩된 링크와 같은 특정 부분들을 체크섬 계산에서 빠뜨린다. 뿐만 아니라 페이지 콘텐츠를 임의로 커스터마이징하는 것(날짜 추가, 카운

7 "로봇 차단하기"는 어떻게 웹 사이트들이 크롤링되는 것을 피할 수 있는지 다루지만, 몇몇 사용자는 이 단순한 제어 메커니즘 사용을 거부하고 그들의 사이트가 크롤링 될 때 상당히 화를 낼 것이다.

터 접근 등)을 포함한 서버 측의 동적인 동작은 중복 감지를 방해할 수 있다.

사람의 모니터링

웹은 거친 곳이다. 로봇은 결국 자신에게 적용된 어떤 기법으로도 해결할 수 없는 문제에 봉착하게 될 것이다. 모든 상용 수준의 로봇은 사람이 쉽게 로봇의 진행 상황을 모니터링해서 뭔가 특이한 일이 일어나면 즉각 인지할 수 있게끔 반드시 진단과 로깅을 포함하도록 설계되어야 한다. 그렇지 않으면 화가 난 누리꾼들이 당신에게 보낸 험악한 이메일을 통해 문제를 인지하게 될지도 모른다.

웹과 같이 거대한 데이터 집합을 크롤링하기 위한 좋은 스파이더 휴리스틱을 만드는 작업은 언제나 현재진행형이다. 시간이 지남에 따라 새로운 규칙이 만들어지고, 웹에 새로운 종류의 리소스가 추가됨에 따라 적용된다. 좋은 규칙들은 언제나 진화한다.

더 작고 더 커스터마이징된 크롤러들은, 그들이 어떤 자원(서버, 네트워크 대역폭 등)에 얼마나 영향을 줄 것인지를 스스로 제어할 수 있거나, 혹은 심지어 그 자원들 자체가 크롤링을 수행하는 사람의 제어하에 있을 수도 있기 때문에(인트라넷 사이트에서처럼), 이 문제들 중 일부는 피해갈 수 있다. 이 크롤러들은 문제를 예방하기 위해 사람의 모니터링에 더욱 의존한다.

9.2 로봇의 HTTP

로봇들은 다른 HTTP 클라이언트 프로그램과 다르지 않다. 그들 또한 HTTP 명세의 규칙을 지켜야 한다. HTTP 요청을 만들고 스스로를 HTTP/1.1 클라이언트라고 광고하는 로봇은 적절한 HTTP 요청 헤더를 사용해야 한다.

많은 로봇이 그들이 찾는 콘텐츠를 요청하기 위해 필요한 HTTP를 최소한으로만 구현하려고 한다. 이는 문제를 유발할 수 있지만, 이러한 행태가 조만간 바뀔 것 같지는 않다. 결과적으로 많은 로봇이 HTTP/1.0 요청을 보낸다. HTTP/1.0은 요구사항이 적기 때문이다.

9.2.1 요청 헤더 식별하기

로봇들이 HTTP를 최소한도로만 지원하려고 함에도 불구하고, 그들 대부분은 약간의 신원 식별 헤더(특히 User-Agent HTTP 헤더)를 구현하고 전송한다. 로봇 구현자들은 로봇의 능력, 신원, 출신을 알려주는 기본적인 몇 가지 헤더를 사이트에게 보내주는 것이 좋다.

이는 잘못된 크롤러의 소유자를 찾아낼 때와 서버에게 로봇이 어떤 종류의 콘텐츠를 다룰 수 있는지에 대한 약간의 정보를 주려 할 때 모두 유용한 정보다. 로봇 개발자들이 구현을 하도록 권장되는 기본적인 신원 식별 헤더들에는 다음과 같은 것이 있다.

User-Agent
서버에게 요청을 만든 로봇의 이름을 말해준다.

From
로봇의 사용자/관리자의 이메일 주소를 제공한다.[8]

Accept
서버에게 어떤 미디어 타입을 보내도 되는지 말해준다.[9] 이 헤더는 로봇이 관심 있는 유형의 콘텐츠(텍스트, 이미지 등)만 받게 될 것임을 확신하는데 도움을 준다.

Referer
현재의 요청 URL을 포함한 문서의 URL을 제공한다.[10]

9.2.2 가상 호스팅

로봇 구현자들은 Host 헤더를 지원할 필요가 있다. 가상 호스팅이 널리 퍼져있는 현실에서(5장에서 가상 호스팅에 대해 자세히 논의했다), 요청에 Host 헤더를 포함하지 않으면 로봇이 어떤 URL에 대해 잘못된 콘텐츠를 찾게 만든다. 이러한 이유로 HTTP/1.1은 Host 헤더를 사용할 것을 요구한다.

대부분의 서버들은 기본적으로 특정 사이트 하나를 운영하도록 설정되어 있다. 따라서 Host 헤더를 포함하지 않은 크롤러는, 두 개의 사이트를 운영하는 서버에 그림 9-5와 같이 요청을 보낼 수도 있을 것이다(www.joes-hardware.com과 www.foo.com). 그리고 만약 서버가 기본적으로 www.joes-hardware.com을 제공하도

8 RFC 822 이메일 주소 포맷

9 3장의 "Accept 관련 헤더"는 모든 Accept 관련 헤더들을 나열한다. 로봇은 특정 버전에만 관심이 있는 경우에는 Accept-Charset과 같은 헤더를 보내는 것이 유용하다는 사실을 깨닫게 될 것이다.

10 이것은 어떻게 로봇이 그들 사이트의 콘텐츠에 대한 링크를 발견했는지 알아내고 싶은 사이트 관리자들에게 매우 유용할 것이다.

록 설정되어 있다면(그리고 Host 헤더를 요구하지 않는다면), www.foo.com 페이지에 대한 요청은 크롤러가 조의 하드웨어 사이트에 대한 콘텐츠를 얻게 만든다. 더욱 나쁜 것은, 크롤러는 조의 하드웨어에서 받은 콘텐츠를 www.foo.com에서 온 것으로 생각할 것이라는 점이다. 정치적으로 입장이 반대거나 혹은 관점이 다른 두 사이트로부터의 문서가 같은 서버에서 운영되는 더 안 좋은 상황을 떠올려 볼 수 있을 것이다.

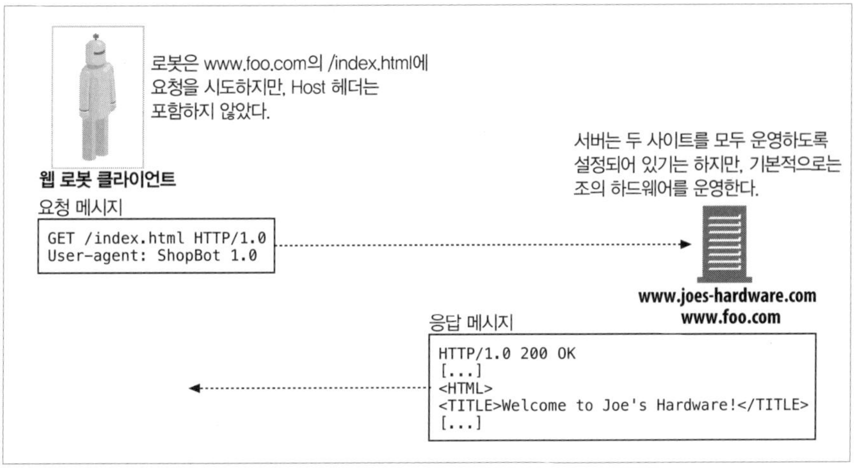

그림 9-5 요청에 Host 헤더가 없는 경우 가상 docroot가 문제를 일으키는 예

9.2.3 조건부 요청

때때로 로봇들이 극악한 양의 요청을 시도한다는 것을 고려할 때, 로봇이 검색하는 콘텐츠의 양을 최소화하는 것은 상당히 의미 있는 일이다. 수십억 개의 웹페이지를 다운 받게 될 수도 있는 인터넷 검색엔진 로봇과 같은 경우, 오직 변경되었을 때만 콘텐츠를 가져오도록 하는 것은 의미가 있다.

이들 로봇 중의 몇몇은 시간이나 엔터티 태그를 비교함으로써 그들이 받아간 마지막 버전 이후에 업데이트 된 것이 있는지 알아보는 조건부 HTTP 요청을 구현한다.[11] 이는 HTTP 캐시가 전에 받아온 리소스의 로컬 사본이 유효성을 검사하는 방법과 매우 비슷하다. 어떻게 캐시가 리소스의 로컬 사본을 검사하는지 더 자세히 알고 싶으면 7장을 보라.

11 3장의 "조건부 요청 헤더"는 로봇이 구현할 수 있는 조건부 헤더의 완전한 목록을 제공한다.

9.2.4 응답 다루기

대다수 로봇들은 주 관심사가 단순히 GET 메서드로 콘텐츠를 요청해서 가져오는 것이기 때문에, 응답 다루기라고 부를 만한 일은 거의 하지 않는다. 그러나 HTTP의 특정 몇몇 기능(조건부 요청과 같은)을 사용하는 로봇들이나, 웹 탐색이나 서버와의 상호작용을 더 잘 해보려고 하는 로봇들은 여러 종류의 HTTP 응답을 다룰 줄 알 필요가 있다.

상태 코드

일반적으로, 로봇들은 최소한 일반적인 상태 코드나 예상할 수 있는 상태 코드를 다룰 수 있어야 한다. 모든 로봇은 200 OK나 404 Not Found와 같은 HTTP 상태 코드를 이해해야 한다. 그들은 그들이 명시적으로 이해할 수 없는 상태 코드는, 그 상태 코드가 속한 분류에 근거하여 다루어야 한다. 3장의 표 3-2는 여러 상태 코드 분류의 명세와 그들의 의미를 보여주고 있다.

모든 서버가 언제나 항상 적절한 에러 코드를 반환하지는 않는다는 걸 알아두는 게 중요하다. 몇몇 서버는 에러를 기술하는 메시지조차 200 OK로 응답하기도 한다! 이에 대해 뭔가 할 수 있는 일은 거의 없지만 명세를 구현하는 개발자라면 일단 알아두도록 하자.

엔터티

HTTP 헤더에 임베딩된 정보를 따라 로봇들은 엔터티 자체의 정보를 찾을 수 있다. 메타 http-equiv 태그와 같은 메타 HTML 태그[12]는 리소스에 대해 콘텐츠 저자가 포함시킨 정보다. http-equiv 태그 자체는 콘텐츠 저자가 콘텐츠를 다루는 서버가 제공할 수도 있는 헤더를 덮어쓰기 위한 수단이다.

```
<meta http-equiv="Refresh" content="1; URL=index.html">
```

이 태그는 수신자가 문서를 마치 그 문서의 HTTP 응답 값이 "1; URL=index.html"인 Refresh HTTP 헤더를 포함하고 있는 것처럼 다루게 한다.[13]

몇몇 서버는 HTML 페이지를 보내기 전에 그 내용을 파싱하여 http-equiv 태그를 헤더로 포함시킨다. 그러나 어떤 서버들은 그렇게 하지 않는다. 로봇 구현자들은

12 이 장의 "로봇 META 지시자"는 사이트 관리자들과 콘텐츠 저자들이 로봇의 동작과 그들이 검색한 문서들로 무엇을 할지 제어하는데 사용할 수 있는 추가적인 메타 지시자를 나열한다.

13 Refresh HTTP 헤더는 종종 사용자들을(여기서는 로봇) 한 페이지에서 다른 페이지로 리다이렉트한다는 의미로 사용된다.* (옮긴이) "1; URL=index.html"은 1초 후에 index.html로 리다이렉트하라는 의미다.

http-equiv 정보를 찾아내기 위해 HTML 문서의 HEAD 태그를 탐색하기를 원할 수도 있다.[14]

9.2.5 User-Agent 타기팅

웹 관리자들은 많은 로봇이 그들의 사이트를 방문하게 될 것임을 명심하고, 그 로봇들로부터의 요청을 예상해야 한다.

많은 웹 사이트들은 그들의 여러 기능을 지원할 수 있도록 브라우저의 종류를 감지하여 그에 맞게 콘텐츠를 최적화한다. 이것을 함으로써, 사이트는 로봇에게 콘텐츠 대신 에러 페이지를 제공한다. 몇몇 검색엔진에서 "당신의 브라우저는 프레임을 지원하지 않습니다(your browser does not support frames)"라는 문구로 검색을 해 보면, HTTP 클라이언트가 웹브라우저가 아닌 로봇이었음에도 그 문구를 보여주었던 에러 페이지들의 목록을 볼 수 있을 것이다.

사이트 관리자들은 로봇의 요청을 다루기 위한 전략을 세워야 한다. 예를 들어 특정 브라우저의 기능이 지원되는 것을 전제하여 콘텐츠를 개발하는 대신, 풍부한 기능을 갖추지 못한 브라우저나 로봇 등 다양한 클라이언트에 잘 대응하는 유연한 페이지를 개발할 수 있을 것이다. 사이트 관리자들은 최소한 로봇이 그들의 사이트에 방문했다가 콘텐츠를 얻을 수 없어 당황하는 일이 없도록 대비해야 한다.[15]

9.3 부적절하게 동작하는 로봇들

제멋대로인 로봇들이 아수라장을 만들 여러 가능성이 있다. 로봇들이 저지르는 실수 몇 가지와 그로 인해 초래되는 결과를 몇 가지 들어보면 다음과 같다.

폭주하는 로봇

로봇은 웹 서핑을 하는 사람보다 훨씬 빠르게 HTTP 요청을 만들 수 있다. 그리고 그들은 흔히 빠른 네트워크 연결을 갖춘 빠른 컴퓨터 위에서 동작한다. 만약 로봇이 논리적인 에러를 갖고 있거나 순환에 빠졌다면 웹 서버에 극심한 부하를 안겨줄 수 있으며, 이것이 서버에 과부하를 유발하여 다른 누구에게도 서비스를 못하게 만드는 일도 분명히 있을 수 있다. 모든 로봇 저자들은 폭주 방지를 위한 보호 장치를

---

14 HTML 명세에 따르면 메타 태그는 반드시 HTML 문서의 HEAD 섹션에 나타나야 한다. 그러나 모든 HTML 문서가 이 명세를 충실히 지키는 것은 아니기 때문에 종종 HTML 문서의 다른 영역에 나타나기도 한다.

15 "로봇 차단하기"는 사이트 관리자가 사이트의 특정 콘텐츠에 로봇이 접근할 수 없도록 로봇의 동작을 제어하는 방법에 대한 정보를 제공한다.

반드시 극히 신경 써서 설계해야 한다.

오래된 URL

몇몇 로봇은 URL의 목록을 방문한다. 그 목록은 오래되었을 수 있다. 만약 웹 사이트가 그들의 콘텐츠를 많이 바꾸었다면, 로봇들은 존재하지 않는 URL에 대한 요청을 많이 보낼 수 있다. 이것은 존재하지 않는 문서에 대한 접근 요청으로 에러 로그가 채워지거나, 에러 페이지를 제공하는 부하로 인해 웹 서버의 요청에 대한 수용 능력이 감소되는 것을 좋아하지 않는 웹 사이트 관리자들을 짜증나게 한다.

길고 잘못된 URL

순환이나 프로그래밍상의 오류로 인해 로봇은 웹 사이트에게 크고 의미 없는 URL을 요청할 수 있다. 만약 그 URL이 충분히 길다면, 이는 웹 서버의 처리 능력에 영향을 주고, 웹 서버의 접근 로그를 어지럽게 채우고, 심지어 허술한 웹 서버라면 고장을 일으킬 수도 있다.

호기심이 지나친 로봇[16]

어떤 로봇들은 사적인 데이터에 대한 URL을 얻어 그 데이터를 인터넷 검색엔진이나 기타 애플리케이션을 통해 쉽게 접근할 수 있도록 만들 수도 있다. 만약 그 데이터의 소유자가 그 웹페이지를 적극적으로 알리는 것을 원치 않았다면 그는 이를 운이 좋다면 성가신 것 정도로, 최악의 경우라면 사생활 침해라고 여길 것이다.

보통 이는 사적인 콘텐츠에 대한 이미 존재하는 하이퍼링크를 로봇이 따라감으로써 벌어지는 일이다(예: 소유자가 비밀이라고 생각했지만 사실은 그렇지 않았던 콘텐츠나, 소유자가 이미 존재하는 하이퍼링크를 제거하는 것을 깜박한 경우). 이러한 일은 매우 광적인 로봇이 명시적으로는 하이퍼링크가 존재하지도 않는 문서들을 디렉터리의 콘텐츠를 가져오는 등의 방법으로 긁어올 때 가끔씩 일어날 수 있다.

웹에서 많은 양의 데이터를 검색하는 로봇의 구현자들은 사이트 구현자들이 인터넷을 통해 접근 가능하리라고 결코 의도하지 않았을 몇몇 특정 지점의 민감한 데이터를 그들의 로봇이 검색할 수 있다는 것에 주의해야 한다. 이 민감한 데이터는 비밀번호 파일이나 심지어 신용카드 정보를 포함할 수 있다. 이러한 콘텐츠를 무시하는(그리고 검색 색인이나 아카이브에서 제거하는) 메커니즘은 명백히 중요하다. 악의적인 검색엔진과 아카이브 사용자들은 콘텐츠를 찾기 위해 대규모 웹 크롤러

16 일반적으로 공개된 인터넷을 통해 리소스가 접근 가능하다면, 어디서든 접근할 수 있는 것이다. 인터넷에 링크가 존재하는 한 진정한 의미의 사적인 리소스는 거의 없다.

의 능력을 이용하는 것으로 알려져 있다(구글[17]과 같은 몇몇 검색엔진은 그들이 크롤링한 페이지들을 그대로 보관하기 때문에, 콘텐츠가 제거되더라도 일정 시간 동안에는 여전히 검색되고 접근 가능하다).

동적 게이트웨이 접근

로봇들이 그들이 접근하고 있는 것에 대해 언제나 잘 알고 있는 것은 아니다. 로봇은 게이트웨이 애플리케이션의 콘텐츠에 대한 URL로 요청을 할 수도 있다. 이 경우 얻은 데이터는 아마도 특수 목적을 위한 것일 테고 처리 비용이 많이 들 것이다. 많은 웹 사이트 관리자가 게이트웨이에서 얻은 문서를 요청하는 순진한 로봇들을 좋아하지 않는다.

9.4 로봇 차단하기

로봇 커뮤니티는 로봇에 의한 웹 사이트 접근이 유발할 수 있는 문제를 알고 있었다. 1994년, 로봇이 그들에게 맞지 않는 장소에 들어오지 않도록 하고 웹 마스터에게 로봇의 동작을 더 잘 제어할 수 있는 메커니즘을 제공하는 단순하고 자발적인 기법이 제안되었다. 이 표준은 "Robots Exclusion Standard"라고 이름 지어졌지만, 로봇의 접근을 제어하는 정보를 저장하는 파일의 이름을 따서 종종 그냥 robots.txt라고 불린다.

robots.txt의 아이디어는 단순하다. 어떤 웹 서버는 서버의 문서 루트에 robots.txt라고 이름 붙은 선택적인 파일을 제공할 수 있다. 이 파일은 어떤 로봇이 서버의 어떤 부분에 접근할 수 있는지에 대한 정보가 담겨있다. 만약 어떤 로봇이 이 자발적인 표준에 따른다면, 그것은 웹 사이트의 어떤 다른 리소스에 접근하기 전에 우선 그 사이트의 robots.txt를 요청할 것이다. 예를 들어, 그림 9-6의 로봇은 조의 하드웨어에서 http://www.joes-hardware.com/specials/acetylene-torches.html을 다운받으려고 한다. 하지만 로봇은 그 페이지를 요청하기 전에 먼저 이 페이지를 가져올 수 있는 권한이 있는지 확인하기 위해 robots.txt 파일을 검사할 필요가 있다. 이 예에서, robots.txt 파일은 로봇을 차단하지 않으므로 로봇은 그 페이지를 가져오게 된다.

---

17 http://www.google.com의 검색 결과를 보라. 대부분의 검색 결과에 그 페이지를 구글 크롤러가 가져와 인덱싱한 복사본인 "저장된 페이지" 링크가 붙어있다.

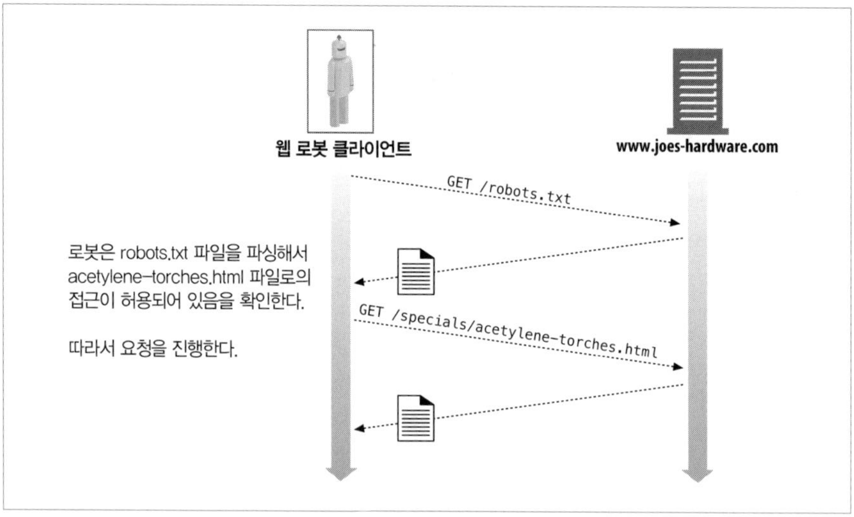

그림 9-6 robots.txt를 가져와서 대상 파일을 크롤링하기 전에 접근해도 되는지 확인하기

9.4.1 로봇 차단 표준

로봇 차단 표준은 임시방편으로 마련된 표준이다. 이 표준이 작성되고 있을 때, 이 표준을 소유하고 있는 주체가 없었고 업체들은 이 표준의 부분집합을 제각각 구현하고 있었다. 여전히 웹 사이트에 대한 로봇의 접근을 제어하는 능력은 불완전한 데가 있지만 없는 것보다는 훨씬 낫고 대부분의 주류 업체들과 검색엔진 크롤러들은 이 차단 표준을 지원한다.

로봇 차단 표준에는, 버전의 이름이 잘 정의되어 있지는 않지만 세 가지 버전이 존재한다. 우리는 표 9-2의 버전 넘버링을 채택한다.

버전	이름과 설명	날짜
0.0	로봇 배제 표준-Disallow 지시자를 지원하는 마틴 코스터(Martijn Koster)의 오리지널 robots.txt 메커니즘	1994년 6월
1.0	웹 로봇 제어 방법-Allow 지시자의 지원이 추가된 마틴 코스터의 IETF 초안	1996년 11월
2.0	로봇 차단을 위한 확장 표준-정규식과 타이밍 정보를 포함한 숀 코너(Sean Conner)의 확장. 널리 지원되지는 않는다.	1996년 11월

표 9-2 로봇 차단 표준

오늘날 대부분의 로봇들은 v0.0이나 v1.0 표준을 채택했다. v2.0 표준은 훨씬 복잡하고 널리 채택되지 못하고 있으며, 앞으로도 그럴 것이다. 우리는 널리 사용되고 v0.0과 완전히 호환되는 v1.0 표준에 초점을 맞출 것이다.

9.4.2 웹 사이트와 robots.txt 파일들

웹 사이트의 어떤 URL을 방문하기 전에, 그 웹 사이트에 robots.txt 파일이 존재한다면 로봇은 반드시 그 파일을 가져와서 처리해야 한다.[18] 호스트 명과 포트번호에 의해 정의되는 어떤 웹 사이트가 있을 때, 그 사이트 전체에 대한 robots.txt 파일은 단 하나만이 존재한다. 만약 웹 사이트가 가상 호스팅된다면, 다른 모든 파일이 그러하듯이 각각의 가상 docroot에 서로 다른 robots.txt가 있을 수 있다

이 책을 쓰고 있는 시점에서, '로컬' robots.txt 파일을 웹 사이트의 개별 서브디렉터리에 설치할 수 있는 방법은 존재하지 않는다. 웹 마스터는 웹 사이트의 모든 콘텐츠에 대한 차단 규칙을 종합적으로 기술한 robots.txt 파일을 생성할 책임이 있다.

robots.txt 가져오기

로봇은 웹 서버의 여느 파일들과 마찬가지로 HTTP GET 메서드를 이용해 robots.txt 리소스를 가져온다. 그 robots.txt가 존재한다면 서버는 그 파일을 text/plain 본문으로 반환한다. 만약 서버가 404 Not Found HTTP 상태 코드로 응답한다면 로봇은 그 서버는 로봇의 접근을 제한하지 않는 것으로 간주하고 어떤 파일이든 요청하게 될 것이다.

로봇은 사이트 관리자가 로봇의 접근을 추적할 수 있도록 From이나 User-Agent 헤더를 통해 신원 정보를 넘기고, 사이트 관리자가 로봇에 대해 문의나 불만사항이 있을 경우를 위해 연락처를 제공해야 한다. 다음은 상용 웹 로봇이 보낼 수 있는 HTTP 크롤러 요청의 한 가지 예다.

```
GET /robots.txt HTTP/1.0
Host: www.joes-hardware.com
User-Agent: Slurp/2.0
Date: Wed Oct 3 20:22:48 EST 2001
```

응답 코드

많은 웹 사이트가 robots.txt를 갖고 있지 않지만, 로봇은 그 사실을 모른다. 로봇은 어떤 웹 사이트든 반드시 robots.txt를 찾아본다. 로봇은 robots.txt의 검색 결과에 따라 다르게 동작한다.

- 서버가 성공(HTTP 상태 코드 2XX)으로 응답하면 로봇은 반드시 그 응답의 콘텐츠를 파싱하여 차단 규칙을 얻고, 그 사이트에서 무언가를 가져오려 할 때 그 규

18 우리가 'robots.txt 파일'이라고 부르긴 하지만, 사실 robots.txt가 반드시 파일 시스템에 존재해야 할 이유는 없다. 예를 들어, 게이트웨이 애플리케이션이 robots.txt를 동적으로 생성할 수도 있을 것이다.

칙에 따라야 한다.

- 만약 리소스가 존재하지 않는다고 서버가 응답하면(HTTP 상태 코드 404) 로봇은 활성화된 차단 규칙이 존재하지 않는다고 가정하고 robots.txt의 제약 없이 그 사이트에 접근할 수 있다.
- 만약 서버가 접근 제한(HTTP 상태 코드 401 혹은 403)으로 응답한다면 로봇은 그 사이트로의 접근은 완전히 제한되어 있다고 가정해야 한다.
- 만약 요청 시도가 일시적으로 실패했다면(HTTP 상태 코드 503) 로봇은 그 사이트의 리소스를 검색하는 것은 뒤로 미루어야 한다.
- 만약 서버 응답이 리다이렉션을 의미한다면(HTTP 상태 코드 3XX) 로봇은 리소스가 발견될 때까지 리다이렉트를 따라가야 한다.

9.4.3 robots.txt 파일 포맷

robots.txt 파일은 매우 단순한 줄 기반 문법을 갖는다. robots.txt 파일의 각 줄은 빈 줄, 주석 줄, 규칙 줄의 세 가지 종류가 있다. 규칙 줄은 HTTP 헤더처럼 생겼고(〈필드〉:〈값〉) 패턴 매칭을 위해 사용된다. 예를 하나 들어보면 다음과 같다.

```
# 이 robots.txt 파일은 Slurp과 Webcrawler가 우리 사이트의 공개된
# 영역을 크롤링하는 것을 허락한다. 그러나 다른 로봇은 안 된다...

User-Agent: slurp
User-Agent: webcrawler
Disallow: /private

User-Agent: *
Disallow:
```

robots.txt의 이 줄들은 레코드로 구분된다. 각 레코드는 특정 로봇들의 집합에 대한 차단 규칙의 집합을 기술한다. 이 방법을 통해 로봇별로 각각 다른 차단 규칙을 적용할 수 있다.

각 레코드는 규칙 줄들의 집합으로 되어 있으며 빈 줄이나 파일 끝(end-of-file) 문자로 끝난다. 레코드는 어떤 로봇이 이 레코드에 영향을 받는지 지정하는 하나 이상의 User-Agent 줄로 시작하며 뒤이어 이 로봇들이 접근할 수 있는 URL들을 말해주는 Allow 줄과 Disallow 줄이 온다.[19]

앞의 예는 robots.txt 파일이 Slurp과 Webcrawler 로봇들이 사적인 하위 디렉터리

19 현실적인 이유로, 로봇 소프트웨어는 줄바꿈 문자를 유연하게 받아들일 수 있어야 한다. CR, LF, CRLF 모두 지원해야 한다.

안에 있는 것을 제외한 어떤 파일이든 접근할 수 있도록 허용하는 것을 보여준다. 이 파일은 또한 다른 로봇들이 이 사이트의 그 무엇에도 접근할 수 없도록 막는다.

그럼 User-Agent, Disallow, Allow 줄들에 대해 살펴보자.

User-Agent 줄

각 로봇의 레코드는 하나 이상의 User-Agent 줄로 시작하며 형식은 다음과 같다.

```
User-Agent: <robot-name>
```

혹은 다음과 같을 수도 있다.

```
User-Agent: *
```

로봇의 이름(로봇 구현자에 의해 정해진)은 로봇의 HTTP GET 요청 안의 User-Agent 헤더를 통해 보내진다.

robots.txt 파일을 처리한 로봇은 다음의 레코드에 반드시 복종해야 한다.

- 로봇 이름이 자신 이름의 부분 문자열이 될 수 있는 레코드들 중 첫 번째 것.
- 로봇 이름이 '*'인 레코드들 중 첫 번째 것.

만약 로봇이 자신의 이름에 대응하는 User-Agent 줄을 찾지 못하였고 와일드카드를 사용한 'User-Agent: *' 줄도 찾지 못했다면, 대응하는 레코드가 없는 것이므로, 접근에는 어떤 제한도 없다.

로봇 이름을 대소문자를 구분하지 않는 부분 문자열과 맞춰보므로, 의도치 않게 맞는 경우에 주의해야 한다. 예를 들어, 'User-Agent: bot'은 Bot, Robot, Bottom-Feeder, Spambot, Dont-Bother-Me에 매치된다.

Disallow와 Allow 줄들

Disallow와 Allow 줄은 로봇 차단 레코드의 User-Agent 줄들 바로 다음에 온다. 이 줄들은 특정 로봇에 대해 어떤 URL 경로가 명시적으로 금지되어 있고 명시적으로 허용되는지 기술한다.

로봇은 반드시 요청하려고 하는 URL을 차단 레코드의 모든 Disallow와 Allow 규칙에 순서대로 맞춰 보아야 한다. 첫 번째로 맞은 것이 사용된다. 만약 어떤 것도 맞지 않으면, 그 URL은 허용된다.[20]

---

20 robots.txt URL은 항상 허용되어야 하며 Allow/Disallow 규칙에 나타나서는 안 된다.

URL과 맞는 하나의 Allow/Disallow 줄에 대해, 규칙 경로는 반드시 그 맞춰보고자 하는 경로의 대소문자를 구분하는 접두어여야 한다. 예를 들어, 'Disallow: /tmp'는 다음의 모든 URL에 대응된다.

```
http://www.joes-hardware.com/tmp
http://www.joes-hardware.com/tmp/
http://www.joes-hardware.com/tmp/pliers.html
http://www.joes-hardware.com/tmpspc/stuff.txt
```

Disallow/Allow 접두 매칭(prefix matching)

Disallow/Allow 접두 매칭에 대해 좀 더 자세히 설명하면 다음과 같다.

- Disallow나 Allow 규칙이 어떤 경로에 적용되려면, 그 경로의 시작부터 규칙 경로의 길이만큼의 문자열이 규칙 경로와 같아야 한다(대소문자의 차이도 없어야 한다). User-Agent 줄과 달리 별표(*)는 특별한 의미를 갖지 않지만, 대신 빈 문자열을 이용해 모든 문자열에 매치되도록 할 수 있다.
- 규칙 경로나 URL 경로의 임의의 '이스케이핑된' 문자들(%XX)은 비교 전에 원래대로 복원된다(빗금(/)을 의미하는 %2F는 예외로, 반드시 그대로 매치되어야 한다).
- 만약 어떤 규칙 경로가 빈 문자열이라면, 그 규칙은 모든 URL 경로와 매치된다.

표 9-3은 규칙 경로와 URL 경로를 맞춰보는 예를 몇 가지 보여주고 있다.

규칙 경로	URL 경로	매치되는가?	부연 설명
/tmp	/tmp	O	규칙 경로 == URL 경로
/tmp	/tmpfile.html	O	규칙 경로가 URL 경로의 접두어다.
/tmp	/tmp/a.html	O	규칙 경로가 URL 경로의 접두어다.
/tmp/	/tmp	X	/tmp/는 /tmp의 접두어가 아니다.
	README.TXT	O	빈 문자열은 모든 것에 매치된다.
/~fred/hi.html	%7Efred/hi.html	O	%7E은 ~과 같은 것으로 취급된다.
/%7Efred/hi.html	/~fred/hi.html	O	%7E는 ~과 같은 것으로 취급된다.
/%7efred/hi.html	/%7Efred/hi.html	O	이스케이핑된 문자는 대소문자를 구분하지 않는다.
/~fred/hi.html	~fred%2Fhi.html	X	%2F는 빗금(/)이 맞긴 하지만, 빗금은 특별히 정확하게 매치되어야 한다.

표 9-3 robots.txt 경로와 URL 경로

접두 매칭은 꽤 잘 동작하지만, 그것으로는 표현력이 충분하지 못한 경우가 몇 가

지 있다. 어떤 경로 밑에 있느냐와 상관없이 특정 이름의 디렉터리에 대해서는 크롤링을 못하게 하고 싶은 경우가 있을 수 있는데, robots.txt는 이를 표현할 수단을 제공해주지 않는다. 예를 들어, RCS 버전 컨트롤 하위 디렉터리에 대해서는 크롤링을 못하게 하고 싶을 수 있다. robots.txt 버전 1.0 스킴은 모든 경로의 RCS 하위 디렉터리를 일일이 지정하는 것 외에는 이를 지원할 방법을 제공하지 않는다.

9.4.4 그 외에 알아둘 점

robots.txt 파일을 파싱할 때 지켜야 할 규칙이 몇 가지 더 있다.

- robots.txt 파일은 명세가 발전함에 따라 User-Agent, Disallow, Allow 외의 다른 필드를 포함할 수 있다. 로봇은 자신이 이해하지 못하는 필드는 무시해야 한다.
- 하위 호환성을 위해, 한 줄을 여러 줄로 나누어 적는 것은 허용되지 않는다.
- 주석은 파일의 어디에서든 허용된다. 주석은 선택적인 공백 문자와 뒤이은 주석 문자(#)로 시작해서, 그 뒤에 줄바꿈 문자가 나올 때까지 이어지는 주석 내용으로 이루어진다.
- 로봇 차단 표준 버전 0.0은 Allow 줄을 지원하지 않았다. 몇몇 로봇은 오직 0.0 버전의 명세만을 구현하고 Allow 줄들은 무시한다. 이런 경우 로봇은 보수적으로 동작할 것이므로 허용되는 URL도 탐색하지 않을 수 있다.

9.4.5 robots.txt의 캐싱과 만료

매 파일 접근마다 로봇이 robots.txt 파일을 새로 가져와야 했다면, 이는 로봇을 덜 효율적으로 만들 뿐 아니라 웹 서버의 부하도 두 배로 늘렸을 것이다. 대신 로봇은 주기적으로 robots.txt를 가져와서 그 결과를 캐시해야 한다. robots.txt의 캐시된 사본은 robots.txt 파일이 만료될 때까지 로봇에 의해 사용된다. robots.txt 파일의 캐싱을 제어하기 위해 표준 HTTP 캐시 제어 메커니즘이 원 서버와 로봇 양쪽 모두에 의해 사용된다. 로봇은 HTTP 응답의 Cache-Control과 Expires 헤더에 주의를 기울여야 한다.[21]

오늘날 많은 크롤러 제품들은 HTTP/1.1 클라이언트가 아니다. 웹 마스터들은 이 크롤러들이 robots.txt 리소스에 적용되는 캐시 지시자를 이해하지 못할 수도 있다는 점에 주의해야 한다.

21 캐시 지시자를 다루는 법에 대해서는 7장의 "사본을 신선하게 유지하기"를 보라.

로봇 명세 초안은 Cache-Control 지시자가 존재하는 경우 7일간 캐싱하도록 하고 있다. 하지만 실무에서 보면 이는 보통 너무 길다. robots.txt에 대해 잘 모르는 웹 서버 관리자들은 로봇이 방문할 때마다 robots.txt를 새로 만들어 응답하게 하는 경우가 종종 있는데, 만약 robots.txt 파일이 없는 상태가 1주일 동안 캐시된다면, 새로 만들어진 robots.txt 파일은 아무런 효과가 없을 것이고, 사이트 관리자는 로봇 차단 표준을 따르지 않는 로봇 관리자를 비난할 것이다.[22]

9.4.6 로봇 차단 펄 코드

robots.txt 파일과 상호작용하는 공개된 펄(Perl) 라이브러리가 몇 가지 존재한다. 한 예는 CPAN 공개 펄 아카이브의 WWW::RobustRules 모듈이다.

파싱된 robots.txt 파일이 담겨 있는 WWW::RobotsRules 객체는 주어진 URL에 대한 접근이 금지되어 있는지 확인할 수 있는 메서드를 제공한다. 같은 WWW::RobotRules 객체로 여러 robots.txt 파일을 파싱할 수 있다.

WWW::RobotRules API의 주요 메서드는 다음과 같다.

RobotRules 객체 만들기

```
$rules = WWW::RobotRules->new($robot_name);
```

robots.txt 파일 로드하기

```
$rules->parse($url, $content, $fresh_until);
```

사이트 URL을 가져올 수 있는지 검사하기

```
$can_fetch = $rules->allowed($url);
```

다음은 WWW::RobotRules를 어떻게 사용하는지 보여주는 짧은 펄 프로그램이다.

```
require WWW::RobotRules;

# 로봇의 이름을 "SuperRobot"으로 하여 RobotRules 객체를 생성한다.
my $robotsrules = new WWW::RobotRules 'SuperRobot/1.0';
use LWP::Simple qw(get);

# 죠의 하드웨어에서 robots.txt 파일을 가져와서 파싱하고 규칙을 더한다.
$url = "http://www.joes-hardware.com/robots.txt";
my $robots_txt = get $url;
$robotsrules->parse($url, $robots_txt);

# 메리의 골동품 상점에서 robots.txt 파일을 가져와서 파싱하고 규칙을 더한다.
$url = "http://www.marys-antiques.com/robots.txt";
```

22 몇몇 대규모 웹 크롤러는 웹을 활발하게 크롤링하는 기간 동안에는 robots.txt를 매일 새로 가져온다는 규칙을 따른다.

```
my $robots_txt = get $url;
$robotsrules->parse($url, $robots_txt);

# 이제 RobotRules는 여러 다른 사이트에서 가져온 로봇 차단 규칙을 포함하고 있다.
# 이 규칙들은 모두 따로 유지된다. 이제 우리는 RobotRule를 이용해서 여러 URL에
# 대해 로봇의 접근이 허용되어 있는지 검사할 수 있다.
if ($robotsrules->allowed($some_target_url))

   $c = get $url;
   ...
   }
```

다음은 www.marys-antiques.com을 위한 가상의 robots.txt 파일이다.

```
##########################################################################
# 이것은 메리의 골동품 상점 웹 사이트의 robots.txt 파일이다.
##########################################################################

# 수지의 로봇은 모든 동적 URL을 이해할 수 없으므로, 그것들에는 접근할
# 수 없게 한다. 그리고 메리가 수지를 위해 예약해둔 작은 영역을 제외한
# 모든 사적 데이터에도 접근할 수 없게 한다.

User-Agent: Suzy-Spider
Disallow: /dynamic
Allow: /private/suzy-stuff
Disallow: /private

# 가구 탐색 로봇은 특별히 메리의 골동품 상점에서도 가구 재고 관리
# 프로그램을 이해할 수 있도록 설계되었으므로 그에 대한 리소스들을
# 크롤링할 수 있게 해주되, 그 외 다른 동적 리소스와 사적 데이터에는
# 접근할 수 없게 한다.

User-Agent: Furniture-Finder
Allow: /dynamic/check-inventory
Disallow: /dynamic
Disallow: /private

# 그 외 나머지는 동적 게이트웨이와 사적 데이터에 접근할 수 없게 한다.

User-Agent: *
Disallow: /dynamic
Disallow: /private
```

이 robots.txt 파일은 SuzySpider에 대한 레코드, FurnitureFinder에 대한 레코드, 그리고 그 외 다른 로봇들에 대한 기본 레코드를 갖고 있다. 각 레코드는 각각 다른 로봇에 각각 다른 접근 정책의 집합을 적용한다.

- SuzySpider에 대한 차단 레코드는 그 로봇이 URL이 /dynamic으로 시작하는 가게의 재고 게이트웨이를 크롤링할 수 없게 하고, 수지를 위해 예약된 영역을 제외한 다른 사적인 사용자 데이터에 접근할 수 없게 한다.

- FurnitureFinder 로봇에 대한 레코드는 그 로봇이 가구 재고 게이트웨이 URL을 크롤링할 수 있도록 허락한다. 아마 이 로봇은 메리의 게이트웨이의 포맷과 규칙을 이해하고 있을 것이다.
- 그 외 다른 모든 로봇들은 동적이거나 사적인 웹페이지에 접근할 수 없게 한다. 다만 그 외의 URL은 크롤링할 수 있다.

표 9-4는 로봇별로 접근이 허락되거나 혹은 그렇지 않은 URL의 몇 가지 예를 보여주고 있다.

URL	SuzySpider	FurnitureFinder	NosyBot
http://www.marys-antiques.com/	O	O	O
http://www.marys-antiques.com/index.html	O	O	O
http://www.marys-antiques.com/private/payroll.xls	X	X	X
http://www.marys-antiques.com/private/suzy-stuff/taxes.txt	O	X	X
http://www.marys-antiques.com/dynamic/buy-stuff?id=3546	X	X	X
http://www.marys-antiques.com/dynamic/check-inventory?kitchen	X	O	X

표 9-4 메리의 골동품 상점 웹 사이트에 대한 로봇별 접근 제한

9.4.7 HTML 로봇 제어 META 태그

robots.txt 파일은 사이트 관리자가 로봇들을 웹 사이트의 일부 혹은 전체에 접근할 수 없게 한다. robots.txt 파일의 단점 중 하나는 그 파일을 콘텐츠의 작성자 개개인이 아니라 웹 사이트 관리자가 소유한다는 것이다.

HTML 페이지 저자는 로봇이 개별 페이지에 접근하는 것을 제한하는 좀 더 직접적인 방법을 갖고 있다. 그들은 HTML 문서에 직접 로봇 제어 태그를 추가할 수 있다. 로봇 제어 HTML 태그에 따르는 로봇들은 여전히 문서를 가져올 수는 있겠지만, 로봇 차단 태그가 존재한다면 그들은 그 문서를 무시할 것이다. 예를 들어, 인터넷 검색엔진 로봇은 그들의 검색 색인에 그 문서를 추가하지 않을 것이다. robots.txt 표준과 마찬가지로 따르는 것이 권장되지만 강제하지는 않는다.

로봇 차단 태그는 HTML META 태그를 이용해 다음과 같은 형식으로 구현된다.

```
<META NAME="ROBOTS" CONTENT=directive-list>
```

로봇 META 지시자

로봇 META 지시자에는 몇 가지 종류가 있으며, 시간이 지나면서 점차 검색엔진과 그들의 로봇이 활동과 기능 집합을 확장함에 따라 새 지시자가 추가될 가능성이 높다. 가장 널리 쓰이는 로봇 META 지시자 두 가지는 다음과 같다.

NOINDEX
로봇에게 이 페이지를 처리하지 말고 무시하라고 말해준다. (예: 이 페이지의 콘텐츠를 색인이나 데이터베이스에 포함시키지 말 것)

```
<META NAME="ROBOTS" CONTENT="NOINDEX">
```

NOFOLLOW
로봇에게 이 페이지가 링크한 페이지를 크롤링하지 말라고 말해준다.

```
<META NAME="ROBOTS" CONTENT="NOFOLLOW">
```

NOINDEX와 NOFOLLOW 외에, 의미가 반대인 INDEX와 FOLLOW 지시자와, NOARCHIVE 지시자, 그리고 ALL과 NONE 지시자가 있다. 이들 로봇 META 태그 지시자는 다음과 같이 요약할 수 있다.

INDEX
로봇에게 이 페이지의 콘텐츠를 인덱싱해도 된다고 말해준다.

FOLLOW
로봇에게 이 페이지가 링크한 페이지를 크롤링해도 된다고 말해준다.

NOARCHIVE
로봇에게 이 페이지의 캐시를 위한 로컬 사본을 만들어서는 안 된다고 말해준다.[23]

ALL
INDEX, FOLLOW와 같다.

NONE
NOINDEX, NOFOLLOW와 같다.

---

23 이 META 태그는 구글 검색엔진을 운영하는 사람들이 웹 마스터들에게 그들의 콘텐츠를 구글이 캐시해서 제공하지 못하게 할 수 있는 수단을 제공하기 위해 도입되었다. 이는 또한 META NAME="googlebot"과 함께 사용될 수 있다.

로봇 META 태그는 다른 모든 HTML META 태그와 마찬가지로 반드시 HTML 페이지의 HEAD 섹션에 나타나야 한다.

```
<html>
<head>
    <meta name="robots" content="noindex,nofollow">
    <title>...</title>
</head>
<body>
    ...
</body>
</html>
```

이 태그에서 name과 content의 값은 대소문자를 구분하지 않는다는 것에 주의하라.

다음처럼 지시들이 서로 충돌하거나 중복되게 해서는 당연히 안 된다.

```
<meta name="robots" content="INDEX,NOINDEX,NOFOLLOW,FOLLOW,FOLLOW">
```

이에 대한 동작은 정의되어 있지 않으며, 틀림없이 로봇 구현에 따라 제각각일 것이다.

검색엔진 META 태그

우리는 지금 막 웹 로봇의 크롤링과 색인 생성 작업을 제어하기 위해 사용되는 로봇의 META 태그에 대해 이야기했다. 모든 로봇 META 태그는 name="robots" 속성을 포함한다.

표 9-5에 제시한 것을 포함하여 다른 많은 META 태그들을 사용할 수 있다. DESCRIPTION과 KEYWORDS META 태그는 콘텐츠의 색인을 만드는 검색엔진 로봇들에 대해 유용하다.

name=	content=	설명
DESCRIPTION	〈텍스트〉	저자가 웹페이지의 짧은 요약을 정의할 수 있게 해준다. 많은 검색엔진이, 페이지 저자가 그들의 웹페이지에 대해 기술하는 짧고 적절한 요약을 지정할 수 있도록 해주는 META DESCRIPTION 태그를 살펴본다. <meta name="description" content="메리의 골동품 상점 웹 사이트에 오신 것을 환영합니다">
KEYWORDS	〈쉼표 목록〉	키워드 검색을 돕기 위한, 웹페이지를 기술하는 단어들의 쉼표로 구분되는 목록 <meta name="keywords" content="antiques,mary,furniture,restoration">
REVISIT-AFTER[a]	〈숫자 days〉	로봇이나 검색엔진에게, 이 페이지는 아마도 쉽게 변경될 것이기 때문에 지정된 만큼의 날짜가 지난 이후에 다시 방문해야 한다고 지시한다. `<meta name="revisit-after" content="10 days">`

a 이 지시자는 그다지 널리 지원되지 않는 듯하다.

표 9-5 추가 META 태그 지시자

9.5 로봇 에티켓

1993년, 웹 로봇 커뮤니티의 개척자인 마틴 코스터(Martijn Koster)는 웹 로봇을 만드는 사람들을 위한 가이드라인 목록을 작성했다. 그 조언 중 몇 가지는 구식이 되어버렸지만, 대다수는 아직도 상당히 유용하다. 원 출처는 마틴의 논문인 "로봇 제작자들을 위한 가이드라인(Guidelines for Robot Writers)"로, http://www.robotstxt.org/wc/guidelines.html에서 찾아볼 수 있다.

표 9-6은 원본 목록의 콘텐츠와 정신을 존중하는 것에 무게를 두면서, 로봇 설계자들과 운영자들을 위해 현대적으로 고쳐 쓴 것이다. 이 가이드라인의 대부분은 월드 와이드 웹 로봇들을 대상으로 한 것이지만, 작은 규모의 크롤러에도 역시 적용 가능하다.

가이드라인	설명
(1) 신원 식별	
로봇의 신원을 밝히라	HTTP User-Agent 필드를 사용해서 웹 서버에게 로봇의 이름을 말하라. 이는 관리자들이 로봇이 무엇을 하는지 이해하는데 도움을 줄 것이다. 몇몇 로봇들은 User-Agent 헤더에 로봇의 목적과 정책을 기술한 URL을 포함시키기도 한다.
기계의 신원을 밝히라	로봇이 DNS 엔트리를 가진 기계에서 실행된다는 것을 확실히 해서, 웹 사이트가 로봇의 IP 주소를 호스트 명을 통해 역방향 DNS를 할 수 있도록 하라. 이것은 관리자들이 로봇에 대해 책임이 있는 조직이 어디인지 식별할 수 있게 도와준다.
연락처를 밝히라	HTTP 폼 필드를 사용해서 연락할 수 있는 이메일 주소를 제공하라.
(2) 동작	
긴장하라	로봇을 운영하기 시작하면 문의와 항의가 들어오게 될 것이다. 이들 중 일부는 로봇이 나쁜 짓을 하기 때문에 들어오는 것이다. 로봇 운영자는 반드시 자신의 로봇이 올바르게 행동하는지 조심스럽게 지켜보아야 한다. 만약 로봇이 24시간 내내 동작한다면, 보다 특별한 주의를 기울일 필요가 있다. 로봇이 충분히 노련해지기 전까지는 운영자들을 고용해서 로봇을 1년 365일 24시간 감시할 필요가 있다.
대비하라	로봇 운영자는 로봇을 긴 여행길로 떠나보내기에 앞서 자신이 속한 조직에 그 사실을 알려둘 필요가 있다. 조직은 네트워크 대역폭의 소비를 감시하길 원할 것이며 어떠한 문의에도 응할 준비가 되어있을 것이다.
감시와 로그	로봇은 진행상황을 추적하고, 로봇 함정을 식별하고, 모든 것이 정상적으로 동작하는지 기본적인 검사가 가능하도록 진단과 로깅 기능을 풍부하게 갖추어야 한다. 로봇의 행동에 대한 모니터링과 로깅의 중요성은 아무리 강조해도 지나치지 않다. 어떤 문제가 발생하고 항의가 들어와서 로봇 운영자가 무슨 일이 벌어졌는지 되짚어 보려고 할 때, 크롤러의 동작에 대한 자세한 로그를 갖고 있다면 도움이 될 것이다. 이것은 오동작하는 웹 크롤러를 디버깅할 때 뿐 아니라 근거 없는 불평에 대한 방어를 위해서도 중요하다.
배우고 조정하라	크롤링을 할 때마다 새로운 것을 배우게 될 것이다. 매번 로봇을 조정하고 개선하여 흔한 함정에 빠지는 것을 피하라.

(3) 스스로를 제한하라.	
URL을 필터링하라	만약 URL이 이해할 수 없거나 관심 없는 데이터를 참조하고 있는 것 같다면 그냥 무시하는 것이 좋다. 예를 들어, '.Z', '.gz', '.tar', '.zip'로 끝나는 URL은 압축파일이나 아카이브일 것이다. '.exe'로 끝나는 URL은 실행프로그램일 것이다. '.gif', '.tif', '.jpg'로 끝나는 URL은 이미지일 것이다. 찾던 것이 맞는지 확인해보라.
동적 URL을 필터링하라	보통 로봇들은 동적인 게이트웨이로부터의 콘텐츠를 크롤링할 필요가 없다. 로봇은 게이트웨이로의 쿼리를 구성하여 보내는 올바른 방법을 모를 것이고, 그 결과는 불규칙하거나 일시적일 것이다. 만약 URL이 'cgi'나 '?'를 포함하고 있다면, 로봇은 그 URL을 크롤링하지 않는 편이 나을 수도 있다.
Accept 관련 헤더로 필터링	로봇은 HTTP Accept 관련 헤더들을 이용해서 서버에게 어떤 콘텐츠를 이해할 수 있는지 말해주어야 한다.
robots.txt에 따르라	로봇은 방문한 웹 사이트에서 robots.txt의 제어에 따라야 한다.
스스로를 억제하라	로봇은 웹 사이트에 접근할 때마다 몇 번 접근했는지 세고, 이 정보를 이용해서 특정 사이트에 너무 자주 방문하지 않도록 해야 한다. 로봇이 어떤 사이트에 몇 분마다 한 번 정도의 수준보다도 더 자주 방문하면 관리자들은 이상하게 생각할 것이다. 로봇의 접근이 몇 초마다 이루어진다면, 몇몇 관리자는 화를 낼 것이다. 로봇이 끊임없이 쳐들어와서 다른 모든 트래픽을 막아버리면, 관리자들은 분노하게 될 것이다. 일반적으로, 로봇의 요청을 최대 분당 수 회 정도로 제한해야 하고, 각 요청 사이의 간격은 수 초 이상 되도록 해야 한다. 또한 루프를 막기 위해 한 사이트에의 총 접근 횟수를 제한해야 한다.
(4) 루프와 중복을 견뎌내기, 그리고 그 외의 문제들	
모든 응답 코드 다루기	웹 로봇 운영자는 반드시 모든 리다이렉트와 에러를 포함한 모든 HTTP 상태 코드를 다룰 수 있도록 준비되어 있어야 한다. 또한 이 코드들의 로그를 남기고 모니터링해야 한다. 특정 사이트의 응답이 성공이 아닌 것이 많다면 조사를 해 보아야 한다. URL들의 대다수가 신선하지 않은 것일 수도 있고, 서버가 로봇에게 문서를 제공하지 않으려 하는 것일 수도 있다.
URL 정규화하기	모든 URL을 표준화된 형식으로 정규화함으로써 같은 자원을 가리키는 중복된 URL들을 제거하고자 노력하라.
적극적으로 순환 피하기	순환을 감지하고 피하기 위해 많은 노력을 하라. 크롤링 운영 과정을 피드백 루프처럼 만들어라. 문제의 결과와 그의 해결책은 반드시 다음번 크롤링에 반영되어서 크롤러가 점점 더 나아질 수 있도록 해야 한다.
함정을 감시하라	어떤 종류의 순환은 의도적이고 악의적이다. 이들은 의도적으로 탐지하기 어렵게 만들어져 있다. 낯선 URL을 가진 웹 사이트에 대해 접근이 많다면 잘 감시해보라. 함정일 수도 있다.
블랙리스트를 관리하라	함정, 사이클, 깨진 사이트, 로봇을 잡아두고 싶어 하는 사이트들을 블랙리스트에 추가하고 다시는 방문하지 마라.
(5) 확장성	
공간 이해하기	풀고 있는 문제가 얼마나 큰지에 대해 미리 계산하라. 애플리케이션이 로봇 작업 하나를 마치는데 얼마나 많은 메모리를 요구하게 될 것인지 알게 되면 깜짝 놀랄 것이다. 웹의 규모는 거대하기 때문이다.

대역폭 이해하기	얼마나 많은 네트워크 대역폭이 사용 가능한지, 그리고 요구되는 시간에 로봇 작업을 끝마치는데 얼마나 필요할지 이해하라. 네트워크 대역폭의 실제 사용량을 측정하라. 나가는 대역폭(요청)이 들어오는 대역폭(응답)보다 훨씬 적다는 것을 발견하게 될 것이다. 네트워크 사용량을 모니터링 함으로써, 로봇을 더 잘 최적화할 수 있는 가능성을 찾을 수도 있을 것이고, 그렇게 되면 TCP 커넥션을 더 효율적으로 사용하여 네트워크 대역폭 면에서 이득을 가져올 수도 있을 것이다.[a]
시간 이해하기	로봇이 작업을 끝내는데 얼마나 많은 시간이 필요한지 이해하고, 실제 소요된 시간이 추정한 것과 맞는지 간단히 검사해보라. 만약 추측이 많이 빗나갔다면, 아마도 조사를 해봐야 할 만한 문제가 있을 것이다.
분할 정복	대규모 크롤링을 하는 상황에서는, 여러 개의 네트워크 카드를 갖춘 대형 멀티프로세서 서버든 서로 협력하는 여러 개의 작은 컴퓨터든 더 많은 하드웨어를 사용할 필요가 있을 것이다.
(6) 신뢰성	
철저하게 테스트하라	로봇을 세상에 풀어놓기 전에 내부에서 철저하게 테스트하라. 밖에서 테스트를 할 준비가 되었다면, 먼저 작은 규모의 처녀항해를 몇 차례 수행하라. 결과를 많이 수집하고 성능과 메모리 사용량을 분석해서 문제가 커짐에 따라 요구량이 얼마나 늘어나게 될지 추정하라.
체크포인트	어떤 진지한 로봇은 실패한 위치에서 다시 시작하기 위해 진행상황의 스냅숏을 저장하고 싶어 할 것이다. 몇 가지 종류의 실패가 있을 수 있다. 소프트웨어 버그를 발견할 수도 있고 하드웨어가 실패할 수도 있다. 대규모 로봇은 이런 일이 있을 때마다 처음부터 다시 시작할 수 없다. 체크포인트/재시작 기능을 처음부터 설계하라.
실패에 대한 유연성	실패에 대비하여 로봇을 실패가 발생했을 때도 계속 동작할 수 있도록 설계하라.
(7) 소통	
준비하라	로봇은 아마 많은 사람을 화나게 할 것이다. 그들의 문의에 빠르게 응답할 수 있도록 준비해 두라. 로봇에 대한 정책 안내 페이지를 만들고 그 페이지에 robots.txt를 만드는 법에 대한 자세한 설명도 포함시켜라.
이해하라	로봇 때문에 연락을 해 오는 사람들 중에서 상당수는 전문적인 지식이 없는 사람들이겠지만 어떤 이들은 꽤 박식하여 도움이 될 수 있을 것이다. 또한 일부는 몹시 화가 나 있을 것이며 심지어 몇몇은 거의 미친 것처럼 보일 것이다. 일반적으로 로봇이 하려는 일의 중요성에 대해 주장하는 것은 생산적이지 못하다. 로봇 차단 규칙 표준에 대해 설명하고, 그래도 그들이 만족하지 못한다면 항의를 받은 URL을 즉각 크롤러에서 제거하고 블랙리스트에 추가하라.
즉각 대응하라	웹 마스터들이 로봇에 불만을 갖게 되는 것은 대개 그들이 로봇에 대해 정확히 알고 있지 못하기 때문이다. 만약 즉각적으로 전문적인 대응을 해 준다면 항의의 90%는 바로 사라질 것이다. 반면 대응을 수일씩 미루고, 그 사이에 로봇이 그 사이트를 계속 방문한다면, 화가 나서 큰 소리로 항의하는 상대를 만나게 될 것이다.

a TCP 성능의 최적화에 대해 더 자세한 것은 4장을 보라.

표 9-6 웹 로봇 운영자들을 위한 가이드라인

9.6 검색엔진

웹 로봇을 가장 광범위하게 사용하는 것은 인터넷 검색엔진이다. 인터넷 검색엔진은 사용자가 전 세계의 어떤 주제에 대한 문서라도 찾을 수 있게 해 준다.

오늘날 가장 유명한 웹 사이트들의 상당수가 검색엔진이다. 이들은 많은 웹 사용자들의 시작점인 동시에 사용자들이 관심 있는 정보를 찾을 수 있도록 도와주는 매우 유용한 서비스를 제공한다.

웹 크롤러들은 마치 먹이를 주듯 검색엔진에게 웹에 존재하는 문서들을 가져다주어서, 검색엔진이 어떤 문서에 어떤 단어들이 존재하는지에 대한 색인을 생성할 수 있게 한다. 이 색인은 이 책 뒤쪽에 있는 색인과 비슷하다. 그럼 웹 로봇들의 주된 공급자인 검색엔진이 어떻게 동작하는지 간략하게 알아보자.

9.6.1 넓게 생각하라

웹이 아직 초창기였을 때, 검색엔진들은 사용자들이 웹상에서 문서의 위치를 알아내는 것을 돕는 상대적으로 단순한 데이터베이스였다. 웹에서 수십억 개의 페이지들이 접근 가능한 오늘날, 인터넷 사용자들의 정보 찾기를 도와주는 검색엔진들은 필수가 되었다. 그들은 또한 급격히 성장하는 웹을 다루기 위해 진화하면서 꽤나 복잡해졌다.

수백만 명의 사용자들이 수십억 개의 웹페이지에서 원하는 정보를 찾는 상황에서, 수백만 명의 사용자들이 생성하는 질의로 인한 부하를 다루기 위해 복잡한 질의 엔진이 필요한 것과 마찬가지로, 검색엔진은 수십억 개의 웹페이지들을 검색하기 위해 복잡한 크롤러를 사용해야 한다.

검색 색인이 필요로 하는 페이지들을 검색하기 위해 수십억 개의 HTTP 질의를 생성하는 상용 웹 크롤러를 생각해보라. 요청이 완료되는데 각각 0.5초가 걸린다고 가정하면(어떤 서버는 느릴 것이고 어떤 서버는 빠를 것이다[24]), 다음과 같은 시간이 걸릴 것이다(십억 개의 문서에 대해).

0.5초 × (1,000,000,000) / ((60초/일) × (60분/시간) × (24시간/일))

모든 요청이 순차적으로 진행된다면 대략 5,700일이 걸린다! 대규모 크롤러가 자신의 작업을 완료하려면 많은 장비를 똑똑하게 사용해서 요청을 병렬로 수행할 수 있

24 이것은 서버의 자원, 클라이언트 로봇, 그리고 둘 사이의 네트워크에 달려 있다.

어야 할 것이라는 점은 명백하다. 그러나 그 규모 때문에, 웹 전체를 크롤링하는 것은 여전히 쉽지 않은 도전이다.

9.6.2 현대적인 검색엔진의 아키텍처

오늘날 검색엔진들은 그들이 갖고 있는 전 세계의 웹페이지들에 대해 '풀 텍스트 색인(full-text indexes)'이라고 하는 복잡한 로컬 데이터베이스를 생성한다. 이 색인은 웹의 모든 문서에 대한 일종의 카드 카탈로그처럼 동작한다.

검색엔진 크롤러들은 웹페이지들을 수집하여 집으로 가져와서, 이 풀 텍스트 색인에 추가한다. 동시에, 검색엔진 사용자들은 핫봇(http://www.hotbot.com)이나 구글(http://www.google.com)과 같은 웹 검색 게이트웨이를 통해 풀 텍스트 색인에 대한 질의를 보낸다. 크롤링을 한 번 하는데 걸리는 시간이 상당한 데 비해 웹페이지들은 매 순간 변화하기 때문에, 풀 텍스트 색인은 기껏 해봐야 웹의 특정 순간에 대한 스냅숏에 불과하다.

그림 9-7은 현대적인 검색엔진의 고수준 아키텍처를 보여주고 있다.

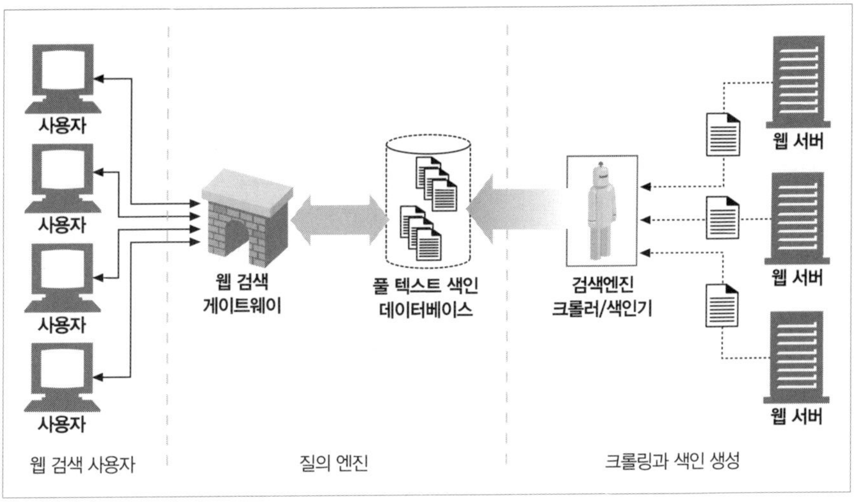

그림 9-7 크롤러와 질의 게이트웨이의 협업을 포함한 상용 검색엔진

9.6.3 풀 텍스트 색인

풀 텍스트 색인은 단어 하나를 입력받아 그 단어를 포함하고 있는 문서를 즉각 알려줄 수 있는 데이터베이스다. 이 문서들은 색인이 생성된 후에는 검색할 필요가 없다.

그림 9-8은 세 개의 문서와 그에 대한 풀 텍스트 색인을 보여준다. 풀 텍스트 색인은 각 단어를 포함한 문서들을 열거한다.

예를 들면,

- 단어 'a'는 문서 A와 B에 들어있다.
- 단어 'best'는 문서 A와 C에 들어있다.
- 단어 'drill'은 문서 A와 B에 들어있다.
- 단어 'the'는 세 문서 A, B, C 모두에 들어있다.

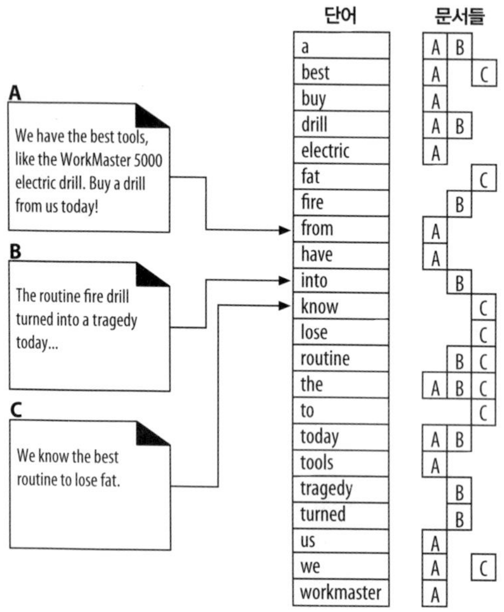

그림 9-8 세 문서와 풀 텍스트 색인

9.6.4 질의 보내기

사용자가 질의를 웹 검색엔진 게이트웨이로 보내는 방법은, HTML 폼을 사용자가 채워 넣고 브라우저가 그 폼을 HTTP GET이나 POST 요청을 이용해서 게이트웨이로 보내는 식이다. 게이트웨이 프로그램은 검색 질의를 추출하고 웹 UI 질의를 풀 텍스트 색인을 검색할 때 사용되는 표현식으로 변환한다.[25]

그림 9-9는 www.joes-hardwore.com 사이트에 대한 간단한 사용자 질의를 보여준

25 이 질의를 넘겨주는 방법은 사용된 검색 방법에 달려있다.

다. 사용자는 'drills'를 검색 상자 폼에 타이핑하고 브라우저는 이를 질의 매개변수를 URL의 일부로 포함하는 GET 요청으로 번역한다.[26] 죠의 하드웨어 웹 서버는 이 질의를 받아서 검색 게이트웨이 애플리케이션에게 넘겨주면, 게이트웨이는 웹 서버에게 문서의 목록을 결과로 돌려주고, 웹 서버는 이 결과를 사용자를 위한 HTML 페이지로 변환한다.

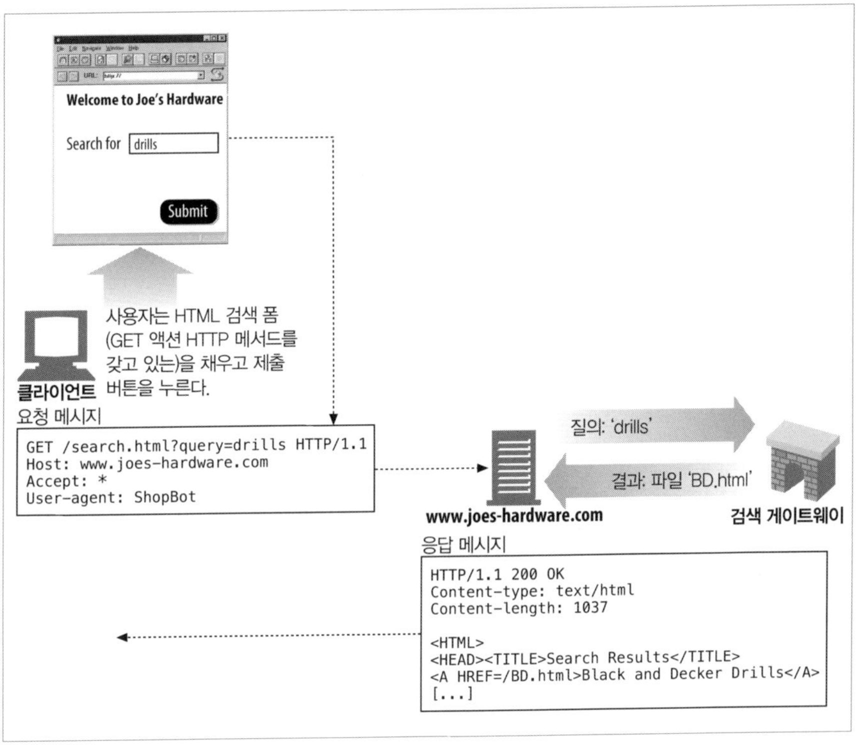

그림 9-9 검색 질의 요청의 예

9.6.5 검색 결과를 정렬하고 보여주기

질의의 결과를 확인하기 위해 검색엔진이 색인을 한번 사용했다면, 게이트웨이 애플리케이션은 그 결과를 이용해 최종 사용자를 위한 결과 페이지를 즉석에서 만들어낸다.

많은 웹페이지가 주어진 단어를 포함할 수 있기 때문에, 검색엔진은 결과에 순위를 매기기 위해 똑똑한 알고리즘을 사용한다. 예를 들어, 그림 9-8에서는 복수 개의 문서에 단어 'best'가 나타나고 있다. 검색엔진은 그 문서들이 주어진 단어와 가장

26 2장의 "질의 문자열"은 URL의 질의 매개변수의 일반적인 사용에 대해 다루고 있다.

관련이 많은 순서대로 결과 문서에 나타날 수 있도록 문서들 간의 순서를 알 필요가 있다. 이것은 관련도 랭킹(relevancy ranking)이라고 불리며, 검색 결과의 목록에 점수를 매기고 정렬하는 과정이다.

이 과정을 더 잘 지원하기 위해, 많은 검색엔진이 웹을 크롤링하는 과정에서 수집된 통계 데이터를 실제로 사용한다. 예를 들어, 어떤 주어진 페이지를 가리키는 링크들이 얼마나 많은지 세는 것은 그 문서의 인기도를 판별하는데 도움이 된다. 그리고 이 정보는 결과를 보여줄 때 정렬 순서에 대한 가중치로 사용될 수 있다. 검색엔진에 의해 사용되는 알고리즘, 크롤링에 대한 팁, 그 외 각종 기교는 검색엔진의 가장 엄격히 감추어진 비밀들이다.

9.6.6 스푸핑

사용자들은 자신이 찾는 내용이 검색 결과의 최상위 몇 줄에서 보이지 않는다면 대개 불만족스러워 하므로, 웹 사이트를 찾을 때 검색 결과의 순서는 중요하다. 웹 마스터에게는 자신이 만든 사이트가 그 자신을 가장 잘 설명하는 단어로 검색한 결과의 상단에 노출되도록 만들 동기가 충분하다. 사이트가 사용자들이 잘 찾아내어 사용해 주는 것에 많이 의존하는 상업적인 사이트라면 더욱 그렇다.

검색 결과에서 더 높은 순위를 차지하고자 하는 바람은 검색 시스템과의 게임으로 이어졌고, 검색엔진과 자신의 사이트를 눈에 띄게 할 방법을 찾고 있는 이들 사이의 끝나지 않는 줄다리기를 만들어냈다. 많은 웹 마스터가 수많은 키워드들을 나열한(때로는 관련이 없는 것이라도) 가짜 페이지를 만들거나, 더 나아가서는 검색엔진의 관련도 알고리즘을 더 잘 속일 수 있는, 특정 단어에 대한 가짜 페이지를 생성하는 게이트웨이 애플리케이션을 만들어 사용한다.

결국 검색엔진과 로봇 구현자들은 이러한 속임수를 더 잘 잡아내기 위해 끊임없이 그들의 관련도 알고리즘을 수정해야만 한다.

9.7 추가 정보

웹 클라이언트에 대한 더 자세한 정보가 필요하다면 다음을 참조하라.

http://www.robotstxt.org/
The Web Robots Pages—resources for robot developers, including the registry of Internet Robots.

http://www.searchtools.com

Search Tools for Web Sites and Intranets—resources for search tools and robots.

http://search.cpan.org/~gaas/WWW-RobotRules-6.02/lib/WWW/RobotRules.pm

RobotRules Perl source.

http://www.conman.org/people/spc/robots2.html

An Extended Standard for Robot Exclusion.

Managing Gigabytes: Compressing and Indexing Documents and Images

Witten, I., Moffat, A., and Bell, T., Morgan Kaufmann.

10장

HTTP: The Definitive Guide

HTTP/2.0

이응준 · 정상일 지음

HTTP 명세를 만들어 온 HTTP 작업 그룹은 HTTP의 성능 문제를 개선하기 위해 HTTP/2.0을 만드는 작업을 한창 진행 중이다. 이 장에서는 HTTP/2.0에 대해, 만들기 시작하게 된 배경, HTTP/1.1과의 주요 차이점, 현재까지 알려진 보안 이슈에 대해 이야기한다.

이 장은 HTTP/2.0의 8번째 초안(http://tools.ietf.org/html/draft-ietf-httpbis-http2-08)에 기반하여 작성되었다. 이후 이 장에서 "HTTP/2.0 초안"이라고 하면 이 8번째 초안을 말하는 것이다. HTTP/2.0 명세는 계속해서 고쳐지고 있는 중이므로, 이 장의 내용은 독자가 이 책을 읽고 있는 시점에서의 HTTP/2.0 명세의 내용과 차이가 있을 수 있다.

10.1 HTTP/2.0의 등장 배경

HTTP/1.1의 메시지 포맷은 구현의 단순성과 접근성에 주안점을 두고 최적화되었다. 그러다 보니 성능은 어느 정도 희생시키지 않을 수 없었다. 커넥션 하나를 통해 요청 하나를 보내고 그에 대해 응답 하나만을 받는 HTTP의 메시지 교환 방식은 단순함 면에서는 더할 나위 없었지만, 응답을 받아야만 그다음 요청을 보낼 수 있기 때문에 심각한 회전 지연(latency)을 피할 수 없었다. 이 문제를 회피하기 위해 병렬 커넥션이나 파이프라인 커넥션이 도입되었지만 성능 개선에 대한 근본적인 해결책은 되지 못했다(자세한 것은 4장을 보라).

HTTP/1.1 명세가 발표된 지 십수 년 동안, 이 성능 문제를 해결하고자 많은 이들이 노력을 해 왔다. HTTP 작업 그룹은 HTTP/1.1이 발표되기도 전인 1997년 7

월 HTTP-NG 프로젝트를 시작했으며, HTTP/1.1의 저자 중 한 명인 로이 필딩(Roy Fielding)은 WAKA라는 프로토콜을 제안했다. 또 마이크로소프트는 Microsoft S+M(Speed+Mobility를 의미한다)이라는 프로토콜을 개발하기 시작했다.

한편 2009년, 구글은 웹을 더 빠르게 하겠다는 목표 아래 SPDY('스피디'라고 읽는다) 프로토콜을 내놓았다. SPDY는 기존의 HTTP에 속도를 개선하기 위한 여러 기능을 추가한 것이다. SPDY는 헤더를 압축하여 대역폭을 절약했고, 하나의 TCP 커넥션에 여러 요청을 동시에 보내 회전 지연을 줄이는 것이 가능했으며, 클라이언트가 요청을 보내지 않아도 서버가 능동적으로 리소스를 푸시하는 기능도 갖추고 있다.

이 모두는 회전 지연을 줄이기 위한 것이다. 구글의 "SPDY: 더 빠른 웹을 위한 실험적인 프로토콜(http://www.chromium.org/spdy/spdy-whitepaper)"에 따르면, SPDY를 적용했을 때 RTT(Round-trip delay time)가 20ms인 상황에서는 12.34%의 성능 개선 효과가 있었으며, 80ms인 상황에서는 23.85%, 200ms인 상황에서는 26.79%의 성능 개선 효과가 있었다.

마침내 2012년 10월 3일, HTTP 작업 그룹은 SPDY를 기반으로 HTTP/2.0 프로토콜을 설계하기로 결정하였음을 메일링 리스트를 통해 밝혔다. HTTP 작업 그룹은 SPDY의 초안을 그대로 가져와서 HTTP/2.0 초안을 만들기 시작했다.

2013년 11월 현재, HTTP/2.0은 여덟 번째 초안까지 나와 있으며, 아직까지는 SPDY의 특징들을 거의 그대로 유지하고 있다. 크게 변경된 점이라면 헤더를 압축할 때 더 이상 deflate 알고리즘을 사용하지 않게 되었다는 것 정도다(자세한 내용은 "헤더 압축" 절을 보라).

10.2 개요

HTTP/2.0은 서버와 클라이언트 사이의 TCP 커넥션 위에서 동작한다. 이때 TCP 커넥션을 초기화하는 것은 클라이언트다.

HTTP/2.0 요청과 응답은 길이가 정의된(최대 16383바이트) 한 개 이상의 프레임에 담긴다. 이때 HTTP 헤더는 압축되어 담긴다.

프레임들에 담긴 요청과 응답은 스트림을 통해 보내진다. 한 개의 스트림이 한 쌍의 요청과 응답을 처리한다. 하나의 커넥션 위에 여러 개의 스트림이 동시에 만들어질 수 있으므로, 여러 개의 요청과 응답을 동시에 처리하는 것 역시 가능하다. HTTP/2.0은 이들 스트림에 대한 흐름 제어와 우선순위 부여 기능도 제공한다.

HTTP/2.0은 기존의 요청-응답과는 약간 다른 새로운 상호작용 모델인 서버 푸시를 도입했다. 이를 통해 서버는 클라이언트에게 필요하다고 생각하는 리소스라면 그에 대한 요청을 명시적으로 받지 않더라도 능동적으로 클라이언트에게 보내줄 수 있다.

기존 웹 애플리케이션들과 호환성을 최대한 유지하기 위해, HTTP/2.0은 요청과 응답 메시지의 의미를 HTTP/1.1과 같도록 유지하고 있다. HTTP/1.1에서와 마찬가지로 HTTP/2.0에서도 Content-Length 헤더는 본문의 길이를 의미하며, 404 Not Found 응답은 리소스를 찾을 수 없음을 의미한다. 다만 이를 표현하는 문법은 변경되었다. 예를 들어, Content-Length 헤더의 이름은 ':content-length'가 되었으며, 상태줄을 통해 표현하던 404 Not Found는 '404' 값을 갖고 있는 ':status' 헤더로 표현하게 되었다.

10.3 HTTP/1.1과의 차이점

10.3.1 프레임

HTTP/2.0에서 모든 메시지는 프레임에 담겨 전송된다. 그림 10-1과 같이 모든 프레임은 8바이트 크기의 헤더로 시작하며, 뒤이어 최대 16383바이트 크기의 페이로드가 온다.

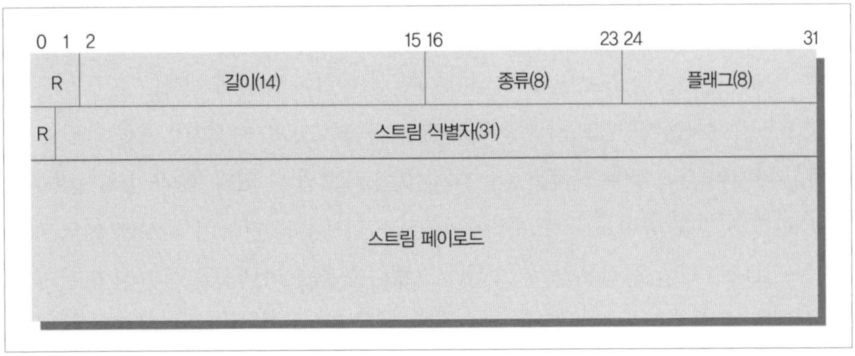

그림 10-1 프레임의 구조

프레임 헤더의 각 필드는 다음과 같다.

- R: 예약된 2비트 필드. 값의 의미가 정의되어 있지 않으며, 반드시 0이어야 한다. 받는 쪽에서는 이 값을 무시해야 한다.

- 길이: 페이로드의 길이를 나타내는 14비트 무부호 정수(unsigned integer). 이 길이에 프레임 헤더는 포함되지 않는다.
- 종류: 프레임의 종류.
- 플래그: 8비트 플래그. 플래그 값의 의미는 프레임의 종류에 따라 다르다.
- R: 예약된 1비트 필드. 첫 번째 R과 마찬가지로 값의 의미가 정의되어 있지 않으며, 반드시 0이어야 한다. 받는 쪽에서는 이 값을 무시해야 한다.
- 스트림 식별자: 31비트 스트림 식별자. 특별히 0은 커넥션 전체와 연관된 프레임임을 의미한다.

HTTP/2.0은 DATA, HEADERS, PRIORITY, RST_STREAM, SETTINGS, PUSH_PROMISE, PING, GOAWAY, WINDOW_UPDATE, CONTINUATION이라는 총 10가지 프레임을 정의하고 있으며, 페이로드의 형식이나 내용은 프레임의 종류에 따라 다르다. 이들에 대한 자세한 설명은 HTTP/2.0 명세 초안의 "6. Frame Definitions"를 보라.

10.3.2 스트림과 멀티플렉싱

스트림은 HTTP/2.0 커넥션을 통해 클라이언트와 서버 사이에서 교환되는 프레임들의 독립된 양방향 시퀀스다.

한 쌍의 HTTP 요청과 응답은 하나의 스트림을 통해 이루어진다. 클라이언트는 새 스트림을 만들어 그를 통해 HTTP 요청을 보낸다. 요청을 받은 서버는 그 요청과 같은 스트림으로 응답을 보낸다. 그러고 나면 스트림이 닫히게 된다.

HTTP/1.1에서는 한 TCP 커넥션을 통해 요청을 보냈을 때, 그에 대한 응답이 도착하고 나서야 같은 TCP 커넥션으로 다시 요청을 보낼 수 있다. 따라서 웹브라우저들은 회전 지연을 줄이기 위해 여러 개의 TCP 커넥션을 만들어 동시에 여러 개의 요청을 보내는 방법을 사용한다. 그러나 그렇다고 TCP 커넥션을 무한정 만들 수는 없기에 한 페이지에 보내야 할 요청이 수십에서 수백에 달하는 오늘날에는 회전 지연이 늘어나는 것을 피하기 어렵다. 파이프라인 커넥션(자세한 것은 4장의 "파이프라인 커넥션"을 보라)을 통해 이것을 피할 수는 있으나 그다지 널리 구현되어 있지 않다.

그러나 HTTP/2.0에서는 하나의 커넥션에 여러 개의 스트림이 동시에 열릴 수 있다.[1]

---

1 SETTINGS 프레임의 SETTINGS_MAX_CONCURRENT_STREAMS 매개변수 값을 조절하여 동시에 열려 있을 수 있는 스트림의 개수를 제한할 수 있다.

따라서 하나의 HTTP/2.0 커넥션을 통해 여러 개의 요청이 동시에 보내질 수 있기 때문에 이 문제는 쉽게 해결될 수 있다.

뿐만 아니라 스트림은 우선순위도 가질 수 있다. 예를 들어 사용자가 웹브라우저로 어떤 웹페이지를 보려고 할 때, 네트워크 대역폭이 충분하지 않아 프레임의 전송이 느리다면, 웹브라우저는 보다 중요한 리소스(예를 들면 이미지 파일보다는 HTML 페이지)를 요청하는 스트림에게 더 높은 우선순위를 부여할 수 있을 것이다. 그러나 이 우선순위에 따르는 것은 의무사항이 아니기 때문에, 요청이 우선순위대로 처리된다는 보장은 없다.

모든 스트림은 31비트의 무부호 정수로 된 고유한 식별자를 갖는다. 스트림이 클라이언트에 의해 초기화되었다면 이 식별자는 반드시 홀수여야 하며 서버라면 짝수여야 한다. 또한 새로 만들어지는 스트림의 식별자는 이전에 만들어졌거나 예약된 스트림들의 식별자보다 커야 한다. 이 규칙을 어기는 식별자를 받았다면 에러 코드가 PROTOCOL_ERROR인 커넥션 에러로 응답해야 한다.

서버와 클라이언트는 스트림을 상대방과 협상 없이 일방적으로 만든다. 이는 스트림을 만들 때 협상을 위해 TCP 패킷을 주고받느라 시간을 낭비하지 않아도 됨을 의미한다.

HTTP/2.0 커넥션에서 한번 사용한 스트림 식별자는 다시 사용할 수 없다. 커넥션을 오래 사용하다보면 스트림에 할당할 수 있는 식별자가 고갈되기도 하는데, 그런 경우엔 커넥션을 다시 맺으면 된다.

이처럼 동시에 여러 개의 스트림을 사용하면 스트림이 블록될 우려가 있다는 주장이 있다. HTTP/2.0은 WINDOW_UPDATE 프레임을 이용한 흐름 제어(flow control)를 통해, 스트림들이 서로 간섭해서 망가지는 것을 막아준다.

10.3.3 헤더 압축

HTTP/1.1에서 헤더는 아무런 압축 없이 그대로 전송되었다. 과거에는 웹페이지 하나를 방문할 때의 요청이 많지 않았기 때문에 헤더의 크기가 그다지 큰 문제가 되지 않았지만, 요즈음에는 웹페이지 하나를 보기 위해 수십에서 많으면 수백 번의 요청을 보내기 때문에, 헤더의 크기가 회전 지연과 대역폭 양쪽 모두에 실질적인 영향[2]을 끼치게 되었다.

---

2 이에 대해 자세히 알고 싶다면 다음을 읽어보라.
Belshe, M., "IETF83: SPDY and What to Consider for HTTP/2.0", 2012년 3월, http://www.ietf.org/proceedings/83/slides/slides-83-httpbis-3
McManus, P., "SPDY: What I Like About You", 2011년 9월, http://bitsup.blogspot.com/2011/09/spdy-what-i-like-about-you.html

이를 개선하기 위해 HTTP/2.0에서는 HTTP 메시지의 헤더를 압축하여 전송한다. 헤더는 HPACK 명세[3]에 정의된 헤더 압축 방법으로 압축된 뒤 '헤더 블록 조각'들로 쪼개져서 전송된다. 받는 쪽에서는 이 조각들을 이은 뒤 압축을 풀어 원래의 헤더 집합으로 복원한다.

HPACK은 헤더를 압축하고 해제할 때 '압축 콘텍스트(compression context)'[4]를 사용한다. 따라서 오동작하지 않으려면 항상 올바른 압축 콘텍스트를 유지해야 한다. 이 압축 콘텍스트는 수신한 헤더의 압축을 풀면 이에 영향을 받아 바뀐다. 송신 측은 수신 측이 헤더의 압축을 풀었으며 그에 따라 압축 콘텍스트가 변경되었다고 가정할 것이다. 따라서 헤더를 받은 수신 측은 어떤 경우에도(심지어 그 헤더를 쓰지 않고 버리는 경우에도) 반드시 압축 해제를 수행해야 한다. 만약 그럴 수 없다면 반드시 COMPRESSION_ERROR와 함께 커넥션을 끊어야 한다.

10.3.4 서버 푸시

HTTP/2.0은 서버가 하나의 요청에 대해 응답으로 여러 개의 리소스를 보낼 수 있도록 해준다. 이 기능은 서버가 클라이언트에서 어떤 리소스를 요구할 것인지 미리 알 수 있는 상황에서 유용하다. 예를 들어, HTML 문서를 요청 받은 서버는 그 HTML 문서가 링크하고 있는 이미지, CSS 파일, 자바스크립트 파일 등의 리소스를 클라이언트에게 푸시할 수 있을 것이다. 이는 클라이언트가 HTML 문서를 파싱해서 필요한 리소스를 다시 요청하여 발생하게 되는 트래픽과 회전 지연을 줄여준다.

리소스를 푸시하려는 서버는 먼저 클라이언트에게 자원을 푸시할 것임을 PUSH_PROMISE 프레임을 보내어 미리 알려주어야 한다. 클라이언트가 PUSH_PROMISE 프레임을 받게 되면 해당 프레임의 스트림은 클라이언트 입장에서는 '예약됨(원격)' 상태가 된다. 이 상태에서 클라이언트는 RST_STREAM 프레임을 보내어 푸시를 거절할 수 있다. RST_STREAM을 보내게 되면 그 스트림은 즉각 닫히게 된다. 스트림이 닫히기 전까지 클라이언트는 서버가 푸시하려고 하는 리소스를 요청해서는 안 된다.

이와 같이 사전에 PUSH_PROMISE 프레임을 먼저 보내는 이유는 서버가 푸시하

3 HTTP/2.0 프로토콜의 기반이 된 SPDY 프로토콜에서는 헤더를 deflate 알고리즘으로 압축했다. 그러나 deflate 알고리즘은 크기를 줄이는 데 매우 효과적이긴 하지만, CRIME(HTTPS나 SPDY 프로토콜이 데이터 압축을 사용하는 경우 적용 가능한, HTTP 쿠키를 노리는 취약점 공격이다. 자세한 것은 https://docs.google.com/presentation/d/11eBmGiHbYcHR9gL5nDyZChu_-lCa2GizeuOfaLU2HOU/edit#slide=id.g1de53288_0_16을 보라)에 취약해진다는 보안 문제가 있기 때문에 HTTP/2.0에서는 deflate 알고리즘이 아니라 HPACK 명세에 따라 헤더를 압축한다.

4 (옮긴이) 자세한 것은 HPACK 명세를 보라.

려고 하는 자원을 클라이언트가 별도로 또 요청하게 되는 상황을 피하기 위함이다. 서버 푸시를 사용할 때는 다음에 주의해야 한다.

- 서버 푸시를 사용하기로 했더라도, 중간의 프락시가 서버로부터 받은 추가 리소스를 클라이언트에게 전달하지 않을 수 있으며, 반대로 아무런 추가 리소스를 서버로부터 받지 않았음에도 클라이언트에게 추가 리소스를 전달할 수도 있다.
- 서버는 오직 안전하고, 캐시 가능하고, 본문을 포함하지 않은 요청에 대해서만 푸시를 할 수 있다.
- 푸시할 리소스는 클라이언트가 명시적으로 보낸 요청과 연관된 것이어야 한다. 서버가 보내는 PUSH_PROMISE 프레임은 원 요청을 위해 만들어진 스트림을 통해 보내진다.
- 클라이언트는 반드시 서버가 푸시한 리소스를 동일 출처 정책(Same-origin policy. 자세한 내용은 RFC 6454를 보라)에 따라 검사해야 한다. 예를 들어, 'example.org'로의 HTTP/2.0 커넥션은 'www.example.org'로부터의 푸시 응답을 허용하지 않는다.
- 마지막으로, 서버 푸시를 끄고 싶다면 SETTINGS_ENABLE_PUSH을 0으로 설정하면 된다.

10.4 알려진 보안 이슈

10.4.1 중개자 캡슐화 공격(Intermediary Encapsulation Attacks)

HTTP/2.0 메시지를 중간의 프락시(중개자)가 HTTP/1.1 메시지로 변환할 때 메시지의 의미가 변질될 가능성이 있다. HTTP/1.1과는 달리 HTTP/2.0은 헤더 필드의 이름과 값을 바이너리로 인코딩한다. 이는 HTTP/2.0이 헤더 필드로 어떤 문자열(줄바꿈 문자열조차 허용된다)이든 사용할 수 있게 해준다. 이는 정상적인 HTTP/2.0 요청이나 응답이, 불법적이거나 위조된 HTTP/1.1 메시지로 번역되는 것을 유발할 수 있다.

다행히 HTTP/1.1 메시지를 HTTP/2.0 메시지로 번역하는 과정에서는 이런 문제가 발생하지 않는다.

10.4.2 긴 커넥션 유지로 인한 개인정보 누출 우려

HTTP/2.0은 사용자가 요청을 보낼 때의 회전 지연을 줄이기 위해 클라이언트와 서버 사이의 커넥션을 오래 유지하는 것을 염두에 두고 있다. 이것은 개인 정보의 유출에 악용될 가능성이 있다. 예를 들어 어떤 사용자가 브라우저를 사용할 때, 그 사용자는 이전에 그 브라우저를 사용했던 사용자가 무엇을 했는지 알아낼 가능성도 있다. 이것은 HTTP가 현재 갖고 있는 문제이기도 하지만, 짧게 유지되는 커넥션에서는 위험이 적다.

10.5 추가 정보

더 자세한 정보가 필요하다면 다음의 문서를 참조하라.

http://http2.github.io/http2-spec/
draft-ietf-httpbis-http2-latest, "Hypertext Transfer Protocol version 2.0", M. Belshe, R. Peon, M. Thomson, A. Melnikov

http://tools.ietf.org/html/draft-ietf-httpbis-header-compression-04
draft-ietf-httpbis-header-compression-04, "HPACK - Header Compression for HTTP/2.0", R. Peon, H. Ruellan

3부

HTTP: The Definitive Guide

식별, 인가, 보안

3부에 있는 4개의 장에서는 식별 추적, 보안 집행, 콘텐츠에 대한 접근제어에 대한 일련의 기법 및 기술들을 제시한다.

- 11장 클라이언트 식별과 쿠키에서는 사용자를 식별하여 콘텐츠를 개인화시키는 기법을 다룬다.
- 12장 기본 인증에서는 사용자를 확인하는 기초적인 체계를 중점적으로 다룬다. 그리고 어떻게 HTTP 인증이 데이터베이스와 동작하는지도 알아본다.
- 13장 다이제스트 인증에서는 크게 개선된 보안을 제공키 위한 HTTP에 제안된 개선안인, 다이제스트 인증을 설명한다.
- 14장 보안 HTTP에서는 인터넷 암호화 기법에 대한 개요, 디지털 서명, 보안 소켓 계층(Secure Sockets Layer, SSL)을 자세히 알아본다.

11장

HTTP: The Definitive Guide

클라이언트 식별과 쿠키

웹 서버는 서로 다른 수천 개의 클라이언트들과 동시에 통신한다. 이 서버들은 익명의 클라이언트로부터 받는 모든 요청을 처리하는 것뿐만 아니라 서버와 통신하고 있는 클라이언트를 추적해야 할 수도 있다. 이 장에서는 서버가 통신하는 대상을 식별하는 데 사용하는 기술을 알아본다.

11.1 개별 접촉

HTTP는 익명으로 사용하며 상태가 없고[1] 요청과 응답으로 통신하는 프로토콜이다. 서버는 클라이언트가 보낸 요청을 처리하고 나서 그 응답을 클라이언트로 전송한다. 웹 서버는 요청을 보낸 사용자를 식별하거나 방문자가 보낸 연속적인 요청을 추적하기 위해 약간의 정보를 이용할 수 있다.

현대의 웹 사이트들은 개인화된 서비스를 제공하고 싶어 한다. 네트워크로 연결된 사용자들에 대해 더 많은 것을 알고 싶어 하고 사용자들이 브라우징하는 것을 기록하고 싶어 한다. Amazon.com 같이 유명한 온라인 쇼핑 사이트는 여러 가지 방식으로 사이트를 개인화시켜서 사용자에게 제공한다.

개별 인사

온라인 쇼핑이 개인에게 맞춰져 있는 것처럼 느끼게 하려고 사용자에게 특화된 환영 메시지나 페이지 내용을 만든다.

1 (옮긴이) 연결 자체에 대한 정보를 가지지 않으며 매 요청은 일회성이고 독립적으로 처리된다. 이를 가리켜 HTTP는 상태가 없다고 하거나 무상태(stateless)라 부른다.

사용자 맞춤 추천

온라인 상점은 고객의 흥미가 무엇인지 학습해서 고객이 좋아할 것이라고 예상되는 제품들을 추천할 수 있다. 고객의 생일이나 다른 중요한 날이 다가오면 특별한 제품을 제시하기도 한다.

저장된 사용자 정보

온라인 쇼핑 고객은 복잡한 주소와 신용카드 정보를 매번 입력하는 것을 싫어한다. 이런 정보를 데이터베이스에 저장하는 온라인상점도 있다. 온라인 쇼핑이 당신을 한번 식별하고 나면, 쇼핑을 더 편하게 할 수 있게 저장된 사용자 정보를 사용할 수 있다.

세션 추적

HTTP 트랜잭션은 상태가 없다. 각 요청 및 응답은 독립적으로 일어난다. 많은 웹사이트에서 사용자가 사이트와 상호작용할 수 있게 사용자의 상태를 남긴다(예를 들어 온라인 쇼핑 사이트의 장바구니 기능). 이렇게 상태를 유지하려면, 웹 사이트는 각 사용자에게서 오는 HTTP 트랜잭션을 식별할 방법이 필요하다.

이 장에서는 HTTP가 사용자를 식별하는 데 사용하는 기술들을 정리한다. HTTP 자체에 식별 관련 기능이 풍부하지는 않아서, (실용주의자였던) 초기 웹 사이트 설계자들은 사용자를 식별하는 그들만의 기술을 개발했다. 각 기술은 장단점이 있었다. 이 장에서는 다음과 같은 사용자 식별 기술을 논의한다.

- 사용자 식별 관련 정보를 전달하는 HTTP 헤더들
- 클라이언트 IP 주소 추적으로 알아낸 IP 주소로 사용자를 식별
- 사용자 로그인 인증을 통한 사용자 식별
- URL에 식별자를 포함하는 기술인 뚱뚱한(fat) URL
- 식별 정보를 지속해서 유지하는 강력하면서도 효율적인 기술인 쿠키

11.2 HTTP 헤더

표 11-1에는 사용자에 대한 정보를 전달하는 가장 일반적인 일곱 가지 HTTP 요청 헤더가 기술되어 있다. 제일 위에 있는 세 개에 대해서는 지금 다룰 것이고, 더 발전된 식별 기술에 사용하는 나머지 네 개 헤더는 이 다음 절에서 다룰 것이다.

헤더 이름	헤더 타입	설명
From	요청	사용자의 이메일 주소
User-Agent	요청	사용자의 브라우저
Referer	요청	사용자가 현재 링크를 타고 온 근원 페이지
Authorization	요청	사용자 이름과 비밀번호(뒤에서 다룸)
Client-ip	확장(요청)	클라이언트의 IP 주소(뒤에서 다룸)
X-Forwarded-For	확장(요청)	클라이언트의 IP 주소(뒤에서 다룸)
Cookie	확장(요청)	서버가 생성한 ID 라벨(뒤에서 다룸)

표 11-1 사용자에 대한 정보를 전달하는 HTTP 헤더

From 헤더는 사용자의 이메일 주소를 포함한다. 이상적으로는 각 사용자가 서로 다른 이메일 주소를 가지므로, From 헤더로 사용자를 식별할 수 있다. 하지만, 악의적인 서버가 이메일 주소를 모아서 스팸 메일을 발송하는 문제가 있어서 From 헤더를 보내는 브라우저는 많지 않다. 실제로 로봇이나 스파이더는 데이터를 수집하는 과정에서 본의 아니게 웹 사이트에 문제를 일으켰을 때, 해당 사이트의 웹 마스터가 항의 메일을 보낼 수 있도록 From 헤더에 이메일 주소를 기술한다.

User-Agent 헤더는 사용자가 쓰고 있는 브라우저의 이름과 버전 정보, 어떤 경우에는 운영체제에 대한 정보까지 포함하여 서버에게 알려준다. 이는 특정 브라우저에서 제대로 동작하도록 그것들의 속성에 맞추어 콘텐츠를 최적화하는 데 유용할 수 있지만, 특정 사용자를 식별하는 데는 큰 도움이 되지 않는다. 다음은 구글 크롬과 마이크로소프트 인터넷 익스플로러의 User-Agent 헤더다.

크롬 38.0.2125.111 User-Agent

```
    Mozilla/5.0 (Windows NT 6.1) AppleWebKit/537.36 (KHTML, like Gecko)
Chrome/38.0.2125.111 Safari/537.36
```

인터넷 익스플로러 9.0.29 User-Agent

```
    Mozilla/4.0 (compatible; MSIE 7.0; Windows NT 6.1; Trident/5.0; SLCC2; .NET CLR
2.0.50727; .NET CLR 3.5.30729; .NET CLR 3.0.30729; Media Center PC 6.0; .NET4.0C;
.NET4.0E
```

Referer 헤더는 사용자가 현재 페이지로 유입하게 한 웹페이지의 URL을 가리킨다. Referer 헤더 자체만으로 사용자를 식별할 수는 없지만, 사용자가 이전에 어떤 페이지를 방문했었는지는 알려준다. 이 헤더를 통해서 사용자의 웹 사용 행태나 사용자의 취향을 더 잘 파악할 수 있다. 예를 들어 야구 사이트에서 현재 웹 서버로 접근한 것이라면, 서버는 접속한 사용자가 야구 애호가라고 유추할 수 있다.

From, User-Agent, Referer 헤더들은 확실히 식별하기에는 부족한 정보를 가진다. 이제 특정 사용자를 식별하는 더 정확한 방법에 대해 알아보자.

11.3 클라이언트 IP 주소

초기 웹 선구자들은 사용자 식별에 클라이언트의 IP 주소를 사용하려 했다. 이 방식은 사용자가 확실한 IP 주소를 가지고 있고, 그 주소가 좀처럼(혹은 절대) 바뀌지 않고, 웹 서버가 요청마다 클라이언트의 IP를 알 수 있다면 문제없이 동작한다. 클라이언트의 IP 주소는 보통 HTTP 헤더에 없지만[2] 웹 서버는 HTTP 요청을 보내는 반대쪽 TCP 커넥션의 IP 주소를 알아낼 수 있다. 예를 들어 유닉스 시스템에서 getpeername 함수를 호출하면 요청을 보낸 클라이언트의 IP 주소를 받을 수 있다.

```
status = getpeername(tcp_connection_socket,...);
```

안타깝게도 클라이언트 IP 주소로 사용자를 식별하는 방식은 다음과 같은 약점을 가진다.

- 클라이언트 IP 주소는 사용자가 아닌, 사용하는 컴퓨터를 가리킨다. 만약 여러 사용자가 같은 컴퓨터를 사용한다면 그들을 식별할 수 없을 것이다.
- 많은 인터넷 서비스 제공자(ISP)는 사용자가 로그인하면 동적으로 IP 주소를 할당한다. 로그인한 시간에 따라, 사용자는 매번 다른 주소를 받으므로, 웹 서버는 사용자를 IP 주소로 식별할 수 없다.
- 보안을 강화하고 부족한 주소들을 관리하려고 많은 사용자가 네트워크 주소 변환(Network Address Translation, NAT) 방화벽을 통해 인터넷을 사용한다. 이 NAT 장비들은 클라이언트의 실제 IP 주소를 방화벽 뒤로 숨기고, 클라이언트의 실제 IP 주소를 내부에서 사용하는 하나의 방화벽 IP 주소(그리고 다른 포트번호)로 변환한다.
- 보통, HTTP 프락시와 게이트웨이는 원 서버에 새로운 TCP 연결을 한다. 웹 서버는 클라이언트의 IP 주소 대신 프락시 서버의 IP 주소를 본다. 일부 프락시는 원본 IP 주소(그림 11-1)를 보존하려고 Client-ip나 X-Forwarded-For HTTP 같은 확장 헤더를 추가하여 이 문제를 해결하려 했다. 하지만 모든 프락시가 이런 식으로 동작하진 않는다.

2 뒤에서 볼 것이지만, 어떤 프락시는 Client-ip 헤더를 기술한다. 하지만 이는 HTTP 표준이 아니다.

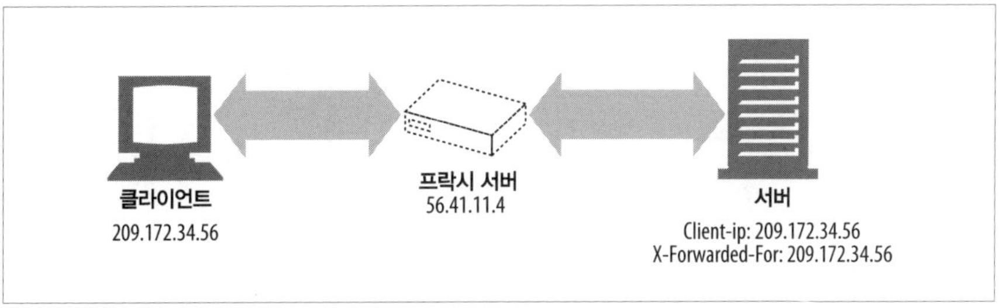

그림 11-1 프락시는 실제 클라이언트 IP 주소를 전달하는 확장 헤더를 추가할 수 있다.

아직도 세션 간에 사용자를 추적하려고 클라이언트 IP 주소를 사용하는 웹사이트가 있지만, 이 방식은 제대로 동작하지 않기 때문에 사용하지 않는다. 어떤 사이트는 보안 기능으로 IP 주소를 사용하여, 특정 IP 주소로부터 오는 사용자에게만 문서를 전달하기도 한다. 하지만 이런 방식은 인트라넷 같이 제한된 영역에서는 적절할 수 있지만, 인터넷에서는 IP 주소를 임의로 변경할 수 있기 때문에 문제가 발생할 수 있다. 또한, 클라이언트와 서버 사이에 있는 프락시도 문제를 발생시킬 수 있다. 14장에서는 문서의 접근권한을 제어하는 더 강력한 방식을 다룬다.

11.4 사용자 로그인

IP 주소로 사용자를 식별하려는 수동적인 방식보다, 웹 서버는 사용자 이름과 비밀번호로 인증(로그인)할 것을 요구해서 사용자에게 명시적으로 식별 요청을 할 수 있다.

웹 사이트 로그인이 더 쉽도록 HTTP는 WWW-Authenticate와 Authorization 헤더를 사용해 웹 사이트에 사용자 이름을 전달하는 자체적인 체계를 가지고 있다. 한번 로그인하면, 브라우저는 사이트로 보내는 모든 요청에 이 로그인 정보를 함께 보내므로 웹 서버는 그 로그인 정보는 항상 확인할 수 있다. 이 HTTP 인증에 대한 더 자세한 내용은 12장에서 다룰 것이니 지금은 빠르게 훑고 넘어가자.

서버에서, 사용자가 사이트에 접근하기 전에 로그인을 시키고자 한다면 HTTP 401 Login Required 응답 코드를 브라우저에 보낼 수 있다.[3] 브라우저는 로그인 대화상자를 보여주고, 다음 요청부터 Authorization 헤더에 그 정보를 기술하여 보낸다.[4] 이는 그림 11-2에서 볼 수 있다.

---

3 사용자가 요청마다 로그인하지 않게 브라우저 대부분은 사이트에 대한 로그인 정보를 기억하여 사이트로 보내는 각 요청에 로그인 정보를 전달할 것이다.

4 (옮긴이) 이 시점에 사용자 이름과 비밀번호를 포함한 Authorization 헤더를 추가한다. 사용자 이름과 비밀번호를 암호화해서 네트워크상의 관찰자가 보지 못하게 보호한다.

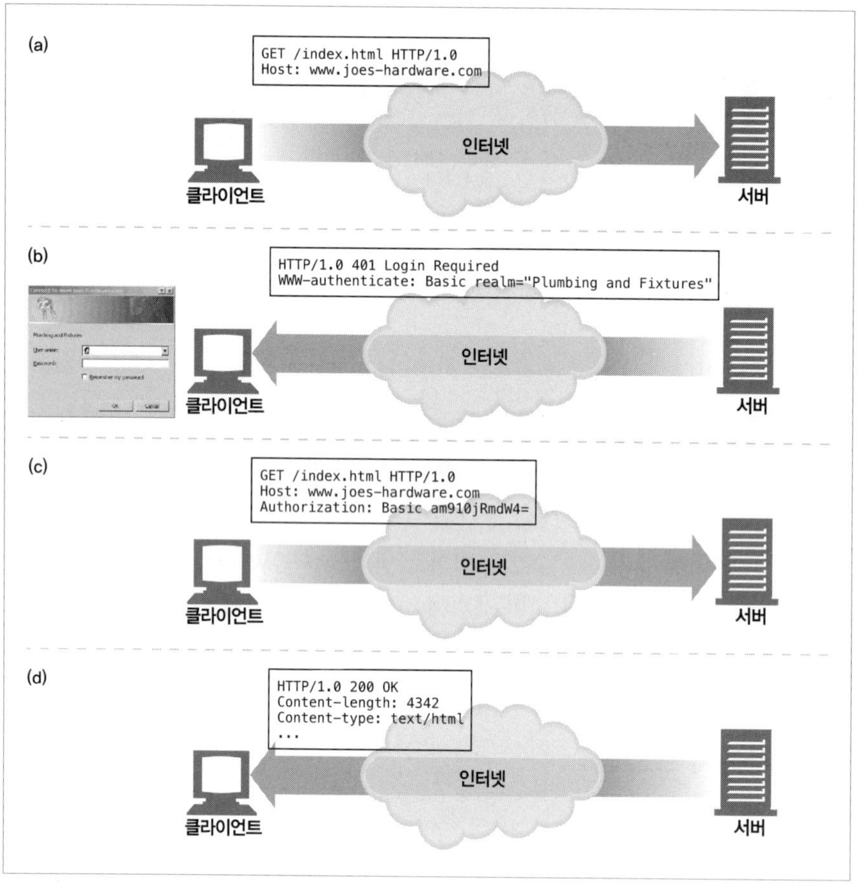
(a)
GET /index.html HTTP/1.0
Host: www.joes-hardware.com
인터넷
클라이언트
서버
(b)
HTTP/1.0 401 Login Required
WWW-authenticate: Basic realm="Plumbing and Fixtures"
인터넷
클라이언트
서버
(c)
GET /index.html HTTP/1.0
Host: www.joes-hardware.com
Authorization: Basic am910jRmdW4=
인터넷
클라이언트
서버
(d)
HTTP/1.0 200 OK
Content-length: 4342
Content-type: text/html
...
인터넷
클라이언트
서버

그림 11-2 HTTP 인증 헤더를 사용하여 사용자 등록하기

이 그림에서는 다음과 같은 일이 일어난다.

- 그림 11-2a에서 브라우저는 www.joes-hardware.com 사이트로 요청한다.
- 사이트는 사용자의 식별정보를 알지 못하므로, 그림 11-2b와 같이 서버는 401 Login Required HTTP 응답 코드와 WWW-Authenticate 헤더를 반환하여 로그인하라고 요청한다. 이는 브라우저에 로그인 대화 상자를 띄우게 한다.
- 사용자가 사용자 이름과 비밀번호를 입력하고 브라우저는 기존 요청을 다시 보내서 사용자 식별을 시도한다.[5]
- 이제 서버는 사용자의 식별정보를 안다.
- 이 시점 이후의 요청에 대해서, 브라우저는 서버로부터 사용자 식별 정보를 요청

5 14장에서 보게 될 것이지만, HTTP 기본인증에서 사용자 이름과 비밀번호는 원한다면 누구나 작은 노력으로 쉽게 해독할 수 있다. 보안 기술에 대한 추가적인 논의는 뒤에서 다룬다.

받으면, 서버에서 오는 요청에 대해 자동으로 사용자 이름과 비밀번호를 포함하며, 심지어 요청하지 않았을 때에도 전달한다. 이는 사이트에 한 번만 로그인하면, 브라우저는 요청마다 해당 사용자의 식별정보 토큰을 Authorization 헤더에 담아 서버로 전송해서, 한 세션이 진행되는 내내 그 사용자에 대한 식별을 유지한다.

하지만 웹 사이트 로그인은 귀찮은 일이다. 예를 들어 프레드라는 사용자는 사이트를 옮겨다닐 때마다 각 사이트에 로그인을 해야 한다. 더 큰 문제는, 프레드가 사이트마다 서로 다른 사용자 이름과 비밀번호를 기억해야 한다는 것이다. 사이트를 돌아다니다보면 프레드가 좋아하는 사용자 이름인 'fred'는 다른 누군가가 선점했을 것이고, 어떤 사이트는 사용자 이름과 비밀번호의 길이와 조합 규칙이 다를 것이다. 곧 프레드는 인터넷 사용을 포기하고 오프라윈프리 쇼를 보고 말 것이다. 다음 절에서는 이 문제를 해결하는 방안을 다룬다.

11.5 뚱뚱한 URL

어떤 웹 사이트는 사용자의 URL마다 버전을 기술하여 사용자를 식별하고 추적하였다. 보통, URL은 URL 경로의 처음이나 끝에 어떤 상태 정보를 추가해 확장한다. 사용자가 그 사이트를 돌아다니면, 웹 서버는 URL에 있는 상태 정보를 유지하는 하이퍼링크를 동적으로 생성한다.

사용자의 상태 정보를 포함하고 있는 URL을 뚱뚱한 URL이라고 한다. 다음은 전자상거래 웹 사이트인 Amazon.com에서 사용하는 뚱뚱한 URL의 예다. 각 URL은 웹 상점을 돌아다니는 사용자에게 할당된 식별번호(여기서는 002-1145265-8016838)를 각 URL 뒤에 붙여서 사용자를 추적한다.

```
...
<a href="/exec/obidos/tg/browse/-/229220/ref=gr_gifts/002-1145265-8016838">All
  Gifts</a><br>
<a href="/exec/obidos/wishlist/ref=gr_pl1_/002-1145265-8016838">Wish List</a><br>
...
<a href="http://s1.amazon.com/exec/varzea/tg/armed-forces/-//ref=gr_af_/002-
  1145265-8016838">Salute Our Troops</a><br>
<a href="/exec/obidos/tg/browse/-/749188/ref=gr_p4_/002-1145265-8016838">Free
  Shipping</a><br>
<a href="/exec/obidos/tg/browse/-/468532/ref=gr_returns/002-1145265-8016838">Easy
  Returns</a>
...
```

웹 서버와 통신하는 독립적인 HTTP 트랜잭션을 하나의 '세션' 혹은 '방문'으로 묶는 용도로 뚱뚱한 URL을 사용할 수 있다. 사용자가 웹 사이트에 처음 방문하면 유일한 ID가 생성되고, 그 값은 서버가 인식할 수 있는 방식으로 URL에 추가되며, 서버는 클라이언트를 이 뚱뚱한 URL로 리다이렉트 시킨다. 서버가 뚱뚱한 URL을 포함한 요청을 받으면, 사용자 아이디와 관련된 추가적인 정보(쇼핑 카트, 프로필 등)를 찾아서 밖으로 향하는 모든 하이퍼링크를 뚱뚱한 URL로 바꾼다.

뚱뚱한 URL은 사이트를 브라우징하는 사용자를 식별하는 데 사용할 수 있다. 하지만 이 기술에는 여러 심각한 문제가 있다. 그 문제는 다음과 같다.

못생긴 URL
브라우저에 보이는 뚱뚱한 URL은 새로운 사용자들에게 혼란을 준다.

공유하지 못하는 URL
뚱뚱한 URL은 특정 사용자와 세션에 대한 상태 정보를 포함한다. 만약 그 주소를 누군가에게 메일로 보내면, 당신의 누적된 개인 정보를 본의 아니게 공유하게 되는 것이다.

캐시를 사용할 수 없음
URL로 만드는 것은, URL이 달라지기 때문에 기존 캐시에 접근할 수 없다는 것을 의미한다.

서버 부하 가중
서버는 뚱뚱한 URL에 해당하는 HTML 페이지를 다시 그려야 한다.

이탈
사용자가 링크를 타고 다른 사이트로 이동하거나 특정 URL을 요청해서 의도치 않게 뚱뚱한 URL 세션에서 '이탈'하기 쉽다. 사용자는 서비스를 사용하는 동안, 사전에 세션 정보가 추가된 링크만을 사용해야 뚱뚱한 URL이 문제없이 동작할 수 있다. 사용자가 이탈하게 되면, 지금까지의 진척상항들(아마도 상품으로 채워진 쇼핑 장바구니)이 초기화되고 다시 처음부터 시작해야 될 것이다.

세션 간 지속성의 부재
사용자가 특정 뚱뚱한 URL을 북마킹하지 않는 이상, 로그아웃하면 모든 정보를 잃는다.

11.6 쿠키

쿠키는 사용자를 식별하고 세션을 유지하는 방식 중에서 현재까지 가장 널리 사용하는 방식이다. 쿠키는 앞서 설명한 기술들이 가지고 있던 문제점들을 겪지는 않지만, 쿠키만으로 하기 힘든 일에는 앞서 설명한 기술들을 함께 사용하기도 한다. 쿠키는 넷스케이프가 최초로 개발했지만, 지금은 모든 브라우저에서 지원한다.

쿠키는 매우 중요한 웹 기술일 뿐만 아니라 새로운 HTTP 헤더를 정의하므로, 앞서 다룬 기술들보다 더 자세히 살펴볼 것이다. 쿠키는 캐시와 충돌할 수 있어서, 대부분의 캐시나 브라우저는 쿠키에 있는 내용물을 캐싱하지 않는다. 이어지는 절에서는 이에 대해 좀 더 자세히 다룬다.

11.6.1 쿠키의 타입

쿠키는 크게 세션 쿠키(session cookie)와 지속 쿠키(persistent cookie) 두 가지 타입으로 나눌 수 있다. 세션 쿠키는 사용자가 사이트를 탐색할 때, 관련한 설정과 선호 사항들을 저장하는 임시 쿠키다. 세션 쿠키는 사용자가 브라우저를 닫으면 삭제된다. 지속 쿠키는 삭제되지 않고 더 길게 유지될 수 있다. 지속 쿠키는 디스크에 저장되어, 브라우저를 닫거나 컴퓨터를 재시작하더라도 남아있다. 지속 쿠키는 사용자가 주기적으로 방문하는 사이트에 대한 설정 정보나 로그인 이름을 유지하려고 사용한다.

세션 쿠키와 지속 쿠키의 다른 점은 파기되는 시점뿐이다. 뒤에서 다룰 것이지만, 쿠키는 Discard 파라미터가 설정되어 있거나, 파기되기까지 남은 시간을 가리키는 Expires 혹은 Max-Age 파라미터가 없으면 세션 쿠키가 된다.

11.6.2 쿠키는 어떻게 동작하는가

쿠키는 서버가 사용자에게 "안녕, 내 이름은.."라고 적어서 붙이는 스티커와 같다. 사용자가 웹 사이트에 방문하면, 웹 사이트는 서버가 사용자에게 붙인 모든 스티커를 읽을 수 있다.

처음에 사용자가 웹 사이트에 방문하면 웹 서버는 사용자에 대해서 아무것도 모른다(그림11-3a). 웹 서버는 사용자가 다시 돌아왔을 때, 해당 사용자를 식별하기 위한 유일한 값을 쿠키에 할당한다. 쿠키는 임의의 이름=값 형태의 리스트를 가지고, 그 리스트는 Set-Cookie 혹은 Set-Cookie2(확장 헤더) 같은 HTTP 응답 헤더에 기술되어 사용자에게 전달한다.

쿠키는 어떤 정보든 포함할 수 있지만, 서버가 사용자 추적 용도로 생성한 유일한 단순 식별 번호만 포함하기도 한다. 예를 들어 그림 11-3b같이 서버는 id="34294"라는 쿠키를 사용자에게 할당한다. 서버는 이 쿠키 값으로 데이터베이스에서 사용자의 정보(구매 내용, 주소 정보 등)를 찾는데 사용할 수 있다.

하지만 쿠키는 단순히 ID 번호에만 국한되지 않는다. 많은 웹 서버가 정보를 쿠키에 유지하려고 한다. 예를 들면 다음과 같다.

```
Cookie: name="Brian Totty"; phone="555-1212"
```

브라우저는 서버로 온 Set-Cookie 혹은 Set-Cookie2 헤더에 있는 쿠키 콘텐츠를 브라우저 쿠키 데이터베이스에 저장한다(여러 나라에서 배송된 여행 가방에 붙은 스티커와 비슷하다고 할 수 있다). 사용자가 미래에 같은 사이트를 방문하면(그림11-3c), 브라우저는 서버가 이 사용자에게 할당했던 쿠키를 Cookie 요청 헤더에 기술해 전송한다.

11.6.3 쿠키 상자: 클라이언트 측 상태

쿠키의 기본적인 발상은 브라우저가 서버 관련 정보를 저장하고, 사용자가 해당

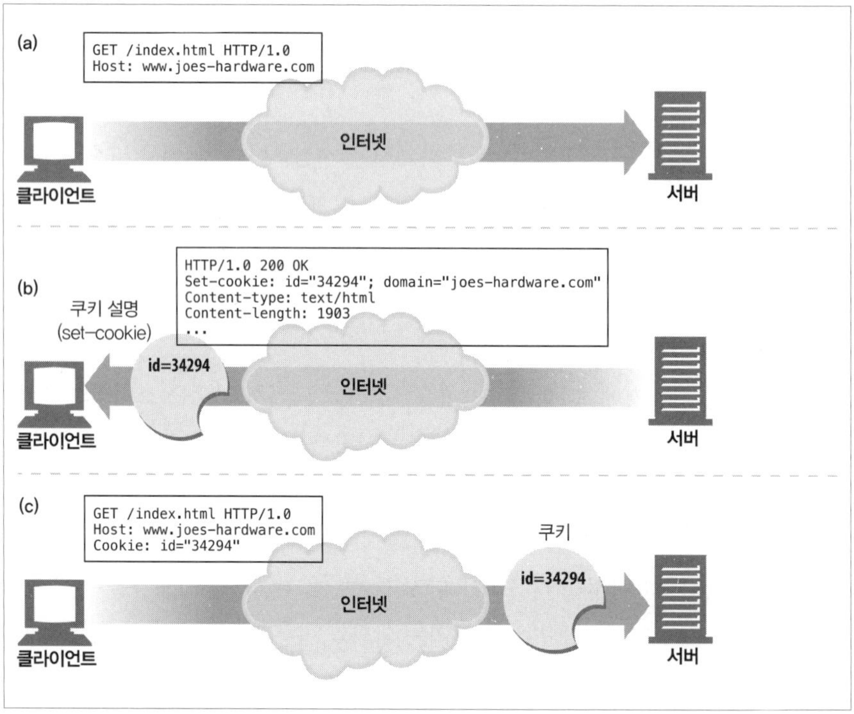
(a)
GET /index.html HTTP/1.0
Host: www.joes-hardware.com
인터넷
클라이언트
서버
(b)
쿠키 설명
(set-cookie)
HTTP/1.0 200 OK
Set-cookie: id="34294"; domain="joes-hardware.com"
Content-type: text/html
Content-length: 1903
...
id=34294
인터넷
클라이언트
서버
(c)
GET /index.html HTTP/1.0
Host: www.joes-hardware.com
Cookie: id="34294"
쿠키
id=34294
인터넷
클라이언트
서버

그림 11-3 사용자에게 쿠키 할당

서버에 접근할 때마다 그 정보를 함께 전송하게 하는 것이다. 브라우저는 쿠키 정보를 저장할 책임이 있는데, 이 시스템을 '클라이언트 측 상태'라고 한다. 쿠키 명세에서 이것의 공식적인 이름은 'HTTP 상태 관리 체계(HTTP State Management Mechanism)'이다.

구글 크롬 쿠키

각 브라우저는 각기 다른 방식으로 쿠키를 저장한다. 구글 크롬은 Cookies라는 SQLite 파일에 쿠키를 저장한다. 예를 들어,

creation_utc	host_key	name	value	path	expires_utc	secure
13045310491322644	terms.naver.com	WMONID	zsCsXw6sOhY	/	13076846491322644	0
13043383943266060	cafe.naver.com	WMONID	zRZ9IK_--Js	/	13074919943266060	0
13053483750769376	health.naver.com	WMONID	z8RF3cr2lxs	/	13085019750769376	0
13043320060977074	.github.com	logged_in	yes	/	13674472060977074	1
13043469786190860	.twitter.com	pid	v3:1398996186613995464154742	/	13090773786190860	0
13043312343209766	.twitter.com	guest_id	v1%3A139883874259883866	/	13106384343209766	0
13051553377088732	.cyworld.com	UD3	ue4f42e8bb44469e07fba8fdde9113a9	/	13366913377088732	0
13053938699997410	.yahoo.com	DSS	ts=1409465099&cnt=0&sdts=1409465099&sdtp=...	/	13117010699997410	0
13043312357505078	rpm.newrelic.com	ethnio_displayed_test2	true	/	13674464357505078	0

이 SQLite 파일에 있는 각 행이 쿠키 한 개에 해당한다. 총 13개의 필드가 있는데 몇몇 주요 필드의 의미는 다음과 같다.

creation_utc
쿠키가 생성된 시점을 알려주는데, 그 값은 Jan 1, 1970 00:00:00 GMT로부터 생성된 시간을 초 단위로 기술한다.

host_key
쿠키의 도메인이다.

name
쿠키의 이름이다.

value
쿠키의 값이다.

path
쿠키와 관련된 도메인에 있는 경로다.

expire_utc
쿠키의 파기 시점을 알려주는데, 그 값은 Jan 1, 1970 00:00:00 GMT로부터 파기될 시간을 초 단위로 기술한다.

secure
이 쿠키를 SSL 커넥션일 경우에만 보낼지를 가리킨다.

마이크로소프트 인터넷 익스플로러 쿠키

마이크로소프트 인터넷 익스플로러는 캐시 디렉터리에 각각의 개별 파일로 쿠키를 저장한다. 그림 11-4와 같이 쿠키를 확인하려면 이 디렉터리를 뒤져볼 수 있다. 인터넷 익스플로러의 쿠키 파일은 자체적인 형식을 가지고 기술되지만, 필드 대부분은 이해하기 쉽게 되어 있다. 각 쿠키는 각 파일에 개별 저장되며 각 쿠키는 여러 행으로 기술되어 있다.

파일에 있는 각 쿠키의 첫 번째 줄은 쿠키의 이름이다. 다음 줄은 쿠키의 값이다. 세 번째 줄에는 도메인과 경로가 있다. 인터넷 익스플로러만을 위한 데이터가 있는 나머지 줄에는 날짜나 표식같이 이 쿠키에 대한 정보들이 추가적으로 들어갈 수 있다.

11.6.4 사이트마다 각기 다른 쿠키들

브라우저는 수백 수천 개의 쿠키를 가지고 있을 수 있지만, 그렇다고 브라우저가 쿠키 전부를 모든 사이트에 보내지는 않는다. 사실, 브라우저는 보통 각 사이트에 두 개 혹은 세 개의 쿠키만을 보낸다. 이유는 다음과 같다.

- 쿠키를 모두 전달하면 성능이 크게 저하된다. 쿠키를 모두 전달하면 브라우저는 실제 콘텐츠의 바이트보다 더 많은 쿠키 바이트를 전달하게 될 것이다.
- 이 쿠키들 대부분은 서버에 특화된 이름/값 쌍을 포함하고 있기 때문에, 대부분 사이트에서는 인식하지 않는 무의미한 값이다.
- 모든 사이트에 쿠키 전체를 전달하는 것은, 특정 사이트에서 제공한 정보를 신뢰하지 않는 사이트에서 가져갈 수 있어서 잠재적인 개인정보 문제를 일으킬 것이다.

보통 브라우저는 쿠키를 생성한 서버에게만 쿠키에 담긴 정보를 전달한다. joes-hardware.com에서 생성된 쿠키는 joes-hardware.com에만 보내고 bobs-books.com이나 marys-movie.com에는 보내지 않는다.

많은 웹 사이트는 광고를 관리하는 협력업체와 계약을 한다. 이 광고들은 웹 사이트 자체의 일부인 것처럼 제작되고, 지속 쿠키를 만들어낸다. 같은 광고사에서

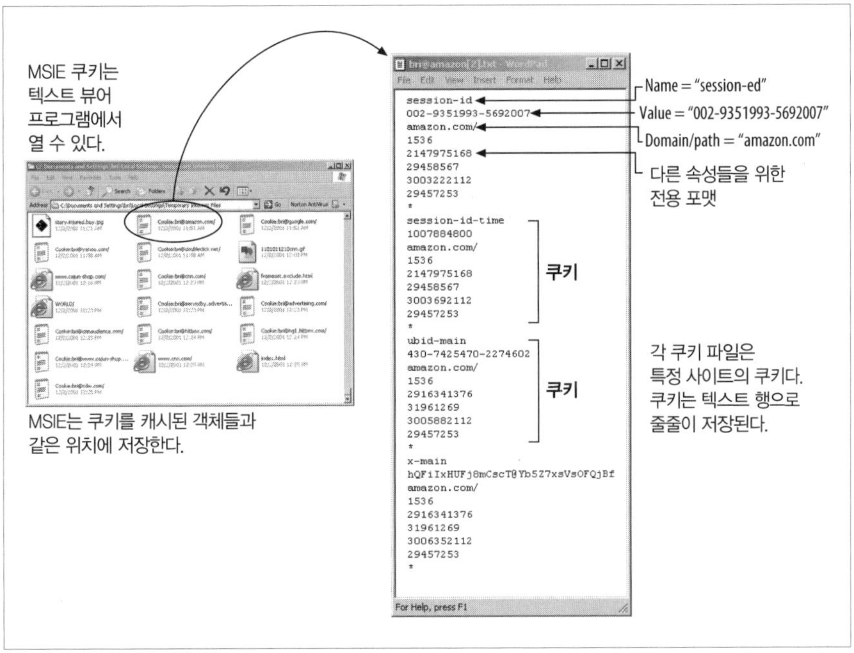

그림 11-4 인터넷 익스플로러 쿠키는 캐시 디렉터리에 개별 텍스트 파일로 저장된다.

제공하는 서로 다른 웹 사이트에 사용자가 방문하면, 브라우저는 앞서 만든 지속 쿠키를 다시 광고사 서버로 전송한다. 이는 지속 쿠키의 도메인이 같기 때문이다. 광고사는 이 기술에 Referer 헤더를 접목하여 사용자의 프로필과 웹 사이트를 사용하는 습관에 대한 방대한 데이터를 구축할 수 있다. 최신 브라우저들은 개인정보 설정 기능을 통해 협력업체의 쿠키 사용 방식에 제약을 가할 수 있도록 하고 있다.

쿠키 Domain 속성

서버는 쿠키를 생성할 때 Set-Cookie 응답 헤더에 Domain 속성을 기술해서 어떤 사이트가 그 쿠키를 읽을 수 있는지 제어할 수 있다. 예를 들어 다음 HTTP 응답 헤더는 브라우저가 user="mary17"이라는 쿠키를 .airtravelbargains.com 도메인을 가지고 있는 모든 사이트에 전달한다는 의미다.

```
Set-cookie: user="mary17"; domain="airtravelbargains.com"
```

만약 사용자가 www.airtravelbargains.com나 specials.airtravelbargains.com 같이 .airtravelbargains.com으로 끝나는 사이트를 방문하면 다음 Cookie 헤더가 항상 적용될 것이다.

```
Cookie: user="mary17"
```

쿠키 Path 속성

웹 사이트 일부에만 쿠키를 적용할 수도 있다. URL 경로의 앞부분을 가리키는 Path 속성을 기술해서 해당 경로에 속하는 페이지에만 쿠키를 전달한다.

예를 들어 각각 쿠키를 별도로 가지는 두 개의 조직이 한 개의 웹 서버를 공유한다고 해보자. www.airtravelbargains.com 사이트는 자동차를 대여하는 페이지인 http://www.airtravelbargains.com/autos/에서 사용자가 좋아하는 자동차 크기를 기록하려고 쿠키를 사용한다. 자동차 대여에 관한 쿠키는 다음과 같이 생성한다.

```
Set-cookie: pref=compact; domain="airtravelbargains.com"; path=/autos/
```

만약 사용자가 http://www.airtravelbargains.com/specials.html에 접근하면 다음 같은 쿠키만 얻게 된다.

```
Cookie: user="mary17"
```

하지만 사용자가 http://www.airtravelbargains.com/autos/cheapo/index.html로 접근하면 다음 같은 두 가지 쿠키를 받게 될 것이다.

```
Cookie: user="mary17"
Cookie: pref=compact
```

따라서 쿠키는 일종의 상태 정보라고 할 수 있으며, 서버가 생성하여 클라이언트에 전달하고, 클라이언트는 그 쿠키를 유효한 사이트에만 다시 전달하고 관리한다. 쿠키의 기술과 표준에 대해 더 자세히 알아보자.

11.6.5 쿠키 구성요소

현재 사용되는 쿠키 명세에는 Version 0 쿠키(흔히 '넷스케이프 쿠키'라고 불린다)와 Version 1쿠키('RFC 2965')가 있다. Version 1 쿠키는 Version 0 쿠키의 확장으로 널리 쓰이지는 않는다.[6]

Version 0 쿠키 명세와 Version 1 쿠키 명세 모두 HTTP/1.1 명세 일부로 기술되어 있지는 않다. 쿠키의 사용법에 대해 가장 잘 나와 있는 두 개의 참고자료를 표 11-2에서 볼 수 있다.

제목	설명	위치

6 (옮긴이) RFC 2965는 2011년에 나온 RFC 6265 "HTTP State Management Mechanism"에 의해 폐기되어 현재 사용되지 않는 HISTORIC 상태다.

Persistent Client State: HTTP Cookies	넷스케이프 쿠키 표준 원문	http://home.netscape.com/news-ref/std/cookie_spec.html
RFC 2965: HTTP State Management Mechanism	2000년 10월에 작성된 쿠키 표준으로 RFC 2109를 대체	http://www.ietf.org/rfc/rfc2965.txt

표 11-2 쿠키 명세

11.6.6 Version 0(넷스케이프) 쿠키

최초의 쿠키 명세는 넷스케이프가 정의했다. 이 'Version 0' 쿠키는 Set-Cookie 응답 헤더와 Cookie 요청 헤더와 쿠키를 조작하는 데 필요한 필드들을 정의하였다. Version 0 쿠키는 다음과 같은 형태다.

```
Set-Cookie: name=value [; expires=date] [; path=path] [; domain=domain] [; secure]

Cookie: name1=value1 [; name2=value2] ...
```

Version 0 Set-Cookie 헤더

Set-Cookie 헤더는 쿠키의 이름과 값을 가져야 한다. 이는 쿠키 옵션 속성들에 세미콜론으로 이어 기술한다.

Set-Cookie 필드는 표 11-3에서 설명한다.

Set-Cookie 속성	설명과 용례
이름=값	필수 속성. '이름'과 '값' 모두 큰따옴표로 감싸지 않은 세미콜론, 쉼표, 등호, 공백을 포함하지 않는 문자열이다. 웹 서버는 사용자가 추후 웹 서버에 다시 방문하면 읽어올 그 어떤 이름=값 조합이든 만들 수 있다. `Set-Cookie: customer=Mary`

Expires	선택적인 속성. 이 속성에는 쿠키의 생명주기를 가리키는 날짜 문자열을 기술한다. 일단 파기 일자에 다다르면, 그 쿠키는 삭제될 것이며 전달되지도 않을 것이다. 날짜의 형식은 다음과 같다.
	
	`요일, DD-MM-YY HH:MM:SS GMT`
	
	사용할 수 있는 타임 존은 GMT뿐이며 날짜 요소 간에 구분자는 대시(-)여야 한다. 쿠키에 Expires를 명시하지 않으면 그 쿠키는 사용자의 세션이 끝날 때 파기될 것이다.
	
	`Set-Cookie: foo=bar; expires=Wednesday, 09-Nov-99 23:12:40 GMT`

Domain	선택적인 속성. 브라우저는 이 속성에 기술된 도메인을 사용하는 서버 호스트 명으로만 쿠키를 전송한다. 이는 서버가 특정 도메인에만 쿠키를 제한적으로 전달하게 한다. 'acme.com' 도메인은 'anvil.acme.com'과 'shipping.crate.acme.com'의 호스트 명과는 짝이 맞지만 'www.cnn.com'과는 맞지 않는다. 명시된 도메인에 해당하는 도메인들만이 쿠키를 설정할 수 있고, '.com', '.edu', 'va.us' 같은 형식의 도메인을 기술하는 것을 방지하고자, 두 개에서 세 개 영역을 가지는 도메인을 기술해야 한다. 다음과 같이 특정 최상위 단계에 있는 도메인에 해당하는 것들은 두 개의 영역만 기술하면 된다. 그 외에 도메인은 적어도 세 개의 영역을 기술해야 한다. 특정 최상위 도메인들은 다음과 같다. .com, .edu, .net, .org, .gov, .mil, .int, .biz, .info, .name, .museum, .coop, .aero, 그리고 .pro. 도메인이 명시되어 있지 않으면, Set-Cookie 응답을 생성한 서버의 호스트 명을 기본값으로 사용한다. `Set-Cookie: SHIPPING=FEDEX; domain="joes-hardware.com"`	
Path	선택적인 속성. 이 속성으로 서버에 있는 특정 문서에만 쿠키를 할당할 수 있다. 만약 Path 속성에 기술된 값이 URL 경로의 앞부분과 일치하면, 쿠키를 전달한다. '/foo' 경로는 '/foobar'와 '/foo/bar.html'에 들어맞는다. '/' 경로는 도메인에 있는 모든 것에 들어맞는다. 만약 경로를 명시하지 않으면, Set-Cookie 응답을 전달하는 URL의 경로가 사용된다. `Set-Cookie: lastorder=00183; path=/orders`	
Secure	선택적인 속성. 이 속성이 포함되어 있으면, 쿠키는 HTTP가 SSL 보안 연결을 사용할 때만 쿠키를 전송한다. `Set-Cookie: private_id=519; secure`	

표 11-3 Version 0(넷스케이프) Set-Cookie 속성

Version 0 Cookie 헤더

클라이언트가 서버에 요청을 보낼 때는, Domain, Path, Secure 필터들이 현재 요청하려고 하는 사이트에 들어맞으면서 아직 파기되지 않은 쿠키들을 함께 보낸다. 모든 쿠키는 Cookie 헤더에 한데 이어 붙여 보낸다.

```
Cookie: session-id=002-1145265-8016838; session-id-time=1007884800
```

11.6.7 Version 1 (RFC 2965) 쿠키

쿠키의 확장된 버전은 RFC 2965(이전에는 RFC 2109)에 정의되어 있다. Version 1 표준은 Set-Cookie2와 Cookie2 헤더를 소개하고 있으며 Version 0 시스템과도 호환된다.

RFC 2965 쿠키 표준은 원 버전인 넷스케이프 표준보다 좀 더 복잡하며, 아직 모든 브라우저나 서버가 완전히 지원하지는 않는다.[7] RFC 2965에서 추가된 주요 변경사

7 (옮긴이) RFC 2965는 폐기되어 더 이상 지원되지 않는다.

항은 다음과 같다.

- 쿠키마다 그 목적을 설명하는 설명문이 있다.
- 파기 주기에 상관없이 브라우저가 닫히면 쿠키를 강제로 삭제할 수 있다.
- 절대 날짜 값 대신에 초 단위의 상대 값으로 쿠키의 생명주기를 결정할 수 있는 Max-Age.
- 단순히 도메인과 경로뿐 아니라 URL의 포트번호로도 쿠키를 제어할 수 있다.
- 도메인, 포트, 경로 필터가 있으면 Cookie 헤더에 담겨 되돌려 보낸다.
- 호환되는 버전 번호.
- 사용자 이름과 추가적인 키워드를 구별하기 위해 Cookie 헤더에 $ 접두어가 있다.

Version 1 쿠키의 문법은 다음과 같다.

```
set-cookie      =     "Set-Cookie2:" cookies
cookies         =     1#cookie
cookie          =     NAME "=" VALUE *(";" set-cookie-av)
NAME            =     attr
VALUE           =     value
set-cookie-av   =     "Comment" "=" value
                |     "CommentURL" "=" <"> http_URL <">
                |     "Discard"
                |     "Domain" "=" value
                |     "Max-Age" "=" value
                |     "Path" "=" value
                |     "Port" [ "=" <"> portlist <"> ]
                |     "Secure"
                |     "Version" "=" 1*DIGIT
portlist        =     1#portnum
portnum         =     1*DIGIT

cookie          =  "Cookie:" cookie-version 1*((";" | ",") cookie-value)
cookie-value    =  NAME "=" VALUE [";" path] [";" domain] [";" port]
cookie-version  =  "$Version" "=" value
NAME            =  attr
VALUE           =  value
path            =  "$Path" "=" value
domain          =  "$Domain" "=" value
port            =  "$Port" [ "=" <"> value <"> ]

cookie2  =      "Cookie2:" cookie-version
```

Version 1 Set-Cookie2 헤더

Version 1 쿠키 표준에는 넷스케이프 표준보다 더 많은 속성이 있다. 표 11-4는 그 속성들에 대한 개요다. 더 자세한 내용은 RFC 2965를 참고하기 바란다.

Set-Cookie2 속성	설명 및 용례
이름=값	필수 속성. 웹 서버는 사용자가 추후 웹 서버에 다시 방문했을 때 되돌려 받을 수 있는 어떤 이름=값 조합이든 만들 수 있다. '$'는 예약된 문자이므로 쿠키 이름은 '$'로 시작하면 안 된다.
Version	필수 속성. 이 속성의 값은 쿠키 명세의 버전을 가리키는 정수 값이다. RFC 2965의 버전은 1이다. `Set-Cookie2: Part="Rocket_Launcher_0001"; Version="1"`
Comment	선택적인 속성. 이 속성에는 서버가 쿠키를 사용하려는 의도를 기술한다. 사용자는 한 세션 동안 이 쿠키의 사용 여부를 결정하려고 Comment 속성에 기술되어 있는 정책을 읽어볼 수 있다. 값은 반드시 UTF-8로 인코딩되어 있어야 한다.
CommentURL	선택적인 속성. 이 속성은 쿠키를 사용하는 목적과 정책에 대해 상세히 기술된 웹페이지 URL 링크를 제공한다. 사용자는 한 세션 동안 이 쿠키의 사용 여부를 결정하려고 해당 URL에 기술되어 있는 정책을 읽어볼 수 있다.
Discard	선택적인 속성. 이 속성이 기술되어 있으면, 클라이언트 프로그램이 종료될 때 클라이언트가 해당 쿠키를 삭제한다.
Domain	선택적인 속성. 브라우저는 이 속성에 기술된 도메인에 해당하는 서버 호스트들에게만 쿠키를 전송한다. 이 속성으로 서버는 특정 도메인들에만 쿠키를 제한적으로 적용할 수 있다. 도메인 "acme.com"은 "anvil.acme.com"과 "shipping.crate.acme.com"이라는 호스트 명들과 짝이 맞지만 "www.cnn.com"과는 맞지 않는다. 도메인 부합규칙은 기본적으로 넷스케이프 쿠키의 규칙과 같지만, 몇 가지 규칙이 더 있다. 자세한 내용은 RFC 2965를 참고하자.
Max-Age	선택적인 속성. 이 속성의 값은 쿠키의 생명주기를 초 단위로 산정한 정수 값이다. 클라이언트는 HTTP/1.1 수명 계산 규칙에 따라서 쿠키의 수명을 계산해야 한다. 쿠키의 나이가 Max-Age보다 더 많아지면, 클라이언트는 쿠키를 제거해야 한다. 값이 0이면 해당 이름을 가진 쿠키를 즉시 지워야 함을 의미한다.
Path	선택적인 속성. 이 속성으로 서버에 있는 특정 문서에만 쿠키를 할당할 수 있다. 만약 Path 속성의 값이 URL 경로의 앞부분에 들어맞으면, 해당 쿠키를 전달한다. "/foo"라는 경로는 "/foobar"와 "/foo/bar.html"에 들어맞는다. "/" 경로는 도메인에 있는 모든 것에 들어맞는다. 만약 path 속성이 기술되어 있지 않으면, Set-Cookie 응답의 URL에 있는 경로가 값으로 설정된다.

Port	선택적인 속성. 이 속성은, 값이 없이 속성의 키워드(Port)만 기술할 수도 있고, 쿠키가 적용될 포트 한 개 이상을 콤마로 구분하여 기술할 수 있다. 만약 포트가 여러 개 있으면, 포트의 목록에 있는 포트에 해당하는 서버로만 쿠키가 전달된다. Port 키워드만 독립적으로 기술하면, 쿠키는 현재 응답 서버의 포트에 대해서만 전송된다.
	`Set-Cookie2: foo="bar"; Version="1"; Port="80,81,8080"`
	`Set-Cookie2: foo="bar"; Version="1"; Port`

Secure	선택적인 속성. 이 속성이 포함되어 있으면, HTTP가 SSL 보안 연결을 사용할 때만 쿠키가 전송된다.

표 11-4 Version 1(RFC 2965) Set-Cookie2 속성들

Version 1 Cookie 헤더

Version 1 Cookie는 전송하려는 각 쿠키에 추가 정보를 담는데, 추가 정보에는 해당 쿠키가 가지고 있던 필터 중에서 현재의 사이트에 들어맞는 필터를 기술한다. 서버가 응답과 함께 전송했던 Set-Cookie2 헤더에 있는 Domain, Port, Path 같은 속성 중에서, 들어맞는 필터를 함께 기술하여 쿠키를 전송해야 한다.

예를 들어, 클라이언트가 과거에 www.joes-hardware.com 웹 사이트로부터 다음과 같은 다섯 개의 Set-Cookie2를 응답받았다고 해보자.

```
Set-Cookie2: ID="29046"; Domain=".joes-hardware.com"
Set-Cookie2: color=blue
Set-Cookie2: support-pref="L2"; Domain="customer-care.joes-hardware.com"
Set-Cookie2: Coupon="hammer027"; Version="1"; Path="/tools"
Set-Cookie2: Coupon="handvac103"; Version="1"; Path="/tools/cordless"
```

그 이후에 클라이언트가 /tools/cordless/specials.html 경로로 요청을 생성하면, 다음과 같은 Cookie2 헤더를 전송할 것이다.

```
Cookie: $Version="1";
        ID="29046"; $Domain=".joes-hardware.com";
        color="blue";
        Coupon="hammer027"; $Path="/tools";
        Coupon="handvac103"; $Path="/tools/cordless"
```

해당 쿠키의 Set-Cookie2 필터 중에서, 현재의 웹 사이트에 들어맞는 필터 정보에 달러 문자($)를 붙여서 쿠키와 함께 전송한다.

Version 1 Cookie2 헤더와 버전 협상

Cookie2 요청 헤더는 각기 다른 쿠키 버전을 지원하는 클라이언트와 서버 간에 호환성을 협상하는 용도로 사용한다. Cookie2 헤더는 사용자 에이전트가 새로운 형식의 쿠키를 지원하며, 해당 쿠키 표준의 버전 정보(이를 Cookie-Version이라고 부르는 것이 더 이해하기 쉬울 것이다)를 서버에 제공한다.

```
Cookie2: $Version="1"
```

만약 서버가 새로운 형식의 쿠키를 인식하면, Cookie2 헤더를 받고 나서 Set-Cookie2(Set-Cookie가 아닌) 응답 헤더를 보내야 한다. 만약 클라이언트가 같은 쿠키를 Set-Cookie와 Set-Cookie2 헤더에 기술해서 모두 보내면, 이전 방식인 Set-Cookie 헤더를 무시한다.

클라이언트가 Version 0 쿠키와 Version 1 쿠키를 모두 지원하더라도 서버로부터 Version 0의 Set-Cookie 헤더를 받으면, 클라이언트는 Version 0 Cookie 헤더를 보내야만 한다. 그러나 클라이언트는 해당 서버에 업그레이드할 수 있다는 의미로 Cookie2: $Version-"1"를 보내야 한다.

11.6.8 쿠키와 세션 추적

쿠키는 웹 사이트에 수차례 트랜잭션을 만들어내는 사용자를 추적하는 데 사용한다. 전자상거래 웹 사이트는 사용자가 온라인 쇼핑을 하는 중에도 그들의 쇼핑카트를 유지하려 세션 쿠키를 사용한다. 유명 쇼핑 사이트인 Amazon.com의 예를 통해 살펴보자. http://www.amazon.com을 브라우저에 입력하면, 일련의 리다이렉트, URL 리라이트, 쿠키 설정을 통해 서버가 식별 정보를 첨부하기 위한 연속적인 트랜잭션을 시작한다.

그림 11-5는 Amazon.com에 방문하면 일어나는 트랜잭션들의 연속을 보여준다.

- 그림 11-5a : 브라우저가 Amazon.com의 루트 페이지를 처음 요청한다.
- 그림 11-5b : 서버는 클라이언트를 전자상거래 소프트웨어 URL로 리다이렉트 시킨다.
- 그림 11-5c : 클라이언트는 리다이렉트 URL로 요청 보낸다.
- 그림 11-5d : 서버는 응답에 두 개의 세션 쿠키를 기술하고 사용자를 다른 URL로 리다이렉트 시키며, 클라이언트는 다시 이 쿠키들을 첨부하여 요청을 보낸다. 새로운 URL은 자체에 어떤 상태 정보를 가지고 있으므로 뚱뚱한 URL이라고 할 수 있다. 만약 클라이언트가 쿠키를 사용하지 않게 설정되어 있다면, 사용자가 Amazon.com에서 생성한 뚱뚱한 URL을 따라 리다이렉트 하면서도 사이트를 떠나지 않는 한, 기본 식별 절차는 계속 진행된다.
- 그림 11-5e : 클라이언트는 새로운 URL을 요청을 앞서 받은 두 개의 쿠키와 함께 보낸다.
- 그림 11-5f : 서버는 home.html 페이지로 리다이렉트시키고 쿠키 두 개를 더 첨부한다.
- 그림 11-5g : 클라이언트는 home.html 페이지를 가져오고 총 네 개의 쿠키를 전달한다.
- 그림 11-5h : 서버는 콘텐츠를 보낸다.

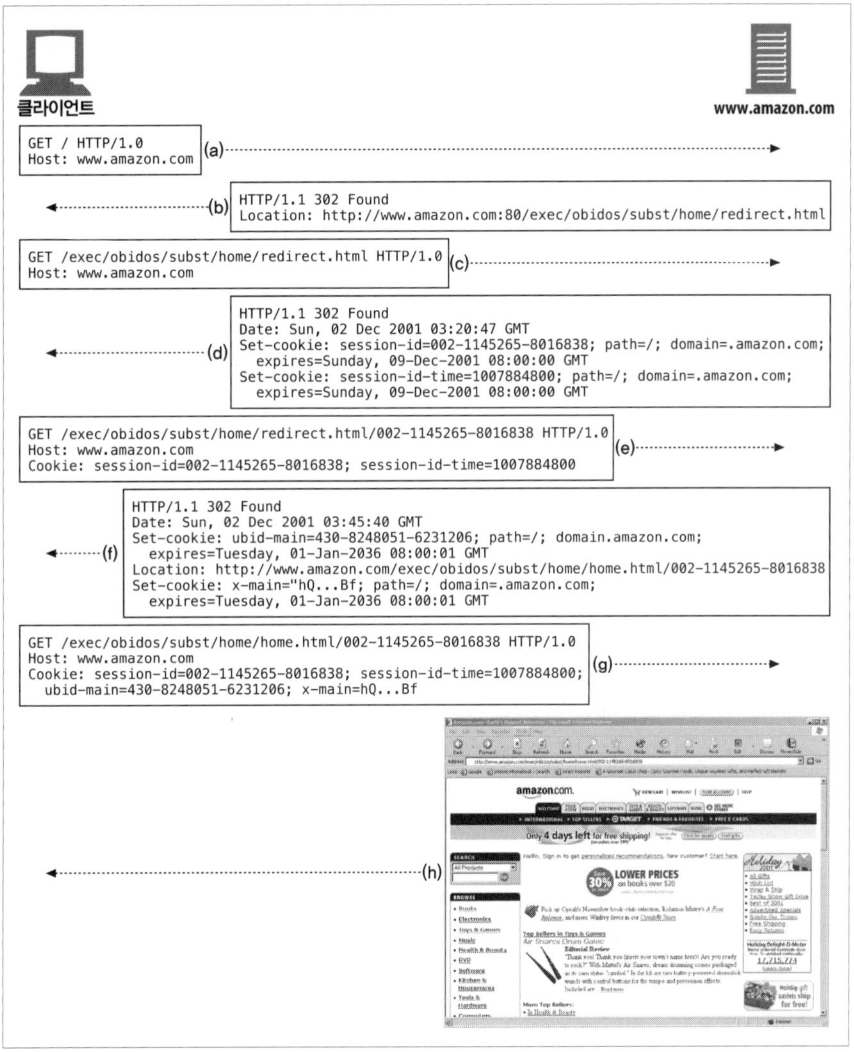

그림 11-5 Amazon.com 사이트는 세션 쿠키를 이용해서 사용자를 추적한다.

11.6.9 쿠키와 캐싱

쿠키 트랜잭션과 관련된 문서를 캐싱하는 것은 주의해야 한다. 이전 사용자의 쿠키가 다른 사용자에게 할당돼버리거나, 누군가의 개인 정보가 다른 이에게 노출되는 최악의 상황이 일어날 수도 있다.

쿠키와 캐싱에 관련된 규칙은 정리가 잘 되어 있지 않다. 다음은 캐시를 다루는 기본 원칙에 대한 안내다.

캐시되지 말아야 할 문서가 있다면 표시하라

문서를 캐시하면 될지 안 될지는 문서의 소유자가 가장 잘 안다. 만약 문서가 Set-Cookie 헤더를 제외하고 캐시를 해도 될 경우라면 그 문서에 명시적으로 Cache-Control: no-cache="Set-Cookie"를 기술해서 명확히 표시한다. 또한, 캐시를 해도 되는 문서에 Cache-Control: public을 사용하면 웹의 대역폭을 더 절약시켜준다.

Set-Cookie 헤더를 캐시 하는 것에 유의하라

만약 응답이 Set-Cookie 헤더를 가지고 있으면, 본문은 캐시할 수 있지만(별다른 이야기가 없다면), Set-Cookie 헤더를 캐시하는 것은 주의를 기울여야만 한다. 같은 Set-Cookie 헤더를 여러 사용자에게 보내게 되면, 사용자 추적에 실패할 것이기 때문이다.

어떤 캐시는 응답을 저장하기 전에 Set-Cookie 헤더를 제거하기 때문에, 그 캐시 데이터를 받는 클라이언트는 Set-Cookie 헤더 정보가 없는 데이터를 받게 되어 문제가 발생할 수 있다.

캐시가 모든 요청마다 원 서버와 재검사시켜 클라이언트로 가는 응답에 Set-Cookie 헤더 값을 기술해서 이 문제를 개선할 수 있다. 원 서버는 다음과 같은 헤더를 캐시된 문서에 추가함으로써 재검사가 일어나게 할 수 있다.

```
Cache-Control: must-revalidate, max-age=0
```

더 보수적인 캐시는 콘텐츠가 캐시해도 되는 데이터라고 하더라도 Set-Cookie 헤더를 가지고 있는 응답은 캐시를 하지 않을 수 있다. 어떤 캐시는 Set-Cookie가 있는 이미지는 캐시를 하지만 Set-Cookie가 있는 텍스트는 캐시를 하지 않는다.

Cookie 헤더를 가지고 있는 요청을 주의하라

요청이 Cookie 헤더와 함께 오면, 결과 콘텐츠가 개인정보를 담고 있을 수도 있다는 힌트다. 개인정보는 캐시되지 않도록 표시되어 있어야 하지만, 그 표시를 하지 않는 서버도 있다.

보수적인 캐시는 Cookie 헤더가 포함된 요청에 응답으로 오는 문서는 캐시하지 않을 것이다. 다시 말하지만, Set-Cookie가 있는 이미지에 대해서는 캐시를 하지만 Set-Cookie가 있는 텍스트는 캐시를 하지 않는 캐시도 있다. 더 효율적인 방식은 캐시 이미지에 파기 시간이 0인 Cookie 헤더를 설정해서 매번 재검사를 하도록 강제하는 것이다.

11.6.10 쿠키, 보안 그리고 개인정보

쿠키를 사용하지 않도록 비활성화시킬 수 있고, 로그 분석 같은 다른 방법으로 대체하는 것도 가능하므로, 그 자체가 보안상으로 엄청나게 위험한 것은 아니다. 사실, 원격 데이터베이스에 개인 정보를 저장하고 해당 데이터의 키 값을 쿠키에 저장하는 방식을 표준으로 사용하면, 클라이언트와 서버 사이에 예민한 데이터가 오가는 것을 줄일 수 있다.

개인정보를 다루거나 사용자를 추적하는 기술은 잘못된 의도로 사용될 수 있기 때문에 항상 조심하는 것이 좋다. 가장 큰 오용 중 하나는 협력업체 웹 사이트가 사용자를 추적하려고 지속 쿠키를 사용하는 것이다. 이것을 IP 주소와 Referer 헤더에 있는 정보와 함께 사용하면, 마케팅 회사들은 사용자의 프로필과 사용 패턴에 대해 꽤 정확한 데이터를 수집할 수 있다.

쿠키에 대한 부정적인 여론이 많기는 하지만, 제공하는 개인정보를 누가 받는지 명확히 알고 사이트의 개인정보 정책에만 유의한다면, 쿠키에 관련한 위험성보다 세션 조작이나 트랜잭션상의 편리함이 더 크다.

미 재무성 컴퓨터사고 자문단(The Computer Incident Advisory Capability)(미국 에너지국 소속)은 1998년에 쿠키의 위험성이 과대평가됐다는 평가서를 작성하였다. 다음은 그 보고서의 일부다.

> CIAC I-034: 인터넷 쿠키
> (http://attrition.org/security/advisory/ciac/i-fy98/ciac.i-034.internet.cookies)
>
> 문제:
>
> 쿠키는 웹 서버가 웹 사용자를 식별하려고 사용하는 작은 데이터 조각이다. 쿠키의 개념과 기능에 대해 이해할 수 없는 수준까지 올라온 수많은 뜬소문들은 사용자를 놀라게 하고 그들의 관리자까지도 걱정을 끼칠 수준이다.
>
> 취약성 평가:
>
> 웹브라우저 쿠키를 사용하여 시스템의 취약한 부분이 손상되거나 스누핑을 하는 것은 근본적으로 있을 수 없다. 쿠키는 이전에 당신이 웹 서버에 방문한 적이 있는지 말해주거나, 웹 서버로부터 전달받은 약간의 정보(사용자 번호와 같은)를 다음에 다시 접속하였을 때 서버에게 다시 보내주는 용도일 뿐이다. 쿠키 대부분은 당신이 브라우저를 나가기 전까지만 유지되며 브라우저를 나가면 삭제된다. 쿠키의 형식 중 하나인 지속 쿠키는 파기 시간을 가지고 있으며 그 파기 시간까지만 당신의 디스크에 저장된다. 지속 쿠키는 사용자가 언제 사이트로 돌아오는지 식별해서 사용자의 탐색 습관을 추적하는데 사용될 수 있다. 당신이 어디서 왔는지, 당신이 어떤 페이지에 접근했는지는 웹 서버의 로그 파일에도 존재하며, 그것을 통해서 사용자의 브라우징 습관을 추적할 수도 있다. 쿠키는 그것을 좀 더 편리하게 해줄 뿐이다.

11.7 추가 정보

다음은 쿠키를 더 자세히 다루는 유용한 자료들 목록이다.

Cookies
Simon St.Laurent, McGraw-Hill.

http://www.ietf.org/rfc/rfc2965.txt
RFC 2965, "HTTP State Management Mechanism" (폐기된 RFC 2109).

http://www.ietf.org/rfc/rfc2964.txt
RFC 2964, "Use of HTTP State Management"

http://home.netscape.com/newsref/std/cookie_spec.html
고전적인 넷스케이프 문서인 "Persistent Client State:HTTP Cookies"는 오늘날까지도 널리 사용되는 HTTP 쿠키의 기본 형식을 설명한다.

12장

HTTP: The Definitive Guide

기본 인증

수백만 명의 사람들이 웹을 통해 개인적인 업무를 보거나 개인적인 데이터에 접근한다. 웹은 이런 일을 쉽게 할 수 있게 해주지만, 편리함만으로는 충분하지 않다. 모든 정보나 업무가 공용은 아니기 때문에, 허가된 사람만이 데이터에 접근하고 업무를 처리할 수 있어야 한다.

웹사이트에 있는 개인의 프로필이나 개인이 작성한 문서는 해당 소유자의 동의 없이는 권한이 없는 사용자가 볼 수 없어야 한다. 또한 기업에 있는 민감한 전략 문서는 조직 내에서 권한이 없는 임직원이 볼 수 없게 해야 한다. 그리고 웹은 우리의 아이나 배우자나 연인과의 개인적인 대화를 마음 편히 나눌 수 있는 공간이어야 한다.

그러기 위해서는 서버가 사용자가 누구인지 식별할 수 있어야 한다. 서버가 사용자가 누구인지 알면, 그 사용자가 어떤 작업이나 리소스에 접근할 수 있는지 결정할 수 있다. 인증은 당신이 누구인지 증명하는 것이다. 보통 사용자 이름과 비밀번호를 입력해서 인증한다. HTTP는 자체적인 인증 관련 기능을 제공한다.[1]

이 장에서는 HTTP 인증과 그것의 기본이 되는 기본 인증을 알아볼 것이다. 다음 장에서는 다이제스트 인증이라고 부르는 더 강력한 인증 기술을 다룬다.

1 물론 인증 기능을 HTTP 폼과 쿠키를 이용하여 '직접' 만들 수는 있지만, HTTP의 자체 인증 기능은 여러 상황에서 충분히 제 역할을 한다.
(옮긴이) 보안을 더 강화한 요즘 웹 사이트들 대부분은 HTTP 자체 인증 기능보다는 각각의 인증 모듈을 이용해 '직접' 구현한다.

12.1 인증

인증은 당신이 누구인지 증명하는 것이다. 여권이나 운전 면허증 같은 신분증을 보여주는 것은, 당신이 누구인지 증명해 보이는 것이다. 자동 전화기에 PIN 번호를 입력하거나 컴퓨터의 대화상자에 비밀번호를 입력하는 것 역시 당신이 누구인지 증명하는 것이다.

완벽한 인증이란 없다. 비밀번호는 누군가가 추측하거나 엿들을 수 있고, 신분증은 도둑맞거나 위조될 수 있다. 하지만 당신에 대한 여러 데이터는 당신이 누구인지 판단하는데 도움이 된다.

12.1.1 HTTP의 인증요구/응답 프레임워크

HTTP는 사용자 인증을 하는 데 사용하는 자체 인증요구/응답 프레임워크를 제공한다. 그림 12-1은 HTTP 인증 모델이다.

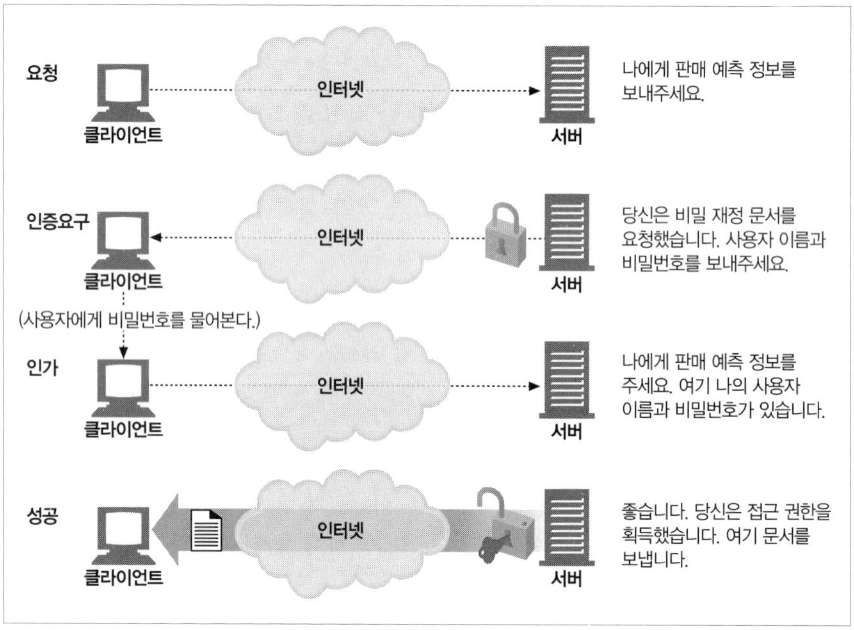

그림 12-1 간략하게 묘사한 인증요구/응답

웹 애플리케이션이 HTTP 요청 메시지를 받으면, 서버는 요청을 처리하는 대신에 현재 사용자가 누구인지를 알 수 있게 비밀번호 같이 개인 정보를 요구하는 '인증요구'로 응답할 수 있다.

사용자가 다시 요청을 보낼 때는 인증 정보(사용자 이름과 비밀번호)를 첨부해야 한다. 만약 인증 정보가 맞지 않으면 서버는 클라이언트에 다시 인증요구를 보내거나 에러를 낼 수 있다. 인증 정보가 맞으면 요청은 문제없이 처리가 완료된다.

12.1.2 인증 프로토콜과 헤더

HTTP는 필요에 따라 고쳐 쓸 수 있는 제어 헤더를 통해, 다른 인증 프로토콜에 맞추어 확장할 수 있는 프레임워크를 제공한다. 표 12-1에 나열된 헤더의 형식과 내용은 인증 프로토콜에 따라 달라진다. 물론 인증 프로토콜은 HTTP 인증 헤더에 기술되어 있다.

HTTP에는 기본 인증과 다이제스트 인증이라는 두 가지 공식적인 인증 프로토콜이 있다. 미래에는, 사람들이 HTTP 인증요구/응답 프레임워크를 사용해 새로운 프로토콜을 고안해낼 수 있을 것이다.[2] 이 장에서는 기본 인증을 설명한다. 다이제스트 인증에 관한 자세한 내용은 13장을 보기 바란다.

단계	헤더	설명	메서드/상태
요청		첫 번째 요청에는 인증 정보가 없다.	GET
인증요구	WWW-Authenticate	서버는 사용자에게 사용자 이름과 비밀번호를 제공하라는 지시의 의미로 401 상태 정보와 함께 요청을 반려한다. 서버에는 각각 다른 비밀번호가 있는 영역들이 있을 것이므로, 서버는 WWW-Authenticate 헤더에 해당 영역을 설명해 놓는다.	401 Unauthorized
인증	Authorization	클라이언트는 요청을 다시 보내는데, 이번에는 인증 알고리즘과 사용자 이름과 비밀번호를 기술한 Authorization 헤더를 함께 보낸다.	GET
성공	Authentication-Info	인증 정보가 정확하면, 서버는 문서와 함께 응답한다. 어떤 인증 알고리즘은 선택적인 헤더인 Authentication-Info에 인증 세션에 관한 추가 정보를 기술해서 응답하기도 한다.	200 OK

표 12-1 네 가지 인증 단계

더 구체적으로 이해하기 위해서 그림 12-2를 살펴보자.

서버가 사용자에게 인증요구를 보낼 때, 서버는 401 Unauthorized 응답과 함께 WWW-Authenticate 헤더를 기술해서 어디서 어떻게 인증할지 설명한다(그림 12-2b).

---

2 (옮긴이) 현대에 HTTP의 인증요구/응답 프로토콜을 사용하는 인증 프로토콜로는 OAuth가 있다. OAuth는 모바일 기기 같은 다양한 애플리케이션에서 API 인증을 위해 사용하는 최신 인증 프로토콜이다. OAuth에 대한 더 자세한 내용은 RFC6749(http://tools.ietf.org/html/rfc6749)를 참고하기 바란다.

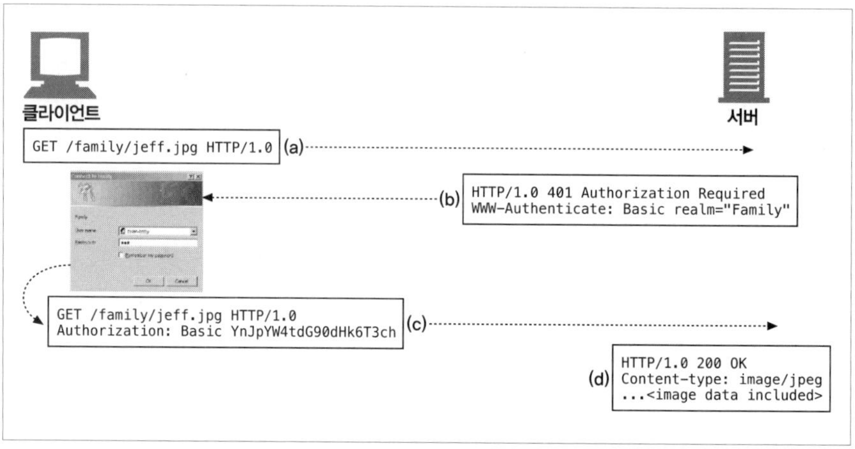

그림 12-2 기본 인증의 예

다음으로 클라이언트가 서버로 인증하려면, 인코딩된 비밀번호와 그 외 인증 파라미터들을 Authorization 헤더에 담아서 요청을 다시 보낸다(그림 12-2c). 인증 요청이 성공적으로 완료되면, 서버는 정상적인 상태 코드(예를 들어 200 OK)를 반환하며(그림 12-2d), 추가적인 인증 알고리즘에 대한 정보를 Authentication-Info 헤더에 기술할 수도 있다.

12.1.3 보안 영역

기본 인증을 자세히 살펴보기에 앞서, HTTP가 어떻게 각 리소스마다 다른 접근 조건을 다루는지 설명할 필요가 있다. 그림 12-2b에서 서버가 클라이언트로 인증요구를 할 때, realm 지시자가 기술되어 있는 WWW-Authenticate 헤더를 봤을 것이다. 웹 서버는 기밀문서를 보안 영역(realm) 그룹으로 나눈다. 보안 영역은 저마다 다른 사용자 권한을 요구한다.

예를 들어 웹 서버가 보안 영역을 두 개 가진다고 가정해보자. 한 개는 회사의 재정 정보이고 다른 하나는 개인의 가족 문서(그림 12-3 참고)다. 각 사용자는 서로 다른 영역으로 접근한다. 회사의 CEO는 판매 예측 자료에 접근할 수 있지만, 그에게 가족 방학 사진에 접근할 권한을 주지는 않을 것이다.

다음은 realm 파라미터가 함께 기술된 기본 인증의 예다.

```
HTTP/1.0 401 Unauthorized
WWW-Authenticate: Basic realm="Corporate Financials"
```

realm은 "Corporate Financials(회사 재무)" 같이 해설 형식으로 돼 있어서, 사용자

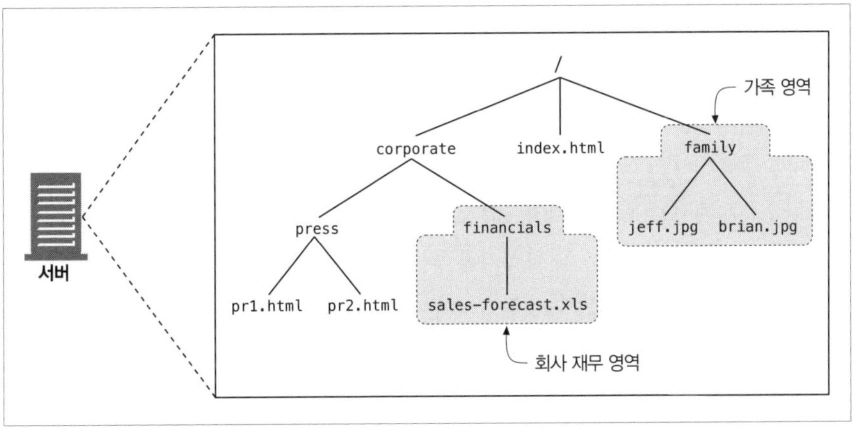

그림 12-3 웹 서버의 보안 영역

이름과 비밀번호를 가지고 있는 사용자가 권한의 범위를 이해하는 데 도움이 되어야 한다. realm에 "executive-committee@bigcompany.com" 같은 서버의 호스트명을 넣는 것도 유용할 수 있다.

12.2 기본 인증

기본 인증은 가장 잘 알려진 HTTP 인증 규약이다. 거의 모든 주요 클라이언트와 서버에 기본 인증이 구현되어 있다. 기본 인증은 원래 HTTP/1.0에 기술되어 있었지만, HTTP 인증의 상세 내용을 다루는 RFC 2617로 옮겨졌다.

기본 인증에서, 웹 서버는 클라이언트의 요청을 거부하고 유효한 사용자 이름과 비밀번호를 요구할 수 있다. 서버는 200 대신 401 상태 코드와 함께, 클라이언트가 접근하려고 했던 보안 영역을 WWW-Authenticate에 기술해서 응답하여 인증요구를 시작한다. 인증 정보를 포함하여 요청하라는 응답을 받은 브라우저는, 사용자에게 계정과 비밀번호를 입력할 수 있는 대화상자를 연다. 여기서 계정과 비밀번호는 사용자가 해당 영역에 접근 권한이 있는지 검사하는데 사용된다. 브라우저는 사용자가 입력한 사용자 이름과 비밀번호를 Authorization 요청 헤더 안에 암호화해서 서버로 다시 보낸다.

12.2.1 기본 인증의 예

앞서 봤던 그림 12-2에서 기본 인증에 대한 예를 자세히 보여주었다.

- 그림 12-2a에서는 사용자가 자신의 가족사진인 /family/jeff.jpg를 요청한다.
- 그림 12-2b에서는 서버가 WWW-Authenticate 헤더와 함께 개인 가족사진에 접근하는 데 필요한 비밀번호를 요구하는 401 Authorization Required 응답을 반환한다.
- 그림 12-2c에서는 브라우저가 401 응답을 받고 Family 영역에 관한 사용자 이름과 비밀번호를 요구하는 대화상자를 띄운다. 사용자가 사용자 이름과 비밀번호를 입력하면, 브라우저는 그것들을 콜론으로 이어 붙이고, base-64 방식(다음 절에서 다룬다)으로 인코딩하고, Authorization 헤더에 그 값을 담아 서버로 다시 보낸다.
- 그림 12-2d에서는 서버가 사용자 이름과 비밀번호를 디코딩하고, 그 값이 정확한지 검사한 후, 문제가 없으면 HTTP 200 OK 메시지와 함께 요청받았던 문서를 보낸다.

HTTP 기본 인증의 WWW-Authenticate 헤더와 Authorization 헤더는 표 12-2에서 설명한다.

인증요구/응답	헤더 문법과 설명
인증요구(서버에서 클라이언트로)	각 사이트는 보안 영역마다 다른 비밀번호가 있을 것이다. realm은 요청 받은 문서 집합의 이름을 따옴표로 감싼 것으로, 사용자는 이 정보를 보고 어떤 비밀번호를 사용해야 하는지 알 수 있다. `WWW-Authenticate: Basic realm=`**따옴표로 감싼 문서 집합 정보**
응답(클라이언트에서 서버로)	사용자 이름과 비밀번호는 콜론으로 잇고, base-64로 인코딩해서 사용자 이름과 비밀번호에 쉽게 국제문자를 포함할 수 있게 하고, 네트워크 트래픽에 사용자 이름과 비밀번호가 노출되지 않게 한다. `Authorization: Basic` ***base-64로 인코딩한 사용자 이름과 비밀번호***

표 12-2 기본 인증 헤더

기본 인증 프로토콜은 표 12-1에서 봤던 Authentication-Info 헤더를 사용하지 않는다는 점을 기억하자.

12.2.2 Base-64 사용자 이름/비밀번호 인코딩

HTTP 기본 인증은 사용자 이름과 비밀번호를 콜론으로 이어서 합치고, base-64 인코딩 메서드를 사용해 인코딩 한다. base-64 인코딩이 무엇인지 모르더라도 걱정할 필요 없다. base-64에 대해 많은 것을 알 필요는 없지만, 궁금하다면 부록 E에서 읽어볼 수 있다. 간단히 말해서, base-64 인코딩은 8비트 바이트로 이루어져 있는 시퀀스를 6비트 덩어리의 시퀀스로 변환한다. 각 6비트 조각은 대부분 문자와 숫자로 이루어진 특별한 64개의 문자 중에서 선택된다.

그림 12-4는 기본 인증에서 base-64 인코딩을 사용하는 예를 보여준다. 여기서 사용자 이름은 'brian-totty'이고 비밀번호는 'Ow!'다. 브라우저는 사용자 이름과 비밀번호를 콜론으로 이어서 'brian-totty:Ow!'를 만든다. 그러고 나서 이 문자열을 base-64로 인코딩해서 길고 복잡한 'YnJpYW4tdG90dHk6T3ch'를 만든다.

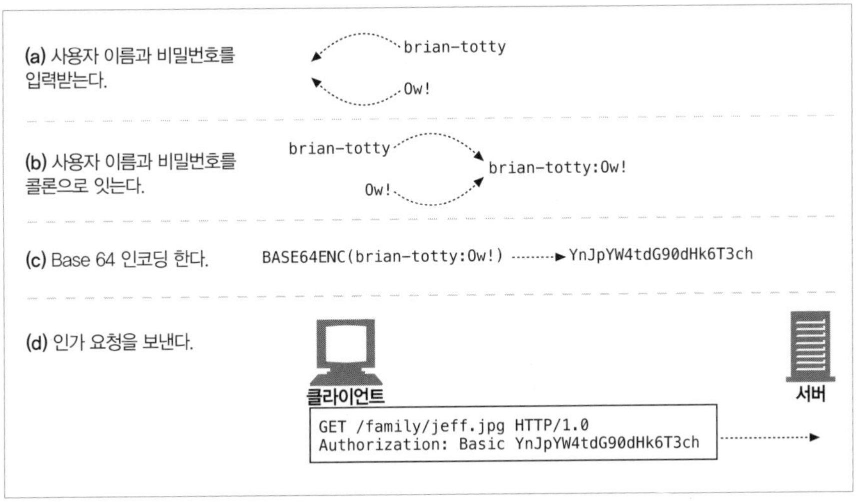

그림 12-4 사용자 이름과 비밀번호로 기본 Authorization 헤더 생성하기

Base-64 인코딩은 바이너리, 텍스트, 국제 문자 데이터(어떤 시스템에서는 문제를 일으킬 수 있는) 문자열 받아서 전송할 수 있게, 그 문자열을 전송 가능한 문자인 알파벳으로 변환하기 위해 발명됐다. 전송 중에 원본 문자열이 변질될 걱정 없이 원격에서 디코딩할 수 있다.

base-64 인코딩은 국제 문자나 HTTP 헤더에서 사용할 수 없는 문자(큰따옴표, 콜론, 캐리지 리턴)를 포함한 사용자 이름이나 비밀번호를 보내야 할 때 유용할 수 있다. 또한, base-64는 어렵지 않게 사용자 이름과 비밀번호 문자를 섞을 수 있기 때문에, 서버나 네트워크를 관리하면서 뜻하지 않게 사용자 이름과 비밀번호가 노출되는 문제를 예방하는 데 도움이 된다.

12.2.3 프락시 인증

중개 프락시 서버를 통해 인증할 수도 있다. 어떤 회사는 사용자들이 회사의 서버나 LAN이나 무선 네트워크에 접근하기 전에 프락시 서버를 거치게 하여 사용자를 인증한다. 프락시 서버에서 접근 정책을 중앙 관리 할 수 있기 때문에, 회사 리소스 전체에 대해 통합적인 접근 제어를 하기 위해서 프락시 서버를 사용하면 좋다. 이 절차의 첫 번째 단계는 프락시 인증으로 사용자를 식별하는 것이다.

프락시 인증은 웹 서버의 인증과 헤더와 상태 코드만 다르고 절차는 같다. 표 12-3은 웹 서버와 프락시 인증에서 쓰이는 상태 코드와 헤더들의 대조표다.

웹 서버	프락시 서버
비인증 상태 코드 : 401	비인증 상태 코드 : 407
WWW-Authenticate	Proxy-Authenticate
Authorization	Proxy-Authorization
Authentication-Info	Proxy-Authentication-Info

표 12-3 웹 서버 인증 vs 프락시 인증

12.3 기본 인증의 보안 결함

기본 인증은 단순하고 편리하지만 안심할 수는 없다. 기본 인증은 악의적이지 않은 누군가가 의도치 않게 리소스에 접근하는 것을 막는데 사용하거나, SSL 같은 암호 기술과 혼용한다.

다음 보안 결함을 살펴보자.

1. 기본 인증은 사용자 이름과 비밀번호를 쉽게 디코딩할 수 있는 형식으로 네트워크에 전송한다. 사실상, 인코딩한 비밀번호는 누구나 읽고 메모하기 어렵지 않은 일반 문자열로 보내진다. base-64 인코딩은 우호적인 관계사가 네트워크를 관찰하면서 본의 아니게 비밀번호를 알게 되는 일이 발생하지 않도록 사용자 이름과 비밀번호를 알아내기 어렵게 인코딩한다. 하지만 base-64로 인코딩된 사용자 이름과 비밀번호는 인코딩 절차를 반대로 수행해서 어렵지 않게 디코딩할 수 있다. 심지어 디코딩은 연필과 종이를 가지고 손으로도 할 수 있다. base-64로 인코딩된 비밀번호는 사실상 '비밀번호 그대로' 보내는 것과 다름없다. 어떤 좋지 않은 의도를 가진 외부 업자가 기본 인증으로 보낸 사용자 이름과 비밀번호를 가로채는 상황을 생각해보자. 이게 문제가 된다면, 모든 HTTP 트랜잭션을 SSL 암호화 채널을 통해 보내거나, 보안이 더 강화된 다이제스트 인증 같은 프로토콜을 사용하는 것이 좋다.

2. 보안 비밀번호가 디코딩하기에 더 복잡한 방식으로 인코딩되어 있다고 하더라도, 여전히 제삼자는 읽기 힘든 사용자 이름과 비밀번호를 캡처한 다음, 그것을 그대로 원 서버에 보내서 인증에 성공하고 서버에 접근할 수 있다. 기본 인증은 이러한 재전송 공격을 예방하기 위한 어떤 일도 하지 않는다.
3. 심지어 기본 인증이 회사의 인트라넷 접근 제어나 개인화된 콘텐츠 같이 보안이 뚫리더라도 치명적이지는 않은 애플리케이션에 사용된다 하더라도, 일반 사용자들의 웹 사이트들을 사용하는 행태에 비추어 이것은 굉장히 위험한 것이 된다. 비밀번호를 요구하는 수많은 사이트에 지쳐버린 수많은 사용자는 그 모든 사이트에 같은 아이디와 비밀번호를 사용한다. 악의를 가진 똑똑한 누군가는 무료 인터넷 이메일 같은 사이트에서 사용자 이름과 비밀번호 문자열을 그대로 캡처하고, 동일한 사용자 이름과 비밀번호로 중요한 온라인 은행 사이트에 접근할 수도 있다.
4. 메시지의 인증 헤더를 건드리지는 않지만, 그 외 다른 부분을 수정해서 트랜잭션의 본래 의도를 바꿔버리는 프락시나 중개자가 중간에 개입하는 경우, 기본 인증은 정상적인 동작을 보장하지 않는다.
5. 기본 인증은 가짜 서버의 위장에 취약하다. 만약 사용자가 가짜 서버나 가짜 게이트에 연결되어 있는데도, 사용자는 기본 인증을 수행하는 검증된 서버에 연결되어 있다고 믿고 있다면, 공격자는 사용자에게 비밀번호를 요청하고 그것을 나중에 사용할 목적으로 저장한 다음 에러가 난 척을 할 것이다.

종합해보면, 기본 인증은 일반적인 환경에서 개인화나 접근을 제어하는데 편리하며, 다른 사람들이 보지 않기를 원하기는 하지만, 보더라도 치명적이지 않은 경우에는 여전히 유용하다. 이렇게 기본 인증은 호기심 많은 사용자가 우연이나 사고로 정보에 접근해서 보는 것을 예방하는 데 사용한다.[3]

예를 들어 회사는 한정판으로 우선 판매할 제품의 계획서와 같은 중요한 문서는 비밀번호로 보호할 수 있다. 기본 인증은 외부 업체가 해당 데이터에 접근하는 것을 상당히 불편하게 만든다.[4] 개인적인 사진이나 개인 웹 사이트와 같이 극비사항이나 값진 정보를 포함하지 않는 것들도 마찬가지로 비밀번호로 저장할 수 있지만,

---

3 기본 인증에서 사용하는 사용자 이름과 비밀번호는 보안이 철저한 다른 시스템과 다르다는 것을 알고 조심해야 한다. 그렇지 않으면 악의적인 사용자가 당신의 계정을 알아내려고 그 정보를 이용할 수 있다.

4 보안이 강력하지 않으면, 회사 직원이 악의적으로 비밀번호를 수집할 수도 있다. 이 말은, 산업 스파이 활동이 일어나기도 하고 복수심에 불타거나 불만이 많은 직원이 존재하므로, 악의적인 목적으로 소유하면 문제가 커질 수 있는 모든 데이터는 매우 강력한 보안 시스템 내에 두는 것이 현명하다는 의미다.

실제로는 아무도 관심을 가지지 않을 것이다.

기본 인증은 사용자 이름과 비밀번호를 악의적인 개인들에게 숨기려고 암호화된 데이터 전송(SSL 같은)과 함께 연계해서 사용할 수 있다. 이는 널리 사용하는 기술이다.

보안 암호화에 대해서는 14장에서 다룬다. 다음 장에서는 기본 인증보다 더 복잡하고 강력한 보안 관련 속성을 가지고 있는, HTTP 인증 프로토콜인 다이제스트 인증을 다룬다.

12.4 추가 정보

기본 인증과 LDAP에 대한 더 자세한 정보는 다음을 참고하자.

http://www.ietf.org/rfc/rfc2617.txt
RFC 2617, "HTTP Authentication: Basic and Digest Access Authentication."

http://www.ietf.org/rfc/rfc2616.txt
RFC 2616 "Hypertext Transfer Protocol—HTTP/1.1."

13장

HTTP: The Definitive Guide

다이제스트 인증

기본 인증은 편리하고 유연하지만 전혀 안전하지 않다. 사용자 이름과 비밀번호를 평문으로 보내고, 메시지를 위조하지 못하게 보호하려는 어떠한 시도도 하지 않는다.[1] 기본 보안을 안전하게 이용하는 유일한 방법은 SSL과 결합해서 사용하는 것이다.

다이제스트 인증은 기본 인증과 호환되는 더 안전한 대체재로서 개발되었다. 우리는 다이제스트 인증의 이론과 실제에 이 장을 할애했다. 다이제스트 인증은 널리 쓰이지는 않지만, 그 개념은 보안 트랜잭션을 구현하고자 하는 이들에게 여전히 유용하다.

13.1 다이제스트 인증의 개선점

다이제스트 인증은 기본 인증의 가장 심각한 결함을 수정한 또 다른 HTTP 인증 프로토콜이다. 다이제스트 인증의 특징은 다음과 같다.

- 비밀번호를 절대로 네트워크를 통해 평문으로 전송하지 않는다.
- 인증 체결을 가로채서 재현하려는 악의적인 사람들을 차단한다.
- 구현하기에 따라서, 메시지 내용 위조를 막는 것도 가능하다.
- 그 외 몇몇 잘 알려진 형태의 공격을 막는다.

1 사용자 이름과 비밀번호는 단순히 base-64 인코딩을 이용해 뒤섞을 뿐이므로 쉽게 디코딩이 가능하다. 이는 의도치 않게 비밀번호를 보게 되는 것은 막아주지만 악의를 가진 집단에 대해서는 어떤 보호도 제공하지 못한다.

다이제스트 인증이 가능한 가장 안전한 프로토콜은 아니다.[2] 안전한 HTTP 트랜잭션을 위한 많은 요구사항을 만족하지 못한다. 그러한 요구사항들에는 전송 계층 보안(TLS)과 보안 HTTP(HTTPS)가 더 적합한 프로토콜이다.

그러나 기본 인증을 대체하기 위해 설계된 다이제스트 인증은 기본 인증보다 훨씬 강력하다. 다이제스트 인증은 또한 다른 인터넷 서비스를 위해 제안된 많은 인기 있는 보안 체계들(예: LDAP, POP, IMAP을 위해 제안된 CRAM-MD5)보다 더 강력하다.

아직까지 다이제스트 인증은 널리 쓰이고 있지 않다. 그러나 기본 인증에 내재된 보안 위험 때문에, HTTP 설계자들은 RFC 2617에서 "기본 인증을 사용하는 오늘날의 모든 서비스는 가능한 한 다이제스트 인증으로 전환해야 한다"[3]고 조언하고 있다. 이 표준이 그 정도로 성공할 것인지는 아직 확실하지 않다.

13.1.1 비밀번호를 안전하게 지키기 위해 요약 사용하기

다이제스트 인증의 좌우명은 "절대로 비밀번호를 네트워크를 통해 보내지 않는다"이다. 비밀번호를 보내는 대신, 클라이언트는 비밀번호를 비가역적으로 뒤섞은 '지문(fingerprint)' 혹은 '요약(digest)'을 보낸다. 클라이언트와 서버는 둘 다 비밀번호를 알고 있으므로, 서버는 클라이언트가 보낸 요약이 비밀번호에 알맞게 대응하는지 검사할 수 있다. 요약만 주어진 상황에서, 악당은 세상에 존재하는 모든 비밀번호를 하나씩 시도해보지 않고서는, 원래 비밀번호가 어땠는지 알아내기 어렵다.[4]

그러면 다이제스트 인증이 어떻게 동작하는지 알아보자(다음은 실제보다 간략히 표현한 것이다).

- 그림 13-1a, 클라이언트가 보호된 문서를 요구한다.
- 그림 13-1b, 서버는 클라이언트가 비밀번호를 알고 있음을 스스로 증명하여 신원을 인증하기 전까지 문서를 제공하기는 것을 거부한다. 서버는 클라이언트에게 사용자 이름과 요약된 형태의 비밀번호를 요구한다.

---

2 예를 들어, 공개키 기반 메커니즘과 비교해 보았을 때 다이제스트 인증은 그다지 강력한 인증 메커니즘을 제공하지 않는다. 또한, 다이제스트 인증은 비밀번호 자체를 보호하는 것을 넘어서는 어떠한 비밀 보호도 제공하지 않는다. 즉, 요청과 응답의 나머지 부분에 대해서는 다른 누군가가 엿보는 것이 가능하다.

3 SSL을 이용한 암호화된 HTTP의 인기와 폭넓은 채택을 고려할 때, 다이제스트 인증이 필요한지에 대해서는 상당한 논란이 계속되어 왔다. 다이제스트 인증이 의도한 결과를 얻게 될 것인지는 시간이 말해줄 것이다.*

(옮긴이) 2014년 현재 다이제스트 인증은 그다지 사용되고 있지 않다.

4 하지만 흔히 쓰이는 비밀번호를 먼저 시도해보는 사전 공격과 같은 암호해독 기법들을 이용한다면, 비밀번호 크래킹이 극적으로 쉬워질 수도 있다.

- 그림 13-1c, 클라이언트는 비밀번호의 요약을 전달하여 자신이 비밀번호를 알고 있음을 증명한다. 서버는 모든 사용자의 비밀번호를 알고 있으므로[5], 클라이언트가 제공한 요약과 서버가 스스로 계산한 요약이 일치하는지 비교하여 사용자가 비밀번호를 알고 있는지 확인할 수 있다. 비밀번호를 모르는 사람은 올바른 요약을 만들어 내기 쉽지 않을 것이다.
- 그림 13-1d, 서버는 클라이언트가 제공한 요약과 서버가 내부적으로 계산한 요약을 비교한다. 일치하면 이는 클라이언트가 비밀번호를 알고 있는 것이다(혹은 정말 운 좋게 찍어 맞췄거나!). 이 요약 함수는 매우 긴 자릿수의 숫자를 만들어 낼 수 있도록 되어 있기 때문에 사실상 찍어서 맞추는 것은 불가능하다. 서버가 일치 여부를 확인하면, 클라이언트에게 문서가 제공된다. 이 모든 과정에서 비밀번호는 결코 네트워크를 통해 전송되지 않는다.

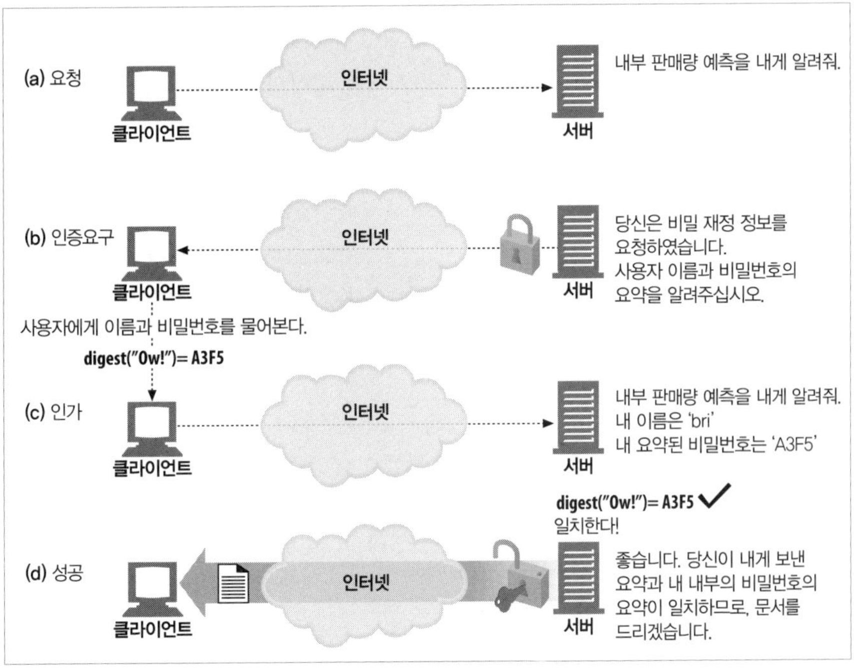

그림 13-1 인증 시 비밀번호를 알아내기 어렵게 하기 위해 요약을 사용한다.

우리는 다이제스트 인증을 위해 사용되는 헤더들 각각에 대해 표 13-8에서 자세히 다룰 것이다.

---

5 사실 서버는 비밀번호의 다이제스트(요약)만을 알고 있으면 된다.

13.1.2 단방향 요약

요약은 '정보 본문의 압축'이다.[6] 요약은 단방향 함수로 동작하고, 일반적으로 입력 가능한 무한 가지의 모든 입력값들을 유한한 범위의 압축으로 변환한다.[7] 인기 있는 요약 함수 중 하나인 MD5[8]는 임의의 바이트 배열을 원래 길이와 상관없이 128비트 요약으로 변환한다.

128비트 = 2^{128} 혹은 약 1,000,000,000,000,000,000,000,000,000,000,000,000,000 가지의 서로 다른 압축이 만들어질 수 있다.

이 요약에서 중요한 것은, 만약 비밀번호를 모른다면 서버에게 보내줄 알맞은 요약을 추측하기 위해 끔찍하게 많은 시간을 소모하게 될 것이라는 점이다. 그리고 마찬가지로, 요약을 갖고 있다면 거의 무한개의 입력값들 중 그 요약을 생성하는 것을 찾기 위해 끔찍하게 많은 시간을 소모하게 될 것이다.

128비트의 MD5 출력은 종종 32글자의 16진수 문자로 표현되며, 각 문자는 각각 4비트의 값을 의미한다. 표 13-1은 샘플 입력값에 대한 MD5 요약의 예를 보여준다. 어떻게 MD5가 임의의 입력을 받아서 고정된 길이의 요약 출력을 넘겨주는지 주목하라.

입력	MD5 요약
"Hi"	C1A5298F939E87E8F962A5EDFC206918
"bri:Ow!"	BEAAA0E34EBDB072F8627C038AB211F8
"3.1415926535897"	475B977E19ECEE70835BC6DF46F4F6DE
"http://www.http-guide.com/index.htm"	C617C0C7D1D05F66F595E22A4B0EAAA5
"WE hold these Truths to be self-evident, that all Men are created equal, that they are endowed by their Creator with certain unalienable Rights, that among these are Life, Liberty and the Pursuit of Happiness-That to secure these Rights, Governments are instituted among Men, deriving their just Powers from the Consent of the Governed, that whenever any Form of Government becomes destructive of these Ends, it is the Right of the People to alter or to abolish it, and to institute new Government, laying its Foundation on such Principles, and organizing its Powers in such Form, as to them shall seem most likely to effect their Safety and Happiness."	66C4EF58DA7CB956BD04233FBB64E0A4

표 13-1 MD5 요약의 예

6 메리엄 웹스터(Merriam-Webster) 영어사전 1998년판.

7 이론적으로 우리는 무한한 개수의 입력값을 유한한 개수의 출력값으로 변환하고 있기 때문에, 두 개의 서로 다른 입력이 같은 다이제스트로 변환되는 것도 있을 수 있다. 이것을 충돌(collision)이라고 부른다. 가능한 출력의 개수는 너무나도 많기 때문에 실제로 충돌을 만날 확률은 무시해도 될 만큼 작고, 비밀번호를 맞춰본다는 목적을 생각해 볼 때 중요하지도 않다.

8 MD5는 다이제스트 알고리즘 시리즈 중 하나인 '메시지 다이제스트 #5'의 약어다. 보안 해시 알고리즘(Secure Hash Algorithm, SHA)은 또 하나의 인기 있는 다이제스트 함수다.

요약 함수는 보통 암호 체크섬(cryptographic checksums)으로 불리며, 단방향 해시 함수이거나 지문 함수(fingerprint function)이다.

13.1.3 재전송 방지를 위한 난스(nonce) 사용

단방향 요약은 비밀번호를 그대로 전송해야 할 필요성에서 우리를 해방시켜 준다. 우리는 그 대신 그냥 비밀번호에 대한 요약을 보내주고, 악의적인 집단이 쉽게 요약에서 원래 비밀번호를 해독할 수 없음을 보장받기만 하면 된다.

불행히도, 불투명 비밀번호 자체로는 우리를 위험에서 지켜주지 못하는데, 왜냐면 악당은 비밀번호를 모른다고 해도 요약을 가로채서 서버로 몇 번이고 재전송할 수 있기 때문이다. 요약은 비밀번호 자체와 다름없다.

이런 재전송 공격을 방지하기 위해서 서버는 클라이언트에게 난스[9]라고 불리는 특별한, 그리고 자주 바뀌는(대략 1밀리초마다, 혹은 인증할 때마다) 증표를 건네준다. 난스를 비밀번호에 섞으면 난스가 바뀔 때마다 요약도 바뀌게 만들어준다. 이것은 재전송 공격을 막아주는데, 왜냐하면 저장된 비밀번호 요약은 특정 난스 값에 대해서만 유효하고, 비밀번호 없이 공격자가 올바른 요약을 계산하는 것은 가능하지 않기 때문이다.

다이제스트 인증은 난스를 사용할 것을 요구하는데, 왜냐면 자잘한 재전송 공격들이 난스를 쓰지 않는 다이제스트 인증을 실질적으로 기본 인증만큼 허약한 것으로 만들기 때문이다. 난스는 WWW-Authenticate 인증요구에 담겨서 서버에서 클라이언트로 넘겨진다.

13.1.4 다이제스트 인증 핸드셰이크

HTTP 다이제스트 인증 프로토콜은 기본 인증에서 사용하는 것과 비슷한 헤더를 사용하는, 강화된 버전의 인증이다. 기존 헤더에 몇몇 새 옵션이 추가되었고, 선택적인 헤더인 Authorization-Info가 새로 추가되었다.

다이제스트 인증의 세 단계 핸드셰이크를 그림 13-2에서 단순화하여 묘사했다.

그림 13-2에서 일어난 일은 다음과 같다.

- 1단계에서 서버는 난스 값을 계산한다. 2단계에서 서버는 난스를 WWW-Authenticate 인증요구 메시지에 담아, 서버가 지원하는 알고리즘 목록과 함께

9 난스라는 단어에는 '임시의' 혹은 '당분간'이라는 뜻이 있다. 컴퓨터 보안 측면을 고려해서, 난스의 계산식은 현재 시각을 포함한다.

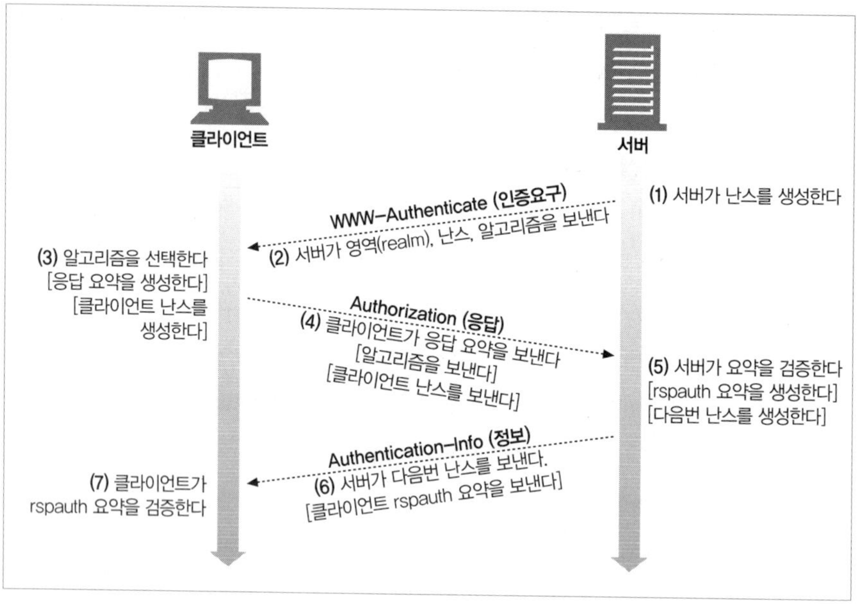

그림 13-2 다이제스트 인증 핸드셰이크

클라이언트에 전송한다.

- 3단계에서 클라이언트는 알고리즘을 선택하고 비밀번호와 그 외 데이터에 대한 요약을 계산한다. 4단계에서 클라이언트는 Authorization 메시지에 요약을 담아 서버에게 돌려준다. 만약 클라이언트가 서버를 인증하길 원한다면 클라이언트 난스를 보낼 수 있다.
- 5단계에서 서버는 요약, 선택한 알고리즘, 그 외 보조 데이터들을 받고, 클라이언트가 했던 그대로 요약을 계산한다. 서버는 그 다음 자신이 계산한 요약과 네트워크로 전송되어 온 요약이 서로 같은지 확인한다. 만약 클라이언트가 대칭적으로 서버에게 클라이언트 난스를 갖고 인증을 요구했다면, 클라이언트 요약이 만들어진다. 또한 서버는 클라이언트가 미리 다음번 요약을 올바르게 생성할 수 있도록 다음번 난스를 미리 계산해서 클라이언트에게 넘겨줄 수도 있다.

이 정보 조각들 중 다수가 선택적이며 기본값을 갖는다. 명확히 하기 위해, 그림 13-3은 기본 인증(그림 13-3a-d)을 위해 보낸 메시지와 다이제스트 인증의 간단한 예(그림 13-3e-h)를 비교하고 있다.

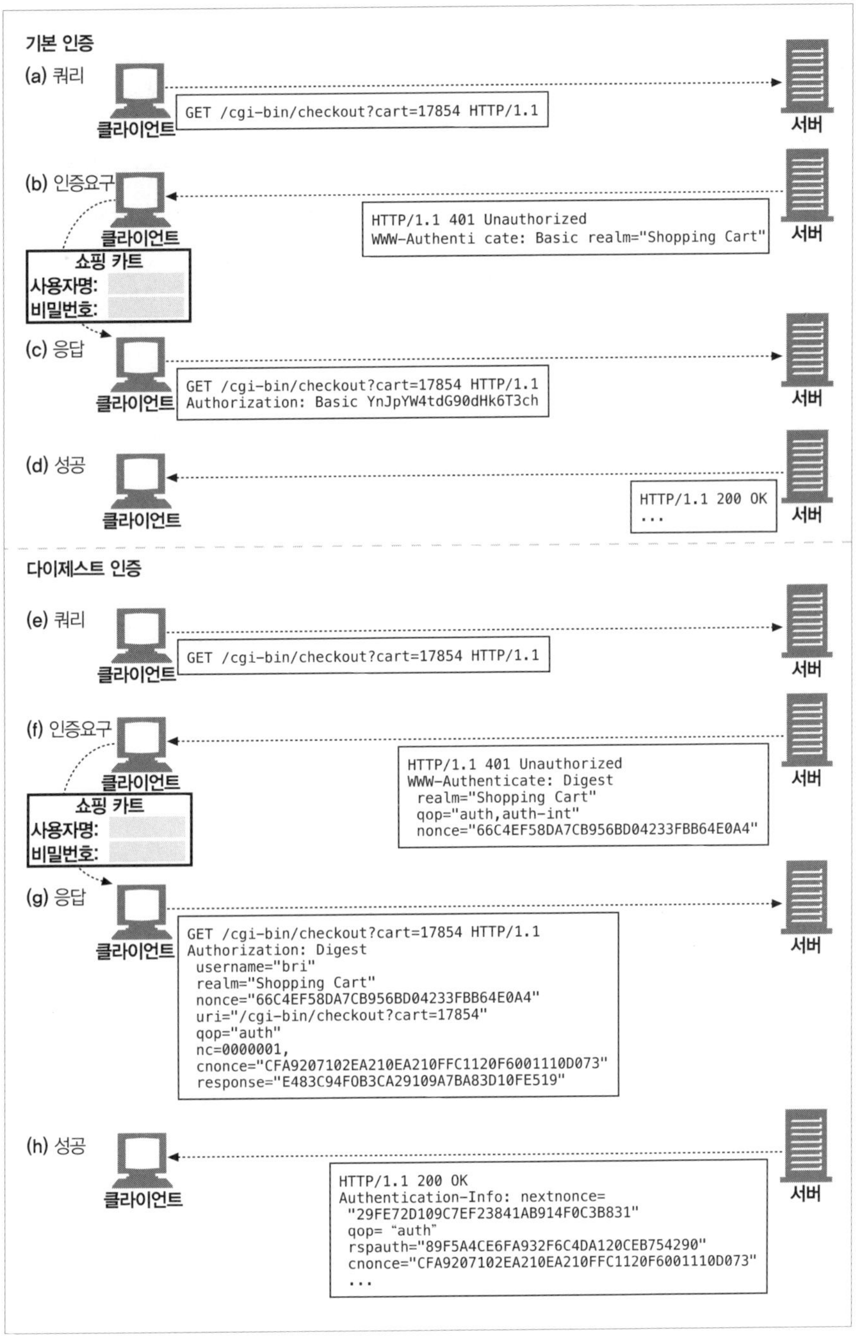

그림 13-3 기본 인증 대 다이제스트 인증 문법

이제 다이제스트 인증의 내부 동작에 대해 좀 더 면밀히 살펴보자.

13.2 요약 계산

다이제스트 인증의 핵심은 공개된 정보, 비밀 정보, 시한부 난스 값을 조합한 단방향 요약이다. 이제 요약이 어떻게 계산되는지 알아보자. 일반적으로 요약 계산은 간단하다.[10] 부록 F에 샘플 소스 코드가 있다.

13.2.1 요약 알고리즘 입력 데이터

요약은 다음의 세 요소로부터 계산된다.

- 단방향 해시 함수 H(d)와 요약 함수 KD(s,d). 여기서 s는 비밀(secret)을, d는 데이터(data)를 의미한다.
- 비밀번호 등 보안 정보를 담고 있는 데이터 덩어리. A1이라 칭한다.
- 요청 메시지의 비밀이 아닌 속성을 담고 있는 데이터 덩어리. A2라 칭한다.

A1, A2 두 조각의 데이터는 요약을 생성하기 위해 H와 KD에 의해 처리된다.

13.2.2 H(d)와 KD(s,d) 알고리즘

다이제스트 인증은 여러 가지 요약 알고리즘을 선택할 수 있도록 지원한다. RFC 2617에서 제안된 두 알고리즘은 MD5와 MD5-sess('sess'는 세션을 뜻한다)이며, 만약 알고리즘이 정해지지 않았다면 MD5가 기본값이다.

MD5와 MD5-sess 중 어느 것이 사용되더라도, H 함수는 데이터의 MD5를 계산하고, KD 요약 함수는 콜론으로 연결된 비밀 데이터와 일반 데이터의 MD5를 계산한다. 즉, 다음과 같다.

```
H(<데이터>) = MD5(<데이터>)
KD(<비밀>,<데이터>) = H(연결(<비밀>:<데이터>))
```

13.2.3 보안 관련 데이터 (A1)

A1으로 불리는 데이터 덩어리는 사용자 이름, 비밀번호, 보호 영역, 난스와 같은 비밀 보호 정보로 이루어져 있다. A1은 메시지 자체가 아닌 비밀 정보와만 관련되어

10 그러나 RFC 2617의 선택적인 호환성 모드와 명세에 대한 배경 자료 부족 때문에 인해 초보자에게는 다소 복잡하다. 이 장에서 우리는 이해를 돕기 위해 노력할 것이다.

있다. A1은 H, KD, A2와 마찬가지로 요약을 계산하기 위해 사용된다.

RFC 2617은 선택된 알고리즘에 따라 A1을 계산할 수 있는 두 가지 방법을 정의한다.

MD5
모든 요청마다 단방향 해시를 실행한다. A1은 사용자 이름, 영역, 비밀번호를 콜론으로 연결한 것이다.

MD5-sess
사용자 이름, 영역, 비밀번호에 대한 해시를 계산한 결과 뒤에 현재 난스와 클라이언트 난스(c난스)를 붙인 것이 A1이 된다. CPU를 많이 사용하는 해시 계산은 처음 WWW-Authenticate 핸드셰이크를 할 때 단 한 번만 수행한다.

A1의 정의는 표 13-2와 같다.

알고리즘	A1
MD5	A1 = 〈사용자〉:〈영역〉:〈비밀번호〉
MD5-sess	A1 = MD5(〈사용자〉:〈영역〉:〈비밀번호〉):〈난스〉:〈c난스〉

표 13-2 알고리즘에 따른 A1의 정의

13.2.4 메시지 관련 데이터 (A2)

A2로 불리는 데이터 덩어리는 URL, 요청 메서드, 메시지 엔터티 본문과 같은 메시지 자체의 정보를 나타낸다. A2는 메서드, 리소스, 메시지의 위조를 방지하기 위해 사용된다. A2는 H, KD, A1과 마찬가지로 요약을 계산하기 위해 사용된다.

RFC 2617은 선택된 보호 수준(quality of protection, qop)에 따른 A2의 두 가지 사용법을 정의하고 있다.

- 첫 번째 방법은 HTTP 요청 메서드와 URL만 포함하는 것이다. 이것은 기본값이기도 한 qop="auth"일 때 사용된다.
- 두 번째 방법은 메시지 무결성 검사를 제공하기 위해 메시지 엔터티 본문을 추가하는 것이다. 이것은 qop="auth-int"일 때 사용된다.

A2의 정의는 표 13-3과 같다.

qop	A2
정의되지 않음	〈요청 메서드〉:〈uri 지시자 값〉
auth	〈요청 메서드〉:〈uri 지시자 값〉
auth-int	〈요청 메서드〉:〈uri 지시자 값〉:H(〈요청 엔터티 본문〉)

표 13-3 알고리즘에 따른 A2의 정의 (요청 요약)

요청 메서드는 HTTP 요청 메서드다. uri 지시자 값은 요청줄에서 가져온 요청 URI이다. 이것은 '*', 'absoluteURL', 'abs_path' 중 아무것이나 될 수 있지만 반드시 요청 URI와 일치해야 한다. 특히, 요청 URI가 absoluteURL이라면 uri 지시자 값도 반드시 absoluteURL이어야 한다.

13.2.5 요약 알고리즘 전반

RFC 2617은 주어진 H, KD, A1, A2로 요약을 계산하는 두 가지 방법을 정의한다.

- 첫 번째 방법은 예전 명세인 RFC 2069와 호환을 염두에 둔 것으로, qop 옵션이 빠졌을 때 사용된다. 비밀 정보와 난스가 붙은 메시지 데이터의 해시를 이용해 요약을 계산한다.
- 두 번째 방법은 현대적이면서 보다 선호되는 접근법으로 난스 횟수 집계 및 대칭 인증의 지원을 포함한다. 이 접근법은 qop가 'auth'일 때와 'auth-int'일 때 모두 사용된다. 이것은 난스 횟수, qop, c난스 데이터를 요약에 추가한다.

다이제스트 함수에 대한 정의는 표 13-4에 나와 있다. 다이제스트를 산출하는데 H, KD, A1, A2를 사용한다는 것에 주목하라.

qop	요약 알고리즘	비고
정의되지 않음	KD(H(A1), 〈난스〉:H(A2))	없어질 예정이다(Deprecated).
auth 혹은 auth-int	KD(H(A1), 〈난스〉:〈nc〉:〈c난스〉:〈qop〉:H(A2))	이 방법이 선호된다.

표 13-4 신 · 구 요약 알고리즘

식을 짧게 하기 위해 지나치게 압축된 알고리즘은 이해가 어려울 수 있다. 이는 몇몇 독자들이 RFC 2617에 어려움을 느끼는 이유 중 하나다. 좀 더 쉽게 이해할 수 있도록, 표 13-5에서는 알고리즘의 H와 KD 함수를 정의에 따라 펼쳐서 A1과 A2에 대한 식으로 만들었다.

qop	알고리즘	펼쳐진 알고리즘
정의되지 않음	〈정의되지 않음〉 MD5 MD5-sess	MD5(MD5(A1):<난스>:MD5(A2))
auth	〈정의되지 않음〉 MD5 MD5-sess	MD5(MD5(A1):<난스>:<nc>:<c난스>:<qop>:MD5(A2))
auth-int	〈정의되지 않음〉 MD5 MD5-sess	MD5(MD5(A1):<난스>:<nc>:<c난스>:<qop>:MD5(A2))

표 13-5 펼쳐진 요약 알고리즘 치트 시트

13.2.6 다이제스트 인증 세션

어떤 보호 공간을 위한 WWW-Authenticate 인증요구에 대한 클라이언트 응답은, 그 보호 공간에 대한 인증 세션을 시작하게 한다('보호 공간'은 접근 중인 서버의 루트(canonical root)[11]와 영역의 결합으로 정의된다).

인증 세션은 클라이언트가 보호 공간의 다른 서버로부터 또 다른 WWW-Authenticate 인증요구를 받을 때까지 지속된다. 클라이언트는 사용자 이름, 비밀번호, 난스, 난스 횟수, 그리고 보호 공간 내 미래의 요청에 들어갈 Authorization 헤더를 만들기 위해 사용될 인증 세션과 연관된 알아보기 힘든 값들을 기억해야 한다.

난스가 만료되면, 서버는 포함된 난스 값이 낡은 것일 수 있음을 감수하고 오래된 Authorization 헤더 정보를 받아들이는 것을 택할 수 있다. 아니면, 서버는 클라이언트가 다시 요청을 보내도록 새 난스 값과 함께 401 응답을 반환할 수도 있다. 이때 이 응답에 "stale=true"로 정의함으로써 서버는 클라이언트에게 사용자 이름과 비밀번호를 새로 입력하도록 창을 띄울 필요 없이 새 난스 값으로 요청을 다시 보내라고 말해줄 수 있다.

13.2.7 사전(preemptive) 인가

일반적인 인증에서는, 각 요청은 트랜잭션이 완료되기 전에 요청/인증요구 사이클을 필요로 한다. 이것은 그림 13-4a에 묘사되어 있다.

만약 클라이언트가 다음 난스가 무엇이 될지 미리 알고 있어서, 서버가 물어보기 전에 올바른 Authorization 헤더를 생성할 수 있다면, 이 요청/인증요구 사이클은

11 (옮긴이) URL에서 경로 부분을 제거한 것이다. 예를 들어 http://example.org/foo에 대한 서버의 루트는 http://example.org가 된다.

생략할 수 있다. 만약 클라이언트가 요청 받기 전에 Authorization 헤더를 계산할 수 있다면 클라이언트는 요청/인증요구 단계를 거치지 않고 미리 Authorization 헤더를 서버에 제공한다. 이로 인한 성능 개선 효과는 그림 13-4b에 묘사되어 있다.

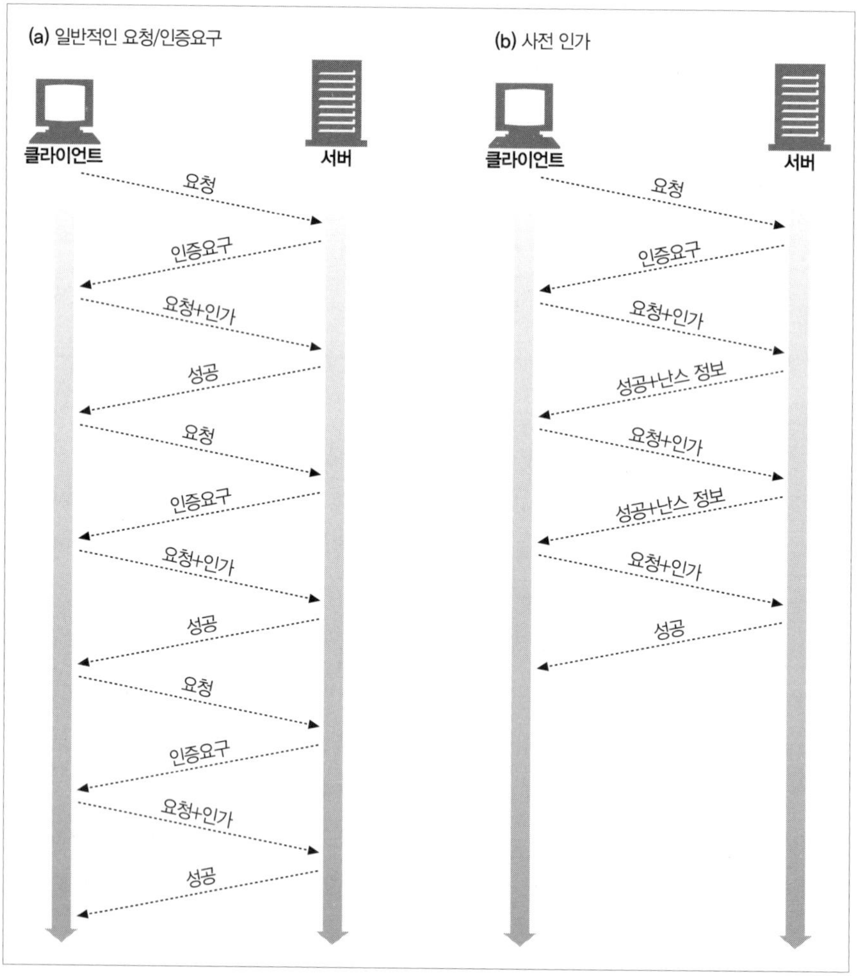

그림 13-4 사전 인가는 메시지 횟수를 줄인다

사전 인가는 기본 인증에서는 사소하고 흔한 것이다. 브라우저는 흔히 사용자 이름과 비밀번호 들에 대한 클라이언트 측 데이터베이스를 관리한다. 사용자가 어떤 사이트에 한 번 인증을 하면, 브라우저는 흔히 그 URL에 대한 다음번 요청 때 올바른 Authorization 헤더를 전송한다(12장을 보라).

다이제스트 인증에서의 사전 인가는 약간 더 복잡한데, 왜냐하면 난스 기술은 재전송 공격을 저지하기 위한 것이기 때문이다. 서버는 임의의 난스를 생성하기 때문에, 인증요구를 받기 전에는 클라이언트가 무엇이 올바른 Authorization 헤더인지 알 방법이 없다.

다이제스트 인증은 여러 안전한 기능을 유지하면서 사전 인가를 할 수 있는 몇 가지 방법을 제안한다. 클라이언트가 새 WWW-Authenticate 인증요구를 기다리지 않고 올바른 난스를 취득할 수 있는 방법이 몇 가지 있다.

- 서버가 다음 난스를 Authentication-Info 성공 헤더에 담아서 미리 보낸다.
- 서버가 짧은 시간 동안 같은 난스를 재사용하는 것을 허용한다.
- 클라이언트와 서버가 동기화되어 있고 예측 가능한 난스 생성 알고리즘을 사용한다.

다음 난스 미리 생성하기

서버는 Authentication-Info 성공 헤더를 통해 다음 난스 값을 미리 제공할 수 있다. 서버는 인증이 성공했을 때 200 OK 응답과 함께 이 헤더를 미리 보낸다.

```
Authentication-Info: nextnonce="<난스 값>"
```

주어진 다음 난스로 클라이언트는 Authorization 헤더를 미리 만들어 둘 수 있다.

사전 인가를 통해 요청/인증요구 사이클에서 벗어날 수 있지만(트랜잭션 속도 향상), 반면 같은 서버에 다중 요청을 파이프라이닝(pipelining)하는 능력은 실질적으로 쓸모가 없어진다. 다음 요청을 보내기 전에 반드시 다음 난스 값을 받아야 하기 때문이다. 파이프라이닝은 회전 지연(latency) 회피를 위한 기반 기술이기 때문에 성능상 불이익은 더 커진다.

제한된 난스 재사용

연속된 난스를 미리 생성하는 것 외의 또 다른 방법은 난스를 제한적으로 재사용하는 것이다. 예를 들어 서버는 한 난스를 다섯 번 혹은 10초간 재사용하도록 허락할 수 있다.

이 경우, 클라이언트는 난스를 미리 알 수 있으므로 자유롭게 Authorization 헤더와 함께 요청을 발행하여 파이프라이닝할 수 있다. 난스가 결국 만료되면 서버는 서버에게 401 Unauthorized 인증요구를 보낼 것이다. 이때 WWW-Authenticate: stale=true 지시어는 다음과 같이 설정된다.

```
WWW-Authenticate: Digest
    realm="<영역 값>"
    nonce="<난스 값>"
    stale=true
```

난스를 재사용하면 공격자의 재전송 공격이 성공하기 쉬워지므로 보안성이 감소된다. 난스 재사용의 수명은 '절대 재사용 안 함'부터 '잠재적으로 오랫동안 재사용'까지 통제 가능하기 때문에 취약점과 성능 간의 트레이드오프가 있을 수 있다.

추가적으로, 카운터 증가나 IP 주소 검사와 같이 재전송 공격을 더 어렵게 만들 수 있는 다른 기능들을 채택할 수도 있다. 그러나 이러한 기법은 공격을 불편하게 만들 수는 있지만 취약점을 제거할 수는 없다.

동기화된 난스 생성

제3자가 쉽게 예측할 수 없는 공유된 비밀키(안전 ID 카드처럼)에 기반하면서 클라이언트와 서버가 순차적으로 같은 난스를 생성할 수 있도록 시간적으로 동기화된 난스 생성 알고리즘을 사용하는 것도 가능하다.

이 알고리즘들은 다이제스트 인증 명세의 범위를 넘어서는 것이다.

13.2.8 난스 선택

난스의 내용은 불투명하고 구현 의존적이다. 그러나 성능 수준, 보안, 편의성은 현명한 선택에 달려있다.

RFC 2617은 다음과 같은 가상의 난스 공식을 제안했다.

```
BASE64(타임스탬프 H(타임스탬프 ":" ETag ":" 개인 키))
```

타임 스태프는 서버에서 생성된 시간 혹은 아무것이나 반복 불가능한 값이면 되고, ETag는 요청된 엔터티에 대한 ETag 헤더값이며, 개인 키는 서버만이 알고 있는 값이다.

서버는 클라이언트 인증 헤더를 받은 뒤, 위의 공식에서 해시 부분을 재계산 해보고 클라이언트 인증 헤더의 난스와 일치하지 않거나 타임스탬프가 오래되었다면 요청을 거절한다. 이 방법에서 서버는 난스의 유효 기간을 제한할 수 있다.

ETag를 포함하면 갱신된 리소스에 대한 재요청을 방지한다(클라이언트의 IP 주소를 난스에 포함하는 것은, 서버에게 같은 클라이언트가 원래 받았던 난스를 재사용하는 것을 제한하는 능력을 주는 것처럼 보일 수도 있다. 그러나 한 사용자가 여러 프락시를 거쳐 요청을 할 수도 있기 때문에, 이는 프락시 팜(proxy-farms)을 망가뜨리게 될 수도 있을 것이다. 또한 IP 주소를 속이는 것은 그다지 어렵지 않다).

재전송 공격을 방지하기 위해, 어떤 구현은 이전에 사용된 난스나 요약을 받아들이지 않도록 결정할 수 있다. 혹은 POST나 PUT 요청을 위해 일회성 난스나 요약을 사용하고, GET 요청을 위해 타임스탬프를 사용할 수도 있다.

난스를 어떻게 선택할 것인가에 대한 보안 관점에서의 실질적인 고려사항은 "보안에 대한 고려사항" 절을 참고하라

13.2.9 상호 인증

RFC 2617은 클라이언트가 서버를 인증할 수 있도록 다이제스트 인증을 확장했다. 이는 서버가 공유된 비밀 정보에 근거한 올바른 응답 요약을 생성할 수 있도록, 클라이언트 난스(c난스) 값을 제공함으로써 가능해진다. 이후 서버는 이 요약을 Authentication-Info 헤더를 통해 클라이언트에 전달한다.

이 상호 인증은 RFC 2617로 표준화되었다. RFC 2069와의 하위호환성을 고려해서 선택사항으로 남겨두긴 했지만, 보안이 상당히 개선되므로 현대적인 클라이언트와 웹 서버라면 반드시 구현할 것을 권한다. 또한 상호 인증은 qop 지시자가 존재할 때는 항상 수행하여야 하고, 없다면 수행하지 말아야 한다.

응답 요약은 메시지 본문 정보(A2)가 다르다는 것만 제외하면 요청 요약과 같은 방법으로 계산할 수 있다. 메시지 본문 정보(A2)가 다른 이유는, 응답에는 HTTP 메서드라는 것이 없고 요청과 응답의 메시지 엔터티 데이터가 서로 다르기 때문이다. 요청과 응답을 위한 A2의 계산 방법은 표 13-6과 13-7에서 비교했다.

qop	A2
정의되지 않음	<요청 메서드>:<uri 지시자 값>
auth	<요청 메서드>:<uri 지시자 값>
auth-int	<요청 메서드>:<uri 지시자 값>:H(<요청 엔터티 본문>)

표 13-6 알고리즘별 A2의 정의(요청 요약)

qop	A2
정의되지 않음	:<uri 지시자 값>
auth	:<uri 지시자 값>
auth-int	:<uri 지시자 값>:H(<응답 엔터티 본문>)

표 13-7 알고리즘별 A2의 정의(응답 요약)

c 난스 값과 nc 값은 반드시 이 응답에 대응하는 클라이언트 요청을 위한 것이어야 한다. qop="auth"나 qop="auth-int"가 지정된 경우에는 반드시 응답 auth, c난스, 난스 횟수 지시자가 존재해야 한다.

13.3 보호 수준(Quality of Protection) 향상

qop 필드는 요약 헤더의 세 가지 헤더 WWW-Authenticate, Authorization, Authentication-Info에 모두 존재할 수 있다.

qop 필드는 클라이언트와 서버가 어떤 보호 기법을 어느 정도 수준으로 사용할 것인지 협상할 수 있게 해준다. 예를 들어, 몇몇 트랜잭션은 전송 속도가 크게 떨어지는 것을 감수하고서라도 메시지 본문의 무결성을 간단하게 검사하려고 할 수도 있다.

서버는 우선 WWW-Authenticate 헤더에 qop 옵션을 쉼표로 구분된 목록 형태로 내보낸다. 그 후 클라이언트는 그 옵션들 중 지원할 수 있으면서 동시에 자신의 요구에도 맞는 것을 선택하고, 그것을 Authorization 헤더의 qop 필드에 담아 돌려준다.

qop 사용이 선택사항인 것으로 되어있기는 하지만, 그건 오로지 오래된 RFC 2069 명세와의 호환성을 유지하기 위해서다. 모든 현대적인 요약 구현은 qop 옵션을 지원해야 한다.

RFC 2617은 기본적으로 두 가지 초기 보호수준 값을 정의하고 있다. 하나는 인증을 의미하는 "auth"이고 다른 하나는 인증 및 메시지 무결성 보호를 의미하는 "auth-int"이다.

13.3.1 메시지 무결성 보호

무결성 보호가 적용되었을 때(qop="auth-int") 계산되는 H(엔터티 본문)는, 메시지 본문의 해시가 아닌 엔터티 본문의 해시이다. 이것은 송신자에 의해 어떠한 전송 인코딩이 적용되기도 전에 먼저 계산되고 그 후 수신자에 의해 제거된다. 이것이 멀티파트 경계와 각 파트의 임베딩된 헤더를(그 파트의 내용 유형이 무엇이든 상관없이) 포함한다는 것에 주의하라.

13.3.2 다이제스트 인증 헤더

기본, 다이제스트 인증 프로토콜 양쪽 모두 WWW-Authenticate 헤더에 담겨 전달되는 인증요구와, Authorization 헤더에 담겨 전달되는 인가 응답을 포함한다. 다이제스트 인증은 여기에 선택적인 Authentication-Info 헤더를 추가했다. 이 헤더는 3단계 핸드셰이크를 완성하고 다음번 사용할 난스를 전달하기 위해 인증 성공 후에 전송된다. 기본 및 다이제스트 인증에서 사용되는 헤더들은 표 13-8에 나타나 있다.

단계	기본 인증	다이제스트 인증
인증요구	WWW-Authenticate: Basic realm="<영역 값>"	WWW-Authenticate: Digest realm="<영역 값>" nonce="<난스 값>" [domain="<URI 목록>"] [opaque="<불투명 토큰 값>"] [stale=<예 혹은 아니오>] [algorithm=<요약 알고리즘>] [qop="<qop 값의 목록>"] [<extension directive>]
응답	Authorization: Basic <base64(user:pass)>	Authorization: Digest username="<사용자 이름>" realm="<영역 값>" nonce="<난스 값>" uri=<요청 uri> response="<16진수 32자리 요약>" [algorithm=<요약 알고리즘>] [opaque="<불투명 토큰 값>"] [cnonce="<난스 값>"] [qop=<qop 값>] [nc=<16진수 8자리 난스 개수>] [<extension directive>]
정보	없음	Authentication-Info: nextnonce="<난스 값>" [qop="<qop 값의 목록>"] [rspauth="<16진수 요약>"] [cnonce="<난스 값>"] [nc=<16진수 8자리 난스 개수>]

표 13-8 HTTP 인증 헤더

다이제스트 인증 헤더는 조금 더 복잡하다. 그에 대해서는 부록 F에 자세히 설명되어 있다.

13.4 실제 상황에 대한 고려

다이제스트 인증 작업을 할 때 고려해야 할 것이 몇 가지 있다. 이 절에서는 그에 대해 논의할 것이다.

13.4.1 다중 인증요구

서버는 한 리소스에 대해 여러 인증을 요구할 수 있다. 예를 들어 서버가 클라이언트의 능력을 모른다면, 서버는 기본 및 다이제스트 인증요구를 모두 보낼 것이다. 다중 인증요구에 직면했을 때, 클라이언트는 반드시 자신이 지원할 수 있는 가장 강력한 인증 메커니즘을 선택해야 한다.

사용자 에이전트는 WWW-Authenticate나 Proxy-Authenticate 헤더 필드의 값을 분석할 때 반드시 특별한 주의를 기울여야한다. 인증요구 그 자체가 쉼표로 구분된 목록으로 된 여러 개의 인증 매개변수들을 담을 수 있는 것과 마찬가지로, 이 헤더들에 인증요구가 둘 이상 포함되거나 WWW-Authenticate 헤더가 둘 이상 제공될 수도 있기 때문이다. 많은 브라우저가 오직 기본 인증만을 인식하고 그것이 서버가 제시한 첫 번째 인증 메커니즘일 것을 요구한다는 점에 주의하라.[12]

다양한 인증 옵션을 제공하는 경우, '가장 허약한 연결부분'에 대한 보안 우려가 있다는 것은 명확하다. 서버는 기본 인증을 제한적으로만 사용해야 할 것이며, 관리자는 사용자에게 보안 수준이 다른 여러 시스템에서 같은 비밀번호를 사용하는 것의 위험성에 대해 경고해야 할 것이다.

13.4.2 오류 처리

다이제스트 인증에서, 지시자나 그 값이 적절하지 않거나 요구된 지시자가 빠져 있는 경우 알맞은 응답은 400 Bad Request이다.

요청의 요약이 맞지 않으면, 로그인이 실패했음을 기록해 두는 것이 좋다. 반복된 실패는 공격자가 비밀번호 추측을 시도하고 있음을 의미한다.

인증 서버는 반드시 'uri' 지시자가 가리키는 리소스가 요청줄에 명시된 리소스와 같음을 확인해야 한다. 만약 다르다면 서버는 400 Bad Request 에러를 반환하는 것이 좋다(이것은 공격의 징후일 수 있으므로, 서버 설계자는 이런 에러에 대해 로그를 남길 수도 있을 것이다). 이 필드와 요청 URL과의 중복된 정보는 중간의 프락시가 클라이언트의 요청줄을 변조했을 가능성에 대처할 수 있게 해준다. 변형된(하지만 아마도 의미 자체는 변하지 않은) 요청의 요약을 계산한 결과는 클라이언트가 계산한 요약과 다를 것이다.

12 (옮긴이) 오늘날은 대부분의 브라우저가 요약 인증도 인식한다.

13.4.3 보호 공간(Protection Space)

영역 값은, 접근한 서버의 루트 URL과 결합되어, 보호 공간을 정의한다.

영역은 서버의 보호된 리소스들을 자신만의 인증 제도와 인가 데이터베이스 어느 한 쪽 혹은 양쪽 모두를 가진 보호 영역의 집합으로 분할할 수 있도록 해준다. 영역 값은 일반적으로 원 서버에 의해 할당되는 문자열이며 인증 제도에 추가적인 의미를 더한다. 인가 제도는 같지만 영역은 다른 다중 인증요구가 있을 수 있음에 주의하라.

보호 공간은 어떤 자격이 자동으로 적용되는 영역을 결정한다. 이전 요청이 인가되면, 같은 자격은 인증 제도, 매개변수, 사용자 설정 중 한 가지 이상에 의해 정해진 시간 동안 재사용될 것이다. 인증 제도에 별달리 정의된 것이 없다면, 하나의 보호 공간은 서버 밖으로 확장될 수 없다.

보호 공간의 구체적인 계산은 인증 메커니즘에 달려있다.

- 기본 인증에서, 클라이언트는 요청 URI와 그 하위의 모든 경로는 같은 보호 공간에 있는 것으로 가정한다. 클라이언트는 이 공간에서 서버로부터의 또 다른 인증요구를 기다리지 않고 미리 리소스에 대한 인가를 받을 수 있다.
- 다이제스트 인증에서, 인증요구의 WWW-Authenticate: domain 필드는 보호 공간을 보다 엄밀하게 정의한다. domain 필드는 작은따옴표로 묶인 URI의 공백으로 분리된 목록이다. 이 domain 목록의 모든 URI와 논리적으로 그 하위에 위치한 모든 URI는 같은 보호 공간에 있는 것으로 가정한다. 만약 domain 필드가 없거나 빈 값이라면, 인증을 요구하는 서버의 모든 URI는 그 보호 공간에 있는 것이다.

13.4.4 URI 다시 쓰기

다음의 예와 같이, 프락시는 가리키는 리소스의 변경 없이 구문만 고쳐서 URI를 다시 쓰기도 한다.

- 호스트 명은 정규화되거나 IP 주소로 대체될 수 있다.
- 문자들은 "%" escape 형식으로 대체될 수 있다.
- 특정 원 서버로부터 가져오는 리소스에 영향을 주지 않는, 타입에 대한 추가 속성이 URI의 끝에 붙거나 중간에 삽입될 수 있다.

프락시가 URI를 변경할 수 있는 동시에 다이제스트 인증은 URI 값의 무결성을 검사하므로, 다이제스트 인증은 이러한 변경에 의해 실패할 수 있다. 자세한 것은 "메시지 관련 데이터 (A2)"를 보라.

13.4.5 캐시

어떤 공유 캐시가 Authorization 헤더를 포함한 요청과 그에 대한 응답을 받은 경우, 다음의 두 Cache-Control 지시자 중 하나가 응답에 존재하지 않는 한 다른 요청에 대해 그 응답을 반환해서는 안 된다.

- 만약 원 서버의 응답이 "must-revalidate" Cache-Control 지시자를 포함한 경우, 캐시는 그 응답의 엔터티를 다음 요청에 대한 응답을 위해 활용할 것이다. 그러나 원 서버가 새 요청을 인증할 수 있도록, 우선 그 요청의 헤더를 이용해서 재검사를 수행해야 한다.
- 만약 원 서버의 응답이 "public" Cache-Control 지시자를 포함한 경우, 응답 엔터티는 그다음에 오는 임의의 요청에 대한 응답으로 반환될 수 있다.

13.5 보안에 대한 고려사항

RFC 2617은 HTTP 인증 제도에 내재된 보안 위협의 일부를 정리하는 존경스러운 일을 해냈다. 이 절은 그중 몇 가지를 설명한다.

13.5.1 헤더 부당 변경

헤더 부당 변경에 대해 항상 안전한 시스템을 제공하기 위해서, 양 종단 암호화나 헤더에 대한 디지털 서명이 필요할 것이다. (양쪽의 조합이면 더 좋다!) 다이제스트 인증은 쉽게 조작할 수 없는 인증 제도를 제공하는 것에 초점을 맞추고 있으나 반드시 그 보호를 데이터에까지 확장하는 것은 아니다. 보호 수준에 대한 정보는 WWW-Authenticate와 Authorization 헤더에만 담겨있다.

13.5.2 재전송 공격

이 맥락에서 재전송 공격이란 누군가 어떤 트랜잭션에서 엿들은 인증 자격을 다른 트랜잭션을 위해 사용하는 것을 말한다. 이 문제는 GET 요청에 대한 이슈이긴 하지만, POST와 PUT 요청에 대한 재전송 공격에 대해서도 항상 잘 동작하는 예방책을 필수적으로 가지고 있어야 한다. 폼 데이터를 전송할 때 이전에 사용했던 자격을 재사용해도 문제없이 동작해버린다면, 이는 끔찍한 보안 악몽을 불러올 것이다.

서버가 재전송된 자격을 승인해버렸다는 것은, 틀림없이 같은 난스 값을 반복해서 사용한 것이다. 이 문제를 완화시키는 방법 중 하나는 클라이언트의 IP 주소, 타임스탬프, 리소스의 ETag, 개인 서버 키(앞에서 권했던 것과 같이)에 대한 요약을 포함하는 난스를 서버가 생성하도록 하는 것이다. 이런 시나리오에서, IP 주소와 짧은 타임아웃 값의 조합은 공격자에게 거대한 난관이 된다.

그러나 이 해법에는 중요한 결점이 있다. 앞에서 이야기했던 것과 같이, 난스 생성 시 클라이언트의 IP를 사용하게 되면, 같은 사용자로부터의 요청이 다른 프락시를 통과하게 될 수도 있는 프락시 팜은 사용할 수 없게 된다. 또한 IP 주소를 속이는 것도 그다지 어려운 일이 아니다.

재전송 공격을 완전히 피할 수 있는 한 방법은 매 트랜잭션마다 유일한 난스 값을 사용하는 것이다. 이 구현에서는 매 트랜잭션마다 서버는 유일한 난스를 타임아웃 값과 함께 발급한다. 발급된 난스 값은 그때의 트랜잭션과 주어진 타임아웃 값의 기간 동안만 유효하다. 이 계산이 서버에 부하를 가중시킬 수도 있다. 그러나 사소한 수준일 것이다.

13.5.3 다중 인증 메커니즘

서버가 다중 인증 제도를 지원할 때(기본과 요약을 모두 지원한다거나), WWW-Authenticate 헤더를 통해 선택지를 제공할 것이다. 클라이언트에게 가장 강력한 인증 메커니즘을 선택해야 할 의무가 있는 것은 아니기 때문에, 결국 인증의 강도는 선택지 중 가장 약한 것과 같다고 보아야 한다.

이 문제를 피하기 위한 확실한 방법은 클라이언트가 언제나 가능한 한 가장 강력한 인증 제도를 선택하는 것이다. 현실적으로 불가능하다면(우리들 대부분이 시중에서 쉽게 구할 수 있는 클라이언트를 사용하므로), 다른 선택지는 가장 강력한 인증 제도만을 유지하는 프락시 서버를 사용하는 것이다. 그러나 이런 접근은 오직 모든 클라이언트가 우리가 선택한 강력한 인증 제도를 지원할 수 있다고 알려진 경우에만 실현 가능하다. (예: 사내 네트워크)

13.5.4 사전(dictionary) 공격

사전 공격은 전형적인 비밀번호 추측 공격이다. 악의적인 사용자는 트랜잭션을 엿들을 수 있고 난스/응답 쌍에 대해 흔히 구할 수 있는 비밀번호 추측 프로그램을 사용할 수 있다. 만약 사용자가 상대적으로 단순한 비밀번호를 사용하고 서버도 단순한 난스를 사용하고 있다면 맞는 것을 찾아낼 확률이 꽤 있다. 비밀번호 만료 정책이 없고, 충분한 시간이 있으며, 비밀번호를 크래킹할 1회 비용을 치를 수 있다면, 실질적인 타격을 입히기에 충분한 양의 비밀번호를 쉽게 수집할 수 있다.

이 문제를 해결할 좋은 방법은, 크래킹하기 어렵도록 상대적으로 복잡한 비밀번호를 사용하는 것과 괜찮은 비밀번호 만료 정책 외에는 실질적으로 없다.

13.5.5 악의적인 프락시와 중간자 공격(Man-in-the-Middle Attack)

많은 인터넷 트래픽이 오늘날 한 프락시에서 다른 프락시로 이동한다. 리다이렉션 기술과 차단 프락시의 도입으로 사용자는 그의 요청이 프락시를 통과한다는 것조차 눈치 채지 못하곤 한다. 만약 이들 프락시 중 하나가 악의적이거나 보안이 허술하다면 클라이언트는 중간자 공격에 취약한 상태가 될 가능성이 있다.

이러한 공격은 엿듣기 공격일 수도 있고, 혹은 인증 제도 선택지를 모두 제거하고 기본 인증과 같이 가장 약한 인증 제도로 대체하는 것일 수도 있다.

신뢰할 수 있는 프락시의 신뢰도에 흠집을 낼 수 있는 것 중 하나는 역설적이게도 프락시 자신의 확장 인터페이스이다. 프락시는 보통 정교한 프로그래밍 인터페이스를 제공하므로 그러한 프락시들을 이용하는 확장(플러그인 등)을 작성하여 트래픽을 가로채 수정하는 것은 가능한 일이다. 다만 데이터 센터의 보안과 프락시 자체가 제공하는 보안은 악의적인 플러그인을 통한 중간자 공격의 가능성을 매우 희박하게 한다.

이 문제를 해결할 좋은 방법은 없다. 가능한 해결책은 클라이언트가 사용자에게 인증의 강도를 시각적으로 보여주는 것, 클라이언트가 언제나 가능한 한 가장 강력한 인증을 선택하도록 설정하는 것 등이 있다. 그러나 가능한 한 가장 강한 인증 제도를 사용한다 해도, 클라이언트는 여전히 도청에 취약하다. 이런 공격을 방어할 유일한 실패하지 않는 방법은 SSL을 사용하는 것이다.

13.5.6 선택 평문 공격

다이제스트 인증을 사용하는 클라이언트는 응답을 생성하기 위해 서버가 제공한 난스를 사용한다. 그러나 만약 보안이 허술하거나 악의적인 프락시가 트래픽 중간에 끼어든다면(혹은 서버 자체가 악의적이라면), 그것은 어렵지 않게 클라이언트가 응답 계산을 하기 위한 난스를 제공할 수 있다. 응답을 계산하기 위해 알려진 키를 사용하는 것은 응답의 암호 해독을 쉽게 한다. 이것은 선택 평문 공격이라 불린다. 선택 평문 공격에는 몇 가지 변종이 있다.

미리 계산된 사전 공격

이것은 사전 공격과 선택 평문 공격의 조합이다. 먼저 공격 서버는 미리 결정된 난스와 자주 쓰이는 비밀번호들로 응답의 집합을 생성하고 사전을 만든다. 일단 꽤 큰 사전이 만들어지면, 공격 서버/프락시는 트래픽을 차단하고 미리 결정된 난스를 클라이언트로 전송하기 시작한다. 클라이언트로부터 응답을 받을 때, 공격자는 대응되는 항목을 생성한 사전에서 찾는다. 만약 대응되는 것이 있으면, 공격자는 특정 사용자의 비밀번호를 손에 넣은 것이다.

자동화된 무차별 대입 공격

자동화된 무제한 공격의 차이점은 비밀번호의 계산에 있다. 미리 계산된 요약을 맞춰보려 시도하는 대신, 많은 컴퓨터를 동원해 주어진 범위에서 가능한 모든 비밀번호를 열거한다. 컴퓨터가 빨라질수록 무제한 공격의 성공 가능성은 점점 더 높아진다.

일반적으로, 이런 공격으로 인한 위협은 쉽게 방어할 수 있다. 한 가지 방법은 클라이언트가 서버에서 제공된(공격에 취약할 수 있는) 난스 대신 선택적인 c난스 지시자를 사용하여 응답을 생성할 수 있도록 설정하는 것이다. 여기에 납득할 만큼 강력한 비밀번호를 강제하는 정책과 좋은 비밀번호 만료 메커니즘이 더해지면, 선택 평문 공격의 위협은 완전히 경감시킬 수 있다.

13.5.7 비밀번호 저장

다이제스트 인증 메커니즘은 사용자 응답을 서버 내부에 저장된 것(보통 사용자 이름, 영역, 비밀번호의 요약을 통해 계산된 H(A1)과 사용자 이름의 투플)과 비교한다.

유닉스 장치의 전통적인 비밀번호 파일과는 달리, 다이제스트 인증 비밀번호 파일이 유출되면 영역의 모든 문서는 즉각 공격자에게 노출된다. 암호 해독 과정은 필요 없다.

이 문제를 완화하는 몇 가지 방법은 다음과 같다.

- 비밀번호 파일이 평문으로 된 비밀번호를 포함하고 있다고 생각하고 안전하게 보호한다.
- 영역 이름이 유일함을 보장하며, 비밀번호 파일이 유출되더라도 피해를 특정 영역으로 국소화한다. 호스트와 도메인을 포함한 완전한 영역 이름은 이 요구를 만족한다.

다이제스트 인증이 기본 인증에 비해 훨씬 탄탄하고 안전한 해결책을 제공함에도 불구하고, 여전히 콘텐츠에 대한 보안 측면에서는 어떠한 보호도 제공하지 못한다. 진정한 보안 트랜잭션은 오로지 다음 장에서 다룰 SSL을 통해서만 가능하다.

13.6 추가 정보

인증에 대한 더 많은 정보가 필요하다면, 다음을 보라.

http://www.ietf.org/rfc/rfc2617.txt
RFC 2617, "HTTP Authentication: Basic and Digest Access Authentication."

14장

HTTP: The Definitive Guide

보안 HTTP

이전 3개 장에서 사용자를 식별하고 인증하는 것을 도와주는 HTTP의 기능들에 대해 살펴보았다. 이 기법들은 우호적인 관계가 형성되어 있는 커뮤니티에서는 잘 동작하지만 적대행위가 일어날 가능성이 있는 커뮤니티에서 중요한 트랜잭션을 보호하기에는 부족하다.

이 장에서는 디지털 암호화를 이용해 도청이나 위조로부터 HTTP 트랜잭션을 안전하게 보호하는 더 복잡하고 적극적인 기술을 제시한다.

14.1 HTTP를 안전하게 만들기

사람들은 웹 트랜잭션을 중요한 일에 사용한다. 강력한 보안이 없다면, 사람들은 온라인 쇼핑이나 인터넷뱅킹을 할 때 안심할 수 없을 것이다. 제한된 접근이 가능하지 않다면, 회사들은 중요한 문서를 웹 서버에 올려놓을 수 없을 것이다. 웹은 안전한 방식의 HTTP를 필요로 한다.

이전 장에서 인증(기본 그리고 다이제스트 인증)과 메시지 무결성(요약 qop="auth-int")을 제공하는 가벼운 방법에 대해 이야기했다. 이들은 대체로 쓸만하지만, 대량 구매, 은행 업무, 혹은 보안 자료 접근을 위해서는 충분히 강력하지 않다. 보다 중요한 트랜잭션을 위해서는, HTTP와 디지털 암호화 기술을 결합해야 한다.

HTTP의 보안 버전은 효율적이고, 이식성이 좋아야 하고, 관리가 쉬워야 하며, 현실 세계의 변화에 대한 적응력이 좋아야 한다. 또한 사회와 정부의 요구사항에도 맞아야 한다. 우리는 다음을 제공해 줄 수 있는 HTTP 보안 기술이 필요하다.

- 서버 인증 - 클라이언트는 자신이 위조된 서버가 아닌 진짜와 이야기하고 있음을 알 수 있어야 한다.
- 클라이언트 인증 - 서버는 자신이 가짜가 아닌 진짜 사용자와 이야기하고 있음을 알 수 있어야 한다.
- 무결성 - 클라이언트와 서버는 그들의 데이터가 위조되는 것으로부터 안전해야 한다.
- 암호화 - 클라이언트와 서버는 도청에 대한 걱정 없이 서로 대화할 수 있어야 한다.
- 효율 - 저렴한 클라이언트나 서버도 이용할 수 있도록 알고리즘은 충분히 빨라야 한다.
- 편재성(Ubiquity) - 프로토콜은 거의 모든 클라이언트와 서버에서 지원되어야 한다.
- 관리상 확장성 - 누구든 어디서든 즉각적인 보안 통신을 할 수 있어야 한다.
- 적응성 - 현재 알려진 최선의 보안 방법을 지원해야 한다.
- 사회적 생존성 - 사회의 문화적, 정치적 요구를 만족시켜야 한다.

14.1.1 HTTPS

HTTPS는 HTTP를 안전하게 만드는 방식 중에서 가장 인기 있는 것이다. 넷스케이프 커뮤니케이션 주식회사(Netscape Communications Corporation)에서 개척하였으며 모든 주류 브라우저와 서버에서 지원한다.

웹페이지에 HTTP가 아닌 HTTPS로 접근하고 있는 경우, URL이 http:// 대신

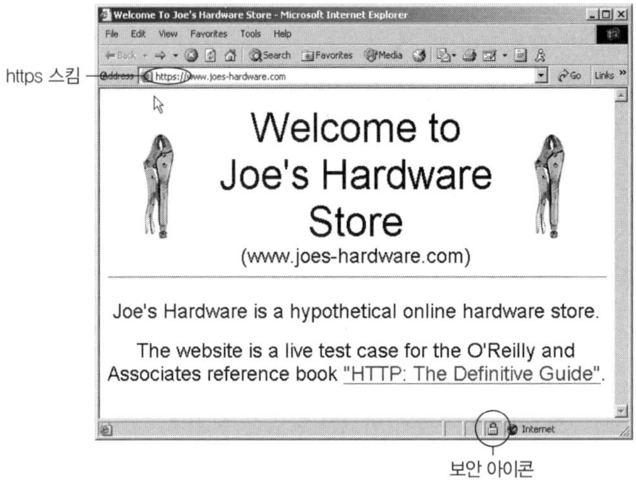

그림 14-1 안전한 웹 사이트

https://로 시작하는 것을 보고 그 사실을 알아챌 수 있다(몇몇 브라우저는 그림 14-1에서처럼 보안 아이콘을 보여주기도 한다).

HTTPS를 사용할 때, 모든 HTTP 요청과 응답 데이터는 네트워크로 보내지기 전에 암호화된다. HTTPS는 HTTP의 하부에 전송 레벨 암호 보안 계층을 제공함으로써 동작하는데, 이 보안 계층은 안전 소켓 계층(Secure Sockets Layer, SSL) 혹은 그를 계승한 전송 계층 보안(Transport Layer Security, TLS)을 이용하여 구현된다(그림 14-2). SSL과 TLS는 매우 비슷하기 때문에, 이 책에서는 SSL과 TLS 양쪽 모두를 표현하는 용어로 엄밀하지는 않지만 'SSL'이란 단어를 사용한다.

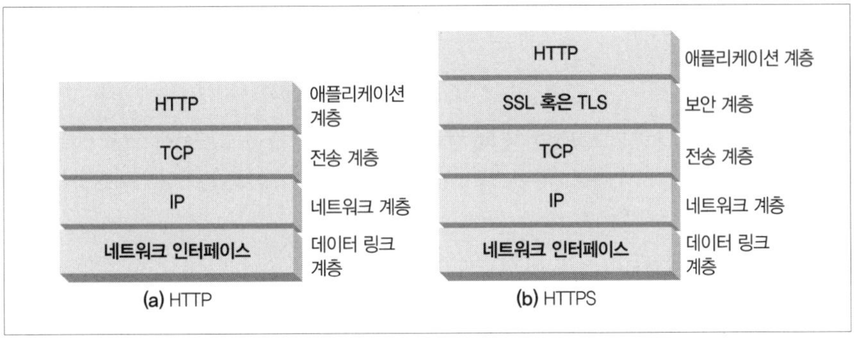

그림 14-2 HTTPS는 TCP 위에 놓인 보안 계층 위의 HTTP이다

어려운 인코딩 및 디코딩 작업은 대부분 SSL 라이브러리 안에서 일어나기 때문에, 보안 HTTP를 사용하기 위해 웹 클라이언트와 서버가 프로토콜을 처리하는 로직을 크게 변경할 필요는 없다. 대부분의 경우, TCP 입력/출력 호출을 SSL 호출로 대체하고, 보안 정보를 설정하고 관리하기 위한 몇 가지 호출을 추가하기만 하면 된다.

14.2 디지털 암호학

HTTPS에 대해 자세히 이야기하기 전에, 우리는 SSL과 HTTPS에서 이용되는 암호 인코딩 기법에 대해 약간의 배경 지식을 제공할 필요가 있다. 다음 몇몇 절에서 우리는 디지털 암호학에서 가장 중요한 것들에 대한 기본적인 내용을 간략하게 다룰 것이다. 독자가 디지털 암호학의 기술과 용어에 이미 친숙하다면 "HTTPS의 세부사항"으로 건너뛰어도 좋다.

디지털 암호의 기초에서, 우리는 다음에 대해 이야기할 것이다.

암호

텍스트를 아무나 읽지 못하도록 인코딩하는 알고리즘

키

암호의 동작을 변경하는 숫자로 된 매개변수

대칭키 암호 체계

인코딩과 디코딩에 같은 키를 사용하는 알고리즘

비대칭키 암호 체계

인코딩과 디코딩에 다른 키를 사용하는 알고리즘

공개키 암호법

비밀 메시지를 전달하는 수백만 대의 컴퓨터를 쉽게 만들 수 있는 시스템

디지털 서명

메시지가 위조 혹은 변조되지 않았음을 입증하는 체크섬

디지털 인증서

신뢰할 만한 조직에 의해 서명되고 검증된 신원 확인 정보

14.2.1 비밀 코드의 기술과 과학

암호법(cryptography)은 메시지 인코딩과 디코딩에 대한 과학이자 기술(art)이다. 사람들은 수천 년간 암호법의 방법론을 비밀 메시지를 보내는데 적용해왔다. 그러나 암호법은 단순히 참견쟁이들이 볼 수 없도록 메시지를 암호화하는 것뿐 아니라, 메시지의 변조를 방지하기 위해 사용할 수도 있다. 암호법은, 수표에 손으로 쓴 서명이나 봉투의 양각된 왁스 봉인과 같이, 누군가가 정말로 어떤 메시지나 트랜잭션의 저자임을 증명하는 데도 사용될 수 있다.

14.2.2 암호(cipher)

암호법은 암호라 불리는 비밀 코드에 기반한다. 암호란 메시지를 인코딩하는 어떤 특정한 방법과 나중에 그 비밀 메시지를 디코딩하는 방법이다. 인코딩되기 전의 원본 메시지는 흔히 텍스트 혹은 평문이라고 불린다. 암호가 적용되어 코딩된 메시지는 보통 암호문이라고 불린다. 그림 14-3은 간단한 예를 보여주고 있다.

수천 년간 암호는 비밀 메시지를 만들기 위해 사용되어 왔다. 율리우스 카이사르

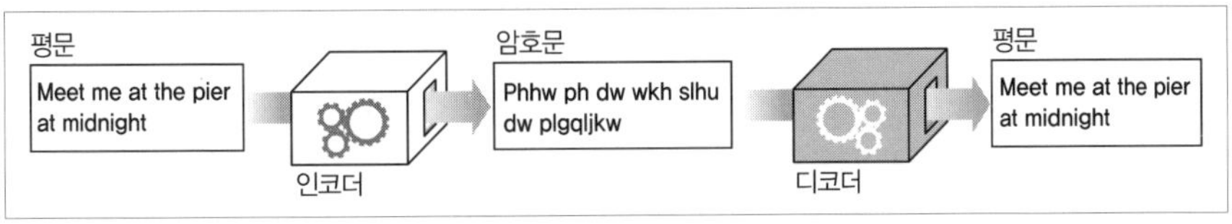

그림 14-3 평문과 암호문

는 메시지의 각 글자를 해당 글자의 알파벳 순서상 세 번 뒤의 글자로 교체하는 세 글자 순환 암호를 사용했다. 우리가 오늘날 사용하는 알파벳이라면, 'A'는 'D'로, 'B'는 'E'로 교체되는 식이다.

예를 들어, 그림 14-4에서, 메시지 'meet me at the pier at midnight'에 rot3(3글자 만큼 회전)을 적용하면 암호문 'phhw ph dw wkh slhu dw plgqljkw'로 인코딩 된다.[1] 이 암호문은 코딩을 반대로 적용하여 모든 글자를 알파벳상에서 -3 글자씩 회전시키면 원본 평문 메시지로 해독된다.

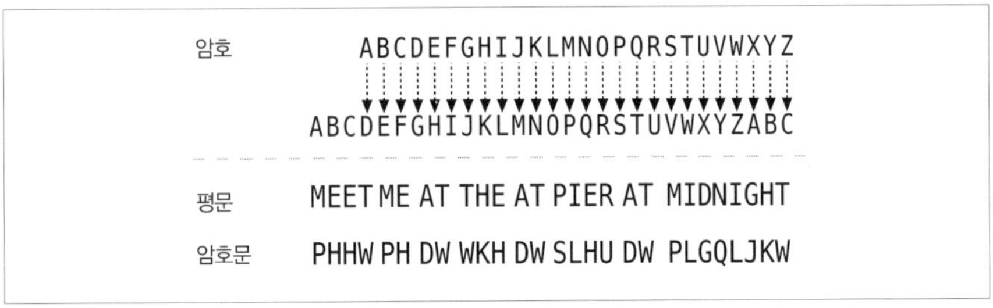

그림 14-4 Rotate-by-3 암호의 예

14.2.3 암호 기계

암호는 상대적으로 간단한 알고리즘으로 시작했는데, 사람이 직접 인코딩하고 디코딩해야 했기 때문이다. 암호가 간단하기 때문에, 사람들은 암호화 작업을 연필과 종이와 암호첩(code book)으로 수행할 수 있었다. 그러나 똑똑한 사람들이라면 꽤 간단하게 암호를 깨뜨리는 것도 가능했다.

기술이 진보하면서, 사람들은 보다 복잡한 암호로 메시지를 빠르고 정확하게 인코딩하고 디코딩하는 기계를 만들기 시작했다. 이 암호 기계는 암호를 깨뜨리기 어렵게 하기 위해, 단순히 회전을 하는 대신 글자들을 대체하고, 그 순서를 바꾸었으며, 메시지를 자르고 토막내었다.[2]

---

1 예를 단순하게 하기 위해 우리는 마침표나 공백은 회전시키지 않았지만 실제로는 해야 한다.

2 아마 가장 유명한 기계식 암호 기계는 제2차 세계대전 당시 독일이 사용한 에니그마 암호 기계일 것이다. 에니그마 암호의 복잡함에도 불구하고, 앨런 튜링과 그의 동료들은 1940년대 초에 최초의 디지털 컴퓨터를 사용해서 에니그마 암호를 깨뜨릴 수 있었다.

14.2.4 키가 있는 암호

코드 알고리즘과 기계가 적에 손에 들어갈 수 있기 때문에, 대부분의 기계들에는 암호의 동작방식을 변경할 수 있는 큰 숫자로 된 다른 값을 설정할 수 있는 다이얼이 달려있다. 누군가 기계를 훔치더라도, 올바른 다이얼 설정(키 값)이 없이는 디코더가 동작하지 않을 것이다.[3]

이러한 암호 매개변수를 키라고 부른다. 디코딩 과정을 바르게 동작시키려면 올바른 키를 암호 기계에 입력할 필요가 있다. 암호 키는 하나의 암호 기계를 여러 가상 암호 기계의 집합처럼 만들어준다. 이 가상 암호 기계들은 서로 다른 키 값을 갖고 있기 때문에 제각각 다르게 동작한다.

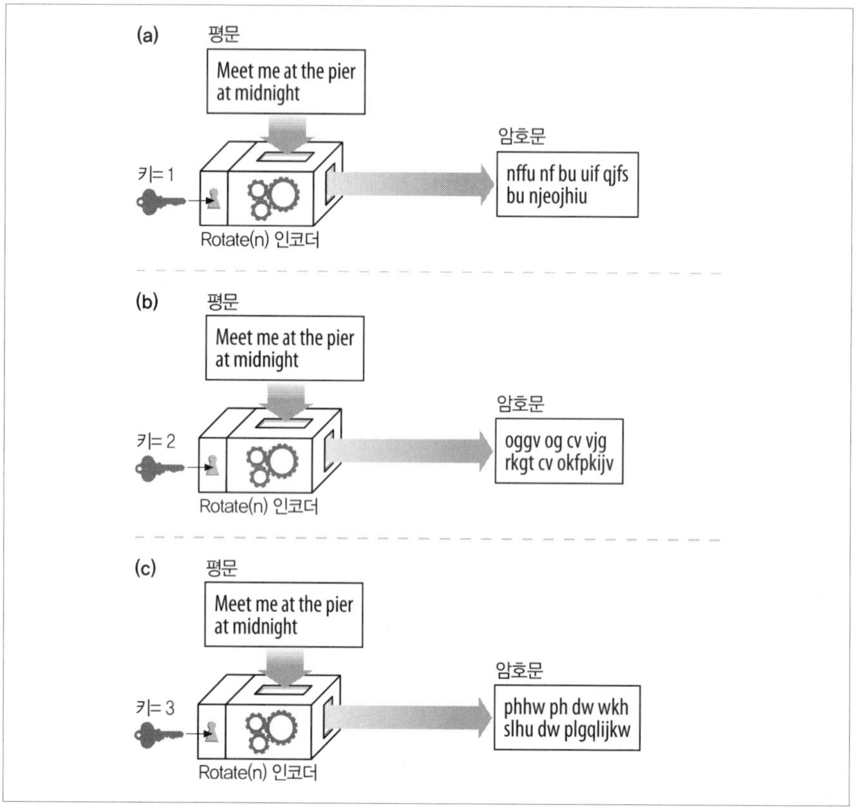

그림 14-5 다른 키를 사용하는 N번-회전 암호

3 실제로, 그 기계의 로직을 손에 넣으면 암호를 깨뜨리는 데 도움이 되는 경우가 많은데, 그 로직을 통해 암호를 깰 때 이용할 수 있는 패턴들을 알아낼 수도 있기 때문이다. 현대의 암호화 알고리즘은 대개 그 알고리즘이 공개적으로 알려져 있다고 해도 악당들이 암호를 깨뜨리는 데에 도움이 될 어떠한 패턴도 찾아내기 어렵도록 설계된다. 사실, 흔히 쓰이는 가장 강력한 암호들 중 다수가 누구나 보고 연구할 수 있도록 소스 코드를 공개하고 있다!

그림 14-5는 키가 있는 암호의 예를 묘사한다. 암호 알고리즘은 별 것 아닌 'N번-회전' 암호다. N의 값은 키에 의해 좌우된다. 같은 입력 메시지 'meet me at the pier at midnight'가 같은 인코딩 기계를 통과하더라도 키의 값에 따라 다른 출력을 생성한다. 오늘날 거의 대부분의 암호 알고리즘은 키를 사용한다.

14.2.5 디지털 암호

디지털 계산의 도래로, 두 가지 주요한 발전이 있었다.

- 속도 및 기능에 대한 기계 장치의 한계에서 벗어남으로써, 복잡한 인코딩과 디코딩 알고리즘이 가능해졌다.
- 매우 큰 키를 지원하는 것이 가능해져서, 단일 암호 알고리즘으로 키의 값마다 다른 수조 개의 가상 암호 알고리즘을 만들어낼 수 있게 되었다. 키가 길수록 인코딩의 많은 조합이 가능해지고 무작위로 추측한 키에 의한 크래킹이 어려워진다.

기계 장치의 물리적인 금속 키나 다이얼 설정과는 달리, 디지털 키는 그냥 숫자에 불과하다. 이들 디지털 키 값은 인코딩과 디코딩 알고리즘에 대한 입력값이다. 코딩 알고리즘은 데이터 덩어리를 받아서 알고리즘과 키의 값에 근거하여 인코딩하거나 디코딩하는 함수이다.

평문 메시지 P, 인코딩 함수 E, 디지털 인코딩 키 e가 주어지면 부호화된 암호문 C를 생성할 수 있다(그림 14-6). 그리고 암호문 C를 디코더 함수 D와 디코딩 키 d를 사용해서 원래의 평문 P로 도로 디코딩할 수 있다. 물론, 디코딩과 인코딩 함수는 서로의 역이다. P의 인코딩에 대한 디코딩은 원래의 메시지 P를 돌려준다.

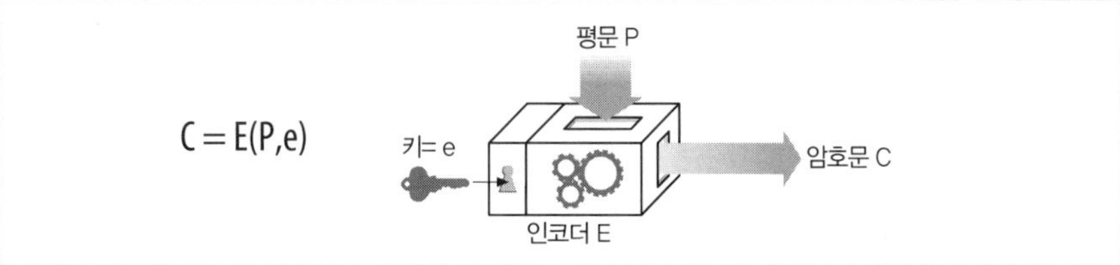

그림 14-6 평문은 인코딩 키 e로 인코딩되고, 디코딩 키 d로 디코딩된다.

14.3 대칭키 암호법

어떻게 키와 암호가 함께 동작하는지 좀 더 자세히 이야기해보자. 많은 디지털 암호 알고리즘은 대칭키 암호라 불리는데, 왜냐하면 그들이 인코딩을 할 때 사용하는 키가 디코딩을 할 때와 같기 때문이다(e = d). 그 키를 그냥 k라고 부르도록 하자.

대칭키 암호에서, 발송자와 수신자 모두 통신을 위해 비밀 키 k를 똑같이 공유할 필요가 있다. 발송자는 공유된 비밀 키를 메시지를 암호화하고 그 결과인 암호문을 수신자에게 발송하기 위해 사용한다. 수신자는 역시 암호문을 받은 뒤 같은 공유된 키를 사용하여 원래의 평문을 복원하기 위해 해독 함수를 적용한다(그림 14-7).

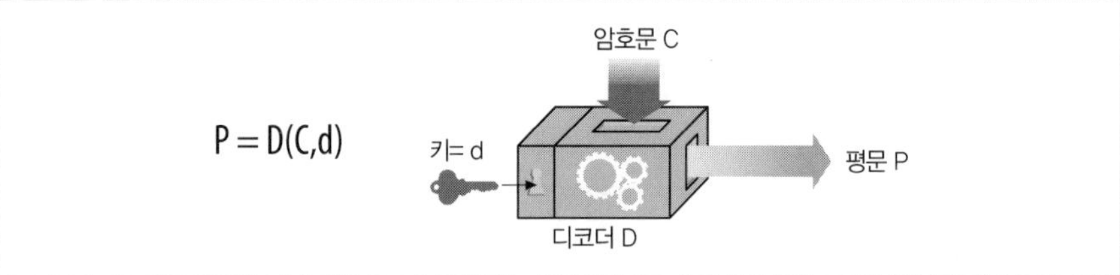

그림 14-7 대칭키 암호법 알고리즘은 인코딩과 디코딩에 같은 키를 사용한다.

잘 알려진 대칭키 암호 알고리즘으로는 DES, Triple-DES, RC2, RC4 등이 있다.

14.3.1 키 길이와 열거 공격(Enumeration Attack)

비밀 키가 누설되면 안 된다는 것은 매우 중요하다. 대부분의 경우, 인코딩 및 디코딩 알고리즘은 공개적으로 알려져 있으므로, 키만이 유일한 비밀이다!

좋은 암호 알고리즘은 공격자가 코드를 크래킹하려면 이 우주에 존재하는 모든 가능한 키 값을 시도해보는 것 외에 다른 방법이 없게 만든다. 무차별로 모든 키 값을 대입해보는 공격을 열거 공격이라고 한다. 만약 가능한 키 값이 몇 가지 밖에 없다면 악당은 무차별 대입으로 모든 값을 시도하고 결국 암호를 깨게 될 것이다. 그러나 만약 가능한 키 값이 아주 많다면, 악당은 암호를 깨뜨릴 수 있는 값 하나를 찾기 위해 수일이나 수년, 심지어는 우주의 수명만큼의 시간을 들여야 할 것이다.

가능한 키 값의 개수는 키가 몇 비트이며 얼마나 많은 키가 유효한지에 달려있다.[4] 대칭키 암호에서는, 보통 모든 키 값이 유효하다. 8비트 키라면 256가지 값이 가능하며, 40비트 키라면 2^{40}(약 1조)가지가 가능하고, 128비트 키라면 약 340,000,000,000,000,000,000,000,000,000,000,000,000가지의 값이 가능하다.

평범한 대칭키 암호에서, 40비트 키는 작고 중요하지 않은 업무에는 충분하다고 할 수 있다. 그러나 초당 수십억 번의 계산이 가능한 오늘날의 빠른 워크스테이션

4 어떤 암호에서는 오직 몇 가지 키 값만이 유효하다. 예를 들어 가장 잘 알려진 비대칭 키 암호 체계인 RSA에서는, 유효한 키들은 어떤 식으로든 반드시 소수와 관련이 있다. 그러한 성질을 갖는 키 값은 그다지 많지 않다.

에게는 쉽게 깨질 수 있다.

이에 반해 128비트 키를 사용한 대칭키 암호는 매우 강력한 것으로 간주된다. 실제로, 미국 정부는 미국 국가안보국(NSA)이 깨뜨릴 수 없는 암호문을 적대적인 조직이 만들어 낼 가능성을 차단하기 위해 긴 키를 사용하는 암호화 소프트웨어의 수출을 통제한다.[5] 암호에 기반한 보안에 있어 키의 길이란 이처럼 중요하다.

브루스 슈나이어(Bruce Schneier)의 탁월한 책, 『Applied Cryptography』(John Wiley & Sons)는, 1995년의 기술과 물가를 기준으로 했을 때 모든 키를 추측하는 방법으로 DES 암호를 깨뜨리는데 시간이 얼마나 걸리는지를 보여주는 표를 싣고 있다.[6] 표 14-1은 이 표를 인용한 것이다.

공격 비용	40비트 키	56비트 키	64비트 키	80비트 키	128비트 키
100,000달러	2초	35시간	1년	7만년	10^{19}년
1,000,000달러	200밀리초	3.5시간	37일	7,000년	10^{18}년
10,000,000달러	20밀리초	21분	4일	700년	10^{17}년
100,000,000달러	2밀리초	2분	9시간	70년	10^{16}년
1,000,000,000달러	200마이크로초	13초	1시간	7년	10^{15}년

표 14-1 긴 키를 깨뜨리는데 더 많은 노력이 든다(『Applied Cryptography』의 1995년 자료)

1995년 마이크로프로세서의 속도라면, 공격자는 1995년에 10만 달러를 쓸 수 있다면 40비트 DES 코드를 2초 내에 깨뜨릴 수 있다. 2002년의 컴퓨터는 이미 1995년 것보다 20배 빠르다. 사용자가 암호를 자주 바꾸지 않는 이상, 40비트 키는 적극적인 공격자로부터 안전하지 않다.

56비트의 DES 표준 키 크기는 더 안전하다. 1995년 물가를 기준으로, 백만 달러를 들인 공격이라도 그러한 키를 사용한 암호를 깨뜨리는데 몇 시간이 걸린다. 그러나 슈퍼컴퓨터를 사용할 수 있는 사람이라면 무차별 대입으로 단 몇 초 만에 깨뜨릴 수 있다. 이에 반해 Triple-DES 키와 비슷한 크기인 128비트 DES 키는, 누가 얼마를 들이든 무차별 대입으로는 실질적으로 깨뜨릴 수 없다고 알려져 있다.[7]

5 (옮긴이) 포브스에 따르면, 2002년 한국에 128비트 암호화 소프트웨어를 수출한 업체가 95,000달러의 벌금을 낸 일이 있다. 자세한 것은 http://www.forbes.com/sites/ciocentral/2012/04/30/the-cybersecurity-market-and-dangers-of-u-s-export-law/2/를 보라.

6 계산 속도는 1995년 이래 극적으로 증가해왔고 비용은 감소해왔다. 그리고 이 책을 읽고 있을 시점이라면 더 빨라져 있을 것이다! 하지만 공격에 소모되는 시간이 5분의 1, 10분의 1 혹은 그 이하로 줄었음을 감안한다 해도 이 표는 여전히 비교적 유용하다.

7 그러나 큰 키가 암호가 실패할 염려가 없음을 의미하는 것은 아니다! 암호화 알고리즘이나 그의 구현에 공격자가 이용할 수 있는 취약점을 제공하는 결함이 아직 발견되지 않은 채로 존재하고 있을 수도 있다. 또한 만약 키가 어떻게 생성되었는지에 대한 정보를 공격자가 갖고 있다면 이를 이용해 보다 더 가능성 있는 키들 몇 가지를 추려내어 무차별 대입의 범위를 좁히는 것도 가능하다. 혹은 어떤 사용자가 공격자가 키를 훔칠 수 있는 장소에 비밀 키를 남겨두었을 수도 있다.

14.3.2 공유키 발급하기

대칭키 암호의 단점 중 하나는 발송자와 수신자가 서로 대화하려면 둘 다 공유키를 가져야 한다는 것이다.

만약 누군가가 죠의 하드웨어 상점과 은밀하게 대화를 나누려면(공영 텔레비전 방송에서 주택 개조 프로그램을 보고 나서 목공 도구를 주문하려고), 그는 무엇인가를 은밀하게 주문하기 전에 그와 www.joes-hardware.com만의 개인 비밀 키를 발급해야 한다. 그러려면 비밀 키를 생성하고 그것을 기억할 방법이 필요하다. 모든 손님과 죠의 하드웨어가 수천 개의 키를 생성하고 기억해야 할 것이다.

앨리스(A), 밥(B), 크리스(C) 모두가 죠의 하드웨어(J)와 대화를 원한다고 해보자. A, B, C는 각각 J와의 비밀 키를 각각 발급할 필요가 있다. A는 키 k^{AJ}를, B는 k^{BJ}를, 그리고 C는 k^{CJ}가 필요하다. 대화 참여자의 각 쌍은 그들만의 개인 키를 가질 필요가 있다. 만약 N개의 노드가 있고, 각 노드가 상대 N-1과 은밀하게 대화를 나누어야 한다면, 대략 총 N^2개의 비밀 키가 필요하다. 관리해야 하는 사람 입장에서 이것은 지옥이다.

14.4 공개키 암호법

한 쌍의 호스트가 하나의 인코딩/디코딩 키를 사용하는 대신, 공개키 암호 방식은 두 개의 비대칭 키를 사용한다. 하나는 호스트의 메시지를 인코딩하기 위한 것이며, 다른 하나는 그 호스트의 메시지를 디코딩하기 위한 것이다. 인코딩 키는 모두를 위해 공개되어 있다(그래서 공개키 암호 방식이라는 이름이 붙었다). 하지만 호스트만이 개인 디코딩 키를 알고 있다(그림 14-8을 보라).

노드 X는 자신의 인코딩 키 e^x를 공개적으로 배포할 수 있다.[8] 이제 메시지를 노드 X에게 보내고자 하는 누구나 똑같고 잘 알려진 공개키를 사용할 수 있다. 각 호스트마다 누구나 사용할 수 있는 인코딩 키가 할당되어 있기 때문에, 공개키 암호 방식은 대칭 키의 쌍이 N^2로 폭발적으로 증가하는 것을 피할 수 있다(그림 14-9를 보라).

모든 사람이 X에게 보내는 메시지를 같은 키로 인코딩 할 수 있지만, X를 제외한 누구도 그 메시지를 디코딩할 수 없다. 왜냐하면 오직 X만이 디코딩 개인 키 d^x를

8 나중에 살펴보겠지만, 대부분의 경우 공개키는 디지털 인증서 안에서 찾는다. 그러나 공개키들을 어떻게 찾는지에 대한 상세는 현재로서는 별로 중요하지 않다. 그냥 그들이 어딘가에 공개되어 있다는 것만 알면 된다.

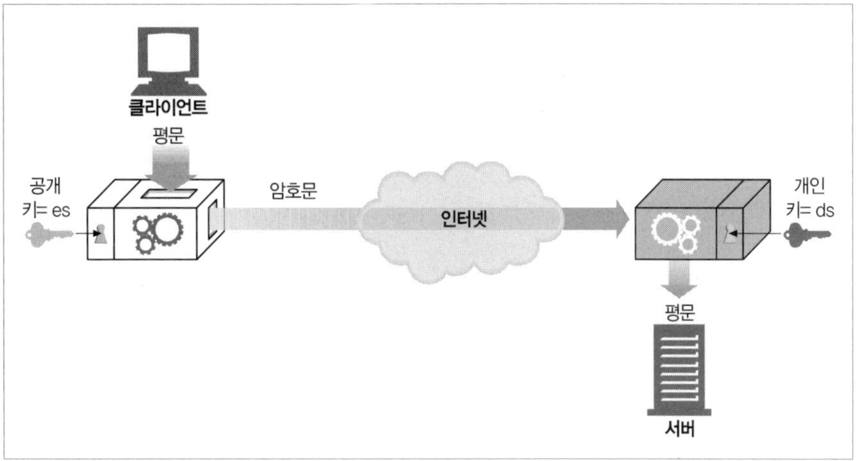

그림 14-8 공개키 암호는 인코딩과 디코딩에 다른 키를 사용하는 비대칭이다.

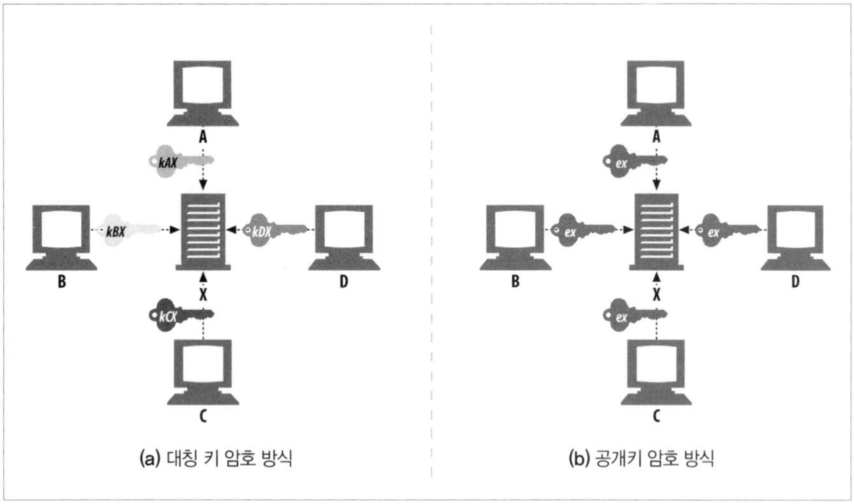

그림 14-9 공개키 암호 방식은 호스트마다 한 개의 공개키를 할당한다.

갖고 있기 때문이다. 키의 분리는, 메시지의 인코딩은 누구나 할 수 있도록 해주는 동시에, 메시지를 디코딩하는 능력은 소유자에게만 부여한다. 이는 노드가 서버로 안전하게 메시지를 발송하는 것을 더 쉽게 해주는데, 왜냐하면 서버의 공개 키만 있으면 되기 때문이다.

공개키 암호화 기술은 보안 프로토콜을 전 세계의 모든 컴퓨터 사용자에게 적용하는 것을 가능하게 했다. 표준화된 공개키 기술 묶음을 만드는 것의 중요성 때문에, 거대한 공개 키 인프라(Public-Key Infrastructure, PKI) 표준화 작업이 25년 넘

게 계속 진행 중인 상태다.[9]

14.4.1 RSA

공개키 비대칭 암호의 과제는, 설혹 악당이 아래 내용을 알고 있다 해도 비밀인 개인 키를 계산할 수 없다는 것을 확신시켜 주는 것이다.

- 공개키(물론 공개니까 누구나 얻을 수 있다)
- 가로채서 얻은 암호문의 일부(네트워크를 스누핑해서 획득)
- 메시지와 그것을 암호화한 암호문(인코더에 임의의 텍스트를 넣고 실행해서 획득)

이 모든 요구를 만족하는 공개키 암호 체계 중 유명한 하나는 MIT에서 발명되고 이어서 RSA 데이터 시큐리티에서 상용화된 RSA 알고리즘이다. 공개키, 평문의 일부, 공개키로 평문을 인코딩하여 얻은 평문에 대한 암호문, 그리고 RSA 구현의 소스 코드까지 주어졌다 하더라도 암호를 크래킹하여 해당하는 개인 키를 찾아내는 것은 컴퓨터 과학의 모든 분야에서 가장 어려운 문제 중 하나라고 알려진 큰 소수를 계산하는 문제만큼 어렵다고 한다. 따라서 만약 큰 숫자를 소수들로 분해하는 빠른 방법을 찾아낸다면 스위스 은행 계좌를 뚫는 것뿐 아니라 튜링상도 받을 수 있다.

RSA 암호 방식에 대해 자세히 알아보려면 꽤 까다로운 수학을 이해해야 하므로, 우리는 여기서 그에 대해 깊이 들어가지 않을 것이다. 세상에는 정수론에 대한 박사학위가 없더라도 RSA 알고리즘을 사용할 수 있게 해주는 라이브러리들이 충분히 많이 존재한다.

14.4.2 혼성 암호 체계와 세션 키

비대칭 공개키 암호 방식은 누구나 공개키만 알면 그 키에 대응되는 공개 서버에 안전하게 메시지를 보낼 수 있게 해주므로 훌륭하다. 두 노드가 안전하게 의사소통하려고 할 때 개인 키에 대한 협상을 먼저 해야 할 필요가 없다.

그러나 공개키 암호 방식의 알고리즘은 계산이 느린 경향이 있다. 실제로는 대칭과 비대칭 방식을 섞은 것이 쓰인다. 예를 들어, 노드들 사이의 안전한 의사소통 채널을 수립할 때는 편리하게 공개 키 암호를 사용하고, 이렇게 만들어진 안전한 채널을 통해 임시의 무작위 대칭 키를 생성하고 교환하여 이후의 나머지 데이터를 암

9 (옮긴이) X.509라 불리는 이 표준은, 1988년 X.500이라는 이름으로 시작되었으며, 1999년에 이 표준에 대한 명세인 RFC 2459가 등록되었고, 이후 꾸준히 갱신되어 2014년 현재 최신 명세는 2008년에 등록된 RFC 5280이다.

호화할 때는 빠른 대칭 키를 사용하는 방식이 흔히 쓰인다.

14.5 디지털 서명

지금까지 우리는 우리로 하여금 비밀 메시지를 대칭 그리고 비대칭 키를 사용해서 암호화하고 해독할 수 있게 해주는 여러 종류의 암호에 대해 이야기했다.

암호 체계는 메시지를 암호화하고 해독하는 것뿐 아니라, 누가 메시지를 썼는지 알려주고 그 메시지가 위조되지 않았음을 증명하기 위해 메시지에 서명을 하도록 하는 데에 이용될 수 있다. 디지털 서명(digital signing)이라 불리는 이 기법은 다음 절에서 논의할 인터넷 보안 인증서에게 중요하다.

14.5.1 서명은 암호 체크섬이다

디지털 서명은 메시지에 붙어있는 특별한 암호 체크섬이다. 이들은 두 가지 이점을 가진다.

- 서명은 메시지를 작성한 저자가 누군지 알려준다. 저자는 저자의 극비 개인 키를 갖고 있기 때문에[10], 오직 저자만이 이 체크섬을 계산할 수 있다. 체크섬은 저자의 개인 '서명'처럼 동작한다.
- 서명은 메시지 위조를 방지한다. 만약 악의적인 공격자가 송신 중인 메시지를 수정했다면, 체크섬은 더 이상 그 메시지와 맞지 않게 될 것이다. 그리고 체크섬은 저자의 비밀 개인 키에 관련되어 있기 때문에, 침입자는 그 위조된 메시지에 대한 올바른 체크섬을 날조해낼 수 없을 것이다.

디지털 서명은 보통 비대칭 공개키에 의해 생성된다. 개인 키는 오직 소유자만이 알고 있기 때문에, 저자의 개인 키는 일종의 '지문'처럼 사용된다.

그림 14-10는 어떻게 노드 A가 노드 B에게 메시지를 보내고 그것을 서명하는지 보여준다.

- 노드 A는 가변 길이 메시지를 정제하여 고정된 길이의 요약(digest)으로 만든다.
- 노드 A는 그 요약에, 사용자의 개인 키를 매개변수로 하는 '서명' 함수를 적용한

10 이는 개인 키가 훔친 것이 아님을 가정한다. 대부분 개인 키는 일정 시간이 지나면 만료된다. 또한 훔쳤거나 훼손된 키들을 추적하기 위한 '폐기 목록'도 존재한다.

다. 오직 그 사용자만이 개인 키를 알고 있기 때문에, 올바른 서명 함수는 서명자가 소유자임을 보여준다. 그림 14-10에서 우리가 서명 함수로 디코더 함수 D를 사용한 이유는, 그 함수가 사용자의 개인 키에 관련되어 있기 때문이다.[11]

- 한번 서명이 계산되면, 노드 A는 그것을 메시지의 끝에 덧붙이고 메시지와 그에 대한 서명 둘 다를 노드 B에게 전송한다.
- 메시지를 받은 노드 B가, 만약 그 메시지를 쓴 것이 정말로 노드 A이며 동시에 위조되지도 않았다는 것을 확인하길 원한다면, 노드 B는 서명을 검사할 수 있다. 노드 B는 개인 키로 알아보기 어렵게 변형된 서명에 공개키를 이용한 역함수를 적용한다. 만약 풀어낸 요약이 노드 B가 갖고 있는 버전의 요약과 일치하지 않는다면, 메시지가 송신 중에 위조되었거나 아니면 발송자가 노드 A의 개인 키를 갖고 있지 않은 것이다(따라서 메시지를 쓴 것은 노드 A가 아니다).

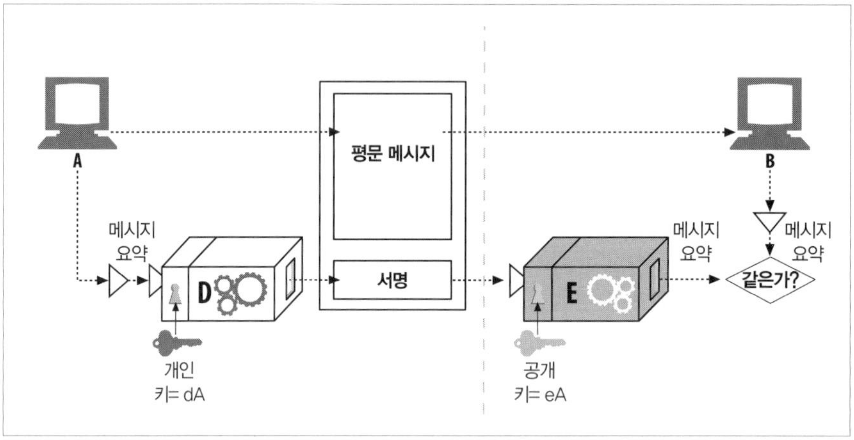

그림 14-10 해독된 디지털 서명

14.6 디지털 인증서

이 절에서, 우리는 인터넷의 신분증인 디지털 인증서에 대해 이야기할 것이다. 디지털 인증서(흔히 'certs'라고 불리는)는 신뢰할 수 있는 기관으로부터 보증 받은 사용자나 회사에 대한 정보를 담고 있다.

11 RSA 암호 체계에서는 디코더 함수 D가 서명 함수로 사용되는데, 그 이유는 D가 이미 개인 키를 입력으로 취했기 때문이다. 디코더 함수는 그저 함수에 불과하므로, 어떠한 입력과도 함께 사용될 수 있음을 이해하라. 또한 RSA 암호 체계에서, 함수 D와 E는 어떤 순서로 적용되든 서로의 결과를 취소한다. 즉, E(D(가나다)) = 가나다 이고 D(E(가나다)) = 가나다 이다.

우리는 많은 형태의 신원 증명을 주고받는다. 여권이나 운전면허 같은 몇몇 ID는 많은 상황에서 개인의 신원을 증명할 수 있을 정도로 충분한 신뢰를 받는다. 예를 들어, 미국의 운전면허는 새해 전야를 즐기기 위해 뉴욕으로 가는 비행기를 탈 때 신원 증명을 위해 사용할 수 있으며, 친구들과 알코올음료를 마시려고 할 때 나이를 증명하는 데도 사용할 수 있다.

여권과 같이 더욱 신뢰할 만한 형태의 신원 증명은, 서명이 되어 있고 특별한 종이 위에 정부가 새긴 도장이 찍혀있다. 이것들은 더 위조하기 어렵고, 그래서 본질적으로 더 높은 수준의 신뢰를 받게 된다. 몇몇 기업의 배지나 스마트카드는 소지한 사람의 신원 증명 기능을 강화해주는 전자 장치를 포함하고 있다. 몇몇 극비 정부 조직은 심지어 누군가의 ID를 믿기 전에 먼저 그의 지문이나 망막 모세혈관 패턴이 그 ID에 맞는 것인지 확인하기까지 한다!

명함과 같은 다른 형태의 ID는 상대적으로 위조하기 쉽기 때문에 사람들이 그 정보를 덜 신뢰한다. 업무상의 관계에서라면 괜찮을지 몰라도, 주택 자금 융자를 받기 위해 고용 상태를 증명해야 하는 상황에서는 충분하지 않을 것이다.

14.6.1 인증서의 내부

디지털 인증서에는 또한 공식적으로 '인증 기관'에 의해 디지털 서명된 정보의 집합이 담겨있다. 기본적인 디지털 인증서는 보통 다음과 같이 인쇄된 ID에도 흔히 들어가게 되는 기본적인 것들을 담고 있다.

- 대상의 이름(사람, 서버, 조직 등)
- 유효 기간
- 인증서 발급자 (누가 이 인증서를 보증하는가)
- 인증서 발급자의 디지털 서명

추가적으로, 디지털 인증서는 대상과 사용된 서명 알고리즘에 대한 서술적인 정보뿐 아니라 보통 대상의 공개키도 담고 있다. 누구나 디지털 인증서를 만들 수 있지만, 그 모두가 인증서의 정보를 보증하고 인증서를 개인 키로 서명할 수 있는 널리 인정받는 서명 권한을 얻을 수 있는 것은 아니다. 일반적인 인증서의 구조를 그림 14-11에서 보여주고 있다.

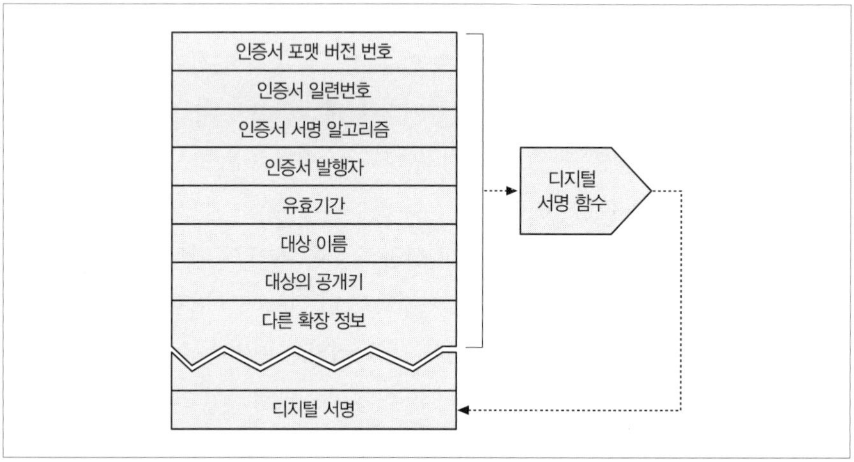

그림 14-11 일반적인 디지털 서명의 포맷

14.6.2 X.509 v3 인증서

불행히도, 디지털 인증서에 대한 전 세계적인 단일 표준은 없다. 모든 인쇄된 ID 카드가 같은 위치에 같은 정보를 담고 있지 않은 것처럼, 여러 가지 미묘하게 다른 스타일의 디지털 인증서들이 존재한다. 좋은 소식은, 오늘날 사용되는 대부분의 인증서가 그들의 정보를 X.509라 불리는 표준화된 서식에 저장하고 있다는 것이다. X.509 v3 인증서는 인증 정보를 파싱 가능한 필드에 넣어 구조화하는 표준화된 방법을 제공한다. 다른 종류의 인증서는 다른 필드 값을 가지지만, 대부분은 X.509 v3 구조를 따른다. X.509 인증서의 필드들은 표 14-2에 설명되어 있다.

필드	설명
버전	이 인증서가 따르는 X.509 인증서 버전의 번호. 요즘은 보통 버전 3이다.
일련번호	인증기관에 의해 생성된 고유한 정수. CA로부터의 각 인증서는 반드시 고유한 일련번호를 가져야 한다.
서명 알고리즘 ID	서명을 위해 사용된 암호 알고리즘. 예를 들면, "RSA 암호화를 이용한 MD2 요약"
인증서 발급자	인증서를 발급하고 서명한 기관의 이름. X.500 포맷으로 기록되어 있다.
유효 기간	인증서가 유효한 기간. 시작일과 종료일로 정의된다.
대상의 이름	인증서에 기술된, 사람이나 조직과 같은 엔터티. 이 대상 이름은 X.500 포맷으로 기록되어 있다.
대상의 공개 키 정보	인증 대상의 공개 키, 공개 키에 사용된 알고리즘, 추가 매개변수.
발급자의 고유 ID (선택적)	발급자의 이름이 겹치는 경우를 대비한, 인증서 발급자에 대한 선택적인 고유한 식별자.
대상의 고유 ID (선택적)	대상의 이름이 겹치는 경우를 대비한, 인증 대상에 대한 선택적인 고유한 식별자.

확장	선택적인 확장 필드의 집합(버전 3 이상에서 지원). 각 확장 필드는 중요한 것인지 그렇지 않은지가 표시되어 있다. 중요한 확장은 중요하기 때문에 인증서 사용자에 의해 반드시 이해되어야 한다. 만약 인증서 사용자가 중요한 확장 필드를 이해하지 못한다면, 인증서를 거절해야 한다. 흔히 쓰이는 확장들에는 다음과 같은 것이 있다. **기본 제약** 대상과 인증기관과의 관계 **인증서 정책** 인증서가 어떤 정책하에 승인되었는지 **키 사용** 공개키가 어떻게 사용될 수 있는지에 대한 제한
인증기관 서명	위의 모든 필드에 대한 인증기관의 디지털 서명. 명시된 서명 알고리즘을 사용한다.

표 14-2. X.509 인증 필드

X.509 기반 인증서에는 (가장 중요한) 웹 서버 인증서, 클라이언트 이메일 인증서, 소프트웨어 코드사인(code-signing) 인증서, 인증기관 인증서를 비롯한 몇 가지 변종이 있다.

14.6.3 서버 인증을 위해 인증서 사용하기

사용자가 HTTPS를 통한 안전한 웹 트랜잭션을 시작할 때, 최신 브라우저는 자동으로 접속한 서버에서 디지털 인증서를 가져온다. 만약 서버가 인증서를 갖고 있지 않다면, 보안 커넥션은 실패한다. 서버 인증서는 다음을 포함한 많은 필드를 갖고 있다.

- 웹 사이트의 이름과 호스트 명
- 웹 사이트의 공개키
- 서명 기관의 이름
- 서명 기관의 서명

브라우저가 인증서를 받으면, 서명 기관을 검사한다.[12] 만약 그 기관이 공공이 신뢰할만한 서명 기관이라면 브라우저는 그것의 공개키를 이미 알고 있을 것이며(브라우저들은 여러 서명 기관의 인증서가 미리 설치된 채로 출하된다), 이전 절 "디지털 서명"에서 이야기했던 바와 같이 브라우저는 그 서명을 검증할 수 있다. 그림 14-12는 인증서의 디지털 서명을 이용해 어떻게 그 인증서의 무결성을 검증하는지

12 브라우저나 기타 인터넷 애플리케이션들은 브라우징을 보다 쉽게 할 수 있도록 인증서 관리에 대한 세세한 것들을 최대한 감추려 노력한다. 그러나 사용자가 보안 접속을 통해 브라우징을 하는 상황이라면, 만전을 기하기 위해 접속한 사이트의 인증서를 사용자가 직접 검증할 수 있게 할 것이다.

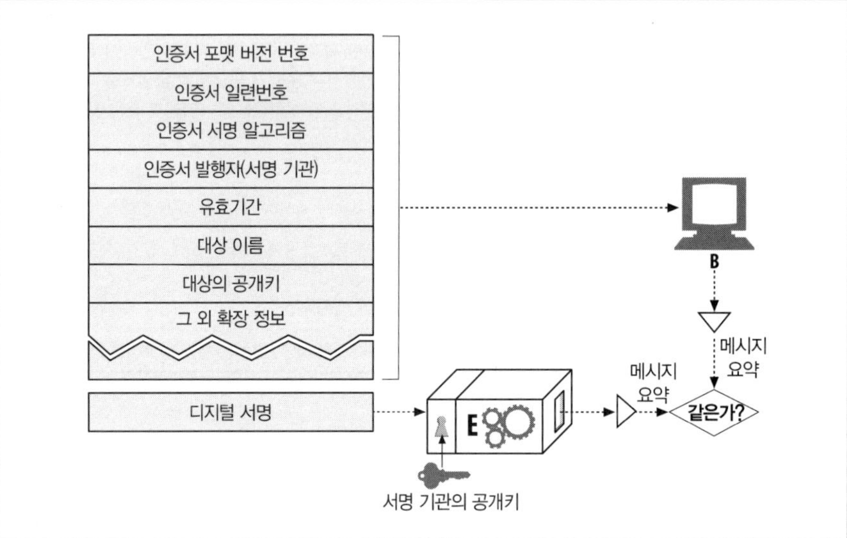

그림 14-12 서명이 진짜인지 검증하기

보여준다.

만약 서명 기관이 모르는 곳이라면, 브라우저는 그 서명 기관을 신뢰해야 할지 확신할 수 없으므로, 대개 사용자가 서명 기관을 신뢰하는지 확인하기 위한 대화상자를 보여준다. 서명 기관은 같은 사용자가 다니는 회사의 IT 부서이거나 혹은 소프트웨어 개발사일 수도 있을 것이다.

14.7 HTTPS의 세부사항

HTTPS는 HTTP의 가장 유명한 보안 버전이다. 널리 구현되었으며 주류 상용 브라우저와 서버에 구현되어 있다. HTTPS는 HTTP 프로토콜에 대칭, 비대칭 인증서 기반 암호 기법의 강력한 집합을 결합한 것이다. 이 기법들의 집합은 무정부 상태의 분권화된 글로벌 인터넷 환경에서도 HTTPS를 매우 안전한 동시에 매우 유연하고 관리하기 쉽게 만들어 준다.

HTTPS는 인터넷 애플리케이션의 성장을 가속한 동시에 웹 기반 전자상거래의 고속 성장을 이끄는 주력이다. HTTPS는 또한 분산된 웹 애플리케이션의 광역 보안 관리에 있어 대단히 중요하다.

14.7.1 HTTPS 개요

HTTPS는 그냥 보안 전송 계층을 통해 전송되는 HTTP이다. 암호화되지 않은 HTTP 메시지를 TCP를 통해 전 세계의 인터넷 곳곳으로 보내는 대신에(그림 14-13a), HTTPS는 HTTP 메시지를 TCP로 보내기 전에 먼저 그것들을 암호화하는 보안 계층으로 보낸다.

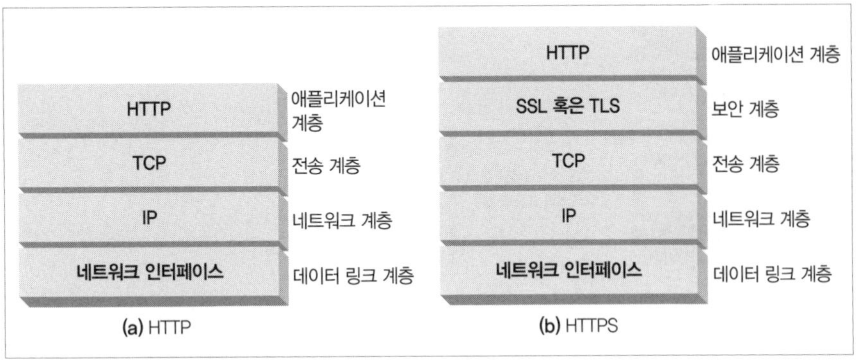

그림 14-13 HTTP 전송 단계에서의 보안

오늘날, HTTPS의 보안 계층은, SSL과 그것의 현대적 대체품인 TLS로 구현되었다. 우리는 SSL과 TLS 모두를 의미하는 단어로 'SSL'을 사용하는 관행을 따를 것이다.

14.7.2 HTTPS 스킴

오늘날 보안 HTTP는 선택적이다. 따라서 웹 서버로의 요청을 만들 때, 우리는 웹 서버에게 HTTP의 보안 프로토콜 버전을 수행한다고 말해줄 방법이 필요하다. 이것은 URL의 스킴을 통해 이루어진다.

보안이 없는 일반적인 HTTP는 URL의 스킴 접두사는 다음과 같이 http이다.

```
http://www.joes-hardware.com/index.html
```

보안이 되는 HTTPS 프로토콜에서 URL의 스킴 접두사는 다음과 같이 https이다.

```
https://cajun-shop.securesites.com/Merchant2/merchant.mv?Store_Code=AGCGS
```

(웹브라우저 등의) 클라이언트는 웹 리소스에 대한 트랜잭션 수행을 요청받으면 URL의 스킴을 검사한다.

- 만약 URL이 http 스킴을 갖고 있다면, 클라이언트는 서버에 80번(기본값) 포트로 연결하고 평범한 HTTP 명령을 전송한다(그림 14-14a).

- 만약 URL이 https 스킴을 갖고 있다면, 클라이언트는 서버에 443번(기본값) 포트로 연결하고 서버와 바이너리 포맷으로 된 몇몇 SSL 보안 매개변수를 교환하면서 '핸드셰이크'를 하고, 암호화된 HTTP 명령이 뒤를 잇는다(그림 14-14b).

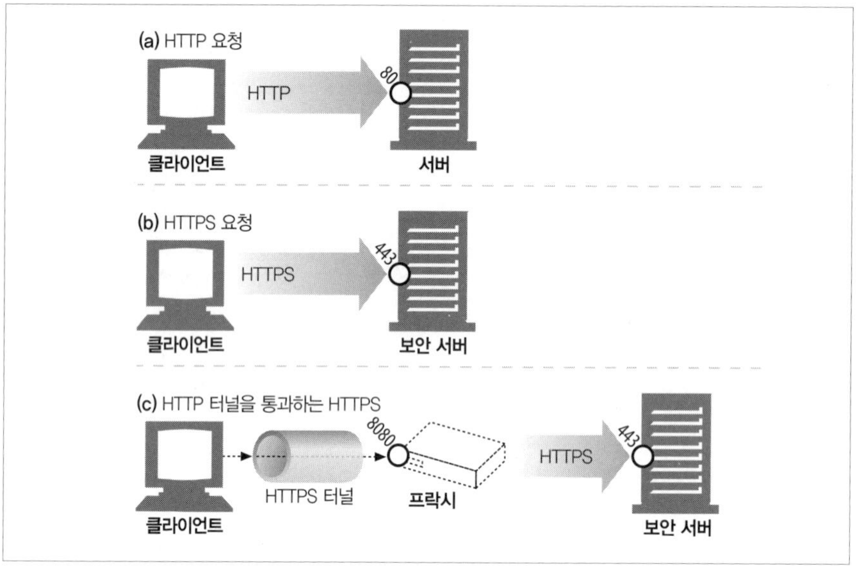

그림 14-14 HTTP와 HTTPS 포트번호

SSL 트래픽은 바이너리 프로토콜이기 때문에, HTTP와는 완전히 다르다, 그 트래픽은 다른 포트(SSL은 보통 443 포트를 통해 전달된다)로 전달된다. 만약 SSL과 HTTP 트래픽 모두가 80번 포트로 도착한다면, 대부분의 웹브라우저는 바이너리 SSL 트래픽을 잘못된 HTTP로 해석하고 커넥션을 닫을 것이다. 보안 서비스가 HTTP 쪽으로 좀 더 계층 통합이 되도록 하면 포트가 둘 이상 필요할 이유가 사라지겠지만, 사실 이것이 그렇게 심각한 문제를 일으키지는 않는다.

어떻게 SSL이 보안 서버와의 커넥션을 준비하는지 조금 더 가까이 들여다보자.

14.7.3 보안 전송 셋업

암호화되지 않은 HTTP에서, 클라이언트는 웹 서버의 80번 포트로 TCP 커넥션을 열고, 요청 메시지를 보내고, 응답 메시지를 받고, 커넥션을 닫는다. 이 절차의 개요는 그림 14-15a에 그려져 있다.

HTTPS에서의 절차는 SSL 보안 계층 때문에 약간 더 복잡하다. HTTPS에서, 클라이언트는 먼저 웹 서버의 443 포트(보안 HTTP의 기본 포트)로 연결한다. 일단 TCP

연결이 되고 나면, 클라이언트와 서버는 암호법 매개변수와 교환 키를 협상하면서 SSL 계층을 초기화한다. 핸드셰이크가 완료되면 SSL 초기화는 완료되며, 클라이언트는 요청 메시지를 보안 계층에 보낼 수 있다. 이 메시지는 TCP로 보내지기 전에 암호화된다. 이 절차는 그림 14-15b에 그려져 있다.

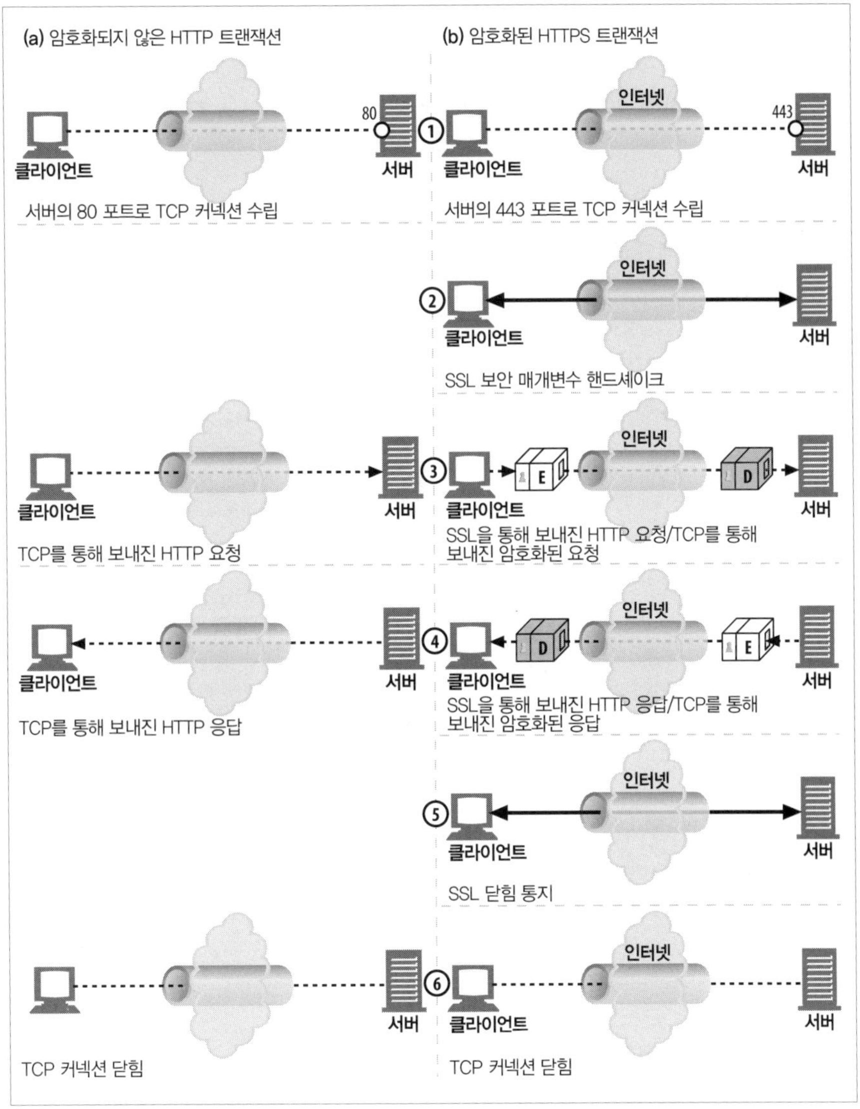

그림 14-15 HTTP와 HTTPS 트랜잭션

14.7.4 SSL 핸드셰이크

암호화된 HTTP 메시지를 보낼 수 있게 되기 전에, 클라이언트와 서버는 SSL 핸드셰이크를 할 필요가 있다. 핸드셰이크에서는 다음과 같은 일이 일어난다.

- 프로토콜 버전 번호 교환
- 양쪽이 알고 있는 암호 선택
- 양쪽의 신원을 인증
- 채널을 암호화하기 위한 임시 세션 키 생성

암호화된 HTTP 데이터가 네트워크를 오가기도 전에, SSL은 통신을 시작하기 위해 상당한 양의 핸드셰이크 데이터를 주고받는다. SSL 핸드셰이크의 핵심은 그림 14-16에 그려져 있다.

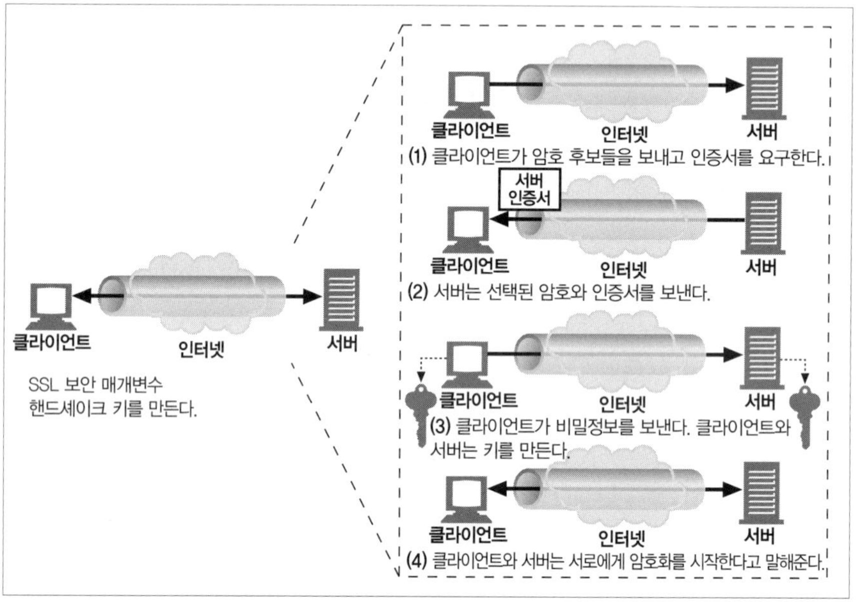

그림 14-16 SSL 핸드셰이크 (단순화함)

이것은 SSL 핸드셰이크를 단순화한 버전이다. SSL이 어떻게 사용되는가에 따라 핸드셰이크는 보다 복잡해질 수 있긴 하지만 일단 여기서는 일반적인 개념을 보여주고 있다.

14.7.5 서버 인증서

SSL은 서버 인증서를 클라이언트로 나르고 다시 클라이언트 인증서를 서버로 날라주는 상호 인증을 지원한다. 그러나 오늘날, 클라이언트 인증서는 웹 브라우징에선 흔히 쓰이지 않는다. 대부분의 사용자는 개인 클라이언트 인증서를 갖고 있지도 않다.[13] 웹 서버는 클라이언트 인증서를 요구할 수 있지만, 실제로는 좀처럼 일어나지 않는 일이다.[14]

한편, 보안 HTTPS 트랜잭션은 항상 서버 인증서를 요구한다. 누군가가 웹 서버에 신용카드 정보를 보내는 것과 같은 보안 트랜잭션을 수행할 때, 그는 대화 중인 조직이 그와 대화하고 있다고 생각한 그 조직이 맞는지 알고 싶을 것이다. 잘 알려진 인증기관에 의해 서명된 서버 인증서는, 그가 서버에 그의 신용카드나 개인 정보를 보내기 전에 그 서버를 얼마나 신뢰할 수 있는지 평가하는 것을 도와줄 것이다.

서버 인증서는 조직의 이름, 주소, 서버 DNS 도메인 이름, 그리고 그 외의 정보(그림 14-17을 보라)를 보여주는, X.509 v3에서 파생된 인증서이다. 사용자와 사용자의 클라이언트 소프트웨어는 모든 것이 믿을 만한 것인지 확인하기 위해 인증서를 검증할 수 있다.

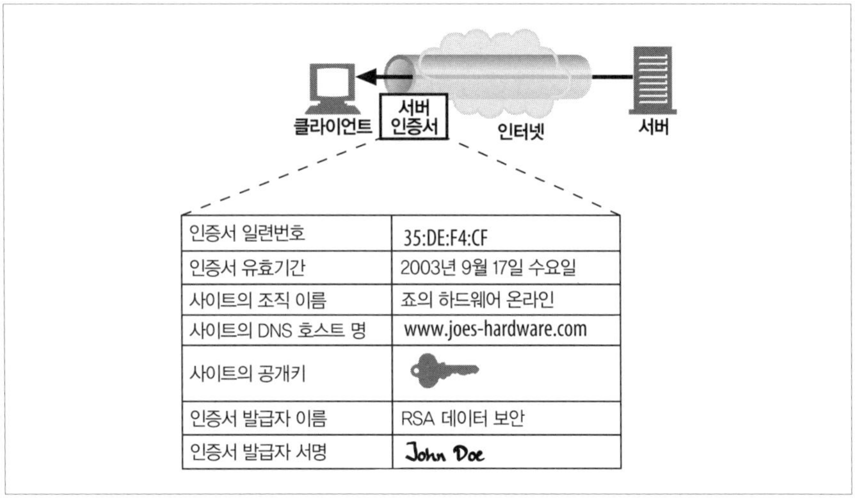

그림 14-17 HTTPS 인증서는 사이트 정보가 더해진 X.509 인증서다.

13 클라이언트 인증서는 몇몇 회사 설정에서 웹 브라우징을 위해 사용되며, 보안 이메일을 위해서도 사용된다.

14 몇몇 조직의 인트라넷에서는 직원들이 정보에 접근하는 것을 제어하기 위한 목적으로 클라이언트 인증서를 사용한다.

14.7.6 사이트 인증서 검사

SSL 자체는 사용자에게 웹 서버 인증서를 검증할 것을 요구하지 않지만, 최신 웹브라우저들 대부분은 인증서에 대해 간단하게 기본적인 검사를 하고 그 결과를 더 철저한 검사를 할 수 있는 방법과 함께 사용자에게 알려준다. 넷스케이프가 제안한 웹 서버 인증서 검사를 위한 한 알고리즘은 대부분의 웹브라우저의 검사 기법의 기초를 구축했다. 이 알고리즘의 수행 단계는 다음과 같다.

날짜 검사

먼저, 브라우저는 인증서가 여전히 유효함을 확인하기 위해 인증서의 시작 및 종료일을 검사한다. 만약 인증서가 만료되었거나 아직 활성화되지 않았다면, 인증서 검사는 실패하고 브라우저는 에러를 보여준다.

서명자 신뢰도 검사

모든 인증서는 서버를 보증하는 어떤 인증 기관(Certificate Authority, CA)에 의해 서명되어 있다. 여러 가지 수준의 인증서가 있는데, 각각은 다른 수준의 배경 검증을 요구한다. 예를 들어 전자상거래 서버 인증서를 발급받고자 한다면, 사업체로서의 법인에 대한 법적 증명을 제시해야 한다.

누구나 인증서를 생성할 수 있지만, 몇몇 CA는 인증서 지원자의 신원 및 사업의 선량함을 입증하는 알기 쉬운 절차를 갖춘, 잘 알려진 기관이다. 이러한 이유로, 브라우저는 신뢰할 만한 서명 기관의 목록을 포함한 채로 배포된다. 만약 브라우저가 알려져 있지 않은(그리고 악의적일 가능성이 있는) 인증기관으로부터 서명된 인증서를 받았다면, 브라우저는 보통 경고를 보여준다. 브라우저는 또한 신뢰할 만한 CA가 간접적으로 서명한 인증서를 받아들이는 것을 선택할 수 있다. 다시 말해서, 만약 신뢰할 만한 CA가 '샘의 서명 가게'를 위한 인증서에 서명을 하고 샘의 서명 가게는 어떤 사이트 인증서에 서명을 한다면, 브라우저는 그 인증서를 올바른 CA 경로에서 파생된 것으로 보고 받아들일 수 있다.

서명 검사

한번 서명 기관이 믿을 만하다고 판단하면, 브라우저는 서명기관의 공개키를 서명에 적용하여 그의 체크섬과 비교해봄으로써 인증서의 무결성을 검사한다.

사이트 신원 검사

서버가 누군가 다른 이의 인증서를 복사하거나 그들의 트래픽을 가로채는 것을 방지하기 위해, 대부분의 브라우저는 인증서의 도메인 이름이 대화 중인 서버의 도메인 이름과 비교하여 맞는지 검사한다. 서버 인증서에는 보통 단일 도메인 이름이 들어있지만 몇몇 CA는 서버 클러스터나 서버 팜을 위해 서버 이름의 목록이나 서버 이름들에 대한 와일드카드 표현이 들어있는 인증서를 만든다. 만약 호스트 명이 인증서의 신원과 맞지 않는다면, 사용자를 우선으로 생각하는 클라이언트는 반드시 이 사실을 사용자에게 알리거나 잘못된 인증서 에러와 함께 커넥션을 끊어야 한다.

14.7.7 가상 호스팅과 인증서

가상 호스트(하나의 서버에 여러 호스트 명)로 운영되는 사이트의 보안 트래픽을 다루는 것은 까다로운 경우도 많다. 몇몇 인기 있는 웹 서버 프로그램은 오직 하나의 인증서만을 지원한다. 만약 사용자가 인증서의 이름과 정확히 맞지 않는 가상 호스트 명에 도착했다면 경고 상자가 나타날 것이다.

예를 들어, 루이지애나 풍의 전자상거래 사이트인 Cajun-Shop.com이 있다고 해보자. 이 사이트의 호스팅 제공자는 공식 이름 cajun-shop.securesites.com을 제공했다. 사용자가 https://www.cajun-shop.com으로 접속했을 때, 서버 인증서에 나열된 공식 호스트 명(*.securesites.com)은 사용자가 브라우징했던 가상 호스트 명(www.cajun-shop.com)과 맞지 않으므로, 그림 14-18의 경고가 나타난다.

이러한 문제를 피하기 위해, Cajun-Shop.com의 소유자는 보안 트랜잭션을 시작하는 모든 사용자를 cajun-shop.securesites.com으로 리다이렉트한다. 가상 호스팅되는 사이트의 인증서 관리는 다소 까다로울 수 있다.

14.8 진짜 HTTPS 클라이언트

SSL은 복잡한 바이너리 프로토콜이다. 독자가 암호 전문가가 아닌 이상, 가공되지 않은 SSL 트래픽을 직접 보내지 마라. 감사하게도, 몇 가지 SSL 클라이언트와 서버 프로그래밍을 쉽게 만들어주는 상용 혹은 오픈 소스 라이브러리들이 존재한다.

14.8.1 OpenSSL

OpenSSL은 SSL과 TLS의 가장 인기 있는 오픈 소스 구현이다. OpenSSL 프로젝트는, 강력한 다목적 암호법 라이브러리인 동시에 SSL과 TLS 프로토콜을 구현한 강건하고 완전한 기능을 갖춘 상용 수준의 툴킷을 개발하고자 한 자원봉사자들이 협업한 결과물이다. http://www.openssl.org에서 OpenSSL에 대한 정보를 얻을 수 있고,

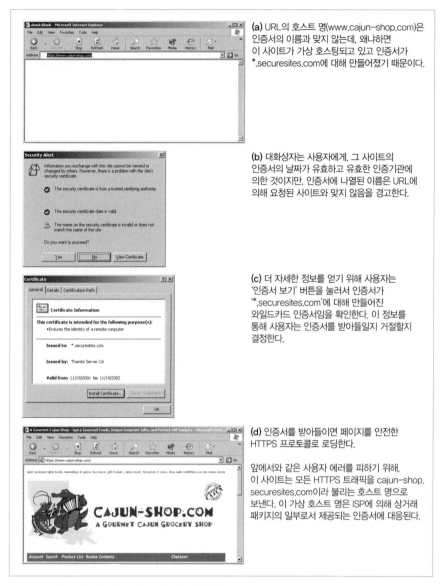

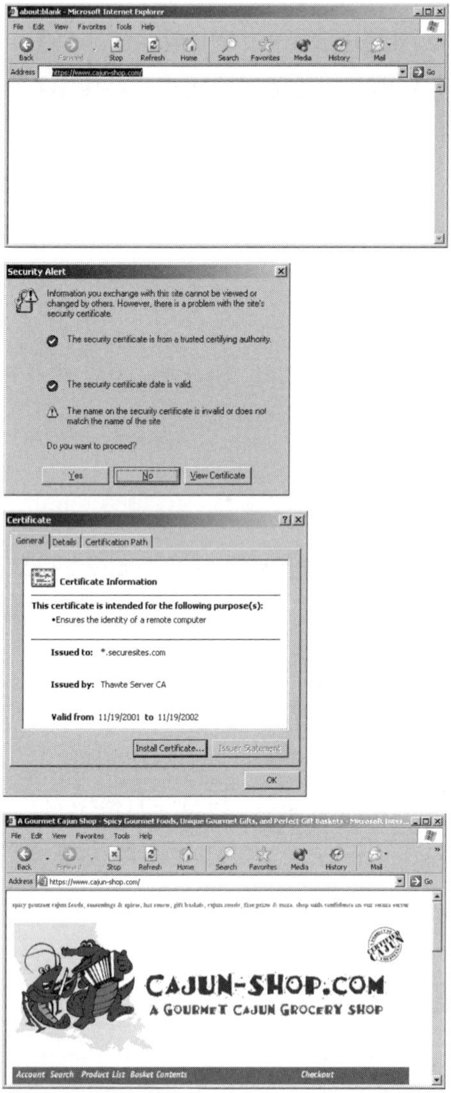

(a) URL의 호스트 명(www.cajun-shop.com)은 인증서의 이름과 맞지 않는데, 왜냐하면 이 사이트가 가상 호스팅되고 있고 인증서가 *.securesites.com에 대해 만들어졌기 때문이다.

(b) 대화상자는 사용자에게, 그 사이트의 인증서의 날짜가 유효하고 유효한 인증기관에 의한 것이지만, 인증서에 나열된 이름은 URL에 의해 요청된 사이트와 맞지 않음을 경고한다.

(c) 더 자세한 정보를 얻기 위해 사용자는 '인증서 보기' 버튼을 눌러서 인증서가 '*.securesites.com'에 대해 만들어진 와일드카드 인증서임을 확인한다. 이 정보를 통해 사용자는 인증서를 받아들일지 거절할지 결정한다.

(d) 인증서를 받아들이면 페이지를 안전한 HTTPS 프로토콜로 로딩한다.

앞에서와 같은 사용자 에러를 피하기 위해, 이 사이트는 모든 HTTPS 트래픽을 cajun-shop.securesites.com이라 불리는 호스트 명으로 보낸다. 이 가상 호스트 명은 ISP에 의해 상거래 패키지의 일부로서 제공되는 인증서에 대응된다.

그림 14-18 인증서 이름이 불일치하면 인증서 에러 대화상자를 띄운다.

OpenSSL 소프트웨어를 다운 받을 수 있다.

독자는 어쩌면 SSLeay(에스에스엘이에이와이라고 발음한다)에 대해 들어보았을지도 모르겠다. OpenSSL은 SSLeay 라이브러리를 계승하였으며, 인터페이스가 매우 비슷하다. SSLeay는 원래 에릭 A. 영(Eric A. Young. SSLeay의 eay는 여기서 온 것이다)에 의해 개발되었다.

14.8.2 간단한 HTTPS 클라이언트

이 절에서, 우리는 극히 기본적인 HTTPS 클라이언트를 작성하기 위해 OpenSSL 패키지를 사용할 것이다. 이 클라이언트는 서버와 SSL 커넥션을 맺고, 그 사이트 서버로부터 가져온 신원 정보를 출력하고, HTTP GET 요청을 보안 채널을 통해 보내고, HTTP 응답을 받아 그 응답을 출력할 것이다.

다음의 C 프로그램은 OpenSSL을 이용해 구현한 간단한 HTTPS 클라이언트이다. 프로그램을 단순하게 유지하기 위해, 에러 처리와 인증서 처리 로직은 포함하지 않았다.

이 예제 프로그램은 에러 처리가 제거되어 있기 때문에, 이해하기 위한 용도로만 사용해야 한다. 일반적인 에러 상황에서 이 소프트웨어는 충돌을 일으키거나 오동작할 것이다.

```
/****************************************************************************
 * https_client.c --- 에러 검사는 하지 않는 매우 단순한 HTTPS 클라이언트
 *      사용법: https_client 서버 이름
 ****************************************************************************/

#include <stdio.h>
#include <memory.h>
#include <errno.h>
#include <sys/types.h>
#include <sys/socket.h>
#include <netinet/in.h>
#include <arpa/inet.h>
#include <netdb.h>

#include <openssl/crypto.h>
#include <openssl/x509.h>
#include <openssl/pem.h>
#include <openssl/ssl.h>
#include <openssl/err.h>

void main(int argc, char **argv)
{
    SSL *ssl;
    SSL_CTX *ctx;
    SSL_METHOD *client_method;
    X509 *server_cert;
    int sd,err;
    char *str,*hostname,outbuf[4096],inbuf[4096],host_header[512];
    struct hostent *host_entry;
    struct sockaddr_in server_socket_address;
    struct in_addr ip;

    /*========================================*/
    /* (1) SSL 라이브러리 초기화 */
    /*========================================*/
```

```
SSLeay_add_ssl_algorithms();
client_method = SSLv2_client_method();
SSL_load_error_strings();
ctx = SSL_CTX_new(client_method);

printf("(1) SSL 콘텍스트가 초기화되었습니다\n\n");

/*=============================================*/
/* (2) 서버의 호스트 명을 IP 주소로 변환 */
/*=============================================*/

hostname = argv[1];
host_entry = gethostbyname(hostname);
bcopy(host_entry->h_addr, &(ip.s_addr), host_entry->h_length);

printf("(2) '%s'의 IP 주소: '%s'\n\n", 호스트 명, inet_ntoa(ip));

/*================================*/
/* (3) 서버의 443 포트로 TCP 커넥션을 연다 */
/*================================*/

sd = socket (AF_INET, SOCK_STREAM, 0);

memset(&server_socket_address, '\0', sizeof(server_socket_address));
server_socket_address.sin_family = AF_INET;
server_socket_address.sin_port = htons(443);
memcpy(&(server_socket_address.sin_addr.s_addr),
       host_entry->h_addr, host_entry->h_length);

err = connect(sd, (struct sockaddr*) &server_socket_address,
              sizeof(server_socket_address));
if (err < 0) { perror("서버 포트와 연결할 수 없습니다."); exit(1); }

printf("(3) 호스트 '%s', 포트 %d(으)로 TCP 커넥션을 열었습니다.\n\n",
       hostname, server_socket_address.sin_port);

/*=========================================*/
/* (4) TCP 커넥션을 통해 SSL 핸드셰이크 개시 */
/*=========================================*/

ssl = SSL_new(ctx);          /* SSL 스택 종점을 만든다. */
SSL_set_fd(ssl, sd);         /* SSL 스택을 소켓에 붙인다. */
err = SSL_connect(ssl);      /* SSL 핸드셰이크를 시작한다. */

printf("(4) SSL 종점이 생성되었으며 핸드셰이크가 완료되었습니다\n\n");

/*===========================================*/
/* (5) 협상을 통해 선택된 암호를 출력한다. */
/*===========================================*/

printf("(5) 다음의 암호로 SSL 연결이 되었습니다: %s\n\n", SSL_get_cipher(ssl));

/*============================*/
/* (6) 서버 인증서를 출력한다. */
/*============================*/

server_cert = SSL_get_peer_certificate(ssl);
```

```
    printf("(6) 서버 인증서를 받았습니다:\n\n");

    str = X509_NAME_oneline(X509_get_subject_name(server_cert), 0, 0);
    printf("      대상: %s\n", str);

    str = X509_NAME_oneline(X509_get_issuer_name(server_cert), 0, 0);
    printf("      발급자: %s\n\n", str);

    /* 인증서 검사는 여기서 행해질 것이다. */

    X509_free(server_cert);

    /*********************************************************/
    /* (7) 핸드셰이크 완료 --- SSL을 통해 HTTP 요청을 보낸다. */
    /*********************************************************/

    sprintf(host_header,"Host: %s:443\r\n",hostname);
    strcpy(outbuf,"GET / HTTP/1.0\r\n");
    strcat(outbuf,host_header);
    strcat(outbuf,"Connection: close\r\n");
    strcat(outbuf,"\r\n");

    err = SSL_write(ssl, outbuf, strlen(outbuf));
    shutdown (sd, 1); /* 서버에 EOF를 보낸다. */

    printf("(7) 암호화된 채널을 통해 HTTP 요청을 보냈습니다:\n\n%s\n",outbuf);

    /**************************************************/
    /* (8) SSL 스택으로부터 HTTP 응답을 읽어들인다. */
    /**************************************************/

    err = SSL_read(ssl, inbuf, sizeof(inbuf) - 1);
    inbuf[err] = '\0';
    printf ("(8) HTTP 응답에서 %d 바이트를 가져왔습니다:\n\n%s\n",err,inbuf);

    /**************************************************/
    /* (9) 모두 끝났으므로 커넥션을 닫고 정리한다. */
    /**************************************************/

    SSL_shutdown(ssl);
    close (sd);
    SSL_free (ssl);
    SSL_CTX_free (ctx);

    printf("(9) 모두 끝났으므로 커넥션을 닫고 정리합니다.\n\n");
}
```

이 예제는 썬 솔라리스에서 컴파일되고 실행되지만, 많은 OS 플랫폼에서 SSL 프로그램이 어떻게 동작하는지 묘사한다. 이 프로그램은 OpenSSL에 의해 제공된 강력한 기능들 덕분에 모든 암호화와 인증서 관리를 포함하면서도 전체가 세 페이지의 C 프로그램에 다 들어갈 수 있었다.

이 프로그램을 한 부분씩 살펴보자.

- 프로그램의 제일 위에서는 TCP 네트워킹과 SSL을 지원하기 위해 필요한 지원 파일들을 포함시켰다.
- 섹션 1에서는 SSL_CTX_new를 호출해서 핸드셰이크 매개변수와 그 외 SSL 커넥션에 대한 상태들을 추적할 로컬 콘텍스트를 생성했다.
- 섹션 2에서는 유닉스 gethostbyname 함수를 이용해 입력 호스트 명(명령줄 인수로 제공된)을 IP 주소로 변환한다. 이 기능을 제공하는 방법은 플랫폼에 따라 다를 수 있다.
- 섹션 3에서는 로컬 소켓을 생성해서 서버의 443 포트로 TCP 커넥션을 열고, 원격 주소 정보를 설정한 뒤, 원격 서버와 연결한다.
- 한번 TCP 커넥션이 수립되면, 우리는 SSL_new와 SSL_set_fd를 사용해서 SSL 레이어를 TCP 커넥션에 붙이고 SSL_connect를 호출해서 서버와의 SSL 핸드셰이크를 수행한다. 섹션 4가 완료되면 우리는 암호 선택 및 인증 교환이 완료되고 동작하는 SSL 채널을 수립하게 된다.
- 섹션 5에서는 선택된 대량 암호화 암호의 값을 출력한다.
- 섹션 6에서는 서버가 되돌려준 X.509 인증서 안에 포함된 정보 중 일부를 출력한다(인증서 소지자 및 인증서를 발급한 기관에 대한 정보 등). OpenSSL 라이브러리는 서버 인증서의 정보에 대해서는 특별히 하는 일이 없다. 웹브라우저와 같은 진짜 SSL 애플리케이션은, 그 인증서가 올바르게 서명되고 올바른 호스트에서 왔다는 것을 확인하기 위해 인증서에 대한 기본적인 검사를 할 것이다. 우리는 브라우저가 서버 인증서와 하는 일들에 대해 "사이트 인증서 검사"에서 논의했다.
- 이 시점에서, 우리의 SSL 커넥션은 보안 데이터 전송을 위해 사용할 준비가 되어 있다. 섹션 7에서, 우리는 SSL_write를 이용해 단순한 HTTP 요청 "GET / HTTP/1.0"을 SSL 채널을 통해 전송하고, 이 커넥션의 나가는 쪽 절반을 닫는다.
- 섹션 8에서, 우리는 SSL_read를 사용해 커넥션으로부터 받은 응답을 읽고, 화면에 출력한다. SSL 계층은 암호화와 해독을 모두 다루기 때문에, 우리는 단지 평범한 HTTP 명령을 쓰고 읽기만 하면 된다.
- 마지막으로, 섹션 9에서 모든 것을 정리한다.

OpenSSL 라이브러리에 대한 더 자세한 정보는 http://www.openssl.org를 참조하라.

14.8.3 우리의 단순한 OpenSSL 클라이언트 실행하기

다음은 우리의 단순한 HTTP 클라이언트가 보안 서버에 접속했을 때의 출력이다.

여기서 우리는 클라이언트를 모건 스탠리 온라인 중개소의 홈페이지에 접속시켰다. 온라인 거래 회사는 HTTPS를 광범위하게 사용한다.

```
% https_client clients1.online.msdw.com
(1) SSL 콘텍스트가 초기화되었습니다

(2) 'clients1.online.msdw.com'의 IP 주소: '63.151.15.11'

(3) 호스트 'clients1.online.msdw.com', 포트 443(으)로 TCP 커넥션을 열었습니다.

(4) SSL 종단이 생성되었으며 핸드셰이크가 완료되었습니다

(5) 다음의 암호로 SSL 연결이 되었습니다: DES-CBC3-MD5

(6) 서버 인증서를 받았습니다:

    대상: /C=US/ST=Utah/L=Salt Lake City/O=Morgan Stanley/OU=Online/CN=
      clients1.online.msdw.com
    발급자: /C=US/O=RSA Data Security, Inc./OU=Secure Server Certification
      Authority

(7) 암호화된 채널을 통해 HTTP 요청을 보냈습니다:

GET / HTTP/1.0
Host: clients1.online.msdw.com:443
Connection: close

(8) HTTP 응답에서 615 바이트를 가져왔습니다:

HTTP/1.1 302 Found
Date: Sat, 09 Mar 2002 09:43:42 GMT
Server: Stronghold/3.0 Apache/1.3.14 RedHat/3013c (Unix) mod_ssl/2.7.1 OpenSSL/0.9.6
Location: https://clients.online.msdw.com/cgi-bin/ICenter/home
Connection: close
Content-Type: text/html; charset=iso-8859-1

<!DOCTYPE HTML PUBLIC "-//IETF//DTD HTML 2.0//EN">
<HTML><HEAD>
<TITLE>302 Found</TITLE>
</HEAD><BODY>
<H1>Found</H1>
The document has moved <A HREF="https://clients.online.msdw.com/cgi-bin/ICenter/
home">here</A>.<P>
<HR>
<ADDRESS>Stronghold/3.0 Apache/1.3.14 RedHat/3013c Server at clients1.online.msdw.
com Port 443</ADDRESS>
</BODY></HTML>

(9) 모두 끝났으므로 커넥션을 닫고 정리합니다.
```

처음 네 섹션이 완료되자마자, 클라이언트는 열린 SSL 커넥션을 갖게 된다. 클라이언트는 커넥션의 상태와 선택된 매개변수에 대해 물어보고 서버의 인증서를 검증할 수 있다.

이 예에서, 클라이언트와 서버는 DES-CBC3-MD5 대량 암호화 암호를 쓰는 것으로 합의했다. 또한 서버 사이트 인증서가 '미국 유타 솔트레이크 시티'의 '모건 스탠리' 조직에 속해있다는 것도 확인할 수 있다. 이 인증서는 RSA 데이터 시큐리티에 의해 승인되었으며, 우리의 요청에 대응하는 호스트 명은 'clients1.online.msdw.com'이다.

한번 SSL 채널이 수립되고 클라이언트가 사이트 인증서를 안심하고 받아들이게 되면, 클라이언트는 자신의 HTTP 요청을 보안 채널을 통해 전송한다. 이 예에서, 클라이언트는 단순히 "GET / HTTP/1.0" HTTP 요청을 보내고 사용자가 다른 URL로 이동하도록 요청하는 302 Redirect 응답을 받는다.

14.9 프락시를 통한 보안 트래픽 터널링

클라이언트는 종종 그들을 대신하여 웹 서버에 접근해주는 웹 프락시 서버를 이용한다(프락시에 대해서는 6장에서 논의했다). 예를 들어, 많은 회사가 기업 네트워크와 공공 인터넷을 잇는 경계에 보안을 위한 프락시를 설치한다(그림 14-19). 이 프락시는 방화벽 라우터가 HTTP 트래픽의 교환을 허락한 유일한 장치이며, 바이러스 검사나 기타 콘텐츠 제어를 수행할 것이다.

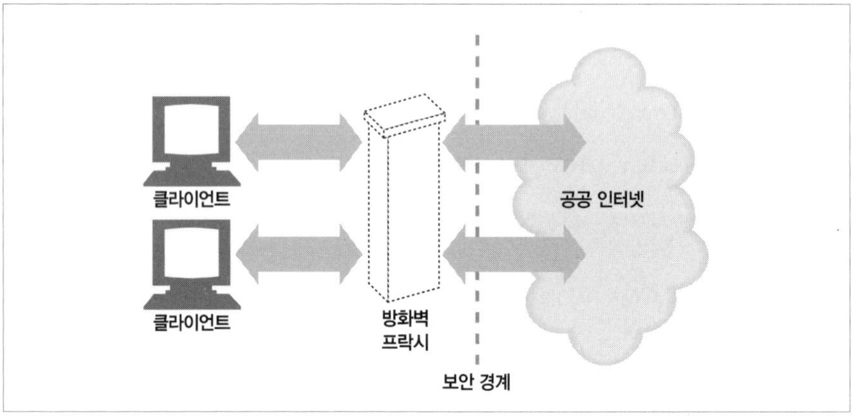

그림 14-19 기업 방화벽 프락시

그러나 클라이언트가 서버로 보낼 데이터를 서버의 공개키로 암호화하기 시작했다면, 프락시는 더 이상 HTTP 헤더를 읽을 수 없다! 그리고 만약 프락시가 HTTP 헤더를 읽을 수 없다면, 프락시는 요청을 어디로 보내야 하는지 알 수 없게 된다(그림 14-20).

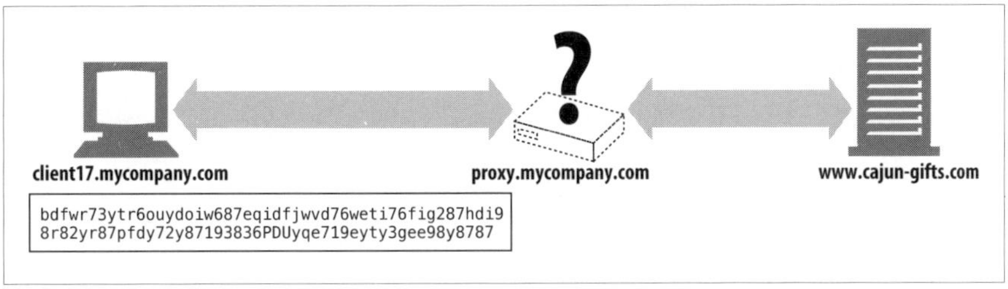

그림 14-20 프락시는 암호화된 요청을 다룰 수 없다.

HTTPS가 프락시와도 잘 동작할 수 있게 하기 위해, 클라이언트가 프락시에게 어디에 접속하려고 하는지 말해주는 방법을 약간 수정해야 한다. 인기 있는 기법 하나는 HTTPS SSL 터널링 프로토콜이다. HTTPS 터널링 프로토콜을 사용해서, 클라이언트는 먼저 프락시에게 자신이 연결하고자 하는 안전한 호스트와 포트를 말해준다. 클라이언트는 이 내용을 프락시가 읽을 수 있도록 암호화가 시작되기 전의 평문으로 말해준다.

HTTP는 CONNECT라 불리는 새로운 확장 메서드를 이용해서 평문으로 된 종단 정보를 전송하기 위해 사용된다. CONNECT 메서드는 프락시에게 희망하는 호스트와 포트번호로 연결을 해달라고 말해주며, 그것이 완료되면, 클라이언트와 서버 사이에서 데이터가 직접적으로 오갈 수 있게 해주는 터널을 만든다. CONNECT 메서드는, 안전한 원 서버의 호스트 명과 포트를 콜론으로 구분된 형태로 제공하는, 한 줄로 된 텍스트 명령이다. 이 호스트:포트에 뒤이어 스페이스 하나와 HTTP 버전 문자열과 CRLF가 순서대로 온다. 0개 이상의 HTTP 요청 헤더줄들이 이어진 다음, 빈 줄 하나가 온다. 빈 줄 다음에, 만약 커넥션을 수립하기 위한 핸드셰이크가 성공했다면, SSL 데이터 전송이 시작된다. 예를 들면 다음과 같다.

```
CONNECT home.netscape.com:443 HTTP/1.0
User-agent: Mozilla/1.1N

<SSL로 암호화된 데이터가 이 다음에 온다...>
```

요청의 빈 줄 다음에, 클라이언트는 프락시로부터의 응답을 기다릴 것이다. 프락시는 요청을 평가하여 그것이 유효하고 사용자가 그러한 커넥션을 요청할 수 있도록 허가를 받았는지 확인한다. 만약 모든 것이 적법하다면 프락시는 목적지 서버로 연결하고 성공하면 200 Connection Established 응답을 클라이언트에게 보낸다.

```
HTTP/1.0 200 Connection established
Proxy-agent: Netscape-Proxy/1.1
```

보안 터널과 보안 프락시에 대해 더 자세히 알고 싶다면, 8장의 "터널"을 다시 참조하라.

14.10 추가 정보

보안과 암호는 굉장히 중요하고 굉장히 복잡한 주제다. 만약 HTTP 보안, 디지털 암호, 디지털 인증서, 공개키 인프라에 대해 더 많은 것을 알고 싶다면, 다음에 소개하는 서적과 자료들을 시작점으로 삼을 수 있을 것이다.

14.10.1 HTTP 보안

Web Security, Privacy & Commerce
Simson Garfinkel, O'Reilly & Associates, Inc. 최고인 동시에 가장 읽기 쉬운, 웹 보안 및 SSL/TLS와 디지털 서명의 사용에 대한 입문서 중 하나다.

http://www.ietf.org/rfc/rfc2818.txt
RFC 2818, "HTTP over TLS"는 SSL을 계승한 전송 계층 보안(Transport Layer Security, TLS)을 어떻게 구현하는지 자세히 설명하고 있다.

http://www.ietf.org/rfc/rfc2817.txt
RFC 2817, "Upgrading to TLS Within HTTP/1.1"은 이미 만들어져 있는 TCP 커넥션에서 TLS를 시작하기 위해 HTTP/1.1의 업그레이드 메커니즘을 어떻게 사용하는지 설명한다. 이것은 안전하지 않거나 안전한 HTTP 트래픽을 잘 알려진 포트(이 경우, https의 443번 포트보다 http의 80번 포트)를 통해 공유할 수 있게 해준다. 또한 가상 호스팅을 가능하게 하여 IP 주소는 같지만 호스트 명만 다른 트래픽이 각각 어디를 향하는 것인지 HTTP+TLS 서버가 구분할 수 있게 해준다.

14.10.2 SSL과 TLS

http://www.ietf.org/rfc/rfc2246.txt
RFC 2246, "TLS Protocol Version 1.0"은 TLS 프로토콜(SSL을 계승한)의 버전 1.0을 설명한다. TLS는 인터넷상에서의 통신을 남이 엿보거나 방해할 수 없도록 보호해준다. 이 프로토콜은 클라이언트/서버 애플리케이션이 도청, 변경, 메시지 위조를 방지하도록 설계된 방법으로 통신할 수 있게 해준다.

http://developer.netscape.com/docs/manuals/security/sslin/contents.htm
"Introduction to SSL"는 보안 소켓 계층(SSL) 프로토콜을 소개한다. 넷스케이프에 의해 처음 개발된 SSL은 월드 와이드 웹에서 인증과 클라이언트와 서버 사이의 암호화된 통신을 위해 전 세계적으로 받아들여져 왔다.

http://www.netscape.com/eng/ssl3/draft302.txt
"The SSL Protocol Version 3.0"은 SSL에 대한 넷스케이프의 1996년 명세다.

http://developer.netscape.com/tech/security/ssl/howitworks.html
"How SSL Works"는 키 암호에 대한 넷스케이프의 소개다.

http://www.openssl.org
OpenSSL은 보안 소켓 계층(SSL v2/v3) 프로토콜과 전송 계층 보안(TLS v1) 프로토콜을 구현하는 협업 프로젝트다. 이 프로젝트에서는 강력한 다목적 암호 라이브러리와 강건하고 완전한 기능을 갖춘 상용 수준의 오픈 소스 툴킷을 개발한다. 이 프로젝트는 OpenSSL 툴킷과 그에 대한 문서를 서로 논의하여 기획하고 만드는 세계 각국의 자원봉사자들로 이루어진 인터넷상의 커뮤니티들이 관리한다. OpenSSL은 에릭 A. 영(Eric A. Young)과 팀 J. 허드슨(Tim J. Hudson)에 의해 개발된 훌륭한 SSLeay 라이브러리에 기반하고 있다. OpenSSL 툴킷은 아파치 스타일 라이선스를 따르고 있으므로, 몇몇 간단한 라이선스 조건을 따르기만 하면 기본적으로 상업적 목적에서든 비상업적 목적에서든 자유롭게 가져다 쓸 수 있다.

14.10.3 공개키 인프라

http://www.ietf.org/html.charters/pkix-charter.html
IETF PKIX 작업 그룹은 X.509 기반의 공개키 인프라를 지원하기 위해 필요한 인터넷 표준을 개발하기 위해 1995년 설립되었다. 이 문서는 그 그룹의 활동에 대한 좋은 요약이다.

http://www.ietf.org/rfc/rfc2459.txt
RFC 2459, "Internet X.509 Public Key Infrastructure Certificate and CRL Profile"은 X.509 v3 디지털 인증서에 대한 자세한 내용을 담고 있다.

14.10.4 디지털 암호

Applied Cryptography

Bruce Schneier, John Wiley & Sons.

암호학에 대한, 구현자들을 위한 고전이다.

The Code Book: The Science of Secrecy from Ancient Egypt to Quantum Cryptography

Simon Singh, Anchor Books.

이 재미있는 책은 암호에 대한 기본 지침서이다. 기술 전문가를 위한 책은 아니지만, 암호에 대한 생생한 역사 이야기를 들려준다.

4부

HTTP: The Definitive Guide

엔터티, 인코딩, 국제화

4부는 HTTP 메시지의 엔터티 본문과 그 엔터티 본문이 화물처럼 싣고 있는 콘텐츠에 대한 모든 것을 다룬다.

- 15장 엔터티와 인코딩은 HTTP 콘텐츠의 형식과 문법에 대해 설명한다.
- 16장 국제화는 전 세계 사람들이 여러 언어와 문자 집합으로 된 콘텐츠를 주고받을 수 있게 해 주는 웹 표준에 대해 조사한다.
- 17장 콘텐츠 협상과 트랜스코딩은 어떤 콘텐츠를 받아들일 것인지 협상하는 메커니즘에 대해 설명한다.

15장

HTTP: The Definitive Guide

엔터티와 인코딩

HTTP는 매일 수십억 개의 미디어 객체를 실어 나른다. 이미지, 텍스트, 동영상, 소프트웨어 프로그램... 당신이 이름을 붙이면, HTTP는 실어 나른다. HTTP는 또한 메시지가 올바르게 수송되고, 식별되고, 추출되고, 처리되는 것을 보장한다. 구체적으로 말하면, HTTP는 다음을 보장한다.

- 객체는 올바르게 식별되므로(Content-Type 미디어 포맷과 Content-Language 헤더를 이용해서) 브라우저나 다른 클라이언트는 콘텐츠를 바르게 처리할 수 있다.
- 객체는 올바르게 압축이 풀릴 것이다(Content-Length와 Content-Encoding 헤더를 이용해서).
- 객체는 항상 최신이다(엔터티 검사기와 캐시 만료 제어를 이용해서).
- 사용자의 요구를 만족할 것이다(내용 협상을 위한 Accept 관련 헤더들에 기반하여).
- 네트워크 사이를 빠르고 효율적으로 이동할 것이다(범위 요청, 델타 인코딩, 그 외의 데이터 압축을 이용해서).
- 조작되지 않고 온전하게 도착할 것이다(전송 인코딩 헤더와 Content-MD5 체크섬을 이용해서).

이 모든 것을 가능하게 하기 위해, HTTP는 콘텐츠를 나르기 위한 잘 라벨링된 엔터티를 사용한다.

이 장에서는 엔터티 및 그와 연관된 엔터티 헤더들과 그들이 웹상의 화물을 수송하기 위해 어떤 일을 하는지에 대해 논의한다. 우리는 어떻게 HTTP가 콘텐츠 크기, 타입, 인코딩에 대한 필수적인 값들을 제공하는지 보여줄 것이다. 우리는 또한 HTTP 엔터티, 범위 요청(range request), 델타 인코딩(delta encoding), 요약(digest), 청크 인코딩(chunked encoding)을 포함한 더 복잡하지만 강력한 기능들에 대해서도 설명할 것이다.

이 장은 다음 내용을 다룬다.

- HTTP 데이터를 담는 컨테이너인 HTTP 메시지 엔터티의 포맷과 동작방식
- 어떻게 HTTP가 엔터티 본문의 크기를 기술하며, 크기를 측정하기 위해 HTTP가 무엇을 요구하는지
- 클라이언트가 콘텐츠를 바르게 처리할 수 있도록 제공되는 엔터티 헤더들(콘텐츠의 포맷, 문자, 언어를 기술하기 위해 사용된다)
- 공간을 적게 차지하고 더 안전하게 만들기 위해 발송자가 콘텐츠 데이터 포맷을 변형할 때 사용하는, 디코딩 가능한 콘텐츠 인코딩
- 특정 종류의 콘텐츠의 송수신을 개선하기 위해 HTTP가 데이터를 실어 나르는 방식을 수정하는 전송 인코딩. 그 중에서도 길이를 알 수 없는 콘텐츠를 안전하게 전송하기 위해 데이터를 여러 조각으로 쪼개 전달하는 청크 인코딩
- 클라이언트가 요청한 콘텐츠의 최신 버전을 가져올 수 있도록 도와주는 태그, 라벨, 시간, 체크섬의 모음
- 콘텐츠의 버전 번호처럼 동작하는 검사기들(웹 애플리케이션에게 그들이 최신 콘텐츠를 가지고 있음을 확신할 수 있게 해준다). 그리고 객체를 최신으로 유지하기 위해 설계된 HTTP 헤더 필드들
- 중단되었던 다운로드를 중단된 지점에서부터 재개하고자 할 때 유용한 범위 요청
- 클라이언트가 전에 본 적이 있었던 웹 페이지를 다시 볼 때, 그때 이후로 변경이 있는 부분만 요청할 수 있게 해주는 HTTP 델타 인코딩 확장
- 엔터티 콘텐츠가 프락시를 지나는 과정에서 변경된 곳이 있지 않은지 탐지하기 위해 사용하는, 엔터티 본문의 체크섬

15.1 메시지는 컨테이너, 엔터티는 화물

HTTP 메시지를 인터넷 운송 시스템의 컨테이너라고 생각한다면, HTTP 엔터티는 메시지의 실질적인 화물이다. 그림 15-1은 HTTP 응답 메시지에 실려 전달되는 간단한 엔터티를 보여준다.

위의 엔터티 헤더는 겨우 18자에 불과한(Content-Length: 18) 플레인 텍스트 문

HTTP/1.0 200 OK
Server: Netscape-Enterprise/3.6
Date: Sun, 17 Sep 2000 00:01:05 GMT
Content-type: text/plain
Content-length: 18
Hi! I'm a message!
엔터티 헤더
엔터티 본문
엔터티

그림 15-1 메시지 엔터티는 엔터티 헤더와 엔터티 본문으로 이루어진다.

서(Content-Type: text/plain)를 의미한다. 항상 그렇듯이, 빈 줄(CRLF)은 헤더 필드와 본문의 시작을 나눈다.

HTTP 엔터티 헤더는(3장에 다루었다) HTTP 메시지의 내용물을 설명한다. HTTP/1.1은 다음과 같이 10가지 주요 엔터티 헤더 필드를 정의하였다.

Content-Type
엔터티에 의해 전달된 객체의 종류

Content-Length
전달되는 메시지의 길이나 크기

Content-Language
전달되는 객체와 가장 잘 대응되는 자연어

Content-Encoding
객체 데이터에 대해 행해진 변형(압축 등)

Content-Location
요청 시점을 기준으로, 객체의 또 다른 위치

Content-Range
만약 이 엔터티가 부분 엔터티라면, 이 헤더는 이 엔터티가 전체에서 어느 부분에 해당하는지 정의한다.

Content-MD5
엔터티 본문의 콘텐츠에 대한 체크섬

Last-Modified

서버에서 이 콘텐츠가 생성 혹은 수정된 날

Expires

이 엔터티 데이터가 더 이상 신선하지 않은 것으로 간주되기 시작하는 날짜와 시각

Allow

이 리소스에 대해 어떤 요청 메서드가 허용되는지. 예) GET과 HEAD

ETag

이 인스턴스[1]에 대한 고유한 검사기. 엄밀히 말해 ETag 헤더는 엔터티 헤더로 정의되어 있지는 않지만 엔터티와 관련된 많은 동작을 위해 중요한 헤더이다.

Cache-Control

어떻게 이 문서가 캐시될 수 있는지에 대한 지시자. ETag 헤더와 마찬가지로 Cache-Control 헤더도 엔터티 헤더로 정의되어 있지는 않다.

15.1.1 엔터티 본문

엔터티 본문은 가공되지 않은 데이터만을 담고 있다.[2] 다른 정보들은 모두 헤더에 담겨 있다. 엔터티 본문은 가공되지 않은 날 데이터에 불과하기 때문에 엔터티 헤더는 그 데이터의 의미에 대해 설명할 필요가 있다. 예를 들어, Content-Type 엔터티 헤더는 우리에게 그 데이터(이미지, 텍스트 등)를 어떻게 해석해야 하는지 말해주며, Content-Encoding 엔터티 헤더는 우리에게 그 데이터가 압축되었거나 혹은 추가적인 인코딩이 되었는지 말해준다. 우리는 이후의 절에서 이 모든 것과 그 이상의 것에 대해 자세히 이야기할 것이다.

엔터티 본문은 헤더 필드의 끝을 의미하는 빈 CRLF 줄 바로 다음부터 시작한다. 콘텐츠가 텍스트든 바이너리든, 문서든 이미지든, 압축되었든 안 되었든, 영어든 프랑스어든 일본어든 상관없이 항상 CRLF 바로 다음에 위치한다.

그림 15-2는 HTTP 메시지의 실례를 두 가지 보여준다. 하나는 텍스트 엔터티를, 다른 하나는 이미지 엔터티를 실어 나른다. 16진수 값들은 그 메시지들의 정확한 내용을 알려준다.

---

1 인스턴스에 대해서는 이 장 뒷부분의 15.7 "시간에 따라 바뀌는 인스턴스" 절에서 설명한다.

2 만약 Content-Encoding 헤더가 있다면, 콘텐츠는 이미 콘텐츠 인코딩 알고리즘에 의해 인코딩이 되어 있는 상태이며, 엔터티의 첫 번째 바이트는 인코딩된(예를 들면 압축된) 내용물의 첫 번째 바이트다.

- 그림 15-2a, 엔터티 본문은 헤더의 끝을 의미하는 CRLF 바로 다음의 65번째 바이트로 시작한다. 엔터티 본문은 "Hi! I'm a message!"라는 ASCII 문자열을 담고 있다.
- 그림 15-2b, 엔터티 본문은 67번째 바이트로 시작한다. 엔터티 본문은 GIF 이미지에 대한 이진 콘텐츠를 담고 있다. GIF 파일은 6바이트의 버전 서명, 16비트의 너비, 16비트의 높이로 시작한다. 이 셋 모두를 예제의 엔터티 본문에서 확인할 수 있다.

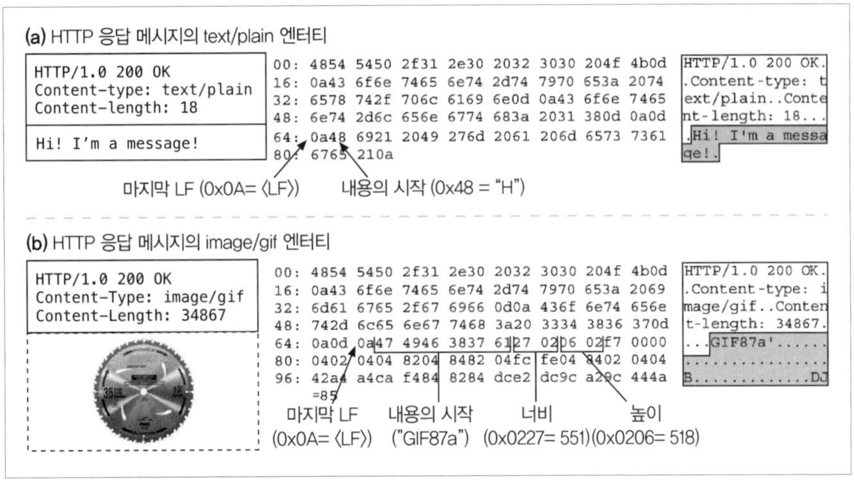

그림 15-2 실제 메시지 콘텐츠의 헥스 덤프(엔터티 본문은 빈 CRLF 다음에 온다).

15.2 Content-Length: 엔터티의 길이

Content-Length 헤더는 메시지의 엔터티 본문의 크기를 바이트 단위로 나타낸다. 어떻게 인코딩 되었든 상관없이 크기를 표현할 수 있다(gzip으로 압축된 텍스트 파일이라면 원래 크기가 아니라 압축된 후의 크기다).

Content-Length 헤더는, 메시지를 청크 인코딩으로 전송하지 않는 이상, 엔터티 본문을 포함한 메시지에서는 필수적으로 있어야 한다. Content-Length는 서버 충돌로 인해 메시지가 잘렸는지 감지하고자 할 때와 지속 커넥션을 공유하는 메시지를 올바르게 분할하고자 할 때 필요하다.

15.2.1 잘림 검출

옛날 버전의 HTTP는 커넥션이 닫힌 것을 보고 메시지가 끝났음을 인지했다. 그러나 Content-Length가 없다면 클라이언트는 커넥션이 정상적으로 닫힌 것인지 메시지 전송 중에 서버에 충돌이 발생한 것인지 구분하지 못한다. 클라이언트는 메시지 잘림을 검출하기 위해 Content-Length를 필요로 한다.

메시지 잘림은 캐싱 프락시 서버에서 특히 취약하다. 만약 캐시가 잘린 메시지를 수신했으나 잘렸다는 것을 인식하지 못했다면, 캐시는 결함이 있는 콘텐츠를 저장하고 계속해서 제공하게 될 것이다. 잘린 메시지를 캐시하는 위험을 줄이기 위해, 캐싱 프락시 서버는 명시적으로 Content-Length 헤더를 갖고 있지 않은 HTTP 본문은 보통 캐시하지 않는다.

15.2.2 잘못된 Content-Length

Content-Length가 잘못된 값을 담고 있을 경우 아예 빠진 것보다도 큰 피해를 유발할 수 있다. 초창기 클라이언트들과 서버들 중 일부는 Content-Length의 계산과 관련된 잘 알려진 버그들을 갖고 있기 때문에, 몇몇 클라이언트, 서버, 프락시 들은 서버가 이러한 오동작을 했는지 탐지하고 교정을 시도한다. 공식적으로 HTTP/1.1 사용자 에이전트는 잘못된 길이를 받고 그 사실을 인지했을 때 사용자에게 알려주게 되어 있다.

15.2.3 Content-Length와 지속 커넥션(Persistent Connection)

Content-Length는 지속 커넥션을 위해 필수다. 만약 응답이 지속 커넥션을 통해서 온 것이라면, 또 다른 HTTP 응답이 즉시 그 뒤를 이을 것이다. Content-Length 헤더는 클라이언트에게 메시지 하나가 어디서 끝나고 다음 시작은 어디인지 알려준다. 커넥션이 지속적이기 때문에, 클라이언트가 커넥션이 닫힌 위치를 근거로 메시지의 끝을 인식하는 것은 불가능하다. HTTP 애플리케이션은 Content-Length 헤더 없이는 어디까지가 엔터티 본문이고 어디부터가 다음 메시지인지 알 수 없을 것이다.

추후 15.6절 "전송 인코딩과 청크 인코딩"에서 알아볼 테지만, Content-Length 헤더 없는 지속 커넥션을 만날 수 있는 상황이 하나 있다. 바로 청크 인코딩을 사용할 때다. 청크 인코딩은 데이터를 각각이 특정한 크기를 갖는 일련의 청크들로 쪼개어 보낸다. 만약 서버가 헤더가 생성되는 시점에서 엔터티 전체의 크기를 알 수 없다하더라도(엔터티가 동적으로 생성되고 있는 중일 수도 있으므로), 서버는 청크 인코딩을 이용해 엔터티를 잘 정의된 크기의 조각들로 전송할 수 있다.

15.2.4 콘텐츠 인코딩

HTTP는 보안을 강화하거나 압축(우리는 압축에 대해 이 장의 뒷부분에서 자세히 설명할 것이다)을 통해 공간을 절약할 수 있도록, 엔터티 본문을 인코딩할 수 있게 해준다. 만약 본문의 콘텐츠가 인코딩되어 있다면, Content-Length 헤더는 인코딩되지 않은 원본의 길이가 아닌 인코딩된 본문의 길이를 바이트 단위로 정의한다.

어떤 HTTP 애플리케이션은 이것을 잘못해서 인코딩 전의 크기를 보내는 것으로 알려져 있는데, 이는 특히 지속 커넥션일 때 심각한 오류를 유발한다. 불행히도 HTTP/1.1 명세에 서술된 어떤 헤더도 인코딩 되지 않은 원 본문의 길이를 보내기 위해 사용될 수 없는데, 이는 클라이언트가 자신이 수행한 디코딩 과정에 문제가 없었는지 검증하기 어렵게 만든다.[3]

15.2.5 엔터티 본문 길이 판별을 위한 규칙

다음은 엔터티 본문의 길이와 끝나는 위치를 바르게 판별하는 상황별 규칙들이다. 이 규칙들은 반드시 다음에 나열된 순서대로 적용되어야 한다.

1. 본문을 갖는 것이 허용되지 않는 특정 타입의 HTTP 메시지에서는, 본문 계산을 위한 Content-Length 헤더가 무시된다. 이 경우 Content-Length 헤더는 부가정보에 불과하며, 실제 본문 길이를 서술하지 않는다(안이하게 만든 HTTP 애플리케이션은 Content-Length가 언제나 본문이 있음을 의미한다고 가정해서 난감한 상황에 빠지기도 한다).

   가장 중요한 예는 HEAD 응답이다. HEAD 메서드는 GET 요청을 보냈다면 받게 될 응답에서 본문은 제외하고 헤더들만 보내라고 서버에게 요청한다. GET 응답은 Content-Length 헤더를 돌려주기 때문에, HEAD 응답 또한 그럴 것이다. 그러나 GET 응답과는 달리 HEAD 응답은 본문을 갖지 않는다. 1XX, 204, 304 응답 또한 정보성 Content-Length 헤더를 갖지만 본문은 갖지 않는다. 엔터티 본문을 금하는 메시지는 어떤 엔터티 헤더 필드가 존재하느냐와 상관없이 반드시 헤더 이후의 첫 번째 빈 줄에서 끝나야 한다.
2. 메시지가 Transfer-Encoding 헤더를 포함하고 있다면(기본 HTTP "identity" 인코딩과는 다른), 메시지가 커넥션이 닫혀서 먼저 끝나지 않는 이상 엔터티는 '0 바이트 청크'라 불리는 특별한 패턴으로 끝나야 한다. 전송 인코딩과 청크 인코

3 문서의 128비트 MD5 값을 보낼 때 사용하는 Content-MD5 헤더도 인코딩된 문서의 MD5를 담는다. Content-MD5 헤더는 이 장의 뒷부분에서 설명한다.

딩에 대해서는 이 장의 뒷부분에서 다룰 것이다.

3. 메시지가 Content-Length 헤더를 갖는다면(그리고 메시지 유형이 엔터티 본문을 허용한다면), Transfer-Encoding 헤더가 존재하지 않는 이상 Content-Length 값은 본문의 길이를 담게 된다. 만약 Content-Length 헤더 필드와 identity가 아닌 Transfer-Encoding 헤더 필드를 갖고 있는 메시지를 받았다면 반드시 Content-Length 헤더를 무시해야 한다. 왜냐하면 전송 인코딩은 엔터티 본문을 표현하고 전송하는 방식(그리고 아마 전송된 바이트 크기도)을 바꿀 것이기 때문이다.
4. 메시지가 'multipart/byteranges' 미디어 타입을 사용하고 엔터티 길이가 별도로 정의되지 않았다면(Content-Length 헤더로), 멀티파트 메시지의 각 부분은 각자가 스스로의 크기를 정의할 것이다. 이 멀티파트 유형은 자신의 크기를 스스로 결정할 수 있는 유일한 엔터티 본문 유형이다. 따라서 이 미디어 타입은, 수신자가 이것을 해석할 수 있다는 사실을 송신자가 알기 전까지는 절대로 보내지 말아야 한다.[4]
5. 위의 어떤 규칙에도 해당되지 않는다면, 엔터티는 커넥션이 닫힐 때 끝난다. 실질적으로, 오직 서버만이 메시지가 끝났음을 알리기 위해서 커넥션을 닫을 수 있다. 클라이언트는 클라이언트 메시지가 끝났다는 신호를 위해 커넥션을 닫을 수 없다. 그렇게 커넥션을 닫아버리면 서버가 응답을 돌려줄 방법이 없기 때문이다.[5]
6. HTTP/1.0 애플리케이션과의 호환을 위해, 엔터티 본문을 갖고 있는 HTTP/1.1 요청은 반드시 유효한 Content-Length 헤더도 갖고 있어야 한다(서버가 HTTP/1.1과 호환된다고 알려져 있지 않다면). HTTP/1.1 명세는 요청에 본문은 있지만 Content-Length 헤더는 없는 경우, 메시지의 길이를 판별할 수 없다면 400 Bad Request 응답을 보내고 유효한 Content-Length를 요구하고 싶다면 411 Length Required 응답을 보내라고 조언하고 있다.

---

4 Range 헤더는 multipart/byteranges를 이해하지 못하는 더 원시적인 프락시로 전달되었을 수도 있기 때문에, 만약 스스로 범위를 정하는(self-delimiting) 포맷을 수신자가 이해하는지 발송자가 확신할 수 없다면 발송자는 반드시 이 절의 1, 3, 5에서 사용된 방법을 이용해 메시지의 범위를 정해야 한다.
(옮긴이) 이 규칙은 2014년 개정된 HTTP/1.1 명세인 RFC 7230에서 삭제되었다. 따라서 우리는 최신 HTTP/1.1 명세에 따르는 애플리케이션은 이 규칙에 따르지 않을 수 있다는 점에 주의해야한다.

5 클라이언트는 출력 연결만을 닫는 절반 끊기(half close)를 할 수도 있지만 많은 서버 애플리케이션들이 이러한 상황을 다룰 수 있도록 설계되지 않았으며, 그런 서버들은 절반 끊기를 클라이언트가 서버로부터의 연결을 끊은 것으로 해석할 것이다. HTTP는 커넥션 관리에 대해 아무것도 명시한 것이 없다. 더 자세한 것은 4장을 보라.

15.3 엔터티 요약

HTTP가 일반적으로 TCP/IP와 같이 신뢰할 만한 전송 프로토콜 위에서 구현됨에도 불구하고, 불완전한 트랜스코딩 프락시나 버그 많은 중개자 프락시를 비롯한 여러 가지 이유로 메시지의 일부분이 전송 중에 변형되는 일이 일어난다. 엔터티 본문 데이터에 대한 의도하지 않은(혹은 달갑지 않은) 변경을 감지하기 위해, 최초 엔터티가 생성될 때 송신자는 데이터에 대한 체크섬을 생성할 수 있으며, 수신자는 모든 의도하지 않은 엔터티의 변경을 잡아내기 위해 그 체크섬으로 기본적인 검사를 할 수 있다.[6]

Content-MD5 헤더는 서버가 엔터티 본문에 MD5 알고리즘을 적용한 결과를 보내기 위해 사용된다. 오직 응답을 처음 만든 서버만이 Content-MD5 헤더를 계산해서 보낼 것이다. 중간에 있는 프락시와 캐시는 그 헤더를 변경하거나 추가하지 않을 것이다. 그랬다간 종단 간(end-to-end) 무결성을 검증하겠다는 목적을 손상시킬 것이기 때문이다. Content-MD5 헤더는, 콘텐츠 인코딩의 적용은 끝났지만 전송 인코딩은 아직 적용하지 않은 엔터티 본문에 대한 MD5를 담고 있다. 메시지의 무결성을 검증하려는 클라이언트는 먼저 전송 인코딩을 디코딩한 뒤 그 디코딩 된 엔터티 본문에 대해 MD5를 계산해야 한다. 예를 들어, 어떤 문서를 gzip 알고리즘으로 압축하여 청크 인코딩으로 보냈다면, MD5 알고리즘은 압축된 본문 전체에 대해 수행된다.

메시지 무결성 검사에 더해, MD5는 문서의 위치를 빠르게 알아내고 콘텐츠의 중복 저장을 방지하기 위한 해시 테이블의 키로 이용될 수 있다. 이런 활용 가치에도 불구하고, Content-MD5 헤더는 그다지 자주 전송되지 않는다.

HTTP의 확장들은 IETF 초안으로 다른 요약 알고리즘들을 제안했다. 이 확장들은 클라이언트가 응답에 대해 기대하는 요약 유형을 정의할 수 있는 새로운 헤더인 Want-Digest를 제안했다. 이 헤더에 품질값(quality value)을 이용해 여러 요약 알고리즘을 제안하고 각각에 대한 선호도를 지정할 수 있다.[7]

---

6 이 방법은 물론 메시지 본문과 요약 헤더 모두를 교체하는 악의적인 공격에는 면역력이 없다. 이것은 오직 의도하지 않은 변경을 감지하기 위한 것이다. 다이제스트 인증과 같은 다른 기능에서는 악의적인 위조에 대한 보호 장치를 제공할 필요가 있다.

7 (옮긴이) 이 초안은 2002년 RFC 3230으로 승인되었다.

15.4 미디어 타입과 차셋(Charset)

Content-Type 헤더 필드는 엔터티 본문의 MIME 타입을 기술한다.[8] MIME 타입은 전달되는 데이터 매체의 기저 형식(HTML 파일, 마이크로소프트 워드 문서, MPEG 비디오 등)의 표준화된 이름이다. 클라이언트 애플리케이션은 콘텐츠를 적절히 해독하고 처리하기 위해 MIME 타입을 이용한다.

Content-Type의 값은 인터넷 할당 번호 관리기관(Internet Assigned Numbers Authority, IANA)에 등록된 표준화된 MIME 타입이다. MIME 타입은 주 미디어 타입(텍스트, 이미지, 오디오 등)으로 시작해서 뒤이어 빗금(/), 그리고 미디어 타입을 더 구체적으로 서술하는 부 타입(subtype)으로 구성된다. 표 15-1은 Content-Type 헤더에서 흔히 쓰이는 MIME 타입을 몇 가지 나열한 것이다. 더 많은 MIME 타입은 부록 D에 나열되어 있다.

미디어 타입	설명
text/html	엔터티 본문은 HTML 문서
text/plain	엔터티 본문은 플레인 텍스트 문서
image/gif	엔터티 본문은 GIF 이미지
image/jpeg	엔터티 본문은 JPEG 이미지
audio/x-wav	엔터티 본문은 WAV 음향 데이터를 포함
model/vrml	엔터티 본문은 삼차원 VRML 모델
application/vnd.ms-powerpoint	엔터티 본문은 마이크로소프트 파워포인트 프레젠테이션
multipart/byteranges	엔터티 본문은 여러 부분으로 나뉘는데, 각 부분은 전체 문서의 특정 범위(바이트 단위)를 담고 있다.
message/http	엔터티 본문은 완전한 HTTP 메시지를 담고 있다(6장의 "6.6.2 TRACE 메서드"를 보라).

표 15-1 흔히 쓰이는 미디어 타입들

Content-Type 헤더가 원본 엔터티 본문의 미디어 타입을 명시한다는 것은 중요하다. 예를 들어 엔터티가 콘텐츠 인코딩을 거친 경우에도 Content-Type 헤더는 여전히 인코딩 전의 엔터티 본문 유형을 명시할 것이다.

8 HEAD 요청의 경우라면, Content-Type은 GET 요청이었다면 보내주었을 유형을 알려준다.

15.4.1 텍스트 매체를 위한 문자 인코딩

Content-Type 헤더는 내용 유형을 더 자세히 지정하기 위한 선택적인 매개변수도 지원한다. 엔터티의 비트 집합을 텍스트 파일의 글자들로 변환하기 위한 'charset' 매개변수가 그 대표적인 예이다.

```
Content-Type: text/html; charset=iso-8859-4
```

문자 집합에 대해서는 16장에서 자세히 이야기 할 것이다.

15.4.2 멀티파트 미디어 타입

MIME "멀티파트" 이메일 메시지는 서로 붙어있는 여러 개의 메시지를 포함하며, 하나의 복합 메시지로 보내진다. 각 구성요소는 자족적으로 자신에 대해 서술하는 헤더를 포함한다. 여러 구성요소들이 이어져 있고, 문자열 하나로 서로의 경계가 식별된다.

HTTP는 멀티파트 본문도 지원한다. 그러나 일반적으로는 폼을 채워서 제출할 때와 문서의 일부분을 실어 나르는 범위 응답을 할 때의 두 가지 경우에만 사용된다.

15.4.3 멀티파트 폼 제출

HTTP 폼을 채워서 제출하면, 가변 길이 텍스트 필드와 업로드 될 객체는 각각이 멀티파트 본문을 구성하는 하나의 파트가 되어 보내진다. 멀티파트 본문은 여러 다른 종류와 길이의 값으로 채워진 폼을 허용한다. 예를 들어 당신의 친구가 자신의 이름과 폭스바겐 버스 수리에 대한 자신의 열정을 서술한 긴 수필을 적어 넣고 있을 때, 그와 다르게 당신은 이름 및 별명과 작은 사진을 포함한 소개를 요구하는 폼을 채우는 쪽을 선택할 수 있다.

HTTP는 다음과 같이 그러한 요청을 Content-Type: multipart/form-data나 Content-Type: multipart/mixed 헤더에 멀티파트 본문을 함께 보낸다.

```
Content-Type: multipart/form-data; boundary=[abcdefghijklmnopqrstuvwxyz]
```

이때 boundary는 본문의 서로 다른 부분을 구분하기 위한 구분자로 쓰인다.

다음의 예는 multipart/form-data 인코딩을 묘사하고 있다. 우리가 이런 폼을 갖고 있다고 가정했을 때,

```
<FORM action="http://server.com/cgi/handle"
      enctype="multipart/form-data"
      method="post">
```

```
<P>
What is your name? <INPUT type="text" name="submit-name"><BR>
What files are you sending? <INPUT type="file" name="files"><BR>
<INPUT type="submit" value="Send"> <INPUT type="reset">
</FORM>
```

사용자가 텍스트 입력 필드에 "Sally"라고 입력하고 "essayfile.txt"를 선택했다면 사용자 에이전트는 다음과 같은 데이터를 돌려보낼 것이다.

```
Content-Type: multipart/form-data; boundary=AaB03x
--AaB03x
Content-Disposition: form-data; name="submit-name"
Sally
--AaB03x
Content-Disposition: form-data; name="files"; filename="essayfile.txt"
Content-Type: text/plain
...contents of essayfile.txt...
--AaB03x--
```

사용자가 두 번째 (이미지) 파일로 "imagefile.gif"를 선택했다면, 사용자 에이전트는 그 부분을 다음과 같이 생성할 것이다.

```
Content-Type: multipart/form-data; boundary=AaB03x
--AaB03x
Content-Disposition: form-data; name="submit-name"
Sally
--AaB03x
Content-Disposition: form-data; name="files"
Content-Type: multipart/mixed; boundary=BbC04y
--BbC04y
Content-Disposition: file; filename="essayfile.txt"
Content-Type: text/plain
...contents of essayfile.txt...
--BbC04y
Content-Disposition: file; filename="imagefile.gif"
Content-Type: image/gif
Content-Transfer-Encoding: binary
...contents of imagefile.gif...
--BbC04y--
--AaB03x--
```

15.4.4 멀티파트 범위 응답

범위 요청에 대한 HTTP 응답 또한 멀티파트가 될 수도 있다. 그러한 응답은 Content-Type: multipart/byteranges 헤더 및 각각 다른 범위를 담고 있는 멀티파트 본문이 함께 온다. 어떤 문서의 다른 범위에 대한 요청의 멀티파트 응답 예를 하나 들면 다음과 같다.

```
HTTP/1.0 206 Partial content
Server: Microsoft-IIS/5.0
Date: Sun, 10 Dec 2000 19:11:20 GMT
Content-Location: http://www.joes-hardware.com/gettysburg.txt
Content-Type: multipart/x-byteranges; boundary=--[abcdefghijklmnopqrstuvwxyz]--
Last-Modified: Sat, 09 Dec 2000 00:38:47 GMT

--[abcdefghijklmnopqrstuvwxyz]--
Content-Type: text/plain
Content-Range: bytes 0-174/1441

Fourscore and seven years ago our fathers brough forth on this continent
a new nation, conceived in liberty and dedicated to the proposition that
all men are created equal.
--[abcdefghijklmnopqrstuvwxyz]--
Content-Type: text/plain
Content-Range: bytes 552-761/1441

But in a larger sense, we can not dedicate, we can not consecrate,
we can not hallow this ground. The brave men, living and dead who
struggled here have consecrated it far above our poor power to add
or detract.
--[abcdefghijklmnopqrstuvwxyz]--
Content-Type: text/plain
Content-Range: bytes 1344-1441/1441

and that government of the people, by the people, for the people shall
not perish from the earth.

--[abcdefghijklmnopqrstuvwxyz]--
```

범위 요청에 대해서는 이 장의 뒷부분에서 자세히 논의할 것이다.

15.5 콘텐츠 인코딩

HTTP 애플리케이션은 때때로 콘텐츠를 보내기 전에 인코딩을 하려고 한다. 예를 들어, 느린 속도로 연결된 클라이언트에게 큰 HTML 문서를 전송하기 전에 서버는 전송 시간을 줄이기 위해 압축을 할 수 있다. 서버는 허가받지 않은 제삼자가 볼 수 없도록 콘텐츠를 암호화하거나 뒤섞어서 보낼 수도 있다.

이러한 종류의 인코딩은 발송하는 쪽에서 콘텐츠에 적용한다. 콘텐츠 인코딩이 끝난 데이터는 늘 그렇듯 엔터티 본문에 담아 수신자에게 보낸다.

15.5.1 콘텐츠 인코딩 과정

콘텐츠 인코딩 과정은 다음과 같다.

1. 웹 서버가 원본 Content-Type과 Content-Length 헤더를 수반한 원본 응답 메시

지를 생성한다.

2. 콘텐츠 인코딩 서버(아마 원 서버이거나 다운스트림 프락시일 것이다)가 인코딩된 메시지를 생성한다. 인코딩된 메시지는 Content-Type은 같지만 (본문이 압축되었거나 했다면) Content-Length는 다르다. 콘텐츠 인코딩 서버는 Content-Encoding 헤더를 인코딩된 메시지에 추가하여, 수신 측 애플리케이션이 그것을 디코딩할 수 있도록 한다.
3. 수신 측 프로그램은 인코딩된 메시지를 받아서 디코딩하고 원본을 얻는다.

그림 15-3은 콘텐츠 인코딩의 예를 보여준다.

여기에 더 작은 압축된 본문을 만들기 위해 gzip 콘텐츠 인코딩 기능으로 인코딩된 HTML 페이지가 있다. 압축된 본문은 gzip 인코딩 플래그가 붙어서 네트워크를 통해 전송된다. 수신 측 클라이언트는 그 엔터티를 gzip 디코더를 사용해서 압축을 푼다.

다음은 인코딩된 응답의 한 예다(압축된 이미지).

```
HTTP/1.1 200 OK
Date: Fri, 05 Nov 1999 22:35:15 GMT
Server: Apache/1.2.4
Content-Length: 6096
Content-Type: image/gif
Content-Encoding: gzip
[...]
```

여전히 Content-Type 헤더가 메시지에 존재할 수 있고 또한 그래야 한다는 점을 말해두겠다. 이 헤더는 엔터티의 원래 포맷을 기술하며, 이는 디코딩된 엔터티를 보여주기 위해 필요한 정보다. Content-Length 헤더는 이제 인코딩된 본문의 길이를 나타낸다는 것을 기억하라.

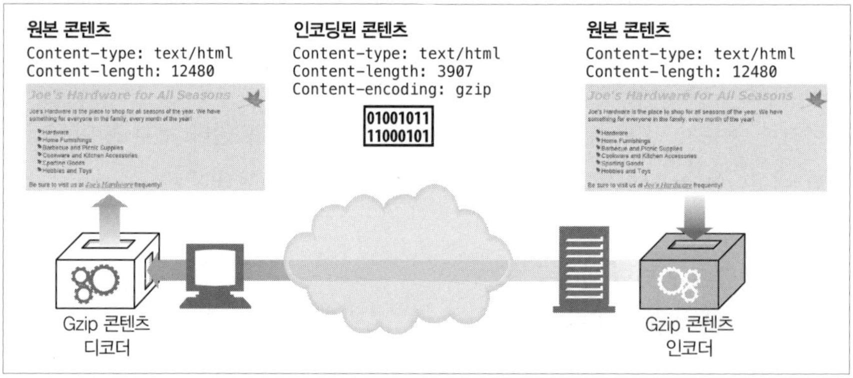

그림 15-3 콘텐츠 인코딩의 예

15.5.2 콘텐츠 인코딩 유형

HTTP는 몇 가지 표준 콘텐츠 인코딩 유형을 정의하고 확장 인코딩으로 인코딩을 추가하는 것도 허용한다. 인코딩은 각 콘텐츠 인코딩 알고리즘에 고유한 토큰을 할당하는 IANA를 통해 표준화된다. Content-Encoding 헤더는 이러한 표준화된 토큰 값을 이용해서, 인코딩에 사용된 알고리즘들에 대해 기술한다.

몇 가지 흔히 쓰이는 콘텐츠 인코딩 토큰은 표 15-2에 나열되어 있다.

콘텐츠 인코딩 값	설명
gzip	엔터티에 GNU zip 인코딩이 적용되었음을 의미한다.
compress	엔터티에 대해 유닉스 파일 압축 프로그램인 'compress'가 실행되었음을 의미한다.
deflate	엔터티가 zlib 포맷으로 압축되었음을 의미한다.
identity	엔터티에 어떤 인코딩도 수행되지 않았음을 의미한다. Content-Encoding 헤더가 존재하지 않는다면 이 값인 것으로 간주된다.

표 15-2 콘텐츠 인코딩 토큰들

gzip, compress, deflate 인코딩은 전송되는 메시지의 크기를 정보의 손실 없이 줄이기 위한 무손실 압축 알고리즘이다. 이 중 gzip은 일반적으로 가장 효율적이고 가장 널리 쓰이는 압축 알고리즘이다.

15.5.3 Accept-Encoding 헤더

물론 우리는 클라이언트가 해독할 수 없는 방법으로 서버가 콘텐츠를 인코딩하는 것을 원하지 않는다. 서버에서 클라이언트가 지원하지 않는 인코딩을 사용하는 것을 막기 위해, 클라이언트는 자신이 지원하는 인코딩의 목록을 Accept-Encoding 요청 헤더를 통해 전달한다. 만약 HTTP 요청에 Accept-Encoding 헤더를 포함하지 않는다면, 서버는 클라이언트가 어떤 인코딩이든 받아들일 수 있는 것으로 간주한다(Accept-Encoding: *을 전달한 경우도 같다).

그림 15-4는 HTTP 트랜잭션에서 Accept-Encoding을 사용하는 예를 보여준다.

Accept-Encoding 필드는 지원되는 인코딩들의 쉼표로 구분된 목록을 담고 있다. 몇 가지 예를 들어보면 다음과 같다.

```
Accept-Encoding: compress, gzip
Accept-Encoding:
Accept-Encoding: *
Accept-Encoding: compress;q=0.5, gzip;q=1.0
Accept-Encoding: gzip;q=1.0, identity; q=0.5, *;q=0
```

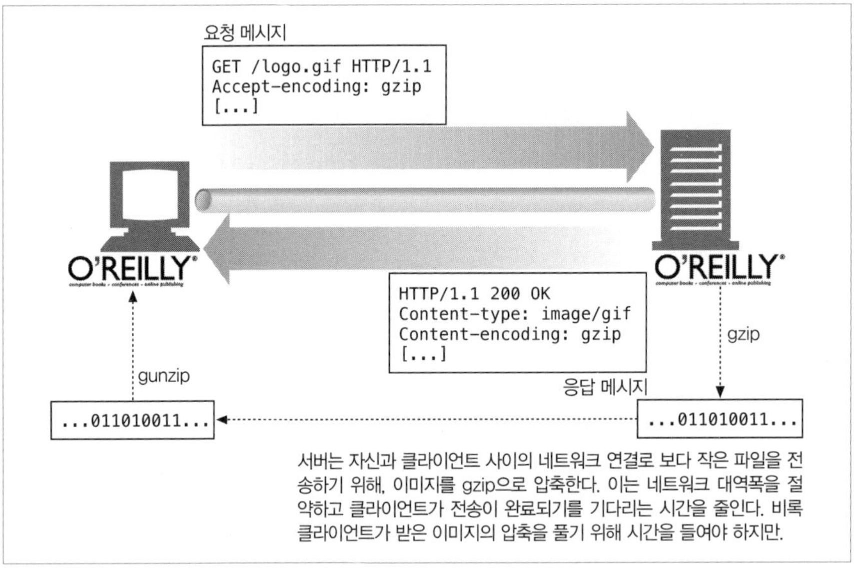

그림 15-4 콘텐츠 인코딩

클라이언트는 각 인코딩에 Q(quality) 값을 매개변수로 더해 선호도를 나타낼 수 있다. Q 값의 범위는 가장 원치 않음을 의미하는 0.0에서 가장 선호함을 의미하는 1.0까지다. 토큰 '*'은 '그 외 모두'를 의미한다. 어떤 콘텐츠 인코딩을 적용할 것인지 선택하는 과정은, 클라이언트에게 돌려줄 응답에 담길 콘텐츠를 결정하는 더 일반적인 과정의 일부다. 이 과정과 Content-Encoding 및 Accept-Encoding 헤더에 대해서는 17장에서 더 자세히 논의할 것이다.

identity 인코딩 토큰은 오직 Accept-Encoding 헤더에만 존재할 수 있고 클라이언트에 의해 다른 콘텐츠 인코딩 알고리즘에 대한 상대적 선호도를 정의하는 데 이용할 수 있다.

15.6 전송 인코딩과 청크 인코딩

이전 절에서는 메시지 본문에 적용된 가역적 변환인 콘텐츠 인코딩에 대해 논의했다. 콘텐츠 인코딩은 콘텐츠 포맷과 긴밀하게 연관되어 있다. 예를 들어 텍스트 파일은 흔히 gzip으로 압축하지만 JPEG 파일은 그렇게 하지 않는다. 왜냐하면 JPEG는 gzip으로 잘 압축되지 않기 때문이다.

이 절에서는 전송 인코딩에 대해 논의한다. 전송 인코딩 또한 엔터티 본문에 적용되는 가역적 변환이지만, 그들은 구조적인 이유 때문에 적용되는 것이며 콘텐츠의 포맷과는 독립적이다. 메시지 데이터가 네트워크를 통해 전송되는 방법을 바꾸기 위해 전송 인코딩을 메시지에 적용할 수 있다(그림 15-5).

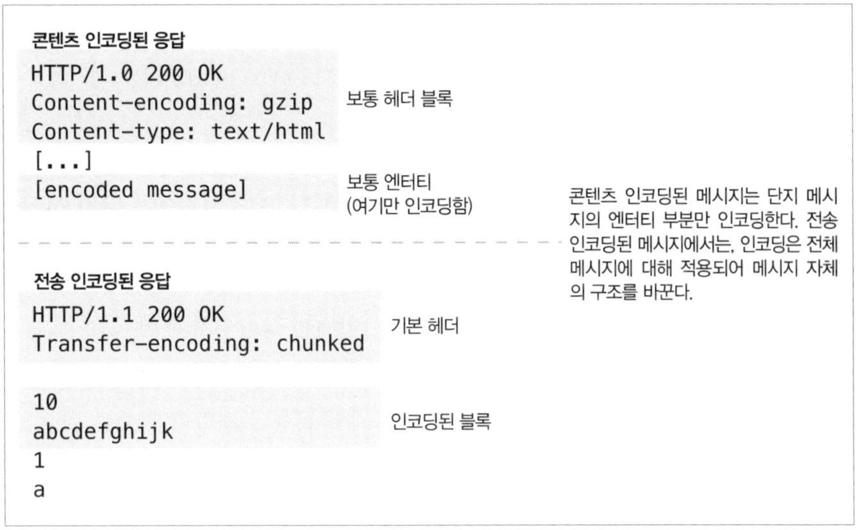

그림 15-5 콘텐츠 인코딩 대 전송 인코딩

15.6.1 안전한 전송

역사적으로, 전송 인코딩은 다른 프로토콜에서도 네트워크를 통한 '안전한 전송'을 위해 존재했다. 표준화되고 더 너그러운 전송 기반을 갖춘 HTTP는 '안전한 전송'의 초점을 다른 데에 맞추고 있다. HTTP에서 전송된 메시지의 본문이 문제를 일으킬 수 있는 이유는 몇 가지 밖에 없다. 그것들 중 두 가지를 들면 다음과 같다.

알 수 없는 크기

몇몇 게이트웨이 애플리케이션과 콘텐츠 인코더는 콘텐츠를 먼저 생성하지 않고서는 메시지 본문의 최종 크기를 판단할 수 없다. 흔히 이 서버들은 그 사이즈를 알기 전에 데이터의 전송을 시작하려고 한다. HTTP는 데이터에 앞서 Content-Length 헤더를 요구하기 때문에, 몇몇 서버는 데이터의 끝을 알리는 특별한 종결 꼬리말을 포함시켜 전송 인코딩으로 데이터를 보내려 시도한다.[9]

보안

공용 전송 네트워크로 메시지 콘텐츠를 보내기 전에 전송 인코딩을 사용해 알아보

9 이것을 '저렴한' 메시지 종결 신호로 간주하고 커넥션을 끊을 수도 있겠지만, 그렇게 하면 지속 커넥션이 망가진다.

기 어렵게 뒤섞어버리는 방법도 있다. 그러나 이미 SSL과 같은 유명한 전송 계층 보안 방식이 있기 때문에 전송 인코딩 보안은 흔하지 않다.

15.6.2 Transfer-Encoding 헤더

전송 인코딩을 제어하고 서술하기 위해 정의된 헤더는 단 두 개뿐이다.

Transfer-Encoding

안전한 전송을 위해 어떤 인코딩이 메시지에 적용되었는지 수신자에게 알려준다.

TE

어떤 확장된 전송 인코딩을 사용할 수 있는지 서버에게 알려주기 위해 요청 헤더에 사용한다.[10]

다음의 예는, chunk-encoded 메시지와 메시지의 끝에 트레일러가 오는 것을 받아들일 수 있음을 서버에게 알려주기 위해 TE 헤더를 사용하는 요청이다. (HTTP 1.1 애플리케이션이어야 한다.)

```
GET /new_products.html HTTP/1.1
Host: www.joes-hardware.com
User-Agent: Mozilla/4.61 [en] (WinNT; I)
TE: trailers, chunked
...
```

수신자에게 메시지가 청크 인코딩으로 전송 인코딩되었음을 알려주기 위해 Transfer-Encoding 헤더를 포함한다.

```
HTTP/1.1 200 OK
Transfer-Encoding: chunked
Server: Apache/3.0
...
```

이 기초 헤더 뒤에, 메시지의 구조가 변할 것이다.

모든 전송 인코딩 값은 대소문자가 구별된다. HTTP/1.1은 Transfer-Encoding과 TE 헤더 필드에 전송 인코딩 값을 사용한다. 최신 HTTP 명세는 오직 하나의 전송 인코딩, 즉 청크 인코딩만을 정의했다.

TE 헤더는 Accept-Encoding 헤더와 마찬가지로 어떤 형태의 전송 인코딩을 선호하는지 표현하는 Q 값을 가질 수 있다. 그러나 HTTP/1.1 명세는 청크 인코딩에

10 만약 TE 헤더가 Accept-Transfer-Encoding 헤더로 불렸다면 그 의미를 더욱 이해하기 쉬웠을 것이다.

대해 Q 값이 0.0을 갖는 것을 금지한다.

미래에 나올 HTTP의 확장은 아마도 전송 인코딩을 추가해야 한다는 요구를 받아들일지도 모른다. 그렇게 된다면, 청크 전송 인코딩은 확장 전송 인코딩들의 최상위에서 적용되어야 할 것이다. 이것은 청크 인코딩 외에 다른 전송 인코딩을 이해하지 못하는 HTTP/1.1 애플리케이션에서도 터널링의 동작을 보장한다.

15.6.3 청크 인코딩

청크 인코딩은 메시지를 일정 크기의 청크 여럿으로 쪼갠다. 서버는 각 청크를 순차적으로 보낸다. 청크 인코딩을 이용하면 메시지를 보내기 전에 전체 크기를 알 필요가 없어진다. 본문이 동적으로 생성됨에 따라, 서버는 그중 일부를 버퍼에 담은 뒤 그 한 청크를 그것의 크기와 함께 보낼 수 있다. 본문 전체를 모두 보낼 때까지 이 단계를 반복한다.

청크 인코딩이 전송 인코딩의 한 형태이며 따라서 본문이 아닌 메시지의 속성임에 주목하라. 이 장의 앞에서 설명한 멀티파트 인코딩은 본문의 속성이며 청크 인코딩과는 완전히 분리되어 있다.

청크와 지속 커넥션

클라이언트와 서버 사이의 커넥션이 지속적이지 않다면, 클라이언트는 자신이 읽고 있는 본문의 크기를 알 필요가 없다. 클라이언트는 서버가 커넥션을 닫을 때까지를 본문으로 간주하고 읽을 것이다.

지속 커넥션에서는, 본문을 쓰기 전에 반드시 Content-Length 헤더에 본문의 길이를 담아서 보내줘야 한다. 콘텐츠가 서버에서 동적으로 생성되는 경우에는, 보내기 전에 본문의 길이를 알아내는 것이 불가능할 것이다.

청크 인코딩은 서버가 본문을 여러 청크로 쪼개 보낼 수 있게 해줌으로써 이 딜레마에 대한 해법을 제공한다. 동적으로 본문이 생성되면서, 서버는 그중 일부를 버퍼에 담은 뒤 그 한 덩어리를 그의 크기와 함께 보낼 수 있다. 본문을 모두 보낼 때까지 이 단계를 반복한다. 서버는 크기가 0인 청크로 본문이 끝났음을 알리고 다음 응답을 위해 커넥션을 열린 채로 유지할 수 있다.

청크 인코딩은 상당히 단순하다. 그림 15-6은 청크 인코딩된 메시지의 기본 구조를 보여준다. 그것은 HTTP 응답 헤더 블록으로 시작하고, 이어서 청크의 스트림이 온다. 각 청크는 길이 값과 각 청크에 대한 데이터를 담고 있다. 길이 값은 16진수 형식으로 되어 있고 청크 데이터와 CRLF로 분리된다. 청크 데이터의 길이는 바

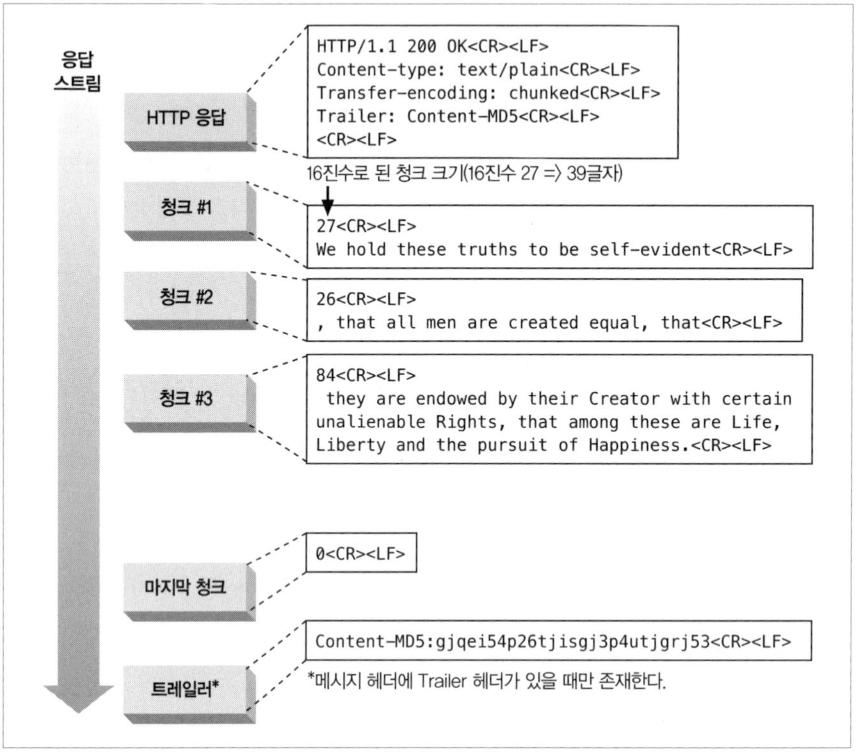

그림 15-6 청크 인코딩된 메시지의 구조

이트 단위로 측정되고 청크 끝의 CRLF 문자열뿐 아니라 길이 값과 데이터 사이의 CRLF 문자열도 길이에 포함하지 않는다. 마지막 청크는 특별하다. 그것은 '본문의 끝'을 의미하기 위해 길이가 0이다.

클라이언트는 또한 청크 인코딩된 데이터를 서버로 전송한다. 클라이언트는 서버가 청크 인코딩을 받아들여줄지 모르기 때문에(서버는 클라이언트에게 응답에 TE 헤더를 포함시켜 보내지 않는다), 청크 요청이 411 Length Required 응답으로 거절당하는 것에 대비해야 한다.

청크 인코딩된 메시지의 트레일러

다음 중 하나 이상의 조건을 만족하면 청크 메시지에 트레일러를 추가할 수 있다.

- 클라이언트의 TE 헤더가 트레일러를 받아들일 수 있음을 나타내고 있는 경우
- 트레일러가 응답을 만든 서버에 의해 추가되었으며, 그 트레일러의 콘텐츠는 클라이언트가 이해하고 사용할 필요가 없는 선택적인 메타데이터이므로 클라이언

트가 무시하고 버려도 되는 경우[11]

트레일러에는 본문의 콘텐츠가 먼저 생성되어야 한다거나 하는 등의 이유로 메시지 시작 시점에서는 그 값을 알 수 없는 추가적인 헤더 필드를 담을 수 있다. 트레일러로 보낼 수 있는 헤더의 예로 Content-MD5 헤더가 있다(문서가 생성되기 전에 그 문서의 MD5를 계산하는 것은 어렵다). 그림 15-6은 트레일러를 어떻게 사용하는지 묘사하고 있다. 메시지 헤더는 청크 인코딩된 메시지 다음에 오게 될 헤더들을 나열하는 Trailer 헤더를 포함한다. 마지막 청크 다음에 Trailer 헤더에 나열했던 헤더들이 온다.

Transfer-Encoding, Trailer, Content-Length를 제외한 어떤 HTTP 헤더도 트레일러로 보낼 수 있다.

15.6.4 콘텐츠와 전송 인코딩의 조합

콘텐츠 인코딩과 전송 인코딩은 동시에 사용될 수 있다. 예를 들어, 그림 15-7은 어떻게 송신자가 콘텐츠 인코딩을 사용해서 HTML 파일을 압축하고 그 청크 데이터를 전송 인코딩을 사용해서 전송하는지 묘사한다. 수신자가 본문을 '재구축'하는 절차는 이와 순서가 반대다.

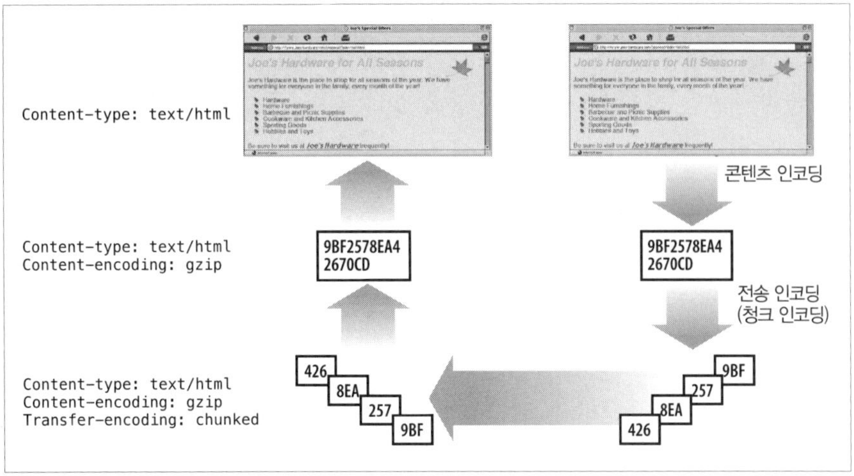

그림 15-7 콘텐츠 인코딩과 전송 인코딩의 조합

11 Trailer 헤더가 HTTP/1.1 명세의 초안에 추가된 것은 청크 인코딩의 초기 버전이 추가된 것보다 나중의 일이다. 따라서 어떤 애플리케이션들은 그들이 HTTP/1.1과 호환된다고 주장할지라도 그 헤더(혹은 트레일러)를 이해하지 못할 수도 있다.

15.6.5 전송 인코딩 규칙

전송 인코딩이 메시지 본문에 적용될 때, 몇 가지 규칙이 반드시 적용되어야 한다.

- 전송 인코딩의 집합은 반드시 'chunked'를 포함해야 한다. 유일한 예외는 메시지가 커넥션의 종료로 끝나는 경우뿐이다.
- 청크 전송 인코딩이 사용되었다면, 메시지 본문에 적용된 마지막 전송 인코딩이 존재해야 한다.
- 청크 전송 인코딩은 반드시 메시지 본문에 한 번 이상 적용되어야 한다.

이 규칙은 수신자가 메시지의 전송 길이를 알아낼 수 있게 해준다.

전송 인코딩은 HTTP 버전 1.1에서 소개된 비교적 새로운 기능이다. 전송 인코딩을 구현한 서버는 비 HTTP/1.1 애플리케이션에 전송 인코딩된 메시지를 보내지 않도록 특별히 주의해야 한다. 마찬가지로 만약 서버가 이해할 수 없는 전송 인코딩된 메시지를 받았다면, 서버는 501 Unimplemented 상태 코드로 응답해야 한다. 그러나 어떠한 HTTP/1.1 애플리케이션이라도 최소한 청크 인코딩만은 반드시 지원해야 한다.

15.7 시간에 따라 바뀌는 인스턴스

웹 객체는 정적이지 않다. 같은 URL은 시간에 따라 다른 버전의 객체를 가리킬 수 있다. CNN 홈페이지를 예로 들어보자. 하루에 몇 차례 'http://www.cnn.com'에 방문하면 매번 조금씩 다른 결과를 얻을 수 있다.

CNN 홈페이지를 하나의 객체라고 생각하고, 그것의 각각 다른 버전을 객체의 각각 다른 인스턴스라고 생각해보자(그림 15-8을 보라). 이 그림에서 클라이언트는 같은 리소스(URL)를 여러 번 요청했지만, 시간이 흐름에 따라 리소스의 다른 인스턴스를 받게 된다. (a)와 (b) 시점에서는 인스턴스가 같았지만 (c) 시점에서 다른 인

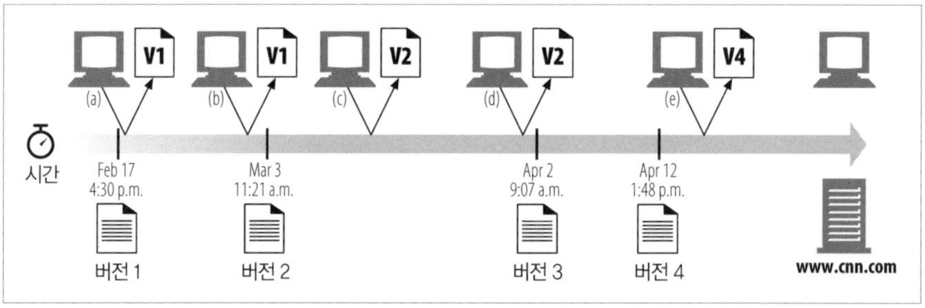

그림 15-8 인스턴스는 시간에 따른 스냅숏이다.

스턴스를 받게 된다.

HTTP 프로토콜은 어떤 특정한 종류의 요청이나 응답을 다루는 방법들을 정의하는데, 이것은 인스턴스 조작(instance manipluation)이라 불리며 객체의 인스턴스에 작용한다. 이들 중 대표적인 두 가지가 범위 요청과 델타 인코딩이다. 이 둘 모두가, 클라이언트가 자신이 갖고 있는 리소스의 사본이 서버가 갖고 있는 것과 정확히 같은지 판단하고, 상황에 따라서는 새 인스턴스를 요청할 수 있는 능력을 가질 것을 요구한다. 이 메커니즘에 대해서는 이 장의 뒷부분에서 논의할 것이다.

15.8 검사기와 신선도

그림 15-8로 돌아가 보자. 클라이언트는 처음에 리소스의 사본을 갖고 있지 않으므로, 서버에게 달라고 요청을 보낸다. 서버는 그 리소스의 버전 1로 응답한다. 클라이언트는 이제 이 사본을 캐시한다. 그런데 얼마나 오랫동안 캐시해야 하는가?

일단 문서가 클라이언트에서 '만료'되면(예를 들어 클라이언트가 그 문서의 사본을 더 이상 유효한 것으로 생각하지 않을 수 있다), 클라이언트는 반드시 서버에게 최신 사본을 요구해야 한다. 만약 서버에서도 문서가 변경되지 않았다면 클라이언트는 다시 받을 필요가 없다. 클라이언트는 그냥 갖고 있던 캐시된 사본을 사용할 것이다.

조건부 요청이라고 불리는 이 특별한 요청은, 클라이언트가 서버에게 자신이 갖고 있는 버전을 말해주고 검사기를 사용해 자신의 사본 버전이 더 이상 유효하지 않을 때만 사본을 보내달라고 요청하는 것이다. 세 가지 주요 개념(신선도, 검사기, 조건)에 대해 더 자세히 살펴보자

15.8.1 신선도

서버는 클라이언트에게 얼마나 오랫동안 콘텐츠를 캐시하고 그것이 신선하다고 가정할 수 있는지에 대한 정보를 줄 것이다. 서버는 Expires나 Cache-Control 헤더를 통해 이러한 정보를 제공할 수 있다.

Expires 헤더는 문서가 만료되어 더 이상 신선하다고 간주할 수 없게 되는 정확한 날짜를 명시한다. Expires 헤더의 문법은 다음과 같다.

```
Expires: Sun Mar 18 23:59:59 GMT 2001
```

Expires 헤더를 바르게 사용하는 클라이언트나 헤더는, 그들의 시계를 반드시 동기화시켜야 한다. 이게 항상 쉽지는 않다. 네트워크 시간 프로토콜(Network Time Protocol, NTP)과 같은 시계 동기화 프로토콜을 실행하지 않았을 가능성이 양쪽 모두에게 있기 때문이다. 상대시간을 이용해 만료를 정의하는 메커니즘이 더 쓸만하다. Cache-Control 헤더는 문서의 최대 수명을 문서가 서버를 떠난 후로부터의 총 시간을 초 단위로 정한다. 수명은 시계 동기화에 의존하지 않으므로 더 정확한 결과를 말해줄 것이다.

Cache-Control 헤더는 실제로 굉장히 강력하다. 그것은 서버와 클라이언트 양쪽에서, 더 많은 지시자들과 함께, 단지 수명이나 유효기간뿐 아니라 선도(신선도)를 서술하기 위해 사용된다. 표 15-3은 Cache-Control 헤더에 동반될 수 있는 지시자들을 나열한다.

지시자	메시지 타입	설명
no-cache	요청	서버와의 최초 재검사 없이는 문서의 캐시된 사본을 반환하지 마라.
no-store	요청	문서의 캐시된 사본을 반환하지 않는다. 서버로부터의 응답을 저장하지 마라.
max-age	요청	캐시의 문서는 명시한 나이보다 오래되어서는 절대로 안 된다.
max-stale	요청	문서는 서버가 정해준 만료일시가 지나면 더 이상 신선하지 않게 되는데, 그렇다 하더라도 신선하지 않게 된 후 지난 시간이 이 지시자로 지정한 시간보다 크지 않다면 받아들인다.
min-fresh	요청	문서의 신선도 수명이 그 문서의 나이에 여기서 지정한 값을 더한 것보다 작아서는 안 된다. 다시 말해, 응답은 반드시 적어도 지정한 시간만큼은 신선해야 한다.
no-transform	요청	문서는 보내기 전에 변형되어서는 안 된다.
only-if-cached	요청	서버에 접근하지 말고, 캐시에 들어있는 경우에만 문서를 보내라.
public	응답	응답은 어떤 캐시로든 캐시된다.
private	응답	응답은 하나의 클라이언트만 접근할 수 있는 형태로 캐시된다.
no-cache	응답	지시자가 헤더 필드의 목록을 동반하고 있다면, 콘텐츠는 캐시되어 클라이언트에게 제공될 수 있지만, 그 전에 헤더 필드들은 반드시 제거되어야 한다. 만약 헤더 필드가 지정되지 않았다면, 캐시된 사본은 절대로 서버를 통한 재검사 없이 제공되어서는 안 된다.
no-store	응답	응답은 절대로 캐시되어서는 안 된다.
no-transform	응답	응답은 제공되기 전에는 어떤 식으로든 수정되어서는 안 된다.
must-revalidate	응답	응답은 반드시 제공되기 전에 서버를 통해 재검사되어야 한다.
proxy-revalidate	응답	공유된 캐시는 반드시 응답을 원 서버를 통해 재검사해야 한다. 이 지시자는 개인 캐시에 의해 무시될 수 있다.
max-age	응답	문서가 캐시될 수 있고 여전히 신선하다고 간주될 수 있는 시간의 최대 길이를 정의한다.

s-max-age	응답	공유된 캐시에 적용될 수 있는 문서의 최대 수명을 정의한다(이 값이 정의되면 max-age 지시자를 덮어쓴다). 이 지시자는 개인 캐시에 의해 무시될 수 있다.

표 15-3 Cache-Control 헤더 지시자

캐시와 신선도에 대해서는 7장에서 자세히 논의하였다.

15.8.2 조건부 요청과 검사기

캐시의 사본이 요청되었을 때 그것이 더 이상 신선하지 않다면 캐시는 자신이 갖고 있는 사본을 신선한 것으로 만들 필요가 있다. 캐시는 원 서버에서 현 시점의 사본을 가져올 수 있지만, 대개 서버에 있는 문서는 여전히 캐시에 들어있는 신선하지 못한 사본과 같을 것이다. 우리는 그림 15-8b에서 이것을 보았다. 캐시된 사본은 만료될 수 있지만, 서버 콘텐츠는 여전히 캐시 콘텐츠와 같다. 만약 서버의 문서가 캐시가 갖고 있는 것과 같음에도 불구하고 항상 그 문서를 가져온다면 캐시는 네트워크의 대역폭을 낭비하고, 캐시와 서버에 불필요한 부하를 주고, 모든 것을 느려지게 만들게 된다.

이를 고치기 위해, HTTP는 클라이언트에게 리소스가 바뀐 경우에만 사본을 요청하는 조건부 요청이라 불리는 특별한 요청을 할 수 있는 방법을 제공한다. 조건부 요청은 평범한 HTTP 요청 메시지이지만, 특정 조건이 참일 때에만 수행된다. 예를 들어 캐시는 다음의 조건부 GET 메시지를 서버에 보내서, /announce.html 파일이 2002년 6월 29일(캐시된 문서가 작성자에 의해 마지막으로 변경된 날짜) 이후에 변경된 경우에만 한해서 파일을 보내달라고 할 수 있다.

```
GET /announce.html HTTP/1.0
If-Modified-Since: Sat, 29 Jun 2002, 14:30:00 GMT
```

조건부 요청은 'If-'로 시작하는 조건부 헤더에 의해 구현된다. 위의 예에서, 조건부 헤더는 If-Modified-Since이다. 조건부 헤더는 조건이 참일 때만 수행되도록 한다. 만약 조건이 참이 아니면 서버는 HTTP 에러 코드를 돌려보낸다.

각 조건부 요청은 특정 검사기 위에서 동작한다. 검사기는 문서의 테스트된 특정 속성이다. 개념적으로, 일련번호나 버전 번호 혹은 문서의 최종 변경일과 같은 검사기를 생각해볼 수 있다. 그림 15-8b의 똑똑한 클라이언트는 서버에게 조건부 요청을 보낼 수 있다. "그 리소스의 버전이 더 이상 1이 아니라면 보내달라. 난 버전 1을 갖고 있다." 7장에서 조건부 캐시 재검사에 대해 논의했지만, 엔터티 검사기에 대해 이 장에서 더 세심하고 자세하게 공부할 것이다.

If-Modified-Since 상태 헤더는 문서 인스턴스의 마지막 수정된 날짜를 검사하므로, 우리는 마지막 수정된 날짜를 검사기라고 말할 수 있다. If-None-Match 조건부 헤더는 문서의 ETag 값을 평가한다. ETag는 특별한 키워드이거나 엔터티와 관련된 버전 식별 태그이다. Last-Modified와 ETag는 HTTP에 의해 사용되는 두 개의 주요한 검사기다. 표 15-4는 조건부 요청을 위해 사용되는 네 가지 헤더를 나열한다. 각 조건부 헤더 다음에 있는 것은 그 헤더에 의해 사용되는 검사기의 유형이다.

요청 유형	검사기	설명
If-Modified-Since	Last-Modified	지난번 Last-Modified 응답 헤더에 들어있었던 시각에 마지막으로 수정된 버전이 더 이상 최신 버전이 아니라면, 그 리소스의 사본을 보내라.
If-Unmodified-Since	Last-Modified	지난번 Last-Modified 응답 헤더에 들어있었던 시각에 마지막으로 수정된 버전에서 변한 것이 없다면, 그 리소스의 사본을 보내라.
If-Match	ETag	지난번 ETag 응답 헤더에 들어있었던 것과 엔터티 태그가 같다면, 그 리소스의 사본을 보내라.
If-None-Match	ETag	지난번 ETag 응답 헤더에 들어있었던 것과 엔터티 태그가 다르다면, 그 리소스의 사본을 보내라.

표 15-4 조건부 요청 유형

HTTP는 검사기를 약한 검사기와 강한 검사기의 두 가지로 분류한다. 약한 검사기는 리소스의 인스턴스를 고유하게 식별하지(uniquely identify) 못하는 경우도 있다. 강한 검사기는 언제나 고유하게 식별한다. 약한 검사기의 예로 객체의 바이트 단위 크기가 있다. 리소스 콘텐츠는 크기가 같더라도 내용이 다를 수 있으므로, 바이트의 개수를 세는 방식으로 동작하는 가상의 횟수 검사기는 변경이 발생했음을 약하게만 감지할 수 있다. 그러나 리소스의 콘텐츠에 대한 암호 체크섬(MD5와 같은)은 강한 검사기다. 이것은 문서가 변경되면 함께 변경된다.

최종 변경 시각은 리소스가 마지막으로 수정된 시각을 의미함에도 불구하고 약한 검사기로 간주되는데, 정확도가 최대 1초에 불과하기 때문이다. 리소스는 1초에 여러 번 변경될 수 있고 서버는 1초에 수천 번의 요청을 처리하기 때문에, 최종변경 시각은 변경이 발생했음을 항상 반영해주지는 못한다. ETag 헤더는 강한 검사기로 간주되는데, 서버는 ETag 헤더에 매 변경마다 구분되는 값을 넣어두기 때문이다. 버전 번호와 요약 체크섬은 ETag 헤더의 좋은 후보이지만, 그 외의 어떤 텍스트도 포함할 수 있다. ETag 헤더는 유연하다. 어떤 텍스트 값도 가질 수 있고('tags') 클라이언트와 서버의 다양한 검사를 창안하기 위해 사용될 수 있다.

클라이언트와 서버는 때때로 엔터티 태그 검사를 통과하지 못한 버전을 채택하는 경우가 있다. 예를 들어 서버는 크고 자주 찾는 캐시된 문서에 대해, 캐시의 재검사로 인한 대량 전송을 유발하지 않으면서 겉모양새만 약간 고치고 싶을 수도 있다. 이 경우, 서버는 태그 앞에 'W/'를 붙임으로써 '약한' 엔터티 태그임을 알린다. 약한 엔터티 태그는 엔터티의 의미상 두드러진 변화에만 사용할 수 있다. 강한 엔터티 태그는 관련된 엔터티 값이 아무리 사소하게 바뀌었더라도 함께 변경되어야 한다.

다음의 예는 어떻게 클라이언트가 약한 엔터티 태그를 사용해서 서버와 재검사를 하는지 보여준다. 서버는 콘텐츠가 문서 버전 4.0 이후로 의미 있는 변경이 있었을 때만 본문을 반환할 것이다.

```
GET /announce.html HTTP/1.1
If-None-Match: W/"v4.0"
```

요약하면, 클라이언트가 같은 리소스에 한 번 이상 접근했을 때, 우선 현재 사본이 여전히 신선한지 판별한다. 만약 그렇지 않다면, 클라이언트는 반드시 서버로부터 최신 버전을 얻어 와야 한다. 리소스가 변경되지 않은 상황에서 똑같은 사본을 다시 받아오는 상황을 피하기 위해, 클라이언트는 서버에 현재 사본을 유일하게 식별할 수 있는 검사기를 명시해서 조건부 요청을 보낼 수 있다. 서버는 오직 클라이언트의 사본과 다를 때만 리소스의 사본을 보낼 것이다. 캐시 재검사에 대해 더 자세한 것은 7장의 "캐시 처리 단계"를 보라.

15.9 범위 요청

우리는 이제 클라이언트가 서버에게 리소스를 요청할 때 어떻게 자신이 갖고 있는 사본이 더 이상 유효하지 않을 때만 새로 보내달라고 요청하는지 이해했다. HTTP는 더 나아가, 클라이언트가 문서의 일부분이나 특정 범위만 요청할 수 있도록 해준다.

최신 인기 소프트웨어를 느린 모뎀으로 3/4 정도 다운로드 받았는데, 네트워크 문제가 당신의 커넥션을 방해했다고 상상해보자. 아마도 다운로드가 완료되기를 잠시간 기다릴 것이고, 같은 일이 반복되지 않기를 바라면서 모든 것을 처음부터 다시 시작할 것이다.

범위 요청을 이용하면, HTTP 클라이언트는 받다가 실패한 엔터티를 일부 혹은 범위로 요청함으로써 다운로드를 중단된 시점에서 재개할 수 있다(원 서버에서 그 객체가 처음 요청했을 때와 범위 요청을 했을 때 사이에 아무 변경이 없었다면). 예를 들면 다음과 같다.

```
GET /bigfile.html HTTP/1.1
Host: www.joes-hardware.com
Range: bytes=4000-
User-Agent: Mozilla/4.61 [en] (WinNT; I)
...
```

이 예에서 클라이언트는 처음 4,000바이트 이후의 부분을 요청하고 있다(문서의 크기를 요청자가 모르기 때문에, 몇 바이트까지인지는 명시하지 않는다). 이 형식의 범위 요청은, 클라이언트가 처음의 4,000바이트만 받고 실패했을 때 사용할 수 있다. Range 헤더는 또한 여러 범위로 요청을 하기 위해 사용될 수 있다(각 범위는 순서 없이 정해지며 서로 겹칠 수도 있다). 예를 들어, 어떤 문서에 대한 다운로드 시간을 줄이기 위해 동시에 여러 서버에 접속해서 같은 문서에 대해 서로 다른 범위를 요청하는 클라이언트를 상상해보라. 이 사례에서 클라이언트가 하나의 요청으로 여러 범위를 요청했을 때, 응답은 멀티파트 본문과 Content-Type: multipart/byteranges 헤더와 함께 하나의 엔터티로 돌아온다.

모든 서버가 범위 요청을 받아들일 수 있는 것은 아니지만 많은 경우 가능하다. 서버는 클라이언트에게 자신이 범위를 받아들일 수 있는지 응답에 Accept-Range 헤더를 포함시키는 방법으로 알려줄 수 있다. 이 헤더의 값은 측정의 단위로, 주로 바이트이다.[12] 예를 들면 다음과 같다.

```
HTTP/1.1 200 OK
Date: Fri, 05 Nov 1999 22:35:15 GMT
Server: Apache/1.2.4
Accept-Ranges: bytes
...
```

그림 15-9는 범위를 수반한 HTTP 트랜잭션들의 예를 보여준다.

Range 헤더는 피어 투 피어 파일 공유 클라이언트가 멀티미디어 파일의 다른 부분을 여러 다른 피어로부터 동시에 다운로드 받을 때도 널리 사용된다.

범위 요청은 객체의 특정 인스턴스를 클라이언트와 서버 사이에서 교환하는 것이기 때문에, 인스턴스 조작의 일종이라는 것에 주의해야 한다. 이는 클라이언트의 범위 요청은 오직 클라이언트와 서버가 같은 버전의 문서를 갖고 있을 때만 의미가 있음을 의미한다.

12 HTTP/1.1 명세는 bytes 토큰만을 정의하지만 서버나 클라이언트 구현자들은 엔터티의 길이를 측정하거나 자르기 위한 그들만의 단위를 제시할 수도 있을 것이다.

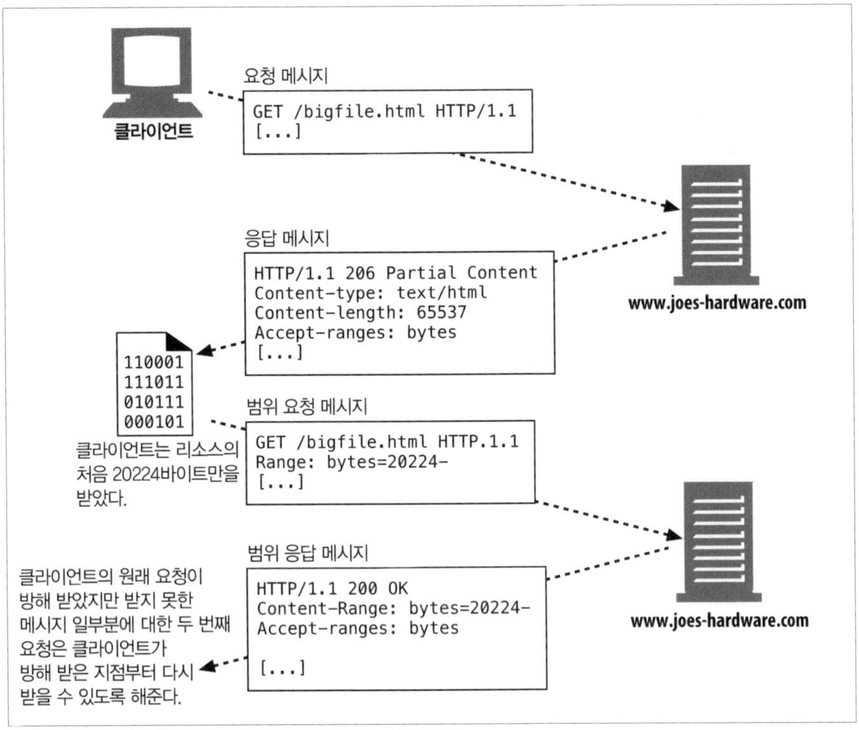
요청 메시지
클라이언트
GET /bigfile.html HTTP/1.1
[...]
응답 메시지
HTTP/1.1 206 Partial Content
Content-type: text/html
Content-length: 65537
Accept-ranges: bytes
[...]
www.joes-hardware.com
110001
111011
010111
000101
범위 요청 메시지
GET /bigfile.html HTTP.1.1
Range: bytes=20224-
[...]
클라이언트는 리소스의 처음 20224바이트만을 받았다.
범위 응답 메시지
HTTP/1.1 200 OK
Content-Range: bytes=20224-
Accept-ranges: bytes
[...]
www.joes-hardware.com
클라이언트의 원래 요청이 방해 받았지만 받지 못한 메시지 일부분에 대한 두 번째 요청은 클라이언트가 방해 받은 지점부터 다시 받을 수 있도록 해준다.

그림 15-9 엔터티 범위 요청의 예

15.10 델타 인코딩

지금까지 어떤 웹 페이지의 각기 다른 버전들은 그 페이지에 대한 각기 다른 인스턴스라고 설명했다. 만약 클라이언트가 어떤 페이지의 만료된 사본을 갖고 있다면, 클라이언트는 그 페이지에 대한 최신 인스턴스를 요청한다. 만약 서버가 그 페이지에 대해 더 새로운 인스턴스를 갖고 있다면 서버는 클라이언트에게 그 페이지를 보낼 것이고 설령 그 페이지가 실제로는 아주 일부분만 변경되었다 할지라도 전체 인스턴스를 보낼 것이다.

새 페이지 전체를 보내는 대신, 페이지에 대한 클라이언트의 사본(변경량이 작은)에 대해 변경된 부분만을 서버가 보낸다면 클라이언트는 더 빨리 페이지를 얻을 수 있을 것이다. 델타 인코딩은 객체 전체가 아닌 변경된 부분에 대해서만 통신하여 전송량을 최적화하는, HTTP 프로토콜의 확장이다. 델타 인코딩은 일종의 인스턴스 조작인데, 왜냐하면 어떤 객체의 특정 인스턴스들에 대한 클라이언트와 서버 사이의 정보 교환에 의존하기 때문이다. RFC 3329는 델타 인코딩에 대해 기술하고 있다.

그림 15-10은 델타 인코딩된 문서를 요청하고, 생성하고, 받고, 적용하는 방식에 대한 명확한 메커니즘을 묘사하고 있다. 클라이언트는 페이지의 어떤 버전을 갖고 있는지 서버에게 말해주어야 하는데, 이는 클라이언트가 페이지의 최신 버전에 대한 델타(변경된 부분)를 받아들일 의사가 있음을 의미한다. 그리고 클라이언트는 자신이 갖고 있는 현재 버전에 델타를 적용하기 위해 어떤 알고리즘을 알고 있는지도 서버에게 말해주어야 한다. 서버는 자신이 클라이언트가 갖고 있는 버전을 갖고 있는지, 그리고 어떻게 최신 버전과 클라이언트의 버전 사이의 델타를 계산할 것인지(두 객체의 차이점을 계산하는 여러 가지 알고리즘이 존재한다) 체크해야 한다. 그러고 나서 델타를 계산해서 클라이언트에게 보내주고, 서버가 델타를 보내고 있음을 클라이언트에게 알려주고, 페이지의 최신 버전에 대한 새 식별자를 명시해야

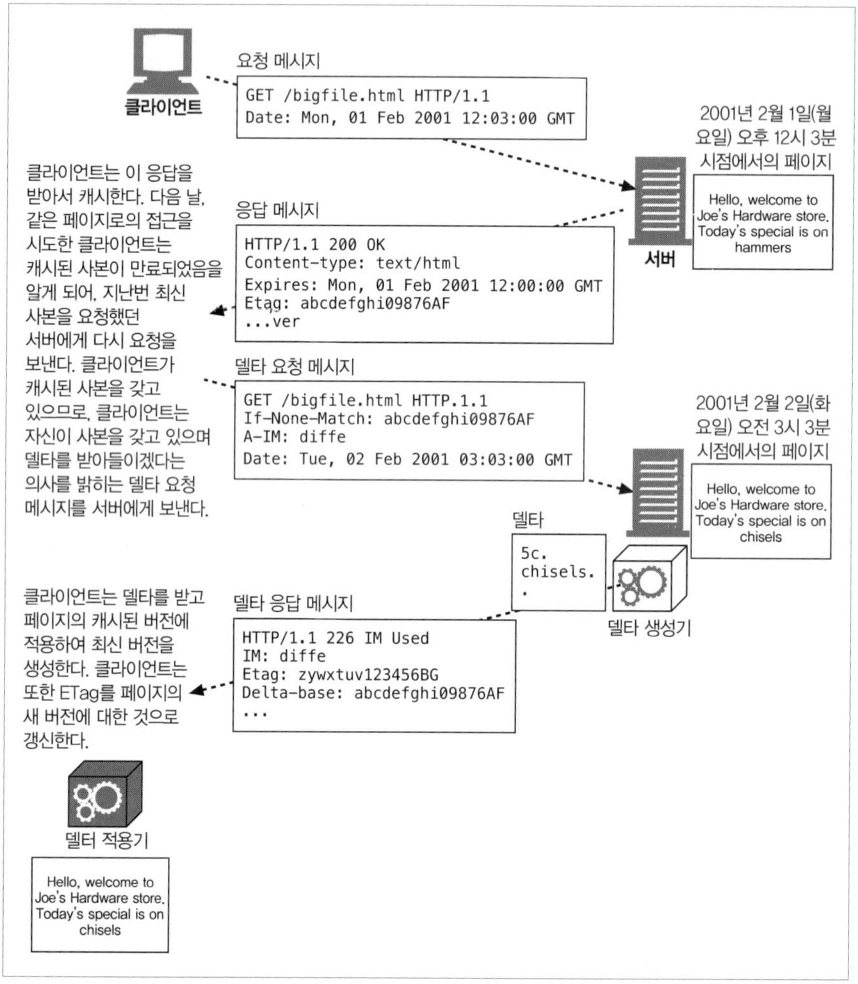

그림 15-10 델타 인코딩의 메커니즘

한다(왜냐하면 이 식별자가 클라이언트의 오래된 버전에 델타를 적용하여 새로 만들어질 페이지의 버전이 되기 때문이다).

클라이언트는 자신이 갖고 있는 버전에 대한 유일한 식별자(지난번 응답의 ETag 헤더에 들어있던 것이다)를 If-None-Match 헤더에 담는다. 이것은 서버에게 "네가 갖고 있는 최신 버전의 페이지가 이것과 같은 ETag를 갖고 있지 않다면, 최신 버전의 페이지를 보내달라"고 말하는 클라이언트의 방식이다. 그러면 이 If-None-Match 헤더에 의해 서버는 클라이언트에게 그 페이지의 최신 버전 전체를 보내게 될 것이다(만약 그 최신 버전이 클라이언트가 갖고 있는 버전과 다르다면).

그러나 클라이언트는, 서버에게 A-IM 헤더를 보내서 자신이 페이지에 대한 델타를 받아들일 수 있음을 알려줄 수도 있다. A-IM은 Accept-Instance-Manipulation의 줄임말이다("아, 그런데, 나는 인스턴스 조작의 몇몇 형태를 받아들일 수 있으므로, 만약 그중 하나를 사용하겠다면 굳이 문서 전체를 보내지 않아도 된다."). 클라이언트는 페이지의 예전 버전과 델타를 이용해 최신 버전의 문서를 생성하는 방법에 대한 자신이 알고 있는 알고리즘을 A-IM 헤더 안에 명시한다. 서버는 클라이언트에게 요청한 객체에 대해 객체 자체가 아닌 인스턴스 조작을 보내고 있음을 말해주는 특별한 응답 코드(226 IM Used), 델타를 계산하기 위해 사용된 알고리즘을 명시한 IM(Instance-Manipulation) 헤더, 새 ETag 헤더, 그리고 델타를 계산할 때 기반이 된 문서의 ETag(이상적으로는 클라이언트의 If-None-Match 요청에 들어 있는 ETag와 같다!)를 지정한 Delta-Base 헤더를 되돌려준다. 델타 인코딩에 사용되는 헤더들은 표 15-5에 요약해 두었다.

헤더	설명
ETag	문서의 각 인스턴스에 대한 유일한 식별자. 서버가 응답에 담아 보내주며, 클라이언트는 이것을 다음번 요청에서 If-Match와 If-None-Match 헤더에 사용한다.
If-None-Match	클라이언트가 보내는 요청 헤더로, 서버가 클라이언트와 다른 버전의 문서를 갖고 있는 경우에 한해 그 문서를 요청한다.
A-IM	받아들일 수 있는 인스턴스 조작의 종류를 가리키는 클라이언트 요청 헤더
IM	요청에 적용된 인스턴스 조작의 종류를 명시하는 서버의 응답 헤더. 응답 코드가 226 IM Used일 때 이 헤더를 보낸다.
Delta-Base	델타를 생성하기 위해 사용된 기저 문서의 ETag(클라이언트 요청의 If-None-Match 헤더에 들어있는 ETag와 같아야 한다)를 명시하는 서버 응답 헤더

표 15-5 델타 인코딩 관련 헤더들

15.10.1 인스턴스 조작, 델타 생성기 그리고 델타 적용기

클라이언트는 A-IM 헤더를 사용해서 자신이 받아들일 수 있는 인스턴스 조작의 종류를 명시할 수 있다. 서버는 IM 헤더에 사용한 인스턴스 조작의 종류를 명시할 수 있다. 받아들일 수 있는 인스턴스 조작의 종류란 대체 어떤 것들이며, 그것들은 무엇을 하는가? 표 15-6은 IANA에 등록된 인스턴스 조작의 종류를 몇 가지 나열하고 있다.

종류	설명
vcdiff	vcdiff 알고리즘을 이용한 델타
diffe	유닉스 diff -e 명령을 이용한 델타
gdiff	gdiff 알고리즘을 이용한 델타
gzip	gzip 알고리즘을 이용한 압축
deflate	deflate 알고리즘을 이용한 압축
range	현재 응답이 범위 선택에 대한 결과인 부분 콘텐츠(partial 콘텐츠)임을 말해주기 위해 서버 응답에서 사용된다.
identit	클라이언트가 identity 인스턴스 조작을 받아들일 의사가 있음을 말해주기 위해 클라이언트 요청의 A-IM 헤더에서 사용된다.

표 15-6 IANA에 등록된 인스턴스 조작의 종류들

그림 15-10에서 보여주고 있는, 서버의 '델타 생성기'는 기저 문서와 그 문서의 최신 인스턴스를 취하여 클라이언트의 A-IM 헤더에 지정된 알고리즘을 이용해 둘 사이의 델타를 계산한다. 클라이언트 측에서는, '델타 적용기'가 델타를 취하여 그를 기저 문서에 적용하여 문서의 최신 인스턴스를 생성한다. 예를 들어, 델타를 생성하기 위해 사용된 알고리즘이 유닉스 diff -e 명령이라면, 클라이언트는 유닉스 ed 편집기의 기능을 이용해서 델타를 적용할 수 있다. diff -e 〈file1〉 〈file2〉는 〈file1〉을 〈file2〉로 변환해주는 ed 명령의 집합을 생성하기 때문이다. ed는 몇 가지 명령을 지원하는 매우 단순한 편집기다. 그림 15-10의 예에서, 5c는 기저 문서에서 5번째 줄을 지우라는 의미이며, chisels.〈cr〉.은 'chisels.'를 추가하라는 의미이다. 그게 다다. 변경이 더 많다면 더 복잡한 설명이 생성될 수도 있다. 유닉스 diff -e 알고리즘은 파일에 대한 줄 단위 비교를 수행한다. 이는 당연히 텍스트 파일에선 문제없지만, 바이너리 파일에서는 실패할 것이다. vcdiff 알고리즘은 더 강력해서, 텍스트 파일이 아니더라도 동작하며 일반적으로 diff -e보다 더 작은 델타를 생성한다.

델타 인코딩 명세는 A-IM과 IM 헤더의 포맷을 자세히 정의한다. 여기서는 이 헤더들에서 복수 개의 인스턴스 조작들을 (각각에 대한 품질 값들과 함께) 지정할 수 있다는 것만 말해둔다. 문서는 클라이언트에게 반환되기 전에 압축률을 극대화하

기 위해 여러 번의 인스턴스 조작을 거칠 수 있다. 예를 들어, vcdiff 알고리즘에 의해 생성된 델타는 gzip 알고리즘을 이용해 압축될 수 있다. 서버 응답은 그다음 IM: vcdiff, zip 헤더를 포함할 것이다. 클라이언트는 먼저 gunzip으로 콘텐츠의 압축을 풀고, 그 결과로 얻은 델타를 기저 페이지에 적용하여 최종 문서를 얻는다.

델타 인코딩은 전송 시간을 줄일 수 있지만 구현하기가 까다로울 수 있다. 변경이 잦고 많은 사람이 접근하는 페이지를 상상해보라. 델타 인코딩을 지원하는 서버는 자신이 제공하는 페이지가 변경되는 매 순간의 사본을 모두 유지하고 있어야 한다. 그래야 클라이언트가 요청을 보냈을 때 그 클라이언트가 갖고 있는 사본과 최신 사본간의 차이점을 알아낼 수 있기 때문이다(만약 문서가 자주 변경된다면, 문서를 요청하는 다른 클라이언트마다 문서에 대한 각기 다른 인스턴스를 받게 될 것이다. 그들이 서버에 다음번 요청을 할 때, 그들은 문서에 대한 자신의 인스턴스와 최신 버전의 차이에 대한 요청을 할 것이다. 변경점만을 보내는 것을 가능하도록 하기 위해, 서버는 반드시 클라이언트가 가지고 있던 이전 버전의 사본들 모두를 유지해야만 한다). 문서를 제공하는데 걸리는 시간이 줄어드는 대신, 서버는 문서의 과거 사본을 모두 유지하기 위해 디스크 공간을 더 늘려야 한다. 이는 전송량 감소로 얻은 이득을 금방 무의미하게 만들 것이다.

15.11 추가 정보

엔터티와 인코딩에 대한 더 자세한 정보가 필요하면 다음을 보라.

http://www.ietf.org/rfc/rfc2616.txt
HTTP/1.1의 명세인 RFC 2616은 엔터티 본문 관리와 인코딩에 대한 주된 레퍼런스다.

http://www.ietf.org/rfc/rfc3229.txt
RFC 3229, "Delta Encoding in HTTP"는 어떻게 델타 인코딩이 HTTP/1.1의 확장으로서 지원되는지 서술한다.

Introduction to Data Compression
Khalid Sayood, Morgan Kaufmann Publishers. 이 책은 HTTP 콘텐츠 인코딩에 의해 지원되는 압축 알고리즘 몇 가지를 설명한다.

http://www.ietf.org/rfc/rfc1521.txt

RFC 1521, "Multipurpose Internet Mail Extensions, Part One: Mechanisms for Specifying and Describing the Format of Internet Message Bodies"는 MIME 본문의 포맷을 서술한다. HTTP는 MIME에서 많은 것을 빌려왔기 때문에, 이 참고자료는 유용하다. 구체적으로, 이 문서는 다음의 기능을 제공하기 위해 설계되었다.

- 하나의 메시지에 여러 객체 담기
- US-ASCII가 아닌 다른 문자 집합으로 본문 텍스트를 표현
- 여러 가지 글꼴을 사용한 텍스트 메시지를 표현
- 이미지나 오디오 조각과 같은 텍스트가 아닌 내용물을 표현

http://www.ietf.org/rfc/rfc2045.txt

RFC 2045, "Multipurpose Internet Mail Extensions, Part One: Format of Internet Message Bodies"는 MIME 메시지의 구조를 서술하기 위한 여러 헤더를 명시한다. 그 중 많은 것이 HTTP와 비슷하거나 같다.

RFC 1864, "The Content-MD5 Header Field"는 MIME 콘텐츠에서 메시지 무결성 검사를 위해 사용되는 Content-MD5 헤더 필드의 동작과 사용처에 대한 역사적 배경을 제공한다.

http://www.ietf.org/rfc/rfc3230.txt

RFC 3230, "Instance Digests in HTTP"는 현재의 Content-MD5가 갖고 있는 약점을 수정하는 HTTP 엔터티 요약 처리의 개선안을 서술한다.

16장

HTTP: The Definitive Guide

국제화

매일 수십억의 사람들이 수백 가지 언어로 문서를 작성한다. 월드 와이드 웹의 진정한 비전에 부응하기 위해서, HTTP는 여러 언어와 문자로 된 국제 문서들의 처리 및 전송을 지원해야 한다.

이 장은 두 가지 주요 국제화(Internationalization) 이슈인 문자집합 인코딩과 언어 태그를 다룬다. HTTP 애플리케이션은 여러 언어의 문자로 텍스트를 보여주고 요청하기 위해 문자집합 인코딩을 사용한다. 그리고 그것들은 사용자가 이해할 수 있는 언어만으로 콘텐츠를 서술하기 위해 언어 태그를 사용한다. 그리고 마지막으로는 여러 언어로 된 URI와 날짜에 대해 간단히 이야기할 것이다.

이 장의 내용은 다음과 같다.

- HTTP가 어떻게 여러 언어 문자들의 체계 및 표준과 상호작용하는지 설명한다.
- HTTP 프로그래머가 올바르게 업무를 수행하는데 도움이 될 수 있도록 전문용어, 기술, 표준의 간략한 개요를 제공한다. (문자 인코딩에 친숙한 독자는 이 부분을 건너뛰어도 좋다.)
- 언어를 위한 표준 명명 체계와, 어떻게 표준화된 언어 태그가 선택한 콘텐츠를 서술하는지에 대해 설명한다.
- 국제화된 URI의 규칙과 주의사항을 개괄적으로 서술한다.
- 날짜와 그 외 다른 국제화 이슈에 대해 간단히 논의한다.

16.1 국제적인 콘텐츠를 다루기 위해 필요한 HTTP 지원

HTTP 메시지는 어떤 언어로 된 콘텐츠든, 이미지, 동영상 혹은 그 외 다른 종류의 미디어처럼 실어 나를 수 있다. HTTP에서 엔터티 본문이란 그저 비트들로 가득 찬 상자에 불과하다.

국제 콘텐츠를 지원하기 위해, 서버는 클라이언트에게 각 문서의 문자와 언어를 알려줘서, 클라이언트가 올바르게 문서를 이루고 있는 비트들을 문자들로 풀어내고, 올바르게 처리해서 사용자에게 콘텐츠를 제공해줄 수 있도록 할 필요가 있다.

서버는 클라이언트에게 문서의 문자와 언어를 HTTP Content-Type charset 매개변수와 Content-Language 헤더를 통해 알려준다. 이 헤더들은 엔터티 본문의 '비트들로 가득 찬 상자'에 무엇이 들어있는지, 어떻게 콘텐츠를 화면에 출력될 올바른 글자들로 바꾸는지, 그리고 그 텍스트가 어떤 언어에 해당하는지 서술한다.

동시에, 클라이언트는 서버에게 사용자가 어떤 언어를 이해할 수 있고 어떤 알파벳의 코딩 알고리즘이 브라우저에 설치되어 있는지 말해줄 필요가 있다. 클라이언트는 서버에게 자신이 어떤 차셋 인코딩 알고리즘들과 언어들을 이해하며 그중 무엇을 선호하는지 말해주기 위해 Accept-Charset과 Accept-Language 헤더를 보낸다.

다음의 HTTP Accept 관련 헤더들은 모국어를 선호하지만 피치 못할 경우에는 영어도 사용하는 프랑스어 사용자가 보냈을 것이다. 이 사용자의 브라우저는 iso-8859-1 서유럽어 차셋 인코딩과 UTF-8 유니코드 차셋 인코딩을 지원할 것이다.

```
Accept-Language: fr, en;q=0.8
Accept-Charset: iso-8859-1, utf-8
```

매개변수 'q=0.8'은 품질 인자(quality factor)이다. 프랑스어(기본값 1.0)보다 영어에 낮은 우선순위(0.8)을 주었다.

16.2 문자집합과 HTTP

자, 그럼 바로 웹 국제화에서 가장 중요한(그리고 가장 헷갈리는) 국제 알파벳 스크립트와 그들의 문자집합 인코딩에 대해 알아보자.

웹 문자집합 표준은 꽤 혼란스러울 수 있다. 많은 사람이 국제 웹 소프트웨어를 작성할 때 겁을 먹는데, 복잡하고 일관성 없는 전문용어, 읽으려면 돈을 주고 사야만 하는 표준 문서, 그리고 익숙하지 않은 외국어가 원인이다. 이 절과 다음 절은 HTTP에서 문자집합을 더 쉽게 사용할 수 있도록 해 줄 것이다.

16.2.1 차셋(Charset)은 글자를 비트로 변환하는 인코딩이다

HTTP 차셋 값은, 어떻게 엔터티 콘텐츠 비트들을 특정 문자 체계의 글자들로 바꾸는지 말해준다. 각 차셋 태그는 비트들을 글자들로 변환하거나 혹은 그 반대의 일을 해주는 알고리즘을 명명한다. 차셋 태그는 등록된 MIME 문자집합에 표준화되어 있고, IANA가 관리한다(http://www.iana.org/assignments/character-sets를 보라). 부록 H는 그들 중 다수를 요약하고 있다.

다음 Content-Type 헤더는 수신자에게 콘텐츠가 HTML 파일임을 말해주고, charset 매개변수는 수신자에게 콘텐츠 비트들을 글자들로 디코딩하기 위해 iso-8859-6 아랍 문자집합 디코딩 기법을 사용하라고 말해준다.

```
Content-Type: text/html; charset=iso-8859-6
```

iso-8859-6 인코딩 구조는 8비트 값을 숫자와 구두점 그리고 다른 기호들을 포함한 라틴 문자와 아랍 문자로 매핑한다.[1] 예를 들어 그림 16-1에서, 강조된 비트 패턴은 코드 값 225를 갖고, 아랍 문자 'FEH'(영어 글자 'F'처럼 읽는다)에 대응된다.

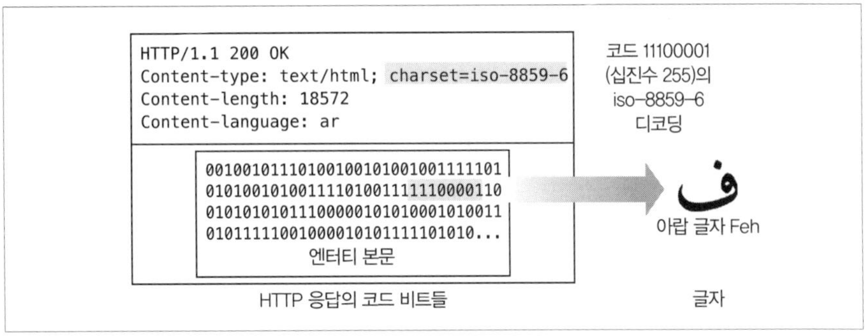

그림 16-1 charset 매개변수는 클라이언트에게 어떻게 비트들을 글자들로 변환하는지 알려준다.

몇몇 문자 인코딩(예: UTF-8과 iso-2022-jp)은 글자 당 비트 수가 일정하지 않아 더 복잡한 가변길이 코드다. 이러한 종류의 코딩은 중국어나 일본어와 같이 많은 글자로 이루어진 문자체계를 지원하기 위해 추가적인 비트를 사용할 수 있게 해준다.

1 중국어나 일본어와는 달리, 아랍어는 28개의 문자만을 갖는다. 8비트는 256개의 유일한 값을 제공하므로 라틴어, 아랍어, 그 밖의 유용한 기호들을 위한 충분한 공간이 된다.

16.2.2 문자집합과 인코딩은 어떻게 동작하는가

문자집합과 인코딩이 실제로 무엇을 하는지 살펴보자.

우리는 문서를 이루는 비트들을 화면에 보여줄 수 있는 글자들로 변환하기를 원한다. 그러나 세상에는 여러 종류의 문자가 있고, 글자를 비트로 인코딩하는 여러 다른 방법(제각각 장단점을 갖는)이 있기 때문에, 우리는 비트들을 문자로 변환하는 디코딩 알고리즘을 지칭하고 적용하는 표준화된 방법이 필요하다.

비트들을 문자로 변환하는 것은 그림 16-2에서 보이듯 두 단계에 걸쳐 일어난다.

- 그림 16-2a, 문서를 이루는 비트들은, 특정 코딩된 문자집합의 특정 문자(각각 번호가 매겨져 있다)로 식별될 수 있는 문자 코드로 변환된다. 이 예에서, 디코딩된 문자 코드는 225로 번호가 붙어있다.
- 그림 16-2b, 문자 코드는 코딩된 문자집합의 특정 요소를 선택하기 위해 사용된다. iso-8859-6에서, 값 225는 'ARABIC LETTER FEH'에 해당한다. 단계 a와 b에서 사용되는 알고리즘은 MIME 차셋 태그를 통해 결정된다.

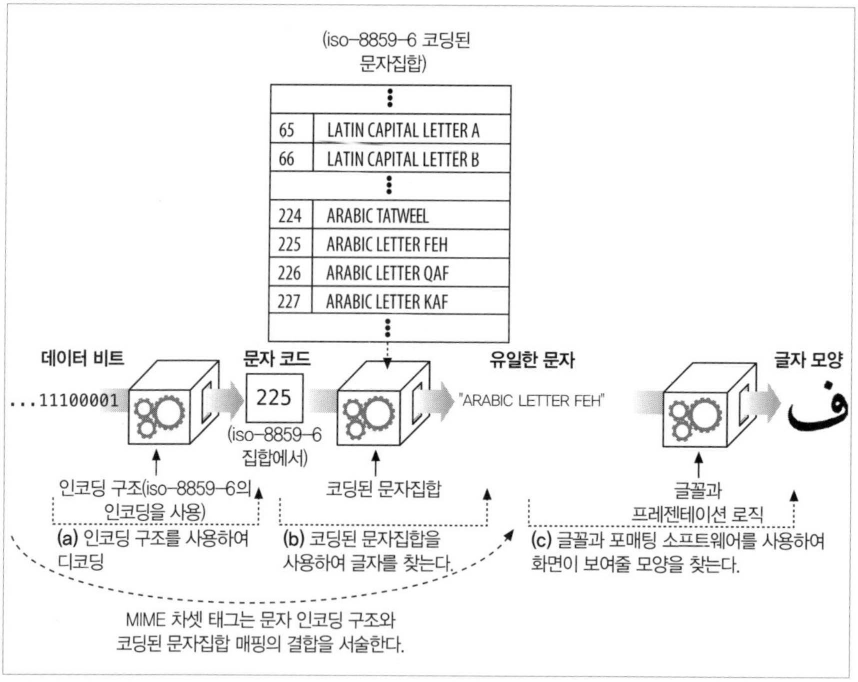

그림 16-2 HTTP '문자집합'은 문자 인코딩 구조와 코딩된 문자집합을 결합한 것이다.

국제화된 문자 시스템의 핵심 목표는 표현(시각적인 표현 방식)에서 의미(글자들)를 분리하는 것이다. HTTP는 문자 데이터 및 그와 관련된 언어와 차셋 라벨의 전송에만 관심을 갖는다. 그림 16-2c와 같이, 글자의 모양을 어떻게 표현할 것인가 하는 것은 사용자의 그래픽 디스플레이 소프트웨어(브라우저, 운영체제, 글꼴)가 결정한다.

16.2.3 잘못된 차셋은 잘못된 글자들을 낳는다

만약 클라이언트가 잘못된 charset 매개변수를 사용한다면, 클라이언트는 이상한 깨진 글자를 보여주게 될 것이다. 브라우저가 본문으로부터 값 225(이진값 11100001)를 가져온 경우에 대해 이야기해보자.

- 만약 브라우저가 본문이 iso-8859-1 서유럽 문자 코드로 인코딩되었다고 생각한다면, 그것은 양음 악센트(acute accent)[2]가 붙은 소문자 라틴문자 'a'를 보여줄 것이다.

á

- 만약 브라우저가 iso-8859-6 아랍 코드를 사용한다면, 'FEH'를 보여줄 것이다.

ف

- 만약 브라우저가 iso-8859-7 그리스어를 사용한다면, 작은 'Alpha'를 보여줄 것이다.

α

- 만약 브라우저가 iso-8859-8 히브리어 코드를 사용한다면, 'BET'을 보여줄 것이다.

ב

16.2.4 표준화된 MIME 차셋 값

특정 문자 인코딩과 특정 코딩된 문자집합의 결합을 MIME 차셋이라고 부른다. HTTP는 표준화된 MIME 차셋 태그를 Content-Type과 Accept-Charset 헤더에 사용한다. MIME 차셋의 값은 IANA에 등록되어 있다.[3] 표 16-1은 문서와 브라우저에 의해 사용되는 MIME 차셋 인코딩 구조들을 몇 가지 나열하고 있다. 더 완전한 목록은 부록 H에서 제공한다.

---

2 (옮긴이) á 위에 붙은 ´ 같은 것

3 등록된 차셋 값들의 목록은 http://www.iana.org/numbers.htm에서 볼 수 있다.

MIME 차셋 값	설명
us-ascii	1968년에 ANSI_X3.4-1968로 표준화된 유명한 문자 인코딩이다. 이것은 ASCII로도 불리지만 ISO 646에는 여기서 선택된 글자들을 수정한 여러 가지 국제 변형이 있기 때문에 'US'라는 접두어를 붙이는 것을 선호한다. US-ASCII는 7비트 값을 128가지 글자에 대응시킨다. 하이 비트(high bit)는 사용되지 않는다.
iso-8859-1	iso-8859-1은 서유럽 언어를 지원하기 위한 ASCII의 8비트 확장이다. 이것은 ASCII 코드(0-127)를 온전히 유지한 채 여러 서유럽 글자들을 포함시키기 위해 하이 비트를 사용한다. iso-latin-1으로도 불리며, 'Latin1'이라는 별명도 있다.
iso-8859-2	체코어, 폴란드어, 루마니아어와 같은 중부유럽 혹은 동유럽 언어에서 사용되는 문자들을 포함시키기 위해 ASCII를 확장했다. iso-latin-2라고도 불린다.
iso-8859-5	러시아어, 세르비아어, 불가리아어 등에 사용되는 키릴 문자를 포함하기 위해 ASCII를 확장했다.
iso-8859-6	아랍 문자들을 포함하기 위해 ASCII를 확장했다. 아랍 문자들의 모양은 단어에서의 위치에 좌우되기 때문에, 문맥을 분석해서 각 글자에 대한 올바른 모양을 생성하는 디스플레이 엔진이 필요하다.
iso-8859-7	현대 그리스 문자를 포함하기 위해 ASCII를 확장했다. 이전에는 ELOT-928이나 ECMA-118:1986으로 알려져 있었다.
iso-8859-8	히브리어와 이디시어 문자들을 포함하기 위해 ASCII를 확장했다.
iso-8859-15	그다지 필요하지 않은 몇몇 구두점 및 분수 기호들을 고대 프랑스어와 핀란드어 글자들로 대체하고, 국제 통화 기호를 새로운 유로 통화 기호로 대체하기 위해 iso-8859-1을 갱신한 것이다. 이 문자집합에는 'Latin0'이라는 별명이 붙어 있다.
iso-2022-jp	iso-2022-jp는 일본어 전자우편과 웹 콘텐츠를 위해 널리 사용되는 인코딩이다. 이것은 1바이트로 된 ASCII 문자들을 지원하는 가변길이 인코딩 구조이지만 세 가지 다른 일본어 문자집합으로 전환하기 위해 3글자로 된 모달 이스케이프 문자열(modal escape sequence)을 사용한다.
euc-jp	euc-jp는 여러 종류의 모드나 이스케이프 문자열 없이 각 글자를 식별하기 위해 명시적 비트 패턴을 사용하는 ISO 2022 호환 가변길이 인코딩이다. 이것은 여러 일본어 문자집합에서의 글자들을 식별하기 위해 1바이트, 2바이트, 그리고 3바이트 문자열을 사용한다.
Shift_JIS	이 인코딩은 원래 마이크로소프트에 의해 개발되었으며 때때로 SJIS나 MS Kanji로 불린다. 이것은 역사적인 호환성 문제 때문에 약간 복잡하고, 또 모든 문자에 대응하지도 못하지만 여전히 흔하게 쓰이고 있다.
koi8-r	KOI8-R은 IETF RFC 1489로 정의된, 러시아어를 위한 인기 있는 8비트 인터넷 문자집합 인코딩이다. 이 이니셜은 'Code for Information Exchange, 8 bit, Russian'의 머리글자를 바꿔 쓴 것이다.
utf-8	UTF-8은 전 세계의 문자들에 대한 보편적 문자집합인 UCS(유니코드)를 표현하기 위한 흔히 쓰이는 가변길이 문자 인코딩 구조다. UTF-8은 각 글자를 1에서 6바이트로 표현하는 가변길이 인코딩을 문자 코드 값에 사용한다. UTF-8의 주요 기능 중 하나는 통상적인 7비트 아스키 문자열에 대한 하위호환성이다.
windows-1252	마이크로소프트는 자신의 코딩된 문자집합을 '코드 페이지'라고 부른다. 윈도우 코드 페이지 1252('CP1252'나 'WinLatin1'로도 알려진)는 iso-8859-1의 확장이다.

표 16-1 MIME 차셋 인코딩 태그

16.2.5 Content-Type charset 헤더와 META 태그

```
Content-Type: text/html; charset=iso-2022-jp
```

웹 서버는 클라이언트에게 MIME 차셋 태그를 charset 매개변수와 함께 Content-Type 헤더에 담아 보낸다.

만약 문자집합이 명시적으로 나열되지 않았다면, 수신자는 문서의 콘텐츠로부터 문자집합을 추측하려 시도한다. HTML 콘텐츠에서 문자 집합은 문자 집합을 서술하는 〈META HTTP-EQUIV="Content-Type"〉 태그에서 찾을 수 있다.

예 16-1은 어떻게 HTML META 태그가 문자집합을 일본어 인코딩 iso-2022-jp로 설정하는지 보여준다. 만약 문서가 HTML이 아니라면, 혹은 META Content-Type 태그가 없다면, 소프트웨어는 언어와 인코딩에 대한 일반적인 패턴을 찾기 위해 실제 텍스트를 스캐닝하여 문자 인코딩을 추측한다.

예 16-1 HTML META 태그에 명시된 Character 인코딩

```
<HEAD>
    <META HTTP-EQUIV="Content-Type" CONTENT="text/html; charset=iso-2022-jp">
    <META LANG="jp">
    <TITLE>A Japanese Document</TITLE>
</HEAD>
<BODY>
  ...
```

만약 클라이언트가 문자 인코딩을 추측하지 못했다면, iso-8859-1인 것으로 가정한다.

16.2.6 Accept-Charset 헤더

세상에는 지난 수십 년간 개발되어온 수천 가지의 정의된 문자 인코딩과 디코딩 방법이 존재한다. 대부분의 클라이언트는 모든 종류의 문자 코딩과 매핑 시스템을 지원하지는 않는다.

HTTP 클라이언트는 서버에게 정확히 어떤 문자 체계를 그들이 지원하는지 Accept-Charset 요청 헤더를 통해 알려준다. Accept-Charset 헤더의 값은 클라이언트가 지원하는 문자 인코딩의 목록을 제공한다. 예를 들어, 다음의 HTTP 요청 헤더는 클라이언트가 서유럽 iso-8859-1 문자 시스템을 UTF-8 가변길이 유니코드 호환 시스템만큼 잘 받아들일 수 있음을 말해준다. 이 문자 인코딩 구조 중 어떤 것으로 콘텐츠를 반환할지는 서버의 자유다.

```
Accept-Charset: iso-8859-1, utf-8
```

Accept-Charset 요청 헤더에 대응하는 Content-Charset 응답 헤더는 존재하지 않는다는 것에 주의하라. 응답 문자집합은 MIME과의 호환을 위해 Content-Type 응답 헤더의 charset 매개변수를 통해 서버로부터 돌려받는다. 아쉽게도 대칭적이지는 않지만, 필요한 정보는 다 제공되는 셈이다.

16.3 다중언어 문자 인코딩에 대한 지침

이전 절은 어떻게 HTTP Accept-Charset 헤더와 Content-Type charset 매개변수가 차셋 인코딩 정보를 클라이언트로부터 서버로 실어 나르는지 서술했다. 국제화 애플리케이션과 콘텐츠로 많은 작업을 하는 HTTP 프로그래머는 기술 명세를 이해하고 올바르게 소프트웨어를 구현하기 위해 다중언어 문자집합 체계에 대해 깊이 이해할 필요가 있다.

다중언어 문자 체계를 배우는 것은 쉽지 않다. 용어들은 복잡하며 일관성이 없고, 종종 표준 문서를 읽기 위해 돈을 내야 하며, 작업할 다른 언어에 친숙하지 않을지도 모른다. 이 장은 문자 체계와 표준에 대한 개관이다. 이미 문자 인코딩에 친숙하거나 혹은 이에 대해 자세히 알아보는 것에 별로 관심이 없다면 16.4 "언어 태그와 HTTP"로 바로 넘어가는 것도 좋다.

16.3.1 문자집합 용어

다음은 당신이 알아두어야 할 여덟 개의 전자 문자 체계 용어다.

문자

알파벳 글자, 숫자, 구두점, 표의문자(중국어에서와 같은), 기호 등 글쓰기의 최소 단위. 약식으로 유니코드(Unicode[4])라고 불리는 국제 문자 세트(Universal Character Set, UCS) 계획에 따라 여러 언어의 여러 글자에게 알맞고 유일한 이름[5]을 부여하기 위한 표준화된 이름 집합이 개발되어 왔다.

4 유니코드는 UCS에 기반한 상업적인 컨소시엄으로, 상업적인 제품들을 판매하고 있다.

5 'LATIN CAPITAL LETTER S'나 'ARABIC LETTER QAF' 같은 이름들

글리프(glyph)

하나의 글자를 표현하기 위한, 획의 패턴이나 다른 것과 구분되는 유일한 시각적 형태. 하나의 글자를 여러 방식으로 쓰는 것이 가능하다면 글리프를 여러 개 가질 수도 있다(그림 16-3을 보라).

코딩된 문자(coded character)

우리가 글자를 다룰 수 있도록 각 글자에 할당된 유일한 숫자

코드 공간(coding space)

문자 코드 값으로 사용하려고 계획해 둔 정수의 범위

코드 너비(code width)

각 문자 코드의 (고정된 크기의) 비트 개수

사용 가능 문자집합(character repertoire)

글자들에 대한 특정한 작업 집합(세상에 존재하는 모든 글자의 부분집합)

코딩된 문자집합(coded character set)

사용 가능 문자집합(세상의 모든 글자에서 일부분을 선택한 것)을 받아서 각 글자에 코드 공간의 코드를 할당해주는 코딩된 문자들의 집합. 다시 말하면, 실제 글자들에 숫자로 된 문자 코드를 대응시킨 것이다.

문자 인코딩 구조

숫자로 된 문자 코드들을 콘텐츠 비트의 연속으로 인코딩하는(그리고 원래대로 디코딩하는) 알고리즘. 문자 인코딩 구조는 글자를 식별하기 위해 필요한 데이터의 양을 줄이거나(압축), 전송상의 어떠한 제약을 회피하거나, 중복된 코딩된 문자집합들을 통합하는데 사용될 수 있다.

16.3.2 '차셋(Charset)'은 형편없는 이름이다

엄밀히 말해, MIME 차셋 태그(Content-Type charset 매개변수와 Accept-Charset 헤더에서 쓰이는)는 문자집합을 의미하는 것이 결코 아니다. MIME 차셋 값은 데이터 비트를 고유한 문자의 코드로 매핑하는 알고리즘의 이름이다. 이것은 문자 인코딩 구조와 코딩된 문자집합의 개념을 합친 것이다.

이 용어는 엉성하고 혼란스러운데, 이미 문자 인코딩 구조와 코딩된 문자집합에

대한 출판된 표준이 존재하기 때문이다.[6] 다음은 HTTP/1.1의 저자들이 용어 사용에 대해 언급한 내용이다(RFC 2616 중에서).

> 이 문서에서 '문자집합(character set)'이란 용어는 어떠한 방법을 참조하기 위해 사용되었다 ... 옥텟의 연속을 글자들의 연속으로 변환하기 위해... 주의: 이러한 '문자집합'이란 용어는 '문자 인코딩'의 의미로 더 흔하게 사용된다. 그러나 HTTP와 MIME이 같은 등록소를 공유하는 이상, 용어 역시 공유된다는 사실은 중요하다.

IETF는 RFC 2277에서 비표준 용어도 받아들였다.

> 이 문서는 '차셋'이란 용어를, 코딩된 문자집합과 문자 인코딩 구조의 결합과 같이, 옥텟의 연속을 글자의 연속으로 매핑하는 규칙이라는 의미로 사용했다. 이것은 또한 MIME "charset=" 매개변수에서 식별자로도 쓰이며, IANA 차셋 등록소에 등록되었다(ISO와 같은 다른 표준 단체에서는 사용되지 않는다는 것에 주의하라).

따라서, 표준 문서를 읽을 때는 정확히 무엇이 정의되어 있는지 알 수 있도록 주의를 기울여야 한다. 지금까지 용어들을 정리해 보았으니, 이제부터는 문자, 글리프, 문자집합, 문자 인코딩에 대해 더 자세히 살펴보겠다.

16.3.3 문자

문자는 쓰기의 기본적인 구성요소다. 하나의 문자는 하나의 알파벳 글자, 숫자, 구두점, 표의문자(중국어에서와 같은), 수학 기호, 혹은 그 외에 다른 쓰기의 기본 단위를 표현한다.

문자는 글꼴이나 스타일에 독립적이다. 그림 16-3은 'LATIN SMALL LETTER A'로 불리는 같은 문자의 여러 변형을 보여준다. 서유럽어를 모국어로 사용한다면 아래 다섯 가지 모양이 획의 패턴이나 스타일이 상당히 다름에도 불구하고 모두 같은 글자라는 것을 바로 알아챌 것이다.

6 더 나쁜 점은, MIME 차셋 태그는 빈번하게 코딩된 문자집합이나 인코딩 구조의 이름을 끌어들인다는 것이다. 예를 들어 iso-8859-1은 코딩된 문자집합이지만(이것은 숫자로 된 코드들을 256개의 유럽 문자들에 할당한다), MIME은 코딩된 문자집합의 8비트 아이덴티티 인코딩*을 의미하기 위해서 차셋 값 'iso-8859-1'을 사용한다. 이 애매한 용어는 치명적이지는 않지만, 표준 문서를 읽을 때는 이 전제에 대해 확실히 알고 있도록 하라.

* (옮긴이) 입력을 받아 아무것도 하지 않고 그대로 출력하는 인코딩

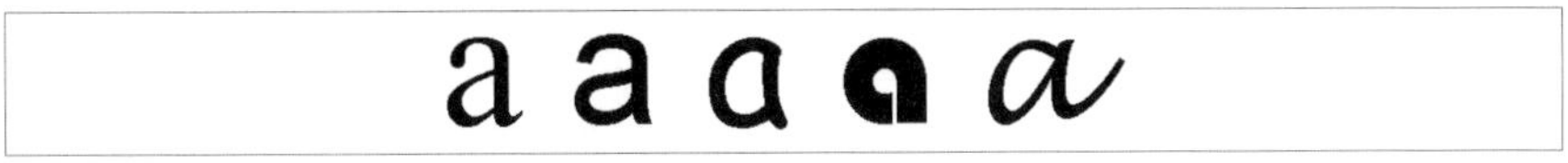

그림 16-3 한 글자는 여러 가지 다른 쓰기 형태를 가질 수 있다.

같은 글자라도 그 글자가 단어에서 어디에 위치하느냐에 따라 각각 다른 모양을 갖는 표기 체계도 많다. 예를 들어 그림 16-4의 네 가지 모양은 모두 글자 'ARABIC LETTER AIN'[7]을 표현한 것이다. 그림 16-4a는 단독으로 쓰여진 'AIN'을 보여준다. 그림 16-4d는 'AIN'이 단어의 첫 번째 글자로 쓰일 때를 보여주며, 그림 16-4c는 'AIN'이 단어 중간에 나올 때, 그리고 그림 16-4b는 'AIN'이 단어의 마지막에 위치할 때를 보여준다.[8]

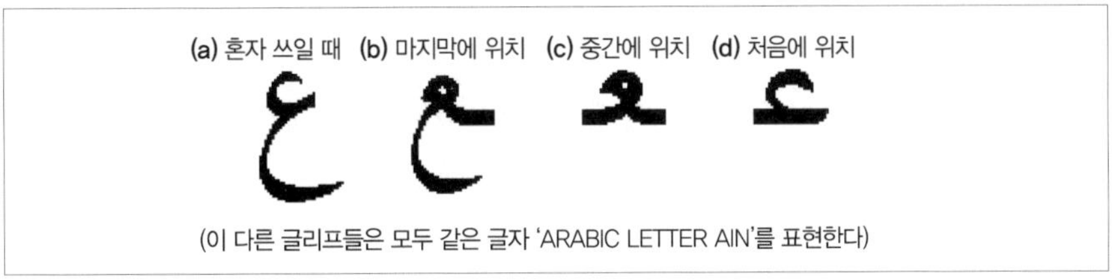

그림 16-4 글자 'ARABIC LETTER AIN'의 위치에 따른 네 가지 형태

16.3.4 글리프(glyphs), 연자(ligatures) 그리고 표현 형태

글리프와 문자를 헷갈려서는 안 된다. 문자는 유일하고 추상화된 언어의 요소다. 글리프는 각 글자를 그리는 특정한 방법이다. 각 문자는 미적인 양식과 스크립트에 따라 여러 가지 글리프를 가진다.[9]

또한, 문자와 그것의 표현 형태를 혼동하지 말라. 쓰기를 보다 멋지게 보이도록 하기 위해, 많은 필기체와 활자체가 인접한 글자들이 부드럽게 이어지는 연자(ligature)를 지원한다. 영어를 사용하는 식자공은 보통 F와 I를 'FI 연자'로 연결하며(그림 16-5a-b를 보라), 아랍어 사용자는 보통 'LAM'과 'ALIF'를 연결하여 매력적인 연자로 만든다(그림 16-5c-d).

---

7 'AIN'은 'ayine'과 비슷하게 발음되지만, 소리가 목구멍 쪽을 향한다는 점이 다르다.

8 아랍어는 오른쪽에서 왼쪽으로 쓴다는 점에 주의하라.

9 많은 사람이 '글리프'라는 단어를 최종적으로 렌더링되는 비트맵 이미지를 뜻하기 위해 사용하지만, 엄밀히 말해 글리프는 글꼴이나 사소한 미적 양식에 의존하지 않는, 글자에 내재된 모양새이다. 이와 같은 엄밀한 구분은 쉽지도 않고, 이 장의 목적에 도움이 되지도 않는다.

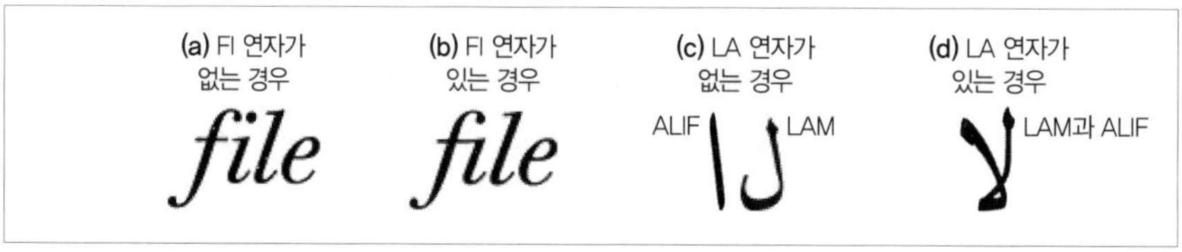

그림 16-5 연자는 새로운 글자가 아니라 인접한 글자의 모양을 표현하는 방법이다.

일반적인 규칙은, 글리프 하나를 다른 것으로 바꾸었을 때 텍스트의 의미가 바뀐다면, 그 두 글리프들은 서로 다른 글자다. 아니라면 그것들은 모양만 다를 뿐 같은 글자다.[10]

16.3.5 코딩된 문자집합(Coded Character Set)

RFC 2277과 2130에서 정의된 코딩된 문자집합은 정수를 글자로 대응시킨다. 코딩된 문자집합은 보통 코드 번호로 인덱싱된(그림 16-6을 보라) 배열로 구현된다.[11] 그 배열의 원소들은 문자들이다.[12]

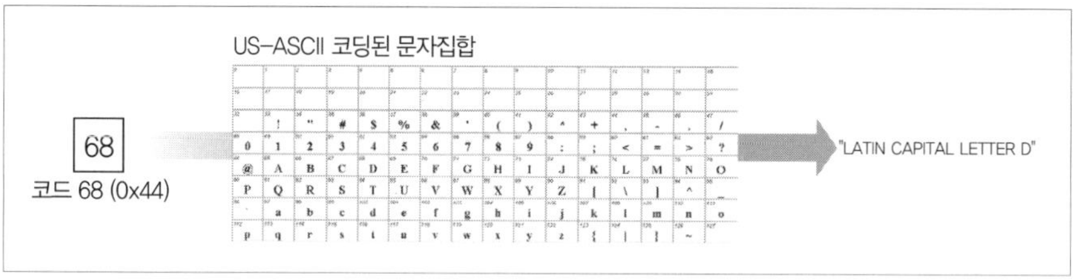

그림 16-6 코딩된 문자집합은 숫자로 된 코드를 글자에 대응시키는 배열이라고 생각할 수 있다.

역사적으로 중요한 US-ASCII 문자집합, ASCII를 확장한 iso-8859, 일본의 JIS X 0201 문자집합, 그리고 국제 문자 세트(Unicode)를 포함한 몇 가지 중요한 코딩된 문자집합 표준을 살펴보자.

US-ASCII: 모든 문자집합의 어머니

아스키는 1968년 ANSI 표준 X3.4 '정보교환을 위한 미국 표준 코드'로 표준화된 가장 유명한 코딩된 문자집합이다. 아스키는 오직 코드 값 0-127만 사용한다, 따라서

---

10 의미와 표현의 분리가 항상 명확하지는 않다. 구현의 편의성을 위해, 같은 한 문자에 대한 표현의 여러 변형이 서로 다른 문자들인 것처럼 할당되는 경우도 있다. 그러나 그러한 상황을 피하는 것이 목표다.

11 이 배열들은 다차원이 될 수도 있는데, 이 경우 코드 번호를 이루는 비트의 덩어리들이 각각의 축에 대한 색인이 된다.

12 그림 16-6은 코딩된 문자집합을 표현하기 위해서 격자를 사용한다. 격자 안에는 문자 이미지가 담겨 있다. 이 이미지들은 기호다. 이미지 'D'가 있다면 그것은 어떤 특정 글리프를 나타내는 것이 아니라 글자 'LATIN CAPITAL LETTER D'의 약칭이다.

코드 공간을 전체를 표현하는데 7비트만이 필요하다. 이 문자집합의 다른 국제 변종과 구분하기 위해, 'US-ASCII'라는 이름이 더 선호된다.

HTTP 메시지(헤더, URI 등등)는 US-ASCII를 사용한다.

iso-8859

iso-8859 문자집합 표준은, 국제적인 글쓰기를 위해 필요한 글자들을 하이 비트를 이용해서 추가한, US-ASCII의 8비트 확대집합들이다. 추가 비트에 의해 제공되는 추가 공간은 모든 유럽 글자를 담기에는 충분히 크기 않으므로(아시아 글자들은 말할 것도 없다), iso-8859는 지역에 따라 커스터마이징된 문자집합을 제공한다.

iso-8859-1	서유럽어(예: 영어, 프랑스어)
iso-8859-2	중앙 및 동유럽어(예: 체코어, 폴란드어)
iso-8859-3	남유럽어
iso-8859-4	북유럽어
iso-8859-5	키릴(예: 불가리아어, 러시아어, 세르비아어)
iso-8859-6	아랍어
iso-8859-7	그리스어
iso-8859-8	히브리어
iso-8859-9	터키어
iso-8859-10	노르딕어(예: 아이슬랜드어, 이뉴잇어)
iso-8859-15	새로운 유로 통화 문자를 포함하기 위한 iso-8859-1의 변형

Latin1로도 알려진 iso-8859-1은, HTML을 위한 기본 문자집합이다. 대부분의 유럽어 텍스트를 표현하기 위해 사용될 수 있다. 기본 HTTP 코딩된 문자집합을 iso-8859-1에서 새 유로 통화 기호를 포함하고 있는 iso-8859-15로 변경해야 한다는 논의가 있었다. 그러나 iso-8859-1이 널리 받아들여져 있는 상태이기 때문에, iso-8859-15로의 변경이 광범위하게 받아들여지진 않을 것이다.[13]

JIS X 0201

JIS X 0201은 아스키를 일본어 가타카나 반각문자를 더해 확장한 극단적으로 작은

13 (옮긴이) 지금은 변경할 필요가 있는 경우에는 다들 UTF-8로 변경했기 때문에 여전히 iso-8859-15는 그다지 쓰이지 않는다. http://w3techs.com/technologies/overview/character_encoding/all에 따르면, iso-8859-1을 사용하는 웹페이지가 전체의 10.4%에 달하는 반면, iso-8859-15는 0.3%에 지나지 않는다.

문자집합이다. 가타카나 반각 문자는 원래 일본의 전신 체계에서 쓰이던 것이다. JIS X 0201은 보통 'JIS Roman'으로 불린다. JIS는 'Japanese Industrial Standard(일본 산업 표준)'의 줄임말이다.

JIS X 0208과 JIS X 0212

일본어는 여러 문자 체계로부터 온 수천 개의 글자를 담고 있다. JIS X 0201의 63개의 표음 가타카나 문자로 (고통스럽게나마) 절름발이식 사용이 가능하긴 하지만, 실질적인 사용을 위해서는 훨씬 완전한 문자집합이 필요하다.

JIS X 0208 문자집합은 최초의 멀티바이트 일본어 문자집합이다. 이것은 대부분이 일본식 한자인 6,879개의 코딩된 문자를 정의했다. JIS X 0212 문자집합은 6,607개의 문자를 추가했다.

UCS

국제 문자 세트(Universal Character Set, UCS)는 전 세계의 모든 글자를 하나의 코딩된 문자집합으로 통합하려 노력하는 세계적인 표준이다. UCS는 ISO 10646으로 정의된다. 유니코드는 UCS 표준을 따르는 상업적인 컨소시엄이다. UCS는, 기본 집합은 단 50,000 글자만으로 이루어져 있음에도 불구하고, 수백만 개의 글자를 위한 코드 공간을 갖고 있다,

16.3.6 문자 인코딩 구조

문자 인코딩 구조들은 숫자로 된 문자 코드를 콘텐츠 비트들로 변환하고 다른 쪽에서는 그들을 다시 문자 코드로 환원한다(그림 16-7). 문자 인코딩 구조는 크게 세 종류로 분류할 수 있다.

고정폭

고정폭 인코딩은 각 코딩된 문자를 고정된 길이의 비트로 표현한다. 빠르게 처리될 수 있지만 공간을 낭비할 우려가 있다.

가변폭(비모달)

가변폭 인코딩은 다른 문자 코드 번호에 다른 길이의 비트를 사용한다. 자주 사용하는 글자의 비트 길이를 줄일 수 있고, 국제 문자에 대해서는 여러 바이트를 사용하도록 함으로써 이전의 8비트 문자집합과의 호환성도 유지할 수 있다.

가변폭(모달)

모달 인코딩은 다른 모드로의 전환을 위해 특별한 'escape' 패턴을 사용한다. 예를 들어, 어떤 모달 인코딩은 텍스트에서 중첩된 여러 가지 문자집합 간의 전환을 위해 사용될 수 있다. 모달 인코딩은 처리하기 복잡하지만, 복잡한 표기 체계를 효과적으로 지원해 줄 수 있다.

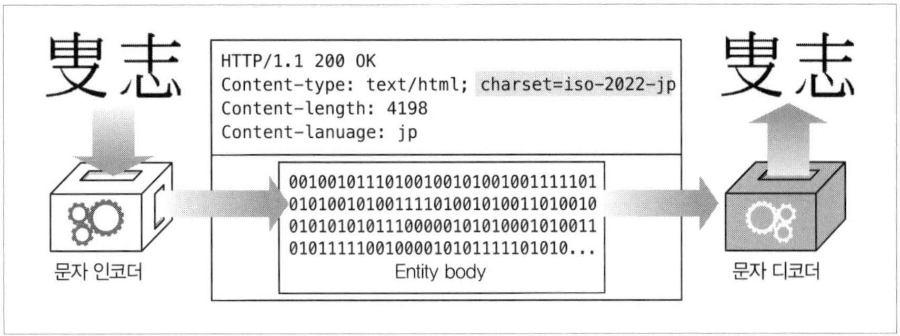

그림 16-7 문자 인코딩 구조는 character code를 비트들로 인코딩하고 다시 원래대로 돌려놓는다.

그럼 몇 가지 인코딩 구조를 살펴보자.

8비트

8비트 고정폭 아이덴티티 인코딩은 간단히 각 문자 코드를 그에 대응하는 8비트 값으로 인코딩한다. 256개 문자의 코드 범위에 대한 문자집합만을 지원한다. iso-8859 문자집합군은 8비트 아이덴티티 인코딩을 사용한다.

UTF-8

UTF-8은 인기 있는 UCS(UTF는 'UCS Transformation Format'의 약자다)를 위해 설계된 문자 인코딩 구조다. UTF-8은 문자 코드의 값을 위해 비모달 가변길이 인코딩을 사용한다. 첫 바이트의 선두 비트들은 인코딩된 문자의 길이를 바이트 단위로 나타내고, 그 이후의 바이트들은 각각 6비트의 코드 값을 담는다.(표 16-2를 보라)

만약 첫 번째 인코딩된 바이트의 하이 비트[14]가 0이라면, 길이는 단 1바이트다, 그리고 남은 7비트는 문자 코드를 담는다. 멋지게도 이 덕에 아스키와의 호환성이 확보된다. (하지만 iso-8859와 호환되는 것은 아닌데, iso-8859는 하이 비트를 사용하기 때문이다).

---

14 (옮긴이) 여기서는 첫 번째 비트가 하이 비트이다.

문자 코드 비트	바이트 1	바이트 2	바이트 3	바이트 4	바이트 5	바이트 6
0-7	0ccccccc	-	-	-	-	-
8-11	110ccccc	10cccccc	-	-	-	-
12-16	1110cccc	10cccccc	10cccccc	-	-	-
17-21	11110ccc	10cccccc	10cccccc	10cccccc	-	-
22-26	111110cc	10cccccc	10cccccc	10cccccc	10cccccc	-
27-31	1111110c	10cccccc	10cccccc	10cccccc	10cccccc	10cccccc

표 16-2 UTF-8 가변폭 비모달 인코딩

예를 들어, 문자 코드 90(아스키 'Z')은 1바이트로 인코딩되었을 것이며(01011010), 코드 5073(13비트 이진값 1001111010001)은 3바이트로 인코딩되었을 것이다.

```
11100001 10001111 10010001
```

iso-2022-jp

iso-2022-jp는 일본어 인터넷 문서를 위해 널리 사용되는 인코딩이다. iso-2022-jp는 8비트 문자를 지원하지 않는 소프트웨어와의 문제점을 방지하기 위해 128보다 작은 값으로만 이루어진 가변길이 모달 인코딩이다.

인코딩 콘텍스트(encoding context)는 언제나 네 가지 미리 정의된 문자집합 중 하나로 설정된다.[15] 특별한 '이스케이프 문자열'은 한 집합에서 다른 집합으로 전환시켜준다. iso-2022-jp는 처음에는 US-ASCII 문자집합을 사용하지만, 3바이트의 이스케이프 문자열 사용해서 JIS X 0201(JIS-Roman) 문자집합이나 훨씬 큰 JIS X 0208-1978, 그리고 JIS X 0208-1983 문자집합으로 전환될 수 있다.

이스케이프 문자열은 표 16-3과 같다. 결과적으로 일본어 텍스트는 'ESC $ B'로 시작해서 'ESC(B' 혹은 'ESC (J'로 끝나게 된다.

이스케이프 문자열	전환 후의 문자집합	코드당 바이트 수
ESC (B	US-ASCII	1
ESC (J	JIS X 0201-1976 (JIS Roman)	1
ESC $ @	JIS X 0208-1978	2
ESC $ B	JIS X 0208-1983	2

표 16-3 iso-2022-jp 문자집합 전환 이스케이프 문자열

15 iso-2022-jp 인코딩은 이들 네 문자집합에 강하게 매여 있다. 다른 몇몇 인코딩이 특정 문자집합에 독립적인 것과는 대조적이다.

US-ASCII나 JIS-Roman 모드에서는, 한 글자당 한 바이트가 사용된다. 더 큰 JIS X 0208 문자집합을 사용할 때는, 글자당 2바이트가 사용된다. 이 인코딩은 각 바이트의 범위를 33에서 126 사이로 제한한다.[16]

euc-jp

euc-jp는 또 하나의 인기 있는 일본어 인코딩이다. EUC는 'Extended Unix Code'의 약자로, 유닉스 운영체제에서 아시아 문자들을 지원하기 위해 처음 개발되었다.

iso-2022-jp와 비슷하게, euc-jp 인코딩은 여러 표준 일본어 문자집합을 사용할 수 있도록 해주는 가변길이 인코딩이다. 그러나 iso-2022-jp와는 달리 euc-jp 인코딩은 모달이 아니다. 모드 간의 전환을 위한 이스케이프 문자열이 존재하지 않는다.

euc-jp는 JIS X 0201(ASCII에서 몇 글자를 일본어로 치환한 것이다), JIS X 0208, 반각 가타카나(일본어 전신 체계에서 사용했던 63개의 글자), 그리고 JIS X 0212의 총 4가지 코딩된 문자집합을 지원한다.

JIS Roman(ASCII와 호환되는)은 1바이트로 인코딩되며, JIS X 0208과 반각 가타카나는 2바이트가 사용되고, JIS X 0212에는 3바이트가 사용된다. 이 코딩은 다소 공간을 낭비하지만 처리가 단순하다.

이 인코딩 패턴은 표 16-4에서 간단히 나타내었다.

어떤 바이트	인코딩 값
JIS X 0201 (부호화된 문자 94개)	33-126
첫 번째 바이트	
JIS X 0208 (부호화된 문자 6879개)	
첫 번째 바이트	161-254
두 번째 바이트	161-254
반각 가타카나 (부호화된 문자 63개)	
첫 번째 바이트	142
두 번째 바이트	161-223
JIS X 0212 (부호화된 문자 6067개)	
첫 번째 바이트	143
두 번째 바이트	161-254
세 번째 바이트	161-254

표 16-4 euc-jp 인코딩 값

16 그 바이트들이 94개의 값만을 가질 수 있긴 하지만(33에서 126까지), JIS X 0208 문자 코드들을 모두 담기에 충분한 94x94 코드 값 격자에 문자집합이 정리되어 들어가기 때문에 JIS X 0208 문자집합의 모든 문자를 커버할 수 있다.

euc-kr

euc-kr은 한글 인터넷 문서를 위해 널리 사용되는 가변길이 인코딩으로, KS X 1003과 KS X 1001의 두 가지 문자 집합을 지원한다. KS X 1003은 1바이트로 인코딩되는 로마자 문자 집합으로, 사실 US-ASCII에서 역슬래시를 원화 기호로 치환하기만 한 것이다. KS X 1001은 2바이트로 인코딩되는 한글, 한자, 그 외 특수문자들로 이루어진 한국어 문자 집합이다. 이 인코딩 패턴은 표 16-5에서 간단히 나타내었다.

어떤 바이트	인코딩 값
KS X 1003 (부호화된 문자 94개)	
첫 번째 바이트	0-127
KS X 1001 (부호화된 문자 8836개)	
첫 번째 바이트	161-254
두 번째 바이트	161-254

표 16-5 euc-kr 인코딩 값

KS X 1001이 담고 있는 한글은 총 2,350자로, 사실 이것은 한국어에서 사용되는 한글을 모두 표현하기에는 턱없이 부족하다. 이 문제를 보완하기 위해 KS X 1001은 한글 채움 문자(fill code, euc-kr에서는 0xA4 0xD4)를 이용해 한글을 표현하는 방식을 규정하고 있다. 즉 한글 문자 한 개를 '(채움) 초성 중성 종성'으로 표현하는 것이다. 예를 들어 '똠'이라는 글자는 '(채움) ㄸ ㅗ ㅁ'으로 표현한다.

이것으로 문자집합과 인코딩에 대한 설명을 마무리한다. 다음 절은 언어 태그가 무엇인지와 HTTP가 독자에게 보낼 콘텐츠에 대한 언어 태그를 어떻게 사용하는지 설명한다. 표준화된 문자집합의 목록이 필요하다면 부록 H를 참고하길 바란다.

16.4 언어 태그와 HTTP

언어 태그는 언어에 이름을 붙이기 위한 짧고 표준화된 문자열이다.

우리는 표준화된 이름이 필요하다. 어떤 사람들은 프랑스어 문서에 'French'라고 꼬리표를 붙이겠지만, 어떤 사람들은 'Français'로 붙이려 할 것이고, 또 다른 사람들은 그냥 'France'라고 붙였을 수도 있고, 게으른 사람들은 'Fra'나 'F'라고 붙였을 수도 있다. 표준화된 언어 태그는 이러한 혼란을 방지할 수 있다.

영어(en), 독일어(de), 한국어(ko), 그리고 많은 다른 언어에 대한 언어 태그가 존재한다. 언어 태그는 브라질 포르투갈어(pt-BR), 미국 영어(en-US), 허난 중국어(zh-xiang) 등과 같이 지역에 따라 변형된 언어나 방언을 표현할 수 있다. 심지어는 클링온[17]의 언어에 대한 표준 언어 태그인 i-klingon도 존재한다!

16.4.1 Content-Language 헤더

Content-Language 엔터티 헤더 필드는 엔터티가 어떤 언어 사용자를 대상으로 하고 있는지 서술한다. 만약 주로 프랑스어 사용자를 대상으로 하고 있다면, Content-Language 헤더 필드는 다음을 포함할 것이다.

```
Content-Language: fr
```

Content-Language 헤더는 텍스트 문서만을 위한 것이 아니다. 오디오 클립, 동영상 그리고 애플리케이션도 특정 언어 사용자를 대상으로 할 수 있다. 특정 언어 사용자를 대상으로 하는 어떤 종류의 미디어라도 Content-Language 헤더를 가질 수 있다. 그림 16-8의 오디오 파일은 나바호(Navajo) 언어 사용자를 위한 것으로 태깅되어 있다.

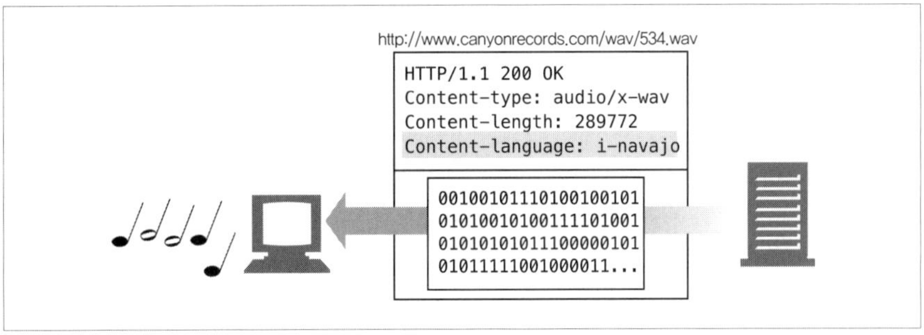

그림 16-8 Content-Language 헤더에 이 'Rain Song' 오디오 클립은 나바호(Navajo) 언어 사용자들을 위한 것임이 표시되어 있다.

만약 콘텐츠가 여러 언어 사용자를 대상으로 하고 있다면, 여러 언어를 나열할 수 있다. HTTP 명세에서 제안된 바와 같이, 마오리 언어와 영어가 모두 사용되는 〈Treaty of Waitangi〉 연주곡은 다음과 같이 불릴 수 있다.

```
Content-Language: mi, en
```

그러나 단지 여러 언어가 하나의 엔터티에 동시에 사용되었다고 해서 반드시 여러

17 (옮긴이) 미국의 TV 드라마 〈스타 트랙(Star Trek)〉에 나오는 외계 종족

언어 사용자들을 대상으로 하고 있음을 의미하는 것은 아니다. 『A First Lesson in Latin』과 같은 언어 입문서는 명백히 영어 사용자들에게 사용되는 것을 의도한 것이므로 오직 'en'만을 포함하는 것이 맞다.

16.4.2 Accept-Language 헤더

우리 중 대부분은 하나 이상의 언어를 알고 있다. HTTP는 우리에게 우리의 언어 제약과 선호도를 웹 서버에 전달할 수 있게 해준다. 만약 웹 서버가 어떤 자원에 대해 여러 언어로 된 버전을 갖고 있다면, 웹 서버는 우리가 선호하는 언어로 된 콘텐츠를 줄 수 있다.[18]

스페인어로 된 콘텐츠에 대한 클라이언트 요청은 다음과 같다.

```
Accept-Language: es
```

클라이언트는 자신이 이해할 수 있는 콘텐츠를 요청하기 위해 Accept-Language와 Accept-Charset을 사용할 수 있다. 우리는 이것이 어떻게 동작하는지 17장에서 더 자세히 살펴볼 것이다.

16.4.3 언어 태그의 종류

언어 태그는 RFC 3066 "Tags for the Identification of Languages"로 문서화된 표준화된 문법을 갖고 있다. 언어 태그는 다음을 표현하기 위해 사용될 수 있다.

- 일반적인 언어의 종류(스페인어를 의미하는 'es'와 같이)
- 특정 국가의 언어(영국 영어를 의미하는 'en-GB'와 같이)
- 방언(노르웨이어의 'Book Language'를 의미하는 'no-bok'과 같이)
- 지방어(마서스 비니어드 섬의 수화를 의미하는 'sgn-US-MA')
- 그 외의, 다른 언어의 변형이 아닌 표준 언어(예: 'i-navajo')
- 비표준 언어(예: 'x-snowboarder-slang'[19])

18 서버는 또한 사용자의 언어로 된 동적인 콘텐츠를 생성하거나, 이미지를 선택하거나, 대상 언어에 맞는 상품 광고를 보여주기 위해 Accept-Language 헤더의 값을 읽을 수 있다.

19 슈레더(shredder)*들이 사용하는 은어를 의미한다.
* (옮긴이) 스노우보드를 타는 사람. 'shred'라는 영어 단어를 '스노우보드를 타다'는 뜻으로 사용하기도 한다.

16.4.4 서브태그

언어 태그는 하이픈으로 분리된 하나 이상의 서브태그로 이루어져 있다.

- 첫 번째 서브태그는 주 서브태그라 불린다. 이 값들은 표준화되어 있다.
- 두 번째 서브태그는 선택적이고 자신만의 이름 표준을 따른다.
- 세 번째부터의 서브 태그는 등록되어 있지 않다.

주 서브태그는 오직 A부터 Z까지의 글자만을 포함한다. 다음 서브태그는 알파벳이나 숫자를 포함할 수 있으며, 최대 8자까지 가능하다. 그림 16-9가 그 한 예다.

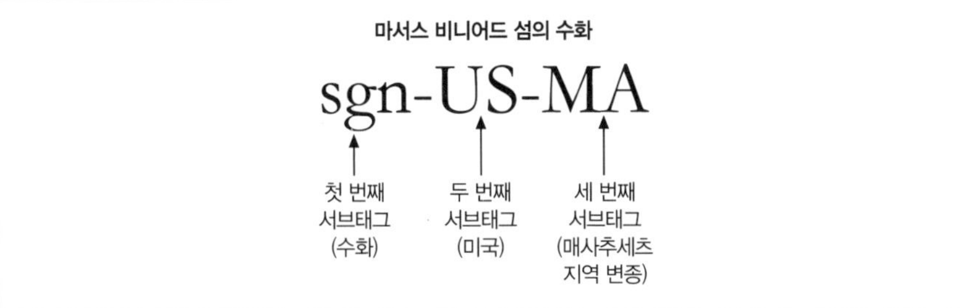

그림 16-9 언어 태그들은 서브태그들로 나뉜다

16.4.5 대소문자의 구분 및 표현

모든 태그는 대소문자가 구분되지 않는다. 태그 'en'과 'eN'은 같다. 그러나 관용적으로 언어를 나타낼 때는 소문자를 사용하고, 국가를 나타낼 때는 대문자를 사용한다. 예를 들어 'fr'은 프랑스어로 분류되는 모든 언어를 의미하고, 'FR'은 국가인 프랑스를 의미한다.[20]

16.4.6 IANA 언어 태그 등록

첫 번째와 두 번째 언어 서브태그의 값은 여러 가지 표준 문서와 그것들을 관리하는 조직에 의해서 정의된다. IANA[21]는 RFC 3066의 규칙에 따라 표준 언어 태그의 목록을 관리한다.

만약 언어 태그가 표준 국가와 언어 값의 조합이라면, 그 태그는 굳이 등록되지 않아도 무방하다. 오직 표준 국가와 언어 값으로 구성될 수 없는 언어 태그들만이

20 ISO 표준 3166은 이 관례를 따르라고 권하고 있다.

21 http://www.iana.org과 RFC 2860을 보라.

특별히 IANA에 의해 등록될 필요가 있다. 다음 절은 첫 번째와 두 번째 서브태그에 대한 RFC 3066 표준의 개요를 서술한다.

16.4.7 첫 번째 서브태그: 이름공간

첫 번째 서브태그는 보통 ISO 639 표준 언어 집합에서 선택된 표준화된 언어 토큰이다. 그러나 또한 IANA에서 등록한 이름을 의미하는 글자 'i'일 수도 있고, 특정 집단의 전용 확장 이름임을 의미하는 'x'일 수도 있다. 규칙은 다음과 같다.

만약 첫 번째 서브태그가,

- 두 글자라면, ISO 639[22]와 639-1 표준의 언어 코드다.
- 세 글자라면, ISO 639-2[23] 표준과 확장에 열거된 언어 코드다.
- 글자 'i'라면, 이 언어 태그는 틀림없이 IANA에 등록된 것이다.
- 글자 'x'라면, 이 언어 태그는 특정 개인이나 집단 전용의 비표준 확장 서브태그다.

ISO 639와 639-2 이름들은 부록 G에 요약되어 있다. 몇 가지 예는 다음의 표 16-6에서 볼 수 있다.

언어	ISO 639	ISO 639-2
아랍어	ar	ara
중국어	zh	chi/zho
네덜란드어	nl	dut/nla
영어	en	eng
프랑스어	fr	fra/fre
독일어	de	deu/ger
그리스어 (현대)	el	ell/gre
히브리어	he	heb
이탈리아어	it	ita
일본어	ja	jpn
한국어	ko	kor
노르웨이어	no	nor

22 ISO 표준 639, 〈Codes for the representation of names of languages(언어의 이름을 표현하기 위한 코드)〉를 보라.

23 ISO 표준 639-2, 〈Codes for the representation of names of languages-Part 2: Alpha-3 code(언어의 이름을 표현하기 위한 코드 2부: 알파-3 코드)〉를 보라.

러시아어	ru	rus
스페인어	es	esl/spa
스웨덴어	sv	sve/swe
터키어	tr	tur

표 16-6 ISO 639와 639-2 언어 코드의 예

16.4.8 두 번째 서브태그: 이름공간

두 번째 서브태그는 보통 ISO 3166 국가 코드와 지역 표준 집합에서 선택된 표준화된 국가 토큰이다. 그러나 IANA에 등록된 다른 문자열일 수도 있다. 규칙은 다음과 같다.

두 번째 서브태그는,

- 두 글자라면, ISO 3166[24]에 정의된 국가/지역이다.
- 3~8 글자라면, IANA에 등록된 것이다.
- 한 글자라면, 뭔가 잘못된 것이다.

몇몇 ISO 3166 국가 코드는 표 16-7에 나타나 있다. 완전한 국가 코드 목록은 부록 G에서 확인할 수 있다.

국가	코드
교황청 (바티칸 시국)	VA
독일	DE
러시아 연방	RU
레바논	LB
멕시코	MX
미국	US
브라질	BR
영국	GB
이탈리아	IT
인도	IN
일본	JP

24 국가 코드 AA, QM-QZ, XA-XZ, ZZ는 ISO 3166에 의해 사용자 할당 코드로 예약되었다. 언어 태그를 구성하는데 이 코드들을 사용하면 절대 안 된다.

중국	CN
캐나다	CA
파키스탄	PK
프랑스	FR
홍콩	HK

표 16-7 ISO 3166 국가 코드의 예

16.4.9 나머지 서브태그: 이름공간

세 번째와 그 이후의 서브태그에 대해서는, 8자 이하의 알파벳과 숫자로 이루어져야 한다는 것을 제외하면 다른 규칙은 없다.

16.4.10 선호 언어 설정하기

웹브라우저 프로필에서 선호 언어를 설정할 수 있다.

구글 크롬에서는 설정 〉 고급 설정 표시 〉 언어 및 입력 설정...에서, 마이크로소프트 인터넷 익스플로러에서는 도구 〉 인터넷옵션 〉 언어에서 선호 언어를 설정할 수 있다.

16.4.11 언어 태그 참조표

부록 G는 언어 태그에 대한 편리한 참조표를 제공한다.

- IANA에 등록된 언어 태그는 표 G-1에 있다.
- ISO 639 언어 코드는 표 G-2를 보면 된다.
- ISO 3166 국가 코드는 표 G-3을 보면 된다.

16.5 국제화된 URI

오늘날 URI는 국제화를 그다지 지원하지 않는다. 몇 가지 (어설프게 정의된) 예외와 함께, 오늘날의 URI는 US-ASCII의 부분집합으로 구성되어 있다. 호스트 명과 URL의 경로에 더 풍부한 문자집합을 포함할 수 있게 하려는 노력이 진행 중이지만, 지금은, 이러한 표준은 널리 받아들여지지도 사용되지도 않고 있다.[25] 오늘날의 실

25 (옮긴이) 오늘날 URI에 대한 최신 명세인 RFC 3986은 URI에 UTF-8 문자를 사용할 수 있는 방법을 명시적으로 제시하고 있으므로, 다양한 문자들을 별 문제 없이 사용할 수 있다.

상을 살펴보자.

16.5.1 국제적 가독성 vs 의미 있는 문자들

URI 설계자들은 전 세계의 모두가 URI를 이메일, 전화, 광고판, 심지어 라디오를 통해 다른 이들과 공유할 수 있기를 원했다. 그리고 그들은 URI가 사용하기 쉽고 기억하기 쉽길 바랐다. 이 두 가지 목표는 서로 충돌한다.

지구 곳곳의 친구들이 URI에 들어가고 조작하고 공유하기 쉽게 하기 위해서 설계자들은 매우 제한된 공통 문자집합(기본적인 라틴 알파벳 문자, 숫자 그리고 몇 개의 특수문자들)을 선택했다. 이 작은 문자집합은 전 세계 대부분의 소프트웨어와 키보드에서 지원된다.

불행히도 문자집합에는 제한이 있기 때문에, URI는 비영어권 사람들도 쉽게 사용하고 기억할 수 있도록 그들의 문자로 만들 수 있게 설계되지는 못했다. 전 세계의 많은 시민들이 라틴 알파벳을 인식조차 하지 못하기 때문에, 그들이 URI를 추상화된 패턴으로 기억하는 것은 거의 불가능하다.

URI 저자들은 리소스 식별자의 가독성과 공유 가능성의 보장이, 대부분의 의미 있는 문자들로 구성될 수 있도록 하는 것보다 더 중요하다고 여겼다. 그래서 우리들은 (오늘날) ASCII 문자들의 제한된 집합으로 이루어진 URI를 갖게 되었다.

16.5.2 URI에서 사용될 수 있는 문자들

URI에서 사용할 수 있는 US-ASCII 문자들의 부분집합은 예약된 문자들, 예약되지 않은 문자들, 이스케이프 문자들로 나뉜다. 예약되지 않은 문자들은 그것들을 허용하는 URI의 어떤 구성요소에서든 일반적으로 사용될 수 있다. 예약된 문자들은 많은 URI에서 특별한 의미를 가지며, 따라서 일반적으로 사용될 수 없다. 예약된 문자들, 예약되지 않은 문자들 그리고 이스케이프 문자들의 목록은 표 16-8을 보라.

<table>
<tr><th>문자 분류</th><th>사용 가능 문자집합</th></tr>
<tr><td>예약되지 않음</td><td>[A-Za-z0-9] | "-" | "_" | "." | "!" | "~" | "*" | "'" | "(" | ")"</td></tr>
<tr><td>예약됨</td><td>";" | "/" | "?" | ":" | "@" | "&" | "=" | "+" | "$" | ","</td></tr>
<tr><td>이스케이프</td><td>"%" 〈HEX〉 〈HEX〉</td></tr>
</table>

표 16-8 URI 문자 문법

16.5.3 이스케이핑과 역이스케이핑(unescaping)

URI 이스케이프는 예약된 문자나 다른 지원하지 않는 글자들(스페이스와 같이)을 안전하게 URI에 삽입할 수 있는 방법을 제공한다. 이스케이프는 퍼센트 글자(%) 하나와 뒤이은 16진수 글자 둘로 이루어진 세 글자 문자열이다. 16진수 두 글자는 US-ASCII 문자의 코드를 나타낸다.

예를 들어, URL에 스페이스(아스키 32)를 삽입하고 싶다면, 이스케이프 '%20'을 사용할 수 있다, 왜냐하면 20은 32의 16진법 표현이기 때문이다. 마찬가지로 이스케이프가 아닌 퍼센트 기호를 포함하고 싶다면, 25가 퍼센트 기호의 아스키 코드이므로 '%25'라고 입력하면 된다.

그림 16-10은 URI에 사용된 글자들이 어떻게 현재 문자집합에서의 코드 바이트로 바뀌는지 보여준다. URI를 해석할 때, 이스케이핑된 코드 바이트들은 원래의 ASCII 코드 바이트로 변환된다.

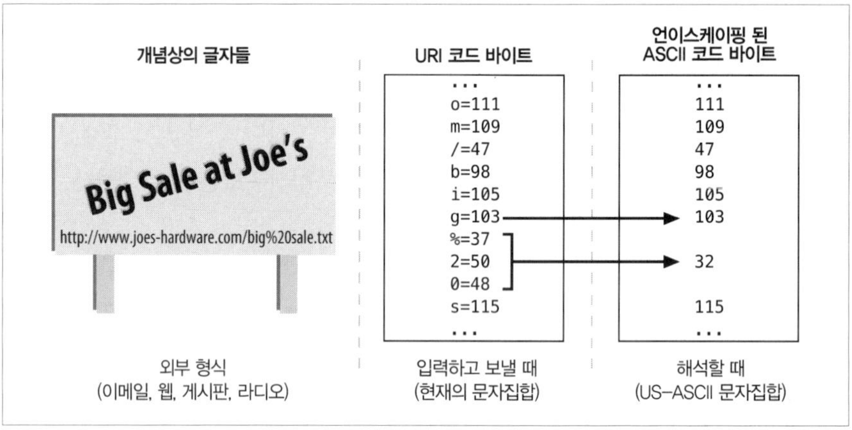

그림 16-10 이스케이핑 된 코드 바이트로 전송된 후 언이스케이핑 처리된 URI 문자들

내부적으로 HTTP 애플리케이션은 URI를 데이터가 필요할 때만 언이스케이핑 해야 한다. 그리고 더 중요한 것은, 애플리케이션은 어떤 URI도 결코 두 번 언이스케이핑 되지 않도록 해야 한다. 왜냐하면 이스케이핑된 퍼센트 기호를 포함한 URI를 언이스케이핑하면 퍼센트 기호가 포함된 URI가 만들어지게 될 것인데, 여기서 잘못하여 한 번 더 언이스케이핑을 하게 되면 이 퍼센트 기호 뒤에 있는 문자들이 이스케이프의 일부인 것처럼 처리되어 데이터의 손실을 유발할 수도 있기 때문이다.

16.5.4 국제 문자들을 이스케이핑하기

이스케이프 값들은 US-ASCII 코드의 범위(0-127)에 있어야 함에 주의하라. 어떤 애플리케이션은 iso-8859-1 확장 문자들(128-255)을 표현하기 위해 이스케이프 값을 사용하려 한다. 예를 들어, 웹 서버는 국제 문자를 포함한 파일 이름을 부호화하기 위해 이스케이핑을 오용했을 수도 있다. 이는 부정확하며 어떤 애플리케이션에서는 문제를 유발할 수 있다.

예를 들어, 움라우트를 포함한 파일이름 Sven Ölssen.html은 웹 서버에 의해 Sven%20%D6lssen.html로 인코딩되었을 수 있다. 스페이스를 %20으로 인코딩한 것은 괜찮지만, 엄밀히 말해 Ö를 %D6로 인코딩한 것은 잘못된 것인데, 왜냐하면 코드 D6(십진수 214)는 ASCII 범위 밖에 있기 때문이다.[26] ASCII는 오직 0x7F(십진수 127)까지의 코드만을 정의한다.

16.5.5 URI에서의 모달 전환

몇몇 URI는 다른 문자집합의 글자를 표현하기 위해 ASCII 문자열을 사용한다. 예를 들어, iso-2022-jp 인코딩은 JIS-Roman으로 변경하기 위해 'ESC (J'를 삽입할 수 있으며, 'ESC (B'로 다시 ASCII로 돌아올 수 있다. RFC 2936의 저자는 이렇게 말했다.

> 그러나 원래의 문자열이 비 ASCII 글자들을 포함하고 있다면 상황은 더 어려워진다. 문자의 연속을 옥텟의 연속 형태로 전송하는 인터넷 프로토콜은, 차셋이 두 가지 이상 사용되었다면 그것들을 식별할 수 있는 수단을 제공할 것을 요구 받게 된다.(RFC2277 참고)
>
> 그러나 일반적인 URI 문법 안에서 이것을 식별할 수 있는 준비는 아직 되어있지 않다. 각 URI 스킴은 하나의 차셋을 요구하거나, 기본 차셋을 정의하거나, 혹은 사용된 차셋을 지정할 수 있는 수단을 제공할 것이다. URI 안에서의 문자 인코딩에 대한 조직적 처리는 언젠가 이 명세를 수정하는 형태로 만들어지게 될 것이다.

현재, URI는 그다지 국제화에 친화적이지 않다. URI 이식성의 목표는 언어 유연성의 목표보다 중요했다. URI를 국제화하려는 노력은 현재 진행 중이지만, 당분간은 HTTP 애플리케이션은 ASCII와 함께 해야 한다. ASCII는 1968년부터 계속 잘 써왔으니 그렇게 나쁘지는 않을 것이다.

---

26 (옮긴이) 그러나 오늘날에는 ASCII 범위 밖의 문자를 인코딩하는 일은 상당히 흔하다.

16.6 기타 고려사항

이 절에서는 국제화된 HTTP 애플리케이션을 작성할 때 명심해야 할 다른 몇 가지에 대해 논의한다.

16.6.1 헤더와 명세에 맞지 않는 데이터

HTTP 헤더는 반드시 US-ASCII 문자집합의 글자들로만 이루어져야 한다. 그러나 모든 클라이언트와 서버가 이를 올바르게 구현한 것은 아니므로, 때때로 127보다 큰 코드 값을 갖는 잘못된 문자를 받게 될 수도 있다.

많은 HTTP 애플리케이션은 글자들을 처리하기 위해 운영체제와 라이브러리 루틴을 사용한다(예를 들어, 유닉스 ctype 문자 구분 라이브러리와 같은). 이 모든 라이브러리가 ASCII 범위(0-127)를 벗어난 글자를 지원하지는 않는다.

몇몇 상황에서는(일반적으로, 오래된 구현을 사용하는 경우), 이 라이브러리들은 ASCII가 아닌 글자가 주어졌을 때 부적절한 결과를 반환하거나 충돌을 일으킨다. HTTP 메시지를 처리하기 위해 문자 구분 라이브러리를 사용하기 전에, 메시지에 잘못된 데이터가 포함되어 있을 경우를 대비해 그 라이브러리의 문서를 주의 깊게 읽어야 한다.

16.6.2 날짜

HTTP 명세는 올바른 GMT 날짜 형식을 명확히 정의하고 있지만 모든 웹 서버와 클라이언트가 규칙을 따르고 있지 않음에 주의하라. 예를 들어, 우리는 달을 특정 지역의 언어로 표현한 잘못된 HTTP 날짜 헤더를 보내는 서버를 본 일이 있다.

HTTP 애플리케이션은 명세에 맞지 않는 날짜를 관대하게 받아들이고, 받아들이면서 충돌을 일으키지 말아야 한다. 그러나 처리할 수 없는 날짜를 받게 될 수도 있다. 만약 날짜를 파싱할 수 없다면, 서버는 그것을 보수적으로 다루어야 한다.

16.6.3 도메인 이름

국제화 문자를 포함하는 도메인 이름을 '국제화 도메인 이름(Internationalizing Domain Name)'이라고 하는데, 오늘날 대부분의 웹브라우저가 퓨니코드(punycode)를 이용해 이를 지원한다. 퓨니코드란 유니코드 문자열을 호스트 명에서 사용 가능한 문자만으로 이루어진 문자열로 변환하는 방법으로, RFC 3492로 정의되어 있다. 웹브라우저들은 이 기법을 이용해 사용자가 입력한 다국어로 된 도메인 이름을 알파벳과 숫자 등으로 된 도메인 이름으로 변환한다. 예를 들어, '한글.com'은 'xn--bj0bj06e.com'으로 변환한다.

16.7 추가 정보

월드 와이드 웹의 큰 성공은 HTTP 애플리케이션이 계속해서 점점 더 많은 콘텐츠를 여러 언어와 문자집합으로 교환하게 될 것임을 의미한다. 다국어 멀티미디어에 대한 중요하지만 약간 복잡한 주제에 대해서는 다음의 자료들을 참조하길 바란다.

16.7.1 부록

- IANA에 등록된 차셋 태그는 표 H-1에 열거되어 있다.
- IANA에 등록된 언어 태그는 표 G-1에서 찾아볼 수 있다.
- ISO 639 language code는 표 G-2에서 찾아볼 수 있다.
- ISO 3166 country code는 표 G-3에서 찾아볼 수 있다.

16.7.2 인터넷 국제화

http://www.w3.org/International/
"Making the WWW Truly World Wide" -- W3C 국제화 및 지역화 웹 사이트.

http://www.ietf.org/rfc/rfc2396.txt
RFC 2396, "Uniform Resource Identifiers (URI): Generic Syntax"은 URI를 정의한 문서다. 이 문서는 국제화된 URI를 위해 문자집합 제약에 대해 설명하는 절을 포함하고 있다.

CJKV Information Processing
Ken Lunde, O'Reilly & Associates, Inc. CJKV는 아시아 전자 문자 처리를 위한 바이블이다. 아시아 문자집합은 다양하고 복잡하지만 이 책은 큰 문자집합을 위한 표준 기술을 훌륭하게 소개하고 있다.

http://www.ietf.org/rfc/rfc2277.txt
RFC 2277 "IETF Policy on Character Sets and Languages"은, 국제 인터넷 표준화

기구(IETF)가 인터넷 프로토콜들이 여러 언어와 문자들로 데이터를 교환하는 것을 표준화하는 작업을 할 때 인터넷 기술 조정 그룹(IESG)에 의해 적용되는 현재의 정책을 문서화한 것이다.

16.7.3 국제 표준

http://www.iana.org/numbers.htm
인터넷 할당 번호 관리기관(IANA)은 등록된 이름들과 숫자들의 저장소를 갖고 있다. "Protocol Numbers and Assignments Directory"는 인터넷에서 사용되기 위한 등록된 문자집합들에 대한 기록을 갖고 있다. 국제 의사소통에 대한 많은 작업이 인터넷 커뮤니티가 아닌 ISO의 관할이기 때문에, IANA 목록은 빠뜨림 없이 철저하다.

http://www.ietf.org/rfc/rfc3066.txt
RFC 3066, "Tags for the Identification of Languages"은 언어 태그들과 그것들의 값, 그리고 구축방법을 서술한다.

"Codes for the representation of names of languages(언어의 이름을 표현하기 위한 코드)"
ISO 639:1988 (E/F), The International Organization for Standardization, first edition.

"Codes for the representation of names of languages-art 2: Alpha-3 code(언어의 이름을 표현하기 위한 코드-파트2: 알파 -3 코드)"
ISO 639-2:1998, Joint Working Group of ISO TC46/SC4 and ISO TC37/SC2, first edition.

"Codes for the representation of names of countries(국가의 이름을 표현하기 위한 코드)"
ISO 3166:1988 (E/F), The International Organization for Standardization, third edition.

17장

HTTP: The Definitive Guide

내용 협상과 트랜스코딩

종종 하나의 URL이 여러 리소스에 대응할 필요가 있는 경우가 있다. 콘텐츠를 여러 언어로 제공하려고 하는 웹 사이트의 예를 들어보자. 만약 '죠의 하드웨어' 같은 사이트가 프랑스어 사용자 고객과 영어 사용자 고객을 동시에 갖고 있다면, 웹 사이트를 두 언어별로 모두 제공해주고 싶을 것이다. 그런데 이 경우 죠의 고객 중 한 명이 "http://wwww.joes-hardwware.com"을 요청했을 때 서버는 어떤 버전을 제공해 주어야 하는가? 프랑스어인가, 영어인가?

이상적으로 동작한다면, 서버는 영어 사용자에게는 영어 버전을 보내주고 프랑스어 사용자에게는 프랑스어 버전을 보내줄 것이다. 사용자는 죠의 하드웨어 홈페이지에 가서 그가 할 줄 아는 언어로 된 콘텐츠를 얻을 것이다. 다행히도, HTTP는 클라이언트와 서버가 이러한 판단을 할 수 있도록 내용 협상(content-negotiation) 방법을 제공한다. 이 방법을 이용해서 하나의 URL이 여러 가지 리소스 중 적합한 것에 대응되도록 할 수 있다(예: 같은 웹페이지의 프랑스어와 영어 버전). 여기서는 서로 다른 버전을 배리언트(variant)라고 부른다.

서버는 또한 특정 URL에 대해 어떤 콘텐츠가 클라이언트에게 보내주기 가장 적절한지에 대한 다른 판단도 할 수 있어야 한다. 어떤 경우에는 서버가 커스터마이징된 페이지를 자동으로 생성하기도 한다. 예를 들면, 어떤 서버는 HTML 페이지를 WAP 환경하에서 동작하는 구형 휴대용 단말기에 맞는 WML 페이지로 변환할 수 있다. 트랜스코딩은 HTTP 클라이언트와 서버 사이의 내용 협상에 대한 응답에서 수행된다.

이 장에서 우리는 내용 협상이란 무엇이며 웹 애플리케이션이 어떻게 내용 협상을 수행하는지 알아볼 것이다.

17.1 내용 협상 기법

서버에 있는 페이지들 중 어떤 것이 클라이언트에게 맞는지 판단하는 세 가지 다른 방법이 있다. 클라이언트에게 선택지를 주거나 서버가 자동으로 판단하는 방법, 혹은 중개자에게 선택하도록 부탁하는 방법. 이 세 가지 기법은 각각 클라이언트 주도 협상, 서버 주도 협상, 그리고 투명한 협상이라고 불린다(표 17-1을 보라). 이 장에서 우리는 각 기법의 동작 방식과 더불어 장점과 단점을 자세히 살펴볼 것이다.

기법	어떻게 동작하는가	장점	단점
클라이언트 주도	클라이언트가 요청을 보내면, 서버는 클라이언트에게 선택지를 보내주고, 클라이언트가 선택한다.	서버 입장에서 가장 구현하기 쉽다. 클라이언트는 최선의 선택을 할 수 있다.	대기시간이 증가한다. 즉, 올바른 콘텐츠를 얻으려면 최소 두 번의 요청이 필요하다.
서버 주도	서버가 클라이언트의 요청 헤더를 검증해서 어떤 버전을 제공할지 결정한다.	클라이언트 주도 협상보다 빠르다. HTTP는 서버가 가장 적절한 것을 선택할 수 있도록 q값 메커니즘을 제공하고, 서버가 다운스트림 장치에게 요청이 어떻게 평가되는지 말해줄 수 있도록 하기 위해 Vary 헤더를 제공한다.	만약 결정이 뻔하지 않으면(헤더에 맞는 것이 없으면), 서버는 추측을 해야만 한다.
투명	투명한 중간 장치(주로 프락시 캐시)가 서버를 대신하여 협상을 한다.	웹 서버가 협상을 할 필요가 없다. 클라이언트 주도 협상보다 빠르다.	투명 협상을 어떻게 하는지에 대한 정형화된 명세가 없다.

표 17-1 내용 협상 기법 요약

17.2 클라이언트 주도 협상

서버에게 있어 가장 쉬운 방법은 서버가 클라이언트의 요청을 받았을 때 가능한 페이지의 목록을 응답으로 돌려주어 클라이언트가 보고 싶은 것을 선택하게 하는 것이다. 이것은 물론 서버 입장에서 가장 구현하기 쉽고 최선의 사본이 선택될 것이다(클라이언트가 올바른 사본을 선택할 수 있도록 충분한 정보를 포함한 목록이 제공되었다면). 단점은 각 페이지에 두 번의 요청이 필요하다는 것이다. 한 번은 목록을 얻고 두 번째는 선택한 사본을 얻는다. 이것은 느리고 지루한 과정이고, 클라이언트에게는 짜증나는 일이 될 것이다.

기술적으로, 서버에게는 클라이언트에게 줄 선택지를 표현하는 두 가지 방법이 있다. 여러 가지 버전에 대한 링크와 각각에 대한 설명이 담긴 HTML 페이지를 돌려주거나, 300 Multiple Choices 응답 코드로 HTTP/1.1 응답을 돌려주는 것이다. 첫 번째 메서드의 결과로, 클라이언트 브라우저는 이러한 응답을 받아 링크와 함께 페이지를 보여주거나 혹은 사용자가 결정을 하도록 하기 위해 대화창을 띄울 것이다. 이 경우, 결정은 브라우저 사용자에 의해 수동으로 클라이언트 쪽에서 행해진다.

증가된 대기시간과 페이지당 여러 번의 요청이 필요하다는 골칫거리뿐 아니라, 이 방법에는 또 하나의 단점이 있다. 즉, 여러 개의 URL(주 페이지 하나와 각 특정 조건별 페이지들)을 요구한다는 점이다. 그래서 만약 요청이 www.joes-hardware.com에 대한 것이라면, 죠의 서버는 www.joes-hardware.com/english와 www.joes-hardware.com/french에 대한 링크를 담은 페이지를 반환할 것이다. 클라이언트는 원래의 주 페이지를 북마크해야 하는가, 아니면 선택된 프랑스어 페이지를 북마크해야 하는가? 친구들에게 www.joes-hardware.com에 있는 위대한 웹 사이트를 알려주되, 영어 사용자 친구들에게만은 www.joes-hardware.com/english 페이지를 알려주어야만 하는가?

17.3 서버 주도 협상

클라이언트 주도 협상은 전 절에서 이야기한 바와 같이 몇 가지 단점이 있다. 이 단점들 대부분은 요청에 대한 응답으로 돌려줄 최적의 페이지를 결정하기 위한 클라이언트와 서버 사이의 커뮤니케이션을 증가시킨다. 이런 추가 커뮤니케이션을 줄이기 위한 한 가지 방법은 서버가 어떤 페이지를 돌려줄 것인지 결정하게 하는 것이다. 그러나 이렇게 하려면 클라이언트는 반드시 자신의 무엇을 선호하는지에 대한 충분한 정보를 서버에게 주어서 서버가 현명한 결정을 할 수 있게 해 주어야 한다. 서버는 이 정보를 클라이언트의 요청 헤더에서 얻는다.

HTTP 서버가 클라이언트에게 보내줄 적절한 응답을 계산하기 위해 사용하는 메커니즘은 다음 두 가지다.

- 내용 협상 헤더들을 살펴본다. 서버는 클라이언트의 Accept 관련 헤더들을 들여다보고 그에 알맞은 응답 헤더를 준비한다.
- 내용 협상 헤더 외의 다른 헤더들을 살펴본다. 예를 들어, 서버는 클라이언트의 User-Agent 헤더에 기반하여 응답을 보내줄 수도 있다.

다음 항목에서 이 두 메커니즘에 대해 자세히 설명할 것이다.

17.3.1 내용 협상 헤더

클라이언트는 표 17-2에 나열된 HTTP 헤더들을 이용해서 자신의 선호 정보를 보낼 수 있다.

헤더	설명
Accept	서버가 어떤 미디어 타입으로 보내도 되는지 알려준다.
Accept-Language	서버가 어떤 언어로 보내도 되는지 알려준다.
Accept-Charset	서버가 어떤 차셋으로 보내도 되는지 알려준다.
Accept-Encoding	서버가 어떤 인코딩으로 보내도 되는지 알려준다.

표 17-2 Accept 관련 헤더들

이 헤더들이 15장에서 이야기했던 엔터티 헤더들과 비슷함에 주목하라. 그러나 이 두 종류의 헤더는 서로 분명한 차이가 있다. 15장에서 말했듯이, 엔터티 헤더는 선적 화물에 붙이는 라벨과 비슷하다. 그들은 메시지를 서버에서 클라이언트로 전송할 때 필요한 메시지 본문의 속성을 가리킨다. 한편 내용 협상 헤더들은 클라이언트와 서버가 선호 정보를 서로 교환하고 문서들의 여러 버전 중 하나를 선택하는 것을 도와, 클라이언트의 선호에 가장 잘 맞는 문서를 제공해 주기 위한 목적으로 사용된다.

표 17-3에 열거된 것과 같이, 서버는 클라이언트의 Accept 관련 헤더들을 적절한 엔터티 헤더들과 짝을 지어준다.

Accept 관련 헤더들	엔터티 헤더
Accept	Content-Type
Accept-Language	Content-Language
Accept-Charset	Content-Type
Accept-Encoding	Content-Encoding

표 17-3 Accept 관련 헤더들과 짝을 이루는 엔터티 헤더들

HTTP는 상태가 없는 프로토콜이기 때문에(서버는 클라이언트가 이전 요청에서 보낸 선호 정보를 기억하지 않는다는 의미다), 클라이언트는 자신의 선호 정보를 반드시 매 요청마다 보내야 한다.

만약 어떤 두 클라이언트가 자신이 이해할 수 있는 언어를 지정한 Accept-Language 헤더 정보를 보낸다면, 서버는 www.joes-hardware.com의 어떤 사본을 각 클라이언트에게 돌려줘야 할지 판단할 수 있을 것이다. 서버가 자동으로 돌려보

낼 문서를 고르도록 하는 것은, 클라이언트 주도 모델에서 협상을 위해 메시지가 수차례 오가는 것으로 인해 발생했던 커뮤니케이션 대기시간을 줄여준다.

그러나 이들 클라이언트 중 하나가 스페인어를 선호한다고 생각해보자. 서버는 어떤 버전의 페이지를 돌려주어야 하는가? 영어인가 프랑스어인가? 이 경우 서버가 할 수 있는 일은 능력껏 추측하거나 아니면 클라이언트 주도 모델로 전환하여 클라이언트가 선택하도록 묻는 것이다. 한편 그 스페인 사람이 영어를 어느 정도 이해한다면, 그에게는 프랑스어 페이지보다는 영어 페이지가 나을 것이다. 이 경우 그 스페인 사람은 자신이 영어에 대한 최소한의 지식을 갖추고 있으며 부득이한 경우에는 영어 페이지도 괜찮다는 의사를 그의 선호 정보에 추가하여 전달할 수 있으면 좋겠다고 생각할 것이다.

다행히도 HTTP는 앞의 스페인 사람과 같은 클라이언트를 위해 그들의 선호에 대한 풍부한 설명을 품질값(quality value, 줄여서 q값)을 이용해 전달할 수 있는 메커니즘을 제공한다.

17.3.2 내용 협상 헤더의 품질값

HTTP 프로토콜은 클라이언트가 각 선호의 카테고리마다 여러 선택 가능한 항목을 선호도와 함께 나열할 수 있도록 품질값을 정의하였다. 예를 들어, 클라이언트는 Accept-Language 헤더를 다음과 같은 형식으로 보낼 수 있다.

```
Accept-Language: en;q=0.5, fr;q=0.0, nl;q=1.0, tr;q=0.0
```

q값은 0.0부터 1.0까지의 값을 가질 수 있다(0.0이 가장 낮은 선호도, 1.0이 가장 높은 선호도를 의미한다). 따라서 위의 헤더는 클라이언트가 네덜란드어(nl)로 된 문서를 받기를 원하고 있으나, 영어(en)로 된 문서라도 받아들일 것임을 의미하고 있다. 그러나 어떠한 경우에도 클라이언트는 프랑스어(fr)나 터키어(tr) 버전을 원하지는 않는다.

때때로 서버는 클라이언트의 선호에 대응하는 문서를 하나도 갖고 있지 않을 수도 있다. 이 경우, 서버는 클라이언트의 선호에 맞추기 위해 문서를 고치거나 트랜스코딩할 수 있다. 이 메커니즘은 이 장의 뒷부분에서 논의할 것이다.

17.3.3 그 외의 헤더들에 의해 결정

서버는 또한 User-Agent와 같은 클라이언트의 다른 요청 헤더들을 이용해 알맞은 요청을 만들어내려고 시도할 수 있다. 예를 들어 서버가 오래된 버전의 웹브라우저는 자바스크립트를 지원하지 않는다는 것을 알고 있다면, 그들에게는 자바스크립트를 포함하지 않은 페이지를 돌려줄 수도 있다.

이 사례에서, '최선'에 가장 가까운 대응을 찾아낼 수 있는 q값 메커니즘은 없다. 서버는 정확한 대응을 찾아내거나 아니면 그냥 갖고 있는 것을 제공해주어야 한다(이것은 서버의 구현에 달려있다).

캐시는 반드시 캐시된 문서의 올바른 '최선의' 버전을 제공해주려 해야 하기 때문에, HTTP 프로토콜은 서버가 응답에 넣어 보낼 수 있는 Vary 헤더를 정의한다. Vary 헤더는 캐시에게(그리고 클라이언트나 그 외의 모든 다운스트림 프락시에게) 서버가 내줄 응답의 최선의 버전을 결정하기 위해 어떤 요청 헤더를 참고하고 있는지 말해준다. Vary 헤더에 대해서는 이 장의 뒷부분에서 자세히 이야기할 것이다.

17.3.4 아파치의 내용 협상

아파치 웹 서버가 내용 협상을 지원하는 방법을 간략히 설명하면 다음과 같다. 내용 협상은 웹 사이트 콘텐츠의 제공자에게 달려있다. 만약 색인 페이지를 여러 가지 버전으로 제공해 주려고 한다면 우선 콘텐츠 제공자가 각각의 버전에 해당하는 파일들을 아파치 서버의 적절한 디렉터리에 모두 넣어주어야 한다. 그런 뒤 다음 둘 중의 한 가지 방법으로 내용 협상을 동작시킬 수 있다.

- 웹 사이트 디렉터리에서, 배리언트(variant)를 갖는 웹 사이트의 각 URI를 위한 type-map 파일을 만든다. 그 type-map 파일은 모든 배리언트와 그들 각각에 대응하는 내용 협상 헤더들을 나열한다.
- 아파치가 그 디렉터리에 대해 자동으로 type-map 파일을 생성하도록 하는 MultiViews 지시어를 켠다.

type-map 파일 사용하기

아파치 서버는 type-map 파일이 어떻게 생겼는지 알 필요가 있다. 이를 설정하기 위해서, 서버 설정 파일에 type-map 파일들을 위한 파일 접미사를 명시한 핸들러를 추가한다. 예를 들면 다음과 같다.

```
AddHandler type-map .var
```

이 줄은 .var 확장자를 가진 파일들이 type-map 파일임을 의미한다.

type-map 파일의 예는 다음과 같다.

```
URI: joes-hardware.html

URI: joes-hardware.en.html
Content-type: text/html
Content-language: en

URI: joes-hardware.fr.de.html
Content-type: text/html;charset=iso-8859-2
Content-language: fr, de
```

이 type-map 파일을 통해, 아파치 서버는 영어로 요청한 클라이언트에게는 joes-hardware.en.html 파일을, 프랑스어로 요청한 클라이언트에게는 joes-hardware.fr.de.html 파일을 보냄을 알 수 있다. 품질값 또한 지원된다. 아파치 서버 문서[1]를 보라.

MultiViews 사용하기

MultiViews를 사용하려면, access.conf 파일의 적절한 절(〈Directory〉, 〈Location〉, 혹은 〈Files〉)에 Options 지시어를 이용해서 웹 사이트를 포함한 디렉터리에 MultiViews를 반드시 켜야 한다.

만약 MultiViews가 켜져 있고 브라우저가 joes-hardware라는 이름의 리소스를 요청했다면, 서버는 이름에 "joes-hardware"가 들어 있는 모든 파일을 살펴보고 그들을 대한 type-map 파일을 생성한다. 이름에 근거해서 서버는 각 파일에 대응하는 적절한 내용 협상 헤더를 추측한다. 예를 들어, joes-hardware의 프랑스어 버전은 .fr을 포함해야 한다.

17.3.5 서버 측 확장

서버에서 내용 협상을 구현하는 또 다른 방법으로, 마이크로소프트의 액티브 서버 페이지(ASP)와 같이 서버 쪽에서 확장을 하는 방법이 있다. 서버 측 확장의 개요가 필요하면 8장을 보라.

17.4 투명 협상

투명 협상은 클라이언트 입장에서 협상하는 중개자 프락시를 둠으로써 클라이언트와의 메시지 교환을 최소화하는 동시에 서버 주도 협상으로 인한 부하를 서버

1 (옮긴이) https://httpd.apache.org/docs/trunk/ko/content-negotiation.html

에서 제거한다. 프락시는 클라이언트의 기대가 무엇인지 알고 있고, 클라이언트의 입장에서 협상을 수행할 수 있는 능력이 있는 것으로 가정된다(프락시는 콘텐츠에 대한 요청을 보고 클라이언트의 요구사항을 파악하고 있다). 투명한 내용 협상을 지원하기 위해, 서버는 클라이언트의 요청에 가장 잘 맞는 것이 무엇인지 판별하려면 어떤 요청 헤더를 검사해야 하는지 프락시에게 반드시 말해줄 수 있어야 한다. HTTP/1.1 명세는 투명 협상에 대한 어떤 메커니즘도 정의하지 않았지만, 대신 Vary 헤더를 정의했다. 서버는 응답에 Vary 헤더를 포함시켜 보냄으로써 중개자에게 내용 협상을 위해 어떤 헤더를 사용하고 있는지 알려줄 수 있다.

캐시 프락시는 단일한 URL을 통해 접근할 수 있는 문서의 여러 다른 사본을 저장할 수 있다. 만약 서버가 그들의 캐시에 대한 의사결정 프로세스를 캐시에게 알려주었다면, 캐시는 서버의 입장에서 클라이언트와 협상할 수 있다. 캐시는 또한 콘텐츠를 트랜스코딩하기에 훌륭한 장소인데, 캐시 안에 설치되어 있는 범용 트랜스코더는 특정 서버에 국한되지 않고 어떤 서버의 콘텐츠든 트랜스코딩할 수 있기 때문이다. 캐시에서의 콘텐츠의 트랜스코딩은 그림 17-3에 묘사되어 있으며 더 자세한 것은 이 장의 뒷부분에서 다룰 것이다.

17.4.1 캐시와 얼터네이트(alternate)

콘텐츠를 캐시하는 것은 그 콘텐츠가 나중에 재사용될 것이라고 예상하기 때문이다. 캐시는 클라이언트에게 올바로 캐시된 응답을 돌려주기 위해, 서버가 응답을 돌려줄 때 사용했던 의사결정 로직의 상당 부분을 그대로 사용해야 한다.

이전 절에서 클라이언트가 보내는 Accept 관련 헤더들과 서버가 각각의 요청에 최적의 응답을 해주기 위해 알맞게 만들어 넣어주는 엔터티 헤더들에 대해 설명했다. 캐시는 캐시된 응답을 돌려보낼 때 반드시 이들과 같은 헤더를 사용해야 한다.

그림 17-1은 캐시와 관련된 올바른 그리고 올바르지 않은 작업들의 수행 과정을 그리고 있다. 캐시는 첫 번째 요청을 서버로 그대로 전달하고, 응답을 저장한다. 두 번째 응답은 캐시가 URL에 대응하는 문서를 찾아서 돌려준 것이다. 그러나 이 문서는 프랑스어로 되어 있고, 요청자는 스페인어 문서를 원한다. 만약 캐시가 프랑스어 문서를 그대로 요청자에게 돌려보낸다면, 이것은 잘못된 동작이 될 것이다.

그러므로 캐시는 반드시 두 번째 요청도 서버에게 그대로 전달하고 그 URL에 대한 이번의 응답과 지난번의 응답을 모두 저장해야 한다. 서버와 마찬가지로, 캐시는 이제 같은 URL에 대해 두 개의 다른 문서를 갖게 된다. 이 다른 버전은 배리언트(variant)나 얼터네이트(alternate)로 불린다. 따라서 내용 협상은 배리언트 중에서

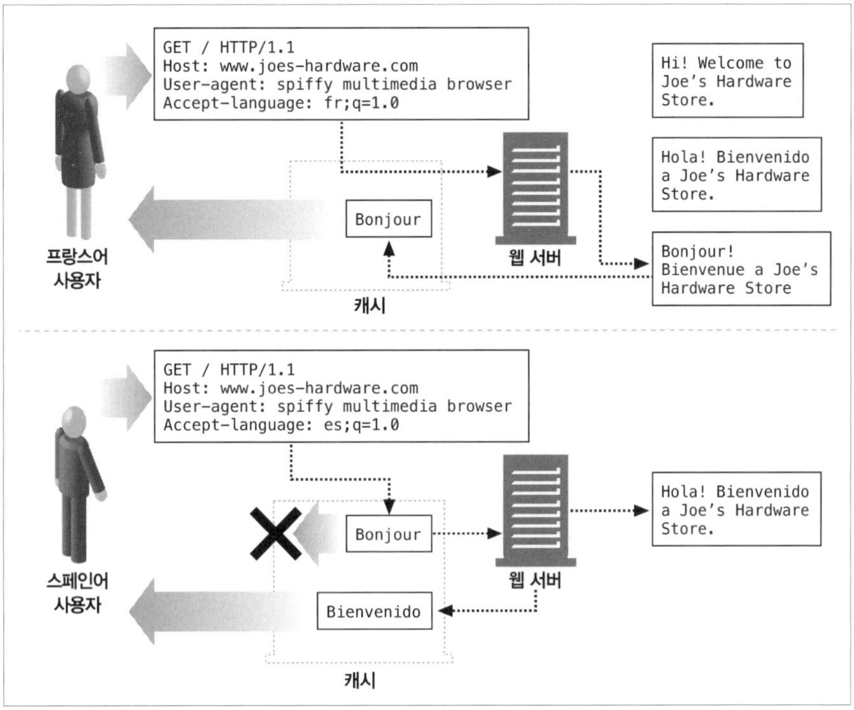

그림 17-1 캐시는 올바른 응답을 클라이언트에게 돌려주기 위해 내용 협상 헤더를 사용한다.

클라이언트의 요청에 가장 잘 맞는 것을 선택하는 과정으로 이해될 수 있다.

17.4.2 Vary 헤더

다음은 브라우저와 서버로부터 온 전형적인 요청과 응답 헤더의 예다.

```
GET http://www.joes-hardware.com/ HTTP/1.0
Proxy-Connection: Keep-Alive
User-Agent: Mozilla/4.73 [en] (WinNT; U)
Host: www.joes-hardware.com
Accept: image/gif, image/x-xbitmap, image/jpeg, image/jpeg, image/png, */*
Accept-Encoding: gzip
Accept-Language: en, pdf
Accept-Charset: iso-8859-1, *, utf-8

HTTP/1.1 200 OK
Date: Sun, 10 Dec 2000 22:13:40 GMT
Server: Apache/1.3.12 OpenSSL/0.9.5a (Unix) FrontPage/4.0.4.3
Last-Modified: Fri, 05 May 2000 04:42:52 GMT
Etag: "1b7ddf-48-3912514c"
Accept-Ranges: Bytes
Content-Length: 72
Connection: close
Content-Type: text/html
```

그러나 만약 서버의 판단이 User-Agent와 같은 Accept 이외의 다른 헤더에 기초한 것이라면 무슨 일이 일어나는가? 이것은 생각보다 극단적인 상황이 아니다. 예를 들어, 서버는 오래된 버전의 브라우저가 자바스크립트를 지원하지 않는다는 것을 알고 있을 수 있고, 따라서 자바스크립트를 포함하지 않은 페이지를 돌려줄 수도 있다. 만약 서버가 어떤 페이지를 반환할 것인지 판단하기 위해 다른 헤더들을 사용하고 있다면, 캐시는 반드시 그 헤더들이 무엇인지 알아야 하고 캐시된 페이지 중 어떤 것을 반환할지 선택할 때 서버가 했던 것과 같은 논리를 적용해야 한다.

HTTP Vary 응답 헤더는 서버가 문서를 선택하거나 커스텀 콘텐츠를 생성할 때 고려한 클라이언트 요청 헤더 모두(일반적인 내용 협상 헤더 외에 추가로 더해서)를 나열한다. 예를 들어, 제공된 문서가 User-Agent 헤더에 의존한다면, Vary 헤더는 반드시 "User-Agent"를 포함해야 한다.

새 요청이 도착했을 때, 캐시는 내용 협상 헤더들을 이용해 가장 잘 맞는 것을 찾는다. 그러나 캐시가 문서를 클라이언트에게 제공해 줄 수 있게 되기 전에, 캐시는 반드시 캐시된 응답 안에 서버가 보낸 Vary 헤더가 들어있는지 확인해야 한다. 만약 Vary 헤더가 존재한다면, 그 Vary 헤더가 명시하고 있는 헤더들은 새 요청과 오래된 캐시된 요청에서 그 값이 서로 맞아야만 한다. 왜냐하면 서버는 클라이언트의 요청 헤디에 따라 그들의 응답이 달라질 수 있기 때문에, 투명 협상을 구현하기 위해 캐시는 반드시 캐시된 배리언트(variant)와 함께 클라이언트 요청 헤더와 그에 알맞은 서버 응답 헤더 양쪽 모두를 저장해야 한다. 이것은 그림 17-2에 묘사되어 있다.

만약 서버의 Vary 헤더가 이렇다면, 거대한 수의 다른 User-Agent와 Cookie 값이 많은 배리언트(variant)를 만들어 낼 것이다.

```
Vary: User-Agent, Cookie
```

캐시는 각 배리언트마다 알맞은 문서 버전을 저장해야 한다. 캐시가 검색을 할 때, 먼저 내용 협상 헤더로 적합한 콘텐츠를 맞춰보고, 다음에 요청의 배리언트를 캐시된 배리언트와 맞춰본다. 만약 맞는 것이 없으면, 캐시는 문서를 서버에서 가져온다.

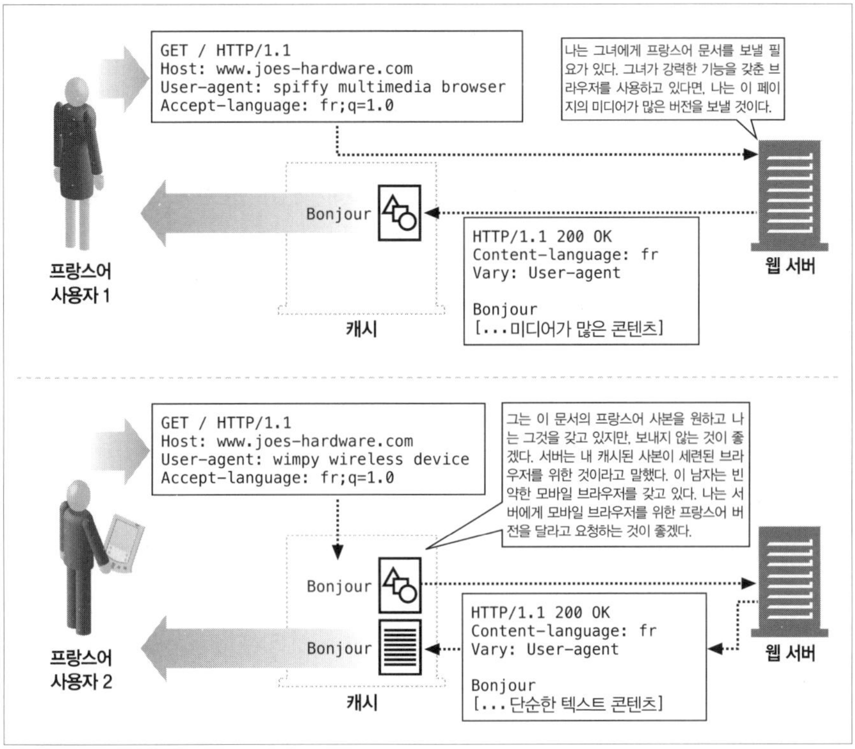

그림 17-2 서버가 특정 요청 헤더에 따라 다르게 응답한다면, 캐시된 응답을 돌려보내기 전에 캐시는 반드시 일반적인 내용 협상 헤더들뿐 아니라 이들 요청 헤더들도 맞춰보아야 한다.

17.5 트랜스코딩

우리는 지금까지 클라이언트와 서버가 협상을 통해 어떤 URL이 가리키는 문서들 중에서 클라이언트의 요구에 가장 잘 맞는 것 하나를 선택해 보내줄 수 있는 메커니즘에 대해 꽤 자세히 이야기했다. 이 메커니즘은 클라이언트의 요구에 맞는 문서(요구에 완벽하게 맞아 떨어지거나 그다지 그렇지 못하거나 간에)가 존재해야 동작한다.

그러나 서버가 클라이언트의 요구에 맞는 문서를 아예 갖고 있지 않다면 어떻게 되는가? 서버는 에러로 응답해야겠지만, 이론적으로 서버는 기존의 문서를 클라이언트가 사용할 수 있는 무언가로 변환할 수도 있다. 이 옵션을 트랜스코딩이라고 부른다.

표 17-4는 몇몇 가상 트랜스코딩을 나열하고 있다.

전	후
HTML 문서	WML 문서
고해상도 이미지	저해상도 이미지
64K색 이미지	흑백 이미지
프레임을 포함한 복잡한 페이지	프레임이나 이미지가 없는 단순한 텍스트 페이지
자바 애플릿이 있는 HTML 페이지	자바 애플릿이 없는 페이지
광고가 있는 페이지	광고가 없는 페이지

표 17-4 가상의 트랜스코딩

트랜스코딩에는 포맷 변환, 정보 합성, 내용 주입의 세 종류가 있다.

17.5.1 포맷 변환

포맷 변환은 데이터를 클라이언트가 볼 수 있도록 한 포맷에서 다른 포맷으로 변환하는 것이다. (WAP 환경하에서 동작하는 오래된) 모바일 단말기가 데스크톱 클라이언트에서 보기 위해 만들어진 문서에 접근하려고 한다면 HTML을 WML로 변환해 줄 필요가 있을 것이다. 접속 속도가 느리고 고해상도 이미지에 별로 관심이 없는 클라이언트에서 이미지가 많은 페이지를 쉽게 볼 수 있게 해주려면 이미지들을 칼라에서 흑백으로 변환하고 축소하여 크기와 해상도를 줄여주어야 할 것이다.

포맷 변환은 표 17-2에 나열된 내용 협상 헤더에 의해 주도된다(User-Agent 헤더에 의해서 주도될 수도 있지만). 내용 변환 혹은 트랜스코딩은 콘텐츠 인코딩이나 전송 인코딩과는 다르다는 것에 주의하라. 전자가 콘텐츠를 특정 접근 장치에서 볼 수 있도록 하기 위한 것임에 비해 후자 둘은 보통 콘텐츠의 더 효율적인 혹은 안전한 전송을 위한 것이다.

17.5.2 정보 합성

문서에서 정보의 요점을 추출하는 것을 정보 합성(information synthesis)이라고 하는데, 이는 트랜스코딩 과정에서 유용할 수 있다. 간단한 예로 각 절의 제목에 기반한 문서의 개요 생성이나 페이지에서 광고 및 로고 제거를 들 수 있다.

본문의 키워드에 기반하여 페이지를 분류하는 더 복잡한 기술은 문서의 핵심을 요약할 때도 역시 유용하다. 이 기술은 포털 사이트의 웹페이지 디렉터리와 같은 자동화된 웹페이지 분류 시스템에 의해 종종 사용된다.

17.5.3 콘텐츠 주입

지금까지 서술한 두 종류의 트랜스코딩은 일반적으로 웹 문서의 양을 줄이지만, 오히려 양을 늘리는 또 다른 종류의 변환인 내용 주입 트랜스코딩(content-injection transcoding)이라는 것도 있다. 내용 주입 트랜스코딩의 예로 자동 광고 생성과 사용자 추적 시스템이 있다.

지나가는 모든 HTML 페이지에 자동으로 광고를 삽입하는 광고 삽입 트랜스코더의 매력(그리고 짜증)을 상상해보라. 이런 종류의 트랜스코딩은 현재 관련이 있거나 어떻게든 특정 사용자를 대상으로 하는 광고를 그때그때 효과적으로 삽입하기 위해 동적으로 이루어진다. 사용자 추적 시스템 또한 어떻게 페이지가 보여지고 클라이언트가 웹을 돌아다니는지에 대한 통계를 수집하기 위해 페이지에 동적으로 콘텐츠를 추가할 수 있도록 만들어져 있다.

17.5.4 트랜스코딩 vs. 정적으로 미리 생성해놓기

트랜스코딩의 대안은 웹 서버에서 웹페이지의 여러 가지 사본을 만드는 것이다. 예를 들어 하나는 HTML로, 또 하나는 WML로, 하나는 고해상도 이미지로, 또 하나는 저해상도 이미지로, 하나는 멀티미디어 콘텐츠와 함께, 또 하나는 그런 것 없이. 그러나 이것은 여러 가지 이유로 그다지 현실적인 기법이 못 된다. 페이지에 대한 어떠한 작은 변화도 여러 페이지의 수정을 요구하게 되고, 각 페이지의 모든 버전을 저장하기 위해 더 많은 공간이 필요하게 되며, 또한 페이지들을 관리하고 그것들 중 올바른 것을 골라서 제공해주는 웹 서버를 프로그래밍하기 어려워진다. 광고 삽입(특히 타깃 광고 삽입)과 같은 몇몇 트랜스코딩은 정적인 방법으로는 수행될 수 없다. 어떤 광고가 삽입될 것인지는 페이지를 요청한 사용자에게 달려있기 때문이다.

루트 페이지를 그때그때 필요할 때마다 변환하는 것은 정적으로 미리 생성해 놓는 것보다 더 쉬운 해결책이다. 그러나 이는 콘텐츠 제공에 있어 대기시간 증가로 인한 비용을 초래할 수 있다. 그러나 이들 계산 중 몇몇은 제삼자에게 수행하게 하여 웹 서버의 부담을 덜 수 있다. 변환은 더 싼 프락시나 캐시에 있는 외부 에이전트에 의해 수행될 수 있다. 그림 17-3은 프락시 캐시에서의 트랜스코딩을 묘사하고 있다.

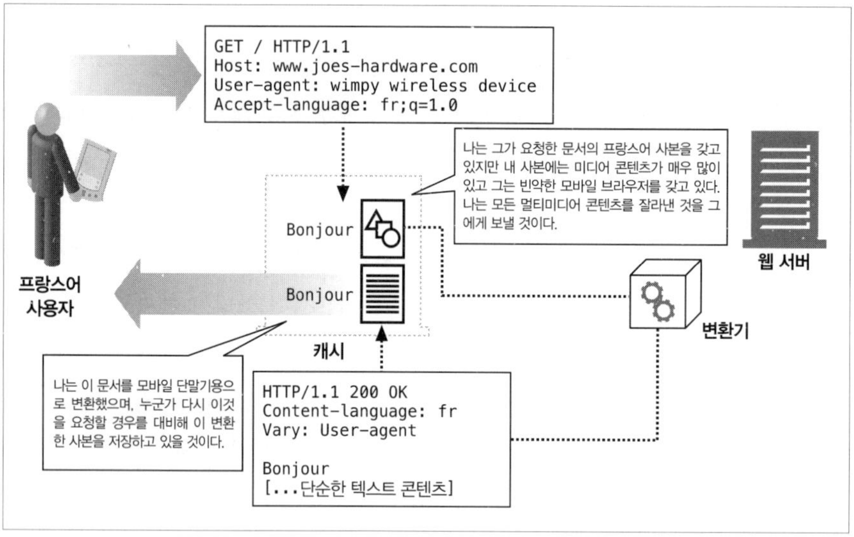

그림 17-3 프락시 캐시에서의 콘텐츠 변환 혹은 트랜스코딩

17.6 다음 단계

내용 협상에 대한 이야기는 다음 두 가지 이유로 Accept나 Content 관련 헤더들에서 끝나지 않는다.

- HTTP의 내용 협상은 성능 제약을 초래한다. 적절한 콘텐츠를 위해 여러 배리언트(variant)를 탐색하는 것이나, 혹은 가장 잘 맞는 것을 '추측'하려 하는 것은 비용이 클 수 있다. 간소화되었으면서 내용 협상 프로토콜에 집중할 수 있는 방법이 있을까? RFC 2295와 2296은 투명 HTTP 내용 협상에 이 질문을 던진다.
- HTTP는 내용 협상이 필요한 유일한 프로토콜이 아니다. 미디어 스트리밍과 팩스는 클라이언트와 서버가 클라이언트의 요청에 대한 최적의 답을 하기 위해 논의해야 할 필요가 있는 두 가지 다른 예다. 일반적인 내용 협상 프로토콜이 TCP/IP 응용 프로토콜 위에서 만들어질 수 있을까? 콘텐츠 협상 작업 그룹은 이 의문과 씨름하기 위해 생겨났다. 이 그룹은 현재 닫혔지만, 여러 RFC에 기여하였다. 이 그룹의 웹 사이트 링크가 궁금하다면 다음 절을 보라.

17.7 추가 정보

다음의 인터넷 초안과 온라인 문서는 내용 협상에 대해 더 자세히 알려줄 것이다.

http://www.ietf.org/rfc/rfc2616.txt

RFC 2616, "Hypertext Transfer Protocol—TTP/1.1"은 HTTP/1.1의 현재 버전에 대한 공식 명세다.[2] 이 명세는 HTTP에 대한 잘 쓰여졌고 잘 조직된 상세한 참고서이지만, HTTP의 근간이 되는 개념 및 계기나 이론과 실제의 차이를 배우길 원하는 독자에게는 이상적이지 않다. 우리는 이 책이 그러한 개념을 채워주어 독자가 이 명세를 더 잘 활용하게 되기를 희망한다.

http://search.ietf.org/rfc/rfc2295.txt

RFC 2295, "Transparent Content Negotiation in HTTP"는 HTTP에서의 투명한 내용 협상 프로토콜을 서술한 메모다. 이 메모의 상태는 실험(experimental) 상태로 남아있다.

http://search.ietf.org/rfc/rfc2296.txt

RFC 2296, "HTTP Remote Variant Selection Algorithm—VSA 1.0"은 어떤 HTTP 요청에 대한 '최선의' 콘텐츠를 투명하게 선택하기 위한 알고리즘을 서술하고 있는 메모다. 이 메모의 상태는 실험 상태로 남아있다.

http://search.ietf.org/rfc/rfc2936.txt

RFC 2396, "HTTP MIME Type Handler Detection"은 실제 MIME 타입 핸들러를 판별하기 위한 접근을 서술한 메모다. 이 접근은 Accept 관련 헤더들이 충분히 분명하지 않은 경우 도움이 된다.

http://www.imc.org/ietf-medfree/index.htm

HTTP, 팩스, 프린터를 위한 투명한 내용 협상을 조사했던 콘텐츠 협상(CONNEG) 작업 그룹의 링크다. 이 그룹은 현재 닫혀있다.

---

2 (옮긴이) 2014년 현재, HTTP/1.1의 가장 최신 명세는 RFC 7230~7235이다.

5부

HTTP: The Definitive Guide

콘텐츠 발행 및 배포

5부에서는 웹 콘텐츠를 발행하고 퍼뜨리는 기술에 대해 이야기한다.

- 18장 웹 호스팅에서는 HTTP가 가상 웹 호스팅을 지원하는 현대의 웹 호스팅 환경에서 서버에 배포하는 방법들에 대해 논의하며, 지리적으로 멀리 떨어져 있는 서버들에 콘텐츠를 복제하는 방법에 대해서도 알아본다.
- 19장 배포 시스템에서는 웹 콘텐츠를 만들고, 그것을 웹 서버에 올리는 기술들을 알아본다.
- 20장 리다이렉션과 부하 균형에서는 유입되는 웹 트래픽을 서버군에 분산시키는 기법과 도구들을 알아본다.
- 21장 로깅과 사용 추적에서는 로그 포맷과 일반적인 질문들을 다룬다.

18장

HTTP: The Definitive Guide

웹 호스팅

리소스를 공용 웹 서버에 올려놓으면 인터넷을 통해 이용할 수 있다. 이 리소스들은 텍스트 파일이나 이미지 같이 단순할 수도 있고, 실시간 내비게이션이나 전자상거래 쇼핑 게이트웨이 같이 복잡할 수도 있다. 각 조직이 가지고 있는 다양한 종류의 리소스를 웹 사이트에 편하게 배포하거나, 적절한 가격에 좋은 성능을 가진 웹 서버에 배치하는 것은 매우 중요하다.

콘텐츠 리소스를 저장, 중개, 관리하는 일을 통틀어 웹 호스팅이라 한다. 호스팅은 웹 서버의 가장 중요한 기능 중 하나다. 콘텐츠를 저장해서 제공하고 관련 로그에 접근하거나 그것을 관리하는 데 서버가 필요하다. 필요한 하드웨어와 소프트웨어를 직접 관리하기 어렵다면, 호스팅 서비스나 호스팅 업체가 필요할 것이다. 호스팅 업체는 서버와 웹 사이트 관리 프로그램을 대여해주고 다양한 등급의 보안, 리포트, 사용 편의를 제공한다. 보통 호스팅 업체는 경제적이면서도 믿을 수 있고 성능 좋은 웹 사이트를 제공하기 위해 잘 손상되지 않는 공용 웹 서버에 올린다.

이 장에서는 웹 호스팅 서비스의 가장 중요한 속성 몇 가지와 그것들이 어떻게 HTTP 애플리케이션과 상호작용하는지 설명한다. 특히 이번 장에서는 다음과 같은 것들을 다룬다.

- 여러 웹 사이트를 같은 서버에 "가상 호스팅"하는 방법. 그리고 그것이 HTTP에 끼치는 영향
- 트래픽이 많은 상황에서 안정적인 사이트를 구축하는 방법
- 웹 사이트 로딩을 더 빠르게 하는 방법

18.1 호스팅 서비스

월드 와이드 웹 초기에는 각 회사가 자체 컴퓨터 하드웨어를 구매하고 자체 컴퓨터 망을 구축하며 자체 네트워크 연결을 확보하고 자체 웹 서버 소프트웨어를 관리했다.

웹이 빠르게 대세가 되면서, 모든 사람이 웹 사이트를 원했지만, 냉난방 장치가 있는 서버실을 짓고 도메인 이름을 등록하고 네트워크 대역폭을 구매할 기술과 시간을 가진 사람은 드물었다. 그 시간을 절약하기 위해, 전문적으로 관리하는 웹 호스팅 서비스를 제공하는 여러 신사업이 만들어졌다. 물리적인 장비 관리(공간, 냉난방, 연결)에서부터 고객이 직접 콘텐츠를 제공할 수 있는 총체적인 웹 호스팅까지 다양한 종류의 서비스들이 있다.

이 장에서는 호스팅 웹 서버가 무엇을 제공하는지에 초점을 맞출 것이다. 웹 사이트가 동작하는 데 필요한 많은 기능(예를 들어, 다국어 지원과 전자상거래 트랜잭션 보안)은 웹 서버 호스팅의 지원 범위에 따라 달라진다.

18.1.1 간단한 예 : 전용 호스팅

죠의 컴퓨터 가게 온라인과 메리의 골동품 경매를 크기가 꽤 큰 웹 사이트라고 가정해보자. 죠와 메리가 직접 자체 서버를 구매하고 서버 소프트웨어를 직접 유지보수하는 대신, 죠와 메리에게 대여할 수 있는 고성능 웹 서버들로 구성된 랙을 아이린의 ISP가 가지고 있다.

그림 18-1에서 죠와 메리는 아이린의 ISP가 제공하는 전용 웹 호스팅 서비스에

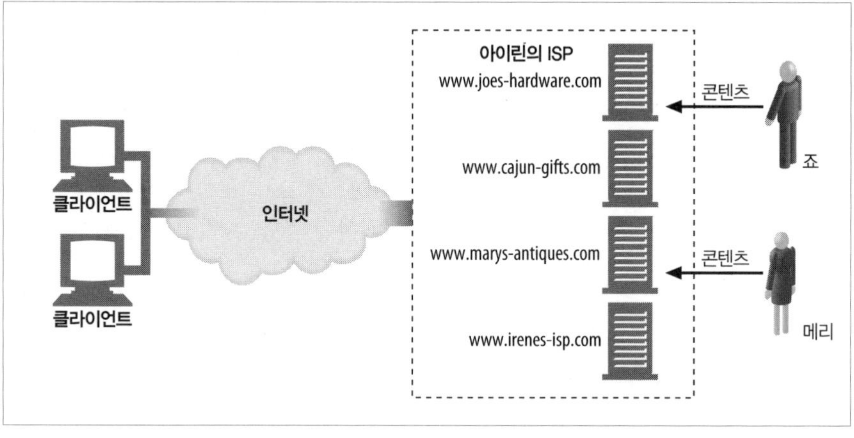

그림 18-1 외부 위탁 전용 호스팅

가입한다. 죠는 아이린의 ISP가 구매해 유지보수하고 있는 전용 웹 서버를 임대한다. 메리도 아이린의 ISP로부터 죠의 것과는 별개로 전용 서버를 구했다. 아이린 ISP는 대량으로 서버 장비를 구매할 수 있으며 안정적이고 검증되었으면서도 비용이 저렴한 장비를 선택할 수 있다. 만약 죠의 컴퓨터 가게 온라인이나 메리의 골동품 경매 사이트 중 하나가 유명해지면, 아이린의 ISP는 죠나 메리에게 추가적인 서버를 즉시 제공할 수 있다.

이 예에서 브라우저는 죠가 운영하고 있는 서버의 IP 주소를 가리키는 www.joes-hardware.com에 HTTP 요청을 하고, 메리가 운영하고 있는 서버의 (죠의 것과는 다른) IP 주소를 가리키는 www.marys-antiques.com에 요청한다.

18.2 가상 호스팅

많은 사람이 트래픽이 높은 사이트는 아니더라도 웹 공간을 가지고 싶어 한다. 이런 사람들의 웹 공간은 대부분의 시간 동안에는 놀고 있을 것이기 때문에, 이들에게 한 달에 수백 달러라는 비용이 드는 전용 웹 서버를 제공하는 것은 낭비다.

많은 웹 호스팅 업자는 컴퓨터 한 대를 여러 고객이 공유하게 해서 저렴한 웹 호스팅 서비스를 제공한다. 이를 공유 호스팅 혹은 가상 호스팅이라 부른다. 각 웹 사이트는 다른 서버에서 호스팅하는 것처럼 보이겠지만, 사실은 물리적으로 같은 서버에서 호스팅되는 것이다. 최종 사용자의 관점에서 가상 호스팅에 있는 웹 사이트는, 물리적으로 분리된 전용 서버에서 호스팅 하는 사이트와 구분할 수 없어야 한다.

가상 호스팅은 비용, 공간, 관리에 이점이 있으므로, 가상 호스팅을 제공하는 업체는 한 서버에 수십, 수백, 수천 개의 웹 사이트를 호스팅하려고 한다. 하지만 그것이 PC 한 대에 웹 사이트 1,000개를 구축한다는 뜻은 아니다. 호스팅 업자는 복제 서버 더미(서버 팜이라 부르는)를 만들고 서버 팜에 부하를 분산할 수 있다. 팜에 있는 각 서버는 다른 서버를 복제한 것이며, 수많은 가상 웹 사이트를 호스팅하고 있기 때문에 관리자는 훨씬 편해진다. (20장에서 서버 팜에 대해 더 알아볼 것이다.)

죠와 메리가 사업을 하게 되면, 웹 서버를 구축해야 할 정도로 트래픽이 올라가기 전까지는 비용을 절약하려고 가상 호스팅을 이용할 것이다.(그림 18-2를 보라.)

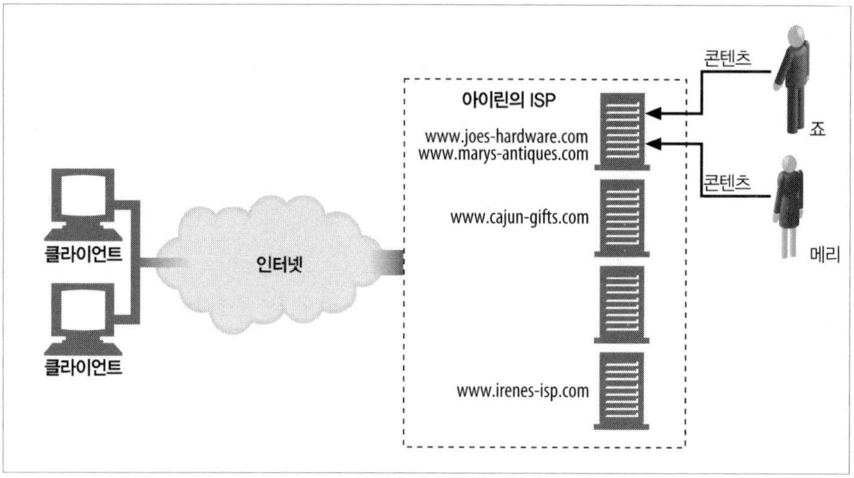

그림 18-2 외부 위탁 가상 호스팅

18.2.1 호스트 정보가 없는 가상 서버 요청

안타깝게도 HTTP/1.0에는 가상 호스팅 업자가 골머리를 앓을 만한 설계 관련 결함이 있다. HTTP/1.0 명세는 공용 웹 서버가 호스팅하고 있는 가상 웹 사이트에 누가 접근하고 있는지 식별하는 기능을 제공하지 않는다.

HTTP/1.0 요청은 요청 메시지에 URL의 경로 컴포넌트만 전송한다는 것을 다시 기억해보자. 만약 http://www.joes-hardware.com/index.html을 요청하면, 브라우저는 www.joes-hardware.com에 연결을 하지만, HTTP/1.0 요청은 호스트 명에 대한 별다른 언급 없이 "GET /index.html"이라는 요청을 한다. 서버가 여러 개의 사이트를 가상 호스팅하고 있으면, 사용자가 어떤 가상 웹 사이트로 접근하려고 하는 것인지 아는 데 필요한 정보가 충분하지 않다. 그림 18-3은 그 예를 설명한다.

- 클라이언트 A가 http://www.joes-hardware.com/index.html에 접속하려고 하면, "GET /index.html" 요청이 공용 웹 서버에 전송된다.
- 클라이언트 B가 http://www.marys-antiques.com/index.html에 접속하려고 하면, 위와 같은 "GET /index.html" 요청이 joes-hardware.com과 공유하고 있는 공용 웹 서버에 전송된다.

웹 서버는 사용자가 어떤 웹 사이트로 접근하려고 하는지 아는데 필요한 정보가 충분하지 않다. 두 요청이 (서로 다른 웹 사이트에) 완전히 다른 문서를 요청을 하더라도, 요청 자체는 똑같이 생겼다. 문제는 웹 사이트 호스트 정보가 요청에서 제거

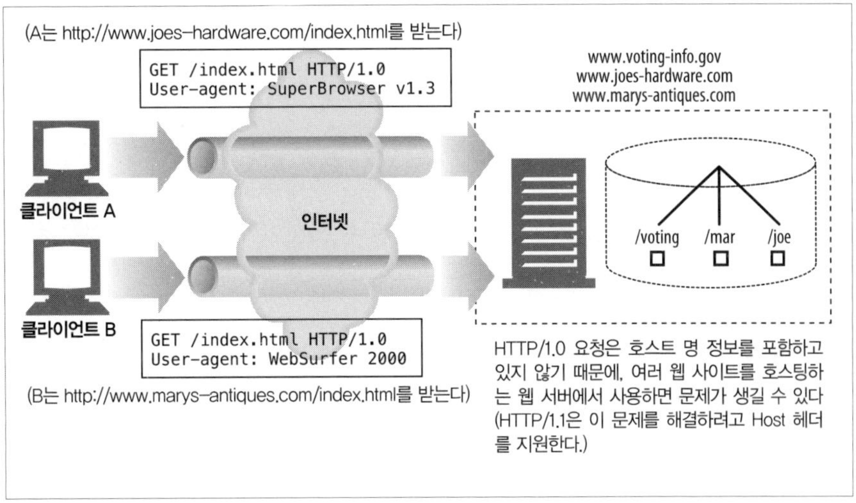
(A는 http://www.joes-hardware.com/index.html를 받는다)
GET /index.html HTTP/1.0
User-agent: SuperBrowser v1.3
www.voting-info.gov
www.joes-hardware.com
www.marys-antiques.com
클라이언트 A
인터넷
/voting
/mar
/joe
클라이언트 B
GET /index.html HTTP/1.0
User-agent: WebSurfer 2000
(B는 http://www.marys-antiques.com/index.html를 받는다)
HTTP/1.0 요청은 호스트 명 정보를 포함하고 있지 않기 때문에, 여러 웹 사이트를 호스팅하는 웹 서버에서 사용하면 문제가 생길 수 있다(HTTP/1.1은 이 문제를 해결하려고 Host 헤더를 지원한다.)

그림 18-3 HTTP/1.0 서버 요청은 호스트 명 정보를 포함하지 않는다.

된다는 것이다.

6장에서 봤듯이, HTTP 대리 서버(리버스 프락시)와 인터셉트 프락시 또한 어떤 사이트를 요청하는지에 관한 정보가 필요하다.

18.2.2 가상 호스팅 동작하게 하기

호스트 정보를 HTTP 요청 명세에 넣지 않은 것은, 각 웹 서버가 정확히 한 웹 사이트만 호스팅할 것이라고 잘못 예측한 HTTP 명세의 실수였다. HTTP 설계자들은 공유 서버인 가상 호스팅을 고려하지 않았다. 그래서 URL에 있는 호스트 명 정보는 필요 없는 것으로 여겨 명세에서 제외하고 단순히 경로 컴포넌트만 전송하도록 설계했다.

초기 명세는 가상 호스팅을 고려하지 않았기 때문에, 웹 호스팅 업자는 공용 가상 호스팅을 지원하는 데 필요한 차선책과 컨벤션을 개발해야 했다. 그 문제는 모든 HTTP 요청 메시지에 경로 컴포넌트만 보내는 것이 아니라 완전한 URL도 포함해 보내게 해서 간단히 해결했다. HTTP/1.1을 지원하는 서버는 HTTP 요청 메시지에 있는 전체 URL을 처리할 수 있어야 한다. 하지만 기존에 있던 모든 애플리케이션이 이 명세에 맞추어 업그레이드하기까지는 오랜 시간이 걸릴 것이다. 그 와중에, 네 가지 기술이 나타났다.

URL 경로를 통한 가상 호스팅
서버가 어떤 사이트를 요청하는 것인지 알 수 있게 URL에 특별한 경로 컴포넌트를 추가한다.

포트번호를 통한 가상 호스팅
각 사이트에 다른 포트번호를 할당하여, 분리된 웹 서버의 인스턴스가 요청을 처리한다.

IP 주소를 통한 가상 호스팅
각 가상 사이트에 별도의 IP 주소를 할당하고 모든 IP 주소를 장비 하나에 연결한다. 웹 서버는 IP 주소로 사이트 이름을 식별한다.

Host 헤더를 통한 가상 호스팅
많은 웹 호스팅 업자들은 HTTP 설계자에게 이 문제를 해결해달라는 압력을 넣었다. HTTP/1.0의 개선 버전과 HTTP/1.1의 공식 버전은 사이트 이름을 알려주는 Host 요청 헤더를 정의했다. 웹 서버는 Host 헤더로 가상 사이트를 식별할 수 있다.

각 기술에 대해 좀 더 알아보자.

URL 경로를 통한 가상 호스팅

공용 서버에 있는 각 가상 사이트에 서로 다른 URL 경로를 할당해서 각각을 강제로 구분할 수 있다. 예를 들어 논리적인 웹 사이트마다 특정 경로를 앞에 붙일 수 있다.

- 죠의 컴퓨터 가게는 http://www.joes-hardware.com/joe/index.html로 할 수 있다.
- 메리의 골동품 가게는 http://www.marys-antiques.com/mary/index.html로 할 수 있다.

서버에 요청이 도착하면 호스트 명 정보가 요청에 포함되어 있지는 않지만, 경로에 있는 정보를 통해서 다음과 같이 이해한다.

- "GET /joe/index.html"은 죠의 컴퓨터 가게에 대한 요청이다.
- "GET /mary/index.html"은 메리의 골동품 가게에 대한 요청이다.

이는 좋은 해결책이 아니다. “/joe”와 “/mary” 접두어는 불필요하고 혼란스럽다(이미 호스트 명에 “joe”가 기술되어 있다). 게다가, 일반적으로 홈페이지로 갈 때 사용하는 http://www.joes-hardware.com나 http://www.joes-hardware.com/index.html 같은 URL은 동작하지 않는다.

일반적으로, URL 기반의 가상 호스팅은 좋지 않은 방법이라 거의 사용하지 않는다.

포트번호를 통한 가상 호스팅

경로 명을 변경하는 대신, 죠와 메리는 웹 서버에 각각 다른 포트번호를 할당할 수 있다. 예를 들어, 80 포트 대신에 죠는 82, 메리는 83으로 할 수 있다. 하지만 이 해결책은 같은 문제가 있는데, 사용자는 URL에 비표준 포트를 쓰지 않고서도 리소스를 찾길 원하기 때문이다.

IP 주소를 통한 가상 호스팅

훨씬 더 좋은 접근 방법은 가상 IP를 할당하는 것이다. 이 방식은, 각 가상 웹 사이트에 유일한 IP 주소를 한 개 이상 부여한다. 모든 가상 서버의 IP 주소는 같은 공용 서버에 연결되어 있다. 서버는 HTTP 커넥션의 목적지 IP 주소를 보고 클라이언트가 어떤 웹 사이트에 연결하려고 하는지 알 수 있다.

호스팅 업자가 209.172.34.3을 www.joes-hardware.com에, 209.172.34.4를 www.marys-antiques.com에 할당하고, 두 IP 주소를 같은 물리 서버 장비에 연결해놨다고 해보자. 웹 서버는 그림 18-4와 같이 어떤 가상 사이트에 요청한 것인지 식별하려고 목적지 IP 주소를 사용한다.

- 클라이언트 A는 http://www.joes-hardware.com/index.html를 요청한다.
- 클라이언트 A는 www.joes-hardware.com의 IP 주소를 요청해 209.172.34.3을 얻는다.
- 클라이언트 A는 209.172.34.3에 있는 공용 웹 서버에 TCP 커넥션을 맺는다.
- 클라이언트 A는 “GET /index.html HTTP/1.0” 요청을 보낸다.
- 웹 서버가 응답을 전송하기에 앞서, 실제 목적지 IP 주소(209.172.34.3)를 기록하고, 이것이 죠의 웹 사이트에 대한 가상 IP 주소라는 것을 판단하고, /joe 하위디렉터리에서 요청을 처리한다. /joe/index.html 페이지를 반환한다.

이와 유사하게, 만약 클라이언트 B가 http://www.marys-antiques.com/index.html를 요청하면 다음과 같이 처리된다.

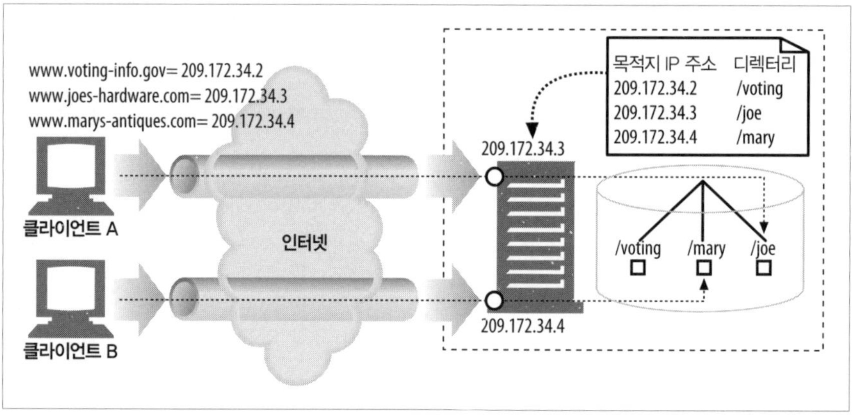

그림 18-4 가상 IP 호스팅

- 클라이언트 B는 www.marys-antiques.com에 대한 IP 주소를 찾고 209.172.34.4를 얻는다.
- 클라이언트 B는 209.172.34.4에 있는 웹 서버에 TCP 커넥션을 맺는다.
- 클라이언트 B는 "GET /index.html HTTP/1.0" 요청을 보낸다.
- 209.172.34.4가 메리의 웹 사이트라고 판단하고, /mary 하위디렉터리에서 요청을 처리한다. /mary/index.html 페이지를 반환한다.

가상 IP 호스팅은 잘 동작하지만, 규모가 아주 큰 호스팅 업자에게는 약간 어려운 문제를 안겨준다.

- 일반적으로 컴퓨터 시스템이 연결할 수 있는 장비의 IP의 개수에는 제한이 있다. 호스팅 업자는 수백 혹은 수천 개의 가상 사이트를 포함하는 공용 서버를 제공해야 하는데, 이는 큰 문제다.
- IP 주소는 희소 상품이다. 가상 사이트를 많이 가지고 있는 호스팅 업자는 호스팅하는 모든 웹 사이트에 할당할 가상 IP 주소를 충분히 얻지 못할 수도 있다.
- IP 주소가 부족한 문제는 호스팅 업자가 용량을 늘리려고 서버를 복제하면서 더 심각해진다. 부하 균형의 구조상, 각 복제된 서버에 IP 주소를 부여해야 하므로 IP 주소는 복제 서버의 개수만큼 더 필요하게 된다.

가상 IP 호스팅은 위와 같은 IP 주소 부족 문제가 생길 수 있음에도 불구하고 널리 쓰이는 방식이다.

Host 헤더를 통한 가상 호스팅

IP 주소의 낭비와 가상 IP의 제한 문제를 피하려면, 가상 사이트들이 같은 IP를 사용하더라도 각 사이트가 어디에 속해 있는지 알 수 있어야 한다. 하지만 앞서 봤듯이, 브라우저 대부분이 URL의 경로 컴포넌트만 서버에 전달하므로, 중요한 가상 호스트 명 정보는 받지 못한다.

이 문제를 해결하려고, 브라우저와 서버 개발자들은 서버가 원 호스트 명을 받아볼 수 있게 HTTP를 확장했다. 하지만 대부분의 서버가 경로 컴포넌트만 받아 요청을 처리할 수 있기 때문에, 브라우저가 전체 URL을 보내더라도 소용없다. 대신, 모든 요청에 호스트 명(그리고 포트)을 Host 확장 헤더에 기술해서 전달한다.

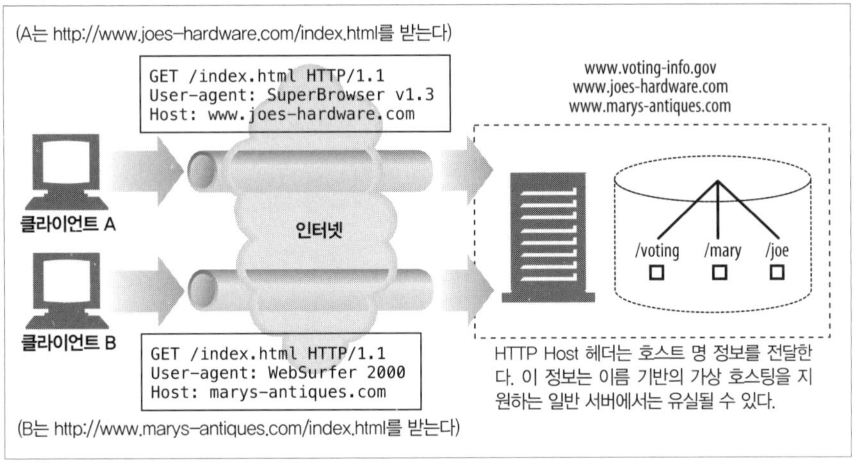
(A는 http://www.joes-hardware.com/index.html를 받는다)
GET /index.html HTTP/1.1
User-agent: SuperBrowser v1.3
Host: www.joes-hardware.com
www.voting-info.gov
www.joes-hardware.com
www.marys-antiques.com
클라이언트 A
인터넷
/voting
/mary
/joe
클라이언트 B
GET /index.html HTTP/1.1
User-agent: WebSurfer 2000
Host: marys-antiques.com
HTTP Host 헤더는 호스트 명 정보를 전달한다. 이 정보는 이름 기반의 가상 호스팅을 지원하는 일반 서버에서는 유실될 수 있다.
(B는 http://www.marys-antiques.com/index.html를 받는다)

그림 18-5 Host 헤더를 통한 가상 호스트 식별

Host 헤더는 관련 업체들이 HTTP/1.0을 확장해 만든 HTTP/1.0+에서 처음 소개되었다. HTTP/1.1 명세를 따르려면 Host 헤더를 반드시 기술해야 한다. Host 헤더는 브라우저와 서버 대부분이 지원하지만, 아직 몇몇 클라이언트와 서버(그리고 로봇)는 지원하지 않는다.[1]

1 (옮긴이) 현재는 거의 모든 브라우저가 Host 헤더를 지원한다.

18.2.3 HTTP/1.1 Host 헤더

Host 헤더는 RFC 2068에 정의되어 있는 HTTP/1.1 요청 헤더다. 가상 서버는 매우 흔하기 때문에 대부분의 HTTP 클라이언트가 HTTP/1.1과 호환되지 않더라도, Host 헤더는 구현한다.

문법과 사용 방법

Host 헤더에는 원본 URL에 있는 요청 리소스에 대한 인터넷 호스트와 포트번호를 기술한다.

```
Host = "Host" ":" 호스트[ ":" 포트 ]
```

그리고 다음과 같은 규칙이 있다.

- Host 헤더에 포트가 기술되어 있지 않으면, 해당 스킴의 기본 포트를 사용한다.
- URL에 IP 주소가 있으면, Host 헤더는 같은 주소를 포함해야 한다.
- URL에 호스트 명이 기술되어 있으면, Host 헤더는 같은 호스트 명을 포함해야 한다.
- URL에 호스트 명이 기술되어 있으면, Host 헤더는 URL의 호스트 명이 가리키는 IP 주소를 포함해서는 안 된다. 그 이유는, 여러 개의 가상 사이트를 한 개의 IP 주소에 연결한 가상 호스트 서버에서 문제가 될 수 있기 때문이다.
- 클라이언트가 특정 프락시 서버를 사용한다면, Host 헤더에 프락시 서버가 아닌 원 서버의 호스트 명과 포트를 기술해야 한다. 과거에는 여러 웹 클라이언트가 프락시 설정이 활성화되어 있을 때 전송하는 Host 헤더에 프락시의 호스트 명을 넣는 버그가 있었다. 이 문제는 프락시와 원 서버를 오동작시키는 원인이 된다.
- 웹 클라이언트는 모든 요청 메시지에 Host 헤더를 기술해야 한다.
- 웹 프락시는 요청을 전달하기 전에 요청 메시지에 Host 헤더를 추가해야 한다.
- HTTP/1.1 웹 서버는 Host 헤더 필드가 없는 HTTP/1.1 요청 메시지를 받으면 400 상태 코드로 응답해야 한다.

다음은 Host 헤더를 포함해서 www.joes-hardware.com의 홈페이지를 요청하는 HTTP 메시지의 예다.

```
GET http://www.joes-hardware.com/index.html HTTP/1.0
Connection: Keep-Alive
User-Agent: Mozilla/4.51 [en] (X11; U; IRIX 6.2 IP22)
Accept: image/gif, image/x-xbitmap, image/jpeg, image/pjpeg, image/png, */*
```

```
Accept-Encoding: gzip
Accept-Language: en
Host: www.joes-hardware.com
```

Host 헤더의 누락

아직 사용되고 있는 몇몇 낡은 브라우저들은 Host 헤더를 보내지 않는다.[2] 가상 호스팅 서버가 어떤 웹 사이트를 제공할지 결정하려고 Host 헤더를 사용하려는 상황에서 Host 헤더가 존재하지 않는다면, 서버는 사용자를 기본 웹페이지로 보내거나 브라우저를 업그레이드하라고 제안하는 에러 페이지를 반환할 수 있다.

Host 헤더 해석하기

가상 호스팅을 지원하지 않는 원 서버는 요청 받는 호스트에 따라서 리소스가 달라지지 않기 때문에 Host 헤더 값을 무시할 것이다. 하지만 호스트를 기준으로 리소스를 구분하는 모든 웹 서버는 HTTP/1.1을 통해 오는 리소스를 결정하려면 다음과 같은 규칙을 사용해야 한다.

1. HTTP 요청 메시지에 전체 URL이 기술되어 있으면(예를 들어 스킴과 호스트 컴포넌트가 기술되어 있을 때), Host 헤더에 있는 값은 무시하고 URL을 사용한다.
2. HTTP 요청 메시지에 있는 URL에 호스트 명이 기술되어 있지 않고 요청에 Host 헤더가 있으면, 호스트 명과 포트를 Host 헤더에서 가져온다.
3. 1단계나 2단계에서 호스트를 결정할 수 없으면 클라이언트에 400 Bad Request 응답을 반환한다.

Host 헤더와 프락시

어떤 브라우저 버전은 부정확한 Host 헤더를 보내는데, 특히 프락시를 사용하게 설정했을 때 그렇다. 예를 들어 프락시를 사용하도록 구성할 때 버전이 오래된 애플이나 포인트캐스트[3] 클라이언트는 실수로 원 서버의 이름이 아닌 프락시의 이름을 Host 헤더에 담아 전송한다.

---

2 (옮긴이) 현재는 모든 주요 브라우저가 Host 헤더를 전송한다.

3 (옮긴이) 사용자가 구독하고자 하는 뉴스 모음 구독기다. RSS 리더와는 달리 클라이언트가 콘텐츠를 가져오는 형식이 아니라 서버가 클라이언트에게 새로운 뉴스 모음을 전송하는 푸시(push) 형식이다.

18.3 안정적인 웹 사이트 만들기

웹 사이트에 장애가 생기는 몇 가지 상황이 있다.

- 서버 다운
- 트래픽 폭증: 갑자기 많은 사람이 특정 뉴스 방송을 보려고 하거나 할인 행사 때문에 몰려드는 상황이다. 갑작스러운 트래픽 폭증은 웹 서버에 과부하를 주어 느려지게 하거나 완전히 멈춰버리게 한다.
- 네트워크 장애나 손실

이 절에서는 이런 일반적인 문제를 예측하고 대응하는 몇 가지 방법을 다룬다.

18.3.1 미러링 된 서버 팜

서버 팜은 서로 대신할 수 있고 식별할 수 있게 설정된 웹 서버들의 집합이다. 서버 팜의 서버에 있는 콘텐츠들은 한 곳에 문제가 생기면 다른 한 곳에서 대신 전달할 수 있게 미러링 할 수 있다.

보통, 미러링 된 서버는 계층적인 관계에 있다. 한 서버(원본 콘텐츠를 가지고 있는)는 '콘텐츠의 원본 제작자' 같이 행동한다. 이 서버를 마스터 원 서버라 부른다. 마스터 원 서버로부터 콘텐츠를 받은 미러링 된 서버는 복제 원 서버라 부른다. 서버 팜에 배포하는 간단한 방법 하나는, 네트워크 스위치를 사용해서 서버에 분산 요청을 보내는 것이다. 서버에 호스팅 되고 있는 각 웹 사이트의 IP 주소는 스위치의 IP 주소가 된다.

그림 18-6에 있는 미러링 된 서버 팜에서, 마스터 원 서버는 복제 원 서버에 콘텐

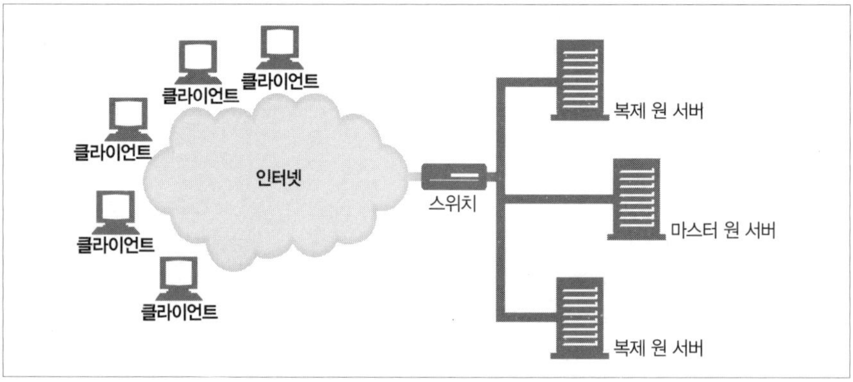

그림 18-6 미러링 된 서버 팜

츠를 보낼 책임이 있다. 외부에서 볼 때, 이 콘텐츠를 가리키는 IP 주소는 스위치의 IP 주소다. 스위치는 서버에게 요청을 전송해야 하는 책임이 있다.

미러링 된 웹 서버에는 다른 위치에 있는 콘텐츠와 정확히 같은 복제본이 있다. 그림 18-7의 경우 시카고에 마스터 서버가 있고 뉴욕, 마이애미, 리틀 록에 복제 서버로 구성된 네 개의 미러링 서버가 있다. 마스터 서버는 시카고 지역에 있는 클라이언트에게 콘텐츠를 제공하면서 복제 서버들에게 콘텐츠를 퍼트리는 일을 한다.

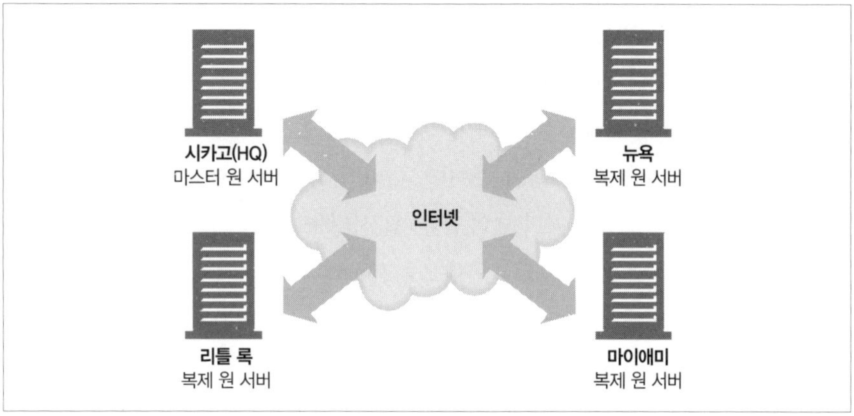

그림 18-7 분산된 미러링 된 서버

그림 18-7의 시나리오에서는, 클라이언트의 요청이 특정 서버로 가는 두 가지 방법이 있다.

HTTP 리다이렉션

콘텐츠에 대한 URL은 마스터 서버의 IP를 가리키고, 마스터 서버는 요청을 받는 즉시 복제 서버로 리다이렉트시킨다.

DNS 리다이렉션

콘텐츠의 URL은 네 개의 IP 주소를 가리킬 수 있고, DNS 서버는 클라이언트에게 전송할 IP 주소를 선택할 수 있다.

더 자세한 내용은 20장을 참고하자.

18.3.2 콘텐츠 분산 네트워크

콘텐츠 분산 네트워크(CDN)는 특정 콘텐츠의 분산을 목적으로 하는 단순한 네트워워크이다. 네트워크의 노드는 서버, 대리 서버, 혹은 프락시 서버가 될 수 있다.

18.3.3 CDN의 대리 캐시

대리 캐시는 그림 18-6과 그림 18-7에 있는 복제 원 서버를 대신해 사용될 수 있다. 리버스 프락시라고도 불리는 대리 서버는 미러링 된 웹 서버처럼 콘텐츠에 대한 요청을 받는다. 그들은 특정 원 서버 집합을 대신해 요청을 받는다(이는 콘텐츠에 대한 IP 주소가 알려졌기 때문에 가능하다. 보통 원 서버와 대리 서버가 연결되며, 대리 서버는 특정 원 서버를 가리키는 요청을 받는다).

대리 서버와 미러링 된 서버의 차이점은, 대리 서버는 보통 수요에 따라서 동작한다는 것이다. 대리 서버는 원 서버의 전체 콘텐츠를 복사하지는 않는다. 클라이언트가 요청하는 콘텐츠만 저장할 뿐이다. 대리 서버의 캐시에 콘텐츠가 분산되는 방식은 그들이 받는 요청에 따라 달라진다. 원 서버는 그들의 콘텐츠를 업데이트해 줄 의무는 없다. 많은 요청이 있는 콘텐츠를 빠르게 제공하려고, 사용자가 요청하기도 전에 콘텐츠를 가져오는 '미리 가져오기' 기능을 가진 대리 서버도 있다. CDN이 대리 서버보다 캐시를 계층화하기 더 어렵다.

18.3.4 CDN의 프락시 캐시

프락시 캐시는 그림 18-6과 그림 18-7 같이 설정해 배포할 수 있다. 대리 서버와는 다르게, 전통적인 프락시 캐시는 어떤 웹 서버 요청이든지 다 받을 수 있다(프락시 캐시와 원 서버 간의 연동이나 IP 주소 합의가 필요 없다). 하지만 대리 서버를 사용하면, 프락시 캐시의 콘텐츠는 요청이 있을 때만 저장될 것이고 원본 서버 콘텐츠를 정확히 복제한다는 보장이 없다. 어떤 프락시는 요청을 많이 받는 콘텐츠를 미리 로딩하기도 한다.

요청이 있을 때만 저장하는 프락시 캐시는 조금 다른 방식으로 동작하는데, 레이어2 혹은 레이어3 장비(스위치 혹은 라우터)가 중간에서 웹 트래픽을 가로채 처리하기도 한다(그림 18-8 참고)

가로채기 설정은, 클라이언트와 서버 사이의 모든 HTTP 요청이 물리적으로 캐시를 거치게 네트워크 설정을 할 수 있는지에 따라 달라진다(20장을 참고하자). 콘텐츠는 받는 요청에 따라서 캐시에 분산된다.

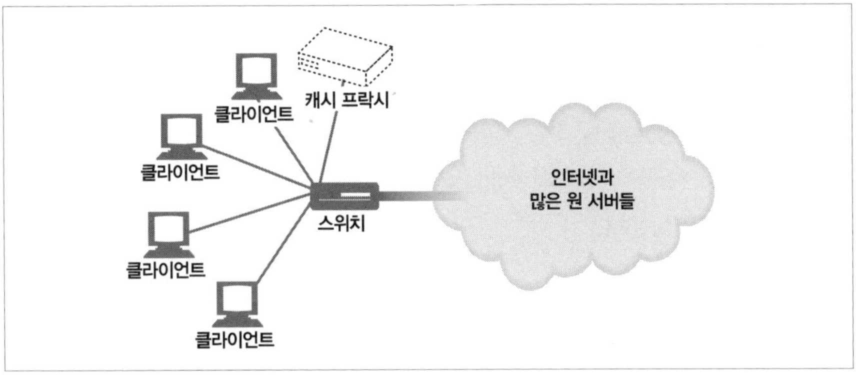

그림 18-8 스위치가 클라이언트의 요청을 가로채어 프락시로 보낸다.

18.4 웹 사이트 빠르게 만들기

이전 절에서 언급했던 많은 기술은 웹 사이트를 더 빠르게 하는 데 도움이 된다. 서버 팜이나 분산 프락시 캐시나 대리 서버는 혼잡을 조절하고 네트워크 트래픽을 분산시킨다. 콘텐츠를 분산시키면, 그 콘텐츠를 사용자에게 더 가깝게 만들어 주므로 콘텐츠를 서버에서 클라이언트로의 전송하는 시간이 단축된다. 리소스의 로딩 속도를 좌우하는 핵심 요소는, 어떻게 요청과 응답이 클라이언트와 서버 사이에서 연결을 맺고 인터넷을 가로질러 데이터를 전송하는지다. 리다이렉트 방법에 대한 자세한 내용은 20장을 참고하자.

웹 사이트 속도를 높이는 또 다른 접근 방법은 콘텐츠를 인코딩하는 것이다. 예를 들면, 클라이언트가 받은 압축을 해제할 수 있다는 가정하에, 콘텐츠를 압축하는 것이다. 더 자세한 내용을 15장을 참고하자.

18.5 추가 정보

웹 사이트 보안에 관련한 상세 내용은 3부 식별, 인가, 보안을 참고하자. 다음과 같은 인터넷 초안과 문서는 웹 호스팅과 콘텐츠 분산에 관한 더 자세한 내용을 다룬다.

http://www.ietf.org/rfc/rfc3040.txt

RFC 3040, "Internet Web Replication and Caching Taxonomy"는 웹 복제와 캐시 애플리케이션에 관한 참고자료다.

http://search.ietf.org/internet-drafts/draft-ietf-cdi-request-routing-reqs-00.txt
"Request-Routing Requirements for Content Internetworking"

Apache: The Definitive Guide
Ben Laurie and Peter Laurie, O'Reilly & Associates, INC. 이 책은 오픈 소스 아파치 웹 서버 사용법을 다룬다.

19장

HTTP: The Definitive Guide

배포 시스템

어떻게 웹페이지를 만들고 웹 서버에 올릴까? 웹의 암흑기(1995년도라고 해보자)에는 HTML을 텍스트 편집기에서 수작업으로 개발했고 FTP를 통해 웹 서버에 콘텐츠를 직접 올렸다. 이는 고통스러운 과정이고 동료와 협업하기 어려웠으며 특히 보안에 취약했다.

현대의 배포 도구를 이용하면 웹 콘텐츠의 생성, 배포, 관리를 더 쉽게 할 수 있다. 이제 웹 콘텐츠를 화면에서 직접 보면서 작성할 수 있고, 단 한 번의 클릭으로 모든 파일이 하나씩 배포되고 있다는 알림을 받으면서 서버에 콘텐츠를 배포할 수 있다.

많은 종류의 도구가 HTTP 프로토콜을 확장하여 콘텐츠의 원격 배포 기능을 지원한다. 이 장에서 우리는 HTTP에 기반을 둔 웹 콘텐츠 배포 기술인 FrontPage와 DAV에 대해 알아본다.

19.1 배포 지원을 위한 FrontPage 서버 확장

FrontPage(보통 FP라 부르는)는 다양한 기능을 제공하는 마이크로소프트사의 웹 개발 및 배포 도구 집합이다. FrontPage(FrontPage 1.0)은 1994년에 버미어 테크놀로지스(Vermeer Technologies)에서 만들었으며 웹 사이트 관리와 제작을 모두 할 수 있는 제품이었다. 마이크로소프트는 1996년에 버미어를 인수해 FrontPage 1.1을 출시했다. 최신 버전인 FrontPage 2002는 여섯 번째 버전이고 마이크로소프트 오피스 제품군의 핵심제품이다.[1]

1 (옮긴이) 현재 FrontPage의 최신 버전은 FrontPage 2003으로, 열한 번째 버전이다. 마이크로소프트는 이 버전을 마지막으로 FrontPage 개발을 중단했다.

19.1.1 FrontPage 서버 확장

"어디서든 배포한다"라는 전략의 하나로, 마이크로소프트는 FrontPage 서버 확장(FrontPage Server Extensions, FPSE)이라는 서버 측 소프트웨어 제품군을 출시했다. 서버 측 컴포넌트는 웹 서버와 통합되어 웹 사이트와 FrontPage를 구동시키는 클라이언트(그리고 이 확장을 지원하는 다른 클라이언트) 사이에서 필요한 변환 작업을 수행한다.

여기서 초점을 맞춰야 할 부분은 FP 클라이언트와 FPSE 사이에서 사용하는 배포 프로토콜이다. 이 프로토콜은 HTTP의 기본 의미를 바꾸지 않고서도 핵심 서비스에서 HTTP를 그대로 사용할 수 있게 확장을 설계한 좋은 사례다.

FrontPage 배포 프로토콜은 HTTP POST 요청 위에 RPC 계층을 구현했다. 이를 이용하면 웹 사이트에 있는 문서를 갱신하고, 검색을 수행하고, 웹 개발자들 간에 공동 작업을 할 수 있게 FrontPage 클라이언트가 서버에 명령을 보낼 수 있다. 그림 19-1에는 그 통신에 관한 개요가 설명되어 있다.

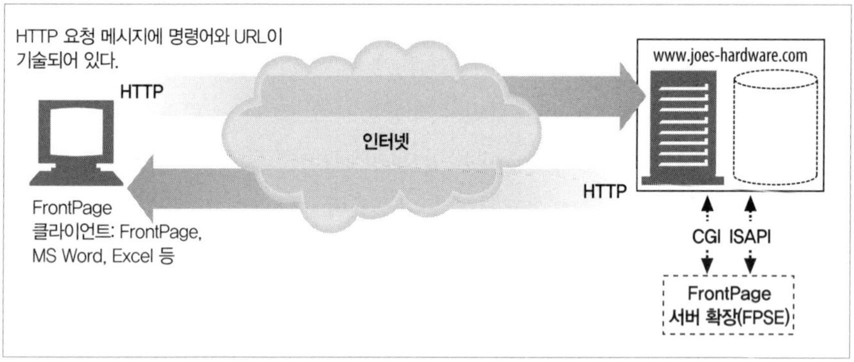

그림 19-1 FrontPage 배포 아키텍처

웹 서버는 FPSE(마이크로소프트 IIS 서버가 아니면, CGI 구성으로 구현)에 맞춘 POST 요청을 받아 처리한다. 클라이언트와 서버 사이에 방화벽과 프락시 서버가 있더라도 POST 메서드 통신만 할 수 있으면 FrontPage는 서버와 통신을 계속할 수 있다.

19.1.2 FrontPage 용어

FPSE에서 정의한 RPC 계층을 자세히 알아보기에 앞서, 용어를 이해하면 도움이 될 것이다.

가상 서버

같은 서버에 올라가 있는 여러 웹 사이트는 각각 유일한 도메인 이름과 IP 주소를 가진다. 가상 서버는 웹 서버 한 개에서 웹 사이트 여러 개를 호스팅하며, 각 사이트는 브라우저에서 자체 전용 서버가 있는 것처럼 보인다. 가상 서버를 지원하는 웹 서버를 다중 호스팅(multi-hosting) 웹 서버라 부른다. 여러 개의 IP 주소로 구성된 장비는 다중-홈(multi-homed) 서버라 부른다(더 자세한 내용은 18장, 가상 호스팅을 참고하자).

루트 웹

루트 웹은 보통 웹 서버의 최상위 콘텐츠 디렉터리이거나 다중 호스팅 환경에서 가상 웹 서버의 최상위 콘텐츠 디렉터리이다. 루트 웹에 접근하려면 페이지 명을 기술하지 않고 서버의 URL만 기술하면 된다. 웹 서버에는 오직 한 개의 루트 웹만 있다.

서브 웹

서브 웹은 루트 웹의 하위디렉터리거나 완전한 FPSE 확장 웹인 다른 서브 웹의 하위디렉터리다. 서브 웹은 관리나 저작의 권한을 자체적으로 제한하는 완전히 독립적인 엔터티가 될 수 있다. 또한, 서브 웹은 검색 범위의 단위로 사용할 수 있다.

19.1.3 FrontPage RPC 프로토콜

FrontPage 클라이언트와 FPSE는 자체 RPC 프로토콜을 사용해 통신한다. 이 프로토콜은 RPC 메서드와 그와 관련한 변수를 POST 요청의 본문에 기술해서 HTTP POST를 감싼다.

통신을 시작하려면, 클라이언트는 서버에 있는 대상 프로그램의 이름과 위치를 결정해야 한다(POST 요청을 실행시킬 수 있는 FPSE 패키지의 일부). 이를 위해 클라이언트는 특별한 GET 요청을 보낸다(그림 19-2 참고).

파일이 반환되면, FrontPage 클라이언트는 응답을 읽고 FPShtmlScriptUrl, FPAuthorScriptUrl, FPAdminScriptUrl와 관련된 값을 찾는다. 그곳에는 보통 다음과 같은 값이 기술되어 있다.

```
FPShtmlScriptUrl="_vti_bin/_vti_rpc/shtml.dll"
FPAuthorScriptUrl="_vti_bin/_vti_aut/author.dll"
FPAdminScriptUrl="_vti_bin/_vti_adm/admin.dll"
```

FPShtmlScriptUrl은 '탐색 시간(browse time)' 명령에 관한 POST 요청을 보낼 위치를 클라이언트에게 알려준다(예를 들어 FPSE의 버전 얻기).

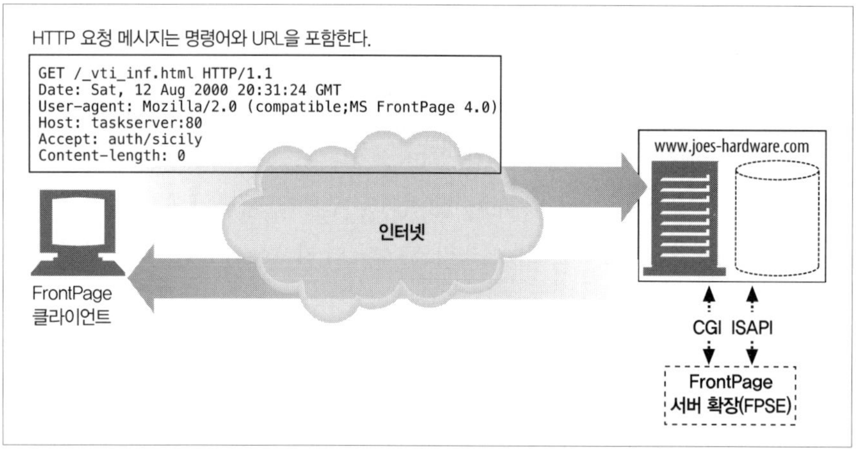
HTTP 요청 메시지는 명령어와 URL을 포함한다.
GET /_vti_inf.html HTTP/1.1
Date: Sat, 12 Aug 2000 20:31:24 GMT
User-agent: Mozilla/2.0 (compatible;MS FrontPage 4.0)
Host: taskserver:80
Accept: auth/sicily
Content-length: 0
인터넷
www.joes-hardware.com
FrontPage
클라이언트
CGI ISAPI
FrontPage
서버 확장(FPSE)

그림 19-2 첫 요청

FPAuthorScriptUrl은 '저작 시간(authoring time)' 명령에 관한 POST 요청을 보낼 위치를 클라이언트에게 알려준다. 이와 유사하게 FPAdminScriptUrl는 관리 동작에 관한 POST 요청이 실행되어야 할 위치를 알려준다.

우리는 이제 여러 프로그램이 어디에 위치하고 있는지 알고 있으므로 요청을 보낼 준비가 되었다.

요청

POST 요청의 본문에는 "method=〈command〉" 형식의 RPC 명령과 함께 필요한 모든 매개변수가 기술되어 있다. 예를 들어 다음과 같이 RPC 메시지가 문서 리스트를 요청한다고 해보자.

```
POST /_vti_bin/_vti_aut/author.dll HTTP/1.1
Date:  Sat, 12 Aug 2000 20:32:54 GMT
User-Agent: MSFrontPage/4.0
.........................................

<BODY>
method=list+documents%3a4%2e0%2e2%2e3717&service%5fname=&listHiddenDocs=false&list
ExplorerDocs=false&listRecurse=false&listFiles=true&listFolders=true&listLinkInfo=
true&listIncludeParent=true&listDerived=false
&listBorders=false&listChildWebs=true&initialUrl=&folderList=%5b%3bTW%7c12+Aug+200
0+20%3a33%3a04+%2d0000%5d
```

POST 명령의 본문에는 FPSE에 보내는 RPC 명령이 기술되어 있다. CGI 프로그램과 같이, 메서드 내의 빈칸은 더하기 문자(+)로 인코딩된다. 메서드 안에서 알파벳 외 문자는 모두 %XX 포맷(XX는 문자의 아스키(ASCII) 표현이다)으로 인코딩된다.

그 기호들을 바꿔서 본문을 더 가독성 있게 만들면 다음과 같다.

```
method=list+documents:4.0.1.3717
&service_name=
&listHiddenDocs=false
&listExplorerDocs=false
.....
```

나열되어 있는 요소들은 다음과 같은 의미를 가진다.

service_name
메서드가 수행되어야 하는 웹 사이트의 URL. 폴더나 한 단계 아래 폴더가 존재해야만 한다.

listHiddenDocs
값이 "true"면 웹에 있는 숨겨진 문서가 보인다. "hidden" 문서는 "_"로 시작하는 경로 컴포넌트가 기술된 URL이다.

listExploreDocs
값이 "true"면 태스크 리스트를 나열한다.

응답

RPC 프로토콜 메서드 대부분은 반환 값이 있다. 가장 일반적인 반환 값은 성공 메서드와 에러다. 어떤 메서드는 세 번째 세부항목인 "Sample Return Code"를 포함한다.

FrontPage는 사용자에게 정확한 응답을 주려고 코드를 적절히 해석한다.

앞의 예에 이어서, FPSE는 "list+documents" 요청을 처리하고 필요한 정보를 반환한다. 예를 들어 응답은 다음과 같다.

```
HTTP/1.1 200 OK
Server: Microsoft-IIS/5.0
Date: Sat, 12 Aug 2000 22:49:50 GMT
Content-type: application/x-vermeer-rpc
X-FrontPage-User-Name: IUSER_MINSTAR

<html><head><title>RPC packet</title></head>
<body>
<p>method=list documents: 4.0.2.3717
<p>document_list=
<ul>
    <li>document_name=help.gif
<\ul>
```

응답에서 볼 수 있듯이, 웹 서버에서 유효한 문서의 목록을 특정 형식에 맞추어 작성해 FP 클라이언트에 반환한다. 명령과 응답의 전체 목록은 마이크로소프트 웹 사이트에서 찾아볼 수 있다.

19.1.4 FrontPage 보안 모델

직접 웹 서버 콘텐츠에 접근하는 모든 배포 시스템은 배포하는 과정에서 보안에 신경 써야 한다. 대부분의 경우 FPSE의 보안은 웹 서버에 의존한다.

FPSE 보안 모델은 사용자를 세 가지로 정의한다. 모든 제어 권한을 가지고 있는 관리자, 저작자, 브라우징 하는 일반 사용자다. 모든 권한은 누적된다. 예를 들어, 모든 관리자는 저작할 수 있고 FrontPage 웹을 브라우징 할 수 있다. 이와 유사하게, 모든 저작자는 브라우징 권한을 가진다.

관리자, 저작자, 일반 사용자의 목록은 특정 FPSE 확장 웹에 따라 다르게 정의된다. 모든 서브 웹은 루트 웹에서 권한을 상속받거나 자체 권한이 있다. IIS가 아닌 웹 서버는, 모든 FPSE 프로그램이 "executable"(다른 모든 CGI 프로그램에 똑같이 적용) 표시가 된 디렉터리에 저장되어야 한다. FrontPage 서버 관리 유틸리티인 Fpsrvadm는 이런 목적으로 사용한다. IIS 서버에서는, 통합된 윈도우 보안 모델이 우선 적용된다.

IIS가 아닌 서버의 웹 서버 접근 제어 메커니즘에서는, 주어진 프로그램에 접근할 수 있게 허가된 사용자들을 따로 기술한다. 아파치와 NCSA 웹 서버에서는 .htaccess 파일에 기술한다. 넷스케이프 서버에서는 .nsconfig에 기술한다. 그 접근 파일에는 GET(읽기), POST(실행) 등과 같이 다양한 권한 등급의 사용자, 그룹, 그리고 IP 주소가 기술되어 있다. 예를 들어, 아파치 웹 서버에서 저작자 권한을 가지고 있는 사용자에 대해서, .hataccess 파일에서는 그 사용자가 author.exe에 POST 요청을 보낼 수 있게 허가해야 한다. 이러한 접근 명세 파일은 유연한 권한 할당을 위해 디렉터리 단위 기반으로 기술할 때도 있다.

IIS 서버에서, 권한이 있는지에 대한 검사는 주어진 루트나 서브루트에 대한 ACL을 보고 검사한다. IIS가 요청을 받으면, 로그인하고 사용자로 가장한 다음, 세 개의 확장 동적 링크 라이브러리(dynamic link libraries, DLL) 중 하나에 요청을 보낸다. DLL은 목적지 폴더에 정의된 ACL을 기준으로 가장된(impersonation) 사용자가 권한이 있는지 검사한다. 검사에 성공하면, 요청된 동작은 확장 DLL을 통해 실행된다. 그렇지 않으면, "승인 거부(permission denied)" 메시지를 클라이언트로 반환한다. IIS와 함께 긴밀하게 통합된 윈도우 전용 보안 애플리케이션인 User Manager

는 아주 섬세한 제어에 사용한다.

보안이 정교하다 하더라도, FPSE를 활성화함으로써 생기는 보안상 위험에 관한 적지 않은 쓴 소리가 있었다. 대부분의 경우, 쓴 소리를 들었던 이유는 웹 사이트 관리자가 엉성하게 관리했기 때문이었다. 하지만 FPSE의 초기 버전에 있었던 심각한 보안상 허점이, 보안이 취약하다는 인식을 퍼트리는데 영향을 끼치기도 했다. 튼튼한 보안 모델을 완벽히 구현하려고 했던 비밀스러운 방법들은 사람들의 인식을 더 좋지 않게 만들었다.

19.2 WebDAV와 공동 저작

웹 분산 저작과 버저닝(Web Distributed Authoring and Versioning, WebDAV)은 웹 배포 공동 작업에 대한 또 다른 영역을 개척했다. 현재 사용하는 협업 관련 기술은 분명히 수준이 낮다.[2] 대개 이메일을 사용하거나 분산 파일 공유를 함께 사용할 때도 있다. 이 방식은 프로세스에 대한 제어를 거의 할 수 없어서 매우 불편하고 에러가 많은 것으로 알려졌다. 다국적 다언어를 지원하는 자동차 제조사 웹 사이트를 배포하는 예를 들어보자. 잠금(locking) 기능과 버저닝 같은 공동 작업 기능에 안전하고 믿을 만한 배포 기능까지 갖춘 탄탄한 시스템이 필요해질 것이 뻔하다.

WebDAV(RFC 2518로 발행)는 공동 저작에 적합한 플랫폼을 제공하려고 HTTP를 확장하는 데 집중하였다. 이는 현재 어도비, 애플, IBM, 마이크로소프트, 넷스케이프, 노벨, 오라클, 제록스를 포함한 여러 업체로부터 지원을 받으며 IETF와 협력 관계에 있다.

19.2.1 WebDAV 메서드

WebDAV는 새로운 HTTP 메서드 집합을 정의하고 몇몇 HTTP 메서드의 동작 범위를 수정하였다. WebDAV가 추가한 새로운 메서드에는 다음과 같은 것들이 있다.

PROPFIND
리소스의 속성을 읽는다.

PROPPATCH
한 개 이상의 리소스에 대해 한 개 이상의 속성을 설정한다.

---

2 (옮긴이) 현재 널리 쓰이는 svn, git은 높은 수준의 협업 기능을 제공한다.

MKCOL
콜렉션(collection)을 생성한다.

COPY
특정 원본지에서 특정 목적지로 리소스나 리소스의 집합을 복사한다. 목적지가 같은 기기에 있을 필요는 없다.

MOVE
특정 소스에서 특정 목적지에 리소스나 리소스의 집합을 이동시킨다. 목적지가 같은 기기에 있을 필요는 없다.

LOCK
하나 이상의 리소스를 잠근다.

UNLOCK
기존에 잠겨있는 리소스를 잠금 해제한다.

WebDAV가 수정한 HTTP 메서드는 DELETE, PUT 그리고 OPTIONS이다. 새로운 메서드와 수정된 메서드는 이 장의 뒤에서 자세히 다룬다.

19.2.2 WebDAV와 XML

WebDAV의 메서드는 요청과 응답 관련 정보를 모두 잘 다루어야 한다. HTTP는 보통 이 정보를 메시지 헤더에 담아 전달한다.

하지만 헤더에만 정보를 담아 전송하는 것은, 하나의 요청에 있는 여러 개의 리소스나 계층 관계에 있는 리소스들에 대한 정보를 헤더에 선택적으로 기술하기 어려운 점 등의 한계가 있다.

WebDAV는 이 문제를 해결하려고 XML(Extensible Markup Language)을 지원한다. XML은 구조화된 데이터를 표현할 때 사용하는 포맷으로, 메타 마크업 언어다. WebDAV는 XML을 다음과 같은 용도로 사용한다.

- 데이터를 어떻게 처리할 것인지 설명하는 명령 포맷
- 서버의 복잡한 응답을 표현하는 데 사용하는 포맷
- 콜렉션과 리소스를 처리하는 데 사용하는 커스텀 정보 포맷
- 데이터 자체를 표현할 수 있는 유연한 포맷

• 대부분의 국제화 관련 문제에 대한 훌륭한 해결책

전통적으로 XML 문서의 스키마 정의는 XML 문서 내부에서 자체적으로 참조하는 문서 타입 정의(Document Type Definition, DTD)를 준수한다. 따라서 XML 문서를 해석하려고 할 때, DOCTYPE 정의 엔터티는 해당 XML 문서와 연관된 DTD 파일의 이름을 제공한다.

WebDAV는 "DAV:"라는 별도의 XML 이름공간(namespace)을 정의한다. 간단히 말해, XML 이름공간은 요소나 속성 이름의 집합이다. 이름공간은 도메인 전체에서 유일한 이름을 보장함으로써 이름이 충돌되는 것을 완벽히 방지한다.

복잡한 XML 스키마는 WebDAV 명세인 RFC 2518[3]에 정의되어 있다. 이미 정의된 스키마는, 구문 분석(parsing) 소프트웨어가 DTD 파일을 읽고 그것들을 정확히 해석할 필요 없이, XML 스키마에서 데이터를 추정할 수 있게 한다.

19.2.3 WebDAV 헤더

WebDAV는 새로운 메서드들의 기능을 더 넓혀주는 여러 HTTP 헤더를 도입했다. 이 절에서는 그 헤더들을 개략적으로 다룬다. 더 자세한 정보는 RFC 2518을 참고하자. 추가된 헤더들은 다음과 같다.

DAV

WebDAV를 제공하는 서버와 통신할 때 사용한다. WebDAV에서 지원하는 모든 리소스는 OPTIONS 요청에 대한 응답에 이 헤더를 포함해야 한다. 더 자세한 내용은 "OPTIONS 메서드"를 참고하자.

```
DAV = "DAV" ":" "1" ["," "2"] ["," 1#extend]
```

Depth

여러 수준의 계층 구조로 분류된 리소스에 WebDAV를 사용하기 위한 중요한 요소다.(콜렉션에 대한 더 자세한 설명은 "콜렉션과 이름공간 관리"를 참고하자).

```
Depth = "Depth" ":" ("0" | "1" | "infinity")
```

쉬운 예를 들어보자. file_1.html과 file_2.html가 있는 DIR_A 디렉터리가 있다. 만

3 (옮긴이) RFC 2518은 RFC 4918에 의해 폐기되었다.

약 Depth: 0이면 메서드는 DIR_A 디렉터리만 제공하고 Depth: 1이면 DIR_A와 그 안의 file_1.html과 file_2.html을 모두 제공한다.

Depth 헤더는 WebDAV가 정의하고 있는 여러 메서드를 수정한다. Depth 헤더를 사용하는 메서드에는 LOCK, COPY, MOVE가 있다.

Destination

COPY나 MOVE 메서드가 목적지 URI를 식별하는데 쓰인다.

```
Destination = "목적지" ":" 절대 URI
```

If

정의되어 있는 상태 토큰은 lock 토큰뿐이다("LOCK 메서드" 참고). If 헤더는 조건 집합을 정의한다. 만약 그 조건들에 모두 맞지 않으면, 요청은 실패한다. COPY나 PUT 같은 메서드는 If 헤더에 전제 조건을 기술해서 적용하는 데 필요한 조건을 단다. 실제로, 가장 흔하게 만족시켜야 하는 전제 조건은 잠금(lock)을 사전에 획득하는 것이다.

```
If = "If" ":" (1*No-tag-list | 1*Tagged-list)
   No-tag-list = List
   Tagged-list = Resource 1*List
   Resource = Coded-URL
   List = "(" 1*(["Not"](State-token | "[" entity-tag "]")) ")"
   State-token = Coded-URL
   Coded-URL = "<" absoluteURI ">"
```

Lock-Token

제거되어야 할 잠금(lock)을 명시하는 용도로 UNLOCK 메서드에서 사용한다. LOCK 메서드에 대한 응답은 lock 토큰에 대한 필요한 정보를 전달하는 Lock-Token 헤더를 포함한다.

```
Lock-Token = "Lock-Token" ":" Coded-URL
```

Overwrite

대상을 덮어쓸 것인지 아닌지를 기술하는 데 쓰이며 COPY나 MOVE 메서드에서 사용한다. 더 자세한 사항은 이 장의 뒤에서 COPY와 MOVE 메서드에 대한 내용을 보기 바란다.

```
Overwrite = "Overwrite" ":" ("T" | "F")
```

Timeout

클라이언트가 필요한 잠금 타임아웃 값을 기술하는 데 사용하는 요청 헤더다. 더 자세한 정보는 "잠금 갱신과 Timeout 헤더" 절을 참고하자.

```
TimeOut = "Timeout" ":" 1#TimeType
TimeType = ("Second-" DAVTimeOutVal | "Infinite" | Other)
DAVTimeOutVal = 1*digit
Other = "Extend" field-value
```

지금까지 WebDAV의 목적과 구현을 개략적으로 살펴봤으니, 이제 WebDAV에서 제공하는 기능에 대해 더 자세히 알아보자.

19.2.4 WebDAV 잠금과 덮어쓰기 방지

공동 작업이란 주어진 문서에 한 명 이상의 사람이 붙어서 작업한다는 뜻이다. 공동 작업과 관련한 문제들이 그림 19-3에 그려져 있다.

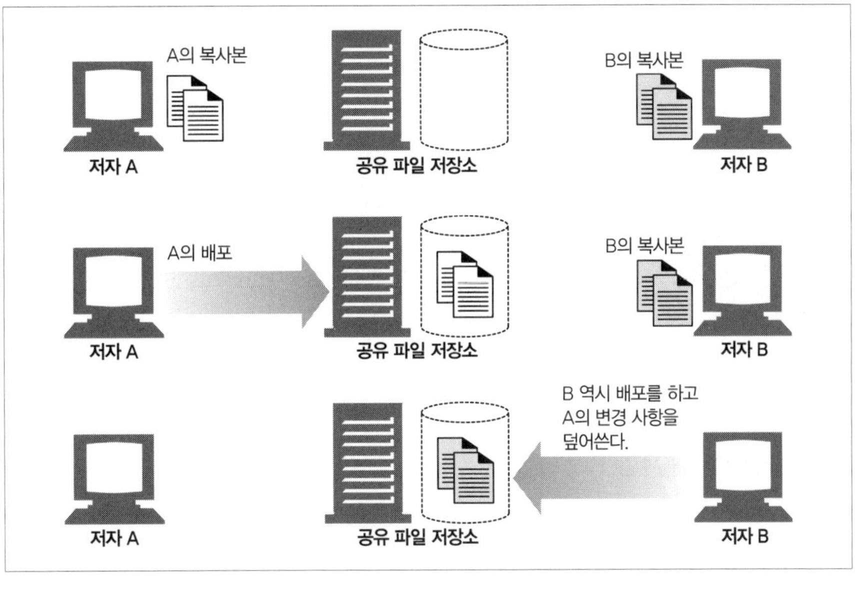

그림 19-3 변경의 유실 문제

이 예에서, 저자 A와 B는 명세를 함께 작성한다. A와 B는 독립적으로 문서를 변경한다. A는 저장소에 수정된 문서를 밀어 넣고, 그 다음 B는 그녀가 작업한 새로운 버전의 문서를 저장소에 밀어 넣는다. 안타깝게도, B는 A가 변경했다는 것을 몰라서 그녀의 버전을 A의 버전과 통합하지 않고 결국 A가 작업한 것은 잃어버리게 된다.

그 문제를 개선하려고, WebDAV는 잠금(lock)이라는 개념을 지원한다. 잠금 자체는 그 문제에 대한 완벽한 해결책은 아니다. 완벽한 해결책을 만들려면 버저닝과 메시징을 지원해야 한다.

WebDAV는 두 가지 형식의 잠금을 지원한다.

- 리소스나 콜렉션에 대한 배타적 쓰기 잠금
- 리소스나 콜렉션에 대한 공유된 쓰기 잠금

배타적 쓰기 잠금은 잠금 소유자만 쓸 수 있게 보장한다. 이 잠금 형식은 잠재적인 충돌을 완벽히 제거한다. 공유된 쓰기 잠금은 여러 사람으로 이루어져 있는 그룹이 하나의 문서에서 작업할 수 있게 한다. 이 잠금 형식은 모든 저자가 각각 서로의 활동을 인식하고 있는 상황에서는 잘 동작한다. WebDAV는 지원할 잠금과 그것의 형식을 결정하기 위해서, PROPFIND를 통해 발견 메커니즘 속성을 제공한다. WebDAV는 잠금과 관련한 새로운 두 개의 메서드를 지원하는데, LOCK과 UNLOCK이 그것이다.

잠금을 수행하려면, 저자를 식별하는 메커니즘을 필요하다. WebDAV는 다이제스트 인증을 요구한다(13장에서 다룬다).

잠금이 승인되면, 서버는 도메인 전체에서 유일한 토큰을 클라이언트에 반환한다. 명세에서는 이를 opaquelocktoken 잠금 토큰 URI 스킴이라 부른다. 그 이후에 클라이언트가 서버에 쓰기를 보내고자 할 때, 서버에 연결하고 다이제스트 인증을 수행한다. 인증이 완료되면, WebDAV 클라이언트는 PUT 요청을 통해서 잠금 토큰을 보낸다. 이처럼, 쓰기를 하려면 정확한 사용자와 잠금 토큰이 모두 결정되어야 한다.

19.2.5 LOCK 메서드

WebDAV의 강력한 기능은 한 개의 LOCK 요청으로 여러 개의 리소스를 잠글 수 있다는 것이다. WebDAV의 잠금은 클라이언트가 서버에 연결되어 있지 않아도 된다.

예를 들어, 다음과 같은 간단한 LOCK 요청이 있다고 해보자.

```
LOCK /ch-publish.fm HTTP/1.1
Host: minstar
Content-Type: text/xml
User-Agent: Mozilla/4.0 (compatible; MSIE 5.0; Windows NT)
Content-Length: 201

<?xml version="1.0"?>
<a:lockinfo xmlns:a="DAV:">
```

```
      <a:lockscope><a:exclusive/></a:lockscope>
      <a:locktype><a:write/></a:locktype>
      <a:owner><a:href>AuthorA</a:href></a:owner>
  </a:lockinfo>
```

전송된 XML에는 기본 요소로 〈lockinfo〉를 가진다. 〈lockinfo〉 구조 안에 세 개의 하위 요소가 있다.

〈locktype〉
잠금 형식을 가리킨다. 현재는 단 한 개의 "write"만 있다.

〈lockscope〉
이것이 배타적 잠금인지 공유된 잠금인지를 가리킨다.

〈owner〉
현재 잠금을 가지고 있는 사람이 기술되어 있는 필드다.

다음은 LOCK 요청에 대해 성공한 응답이다.

```
HTTP/1.1 200 OK
Server: Microsoft-IIS/5.0
Date: Fri, 10 May 2002 20:56:18 GMT
Content-Type: text/xml
Content-Length: 419

<?xml version="1.0"?>
<a:prop xmlns:a="DAV:">
<a:lockdiscovery><a:activelock>
<a:locktype><a:write/></a:locktype>
<a:lockscope><a:exclusive/></a:lockscope>
<a:owner xmlns:a="DAV:"><a:href>AutherA</a:href></a:owner>
<a:locktoken><a:href>opaquelocktoken:*****</a:href></a:locktoken>
<a:depth>0</a:depth>
<a:timeout>Second-180</a:timeout>
</a:activelock></a:lockdiscovery>
</a:prop>
```

〈lockdiscovery〉 요소는 잠금에 관한 정보를 담는 컨테이너 역할을 한다. 〈lockdiscovery〉 요소에 포함된 〈activelock〉는 요청과 함께 전송된 정보(〈locktype〉, 〈lockscope〉, 그리고 〈owner〉)를 담는 하위 요소다. 또한, 〈activelock〉은 다음과 같은 하위 요소를 가진다.

⟨locktoken⟩
URI 스킴에서 opaquelocktoken라 부르는 토큰으로 잠금을 식별하는데 사용한다. HTTP는 기본적으로 상태가 없어서(stateless), 이후에 보내는 요청에 잠금의 소유자를 식별하는 이 토큰을 보낸다.

⟨depth⟩
Depth 헤더와 같은 값을 가진다.

⟨timeout⟩
잠금에 대한 타임아웃을 가리킨다. 앞서서 살펴봤던 응답(그림 19-3)에서 타임아웃 값은 180초다.

opaquelocktoken 스킴

opaquelocktoken 스킴은 언제든 모든 리소스에 유일한 토큰을 제공하기 위해 설계되었다. 유일성을 보장하기 위해서, WebDAV 명세는 ISO-11578에 기술되어 있는 UUID(universal unique identifier) 메커니즘을 사용한다.

실제로 이를 구현하면, 약간의 선택지가 있다는 것을 알 수 있다. 서버는 각 LOCK 요청에 UUID를 생성하는 방식이나, 한 개의 UUID만 만들고 그 끝에 다른 문자들을 덧붙여서 유일성을 유지하는 방식 중 하나를 선택한다. 성능상 후자가 더 좋다. 하지만, 서버가 후자 방식을 구현하려면, 추가된 확장들을 모두 재사용하지 말아야 한다.

⟨lockdiscovery⟩ XML 요소

⟨lockdiscovery⟩ XML 요소는 활성화되어 있는 잠금을 찾는 메커니즘을 제공한다. 만약 다른 이가 이미 잠겨져 있는 파일을 잠그려고 하면, 현재 주인을 가리키는 ⟨lockdiscovery⟩ XML 요소를 받게 될 것이다. ⟨lockdiscovery⟩ 요소에는 자체 속성과 함께 아직 처리되지 않은 모든 잠금이 기술된다.

잠금 갱신과 Timeout 헤더

잠금을 갱신하려면, 클라이언트는 If 헤더에 잠금 토큰과 함께 잠금 요청을 다시 보내야 한다. 반환된 timeout 값은 이전의 timeout 값과는 다를 것이다.

서버에게서 온 timeout 값을 받는 대신, 클라이언트는 LOCK 요청 안에 필요한 timeout 값을 기술한다. 그 값은 Timeout 헤더에 기술한다. Timeout 헤더의 문법은, 클라이언트가 콤마로 구분해서 몇 가지 옵션을 나열한다. 예를 들면 다음과 같다.

```
Timeout : Infinite, Second-86400
```

서버가 옵션들을 다 지원해야 하는 것은 아니다. 하지만, <timeout> XML 요소에 잠금 파기 시간을 제공해야 한다. 모든 경우에, 잠금 타임아웃은 어디까지나 지침일 뿐이며 서버와 연동될 필요는 없다. 관리자는 직접 손으로 리셋을 하거나, 어떤 특정 이벤트로 서버가 잠금을 리셋하게 만들 것이다. 클라이언트는 너무 길게 잠금 상태를 유지하면 안 된다.

이런 기초적인 요소들이 있음에도 불구하고, 그림 19-3에 있는 "손실 업데이트 문제"를 완벽히 해결하지 못할 수 있다. 완벽한 해결을 위해, 버전 제어 기능을 포함한 협업 이벤트 시스템이 필요하다.

19.2.6 UNLOCK 메서드

UNLOCK 메서드는 다음과 같이 리소스에 있는 잠금을 제거한다.

```
UNLOCK /ch-publish.fm HTTP/1.1
Host: minstar.inktomi.com
User-Agent: Mozilla/4.0 (compatible; MSIE 5.0; Windows NT)
Lock-Token:
opaquelocktoken:*********

HTTP/1.1 204 OK
Server: Microsoft-IIS/5.0
Date: Fri, 10 May 2002 20:56:18 GMT
```

대부분의 리소스 관리 요청에서, WebDAV에서 UNLOCK이 성공하기 위한 두 가지 조건이 있다. 다이제스트 인증을 성공적으로 완료하는 것과 Lock-Token 헤더에 보내는 잠금 토큰이 맞는지 검사하는 것이 바로 그것이다.

만약 잠금 해제에 성공하면, 204 No Content 상태 코드를 클라이언트에 반환한다. 표 19-1은 LOCK과 UNLOCK 메서드와 함께 사용할 수 있는 상태 코드들을 요약한다.

상태 코드	정의자	메서드	결과
200 OK	HTTP	LOCK	잠금에 성공했음을 가리킨다.
201 Created	HTTP	LOCK	리소스를 생성하여 존재하지 않은 리소스에 대한 잠금에 성공했음을 가리킨다.
204 No Content	HTTP	UNLOCK	잠금 해제에 성공했음을 가리킨다.

207 Multi-Status	WebDAV	LOCK	여러 개의 리소스를 잠그기 위한 요청이다. 여러 리소스에 대해서 모두 같은 상태 코드가 반환되지는 않기 때문에, 그런 경우 상태 코드를 207로 기술해서 응답한다.
403 Forbidden	HTTP	LOCK	클라이언트가 리소스를 잠글 수 있는 권한이 없음을 가리킨다.
412 Precondition Failed	HTTP	LOCK	명령과 함께 보내는 XML에는 부합되어야 할 조건들이 기술되어 있는데, 서버가 그 조건들에 맞지 않다는 것을 가리킨다. 혹은 잠금 토큰이 수행될 수 없다는 것을 가리킨다.
422 Unprocessable Property	WebDAV	LOCK	처리할 수 없다는 의미로, 예를 들어 콜렉션이 아닌 리소스에 대해서 0이 아닌 Depth를 기술할 경우에 이 상태 코드가 반환된다.
423 Locked	WebDAV	LOCK	이미 잠금이 적용된 상태임을 가리킨다.
424 Failed Dependency	WebDAV	UNLOCK	UNLOCK UNLOCK에는 잠금 해제를 하기 위한 조건으로 특정 액션이나 성공들을 명시한다. 이 에러는 의존성에 부합하지 않을 때 반환된다.

표 19-1 LOCK과 UNLOCK 메서드의 상태 코드

19.2.7 속성과 META 데이터

속성에는 저작자의 이름, 수정한 날짜, 내용 등급 등과 같은 리소스의 정보를 기술한다. HTML의 META 태그는 콘텐츠 일부로써 그 정보들을 포함하는 메커니즘을 제공한다. 하지만 많은 리소스들(바이너리 데이터와 같은)이 META 데이터에 포함될 수 없다.

WebDAV와 같은 분산 협업 시스템은 더 복잡한 속성을 가진다. 예를 들어 저작 속성을 생각해보면, 문서가 편집될 때, 이 속성은 새로운 저작자를 반영하여 갱신해야 한다. WebDAV 용어로 그런 동적 수정 속성을 'live' 속성이라고 한다. 거의 변하지 않는 Content-Type과 같은 정적 속성을 'dead' 속성이라고 한다.

속성의 발견과 수정을 지원하기 위해, WebDAV는 PROPFIND와 PROPPATCH라는 두 가지 새로운 메서드를 포함해 HTTP를 확장한다. 다음 절에서 용례와 각 XML 요소에 대해 설명한다.

19.2.8 PROPFIND 메서드

PROPFIND(property find, 속성 찾기) 메서드는 주어진 파일이나 파일 그룹(콜렉션이라 부르기도 하는)의 속성을 읽는 데 사용한다. PROPFIND는 다음과 같은 세 가지 형식의 동작을 지원한다.

- 모든 속성과 그 값을 요청한다
- 선택된 속성과 그 값의 집합을 요청한다
- 모든 속성의 이름을 요청한다.

다음은 모든 속성과 그 값을 요청하는 예다.

```
PROPFIND /ch-publish.fm HTTP/1.1
Host: minstar.inktomi.com
User-Agent: Mozilla/4.0 (compatible; MSIE 5.0; Windows NT)
Depth: 0
Cache-Control: no-cache
Connection: Keep-Alive
Content-Length: 0
```

〈propfind〉 요청 요소는 PROPFIND 메서드로부터 반환될 속성들을 기술한다. 다음 목록은 PROPFIND 요청과 함께 사용하는 몇몇 XML 요소를 요약한 것이다.

〈allprop〉
반환될 모든 속성의 이름과 값을 기술한다. 모든 속성과 그들의 값을 요청하기 위해서, WebDAV 클라이언트는 〈propfind〉 요소의 자식 요소로 〈allprop〉 XML 요소를 보내거나, 본문 없이 요청을 보낸다.

〈propname〉
반환될 속성 이름의 집합을 기술한다.

〈prop〉
〈propfind〉 요소의 하위 요소다. 반환될 값의 속성을 기술한다. 예를 들어, "〈a:prop〉 〈a:owner /〉..... 〈/a:prop〉"와 같은 식이 된다.

다음은 PROPFIND 요청에 대한 응답의 예다.

```
HTTP/1.1 207 Multi-Status
Server: Microsoft-IIS/5.0
...........

<?xml version="1.0"?>
<a:multistatusxmlns:b="urn:uuid:********/" xmlns:c="xml:" xmlns:a="DAV:">
<a:response>
  <a:href>http://minstar/ch-publish.fm </a:href>
  <a:propstat>
    <a:status>HTTP/1.1 200OK</a:status>
    <a:prop>
```

```
        <a:getcontentlength b:dt="int">1155</a:getcontentlength>
        ......................
        ......................
        <a:ishidden b:dt="boolean">0</a:ishidden>
        <a:iscollection b:dt="boolean">0</a:iscollection>
      </a:prop>
    </a:propstat>
  </a:response></a:multistatus>
```

이 예에서 서버는 207 Multi-Status 코드로 응답한다. WebDAV는 동시에 여러 리소스를 다루고 각 리소스에 대해 다른 응답을 하는 몇몇 다른 WebDAV 메서드들과 PROPFIND에 대해 207 응답을 사용한다.

응답에 있는 XML 요소들의 의미는 다음과 같다.

〈multistatus〉
여러 응답을 담는 컨테이너다.

〈href〉
리소스의 URI를 가리킨다.

〈status〉
특정 요청에 대한 HTTP 상태 코드를 기술한다.

〈propstat〉
〈status〉 요소 한 개와 〈prop〉 요소 한 개로 이루어져 있는 집합이다. 〈prop〉 요소는 리소스에 대한 속성의 이름/값 쌍을 한 개 이상 포함한다.

위에 기술한 응답의 예는, http://minstar/ch-publish.fm에 대한 응답이다. 〈propstat〉 요소는 〈status〉 요소 한 개와 〈prop〉 요소 한 개를 포함한다. 서버는 해당 URI에 대한 응답인 200 OK를 〈status〉 요소에 기술해서 반환한다. 〈prop〉 요소는 여러 개의 하위 요소를 포함하며, 앞선 예에 있는 것은 그 일부만 기술한 것이다.

PROPFIND를 활용하는 한 가지 예는 디렉터리의 목록을 얻는 것이다. PROPFIND 요청의 표현력을 이용하면, 호출 한 번으로 목록의 계층 관계 전체와 그 안에 있는 개별 엔터티의 모든 속성까지 읽어올 수 있다.

19.2.9 PROPPATCH 메서드

PROPPATCH 메서드는 특정 리소스의 여러 속성을 설정하거나 제거하는 원자적 메커니즘을 제공한다. 원자성은 모든 요청이 성공하거나 모든 요청이 무효가 되거나, 둘 중 하나만 수행하는 것을 보장한다.

PROPPATCH 메서드의 기본 XML 요소는 〈propertyupdate〉이다. 이는 업데이트가 필요한 모든 속성을 담는 컨테이너 역할을 한다. 〈set〉과 〈remove〉 XML 요소는 수행할 동작을 가리킨다.

〈set〉
설정할 속성을 기술한다. 〈set〉은 리소스에 적용할 이름/값 쌍의 속성을 기술하는 한 개 이상의 〈prop〉 하위 요소를 포함한다. 만약 해당 속성이 이미 존재하면, 그 값은 현재 보내는 값으로 교체된다.

〈remove〉
제거할 속성을 기술한다. 〈set〉과는 달리 〈prop〉 컨테이너에는 속성의 이름만 나열한다.

다음은 "owner" 속성을 설정하고 제거하는 간단한 예다.

```
<d:propertyupdate xmlns:d="DAV:" xmlns:o="http://name-space/scheme/">
  <d:set>
    <d:prop>
      <o:owner>Author A</o:owner>
    </d:prop>
  </d:set>

  <d:remove>
    <d:prop>
      <o:owner/>
    </d:prop>
  </d:remove>
</d:propertyupdate>
```

PROPPATCH 요청에 대한 응답은 PROPFIND 요청에 대한 응답과 매우 유사하다. 더 자세한 내용은 RFC 2518을 참고하자.

표 19-2에 PROPFIND 메서드와 PROPPATCH 메서드에 대한 응답 상태 코드를 요약해 놓았다.

상태 코드	정의자	메서드	결과
200 OK	HTTP	PROPFIND, PROPPATCH	명령 성공
207 Multi-Status	WEBDAV	PROPFIND, PROPPATCH	한 개 이상의 리소스(혹은 콜렉션)를 처리할 때, 각 객체에 대한 상태는 하나의 207 응답에 합쳐진다. 이는 보통 성공 응답이다.

401 Unauthorized	HTTP	PROPATCH	속성 수정 작업을 완료하려고 인증을 요청한다.
403 Forbidden	HTTP	PROPFIND, PROPPATCH	PROPFIND의 경우, 클라이언트는 속성에 접근할 권한이 없다는 뜻이다. PROPPATCH일 경우, 클라이언트가 속성을 변경할 수 없다는 뜻이다.
404 Not Found	HTTP	PROPFIND, PROPPATCH	해당 속성이 존재하지 않는다는 뜻이다.
409 Conflict	HTTP	PROPATCH	업데이트를 하는데 충돌이 발생했다. 예를 들어, 읽기 전용 속성을 업데이트하려고 시도한 경우에 반환되는 상태 코드다.
423 Locked	WEBDAV	PROPATCH	접근하려는 목적지의 리소스가 잠겨 있고 잠금 토큰이 없거나 잠금 토큰이 일치하지 않는다는 뜻이다.
507 Insufficient Storage	WEBDAV	PROPATCH	수정된 속성을 저장할 공간이 부족하다는 뜻이다.

표 19-2 PROPFIND와 PROPPATCH 메서드에 대한 상태 코드 요약

19.2.10 콜렉션과 이름공간 관리

콜렉션은 사전에 정의한 계층에 있는 리소스들의 논리적 혹은 물리적 그룹이다. 콜렉션의 모범적인 예는 디렉터리다. 이는 파일시스템의 디렉터리 같이 다른 리소스들의 컨테이너처럼 동작한다. 또한 콜렉션은 다른 콜렉션을 포함한다(파일시스템의 디렉터리와 같다).

WebDAV는 XML 이름공간 메커니즘을 사용한다. 전통적인 이름공간과는 달리, XML 이름공간 파티션들은 이름공간 충돌이 절대 생기지 않게 하고 명확한 구조적 제어 기능을 제공한다.

WebDAV는 이름공간을 관리하는 다섯 가지 메서드를 제공한다. DELETE, MKCOL, COPY, MOVE, PROPFIND가 그것이다. PROPFIND는 이 장의 앞에서 다루었으므로, 다른 메서드들에 대해 이야기해보자.

19.2.11 MKCOL 메서드

MKCOL 메서드는 클라이언트가 지정된 URL에 해당하는 콜렉션을 서버에 생성하게 한다. 언뜻 보기에, 단순히 콜렉션을 생성하는 완전히 새로운 메서드를 정의하는 것은 불필요해 보일 수 있다. 기존의 PUT이나 POST 메서드를 이용하면 완벽한 대체제를 만들 수 있을 것처럼 보인다. WebDAV 프로토콜의 설계자는 이러한 대체재를 고려하긴 했지만 아직은 여전히 새로운 메서드를 정의하는 방식을 사용한다. 그런 결정의 배경에는 다음과 같은 이유가 있다.

- 콜렉션을 생성할 목적으로 PUT이나 POST를 사용하려면, 클라이언트는 요청 안에 추가적인 정보(semantic glue)를 더해 보는 식으로 자체적인 프로토콜을 만들어야 한다. 그렇게 사용할 수도 있지만, 즉석으로 프로토콜을 정의하는 것은 번거롭고 오류를 발생시키기 쉽다.
- 대부분의 접근 제어 메커니즘은 메서드의 타입에 기반해 동작한다. 몇 가지 메서드만이 저장소에 있는 리소스를 생성하고 삭제할 수 있다. 만약 우리가 다른 메서드들을 본래 용도와 다르게 사용하면 이러한 접근 제어 메커니즘은 잘 동작하지 않을 것이다.

다음은 요청의 예다.

```
MKCOL /publishing HTTP/1.1
Host: minstar
Content-Length: 0
Connection: Keep-Alive
```

그리고 응답은 다음과 같을 것이다.

```
HTTP/1.1 201 Created
Server: Microsoft-IIS/5.0
Date: Fri, 10 May 2002 23:20:36 GMT
Location: http://minstar/publishing/
Content-Length: 0
```

몇몇 단적인 예를 들어보자.

- 콜렉션이 이미 존재한다고 가정하자. 만약 MKCOL /colA 요청을 보냈지만 colA가 이미 존재한다면, 그 요청은 405 Method Not Allowed 상태 코드와 함께 실패할 것이다.
- 쓰기 권한이 없다면, MKCOL 요청은 403 Forbidden 상태 코드와 함께 실패할 것이다.
- MKCOL /colA/colB 같은 요청을 보냈지만 colA가 존재하지 않다면, 요청은 409 Conflict 상태 코드와 함께 실패할 것이다.

일단 파일이나 콜렉션이 생성되면, 우리는 DELETE 메서드로 그것들을 지울 수 있다.

19.2.12 DELETE 메서드

우리는 이미 3장에서 DELETE 메서드를 다루었다. WebDAV는 그 의미를 콜렉션까지 확장했다. 디렉터리를 지우려고 한다면, Depth 헤더가 필요할 것이다. Depth 헤더가 기술되어 있지 않으면, DELETE 메서드는 Depth 헤더가 무한으로 설정되어 있다고 가정할 것이다. 이는 디렉터리와 그 하위에 있는 모든 디렉터리가 지워진다는 뜻이다. 응답 역시 지워진 콜렉션을 가리키는 Content-Location 헤더를 포함한다. 요청은 다음과 같은 식이다.

```
DELETE /publishing HTTP/1.0
Host: minstar
```

그리고 응답은 다음과 같을 것이다.

```
HTTP/1.1 200 OK
Server: Microsoft-IIS/5.0
Date: Tue, 14 May 2002 16:41:44 GMT
Content-Location: http://minstar/publishing/
Content-Type: text/xml
Content-Length: 0
```

콜렉션을 제거하려 할 때, 콜렉션이 누군가에 의해 잠겨 있어서 지울 수 없는 경우가 언제든지 생길 수 있다. 이 경우 콜렉션 자체는 지워지지 않을 것이며 서버는 207 Multi-Status 상태 코드를 반환한다. 요청은 다음과 같을 것이다.

```
DELETE /publishing HTTP/1.0
Host: minstar
```

그리고 응답은 다음과 같을 것이다.

```
HTTP/1.1 207 Multi-Status
Server: Microsoft-IIS/5.0
Content-Location: http://minstar/publishing/
..............
<?xml version="1.0"?>
<a:multistatus xmlns:a="DAV:">
<a:response>
<a:href>http://minstar/index3/ch-publish.fm</a:href>
<a:status> HTTP/1.1 423 Locked </a:status>
</a:response>
</a:multistatus>
```

이 트랜잭션에서, 〈status〉 XML 요소에는 다른 사용자에 ch-publish.fm을 잠갔음을 가리키는 423 Locked 상태 코드가 기술되어 있다.

19.2.13 COPY와 MOVE 메서드

MKCOL과 마찬가지로, COPY 및 MOVE 작업을 할 수 있는 다른 방법이 있다. COPY 메서드의 대안은, 리소스에 GET 요청을 보내고, 리소스를 다운 받은 다음, PUT 요청과 함께 서버에 리소스를 다시 올리는 것이다. MOVE(추가적인 DELETE 작업과 함께)도 이와 유사한 방식의 대안이 있다. 그러나 이런 방식은 다단계 콜렉션에 대한 COPY나 MOVE 작업을 할 때 발생하는 모든 문제를 고려해 봤을 때, 확장이 쉽지 않다는 문제가 있다

COPY와 MOVE 메서드는 요청 URL을 원본의 위치 정보로 사용하고 목적지인 Destination HTTP 헤더의 값을 목적지 정보로 사용한다. MOVE 메서드는 COPY 메서드에 이어 몇 가지 추가 작업을 수행한다. 그 작업은 원본지 URL을 목적지에 복사하고, 새로 생성된 URI의 무결성을 검사하고, 원본을 지운다. 요청은 다음과 같을 것이다.

```
{COPY,MOVE} /publishing HTTP/1.1
Destination: http://minstar/pub-new
Depth: infinity
Overwrite: T
Host: minstar
```

그리고 응답은 다음과 같을 것이다.

```
HTTP/1.1 201 Created
Server: Microsoft-IIS/5.0
Date: Wed, 15 May 2002 18:29:53 GMT
Location: http://minstar.inktomi.com/pub-new/
Content-Type: text/xml
Content-Length: 0
```

COPY나 MOVE가 콜렉션을 처리할 때는 Depth 헤더에 영향을 받는다. Depth 헤더가 없으면, 무한대 깊이로 가정하고 수행된다(예를 들어, 기본적으로 원본 디렉터리의 전체를 복사하거나 이동시킬 것이다). 만약 Depth가 0으로 설정되면, 이 메서드는 단순히 해당 리소스에만 적용이 될 것이다. 콜렉션을 복사하거나 이동할 경우, 원본의 속성과 같은 속성을 가지고 있는 콜렉션들만 목적지에 생성될 것이다. 콜렉션의 내부 구성 요소들은 복사나 이동되지 않는다.

Depth에 무한대(infinity) 값을 기술하는 것은 MOVE 메서드에서만 할 수 있다.

Overwrite 헤더의 영향

COPY나 MOVE 메서드도 Overwrite 헤더를 사용할 수 있다. Overwrite 헤더는 T나

F로 설정할 수 있다. T로 설정하였고 목적지가 존재한다면, COPY나 MOVE 작업을 수행하기 전에 무한대 값을 가진 Depth와 함께 DELETE가 목적지 리소스에 수행될 것이다. 만약 Overwrite 플래그를 F로 설정하였고 목적지 리소스가 존재하면, 작업은 실패할 것이다.

COPY/MOVE의 속성

콜렉션이나 요소를 복사하면, 기본적으로 그것들의 모든 속성도 복사된다. 하지만 요청은 작업에 대한 추가 정보를 기술한 XML 본문을 포함할 수 있다. 여기에는 반드시 모든 속성이 성공적으로 복사되어야 한다고 기술하거나, 어떤 속성만 복사하려고 하는지 기술할 수 있다.

고려해야 할 두 가지 단적인 예를 들어보자.

- COPY나 MOVE를 CGI 프로그램이나 콘텐츠를 만들어내는 다른 스크립트로부터 생성된 페이지에 적용한다고 생각해보자. CGI에 의해 생성된 파일을 복사하고 이동하려면, 그 의미를 보존하기 위해서, WebDAV는 해당 페이지를 생성했던 프로그램의 위치를 가리키는 "src"와 "link" XML 요소를 제공한다.
- COPY와 MOVE 메서드가 live 속성을 모두 복제할 수는 없을 것이다. 예를 들어, CGI 프로그램을 생각해보자. 만약 cgi-bin 디렉터리로부터 복사되었다면, 이는 더는 실행되지 않을 수도 있다. 현재 WebDAV의 명세에서는, COPY와 MOVE는 '최선의 노력(best effort)' 방식으로 처리하여, 모든 정적 속성들과 적절한 live 속성을 모두 복사한다.

잠긴 리소스와 COPY/MOVE

리소스가 현재 잠겨 있으면, COPY와 MOVE 모두 목적지로 잠겨있는 리소스를 이동하거나 복사하는 것이 금지된다. 이 두 가지 모두, 현재 잠겨 있는 콜렉션 아래를 목적지로 하는 COPY나 MOVE가 수행될 경우, 복사 혹은 이동된 리소스도 잠기게 된다.

다음 예를 생각해보자.

```
COPY /publishing HTTP/1.1
Destination: http://minstar/archived/publishing-old
```

/publishing과 /archived가 이미 lock1과 lock2이라는 서로 다른 잠금 상태에 있다고 해보자. COPY 작업이 완료되면, /publishing은 lock1로 잠긴 상태를 그대로 유

지할 것이고, publishing-old는 lock2로 이미 잠겨져 있던 콜렉션 밑으로 옮겨진 덕에 lock2 잠금이 추가될 것이다. MOVE가 수행될 경우 publishing-old는 lock2 잠금에 추가될 것이다.

표 19-3에는 MKCOL, DELETE, COPY, MOVE 메서드 요청에 대한 응답으로 올 수 있는 상태 코드들이 나열되어 있다.

상태 코드	정의자	메서드	결과
102 Processing	WebDAV	MOVE, COPY	요청을 처리하는데 20초 넘게 걸린다면, 서버는 클라이언트가 타임아웃에 걸리더라도 커넥션을 계속 유지하게 이 상태 코드를 반환한다. 이는 큰 콜렉션에 COPY나 MOVE를 수행할 때 반환한다.
201 Created	HTTP	MKCOL, COPY, MOVE	MKCOL의 경우, 콜렉션이 생성되었다는 뜻이다. COPY와 MOVE의 경우, 리소스/콜렉션을 성공적으로 복사하거나 이동했다는 뜻이다.
204 No Content	HTTP	DELETE, COPY, MOVE	DELETE의 경우 표준 성공 응답이다. COPY와 MOVE의 경우, 리소스를 성공적으로 복사했거나 기존에 존재하던 엔터티를 대체하여 이동했다는 뜻이다.
207 Multi-Status	WebDAV	MKCOL, COPY, MOVE	MKCOL의 경우, 전형적인 성공 응답이다. COPY와 MOVE의 경우, 만약 에러가 요청 URI가 아닌 리소스와 관련 있으면, 서버는 자세한 에러 정보를 기술한 XML 본문과 함께 207 응답을 보낸다.
403 Forbidden	HTTP	MKCOL, COPY, MOVE	MKCOL의 경우, 서버가 해당 위치에 콜렉션을 생성하는 것을 허락하지 않는다는 뜻이다. COPY와 MOVE의 경우, 원본지와 목적지가 같다는 뜻이다.
409 Conflict	HTTP	MKCOL, COPY, MOVE	항상, 중간 콜렉션이 없으면 메서드들은 콜렉션이나 리소스를 생성하려고 한다. colA가 존재하지 않는 상태에서 colA/colB를 생성하려고 시도하는 경우를 예로 들 수 있다.
412 Precondition Failed	HTTP	COPY, MOVE	Overwrite 헤더에는 F가 기술되어 있는데 목적지가 이미 있을 경우거나, XML 본문에 특정 요구사항을 기술("liveness" 속성을 유지하는 것과 같이)하였으나 COPY나 MOVE 메서드가 해당 속성을 가지지 못하는 경우다.
415 Unsupported Media Type	HTTP	MKCOL	서버가 요청받은 엔터티 형식을 지원하지 않거나 이해할 수 없다는 뜻이다.
422 Unprocessable Entity	WebDAV	MKCOL	서버가 요청과 함께 전송된 XML 본문을 이해할 수 없다는 뜻이다.
423 Locked	WebDAV	DELETE, COPY, MOVE	근원지나 목적지에 리소스가 잠겨 있거나, 메서드와 함께 기술되어 있는 잠금 토큰과 일치하지 않다는 뜻이다.
502 Bad Gateway	HTTP	COPY, MOVE	목적지가 다른 서버에 있고 권한이 없다는 뜻이다.
507 Insufficient Storage	WebDAV	MKCOL COPY	리소스를 생성할 공간이 부족하다는 뜻이다.

표 19-3 MKCOL, DELETE, COPY, MOVE 메서드에 대한 상태 코드

19.2.14 향상된 HTTP/1.1 메서드

WebDAV는 HTTP 메서드인 DELETE, PUT, OPTIONS의 의미를 수정했다. GET과 HEAD의 의미는 바뀌지 않고 그대로 두었다. POST 요청이 수행하는 작업은 항상 특정 서버 구현에 따라서 다르며, WebDAV는 POST의 의미를 전혀 수정하지 않았다. DELETE 메서드는 이미 "콜렉션과 이름공간 관리"에서 다루었다. 우리는 여기서 PUT과 OPTIONS 메서드에 대해 논의해볼 것이다.

PUT 메서드

WebDAV가 PUT 메서드를 따로 정의하지는 않지만, PUT 메서드는 저작자가 공용 사이트에 콘텐츠를 전송하는 유일한 방법이다. 우리는 3장에서 PUT의 일반적인 기능을 다루었다. WebDAV는 잠금을 지원하기 위해서 이것의 동작을 수정했다.

다음 예를 생각해보자.

```
PUT /ch-publish.fm HTTP/1.1
Accept: */*
If:<http://minstar/index.htm>(<opaquelocktoken:********>)
User-Agent: DAV Client (C)
Host: minstar.inktomi.com
Connection: Keep-Alive
Cache-Control: no-cache
Content-Length: 1155
```

잠금을 제공하려고, WebDAV는 PUT 요청에 If 헤더를 추가했다. 위 트랜잭션에서 If 헤더에 기술되어 있는 잠금 토큰이 리소스에 있는 것과 일치한다면, PUT 작업이 수행되어야 한다. If 헤더는 PROPPATCH, DELETE, MOVE, LOCK, UNLOCK 등과 같은 다른 메서드들과도 함께 사용된다.

OPTIONS 메서드

우리는 3장에서 OPTIONS를 다루었다. 이는 보통 WebDAV를 사용하는 클라이언트가 보내는 첫 요청에 쓰인다. 클라이언트는 OPTIONS 메서드를 사용해서 WebDAV 서버가 어떤 것들을 제공하는지 알아볼 수 있다. 다음과 같은 트랜잭션 요청을 생각해보자.

```
OPTIONS /ch-publish.fm HTTP/1.1
Accept: */*
Host: minstar.inktomi.com
```

그리고 다음과 같은 응답을 받는다.

```
HTTP/1.1 200 OK
Server: Microsoft-IIS/5.0
MS-Author-Via: DAV
DASL: <DAV:sql>
DAV: 1, 2
Public: OPTIONS, TRACE, GET, HEAD, DELETE, PUT, POST, COPY, MOVE, MKCOL,PROPFIND,
PROPPATCH, LOCK, UNLOCK, SEARCH
Allow: OPTIONS, TRACE, GET, HEAD, DELETE, PUT, COPY, MOVE, PROPFIND, PROPPATCH,
SEARCH, LOCK, UNLOCK
```

OPTIONS 메서드에 대한 응답으로 오는 여러 흥미로운 헤더가 있다. 다음은 그 예들을 나열한 것이다.

- DAV 헤더는 DAV 지원 클래스에 대한 정보를 제공한다. 두 가지 지원 클래스가 있는데, 다음과 같다.

  Class 1 지원

  서버는 RFC 2518의 모든 절에 있는 모든 MUST 요구사항을 지원해야 한다. 만약 리소스가 Class 1 수준만 지원한다면, DAV 헤더의 값으로 1을 보낼 것이다.

  Class 2 지원

  Class 1 요구사항 모두 지원하는 것에 더해 LOCK 메서드를 지원한다. LOCK과 함께, Class 2를 지원하려면 Timeout과 Lock-Token 헤더를 지원해야 하고 〈supportedlock〉과 〈lockdiscovery〉 XML 요소를 지원해야 한다. DAV 헤더에 기술되어 있는 2는 Class 2를 지원한다는 뜻이다.

위의 예는, DAV 헤더는 Class 1과 Class 2를 지원한다는 것을 알 수 있다.

- Public 헤더에는 서버에서 지원하는 모든 메서드가 기술되어 있다.
- Allow 헤더는 보통 Public 헤더에 기술되어 있는 메서드들의 일부가 기술되어 있다. 여기에는 해당 리소스(ch-publish.fm)에 허락된 메서드들만 기술되어 있다.
- DASL 헤더는 SEARCH 메서드에서 사용하는 질의 문법의 형식이 기술되어 있다. 이 예에서는 sql이다. DASL 헤더에 대한 더 자세한 사항은 http://www.webdav.org에서 볼 수 있다.

19.2.15 WebDAV의 버전 관리

이상하게 들릴지 모르겠지만, 'DAV'에 'V'가 있지만, 버저닝은 WebDAV이 생길 당시부터 있던 것은 아니었다. 여러 명이 저작을 하는 상황에서, 공동 작업 환경과 버전 관리는 중요하다. 사실 수정한 것이 유실되는 문제(그림 19-3에서 설명)를 완벽히 막으려면, 잠금과 버저닝이 필수다. 버저닝과 관련된 일반적인 기능 중 일부는, 이전 문서의 버전을 저장하고 접근하는 것과 변경 기록과 변경에 대해 자세한 내용이 기술된 주석을 관리하는 것이다.

버저닝은 RFC 3253에서 WebDAV에 추가되었다.

19.2.16 WebDAV의 미래

WebDAV는 현재도 잘 지원되고 있다. WebDAV의 클라이언트에는 IE 5.x 이상, 윈도우 익스플로러, 마이크로소프트 오피스가 있다. 서버로는, IIS 5.x 이상, mod_dav가 적용된 아파치, 그 외 다수를 포함한다. 윈도우 XP와 Mac OS 10.x는 특별히 WebDAV를 지원한다. 그래서 이 운영체제들에서 동작하게 개발된 모든 애플리케이션은 기본적으로 WebDAV를 사용할 수 있다.

19.3 추가 정보

더 자세한 정보는 다음을 참고하자.

http://officeupdate.microsoft.com/frontpage/wpp/serk/
마이크로소프트 프로트페이지 2000 서버 확장 리소스 키트

http://www.ietf.org/rfc/rfc2518.txt?number=2518
"HTTP Extensions for Distributed Authoring—EBDAV," by Y. Goland, J. Whitehead, A. Faizi, S. Carter, and D. Jensen.

http://www.ietf.org/rfc/rfc3253.txt?number=3253
"Versioning Extensions to WebDAV," by G. Clemm, J. Amsden, T. Ellison, C. Kaler, and J. Whitehead.

http://www.ics.uci.edu/pub/ietf/webdav/intro/webdav_intro.pdf
"WEBDAV: IETF Standard for Collaborative Authoring on the Web," by J. Whitehead and M. Wiggins.

http://www.ics.uci.edu/~ejw/http-future/whitehead/http_pos_paper.html
"Lessons from WebDAV for the Next Generation Web Infrastructure," by J.

Whitehead.

http://www.microsoft.com/msj/0699/dav/davtop.htm
“Distributed Authoring and Versioning Extensions for HTTP Enable Team Authoring,” by L. Braginski and M. Powell.

http://www.webdav.org/dasl/protocol/draft-dasl-protocol-00.html
“DAV Searching & Locating,” by S. Reddy, D. Lowry, S. Reddy, R. Henderson, J. Davis, and A. Babich.

20장

HTTP: The Definitive Guide

리다이렉션과 부하 균형

웹에서 HTTP는 혼자가 아니다. HTTP 메시지의 데이터는 여정 중에 많은 프로토콜에 의해 통제된다. HTTP가 고려하는 것은 오직 여정의 출발지(송신자)와 목적지(수신자)뿐이지만, 미러링된 서버, 웹 프락시, 캐시가 함께 하는 웹의 세계에서 HTTP 메시지의 목적지는 항상 단순하지만은 않다.

이 장은 리다이렉션 기술(HTTP 메시지의 최종 목적지를 결정하는 네트워크 도구, 기법, 프로토콜)에 대한 장이다. 리다이렉션 기술은 보통 메시지가 프락시, 캐시, 서버 팜의 특정 웹 서버 중 어디에서 끝나는지 판별하기 위해 사용한다. 리다이렉션 기술은 클라이언트의 메시지를 명시적으로 요청하지 않은 곳으로 보낼 수 있다.

이 장에서 우리는 다음의 리다이렉션 기법들과 그것들이 어떻게 동작하며 어떤 부하 균형(load-balancing) 능력을 갖고 있는지 살펴본다.

- HTTP 리다이렉션
- DNS 리다이렉션
- 임의 캐스트 라우팅
- 정책 라우팅
- 아이피 맥 포워딩
- 아이피 주소 포워딩
- 웹 캐시 조직 프로토콜(WCCP)
- 인터캐시 커뮤니케이션 프로토콜(ICP)
- 하이퍼텍스트 캐싱 프로토콜(HTCP)
- 네트워크 요소 제어 프로토콜(NECP)

- 캐시 배열 라우팅 프로토콜(CARP)
- 웹 프락시 자동발견 프로토콜(WPAD)

20.1 왜 리다이렉트인가?

리다이렉션은 현대의 웹에서는 피할 수 없는 현실이다. 왜냐하면 HTTP 애플리케이션은 언제나 다음 세 가지를 원하기 때문이다.

- 신뢰할 수 있는 HTTP 트랜잭션의 수행
- 지연 최소화
- 네트워크 대역폭 절약

이러한 이유들 때문에, 웹 콘텐츠는 흔히 여러 장소에 배포된다. 이렇게 하면 한 곳에서 실패한 경우 다른 곳을 이용할 수 있으므로 신뢰성이 개선된다. 또한 클라이언트가 보다 가까운 리소스에 접근할 수 있게 되어 콘텐츠를 더 빨리 받게 되므로 응답시간도 줄여준다. 뿐만 아니라 목적지 서버가 분산되므로 네트워크 혼잡도 줄어든다. 리다이렉션이란 최적의 분산된 콘텐츠를 찾는 것을 도와주는 기법의 집합이라고 생각할 수 있다.

리다이렉션의 구현에는 부하 균형의 과제가 포함되는데, 왜냐하면 둘은 서로 공존하기 때문이다. 대부분의 리다이렉션 장치들은 몇 가지 방식의 부하 균형을 포함한다. 즉, 들어오는 메시지의 부하를 서버들의 집합에게 분산할 수 있다. 반대의 경우도 마찬가지로 어떤 방식의 부하 균형이든 리다이렉션을 포함하게 되는데, 왜냐하면 들어오는 메시지는 반드시 어떤 식으로든 부하를 공유하는 서버들 중 하나에게 전달되어야 하기 때문이다.

20.2 리다이렉트 할 곳

서버, 프락시, 캐시, 게이트웨이는 클라이언트가 그들에게 HTTP 요청을 보내고 그들이 그것을 처리한다는 관점에서 보면, 클라이언트에게 있어 모두 서버라고 할 수 있다. 서버, 프락시, 캐시, 게이트웨이가 모두 공통적으로 서버의 특성을 갖고 있기 때문에, 많은 리다이렉션 기법이 그들 모두에서 동작한다. 그러나 어떤 리다이렉션 기술들은 특정 종류의 종단만을 위해 특별히 설계되어 일반적인 적용이 불가능하다. 우리는 이 장의 뒷부분에서 일반적인 기법과 특화된 기법 들을 보게 될 것이다.

웹 서버는 IP별로 요청을 다룬다. 똑같이 복제된 서버들로 요청을 분산한다는 것은 같은 URL에 대해 여러 곳에서 온 요청들을 각각 최적의 웹 서버로 보내겠다는 것을 의미한다(클라이언트에 가장 가까운 것이나 부하가 가장 적은 것, 혹은 그 외의 이유로 최적인 것). 서버로의 리다이렉트란 휘발유를 찾는 모든 운전기사를 가장 가까운 주유소로 보내주는 것과 같다.

프락시는 프로토콜별로 요청을 다룬다. 이상적으로, 프락시 이웃의 모든 HTTP 트래픽은 프락시를 거쳐야 한다. 예를 들어 클라이언트 근처에 프락시 캐시가 있다면, 모든 요청이 프락시 캐시로 흘러 들어가는 것이 이상적이다. 왜냐하면 캐시는 자주 찾는 문서를 저장하여 클라이언트에게 직접 제공하기 때문에 원 서버로의 더 오래 걸리고 비용이 드는 통신을 피할 수 있기 때문이다. 프락시로의 리다이렉트는 주 진입로의 트래픽(그것이 어디를 향하든)을 근처에 있는 지름길로 빨아들이는 것과 같다.

20.3 리다이렉션 프로토콜의 개요

리다이렉션의 목표는 HTTP 메시지를 가용한 웹 서버로 가급적 빨리 보내는 것이다. HTTP 메시지가 인터넷을 통해 나아가는 방향은 그 메시지가 오고, 거쳐가고, 향하는 HTTP 애플리케이션과 라우팅 장치에 영향을 받는다. 예를 들면 다음과 같다.

- 브라우저 애플리케이션의 사용자는 브라우저가 클라이언트 메시지를 프락시 서버로 보내도록 설정할 수 있다.
- DNS 분석자(DNS resolver)는 메시지의 주소를 지정할 때 사용될 아이피 주소를 선택한다. 이 아이피 주소는 클라이언트의 지리적 위치에 따라 달라질 수 있다.
- 메시지는 주소가 지정된 여러 개의 패킷으로 나뉘어 네트워크를 통과한다. 스위치와 라우터들은 패킷의 TCP/IP 주소를 검증하고 그에 근거하여 패킷을 어떻게 라우팅 할 것인지 결정한다.
- 웹 서버는 HTTP 리다이렉트를 이용해 요청이 다른 웹 서버로 가도록 할 수 있다.

브라우저 설정, DNS, TCP/IP 라우팅, 그리고 HTTP는 모두 메시지를 리다이렉트하는 메커니즘을 제공한다. DNS 리다이렉션을 비롯한 대부분의 기법들이 트래픽을 보내려는 곳이 어떤 서버냐에 상관없이 사용될 수 있는 것에 반해 브라우저 설정과 같은 방법은 프락시로 향하는 리다이렉트 트래픽에 대해서만 사용할 수 있다는 점에 주의하라.

표 20-1에 메시지를 서버로 리다이렉트하기 위해 사용되는 리다이렉션 방법들을 요약했다. 각각은 이 장의 뒷부분에서 논할 것이다.

메커니즘	어떻게 동작하나	재 라우팅의 근거	제약사항
HTTP 리다이렉션	우선 HTTP 요청은 콘텐츠를 제공하기에 최적인 웹 서버를 선택해줄 첫 번째 웹 서버로 간다. 그 웹 서버는 클라이언트에게 선택한 서버로의 HTTP 리다이렉트를 보내준다. 클라이언트는 선택된 서버에게 다시 요청을 보낸다.	라운드 로빈[a] 부하 균형, 회전 지연(latency) 최소화, 최단 거리 선정 등의 여러 옵션들.	느릴 수 있다. 모든 트랜잭션이 추가 리다이렉트 단계를 포함하게 된다. 또한 반드시 첫 번째 웹 서버가 요청 부하를 다룰 수 있어야 한다.
DNS 리다이렉션	DNS 서버가 URL의 호스트 명에 대한 응답으로 어떤 IP 주소를 사용할지 결정한다.	라운드 로빈 부하 균형, 회전 지연(latency) 최소화, 최단거리 선정 등의 여러 옵션.	DNS 서버를 설정할 필요가 있다.
임의 캐스트 어드레싱	여러 서버가 같은 IP 주소를 사용한다. 각 서버는 백본 라우터인 척 한다. 그 외의 라우터들은 그 공유된 IP 주소로 향하는 패킷을 가장 가까운 서버로 보낸다(그들이 패킷을 가장 가까운 라우터로 보내고 있다고 믿으면서).	라우터들은 내장된 최단거리 라우팅 기능을 사용한다.	라우터를 갖고 설정할 필요가 있다. 주소가 충돌할 위험이 있다. 만약 라우팅이 바뀌고 커넥션과 연관된 패킷들이 다른 서버들로 보내진다면 수립된 TCP 커넥션이 깨질 수도 있다.
아이피 맥(MAC) 포워딩	스위치나 라우터 같은 네트워크 요소가 패킷의 목적지 주소를 읽는다. 만약 패킷이 리다이렉트되어야 한다면, 스위치는 그 패킷에게 서버나 프락시의 목적지 MAC 주소를 준다.	대역폭을 절약하고 QOS (Quality of Service, 서비스 품질)를 개선한다. 부하 균형.	서버나 프락시는 반드시 한 홉 거리에 있어야 한다.
IP 주소 포워딩	레이어 4 스위치[b]는 패킷의 목적지 포트를 평가하고, 리다이렉트 패킷의 아이피 주소를 프락시나 미러링된 서버의 아이피 주소로 바꾼다.	대역폭을 절약하고 QOS를 개선한다. 부하 균형.	서버나 프락시가 클라이언트의 IP 주소를 잃어버릴 수 있다.

a (옮긴이) 돌아가면서 나눠주는 방식
b (옮긴이) L4 스위치라고도 불린다.

표 20-1 일반 리다이렉션 방법

표 20-2는 메시지를 프락시 서버로 리다이렉트하기 위해 사용되는 리다이렉션 방법을 요약한다.

메커니즘	어떻게 동작하나	재라우팅의 근거	제약사항
명시적인 브라우저 설정	웹브라우저는 가까운 프락시(보통 캐시)에게 HTTP 메시지를 보내도록 설정된다. 최종 사용자나 브라우저를 관리하는 서비스가 이 설정을 한다.	대역폭을 절약하고 QOS를 개선한다. 부하 균형.	브라우저의 설정 능력에 의존한다.
프락시 자동설정 (Proxy auto-configuration, PAC)	웹브라우저는 설정 서버로부터 PAC 파일을 검색한다. 이 PAC 파일은 브라우저에게 각 URL에 대해 어떤 프락시를 사용해야 하는지 알려준다.	대역폭을 절약하고 QOS를 개선한다. 부하 균형.	브라우저는 반드시 설정된 서버로 질의를 보내도록 설정되어야 있어야 한다.
웹 프락시 자동발견 프로토콜(Web Proxy Autodiscovery Protocol, WPAD)	웹브라우저는 설정 서버에게 PAC 파일에 대한 URL을 물어본다. PAC만 사용할 때와는 달리 브라우저에 특정 설정 서버가 설정되어야 할 필요가 없다.	설정 서버는 HTTP 요청 헤더에서 얻은 정보에 근거해 PAC 파일의 URL을 결정한다. 부하 균형.	
웹 캐시 조직 프로토콜 (Web Cache Coordination Protocol, WCCP)	라우터는 패킷의 목적지 주소를 평가하고 프락시나 미러링된 서버의 아이피 주소와 함께 리다이렉트 패킷을 캡슐화한다. 기존의 많은 라우터들과 함께 일한다. 패킷은 캡슐화될 수 있지만, 클라이언트의 아이피 주소는 잃지 않는다.	대역폭을 절약하고 QOS를 개선한다. 부하 균형.	반드시 WCCP를 지원하는 브라우저를 사용해야 한다. 위상적인(topological) 제약[a]이 약간 있다.
인터넷 캐시 프로토콜 (Internet Cache Protocol, ICP)	프락시 캐시는 형제 캐시의 무리에게 요청 받은 콘텐츠에 대해 질의할 수 있다. 또한 캐시 계층을 지원한다.	형제 혹은 부모 캐시로부터 콘텐츠를 얻는 것은 원 서버로부터 얻는 것보다 빠르다.	콘텐츠를 요청할 때 오직 URL만을 사용하기 때문에 캐시 적중이 아님에도 적중인 것처럼 동작할 우려가 있다.
캐시 배열 라우팅 프로토콜 (Cache Array Routing Protocol, CARP)	프락시 캐시 해싱 프로토콜. 캐시가 요청을 부모 캐시로 전달할 수 있도록 해준다. ICP와는 달리 캐시의 콘텐츠는 분산되고 캐시들의 무리는 하나의 큰 캐시처럼 동작한다.	형제 혹은 부모 캐시로부터 콘텐츠를 얻는 게 원 서버로부터 얻는 것보다 빠르다.	CARP는 형제 관계를 지원할 수 없다. 모든 CARP 클라이언트는 반드시 설정에 동의해야 한다. 그렇지 않으면, 다른 클라이언트들은 같은 URI를 다른 부모에게 보내게 되어 적중률이 감소할 것이다.
하이퍼텍스트 캐싱 프로토콜 (Hyper Text Caching Protocol, HTCP)	참여하는 프락시 캐시는 형제 캐시의 무리에게 요청 받은 콘텐츠에 대해 질의할 수 있다. 미세 조정된 캐시 질의에 HTTP 1.0과 1.1 헤더를 지원한다.	형제 혹은 부모 캐시로부터 콘텐츠를 얻는 게 원 서버로부터 얻는 것보다 빠르다.	

a (옮긴이) 이 제약에 대해 자세한 것은 CISCO 웹 사이트의 “WCCP 리다이렉션 켜기”(http://www.cisco.com/en/US/docs/security/asa/asa82/configuration/guide/conns_wccp.html#wp1094628)를 보라.

표 20-2 프락시와 캐시 리다이렉션 기법

20.4 일반적인 리다이렉션 방법

이 장에서, 우리는 서버와 프락시 양쪽에서 공통으로 쓰이는 여러 가지 리다이렉션 방법들을 한층 더 깊이 파볼 것이다. 이 기법들은 트래픽을 다른(아마 더 최적인 곳으로) 서버나 프락시를 통해 벡터 트래픽으로 리다이렉트하기 위해 사용될 수 있다. 특히, 우리는 HTTP 리다이렉션, DNS 리다이렉션, 임의 캐스트 어드레싱, 아이피 맥 포워딩, 그리고 아이피 주소 포워딩을 다룰 것이다.

20.4.1 HTTP 리다이렉션

웹 서버들은 다른 곳에 요청을 보내보라고 말해주는 짧은 리다이렉트 메시지를 클라이언트에게 돌려줄 수 있다. 몇몇 웹 사이트는 HTTP 리다이렉션을 이용해 간단하게 부하를 분산한다. 요청을 처리하는 서버(리다이렉팅 서버)는 가용한 것들 중 부하가 가장 적은 콘텐츠 서버를 찾아서 브라우저의 요청을 그 서버로 리다이렉트한다. 웹 서버들이 광범위하게 분산되어 있다면 '최선의' 가용한 서버를 결정하는 것은 더욱 어려워진다. 서버의 부하뿐 아니라 인터넷상에서의 브라우저와 서버 간의 거리도 계산에 넣어야 하기 때문이다. 다른 형태의 리다이렉션에 비해 HTTP 리다이렉션이 갖는 장점 중 하나는 리다이렉트를 하는 서버가 클라이언트의 아이피 주소를 안다는 것이다. 이론적으로, 이렇게 하면 좀 더 정보에 근거해 선택할 수 있다.

다음은 HTTP 리다이렉션이 어떻게 동작하는지 보여준다. 그림 20-1a에서 앨리스는 www.joes-hardware.com에 요청을 보낸다.

```
GET /hammers.html HTTP/1.0
Host: www.joes-hardware.com
User-Agent: Mozilla/4.51 [en] (X11; U; IRIX 6.2 IP22)
```

그림 20-1b에서, HTTP 상태 코드 200과 함께 웹페이지의 본문을 돌려주는 대신, 서버는 상태 코드 302와 함께 리다이렉트 메시지를 돌려보내주었다.

```
HTTP/1.0 302 Redirect
Server: Stronghold/2.4.2 Apache/1.3.6
Location: http://161.58.228.45/hammers.html
```

이제 그림 20-1c에서 브라우저는 호스트를 161.58.228.45로 하여 리다이렉트 URL을 사용한 다음과 같은 요청을 다시 보낸다.

```
GET /hammers.html HTTP/1.0
Host: 161.58.228.45
User-Agent: Mozilla/4.51 [en] (X11; U; IRIX 6.2 IP22)
```

또 다른 클라이언트는 다른 서버로 리다이렉트 될 수 있다. 그림 20-1d-f에서, 밥의 요청은 161.58.228.46으로 리다이렉트되었다.

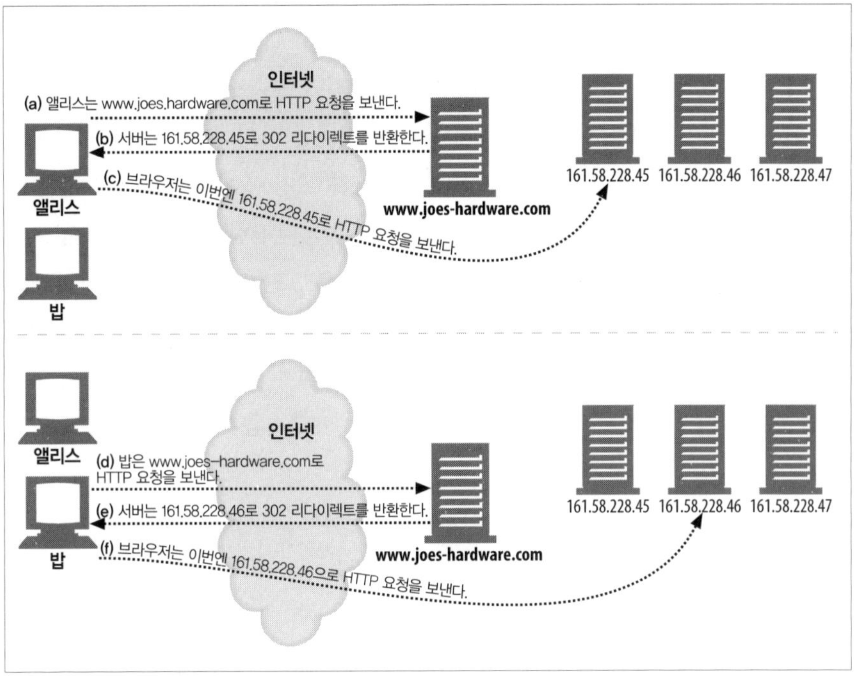

그림 20-1 HTTP 리다이렉션

HTTP 리다이렉션은 서버로 향하는 요청의 방향을 변경할 수 있지만, 다음과 같은 몇 가지 단점이 있다.

- 어떤 서버로 리다이렉트할지 결정하려면 원 서버는 상당히 많은 처리를 해야 한다. 때로는 거의 페이지 자체를 제공할 때 필요한 것과 거의 같은 양의 처리가 필요하다.
- 페이지에 접근할 때마다 두 번의 왕복이 필요하기 때문에, 사용자가 더 오래 기다리게 된다.
- 만약 리다이렉트 서버가 고장 나면, 사이트도 고장 난다.

이러한 약점 때문에, HTTP 리다이렉션은 보통 몇몇 다른 리다이렉션 기법과 함께 조합하여 사용된다.

20.4.2 DNS 리다이렉션

클라이언트가 죠의 하드웨어 웹 사이트에 접근하려고 시도할 때마다, 도메인 이름 www.joes-hardware.com은 반드시 아이피 주소로 분석되어야 한다. DNS 분석자는 클라이언트의 운영체제일 수도 있고, 클라이언트의 네트워크에 있는 DNS 서버이거나 혹은 더 원격에 있는 DNS 서버일 수도 있다. DNS는 하나의 도메인에 여러 아이피 주소가 결부되는 것을 허용하며, DNS 분석자는 여러 아이피 주소를 반환하도록 설정되거나 프로그래밍 될 수 있다. 분석자가 어떤 아이피 주소를 반환할 것인가를 결정하는 방법은 단순한 것(라운드 로빈)부터 복잡한 것(여러 서버의 로드를 검사해서 로드가 가장 적은 서버의 아이피 주소를 반환하는 것)까지 다양하다.

그림 20-2에서, 죠는 www.joes-hardware.com을 위해 4대의 서버를 운용한다. DNS 서버는 www.joes-hardware.com에 대해 네 개의 아이피 주소 중에서 어떤 것을 돌려줄지 결정해야 한다. 가장 쉬운 DNS 결정 알고리즘은 단순한 라운드 로빈이다.

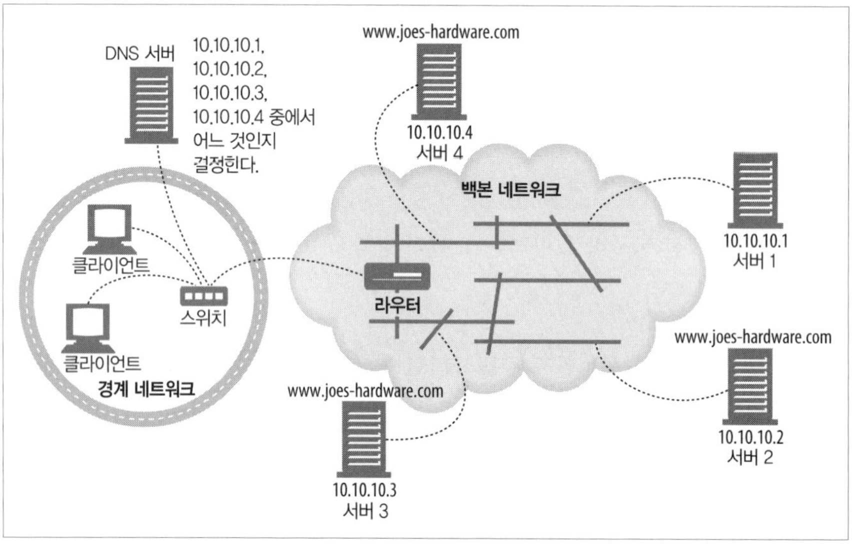

그림 20-2 DNS 기반 리다이렉션

DNS 분석 프로세스를 훑어보고 싶다면, 이 장 끝에 나열된 DNS 레퍼런스를 보라.

DNS 라운드 로빈

DNS 라운드 로빈은 가장 흔한 동시에 가장 단순한 리다이렉션 기법이다. DNS 라운드 로빈은 웹 서버 팜 전체에 대한 부하의 균형을 유지하기 위해 DNS 호스트 명

분석 기능을 사용한다. 이것은 순수한 부하 균형 전략이며, 서버에 대한 클라이언트의 상대적인 위치나 서버의 현재 스트레스를 고려하지 않는다.

CNN.com이 실제로 어떻게 동작하는지 살펴보자. 2000년 5월 초에, 우리는 CNN.com에 할당되어 있는 아이피 주소를 찾기 위해 nslookup 유닉스 도구를 사용했다. 예 20-1은 그 결과를 보여준다.[1]

예 20-1 www.cnn.com에 대한 아이피 주소

```
% nslookup www.cnn.com
Name:     cnn.com
Addresses:  207.25.71.5, 207.25.71.6, 207.25.71.7, 207.25.71.8
          207.25.71.9, 207.25.71.12, 207.25.71.20, 207.25.71.22, 207.25.71.23
          207.25.71.24, 207.25.71.25, 207.25.71.26, 207.25.71.27, 207.25.71.28
          207.25.71.29, 207.25.71.30, 207.25.71.82, 207.25.71.199, 207.25.71.245
          207.25.71.246
Aliases:  www.cnn.com
```

www.cnn.com 웹 사이트는 실제로 20개의 구분된 아이피 주소의 농장(farm)이다! 각 아이피 주소는 일반적인 경우라면 각각 다른 물리적 서버로 해석되었을 것이다.

다중 주소와 라운드 로빈 주소 순환

대부분의 DNS 클라이언트는 그냥 다중 주소 집합의 첫 번째 주소를 사용한다. 부하 균형을 위해, 대부분의 DNS 서버는 룩업이 끝났을 때마다 주소를 순환시킨다. 이 주소 순환을 DNS 라운드 로빈이라 부르기도 한다.

예를 들어 www.cnn.com에 대해 세 번 연속으로 DNS 룩업을 하면 예 20-2에서 보여주고 있는 것과 같이 IP 주소들의 목록을 세 번 순환한 결과를 얻게 된다.

예 20-2 DNS 주소 목록 순환하기

```
% nslookup www.cnn.com
Name:     cnn.com
Addresses:  207.25.71.5, 207.25.71.6, 207.25.71.7, 207.25.71.8
          207.25.71.9, 207.25.71.12, 207.25.71.20, 207.25.71.22, 207.25.71.23
          207.25.71.24, 207.25.71.25, 207.25.71.26, 207.25.71.27, 207.25.71.28
          207.25.71.29, 207.25.71.30, 207.25.71.82, 207.25.71.199, 207.25.71.245
          207.25.71.246

% nslookup www.cnn.com
Name:     cnn.com
Addresses:  207.25.71.6, 207.25.71.7, 207.25.71.8, 207.25.71.9
          207.25.71.12, 207.25.71.20, 207.25.71.22, 207.25.71.23, 207.25.71.24
```

1 이 결과는 2000년 5월 7일 북캐롤라이나에서 DNS에 요청을 보내 얻은 것이다. 이 결과값들은 시간이 지남에 따라 변화할 것이고, 몇몇 DNS 시스템은 클라이언트 위치에 따라 다른 값을 반환할 것이다.

```
          207.25.71.25, 207.25.71.26, 207.25.71.27, 207.25.71.28, 207.25.71.29
          207.25.71.30, 207.25.71.82, 207.25.71.199, 207.25.71.245, 207.25.71.246
          207.25.71.5

% nslookup www.cnn.com
Name:     cnn.com
Addresses:  207.25.71.7, 207.25.71.8, 207.25.71.9, 207.25.71.12
          207.25.71.20, 207.25.71.22, 207.25.71.23, 207.25.71.24, 207.25.71.25
          207.25.71.26, 207.25.71.27, 207.25.71.28, 207.25.71.29, 207.25.71.30
          207.25.71.82, 207.25.71.199, 207.25.71.245, 207.25.71.246, 207.25.71.5
          207.25.71.6
```

예 20-2에서,

- 첫 번째 DNS 룩업의 첫 번째 주소는 207.25.71.5이다.
- 두 번째 DNS 룩업의 첫 번째 주소는 207.25.71.6이다.
- 세 번째 DNS 룩업의 첫 번째 주소는 207.25.71.7이다.

부하 균형을 위한 DNS 라운드 로빈

대부분의 DNS 클라이언트는 그냥 첫 번째 주소를 사용하기 때문에, DNS 순환은 서버들 간의 부하 균형을 유지해준다. 만약 DNS가 주소를 순환시키지 않는다면, 대부분의 클라이언트가 목록의 첫 번째 서버를 선택할 것이고, 그 서버가 대부분의 부하를 받게 될 것이다.

그림 20-3은 부하의 균형을 유지하기 위해 DNS 라운드 로빈 순환이 어떻게 동작하는지 보여준다.

- 앨리스가 www.cnn.com에 접속하려 시도할 때, 그녀는 DNS를 이용해 IP 주소를 찾아보고 207.25.71.5를 첫 번째 아이피 주소로 돌려받는다. 앨리스는 그림 20-3c와 같이 웹 서버 207.25.71.5에 접속한다.
- 계속해서 밥이 www.cnn.com에 접속하려 시도할 때, 그 또한 DNS를 이용해 IP 주소를 찾아보는데, 이때 그는 다른 결과를 돌려받게 된다. 왜냐하면 앨리스의 이전 요청에 의해 주소 목록이 한 차례 순환되었기 때문이다. 밥은 207.25.71.6을 첫 번째 아이피 주소로 돌려받고, 그림 20-3f와 같이 이 서버에 접속한다.

DNS 캐싱의 효과

DNS 주소 순환은 부하를 순환시킨다, 왜냐하면 서버에 대한 각 DNS 룩업은 서버 주소를 다른 순서로 가져오기 때문이다. 그러나 이 부하 균형은 완벽하지 않은데, DNS 룩업의 결과는 애플리케이션, 운영체제, 몇몇 기초적인 자식 DNS 서버에 의

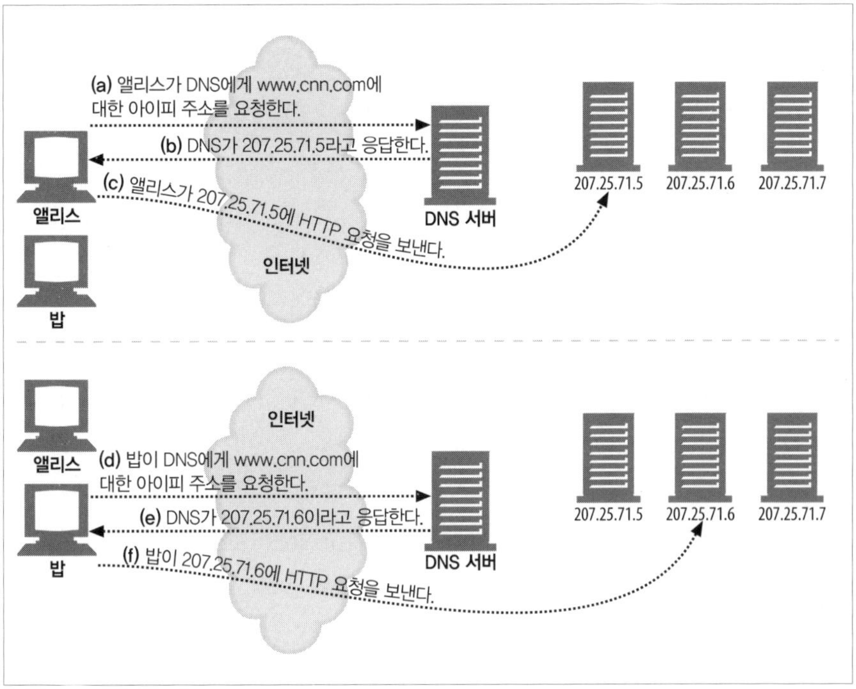

그림 20-3 서버 팜의 모든 서버에 대한 DNS 라운드 로빈 부하 균형

해 기억되어 재사용될 수 있기 때문이다. 호스트 하나에 대해 한 번의 DNS 룩업을 수행한 뒤, 그 주소를 몇 번이고 다시 사용한다. 그렇게 하면 DNS 룩업의 비용을 줄일 수 있을 뿐 아니라, 같은 클라이언트와 계속 대화하는 것을 선호하는 서버들도 있기 때문이다. 이러한 이유로 DNS 라운드 로빈은 일반적으로 하나의 클라이언트로 인한 부하를 제대로 분산하지 못한다. 클라이언트는 보통 같은 서버에 꽤 오랫동안 매어 있게 될 것이다.

그러나 비록 DNS가 단일 클라이언트의 트랜잭션을 서버의 복제들에게 나눠주지는 않더라도, 그것은 여러 클라이언트들의 부하 총량을 분산하는 적절한 작업을 수행한다. 비슷한 요청을 하는 클라이언트의 수가 어느 정도 이상만 된다면, 부하는 모든 서버에 걸쳐 상대적으로 잘 분산될 것이다.

다른 DNS 기반 리다이렉션 알고리즘

우리는 이미 DNS가 어떻게 각 요청마다 주소 목록을 순환하는지 논했다. 그러나, 몇몇 향상된 DNS 서버는 주소의 순서를 결정하기 위해 다른 기법들을 사용한다.

부하 균형 알고리즘

몇몇 DNS 서버는 웹 서버의 로드를 추적하고 가장 로드가 적은 웹 서버를 목록의 가장 위에 놓는다.

근접 라우팅 알고리즘

웹 서버들의 팜이 지리적으로 분산되어 있는 경우, DNS 서버는 사용자를 근처의 웹 서버로 보내는 시도를 할 수 있다.

결함 마스킹 알고리즘

DNS 서버는 네트워크의 건강 상태를 모니터링하고 요청을 정전이나 기타 장애를 피해서 라우팅 할 수 있다.

일반적으로, 복잡한 서버 추적 알고리즘을 실행하고 있는 DNS 서버는 콘텐츠 제공자의 통제하에 있는 권위 있는 서버(authoritative server)다(그림 20-4를 보라).

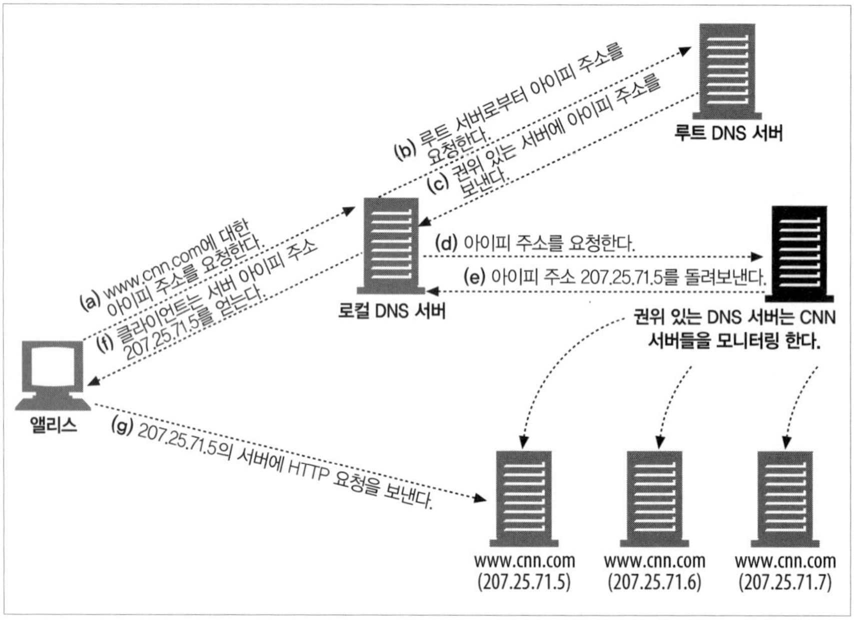

그림 20-4 권위 있는 서버의 도움을 얻어 처리되는 DNS 요청

여러 분산 호스팅 서버들이 이 DNS 리다이렉션 모델을 이용한다. 인접한 서버를 찾는 서비스들을 위한 이 모델의 단점 중 하나는, 권위 있는 DNS 서버가 결정을 내리기 위해 사용하는 유일한 정보가 클라이언트의 아이피 주소가 아닌 로컬 DNS 서버의 아이피 주소라는 것이다.

20.4.3 임의 캐스트 어드레싱

임의 캐스트 어드레싱에서, 여러 지리적으로 흩어진 웹 서버들은 정확히 같은 아이피 주소를 갖고 클라이언트의 요청을 클라이언트에서 가장 가까운 서버로 보내주기 위해 백본 라우터의 '최단거리' 라우팅 능력에 의지한다. 이 방법이 동작하는 방식 중 하나는 각 웹 서버에게 자신을 인접한 백본 라우터를 향하는 라우터라고 광고하는 것이다. 웹 서버는 라우터 통신 프로토콜을 이용해 자신과 인접한 백본 라우터와 대화한다. 백본 라우터가 임의 캐스트 주소를 목적지로 하는 패킷을 받았을 때, 그것은(대개 그러듯이) 그 아이피 주소를 받아들일 수 있는 가장 가까운 '라우터'를 찾는다. 그 서버는 자신이 그 주소를 위한 라우터라고 광고한 상태일 것이기 때문에, 그 백본 라우터는 그 서버에게 그 패킷을 보낼 것이다.

그림 20-5에서, 세 서버가 같은 아이피 주소 10.10.10.1을 향하고 있다. 로스엔젤레스(LA) 서버는 이 주소를 LA 라우터에게 광고했으며, 뉴욕(NY) 서버는 같은 주소를 NY 라우터에게 광고했고, 나머지들도 이런 식으로 했다. 서버는 라우터와 라우터 프로토콜을 사용해서 통신한다. 라우터는 10.10.10.1을 향한 클라이언트의 요청을 자동으로 그 주소를 광고한 가장 가까운 서버로 라우팅한다. 그림 20-5에서, 아이피 주소 10.10.10.1에 대한 요청은 서버 3으로 라우팅 될 것이다.

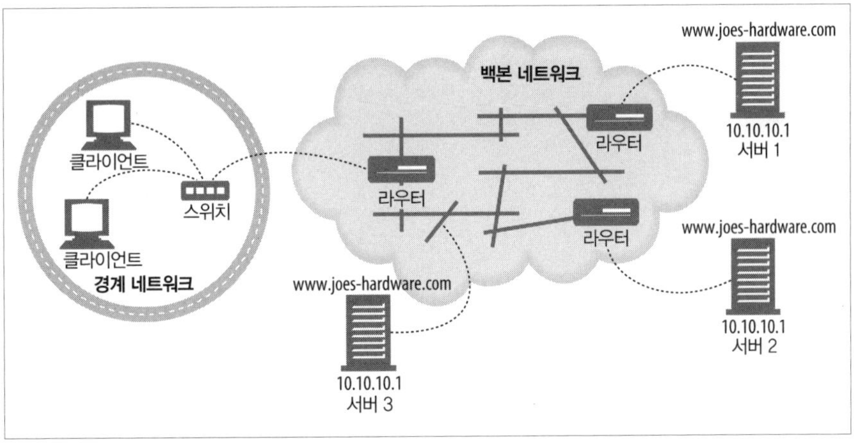

그림 20-5 분산 임의 캐스트 어드레싱

임의 캐스트 어드레싱은 여전히 실험적인 기법이다. 분산 임의 캐스트의 동작을 위해, 서버는 반드시 '라우터의 언어로 말해야 하고' 라우터는 일어날 수 있는 주소 충돌(인터넷 주소는 기본적으로 한 서버에 하나임을 가정하고 있으므로)을 반드시 다룰 수 있어야 한다(만약 적절하게 처리되지 않는다면, 이는 '라우팅 누수(route leaks)'로 알려진 심각한 문제를 유발할 수 있다). 분산 임의 캐스트는 최근에 만들어진 기술이며 그들 자신의 백본 네트워크를 제어하는 콘텐츠 제공자들을 위한 솔루션이 될 수 있다.

20.4.4 아이피 맥 포워딩

이더넷 네트워크에서, HTTP 메시지는 주소가 붙은 데이터 패킷의 형태로 보내진다. 각 패킷은 출발지와 목적지의 아이피 주소와 TCP 포트번호로 이루어진 레이어-4 주소를 갖고 있다. 이것은 레이어-4를 이해하는 장비가 관심을 갖는 주소다. 각 패킷은 또한 레이어-2 장비(보통 스위치나 허브)가 주의를 기울여야 하는 레이어-2 주소인 미디어 접근 컨트롤(Media Access Control, MAC) 주소도 갖고 있다. 레이어-2 장비의 역할은 들어오는 특정 맥(MAC) 주소의 패킷을 받아서 나가는 특정 맥 주소로 포워딩하는 것이다.

예를 들어 그림 20-6의 스위치는 맥 주소 'MAC3'에서 오는 모든 트래픽을 맥 주소 'MAC4'로 보내도록 프로그래밍되어 있다.

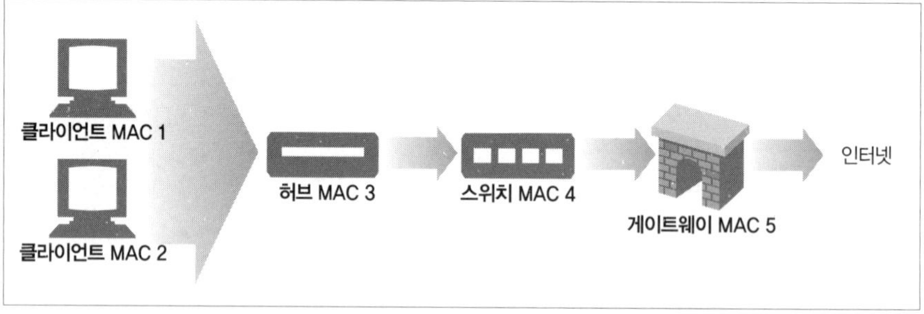

그림 20-6 클라이언트의 요청을 게이트웨이로 보내는 레이어-2 스위치

레이어-4를 이해하는 스위치는 레이어-4 주소(아이피 주소와 TCP 포트번호)를 검사하여 이 정보에 근거해 라우팅을 할 수 있다. 예를 들어, 레이어-4 스위치는 80번 포트로 향하는 모든 웹 트래픽을 프락시로 보낼 수도 있다. 그림 20-7에서, 스위치는 모든 80번 포트 트래픽을 MAC3에서 MAC6(프락시 캐시)로 보내도록 프로그래밍되어 있다. 그 외의 모든 MAC3 트래픽은 MAC5로 간다.

일반적으로, 요청한 HTTP 콘텐츠가 캐시 안에 있고 신선하다면 프락시 캐시는 그것을 제공한다. 그렇지 않다면 프락시 캐시는 클라이언트를 대신해 그 콘텐츠를 가져오기 위한 HTTP 요청을 원 서버로 보낸다. 스위치는 프락시(MAC6)로부터의 80번 포트 요청을 인터넷 게이트웨이(MAC5)로 보낸다.

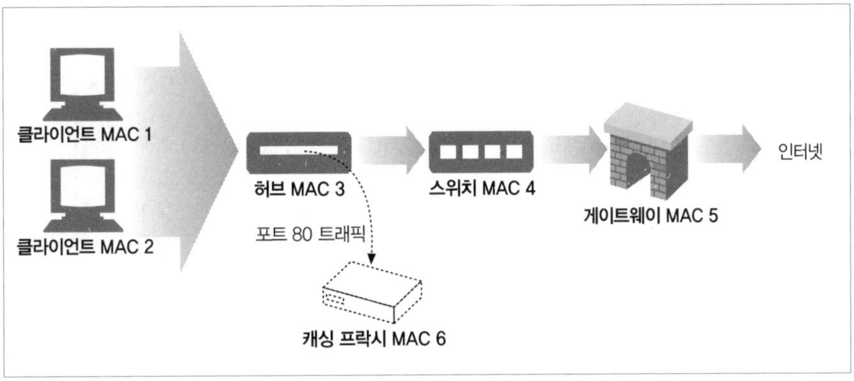

그림 20-7 레이어-4 스위치를 이용한 맥 포워딩

MAC 포워딩을 지원하는 레이어-4 스위치는 보통 요청을 여러 프락시 캐시로 보낼 수 있고 그들 사이의 부하 균형을 유지할 수 있다. 비슷하게 HTTP 트래픽은 대체 HTTP 서버로도 전달될 수 있다.

MAC 주소 포워딩은 점 대 점으로만 가능하기 때문에, 서버나 프락시는 스위치와 한 홉 거리에 위치해야 한다.

20.4.5 아이피 주소 포워딩

아이피 주소 포워딩에서, 스위치나 다른 레이어 4를 이해하는 장비는 들어오는 패킷에 대해 TCP/IP 어드레싱을 검증하고 패킷을 목적지 맥 주소가 아니라 목적지 아이피 주소의 변경에 따라 라우팅한다. 맥 포워딩보다 좋은 점 하나는 목적지 서버가 한 홉 거리에 있을 필요가 없다는 것이다. 그저 스위치에서 업스트림의 위치를 판별할 수만 있으면 일반적인 레이어-3 종단간(end-to-end) 인터넷 라우팅이 패킷을 올바른 위치로 보내준다. 이러한 종류의 전달은 네트워크 주소 변환(Network Address Translation, NAT)이라고도 불린다.

그러나 여기에는 라우팅 대칭성이라는 문제가 있다. 클라이언트로부터 들어오는 TCP 커넥션을 받아주는 스위치는 그 커넥션을 관리하고 있다. 스위치는 반드시 그 커넥션을 통해 클라이언트에게 응답을 돌려주어야 한다. 그러므로 목적지 서버나 프락시로부터의 모든 응답은 반드시 그 스위치에게 돌아가야 한다(그림 20-8을 보라).

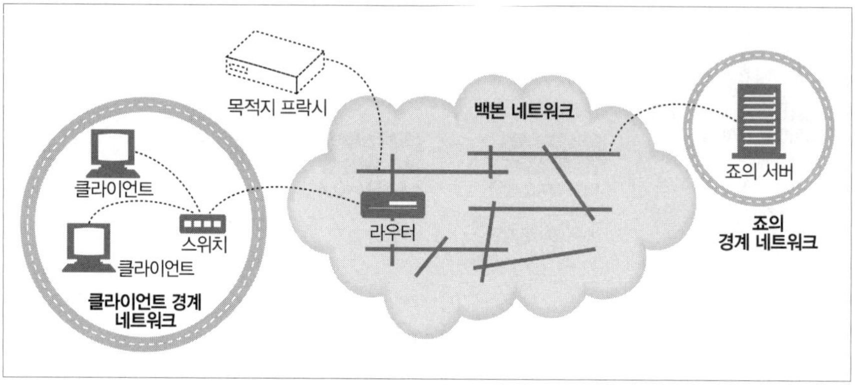

그림 20-8 캐싱 프락시나 미러링된 서버에 대한 IP 포워딩을 수행하는 스위치

응답의 귀환 경로를 제어할 수 있는 두 가지 방법은 다음과 같다.

- 패킷의 출발지 아이피 주소를 스위치의 아이피 주소로 바꾼다. 이 방법은, 스위치와 서버 사이의 네트워크 설정이 어떤가와는 관계 없이, 응답 패킷을 스위치로 가게 한다. 이 목적지와 출발지 아이피 주소 양쪽을 번역해주는 아이피 전달 장치를 완전 NAT라고 한다. 그림 20-9는 TCP/IP 데이터그램에서의 완전 NAT의 효과를 보여준다. 그 결과, 인증이나 결제를 위해 필요할 수도 있는 클라이언트 아이피 주소를 웹 서버가 알 수 없게 된다.
- 만약 출발지 아이피 주소가 그 클라이언트의 아이피 주소로 계속 남아있다면, (하드웨어의 관점에서) 서버에서 클라이언트로 바로 가는(스위치를 거치지 않고) 경로가 존재하지 않아야 한다. 이는 때때로 반(half) NAT라고 불린다. 여기서 장점은 서버가 클라이언트 아이피 주소를 얻는다는 것이며, 단점은 클라이언트와 서버 사이의 네트워크 전체에 약간의 통제가 필요하다는 것이다.

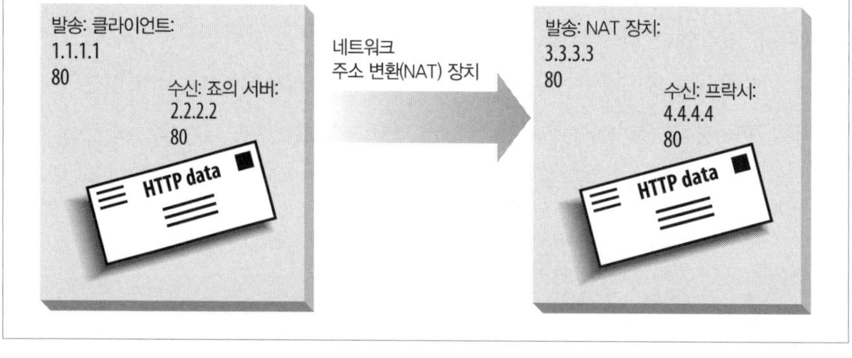

그림 20-9 TCP/IP 다이어그램의 완전 NAT

20.4.6 네트워크 구성요소 제어 프로토콜

네트워크 구성요소 제어 프로토콜(Network Element Control Protocol, NECP)은 아이피 패킷을 전달하는 라우터나 스위치 같은 네트워크 구성요소들(NE)이 웹 서버나 프락시 캐시와 같이 애플리케이션 계층 요청을 처리하는 서버 구성요소들(SE)과 대화할 수 있게 해 준다. NECP는 부하 균형을 명시적으로 지원하지는 않는다. 다만 SE는 NE에게 부하 균형 정보를 제공할 수 있는 방법을 제공하여, SE가 적합하다고 판단한 대로 NE가 부하 균형을 유지할 수 있도록 한다. WCCP와 마찬가지로, NECP는 MAC 포워딩(MAC forwarding), GRE 캡슐화(GRE encapsulation), NAT와 같은 패킷을 전달하는 여러 방법을 제공한다.

NECP는 예외에 대한 개념을 지원한다. SE는 특정 출발지 아이피 주소가 서비스할 수 없다고 판단할 수 있으며, 그러한 경우 그 주소들을 NE로 보낼 수 있다. 그러면 NE는 그 아이피 주소로부터의 요청을 원 서버로 전달할 수 있다.

메시지

NECP 메시지는 표 20-3에서 서술되어 있다.

메시지	누가 보내는가	의미
NECP_NOOP		작업 없음-아무 일도 하지 않음.
NECP_INIT	SE	SE는 NE와의 통신을 개시한다. SE는 NE와의 TCP 커넥션을 연 뒤 이 메시지를 NE에게 보낸다. SE는 반드시 연결할 NE 포트를 알아야 한다.
NECP_INIT_ACK	NE	NECP_INIT를 받았음을 알린다.
NECP_KEEPALIVE	NE 혹은 SE	피어가 살아있는지 물어본다.
NECP_KEEPALIVE_ACK	NE 혹은 SE	keep-alive 메시지에 대답한다.
NECP_START	SE	SE는 "나는 여기에 있고 네트워크 트래픽을 받을 준비가 되어 있다"고 말한다. 포트를 지정할 수 있다.
NECP_START_ACK	NE	NECP_START를 받았음을 알린다.
NECP_STOP	SE	SE는 NE에게 "트래픽을 나에게 보내는 것을 중단하라"라고 말한다.
NECP_STOP_ACK	NE	NE는 정지를 알린다.
NECP_EXCEPTION_ADD	SE	SE는 NE의 목록에 하나 이상의 예외를 추가하라고 말한다. 예외는 출발지 아이피, 목적지 아이피, 프로토콜(위의 아이피) 혹은 포트에 근거할 수 있다.
NECP_EXCEPTION_ADD_ACK	NE	EXCEPTION_ADD의 확인
NECP_EXCEPTION_DEL	SE	NE에게 하나 이상의 예외를 그의 목록에서 삭제하라고 요청한다.

NECP_EXCEPTION_DEL_ACK	NE	EXCEPTION_DEL을 승인한다.
NECP_EXCEPTION_RESET	SE	NE에게 예외 목록 전체를 삭제하라고 요청한다.
NECP_EXCEPTION_RESET_ACK	NE	EXCEPTION_RESET을 승인한다.
NECP_EXCEPTION_QUERY	SE	NE 전체의 예외 목록을 문의한다.
NECP_EXCEPTION_RESP	NE	예외 문의에 대해 답한다.

표 20-3 NECP 메시지

20.5 프락시 리다이렉션 방법

지금까지 우리는 일반적인 리다이렉션 방법들에 대해 이야기했다. 콘텐츠에 접근할 때 프락시를 통할 필요가 있는 경우도 있으며(아마 보안상의 이유로), 클라이언트가 이용하면 유익한 프락시 캐시가 네트워크에 있을 수도 있다(캐시된 콘텐츠를 받는 것이 원 서버에 직접 가는 것보다 아마 훨씬 빠를 것이기 때문이다).

그러나 웹브라우저와 같은 클라이언트들이 어떻게 프락시로 가는 길을 아는가? 여기에는 세 가지 방법이 있다. 명시적인 브라우저 설정, 동적인 자동 설정, 자연스러운 가로채기. 우리는 이 세 기법에 대해 이 절에서 논할 것이다.

프락시는 결과적으로 클라이언트의 요청을 다른 프락시로 리다이렉트할 수 있다. 예를 들어, 요청 받은 콘텐츠를 갖고 있지 않은 프락시 캐시는 클라이언트를 다른 캐시로 리다이렉트하는 것을 택할 것이다. 이는 클라이언트가 리소스를 요청한 곳과는 다른 곳에서 응답이 오도록 하게 하는 것이므로, 우리는 또한 피어 프락시 캐시 리다이렉션을 위해 사용되는 프로토콜들인 인터넷 캐시 프로토콜(ICP), 캐시 배열 라우팅 프로토콜(CARP), 하이퍼텍스트 캐싱 프로토콜(HTCP)에 대해 논의할 것이다.

20.5.1 명시적 브라우저 설정

대부분의 브라우저에는 프락시 서버에 접촉하기 위해 프락시 이름, 아이피 주소, 포트번호를 설정할 수 있는 풀다운 메뉴가 존재한다. 사용자가 이를 설정하면 브라우저는 모든 요청에 대해 프락시와 접촉한다. 몇몇 서비스 제공자들은 사용자들이 직접 브라우저의 설정을 변경해서 프락시를 사용하도록 하는 대신, 미리 설정이 다 되어 있는 브라우저를 다운 받도록 한다. 이렇게 다운 받은 브라우저들은 접촉할 프락시의 주소를 알고 있다.

명시적인 브라우저 설정에는 두 가지 중요한 단점이 있다.

- 프락시들을 사용하도록 설정된 브라우저들은 프락시가 응답하지 않더라도 원 서버와 접촉하지 않는다. 만약 프락시가 다운되었거나 브라우저가 잘못 설정되었다면, 사용자는 접속 문제를 경험할 것이다.
- 네트워크 아키텍처를 변경했을 때 그 변경사항을 모든 최종사용자에게 전파하는 것이 어렵다. 만약 서비스 제공자가 더 많은 프락시를 추가하길 원하거나 몇 개를 서비스에서 제거하길 원한다면, 브라우저 사용자들은 그들의 프락시 설정을 변경해야만 할 것이다.

20.5.2 프락시 자동 설정

특정 프락시에 접촉하기 위한 브라우저의 명시적인 설정은 네트워크 아키텍처의 변화를 제한하는데, 그 이유는 브라우저에 개입하여 설정을 변경하는 주체가 사용자이기 때문이다. 올바른 프락시 서버에 접촉하기 위해 브라우저가 동적으로 자신을 설정할 수 있게 하는 자동 설정 방법은 이 문제는 해결한다. 이 방법은 실제로 존재하며 프락시 자동설정(Proxy Auto-configuration, PAC) 프로토콜이라고 불린다. PAC는 넷스케이프 사에 의해 정의되었으며, 마이크로소프트 인터넷 익스플로러, 모질라 파이어폭스, 구글 크롬, 애플 사파리 등 거의 모든 브라우저가 지원한다.[2]

PAC에 깔려있는 기본 아이디어는, 브라우저들이 URL별로 접촉해야 할 프락시를 지정한 PAC 파일이라 불리는 특별한 파일을 찾도록 하는 것이다. 브라우저는 반드시 PAC 파일을 얻기 위해 지정된 서버에 접촉하도록 설정되어야 한다. 그런 뒤에 브라우저는 재시작할 때마다 PAC 파일을 가져온다.

PAC 파일은 다음의 함수를 반드시 정의해야 하는 자바스크립트 파일이다.

```
function FindProxyForURL(url, host)
```

브라우저는 요청된 URL마다 다음과 같이 이 함수를 호출한다.

```
return_value = FindProxyForURL(url_of_request, host_in_url);
```

반환된 값은 브라우저가 어디서 이 URL을 요청해야 하는지 지정한 문자열이다. 반환된 값은 접촉할 프락시들의 목록이거나(예를 들면, “PROXY proxy1.domain.com; PROXY proxy2.domain.com”) 아니면 브라우저가 어떤 프락시든 우회해서 원 서버로 바로 가야 함을 의미하는 문자열 “DIRECT”일 수 있다.

이 요청을 위한 일련의 동작과 브라우저의 PAC 파일 요청에 대한 응답은 그

---

2 (옮긴이) 브라우저별 지원 현황에 대해서는 http://findproxyforurl.com/browser-support/ 웹페이지에 잘 정리되어 있다.

림 20-10에 묘사되어 있다. 이 예에서 서버는 PAC 파일을 자바스크립트 프로그램과 함께 돌려보낸다. 이 자바스크립트 프로그램은 브라우저에게 요청한 URL이 "netscape.com" 도메인 안에 있다면 원 서버에 바로 접근하고 아니면 "proxy1.joes-cache.com"으로 가라고 말해주는 "FindProxyForURL"이라는 함수를 갖고 있다. 브라우저는 요청하는 매 URL마다 이 함수를 호출하고 함수가 반환한 값이 알려주는 곳으로 접속한다.

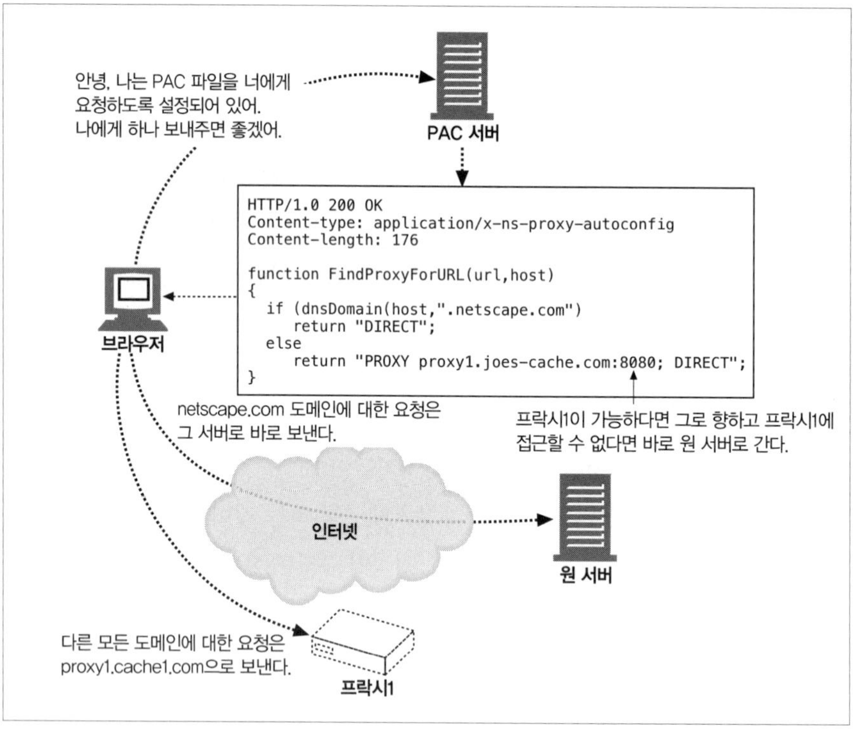

그림 20-10 프락시 자동 설정

PAC 프로토콜은 상당히 강력하다. 자바스크립트 프로그램은 브라우저에게, DNS 주소나 서브넷, 심지어 요일이나 시각과 같은 호스트 명과 관련된 여러 매개변수에 근거하여 프락시를 선택하도록 요구할 수 있다. 프락시의 위치가 변경된 경우 이를 반영하기 위해 PAC 파일이 서버에서 업데이트되기 때문에 PAC는 브라우저가 자동으로 네트워크 아키텍처 안에서의 변경에 맞는 올바른 프락시에 접촉할 수 있도록 해줄 수 있다.

오늘날 PAC는 미리 설정된 브라우저처럼 몇몇 주요 ISP들에 의해 사용되고 있다.

20.5.3 웹 프락시 자동발견 프로토콜(Web Proxy Autodiscovery Protocol)

웹 프락시 자동발견 프로토콜(WPAD)은 최종 사용자가 수동으로 프락시 설정을 할 필요도, 투명한 트래픽 인터셉트에 의존할 필요도 없이 웹브라우저가 근처의 프락시를 찾아내어 사용할 수 있게 해주는 방법을 제공하는 것을 목적으로 하고 있다. 웹 프락시 자동발견을 위해 프로토콜을 정하는 일반적인 문제는 선택할 수 있는 발견 프로토콜이 여러 가지 존재한다는 것과 프락시 사용에 대한 설정이 브라우저들마다 차이가 있다는 것 때문에 복잡해진다.

이 절은 WPAD 인터넷 초안의 단축되고 약간 재조직된 버전을 포함한다. 그 초안은 현재 IETF의 웹 중개자 작업 그룹이 맡아 개발하고 있다.

PAC 파일 자동발견

WPAD는 HTTP 클라이언트가 PAC 파일의 위치를 알아내고 그 파일을 이용해서 적절한 프락시 서버의 이름을 알아낼 수 있게 해준다. WPAD는 직접적으로 프락시 서버의 이름을 알아내지는 않는데, 그렇게 하면 PAC 파일에 의해 제공되는 추가적인 기능들(부하 균형, 서버들의 배열로 요청 라우팅, 프락시 서버를 보조하기 위한 자동화된 장애 시의 대체 작동 등)이 활용될 수 없기 때문이다.

그림 20-11에서 보인 바와 같이, WPAD 프로토콜은 설정 URL(CURL)이라고도 알려진 PAC 파일 URL을 발견한다. 이 PAC 파일은 적절한 프락시 서버의 주소를 반환하는 자바스크립트 프로그램을 실행한다.

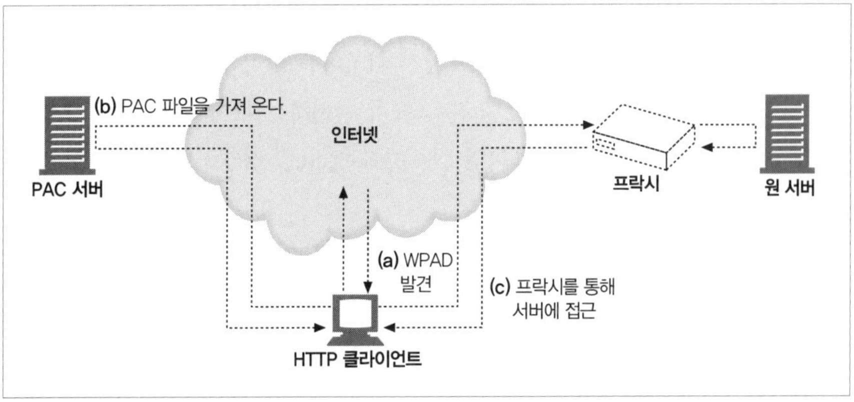

그림 20-11 WPAD는 프락시 서버를 알아내는 PAC URL을 알아낸다.

WPAD 프로토콜을 구현한 HTTP 클라이언트는 다음의 일을 한다.

- WPAD를 이용해 PAC 파일 CURL을 찾는다.
- URL에 해당하는 PAC 파일(설정파일 혹은 CFILE이라고도 알려진)을 가져온다.
- 프락시 서버를 알아내기 위해 그 PAC 파일을 실행한다.
- PAC 파일이 반환한 프락시 서버에게 HTTP 요청을 보낸다.

WPAD 알고리즘

WPAD는 적절한 PAC 파일 CURL을 결정하기 위해 여러 가지 리소스 발견 기법들을 사용한다. 모든 조직이 모든 기법을 사용할 수 있는 것은 아니기 때문에 여러 발견 기법들이 지정된다. WPAD 클라이언트는 CURL을 얻는데 성공할 때까지 각각의 기법을 하나씩 시도한다.

오늘날의 WPAD 명세는 다음의 기법을 순서대로 정의하고 있다.

- DHCP(Dynamic Host Configuration Protocol, 동적 호스트 설정 프로토콜)
- SLP(Service Location Protocol, 서비스 위치 프로토콜)
- DNS에게 잘 알려진 호스트 명
- DNS의 SRV 레코드
- TXT 레코드의 DNS 서비스 URL들

이 다섯 메커니즘 중에서, WPAD 클라이언트에게는 오직 DHCP와 DNS에게 잘 알려진 호스트 명 기법만이 요구된다. 우리는 다음 절에서 더 자세한 내용을 보여줄 것이다.

WPAD 클라이언트는 앞에서 언급한 발견 메커니즘을 이용해서 리소스 발견 요청을 순서대로 보낸다. 클라이언트들은 그들이 지원하는 메커니즘만을 시도한다. 발견 시도가 성공할 때마다, 클라이언트는 PAC CURL을 생성하기 위해 취득한 정보를 사용한다.

만약 PAC 파일이 이 CURL에서 성공적으로 발견되었다면 과정은 완료된다. 그렇지 못하면 클라이언트는 미리 정의된 리소스 발견 요청의 연쇄를 중단한 시점에서 다시 시작한다. 만약 모든 발견 메커니즘을 시도한 후에도 PAC 파일을 찾지 못했다면 WPAD 프로토콜은 실패하고 클라이언트는 프락시 서버를 사용하지 않는 것으로 설정된다.

클라이언트는 DHCP를 먼저 시도하고, 그 다음이 SLP이다. 만약 PAC 파일을 발견하지 못한다면, 클라이언트는 DNS 기반 메커니즘으로 옮겨간다.

클라이언트는 DNS SRV, 잘 알려진 호스트 명들, 그리고 DNS TXT 레코드 방법을 여러 차례 순환한다. 매번 DNS 쿼리 QNAME은 점점 덜 구체적이 된다. 이런 식으로, 클라이언트는 가능한 한 가장 구체적인 설정 정보를 찾되, 그러지 못한 경우에는 덜 구체적인 정보라도 취한다. 모든 DNS 룩업은 요청 받은 리소스 종류를 가리키는, "wpad" 접두어가 붙은 QNAME을 갖는다.

어떤 클라이언트가 johns-desktop.development.foo.com이라는 호스트 명을 찾는다고 가정해보자. 완전한 WPAD 클라이언트는 다음과 같은 순서대로 시도한다.

- DHCP
- SLP
- "QNAME=wpad.development.foo.com"에 대한 DNS A 룩업
- "QNAME=wpad.development.foo.com"에 대한 DNS SRV 룩업
- "QNAME=wpad.development.foo.com"에 대한 DNS TXT 룩업
- "QNAME=wpad.foo.com"에 대한 DNS A 룩업
- "QNAME=wpad.foo.com"에 대한 DNS SRV 룩업
- "QNAME=wpad.foo.com"에 대한 DNS TXT 룩업

동작의 전체 과정을 다루는 자세한 의사 코드(pseudo code)를 얻고 싶다면 WPAD 명세를 참조하라. 다음의 절은 요구되는 두 메커니즘인 DHCP와 DNS A 룩업에 대해 논한다. CURL 발견 방법의 나머지에 대한 더 자세한 것은 WPAD 명세를 참조하라.

DHCP를 이용한 CURL 발견

이 메커니즘이 동작하려면, WPAD 클라이언트가 질의하는 DHCP 서버는 반드시 CURL을 저장하고 있어야 한다. WPAD 클라이언트는 DHCP 질의를 DHCP 서버에 보냄으로써 CURL을 얻는다. CURL은 DHCP 옵션 코드 252(만약 DHCP 서버에 이 정보가 설정되어 있다면)에 들어있다. DHCP를 지원하기 위해서는 모든 WPAD 클라이언트 구현이 필요하다. DHCP 프로토콜은 RFC 2131에 자세히 나와 있다. 현존하는 DHCP 옵션의 목록이 필요하다면 RFC 2132를 보라.

WPAD 클라이언트가 자신의 초기화 과정에서 이미 DHCP 질의를 했다면, DHCP 서버는 이미 그 값을 제공했을 수도 있다. 클라이언트가 OS의 API를 통해 그 값을 얻을 수 없다면, DHCPINFORM 메시지를 DHCP 서버에게 보내 질의하여 그 값을

얻는다.

WPAD를 위한 DHCP 옵션 코드 252는 임의의 길이의 문자열이다. 이 문자열은 적절한 PAC 파일을 가리키는 URL를 포함한다. 예를 들면 다음과 같다.

```
"http://server.domain/proxyconfig.pac"
```

DNS A 레코드 룩업

이 메커니즘이 동작하려면, 알맞은 프락시 서버의 IP 주소들이 WPAD 클라이언트들이 질의할 수 있는 DNS 서버에 반드시 저장되어 있어야 한다. WPAD 클라이언트는 A 레코드 룩업을 DNS 서버로 보내 CURL을 얻는다. 룩업이 성공하면 적절한 프락시 서버의 IP 주소를 얻는다.

WPAD 클라이언트의 구현체는 이 메커니즘을 구현해야 한다. 이것은 A 레코드에 대한 오직 기초적인 DNS 룩업만이 필요한 정도로 단순해야 한다. 리소스 발견에 대한 잘 알려진 DNS 별칭들의 사용에 대한 설명은 RFC 2219을 보라. WPAD를 위해, 그 명세는 웹 프락시 자동발견을 위한 "wpad"의 '잘 알려진 얼라이어스'를 사용한다.

클라이언트는 다음의 DNS 룩업을 수행한다.

```
QNAME=wpad.TGTDOM., QCLASS=IN, QTYPE=A
```

룩업에 성공하면 WPAD 클라이언트가 구축한 URL의 IP 주소를 얻는다.

PAC 파일 가져오기

한번 후보 CURL이 생성되면, WPAD 클라이언트는 보통 그 CURL로 GET 요청을 만드는데, 이때 자신이 다룰 수 있는 적절한 CFILE 포맷 정보가 담긴 Accept 헤더를 포함해야 한다. 예를 들면 다음과 같다.

```
Accept: application/x-ns-proxy-autoconfig
```

만약 CURL 결과가 리다이렉트라면, 그 리다이렉트가 향하는 곳이 클라이언트의 최종 목적지이다.

언제 WPAD를 실행하는가

웹 프락시 자동발견 프로세스는 적어도 다음 중 하나의 상황에서는 수행되어야 한다.

- 웹 클라이언트가 시작될 때(WPAD는 오직 첫 인스턴스의 시작 때만 수행된다. 이후의 인스턴스는 설정을 물려받는다)
- 클라이언트 호스트의 아이피 주소가 변경된 네트워킹 스택으로부터 어떤 언급이 있을 때마다

웹 클라이언트는 자신의 환경에서 어느 쪽이 타당한가에 따라 둘 중 하나를 골라 사용할 수 있다. 추가적으로, 클라이언트는 이전에 다운 받은 PAC 파일이 HTTP의 만료 규칙에 따라 만료되었을 때 반드시 발견 사이클을 시도해 보아야만 한다. PAC 파일이 만료되었을 때, 클라이언트는 그에 따라 WPAD 프로세스를 재시작해야 한다는 점은 중요하다.

클라이언트는 PAC 파일이 대체품을 제공하지 않는 경우, 현재 설정된 프락시가 동작하지 않을 때 WPAD 프로세스를 재실행하도록 구현할 수도 있다.

클라이언트가 현재 PAC 파일을 무효화하기로 했다면, 최신의 올바른 CURL을 가져오는 것을 보장하기 위해 반드시 전체 WPAD 프로토콜을 재실행해야 한다. 구체적으로 말하면, 이 프로토콜은 If-Modified-Since 조건부 요청으로 PAC 파일을 가져오는 것을 지원하지 않는다.

WPAD 프로토콜 브로드캐스트, 그리고(혹은) 멀티캐스트 커뮤니케이션 과정에서 몇 차례의 네트워크 왕복이 필요할 수도 있다. WPAD 프로토콜은 앞에서 명시한 빈도보다 더 자주 동작해서는 안 된다(매 URL마다 검색한다거나).

WPAD 스푸핑(spoofing)

WPAD의 IE 5 구현은 사용자의 개입 없이 웹 클라이언트가 프락시 설정을 자동으로 탐지하는 것을 가능하게 했다. WPAD의 알고리즘은 호스트 명 'wpad'를 도메인 이름의 절대 표기(fully qualified domain name) 앞에 붙이고 WPAD 서버를 찾아내거나 3차 도메인에 도달할 때까지 계속해서 서브도메인을 지운다. 예를 들어, 도메인이 a.b.microsoft.com이라면 웹 클라이언트는 wpad.a.b.microsoft.com, wpad.b.microsoft.com, wpad.microsoft.com를 질의할 것이다.

이것은 보안 취약점을 노출하는 것이 되는데, 미국 밖에서(그리고 특정 설정에서) 3차 도메인은 신뢰하기 어렵기 때문이다.[3] 악의적인 사용자가 WPAD 서버 설정을 하고 그의 의도대로 프락시가 설정되도록 하는 명령을 제공할 수도 있다. 이

3 (옮긴이) wpad.microsoft.co.kr은 마이크로소프트의 관리하에 있다고 믿을 만 하지만, 3차 도메인인 wpad.co.kr은 누가 어떤 의도로 소유하고 있는 것인지 전혀 알 수 없다.

후 버전의 IE(5.01 혹은 더 최신)에서는 이 문제를 바로잡았다.

타임아웃

WPAD는 여러 발견 단계를 거치게 되며, 클라이언트는 각 단계가 일정한 시간 내에 끝나는지 반드시 확인해야 한다. 가급적 각 단계를 10초 이내로 제한하는 것이 합리적이겠지만, 구현자들은 그들의 네트워크 특성에 맞는 더 적절한 다른 값을 선택할 수도 있다. 예를 들어 무선 네트워크에서의 동작이라면, 대역폭이 좁거나 대기시간이 길다는 것을 고려하여 매우 큰 타임아웃을 사용할 수도 있을 것이다.

관리자를 위한 고려사항

클라이언트들이 호환을 위해 반드시 구현해야 하는 것은 DHCP와 DNS A 레코드 검색뿐이다. 이와 마찬가지로, 관리자들 역시 그들의 환경에 이 둘 중 하나를 설정해야 한다. 이것뿐 아니라 검색 순서에서 이 메커니즘들을 먼저 지원하도록 설정하기까지 한다면 클라이언트가 시작하는데 걸리는 시간은 더욱 단축될 것이다.

이러한 프로토콜 구조를 갖게 된 주요 동기 중 하나는 클라이언트가 근처에 있는 프락시 서버를 찾도록 돕는 것이었다. 다양한 환경에서 여러 가지 프락시 서버들이 사용된다(작업 그룹, 기업 게이트웨이, ISP, 백본).

WPAD 프레임워크에서 '근접성'을 결정할 때 다음과 같은 가능성들을 고려할 수 있다.

- DHCP 서버들은 서브넷에 따라 다른 답을 돌려줄 수 있다. 그 답들은 또한 클라이언트의 cipaddr 필드나 식별자 옵션에 대한 결정에도 근거한다.
- DNS 서버는 도메인 접미사에 따라 다른 SRV/A/TXT 리소스 레코드(RRs)를 반환하도록 설정될 수 있다(예를 들면, wpad.marekting.bigcorp.com과 wpad.development.bigcorp.com의 QNAME들).
- CURL 요청을 다루는 웹 서버는 User-Agent 헤더, Accept 헤더, 클라이언트 아이피 주소/서브넷/호스트 명, 인근 프락시 서버들의 위상기하학적 배치 등에 근거하여 결정을 내릴 수 있다. 이는 CURL을 다루기 위해 생성된 CGI 실행프로그램 안에서도 일어날 수 있다. 앞에서 언급한 바와 같이, CURL 요청을 다루고 이러한 결정을 내리는 것은 심지어 프락시 서버일 수도 있다.
- PAC 파일은, 여러 대안 중 하나를 클라이언트에서 실시간으로 선택할 수 있을 만한 충분한 표현력을 갖고 있을 수도 있다. CARP는 이 전제를 바탕으로 캐시의 배열을 지원한다. 별로 놀랍지 않게도, PAC 파일은 프락시 서버 후보의 집합들 중

에서 '가장 가까운' 혹은 '가장 반응이 빠른' 서버를 선택하기 위해 네트워크 거리나 건강도 등을 측정할 수도 있다.

20.6 캐시 리다이렉션 방법

일반적인 서버로 트래픽을 리다이렉트하는 기법과, 프락시와 게이트웨이로 향하는 트래픽의 방향을 바꾸는 특별한 기법에 대해 이야기했다. 이 마지막 절은 캐싱 프락시 서버를 위해 사용되는 보다 복잡한 리다이렉션 기법 중 몇 가지에 대해 설명할 것이다. 신뢰성 높고, 고성능에, 콘텐츠 지각 디스패칭(content-aware-dispatching, 콘텐츠의 특정 일부를 갖고 있을 것으로 추정되는 곳으로 요청을 보냄)까지 가능하게 하려고 하기 때문에, 앞에서 이야기했던 프로토콜들보다 더 복잡하다.

20.6.1 WCCP 리다이렉션

시스코 시스템즈는 웹 라우터들이 웹 트래픽을 프락시 캐시로 리다이렉트 할 수 있도록 하기 위해 캐시 조직 프로토콜(WCCP)을 개발했다. WCCP는 라우터들과 캐시들 사이의 대화를 관리하여 라우터가 캐시를 검사하고(실행되어 있고 동작 중임을), 특정 종류의 트래픽을 특정 캐시로 보낼 수 있게 해준다. WCCP 버전 2(WCCP2)는 개방된 프로토콜이다. 우리는 여기서 WCCP2에 대해 이야기할 것이다.

WCCP 리다이렉션 동작

다음은 WCCP 리다이렉션이 HTTP를 위해 어떻게 동작하는지에 대한 간략한 개요다(WCCP는 다른 프로토콜들도 이와 비슷하게 리다이렉션한다).

- 네트워크가 필요하다. 이 네트워크에는 WCCP를 사용할 수 있는 라우터와, 다른 캐시와 의사소통할 수 있는 캐시가 포함되어야 한다.
- 라우터들의 집합과 그들의 대상이 되는 캐시들이 WCCP 서비스 그룹을 구성한다. 서비스 그룹의 설정은 어떤 트래픽이 어디로 어떻게 보내지는지, 그리고 서비스 그룹에서 부하가 캐시들 사이에서 어떻게 분산되어야 하는지 명시한다.
- 만약 서비스 그룹이 HTTP 트래픽을 리다이렉션하도록 설정되어 있다면, 서비스 그룹의 라우터는 HTTP 요청을 서비스 그룹의 캐시로 보낸다.
- HTTP 요청이 서비스 그룹의 라우터에 도착했을 때, 라우터는 그 요청을 처리하

기 위해 서비스 그룹의 캐시 중 하나를 선택한다(요청 아이피 주소의 해시값이나 마스크/값 집합 짝짓기(pairing) 스킴 중 하나에 근거하여).

- 라우터는 요청 패킷을, 캐시의 아이피 주소와 함께 캡슐화하거나 아이피 맥 포워딩을 하여 캐시로 보낸다.
- 만약 캐시가 요청을 처리할 수 없다면, 패킷은 평범하게 포워딩되기 위해 라우터로 돌아온다.
- 서비스 그룹의 구성원들은 지속적으로 다른 구성원들의 가용성을 확인하기 위해 하트비트 메시지(자신이 정상 동작하고 있음을 알려주는 메시지)를 교환한다.

WCCP2 메시지들

표 20-4에서 기술하고 있는 바와 같이, WCCP2 메시지에는 네 가지가 있다.

메시지 이름	누가 보내는가	전달하는 정보
WCCP2_HERE_I_AM	캐시가 라우터에게	캐시가 라우터에게 트래픽을 받을 수 있다고 말해주는 메시지이다. 이 메시지는 캐시의 서비스 그룹 정보 전체를 담고 있다. 어떤 캐시가 서비스 그룹에 가입하면 그 캐시는 바로 이 메시지를 그룹의 모든 라우터에게 보낸다. 이 메시지는 WCCP2_I_SEE_YOU 메시지를 보내서 라우터와 협상한다.
WCCP2_I_SEE_YOU	라우터가 캐시에게	WCCP2_HERE_I_AM 메시지에 응답하는 메시지이다. 패킷 포워딩 방법, 할당 방법(지정된 캐시가 누구인가), 패킷 반환 방법, 그리고 보안에 대해 협상하기 위해 사용한다.
WCCP2_REDIRECT_ASSIGN	지정된 캐시가 라우터에게	이 메시지는 부하 균형을 위한 할당을 한다. 해시 테이블 부하 균형을 위한 버킷 정보나 마스크/값 부하 분산을 위한 마스크/값 집합 짝 정보를 보낸다.
WCCP2_REMOVAL_QUERY	라우터가 2.5×HERE_I_AM_T초 동안 WCCP2_HERE_I_AM 메시지를 보내지 않은 캐시에게	만약 라우터가 WCCP2_HERE_I_AM 메시지를 정기적으로 받지 못했다면, 라우터는 캐시가 서비스 그룹에서 제거되어야 하는지 알아보기 위해 이 메시지를 보낸다. 이에 대한 캐시의 올바른 응답은 HERE_I_AM_T/10초 간격으로 세 번 동일한 WCCP2_HERE_I_AM 메시지를 보내는 것이다.

표 20-4 WCCP2 메시지

WCCP2_HERE_I_AM 메시지의 포맷은 다음과 같다.

WCCP 메시지 헤더
보안 정보 구성요소
서비스 정보 구성요소
웹 캐시 식별 정보 구성요소
웹 캐시 뷰 정보 구성요소
능력 정보 구성요소(선택적)
명령 확장 구성요소(선택적)

WCCP2_I_SEE_YOU 메시지의 포맷은 다음과 같다.

WCCP 메시지 헤더
보안 정보 구성요소
서비스 정보 구성요소
웹 캐시 식별 정보 구성요소
웹 캐시 뷰 정보 구성요소
능력 정보 구성요소(선택적)
명령 확장 구성요소(선택적)

WCCP2_REDIRECT_ASSIGN 메시지의 포맷은 다음과 같다.

WCCP 메시지 헤더
보안 정보 구성요소
서비스 정보 구성요소
할당 정보 구성요소나 대체 할당 구성요소

WCCP2_REMOVAL_QUERY 메시지의 포맷은 다음과 같다.

WCCP 메시지 헤더
보안 정보 구성요소
서비스 정보 구성요소
라우터 질의 정보 구성요소

메시지 구성요소

각 WCCP2 메시지는 헤더와 구성요소로 구성되어 있다. WCCP 헤더 정보는 메시지의 종류(Here I Am, I See You, Assignment, Removal Query), WCCP 버전, 메시지의 길이(헤더의 길이는 포함되지 않은)를 포함한다.

각 구성요소는 그 구성요소의 종류와 길이를 서술하는 4바이트 헤더로 시작한다. 구성요소 길이는 구성요소 헤더의 길이를 포함하지 않는다. 메시지 구성요소는 표 20-5에 서술되어 있다.

구성요소	설명

보안 정보	보안 옵션과 보안 구현을 담고 있다. 보안 옵션은 다음 중 하나다.
	`WCCP2_NO_SECURITY (0)`
	`WCCP2_MD5_SECURITY (1)`
	만약 옵션이 WCCP2_NO_SECURITY라면 보안 구현 필드는 존재하지 않는다. 만약 옵션이 WCCP2_MD5_SECURITY라면, 보안 구현 필드는 메시지 체크섬과 서비스 그룹 비밀번호를 담은 16바이트의 필드다. 비밀번호의 길이는 최대 8바이트이다.

서비스 정보	서비스 그룹을 서술한다. 서비스 종류 ID는 다음의 두 가지 값을 가질 수 있다.
	`WCCP2_SERVICE_STANDARD (0)`
	`WCCP2_SERVICE_DYNAMIC (1)`
	만약 서비스 종류가 WCCP2_SERVICE_STANDARD라면 그 서비스는 잘 알려진 서비스이며 서비스 아이디로 완전히 정의된다.
	HTTP는 잘 알려진 서비스의 한 예다. 만약 서비스 종류가 WCCP2_SERVICE_DYNAMIC이라면, 이어지는 우선순위, 프로토콜, 서비스 플래그(해싱을 결정하는), 포트에 대한 설정이 서비스를 정의한다.

라우터 식별 정보	라우터의 아이피 주소와 아이디를 담고 있으며, 그 라우터가 의사소통하려고 하는 모든 웹 캐시를 아이피 주소순으로 나열한다.
웹 캐시 식별정보	웹 캐시 아이피 주소와 리다이렉션 해시 테이블 매핑을 담고 있다.
라우터 뷰 정보	서비스 그룹에 대한 라우터의 시각을 담고 있다(라우터들과 캐시들에 대한 식별자들).
웹 캐시 뷰 정보	서비스 그룹에 대한 웹 캐시의 시각을 담고 있다.
할당 정보	특정 해싱 버킷에 대한 웹 캐시의 할당을 보여준다.
라우터 질의 정보	라우터의 아이피 주소, 질의를 받은 웹 캐시의 주소, 서비스 그룹에서 웹 캐시로부터 WCCP2_HERE_I_AM 메시지를 받은 마지막 라우터의 아이디가 담겨있다.
능력 정보	지원하는 패킷 포워딩, 부하 균형, 패킷 반환 방법을 알리기 위해 라우터가 사용한다. 라우터에게 웹 캐시가 선호하는 방법을 알려주기 위해서도 사용된다.
대체 할당	부하 균형을 위한 해시 테이블 할당 정보가 담겨있다.
할당 맵	서비스 그룹을 위한 마스크/값 집합 요소를 담고 있다.
명령 확장	캐시들이 라우터에게 자신들이 정지되었음을 알려주기 위해 사용한다. 또한 캐시가 정지되었다는 것을 인지했음을 알리기 위해서 라우터에 의해서도 사용된다.

표 20-5 WCCP2 메시지 구성요소

서비스 그룹

서비스 그룹은 WCCP를 지원하는, 그래서 WCCP 메시지를 교환할 수 있는 라우터와 캐시들의 집합으로 구성되어 있다. 이 라우터들은 웹 트래픽을 서비스 그룹의 캐시로 보낸다. 서비스 그룹의 설정은 어떻게 트래픽이 서비스 그룹의 캐시들로 분산되는지 결정한다. 라우터와 캐시는 Here I Am과 I See You 메시지를 이용해 서비스 그룹 설정 정보를 교환한다.

GRE 패킷 캡슐화

WCCP를 지원하는 라우터들은 HTTP 패킷을 특정 서버의 IP 주소와 함께 캡슐화함으로써 그 서버로 리다이렉트한다. 이 패킷 캡슐화는 일반 라우터 캡슐화(Generic Router Encapsulation, GRE)임을 나타내는 IP 헤더 proto 필드도 포함하고 있다. proto 필드의 존재는 수신 측 프락시에게 그 패킷이 캡슐화된 패킷을 갖고 있음을 말해준다. 패킷이 캡슐화되어 있기 때문에, 클라이언트 아이피 주소를 잃어버리지 않는다. 그림 20-12는 GRE 패킷 캡슐화를 묘사하고 있다.

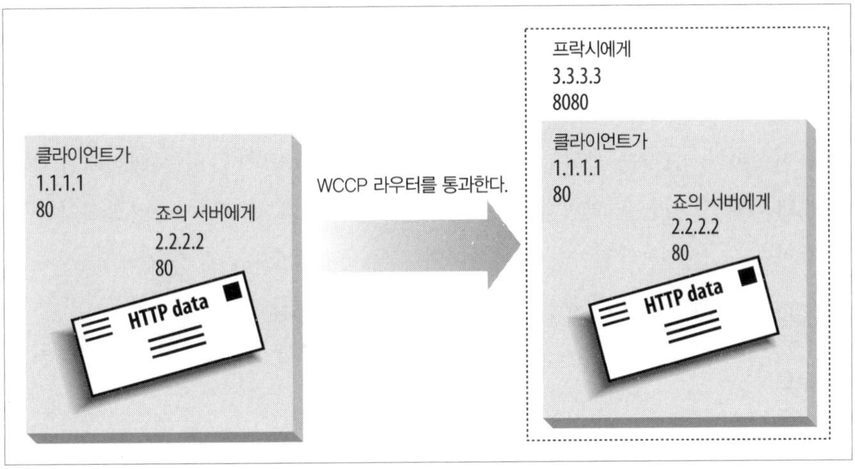

그림 20-12 어떻게 WCCP 라우터가 HTTP 패킷의 목적지 아이피 주소를 바꾸는가

WCCP 부하 균형

WCCP 라우터는 라우팅뿐만 아니라 여러 수신 서버 간의 부하 균형을 유지할 수 있다. WCCP 라우터와 그들의 수신 서버들은 그들이 살아 있고 동작 중임을 다른 장비들이 알 수 있도록 하트비트 메시지를 서로 교환한다. 만약 특정 수신 서버가 하트비트 메시지를 보내지 않게 되었다면, WCCP 라우터는 트래픽 요청을 그 노드로 리다이렉트하는 대신 인터넷으로 바로 보낸다. 노드가 다시 정상화되면, WCCP 라우터는 다시 하트비트 메시지를 받고 그 노드로 요청 트래픽을 보내기 시작한다.

20.7 인터넷 캐시 프로토콜

인터넷 캐시 프로토콜(ICP)는 캐시들이 형제 캐시에서 일어난 캐시 적중을 찾아볼 수 있도록 해준다. 만약 캐시가 HTTP 메시지에서 요청한 콘텐츠를 갖고 있지 않다면, 캐시는 근처의 형제 캐시 중 그 콘텐츠를 갖고 있는 것이 있는지 찾아보고 만약 있다면 원 서버에 질의하는 것보다 비용이 더 들지 않을 것을 기대하며 그 캐시에서 콘텐츠를 가져온다. ICP는 일종의 캐시 클러스터링 프로토콜이라고 할 수 있다. 한 차례 이상의 ICP 질의를 통해 HTTP 요청 메시지의 최종 목적지를 결정할 수 있다는 점에서 볼 때 이 프로토콜은 리다이렉션 프로토콜이다.

ICP는 객체 발견 프로토콜이다. 캐시는 이 프로토콜을 사용해 근처의 캐시 모두에게 특정 URL을 갖고 있는지 한번에 물어본다. 근처의 캐시들은 그 URL을 갖고 있다면 "HIT", 아니라면 "MISS"라고 짧은 메시지로 답한다. 그러면 물어본 캐시는 그 객체(URL)를 갖고 있는 이웃 캐시에 대한 HTTP 커넥션을 열 수 있다.

ICP는 단순하고 가볍다. ICP 메시지는 파싱하기 쉽도록 네트워크 바이트 순서에 따라 32비트 크기로 맞추어진 구조체다. 이 메시지들은 효율을 위해 UDP 다이어그램을 전송된다. UDP는 신뢰할 수 없는 인터넷 프로토콜이며, 이는 데이터가 전송 중에 파괴될 수 있음을 의미하므로, ICP로 말하는 프로그램은 데이터그램의 손실을 감지할 수 있도록 타임아웃이 설정되어 있을 필요가 있다.

다음은 ICP 메시지의 각 부분에 대한 간략한 설명이다.

OP 코드

OP 코드는 ICP 메시지의 의미를 서술하는 8비트 값이다. 기본 OP 코드는 ICP_OP_QUERY 요청 메시지이고 ICP_OP_HIT와 ICP_OP_MISS 응답 메시지이다.

버전

이 8비트 버전 번호는 ICP 프로토콜의 버전 번호를 서술한다. 스퀴드(Squid)에 사용되는 ICP의 버전은 버전 2로, 인터넷 RFC 2186에 서술되어 있다.

메시지 길이

ICP 메시지의 총 길이를 바이트 단위로 나타낸 것. 이 값을 저장할 공간이 16비트밖에 안 되기 때문에, ICP 메시지 크기는 16,383바이트를 넘을 수 없다. URL들은 보통 16KB보다 짧다. 만약 그보다 길다면, 많은 웹 애플리케이션들이 그 URL을 처리할 수 없을 것이다.

요청 번호

ICP를 지원하는 캐시는 동시에 여러 요청과 응답을 추적하기 위해 요청 번호를 사용한다. ICP 응답 메시지는 언제나 그 응답을 유발한 ICP 요청 메시지와 같은 요청 번호를 반드시 담고 있어야 한다.

옵션

32비트 ICP 옵션 필드는 ICP의 동작을 변경하는 플래그를 담고 있는 비트 벡터이다. ICPv2는 두 개의 플래그를 정의하는데, 둘 다 ICP_OP_QUERY 요청을 수정한다. ICP_FLAG_HIT_OBJ 플래그는 문서 데이터가 ICP 응답으로 돌아오는 것을 가능하게 할 것인지의 여부를 결정한다. ICP_FLAG_SRC_RTT 플래그는 형제 캐시가 측정한 원 서버로의 왕복 시간에 대한 추정을 요청한다.

옵션 데이터

32비트 옵션 데이터는 옵션 기능을 위해 예약되어 있다. ICPv2는 옵션 데이터의 하위 16비트를 형제로부터 원 서버까지의 왕복 시간 측정값을 담아놓는데 사용한다. 이 측정값은 선택적이다.

발송자 호스트 주소

메시지 발송자의 32비트 아이피 주소를 담고 있는 필드. 역사적인 이유로 존재하며 실제로는 사용되지 않는다.

페이로드

페이로드의 콘텐츠는 메시지의 형태에 따라 달라진다. ICP_OP_QUERY라면, 페이로드에는 원래 요청자의 호스트 주소와 NUL로 끝나는 URL이 순서대로 들어있다. ICP_OP_HIT_OBJ라면, 페이로드에는 NUL로 끝나는 URL, 16비트의 객체 크기, 객체 데이터가 순서대로 들어있다.

ICP에 대한 더 자세한 정보가 필요하다면, 정보성 RFC인 2186과 2187을 참조하라. 또한 미 국립 응용 네트워크 연구소(http://www.nlanr.net/Squid/)에서는 ICP와 피어링에 대한 훌륭한 참고자료들을 열람할 수 있다.

20.8 캐시 배열 라우팅 프로토콜

프락시 서버는 사용자 개개인으로부터의 요청을 가로채어 요청한 웹 객체의 캐시된 사본을 제공함으로써 인터넷으로 향하는 트래픽을 대폭 줄여준다. 그러나 사용자의 증가에 따라, 대량의 트래픽은 프락시 서버 자체에 과도한 부하를 줄 수 있다.

이 문제에 대한 해결책 중 하나는 부하를 분산하기 위해 사용하는 프락시 서버를 여러 대로 늘리는 것이다. 캐시 배열 라우팅 프로토콜(CARP)은, 프락시 서버의 배열이 클라이언트의 시점에서는 마치 하나의 논리적인 캐시처럼 보이도록 관리해주는, 마이크로소프트와 넷스케이프 커뮤니케이션이 제안한 표준이다.

CARP는 ICP의 대안이다. CARP와 ICP 둘 다 관리자가 여러 대의 프락시 서버를 사용하여 성능을 개선할 수 있게 해준다. 이 절은 어떻게 CARP가 ICP와 다른지, CARP를 사용하는 것이 ICP에 비해 어떤 장점과 단점이 있는지, 그리고 CARP 프로토콜을 어떻게 구현하는지에 대한 기술적인 세부사항에 대해 논한다.

ICP에서 캐시 비적중이 발생하면, 프락시 서버는 웹 객체의 가용성을 판단하기 위해 이웃 캐시들에게 ICP 메시지 포맷을 사용해서 질의를 보낸다. 이웃의 캐시들은 "HIT"이나 "MISS"로 응답하고 요청한 프락시 서버는 이 응답을 이용해서 객체를 받아올 가장 적절한 위치를 선택한다. 만약 ICP 프락시 서버들이 계층적으로 구성되어 있다면, 비적중은 부모에게 상향 전파된다. 그림 20-13는 ICP로 어떻게 적중과 비적중이 결정되는지 그림으로 보여준다.

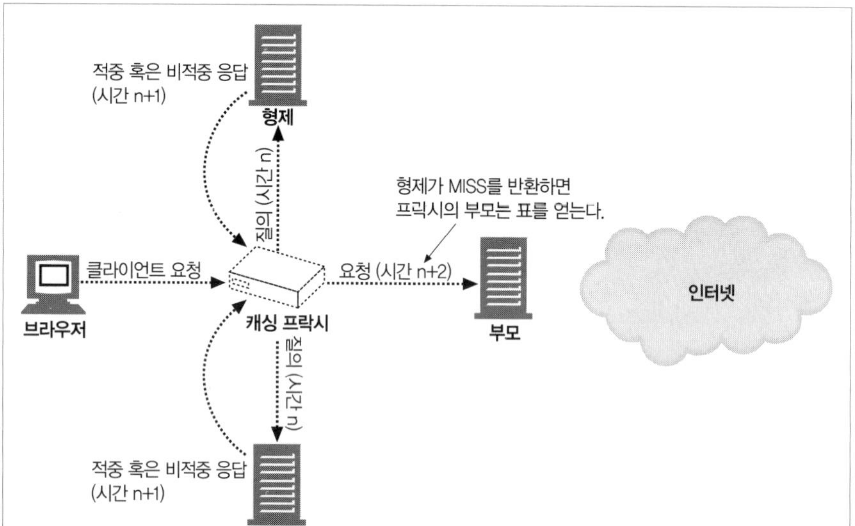

그림 20-13 ICP 쿼리

ICP 프로토콜로 서로 연결된 프락시 서버들 각각은 콘텐츠의 쓸데없는 복제본도 갖고 있는, 다시 말해 프락시 서버들 전체에 걸친 웹 객체에 대한 중복된 엔트리가 허용되는 독립적인 캐시임에 주목하라. 대조적으로, CARP를 이용해서 독자적으로 동작하는 서버들의 무리는, 각 구성요소 서버가 전체 캐시된 문서의 일부만 갖고 있는 하나의 큰 서버처럼 동작한다. 웹 객체의 URL에 해시 함수를 적용함으로써,

CARP는 웹 객체를 특정 프락시 서버에 매핑한다. 하나의 웹 객체는 하나의 프락시 서버에만 속하기 때문에, 프락시 서버 각각을 폴링하지 않고도 한 번의 검색으로 그 객체의 위치를 결정할 수 있다. 그림 20-14는 CARP 접근방법을 요약한다.

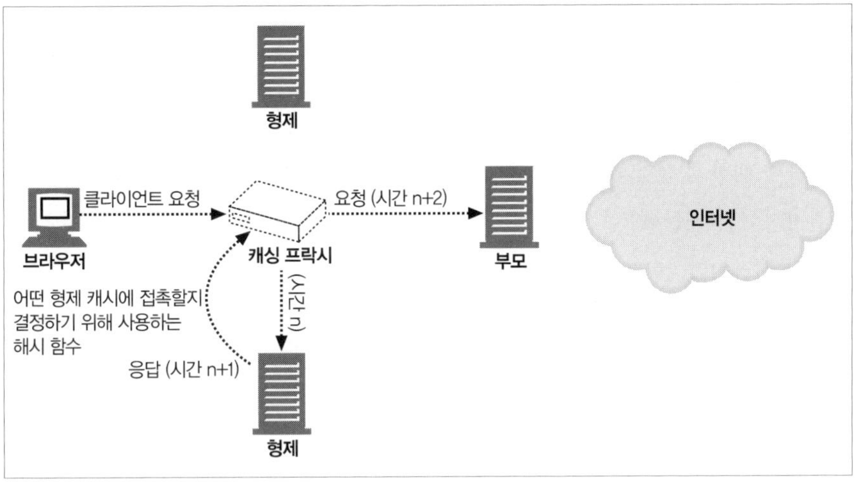

그림 20-14 CARP 리다이렉션

그림 20-14는 클라이언트와 프락시 서버 사이의 중개자로서 부하를 여러 프락시 서버로 분산하는 캐싱 프락시를 보여주고 있지만, 클라이언트들 스스로가 이 기능을 제공하는 것도 가능하다. 인터넷 익스플로러나 구글 크롬 같은 상업적인 브라우저는 어떤 요청이 보내져야 하는지 결정하기 위한 해시 함수를 계산하는 플러그인을 설정할 수도 있다.

CARP에서 프락시 서버 분석이 결정론적(deterministic)이라는 것은 질의를 모든 이웃에게 보낼 필요는 없다는 뜻이고, 이는 캐시가 주고받아야 하는 메시지가 더 적음을 의미한다. 더 많은 프락시 서버가 설정에 추가됨에 따라, 그 집단 캐시 시스템은 상당히 괜찮게 확장될 것이다. 그러나 CARP은 프락시 서버 중 하나가 사용할 수 없게 되면, 이 사실을 반영하기 위해 해시 함수가 수정되어야 하고, 프락시 서버 전체에 퍼져 있는 콘텐츠들도 다시 배치하지 않을 수 없다는 단점이 있다. 프락시 서버의 고장이 잦다면 이로 인한 비용은 상당히 비쌀 수 있다. 반면 ICP 프락시 서버들에는 콘텐츠가 중복되어 존재하므로 다시 배치할 필요가 없다. 또 하나의 잠재적인 문제점은, CARP는 새로운 프로토콜이기 때문에 ICP 프로토콜만을 수행하는 기존 프락시 서버는 CARP 무리에 쉽게 포함될 수 없을 것이라는 점이다.

CARP와 ICP의 차이점을 설명하기 위해, CARP를 조금 더 자세히 서술하겠다. CARP 리다이렉션 방법은 다음의 작업을 포함한다.

- 참여하는 프락시 서버의 테이블을 유지한다. 이 프락시 서버들은 각각이 살아 있는지 알아보기 위해 주기적으로 폴링된다.
- 각 참여 프락시 서버들에 대해 해시 함수를 계산한다. 해시 함수가 반환하는 값은 이 프락시가 처리할 수 있는 부하의 양을 계산에 넣는다.
- 요청된 웹 객체의 URL에 근거한 숫자값을 반환하는 분리된 해시 함수를 정의한다.
- URL의 해시 함수와 프락시 서버의 해시 함수의 합계로 값의 배열을 얻는다. 이 값들에 대한 최댓값이 그 URL을 위해 사용할 프락시 서버를 결정한다. 계산값이 결정적이기 때문에, 같은 웹 객체에 대한 뒤이은 요청은 같은 프락시 서버로 포워딩될 것이다.

이들 네 개의 작업은 플러그인을 통해 브라우저에 의해 수행될 수도 있고 중간 서버에 의해 계산될 수도 있다.

프락시 서버들의 각 무리는 그 무리의 모든 서버를 나열하는 테이블을 생성한다. 테이블의 각 엔트리는 부하 인자에 대한 정보, 생존시간(time-to-live, TTL) 카운트다운 값, 구성원들이 얼마나 자주 폴링되어야 하는지에 등에 대한 전역 매개변수를 포함해야 한다. 부하 인자는 장비가 얼마나 큰 부하를 다룰 수 있는지(CPU 속도와 하드드라이브 용량에 의해 결정될 것이다) 명시한다. 그 테이블은 RPC 인터페이스를 통해 원격으로 관리될 수 있다. 일단 테이블의 필드들이 RPC에 의해 갱신되면, 그 필드들은 사용할 수 있게 되거나 혹은 다운스트림의 클라이언트들에게 배포된다. 이 배포는 HTTP에 의해 수행되므로 어떤 클라이언트나 프락시 서버도 다른 프락시 프로토콜을 도입할 필요 없이 그 테이블의 정보를 사용할 수 있다. 클라이언트와 프락시 서버는 테이블을 가져오기 위해 단순히 잘 알려진 URL을 사용한다.

이 사용된 해시 함수는 웹 객체가 참여하는 프락시 서버들 전체에 걸쳐 정적으로 분산되었음을 반드시 보장해야 한다. 프락시 서버의 부하 인자는 그 프락시에 할당된 웹 객체의 통계적 확률을 결정하기 위해 사용되어야 한다.

요약하면, CARP 프로토콜은 협력은 하지만 분산된 캐시가 되는 ICP와는 달리 프락시 서버 그룹을 하나의 캐시 집단으로 보이게 해준다. 결정론적인 요청 분석 경로는 한 홉 안에 있는 특정 웹 객체의 거처를 찾아낸다. 이것은 ICP에서 프락시 서버의 그룹 안에 있는 웹 객체를 찾아내기 위해 자주 생성되는 프락시 간 트래픽을 제거한다. CARP는 또한 중복된 웹 캐시에 대한 사본의 중복을 피하게 되는데, 이로 인해 캐시 시스템이 집합적으로 웹 객체를 더 많이 보관할 수 있다는 장점이 있는 반면, 어느 하나의 프락시가 실패하더라도 상당량의 캐시 콘텐츠를 재배치해야 한다는 단점도 있다.

20.9 하이퍼텍스트 캐싱 프로토콜

앞에서 우리가 논의했던 ICP는 프락시 캐시가 형제들에게 문서의 존재 여부에 대해 질의하도록 해주는 프로토콜이다. 그러나 ICP는 HTTP/0.9를 염두에 두고 설계되었기 때문에 캐시가 리소스의 존재 여부를 질의할 때 URL만을 보내도록 하고 있다. HTTP 버전 1.0과 1.1은 URL과 더불어 문서 매칭에 대한 판단을 내릴 때 사용될 수 있는 많은 요청 헤더들을 도입했기 때문에, 단순히 요청의 URL만을 보내는 것은 정확한 응답을 가져오지 못하는 결과를 가져올 수 있다.

하이퍼텍스트 캐싱 프로토콜(Hyper Text Caching Protocol, HTCP)은 형제들이 URL과 모든 요청 및 응답 헤더를 사용하여 서로에게 문서의 존재 여부에 대한 질의를 할 수 있도록 해줌으로써 적중이 아님에도 적중으로 잘못 처리될 확률을 줄인다. 더 나아가, HTCP는 형제 캐시들이 서로의 캐시 안에 있는 선택된 문서의 추가 및 삭제를 모니터링하고 요청할 수 있게, 그리고 서로의 캐시된 문서에 대한 캐싱 정책을 변경할 수 있게 해준다.

ICP 트랜잭션을 묘사한 그림 20-13은 HTCP 트랜잭션(HTCP는 그냥 또 하나의 객체 발견 프로토콜일 뿐이다)을 묘사하는 데도 사용될 수 있다. 만약 근처 캐시가 그 문서를 갖고 있다면, 요청 캐시는 그 캐시에 HTTP 커넥션을 열고 그 문서를 가져온다. ICP와 HTCP 트랜잭션은 요청과 응답의 상세함 정도가 다르다.

HTCP 메시지의 구조는 그림 20-15에 묘사되어 있다. 헤더 부분은 메시지의 길이와 메시지의 버전을 포함한다. 데이터 부분은 OP 코드를 포함한 데이터의 길이로 시작하여, 응답 코드, 몇몇 태그들과 아이디들이 이어지며 실제 데이터로 끝난다. 선택적인 인증 구획은 데이터 구획 다음에 온다.

메시지 필드의 상세는 다음과 같다.

헤더

헤더 영역은 32비트 메시지 길이, 8비트 주 프로토콜 버전, 8비트 부 프로토콜 버전으로 이루어져 있다. 메시지 길이는 모든 헤더, 데이터, 인증 크기를 포함한다.

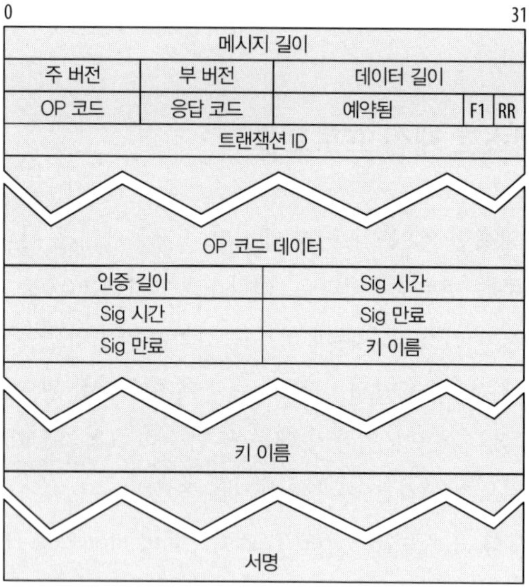

그림 20-15 HTCP 메시지 포맷

데이터

데이터 영역은 HTCP 메시지를 포함하며 그림 20-15에 묘사된 구조를 가진다. 데이터 구성요소는 표 20-6에 서술되어 있다.

구성요소	설명
데이터 길이	데이터 영역 크기의 16비트 값. 길이 필드의 길이 자체도 포함한다.
OP 코드	HTCP 트랜잭션을 위한 4비트 명령 코드. OP 코드의 전체 목록은 표 20-7로 제공되어 있다.
응답 코드	트랜잭션의 성공이나 실패를 가리키는 4비트 값. 가능한 값들은 다음과 같다. • 0-인증은 사용되지 않았지만, 필요하다. • 1-인증이 사용되었지만, 만족되지 않았다. • 2-구현되지 않은 OP 코드. • 3-지원되지 않는 주 버전 • 4-지원되지 않는 부 버전 • 5-부적절하거나 허용되지 않거나 바람직하지 않은 OP 코드.
F1	F1은 과적재되어 있다. 만약 메시지가 요청이라면, F1은 응답이 필요함(F1=1)을 알려주는 요청자에 의한 1비트 플래그 집합이다. 만약 메시지가 응답이면 F1은 응답이 전체 메시지에 대한 응답인지(F1=1) 아니면 OP 코드 데이터 필드에 대한 응답인지(F1=0)를 말해주는 1비트 플래그이다.
RR	메시지가 요청인지(RR=0) 응답인지(RR=1) 알려주는 1비트 플래그이다.
트랜잭션 아이디	요청자의 네트워크 주소와 결합되어 HTCP 트랜잭션을 유일하게 식별하는 32비트 값이다.
OP 코드 데이터	OP 코드 데이터는 OP 코드에 의존한다. 표 20-7을 보라.

표 20-6 HTCP 데이터 구성요소

표 20-7는 HTCP OP 코드들을 각각에 해당하는 데이터 타입들과 함께 나열한다.

Opcode	값	설명	응답 코드	OP 코드 데이터
NOP	0	일종의 "ping"과 같은 작업.	항상 0	없음
TST	1		만약 엔터티가 존재한다면 0, 엔터티가 존재하지 않는다면 1	요청의 URL과 요청 헤더 그리고 응답의 응답 헤더를 포함한다.
MON	2		받아들이면 0, 거절하면 1	
SET	3	SET 메시지는 캐시가 캐싱 정책의 변경을 요청할 수 있게 해준다. SET 메시지에서 사용될 수 있는 헤더들은 표 20-9를 보라.	받아들이면 0, 무시하면 1	
CLR	4		갖고 있었지만 이젠 없다면 0, 갖고 있었고 지금도 그렇다면 1, 갖고 있지 않았다면 2	

표 20-7 HTCP OP 코드들

20.9.1 HTCP 인증

HTCP 메시지의 인증 부분은 선택적이다. 구조는 그림 20-15에 묘사되어 있고, 구성요소들은 표 20-8에 서술되어 있다.

구성요소	설명
인증 길이	메시지의 인증 영역이 몇 바이트인지 담고 있는 16비트 숫자이다. 이 길이는 길이 필드 자체의 길이도 포함한다.
Sig 시간	서명이 생성된 시각을 세계 표준시(GMT) 1970년 1월 1일 이후로 경과한 초 단위의 시간으로 표현한 32비트 숫자다.
Sig 만료	서명이 만료될 시각을 세계 표준시(GMT) 1970년 1월 1일 이후로 경과한 초 단위의 시간으로 표현한 32비트 숫자다.
키 값	공유된 비밀(shared secret)의 이름을 담은 문자열이다. 키 영역은 두 부분으로 나뉜다. 이어지는 문자열이 몇 바이트인지 표현한 16비트 길이값과, 뒤이어 그 문자열의 연속적인 바이트 스트림이 온다.
서명	출발지와 목적지의 아이피 주소와 포트, 메시지의 주/부 HTCP 버전, Sig 시간과 Sig 만료 값, 전체 HTCP 데이터, 키에 대한 HMAC-MD5 요약으로 64의 B값을 갖는다. 이 서명 또한, 이 문자열의 바이트 단위 길이를 표현한 16비트 길이값, 그리고 이 문자열 자체, 이렇게 두 부분으로 되어 있다.

표 20-8 HTCP 인증 구성요소

20.9.2 캐싱 정책 설정

SET 메시지는 캐시가 캐시된 문서에 대한 정책 변경을 요청할 수 있게 해준다. SET 메시지에서 사용될 수 있는 이 헤더들은 표 20-9에 서술되어 있다.

헤더	설명
Cache-Vary	요청자는 콘텐츠가 응답 Vary 헤더의 집합과 다른 헤더의 집합에 따라 달라진다는 것을 배웠다. 이 헤더는 응답 Vary 헤더를 덮어쓴다.
Cache-Location	프락시 캐시의 목록은 객체의 사본을 가질 수도 있다.
Cache-Policy	요청자는 이 객체에 대한 캐싱 정책을 응답 헤더에 명시된 것보다 더 자세하게 배웠다. 가능한 값으로는 응답이 캐시 가능하지 않지만 동시에 여러 요청자들 사이에서 공유될 수 있음을 의미하는 "no-cache", 공유할 수 없는 객체임을 의미하는 "no-share", 콘텐츠는 쿠키와 캐싱의 결과에 따라 변할 수 있으므로 권하지 않음을 의미하는 "no-cache-cookie"가 있다.
Cache-Flags	요청자는 객체의 캐싱 정책을 수정했으며, 따라서 객체는 특별히 취급되어야 할 수도 있다(그러나 객체의 실제 정책에 꼭 부합해야 할 필요는 없다).
Cache-Expiry	요청자가 알게 된 문서의 실제 만료 일시
Cache-MD5	요청자가 계산한 그 객체의 MD5 체크섬으로, Content-MD5 헤더의 값과 다를 수 있으며, 그 객체가 Content-MD5 헤더를 갖고 있지 않기 때문에 제공된 것일 수도 있다.
Cache-to-Origin	요청자가 측정한 원 서버로의 왕복 시간. 이 헤더 값의 포맷은 〈원 서버 이름 혹은 아이피〉 〈평균 왕복 시간(초 단위)〉 〈샘플의 개수〉 〈요청자와 원 서버 사이의 라우터 홉 개수〉이다.

표 20-9 캐싱 정책 변경을 위한 캐시 헤더들의 목록

요청과 응답 헤더를 질의 메시지에 담아 형제 캐시로 보내는 것이 허용됨에 따라, HTCP는 캐시 질의에서 거짓 적중의 비율을 줄일 수 있다. 더 나아가 HTCP는 형제 캐시들이 정책 정보를 서로 교환할 수 있게 함으로써 그들이 더욱 서로를 잘 도울 수 있도록 해줄 수 있다.

20.10 추가 정보

더 자세한 정보가 필요하다면, 다음의 레퍼런스들을 참고해보라.

DNS and Bind

Cricket Liu, Paul Albitz, and Mike Loukides, O'Reilly & Associates, Inc.

http://www.wrec.org/Drafts/draft-cooper-webi-wpad-00.txt "Web Proxy Auto-Discovery Protocol."

http://home.netscape.com/eng/mozilla/2.0/relnotes/demo/proxy-live.html

"Navigator Proxy Auto-Config File Format."

http://www.ietf.org/rfc/rfc2186.txt
IETF RFC 2186, "Intercache Communication Protocol (ICP) Version 2," by D. Wessels and K. Claffy.

http://icp.ircache.net/carp.txt
"Cache Array Routing Protocol v1.0."

http://www.ietf.org/rfc/rfc2756.txt
IETF RFC 2756, "Hyper Text Caching Protocol (HTCP/0.0)," by P. Vixie and D. Wessels.

http://www.ietf.org/internet-drafts/draft-wilson-wrec-wccp-v2-00.txt
draft-wilson-wrec-wccp-v2-01.txt, "Web Cache Communication Protocol V2.0," by M. Cieslak, D. Forster, G. Tiwana, and R. Wilson.

http://www.ietf.org/rfc/rfc2131.txt?number=2131
"Dynamic Host Configuration Protocol."

http://www.ietf.org/rfc/rfc2132.txt?number=2132
"DHCP Options and BOOTP Vendor Extensions."

http://www.ietf.org/rfc/rfc2608.txt?number=2608
"Service Location Protocol, Version 2."

http://www.ietf.org/rfc/rfc2219.txt?number=2219
"Use of DNS Aliases for Network Services."

21장

HTTP: The Definitive Guide

로깅과 사용 추적

거의 모든 서버와 프락시는 처리했던 HTTP 트랜잭션을 요약해서 기록해 놓는다. 그 이유는 여러 가지다. 사용 추적, 보안, 청구, 에러 탐지 등등. 이 장에서는 로깅을 간단히 알아보고, 보통 어떤 HTTP 트랜잭션 정보를 기록하는지, 로그 포맷에는 보통 어떤 것들이 있는지 알아본다.

21.1 로그란 무엇인가?

대개 로깅을 하는 이유는 두 가지다. 서버나 프락시의 문제를 찾거나, 웹 사이트 접근 통계를 내려고 로깅을 한다. 통계는 마케팅, 청구, 장비 조달 계획(예를 들어, 서버나 대역폭을 늘릴 필요가 있는지 결정하려고)을 세우는 데 유용하다.

HTTP 트랜잭션의 모든 헤더를 로깅할 수는 있지만, 하루에 트랜잭션을 수백만 개나 처리하는 서버나 프락시에서 모든 데이터를 그대로 로깅하면 감당하기 힘들어진다. 별 연관성이 없고 다시 볼 일도 없는 데이터만 로깅하는 것이다.

보통은 트랜잭션의 기본적인 항목들만 로깅한다. 일반적으로 로깅하는 필드는 다음과 같은 것들이다.

- HTTP 메서드
- 클라이언트와 서버의 HTTP 버전
- 요청받은 리소스의 URL
- 응답의 HTTP 상태 코드
- 요청과 응답 메시지의 크기(모든 엔터티 본문을 포함)

- 트랜잭션이 일어난 시간
- Referer와 User-Agent 헤더 값

HTTP 메서드와 URL은 어떤 요청이 어떤 일을 하려고 했는지 가리킨다. 예를 들어, 리소스를 가져오거나(GET) 주문서를 작성(POST)하는 것처럼 말이다. URL은 웹 사이트의 특정 페이지가 얼마나 인기 있는지 추적하는 데 사용할 수 있다.

버전 정보는 클라이언트와 서버 간에 문제가 생겼을 때 디버깅하는 데 도움이 될 클라이언트와 서버에 관한 정보를 제공한다. 예를 들어, 요청을 처리하는데 너무 많은 실패가 발생하고 있다면, 버전 정보에는 서버와 상호작용할 수 없는 브라우저의 최신 릴리스 버전이 기술되어 있을 것이다.

HTTP 상태 코드는 요청이 성공적으로 이루어졌는지, 인증 시도가 실패했는지, 리소스를 찾았는지 등 어떤 일이 일어났었는지 알려준다.(HTTP 상태 코드에 관한 정보는 3장의 "상태 코드"를 참고하라)

요청/응답의 크기와 타임스탬프는 주로 계측하는 데 쓴다. 얼마나 많은 바이트를 애플리케이션 안팎으로 송수신하고 있는지, 혹은 얼마나 많은 바이트가 애플리케이션을 통해 전송되는지 말이다. 타임스탬프는 문제가 발생했을 때, 그 시간에 받았던 요청을 찾는 데 사용한다.

21.2 로그 포맷

로그 포맷에는 여러 표준이 있는데, 이 장에서는 가장 일반적인 포맷만 몇 가지 다루어볼 것이다. 상용 혹은 오픈 소스 HTTP 애플리케이션은 대부분, 표준 로그 포맷을 한 개 이상 지원한다. 그리고 그 애플리케이션 대부분이 로그 포맷을 설정하고 자체 맞춤 포맷을 만들 수 있는 설정 기능을 제공한다.

애플리케이션이 더 많은 표준 포맷을 지원하고 관리자가 그것을 사용함으로써 얻는 가장 큰 이점은, 예를 들어 로그에서 통계를 추출하는 도구를 사용할 경우, 관리자가 직접 지정한 필드를 포함한 로그 포맷을 통해 필요한 통계를 추출할 수 있기 때문에 그 도구를 더 잘 활용할 수 있다는 것이다. 많은 오픈 소스 혹은 상용 패키지가 통계를 뽑으려고 로그를 분석하는데, 여기에 표준 로그 포맷을 이용해서, 애플리케이션과 관리자가 이러한 리소스들을 잘 활용할 수 있다.

21.2.1 일반 로그 포맷(Common Log Format)

요즘 사용하는 가장 일반적인 포맷 중 하나는, 그 이름도 적절한 일반 로그 포맷(Common Log Format)이다. 본래 NCSA가 정의했고, 많은 서버가 이 로그 포맷을 기본으로 사용한다. 대부분의 상용 혹은 오픈 소스 서버는 이 포맷을 사용하게 설정할 수 있으며, 일반 로그 포맷 파일을 구문분석하는 수많은 상용 혹은 무료 소프트웨어 도구가 있다. 표 21-1에 일반 로그 포맷(Common Log Format)의 필드를 순서대로 나열하였다.

필드	설명
remotehost	요청한 컴퓨터의 호스트 명 혹은 IP 주소(서버가 리버스 DNS를 수행하게 설정되어 있지 않거나 요청자의 호스트 명을 찾을 수 없으면 IP 주소를 기술한다.)
username	ident 검색을 수행했다면, 인증된 요청자의 사용자 이름이 있다[a]
auth-username	인증을 수행했다면, 인증된 요청자의 이름이 있다
timestamp	요청 날짜와 시간
request-line	HTTP 요청의 행을 그대로 기술한다. 예를 들어 "GET /index.html HTTP/1.1"
response-code	응답으로 보내는 HTTP 상태 코드
response-size	응답 엔터티의 Content-Length. 응답으로 아무런 엔터티도 반환하지 않으면 값이 0이 된다.

a RFC 931은 인증에 사용하는 ident 검색 명세를 설명한다. ident 프로토콜은 5장에서 다룬다.

표 21-1 일반 로그 포맷(Common Log Format) 필드

예 21-1 일반 로그 포맷(Common Log Format) 엔트리의 몇 가지 예

```
209.1.32.44 - - [03/Oct/1999:14:16:00 -0400] "GET / HTTP/1.0" 200 1024
http-guide.com - dg [03/Oct/1999:14:16:32 -0400] "GET / HTTP/1.0" 200 477
http-guide.com - dg [03/Oct/1999:14:16:32 -0400] "GET /foo HTTP/1.0" 404 0
```

이 예에는 다음과 같은 필드가 있다.

필드	엔트리 1	엔트리 2	엔트리 2
remotehost	209.1.32.44	http-guide.com	http-guide.com
username	〈비어있음〉	〈비어있음〉	〈비어있음〉
auth-username	〈비어있음〉	dg	dg
timestamp	03/Oct/1999:14:16:00 -0400	03/Oct/1999:14:16:32 -0400	03/Oct/1999:14:16:32 -0400
request-line	GET / HTTP/1.0	GET / HTTP/1.0	GET /foo HTTP/1.0
response-code	200	200	404
response-size	1024	477	0

remotehost 필드에는 http-guide.com 같은 호스트 명이나 209.1.32.44 같은 IP 주소가 기술될 수 있다.

두 번째(username)와 세 번째(auth-username) 필드의 대시는 필드가 비어있다는 뜻이다. 이는 ident 검색이나 인증을 수행하지(세 번째 필드가 비어있음) 않았다는 뜻이다.

21.2.2 혼합 로그 포맷(Combined Log Format)

많이 사용하는 또 다른 로그 포맷은 혼합 로그 포맷이다. 이 포맷은 아파치 같은 서버들이 지원한다. 혼합 로그 포맷은 일반 로그 포맷(Common Log Format)과 매우 유사하다. 사실, 추가된 필드 두 개를 제외하면 똑같다. Referer 필드는 이 URL을 요청자가 어디서 찾았는지에 관한 정보를 제공하며 User-Agent 필드는 요청을 만든 HTTP 클라이언트 애플리케이션이 무엇인지 알아볼 때 유용하다.

필드	설명
Referer	Referer HTTP 헤더의 값
User-Agent	User-Agent Referer HTTP 헤더의 값

표 21-2 혼합 로그 포맷에 추가된 필드

예 21-2는 혼합 로그 포맷 엔트리의 예다.

예 21-2 혼합 로그 포맷

```
209.1.32.44 - - [03/Oct/1999:14:16:00 -0400] "GET / HTTP/1.0" 200 1024 "http://www.
joes-hardware.com/"  "5.0: Mozilla/4.0 (compatible; MSIE 5.0; Windows 98)"
```

예 21-2에서 Referer와 User-Agent 필드는 다음과 같은 값이 할당되었다.

필드	값
Referer	http://www.joes-hardware.com/
User-Agent	5.0: Mozilla/4.0 (compatible; MSIE 5.0; Windows 98)

예 21-2의 혼합 로그 포맷 엔트리의 예에 있는 첫 일곱 개 필드는 일반 로그 포맷(예 21-1에 있는 첫 번째 엔트리를 보라)과 같다. 새로운 필드인 Referer와 User-Agent는 로그 엔트리 끝에 온다.

21.2.3 넷스케이프 확장 로그 포맷

넷스케이프가 상용 HTTP 애플리케이션이 되면서, 다른 HTTP 애플리케이션 개발자들이 사용하는 서버의 여러 로그 포맷을 도입했다. 넷스케이프의 포맷은 NCSA 일반 로그 포맷에서 시작했지만, 프락시나 웹 캐시 같은 HTTP 애플리케이션과 연관이 있는 여러 환경을 지원하려고 포맷을 확장했다.

넷스케이프 확장 로그 포맷에 있는 첫 필드 일곱 개는 일반 로그 포맷(표 21-1)의 것과 같다. 표 21-3에는 넷스케이프 확장 로그 포맷에 있는 새로운 필드들이 순서대로 소개되어 있다.

필드	설명
proxy-response-code	트랜잭션이 프락시를 거칠 경우, 서버에서 프락시로의 HTTP 응답 코드
proxy-response-size	트랜잭션이 프락시를 거칠 경우, 서버가 프락시에 전달하는 응답 엔터티의 Content-Length
client-request-size	클라이언트가 프락시로 보내는 요청의 본문이나 엔터티의 Content-Length
proxy-request-size	트랜잭션이 프락시를 거칠 경우, 프락시가 서버로 보내는 요청의 본문이나 엔터티의 Content-Length
client-request-hdr-size	클라이언트 요청 헤더의 바이트 길이
proxy-response-hdr-size	트랜잭션이 프락시를 거칠 경우, 프락시가 요청자에게 보내는 응답 헤더의 바이트 길이
proxy-request-hdr-size	트랜잭션이 프락시를 거칠 경우, 프락시가 서버로 전송하는 요청 헤더의 바이트 길이
server-response-hdr-size	서버 응답 헤더의 바이트 길이
proxy-timestamp	트랜잭션이 프락시를 거칠 경우, 요청과 응답이 프락시를 통해 오가는 총 시간(초 단위)

표 21-3 추가된 넷스케이프 확장 로그 포맷 필드

예 21-3은 넷스케이프 확장 로그 포맷 엔트리의 예를 보여준다.

예 21-3 넷스케이프 확장 로그 포맷

```
209.1.32.44 - - [03/Oct/1999:14:16:00-0400] "GET / HTTP/1.0" 200 1024 200 1024 0 0
215 260 279 254 3
```

이 예에서는, 확장 포맷에 다음과 같은 값들이 기술되었다.

필드	값
proxy-response-code	200
proxy-response-size	1024
client-request-size	0
proxy-request-size	0
client-request-hdr-size	215
proxy-response-hdr-size	360
proxy-request-hdr-size	279
server-response-hdr-size	254
proxy-timestamp	3

예 21-3에 있는 넷스케이프 확장 로그 포맷 엔트리의 처음 일곱 개의 필드는 일반 로그 포맷 예(예 21-1에 있는 첫 번째 엔트리)와 같다.

21.2.4 넷스케이프 확장 2 로그 포맷

또 다른 넷스케이프 로그 포맷인 넷스케이프 확장 2 로그 포맷은 확장 로그 포맷(Extended Log Format)에서 HTTP 프락시와 웹 캐시 애플리케이션과 관련한 더 많은 정보를 포함한다.

이렇게 추가된 필드들은 HTTP 클라이언트와 HTTP 프락시 애플리케이션 간의 통신을 설계하는 데 도움이 된다.

넷스케이프 확장 2 로그 포맷은 넷스케이프 확장 로그 포맷(Netscape Extended Log Format)에서 파생되어서, 앞부분에 있는 필드들은 표 21-3(표 21-1에 나열된 일반 로그 포맷 필드들을 확장)에 나열된 것들과 같다.

표 21-4에 넷스케이프 확장 2 로그 포맷에서 추가된 필드들을 순서대로 기술했다.

필드	설명
route	프락시가 클라이언트에 요청을 만드는 데 사용하는 경로(표 21-5 참고)
client-finish-status-code	클라이언트의 종료 상태 코드로, 클라이언트가 프락시로 보낸 요청이 성공적으로 완료(FIN)되었는지 혹은 인터럽트에 걸렸는지(INTR) 기술한다.
proxy-finish-status-code	프락시의 종료 상태 코드로, 프락시가 서버로 보낸 요청이 성공적으로 완료(FIN)되었는지 혹은 인터럽트에 걸렸는지(INTR) 기술한다.
cache-result-code	캐시 결과 코드로, 캐시가 요청에 어떻게 응답했는지 기술한다.[a]

a 표 21-7에 넷스케이프 캐시 결과 코드 목록이 있다.

표 21-4 추가된 넷스케이프 확장 2 로그 포맷

예 21-4는 넷스케이프 확장 2 로그 포맷 엔트리의 예를 보여준다.

예 21-4 넷스케이프 확장 2 로그 포맷

```
209.1.32.44 - - [03/Oct/1999:14:16:00-0400] "GET / HTTP/1.0" 200 1024 200 1024 0 0
215 260 279 254 3 DIRECT FIN FIN WRITTEN
```

이 예에 있는 확장 필드들에는 다음과 같은 값이 기술되었다.

필드	값
route	DIRECT
client-finish-status-code	FIN
proxy-finish-status-code	FIN
cache-result-code	WRITTEN

예 21-4 넷스케이프 확장 2 로그 포맷 엔트리에 있는 첫 16개의 필드는 넷스케이프 확장 로그 포맷 예(예 21-3을 보라)에 있는 엔트리와 같다.

표 21-5에 사용할 수 있는 넷스케이프 라우트 코드를 나열했다.

값	설명
DIRECT	리소스를 서버에서 바로 가져왔다.
PROXY(host:port)	리소스를 host라는 프락시를 통해 가져왔다.
SOCKS(socks:port)	리소스를 host라는 SOCKS 서버를 통해 가져왔다.

표 21-5 넷스케이프 라우트(route) 코드

표 21-6은 사용할 수 있는 넷스케이프의 종료 코드들을 나열하였다.

값	설명
-	요청이 시작되지 않았다.
FIN	요청이 성공적으로 완료되었다.
INTR	요청이 클라이언트에 의해 중단됐거나 프락시/서버에 의해 종료되었다.
TIMEOUT	요청이 프락시/서버의 타임아웃에 걸렸다.

표 21-6 넷스케이프 종료 상태 코드

표 21-7에 사용할 수 있는 넷스케이프 캐시 코드를 나열하였다.[1]

1 7장에서는 HTTP 캐시에 대해 자세히 알아본다.

코드	설명
-	캐시할 수 없는 리소스다.
WRITTEN	리소스를 캐시에 저장했다.
REFRESHED	리소스를 캐시했고 갱신했다.
NO-CHECK	캐시된 리소스를 반환했고 신선도 검사를 하지 않았다.
UP-TO-DATE	캐시된 리소스를 반환했고 신선도 검사를 완료했다.
HOST-NOT-AVAILABLE	캐시된 리소스를 반환했으며 원격 서버가 사용할 수 있는 상태가 아니었기 때문에 신선도 검사를 하지 않았다.
CL-MISMATCH	리소스를 캐시에 저장하지 않았다. Content-Length가 리소스의 크기와 맞지 않았기 때문에 쓰기를 중단했다
ERROR	어떤 에러 때문에 리소스를 캐시에 저장하지 못했다. 예를 들면 타임아웃이 나거나 클라이언트가 트랜잭션을 중단했을 때.

표 21-7 넷스케이프 캐시 코드

넷스케이프 애플리케이션은, 다른 많은 HTTP 애플리케이션과 마찬가지로 출력될 로그의 포맷을, 관리자가 수정할 수 있는 유연한 로그 포맷(Flexible Log Format)을 포함한 다양한 로그 포맷으로 가지고 있다. 이런 포맷이 있기 때문에 관리자는 추가적인 설정을 해서 로그에 기록할 HTTP 트랜잭션(헤더, 상태, 크기 등)의 특정 부분을 선택하여 로그를 최적화할 수 있다.

관리자가 포맷을 기호에 맞게 수정할 수 있도록 하는 기능이 추가된 것은, 로그에서 얻을 수 있는 정보 중에서 어떤 것을 필요로 하는지 예측하기 어렵기 때문이다. 다른 많은 프락시와 서버 역시 로그에서 특정 정보만 추출하는 기능을 제공한다.

21.2.5 스퀴드(Squid) 프락시 로그 포맷

스퀴드 프락시 캐시(http://www.squid-cache.org)는 웹 분야에서 권위 있는 프로젝트다. 기원은 초기 웹 프락시 캐시 프로젝트 중 하나로 거슬러 올라간다(ftp://ftp.cs.colorado.edu/pub/techreports/schwartz/Harvest.Conf.ps.Z). 스퀴드는 수년간 오픈 소스 커뮤니티를 통해 확장 및 개선되어 온 프로젝트다. 그리고 스퀴드 애플리케이션을 관리하는 데 도움(처리, 추적, 로그 분석)이 되는 수많은 도구들이 개발되었다. 많은 차세대 프락시 캐시들이 이러한 도구를 활용하려고 자체 로그 포맷으로 스퀴드 포맷을 적용했다.

스퀴드 로그 엔트리의 포맷은 꽤 단순하다. 그 필드들은 표 21-8에 요약되어 있다.

필드	설명
timestamp	요청이 도착한 시간을 GMT 1970년 1월 1일을 기준으로 지난 시간을 초 단위로 기술.
time-elapsed	요청과 응답이 프락시를 통해 오고간 총 시간을 밀리초로 기술.
host-ip	클라이언트(요청자)의 호스트 장비 IP 주소.
result-code/status	result 필드에는 이 요청에 프락시가 어떤 일을 했는지 스퀴드 방식으로 기술된다.[a] code 필드는 프락시가 클라이언트에 보낸 HTTP 응답 코드다.
size	프락시가 클라이언트에게 보낸 HTTP 응답 헤더와 본문을 포함한 응답의 길이가 바이트 단위로 기술된다.
method	클라이언트 요청의 HTTP 메서드.
url	클라이언트 요청의 URL.[b]
rfc931-ident[c]	클라이언트에 인증된 사용자 이름.[d]
hierarchy/from	넷스케이프 포맷에 있는 경로(route) 필드 같이, hierarchy 필드에는 프락시가 클라이언트로 요청을 보내면서 거친 경로를 기술한다.[e] from 필드는 프락시가 요청을 만들게 한 서버의 이름을 기술한다.
content-type	프락시 응답 엔터티의 Content-Type.

a 표 21-9에 여러 결과 코드(result-code)와 그것의 의미가 나열되어 있다.
b 프락시가 요청 URL 전체를 로깅할 때도 있어서, URL에 사용자 이름과 비밀번호 컴포넌트가 있으면, 프락시가 이 정보를 잘못 해서 저장할 수 있다.
c rfc931-ident, hierarchy/from, and content-type 필드는 스퀴드 1.1에서 추가되었다. 이전 버전에서는 지원하지 않는다.
d RFC 931은 인증에 사용하는 ident 검색을 정의한다.
e http://squid.nlanr.net/Doc/FAQ/FAQ-6.html#ss6.6에는 스퀴드에서 사용할 수 있는 모든 hierachy 코드가 나열되어 있다.

표 21-8 스퀴드 로그 포맷 필드

예 21-5는 스퀴드 로그 포맷 엔트리의 예를 보여준다.

예 21-5 스퀴드 로그 포맷

```
99823414 3001 209.1.32.44 TCP_MISS/200 4087 GET http://www.joes-hardware.com -
DIRECT/proxy.com text/html
```

각 필드에는 다음과 같은 값들이 기술된다.

필드	값
timestamp	99823414
time-elapsed	3001
host-ip	209.1.32.44
result-code	TCP_MISS
status	200
size	4087
method	GET

URL	http://www.joes-hardware.com
RFC 931 ident	-
hierarchy	DIRECT[a]
from	proxy.com
content-type	text/html

a 스퀴드 hierachy 값인 DIRECT는 넷스케이프 로그 포맷의 DIRECT route 값과 같다.

표 21-9에는 여러 스퀴드 결과 코드가 기술되어 있다.[2]

동작	설명
TCP_HIT	리소스의 유효한 복제본이 캐시에서 전달되었다.
TCP_MISS	리소스가 캐시에 없다.
TCP_REFRESH_HIT	리소스가 캐시에 있지만, 신선도를 검사할 필요가 있다. 프락시는 서버와 함께 리소스를 다시 검사하고 캐시에 있는 복사본이 아직 신선한지 확실히 알아낸다.
TCP_REF_FAIL_HIT	리소스가 캐시에 있지만, 신선도를 검사할 필요가 있다. 하지만 재검사에 실패하였고, 따라서 '신선하지 않은' 리소스가 반환된다.
TCP_REFRESH_MISS	리소스가 캐시에 있지만, 신선도를 검사할 필요가 있다. 서버에서 검사를 했더니, 프락시는 캐시에 있는 리소스가 유통기한이 지났다는 것을 인식하고 새로운 버진을 받는나.
TCP_CLIENT_REFRESH_MISS	요청자가 Pragma: no-cache나 Cache-Control 지시자 같은 것을 보냈으므로, 프락시는 리소스를 강제로 다시 가져온다.
TCP_IMS_HIT	요청자가 리소스의 캐시된 복제본을 재검사해 달라는 조건부 요청을 하였다.
TCP_SWAPFAIL_MISS	프락시는 리소스가 캐시에 있다고 생각했지만, 어떤 이유로 그것에 접근하지 못한다.
TCP_NEGATIVE_HIT	캐시된 응답이 반환되었지만, 응답이 제대로 캐시되어 있지 않다. 스퀴드는 리소스에 대한 캐싱 에러 처리(예를 들어 404 Not Found 응답)를 한다. 따라서 여러 요청이 유효하지 않은 리소스를 가리키고 있는 프락시 캐시를 경유한다면, 프락시 캐시는 에러를 전달한다.
TCP_MEM_HIT	캐시에 리소스의 유효한 복사본을 전달하고, 리소스는 프락시 캐시의 메모리에 저장된다(캐시된 리소스를 읽으려고 디스크에 접근하는 것과는 반대로).
TCP_DENIED	이 리소스에 대한 요청이 거부되었다. 요청자가 이 요청을 할 권한이 없기 때문일 것이다.
TCP_OFFLINE_HIT	캐시가 오프라인 상태에서 요청받은 리소스를 전달했다. 스퀴드가 오프라인이면 리소스가 유효하지 않다.

2 여기에 기술되어 있는 여러 코드는 스퀴드 프락시 캐시 내부 동작과 관련한 것들이 많아서, 스퀴드 로그 포맷을 지원하는 프락시라 하더라도 이 모든 코드를 지원하지는 않는다.

UDP_*	UDP_* 코드는 요청이 프락시에 UDP 인터페이스를 통해 도착했다는 것을 가리킨다. HTTP는 보통 TCP 전송 규약을 사용하므로, 이 요청들은 HTTP 규약을 사용하지 않는다.[a]
UDP_HIT	캐시가 유효한 복사본을 전송했다.
UDP_MISS	리소스가 캐시에 없다.
UDP_DENIED	이 리소스에 대한 요청을 거부했다. 요청자가 이를 요청할 권한이 없기 때문일 것이다.
UDP_INVALID	프락시가 받은 요청에 문제가 있다.
UDP_MISS_NOFETCH	특정 동작 모드이거나 캐시가 자주 실패할 때, 스퀴드에서 사용한다. 캐시 부적중 응답을 반환하고 리소스는 전송하지 않는다.
NONE	종종 에러와 함께 기록한다.
TCP_CLIENT_REFRESH	TCP_CLIENT_REFRESH_MISS 참고.
TCP_SWAPFAIL	TCP_SWAPFAIL_MISS 참고.
UDP_RELOADING	UDP_MISS_NOFETCH 참고.

a 스퀴드는 자체 프로토콜인 ICP로 이 요청들을 만든다. 이 프로토콜은 캐시와 캐시 간에 요청하는데 사용한다. 더 자세한 내용을 http://www.squid-cache.org를 참고하기 바란다.

표 21-9 스퀴드 결과 코드

21.3 적중 계량하기

원 서버는 결산을 하기 위해 상세 로그를 저장한다. 콘텐츠 제공자는 각 URL에 사람들이 얼마나 자주 접근하는지 알아야 하고, 광고주는 그들의 광고가 얼마나 자주 노출되는지 알고 싶을 것이며, 웹 제작자는 그들의 콘텐츠가 얼마나 유명한지 알고 싶을 것이다. 로깅은 클라이언트가 웹서버에 직접 방문했을 때 이런 것들을 추적하는 데 유용하다.

하지만 클라이언트와 서버 사이에 캐시가 있어서, 많은 요청이 서버까지 오지 않고 캐시되어 있는 리소스로[3] 처리되고 끝난다. 캐시는 수많은 HTTP 요청을 처리하므로, 요청이 원 서버까지 오지 않더라도 정상적으로 처리될 수 있어서, 클라이언트가 콘텐츠에 접근했다는 기록을 남기지 않아 결국엔 로그 파일에 누락을 발생시킨다.

로그 데이터가 유실되기 때문에, 콘텐츠 제공자는 어쩔 수 없이 중요한 페이지의 캐시를 파기한다. 캐시 파기는 콘텐츠 생산자가 의도적으로 특정 콘텐츠가 캐시되지 않게 만드는 것이므로, 이 콘텐츠에 대한 모든 요청은 원 서버로 간다. 결국, 원

3 사실상 모든 브라우저가 캐싱한다.

서버는 리소스에 대한 접근을 로깅할 수 있다.[4] 캐시를 파기시켜 로깅을 문제없이 할 수 있지만, 요청에 대한 응답 속도는 느려지고 원 서버와 네트워크의 부하가 가중된다.

프락시 캐시들(그리고 어떤 클라이언트들)은 자체 로그를 유지하기 때문에, 만약 서버가 그 로그에 접근할 수 있거나, 혹은 적어도 얼마나 자주 서버의 콘텐츠가 프락시 캐시에서 제공되는지 알 수 있는 불완전한 방법이라도 있으면 캐시 파기는 피할 수 있을 것이다. 적중 계량(Hit Metering) 규약은 HTTP의 확장으로, 그 문제의 해결책으로 제시되었다. 적중 계량 규약에서는 캐시가 정기적으로 캐시 접근 통계를 원 서버에 보고하도록 한다.

RFC 2227은 적중 계량 규약을 상세히 정의한다. 이 절에서는 그에 대한 내용을 간략히 다룬다.

21.3.1 개요

적중 계량 규약은 캐시와 서버가 접근 정보를 공유하고, 사용할 수 있는 캐시 리소스의 양을 제어할 수 있는 몇 가지 기초적인 기능에 관한 HTTP 확장을 정의한다.

적중 계량이 접근을 로깅할 때 발생하는 문제에 대한 완벽한 해결책은 아니지만, 적어도 서버가 원하는 통계 정보를 받아볼 수 있는 방법을 제공한다. 적중 계량은 널리 구현되어 있거나 사용되는 규약은 아니다(어쩌면 영원히 그럴 것이다). 그렇다 하더라도, 적중 계량 같은 협동 기법은 캐시로 성능을 향상시키면서도 정확한 접근 통계를 제공할 수 있는 방법이다. 바라건대, 이것이 콘텐츠의 캐시를 파기하는 대신 적중 계량 규약을 구현하는 동기가 되기를 바란다.

21.3.2 Meter 헤더

적중 계량 확장은 Meter라는 새로운 헤더를 추가했다. Cache-Control 헤더에 다양한 캐시 지시자를 기술할 수 있듯이, 캐시나 서버는 Meter 헤더에 사용량이나 보고에 관한 지시자가 기술할 수 있다.

표 21-10에는 Meter 헤더에 기술할 수 있는 지시자와 그것을 보낼 수 있는 주체(서버 혹은 캐시)가 기술되어 있다.

4 7장에서 HTTP가 응답을 캐시하지 않도록 하는 방법을 설명한다.

지시자	약어	주체	설명
will-report-and-limit	w	캐시	캐시는 사용량을 보고하고 서버가 기술한 모든 사용 제한에 복종한다.
wont-report	x	캐시	캐시는 사용 제한에 복종하지만, 사용량 보고는 하지 않는다.
wont-limit	y	캐시	캐시는 사용량 보고를 하지만 사용 제한은 없다.
count	c	캐시	"사용 횟수/재사용 횟수" 순으로 정수로 기술하는 보고 지시자로, ":count=2/4" 같은 식으로 작성된다.[a]
max-uses	u	서버	서버가 캐시를 사용해서 응답할 수 있는 최대 횟수를 기술한다. 예를 들면, "max-uses=100".
max-reuses	r	서버	서버가 캐시를 재사용해서 응답할 수 있는 최대 횟수를 기술한다. 예를 들면, "max-reuses=100".
do-report	d	서버	서버가 프락시에게 사용량 보고를 요구한다.
dont-report	e	서버	서버가 사용량 보고를 원하지 않는다.
timeout	t	서버	서버가 리소스를 계량할 때 시간 제한을 거는 데 사용한다. 캐시는 기술된 타임아웃 시간 정각이나 1분 전후로 보고를 전송해야 한다. 타임아웃은 timeout에 기술되는데, "timeout=60" 같은 식이다.
wont-ask	n	서버	서버는 계량 정보를 원하지 않는다.

a 적중 계량에서 '재사용 횟수'는 클라이언트 요청을 다시 검증한 횟수인데 반해 '사용 횟수'는 요청에 응답한 횟수를 의미한다.

표 21-10 적중 계량 지시자

그림 21-1은 실제 적중 계량의 예를 보여준다. 트랜잭션의 첫 부분은 클라이언트와 프락시 캐시 간에 이루어지는 일반적인 HTTP 트랜잭션과 같지만, 프락시가 보내는 요청과 서버의 응답에 Meter 헤더가 추가로 기술되어 있다. 여기서는 프락시가 적중 계량을 할 수 있다고 서버에게 알리고, 서버는 프락시에 적중 횟수를 요구한다.

클라이언트의 관점에서 요청은 여느 때와 같이 처리되고, 프락시는 서버에 속해 있는 리소스를 추적하기 시작한다. 그 다음 프락시는 서버에 리소스에 대한 재검사를 한다. 프락시는 서버로 보내는 조건적 요청에 추적하고자 하는 리소스의 정보를 기술한다.

21.4 개인 정보 보호에 대해

실제 로깅은 서버와 프락시에서 수행하는 관리 기능이므로, 모든 것이 사용자의 트랜잭션에 적용된다. 사용자는 자신의 HTTP 트랜잭션이 로깅되고 있다는 것을 모를 수 있다. 사실 많은 사용자가 웹에 있는 콘텐츠에 접근하려고 HTTP 프로토콜을 사용한다는 것조차 모른다.

웹 애플리케이션 개발자와 관리자는 사용자의 HTTP 트랜잭션을 추적하고 있다

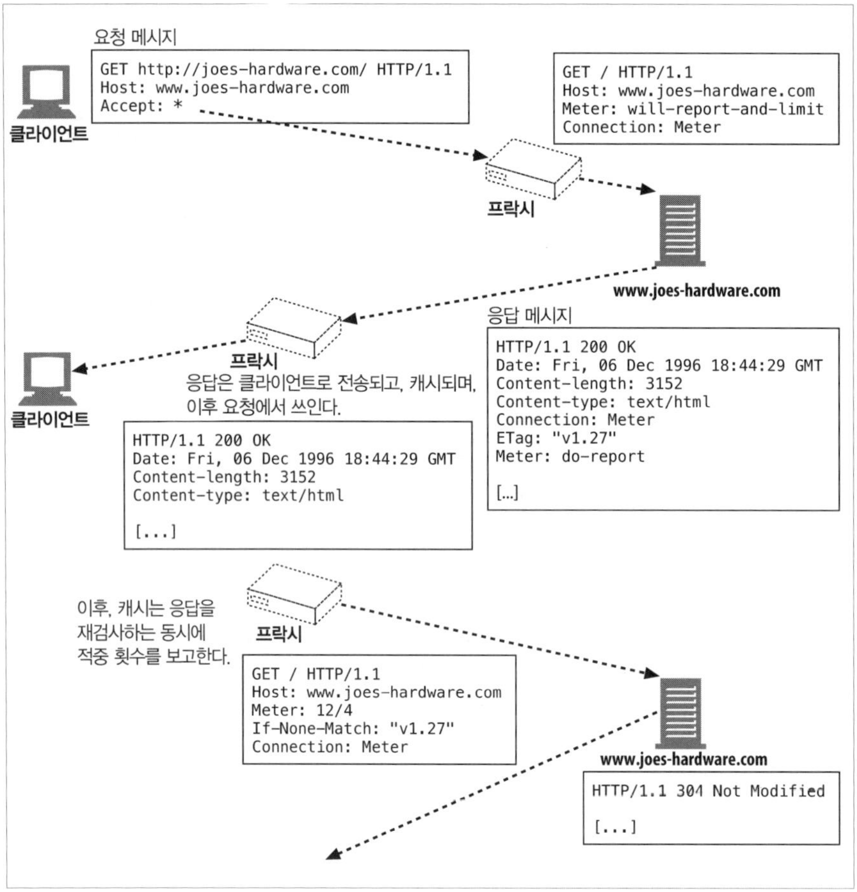
요청 메시지
GET http://joes-hardware.com/ HTTP/1.1
Host: www.joes-hardware.com
Accept: *
클라이언트
GET / HTTP/1.1
Host: www.joes-hardware.com
Meter: will-report-and-limit
Connection: Meter
프락시
www.joes-hardware.com
응답 메시지
HTTP/1.1 200 OK
Date: Fri, 06 Dec 1996 18:44:29 GMT
Content-length: 3152
Content-type: text/html
Connection: Meter
ETag: "v1.27"
Meter: do-report
[...]
프락시
응답은 클라이언트로 전송되고, 캐시되며,
이후 요청에서 쓰인다.
클라이언트
HTTP/1.1 200 OK
Date: Fri, 06 Dec 1996 18:44:29 GMT
Content-length: 3152
Content-type: text/html
[...]
이후, 캐시는 응답을
재검사하는 동시에
적중 횟수를 보고한다.
프락시
GET / HTTP/1.1
Host: www.joes-hardware.com
Meter: 12/4
If-None-Match: "v1.27"
Connection: Meter
www.joes-hardware.com
HTTP/1.1 304 Not Modified
[...]

그림 21-1 적중 계량의 예

는 것을 유념하고 있어야 한다. 그들이 읽는 정보를 통해 사용자에 관한 많은 정보를 모을 수 있다. 이 정보는 나쁜 목적으로 사용될 수 있다(차별, 희롱, 갈취 등). 로깅하는 웹 서버와 프락시는 최종 사용자의 개인 정보를 보호하는데 신경을 많이 써야 한다.

사무실 같은 곳에서 직원이 놀지 않고 있다는 것을 확인하려고 직원을 추적하는 게 맞는 일일지는 모르겠으나, 관리자는 사람들의 트랜잭션을 감시하고 있다는 사실을 공지해야 한다.

짧게 말해, 로깅은 관리자와 개발자에게 매우 유용한 도구지만 로깅을 당하는 사용자들의 인지나 허가가 없으면 로깅이 사생활 침해가 된다는 것을 유념해야 한다.

21.5 추가 정보

로깅에 대한 더 자세한 정보는 다음을 참고하라.

http://httpd.apache.org/docs/logs.html
"Apache HTTP Server: Log Files." 아파치 HTTP 서버 프로젝트 웹 사이트

http://www.squid-cache.org/Doc/FAQ/FAQ-6.html
"Squid Log Files" 스퀴드 프락시 캐시 웹 사이트.

http://www.w3.org/Daemon/User/Config/Logging.html#common-logfile-format
"Logging Control in W3C httpd"

http://www.w3.org/TR/WD-logfile.html
"Extended Log File Format"

http://www.ietf.org/rfc/rfc2227.txt
RFC 2227, "Simple Hit-Metering and Usage-Limiting for HTTP" - 모글(J. Mogul) 과 리치(P. Leach)

6부

부록

이 부록들은 HTTP의 아키텍처나 구현과 관련된 다양한 주제에 대한 유용한 레퍼런스 테이블, 배경 지식, 튜토리얼을 담고 있다.

- 부록 A URI 스킴
- 부록 B HTTP 상태 코드
- 부록 C HTTP 헤더 레퍼런스
- 부록 D MIME 타입
- 부록 E base-64 인코딩
- 부록 F 다이제스트 인증
- 부록 G 언어 태그
- 부록 H MIME 차셋 등록소

부록 A

HTTP: The Definitive Guide

URI 스킴

수많은 URI 스킴이 정의되었지만, 그중 일부만이 널리 쓰인다. 널리 쓰이는 두 소프트웨어 회사(넷스케이프와 마이크로소프트)가 공식적이진 않지만, 주도적으로 개발한 몇몇 스킴이 있긴 하다. 하나, 대체로 RFC와 관련된 URI 스킴들이 더 널리 사용되었다.

W3C는 URI 스킴의 목록을 관리하는데, 그 목록은 아래 주소에서 볼 수 있다.
http://www.w3.org/Addressing/schemes.html

IANA 또한 URL 스킴의 목록을 다음 주소에서 관리한다.
http://www.iana.org/assignments/uri-schemes

표 A-1에는 비공식적으로 제안되어 실제로 활용되고 있는 몇몇 스킴이 나열되어 있다. 표에 있는 약 90개의 스킴은 널리 쓰이고 있지는 않으며 이제는 존재하지 않는 것도 많다.

스킴	설명	RFC
about	브라우저를 탐색하는 데 사용하는 넷스케이프 스킴. 예를 들어 about 그 자체는 내비게이터의 'Help' 메뉴에서 "About Communicator"를 선택한 것과 같으며, about:cache는 디스크 캐시 통계를, about:plugins는 설치된 플러그인에 대한 정보를 보여준다. 인터넷 익스플로러 같은 다른 브라우저들 역시 이 스킴을 사용한다.	2244
acap	애플리케이션 설정 접근 프로토콜(Application Configuration Access Protocol).	
afp	애플 파일링 프로토콜(AFP:Apple Filing Protocol)을 사용하는 파일 공유 서비스를 위해, 지금은 파기된 IETF draft-ietf-svrloc-afp-service-01.txt에 정의되어 있다.	

스킴	설명	RFC
afs	앤드류 파일 시스템(Andrew File System)에서 사용하려고 예약되었다.	
callto	다음과 같은 방식으로 마이크로소프트 넷미팅(NetMeeting) 콘퍼런스 세션을 시작한다. callto: ws3.joes-hardware.com/joe@joes-hardware.com	
chttp	Real Network에서 정의한 CHTTP 캐싱 프로토콜이다. RealPlayer는 HTTP를 통해 스트리밍하는 모든 아이템을 캐시하지 않는다. 파일의 URL에 있는 http:// 대신 chttp://를 사용하여 파일을 캐시할 수 있게 설계되어 있다. RealPlayer가 SMIL 파일에 있는 CHTTP URL을 읽을 때, 파일에 대한 디스크 캐시를 먼저 검사한다. 만약 파일이 없으면, HTTP를 통해서 파일을 요청하고, 캐시에 파일을 저장한다.	
cid	웹페이지와 관련된 이미지를 전달하려고 이메일 내에서 [MIME]을 사용하는 것은, 메시지에 포함된 이미지 또는 다른 데이터를 참조하는 HTML을 허용하는 데 사용할 수 있는 URL 스킴을 필요로 한다. Content-ID URL인 "cid:"는 그런 목적으로 사용한다.	2392 2111
clsid	마이크로소프트 OLE/COM(Component Object Model)을 가리킨다. 웹페이지에 활성 객체를 넣는데 사용한다.	
data	작고 변하지 않는 데이터를 포함할 때, 데이터를 참조하는 링크를 넣는 대신 데이터를 '바로' 넣는데 사용한다. 다음 URL은 "A brief note"라는 text/plain 문자열을 인코딩한다. data:A%20brief%20note	2397
date	date:1999-03-04T20:42:08 같이 날짜를 지원하는 스킴에 대한 제안이다.	
dav	이 명세에 기반을 두어 정확한 상호작용을 하게 보장하려면, IANA는 해당 리비전 명세와 WebDAV 관련 명세에서 사용하는 "DAV:"와 "opaquelocktoken:"으로 시작하는 URI 이름공간(namespace)을 예약해야 한다.	2518
dns	REBOL 소프트웨어에서 사용한다. http://www.rebol.com/users/valurl.html를 참고하자.	
eid	외부 ID(eid) 스킴은 로컬 애플리케이션이 아닌 URL 외의 방식을 통해 가져온 데이터를 참조하는 방법을 제공한다. 이 스킴은 자체 스킴을 정의하기에는 너무 전문화되어 있는 애플리케이션의 정보에 접근하는 데 사용하는 일반 이스케이프 메커니즘을 지원한다. 이 URI에 대한 몇 가지 논쟁이 있다. http://www.ics.uci.edu/pub/ietf/uri/draft-finseth-url-00.txt를 참고하자.	
fax	"fax" 스킴은 원격팩스(팩스기)를 조작할 수 있는 터미널로 연결하는 데 사용한다.	2806
file	특정 호스팅 컴퓨터에 있는 파일 접근을 지원한다. 호스트 명이 포함될 수 있지만, 특이하게도 이 스킴은 그런 파일들에 대한 인터넷 프로토콜이나 접근 메서드를 기술하지 않는다. 엄밀히 말해, 호스트 간 네트워크 프로토콜로 활용하기에는 제한이 있다.	1738
finger	finger URL은 다음과 같은 형식이다. finger://host[:port][/〈request〉] 〈request〉는 RFC 1288 요청 포맷 규칙을 따라야 한다. http://www.ics.uci.edu/pub/ietf/uri/draft-ietf-uri-url-finger-03.txt를 참고하자.	
freenet	Freenet 분산 정보 시스템에 있는 정보를 가리키는 URI이다. http://freenet.sourceforge.net을 참고하자.	
ftp	파일 전송 프로토콜(File Transfer Protocol) 스킴.	1738
gopher	구식 고퍼 프로토콜.	1738

스킴	설명	RFC
gsm-sms	GSM 이동 전화 단문 메시지 서비스에서 사용하는 URI.	
h323, h324	멀티미디어 회의 URI 스킴 http://www.ics.uci.edu/pub/ietf/uri/draft-cordell-sg16-conv-url-00.txt를 참고하자.	
hdl	처리(handle) 시스템은 인터넷에 있는 디지털 객체와 다른 자원들을 할당, 관리, 지속 식별자를 분석하여 그것들을 '처리(handle)' 한다. 처리 시스템은 URN으로 쓰일 수도 있다. http://www.handle.net를 참고하자.	
hnews	HNEWS는 NNTP 뉴스 프로토콜의 HTTP 터널링 변종이다. hnews URL의 문법은 현재 일반적인 뉴스 URL 스킴과 상호 호환될 수 있게 설계되어 있다. http://www.ics.uci.edu/pub/ietf/uri/draft-stockwell-hnews-url-00.txt를 참고하자.	
http	HTTP 프로토콜이다. 더 자세한 정보는 이 책을 읽어보자.	2616
https	SSL상의 HTTP이다. http://sitesearch.netscape.com/eng/ssl3/draft302.txt를 참고하자.	
iioploc	CORBA 확장이다. 상호 운용할 수 있는 명명 서비스(Interoperable Name Service)는 URL 형태로 객체를 참조하는 iioploc를 정의한다. 이는 명명 서비스를 포함하고 있는 원격지에 있는 서비스에 접근하는 데 사용할 수 있다. 예를 들어 다음과 같은 iioploc 식별자가 있다고 해보자. iioploc://www.omg.org/NameService 이는 www.omg.org 도메인에 해당하는 IP 주소를 가진 장비에서 동작하는 CORBA 명명 서비스를 찾을 것이다. http://www.omg.org를 참고하자.	
ilu	언어 간 통합(Inter-Language Unification, ILU) 시스템은 다 언어 객체 인터페이스 시스템이다. ILU에서 지원하는 객체 인터페이스는 다른 언어, 다른 주소 공간, 다른 운영 체제 간의 구별에 대한 구현을 숨긴다. ILU는 언어에 의존하지 않는 잘 정의된 인터페이스에서 다 언어 객체 지향 라이브러리("클래스 라이브러리")를 만드는 데 사용할 수 있다. 또한, 이는 분산 시스템을 구현하는 데도 사용할 수 있다. ftp://parcftp.parc.xerox.com/pub/ilu/ilu.html을 참고하자.	
imap	IMAP URL 스킴은 IMAP 프로토콜을 통해 액세스 할 수 있는 인터넷 호스트의 IMAP 서버 사서함, 메시지, MIME 본문 [MIME] 및 검색 프로그램을 가리키는 데 사용한다.	2192
IOR	CORBA 상호 운용할 수 있는 객체를 가리킨다. http://www.omg.org를 참고하자.	
irc	irc URL 스킴은 인터넷 릴레이 대화(Internet Relay Chat, IRC) 서버나 IRC 서버에 있는 각 개인 엔터티(채널 혹은 사람)를 참조하는 데 사용한다. http://www.w3.org/Addressing/draft-mirashi-url-irc-01.txt를 참고하자.	
isbn	ISBN 책을 가리키는 스킴이다. http://lists.w3.org/Archives/Public/www-talk/1991NovDec/0008.html를 참고하자.	
java	자바 클래스를 식별한다.	
javascript	넷스케이프 브라우저는 콜론(:) 다음에 값이 있으면, 그 표현을 평가하여 자바스크립트 URL을 처리하고, 그것이 정의되지 않았으면 그 표현의 문자열을 포함하는 페이지를 로드한다.	
jdbc	자바 SQL API에서 사용한다.	
ldap	인터넷 클라이언트가 LDAP 프로토콜로 바로 접근하는 데 사용한다.	2255
lid	로컬 식별자(Local Identifier) 스킴이다. draft-blackketter-lid-00를 참고하자.	

스킴	설명	RFC
lifn	UTK에서 개발된 벌크 파일 분배 분산 저장 시스템에 대한 위치 독립적 파일 이름(Location-Independent File Name, LIFN)이다.	
livescript	자바스크립트의 구식 명칭.	
lrq	h323을 참고하자.	
mailto	mailto URL 스킴은 개인 혹은 서비스의 인터넷 메일 시스템을 가리키는 데 사용한다.	2368
mailserver	예를 들어 메일링 리스트를 구독하려고 메일 서버에 자동으로 메일을 전송할 수 있는 URL을 만들기 위해, URL에 인코딩된 전체 메시지를 포함하는 것을 허용하는 용도로 1994년에서 1995년에 제안되었다.	
md5	MD5는 암호 체크섬이다.	
mid	mid 스킴은 특정 메시지를 가리키기 위해 이메일 메시지의 메시지 아이디(의 일부)를 사용한다.	2392 2111
mocha	자바스크립트를 참고하자.	
modem	modem 스킴은 수신 데이터 호출을 처리할 수 있는 터미널 연결을 가리킨다.	2806
mms, mmst, mmsu	활성 스트리밍 포맷(Active Streaming Format, ASF) 파일을 스트리밍하는 마이크로소프트 미디어 서버(Microsoft Media Server, MMS)에 대한 스킴이다. UDP 전송을 강제하려면 mmsu 스킴을 사용하고 TCP 전송을 강제하려면 mmst를 사용하면 된다.	
news	뉴스 URL 스킴은 뉴스 그룹이나 USENET 뉴스의 개별 기사들을 가리키는 데 사용한다. 뉴스 URL은 news:〈뉴스그룹명〉 혹은 news:〈메시지 아이디〉 형식 둘 중 하나를 사용한다.	1738 1036
nfs	NFS 서버에 있는 파일과 디렉터리를 참조하는 데 사용한다.	2224
nntp	NNTP 서버의 뉴스 기사들을 가리키는 데 유용하게 사용할 수 있는, 뉴스 기사를 참조하는 방식에 대한 하나의 대안이다. nntp URL은 다음과 같은 형식이다. nntp://〈호스트〉:〈포트〉/〈뉴스그룹명〉/〈기사 번호〉 nntp URL이 뉴스 기사의 단일 위치를 가리키는데, 현재 인터넷에 존재하는 대부분의 NNTP 서버는 로컬 클라이언트의 접근만을 허용하게 설정되어 있어서, nntp URL은 전세계에서 접근할 수 있는 자원들을 지정하지 않는다. 이런 이유 때문에 뉴스 URL은 뉴스 기사를 식별하는 용도로 더 많이 사용된다.	1738 977
opaquelocktoken	URI로 표현한 WebDAV 잠금 토큰으로, 특정 잠금을 가리킨다. 잠금 토큰은 모든 성공적인 LOCK이 응답 본문에 있는 lockdiscovery에 기술하며, 자원에 대한 잠금 발견을 통해서 찾아볼 수 있다. RFC 2518을 참고하자.	
path	path URN은 컴포넌트와 선택적인 opaque 문자열로 이루어져 유일한 계층적 이름 공간을 정의한다. http://www.hypernews.org/~liberte/www/path.html을 참고하자.	
phone	'전화 통화를 위한 URL'에서 사용된다. RFC 2806에서 tel:로 대체됐다. pop POP URL은 POP 이메일 서버, 선택적인 포트번호, 인증 체계, 인증 ID, 그리고/혹은 인가 ID를 가리킨다.	2384
pnm	실제 네트워크의 스트리밍 프로토콜이다.	
pop3	POP3 URL 스킴은 URL이 POP3 서버를 가리킬 수 있게 하여, POP3를 명시적으로 참조하는 대신 다른 프로토콜이 일반적으로 '메일에 접근하는데 사용하는 URL'을 사용하게 해준다. 현재는 파기된 draft-earhart-url-pop3-00.txt에 정의되어 있다.	
printer	서비스 위치 표준으로 사용되는 추상 URL이다. draft-ietf-srvloc-printer-scheme-02.txt를 참고하자.	

스킴	설명	RFC
prospero	이름 자원은 프로스페로 디렉터리 서비스(Prospero Directory Service)를 통해 접근할 수 있다.	1738
res	모듈로부터 획득할 자원을 가리키는 마이크로소프트 스킴이다. 문자열이나 숫자 자원 형식, 그리고 문자열이나 숫자 ID로 이루어져 있다.	
rtsp	실시간 네트워크 분야에서 현대 스트리밍 제어 프로토콜의 근간이 되는 실시간 스트리밍 프로토콜이다.	2326
rvp	RVP 접선 프로토콜에 대한 URL로, 컴퓨터 네트워크에서 사용자가 도착했음을 알리는 데 사용한다. draft-calsyn-rvp-01을 참고하자.	
rwhois	RWhois는 RFC 1714와 RFC 2167에 정의된 인터넷 디렉터리 접근 프로토콜이다. RWhois는 클라이언트가 rwhois로 바로 접근하게 해준다. http://www.rwhois.net/rwhois/docs/를 참고하자.	
rx	원격 그래픽 애플리케이션이 웹페이지 안에서 데이터를 보여주는 데 사용하는 아키텍처다. http://www.w3.org/People/danield/papers/mobgui/를 참고하자.	
sdp	세션 기술 프로토콜(Session Description Protocol, SDP) URL이다. RFC 2327을 참고하자.	
service	service 스킴은 임의의 네트워크 서비스에 대한 접근 정보를 제공하는 데 사용한다. 이 URL은, 클라이언트 기반 네트워크 소프트웨어가 네트워크 서비스를 사용하는데 필수적인 설정 정보를 얻도록, 확장 가능한 프레임워크를 제공한다.	2609
sip	sip* 형식의 스킴은 세션 초기화 프로토콜(Session Initiation Protocol, SIP)을 사용하는 멀티미디어 회의에 사용한다.	2543
shttp	S-HTTP는 보안 HTTP 연결과 비밀, 인증, 무결성을 지원하기 위한 매우 다양한 체계를 지원하는 HTTP의 상위 집합이다. 이는 널리 사용되지 않았고, 대부분 HTTPS SSL-암호화된 HTTP로 대체되었다. http://www.homeport.org/~adam/shttp.html를 참고하자.	
snews	SSL 암호화 뉴스.	
STANF	안정적인 네트워크 파일명에 대한 옛적 제안이다. URN과 관련 있다. http://web3.w3.org/Addressing/#STANF를 참고하자.	
t120	h323을 참고하자.	
tel	전화 네트워크를 통해 전화를 걸 수 있는 URL이다.	2806
telephone	tel의 이전 초안에서 사용되었다.	
telnet	텔넷 프로토콜을 통해 접속하는 서비스를 가리킨다. 텔넷 URL 형식은 다음과 같다. telnet://〈사용자명〉:〈비밀번호〉@〈호스트〉:〈포트〉/	1738
tip	TIP 원자적 인터넷 트랜잭션을 지원한다.	2371 2372
tn3270	ftp://ftp.isi.edu/in-notes/iana/assignments/url-schemes에 따라 예약되어 있다.	
tv	특정 텔레비전 방송 채널을 가리키는 TV URL이다.	2838

스킴	설명	RFC
uuid	범용 고유 식별자(Universally unique identifiers, UUID)는 위치에 대한 정보를 포함하지 않는다. 이는 전역 고유 식별자(globally unique identifiers, GUID)라고도 한다. 이는 URN 같이 시간이 지나도 지속하며 128비트의 고유 아이디로 이루어져 있다. UUID URI는 고유 식별자가 특정 물리적인 최상위 이름 공간(DNS 명과 같이)에 묶일 수 없거나 묶이면 안 되는 상황에서 유용하다. draft-kindel-uuid-uri-00.txt를 참고하자	
urn	영속적이고, 위치에 독립적인 URN을 가리킨다.	2141
vemmi	다용도 멀티미디어 인터페이스(versatile multimedia interface, VEMMI) 클라이언트 소프트웨어와 VEMMI 터미널이 VEMMI가 호환되는 서비스로 연결하는 데 사용한다. VEMMI는 온라인 멀티미디어 서비스에 관한 국제 표준이다.	2122
videotex	videotex 클라이언트 소프트웨어나 터미널이, ITU-T와 ETSI videotex 표준과 호환되는 videotex 서비스에 연결하는 데 사용한다. http://www.ics.uci.edu/pub/ietf/uri/draft-mavrakis-videotex-url-spec-01.txt를 참고하자.	
view-source	넷스케이프 내비게이터 소스 뷰어이다. 이 view-source URL은 자바스크립트로 이루어져 있는 HTML을 보여준다.	
wais	광역 정보 서비스(wide area information service)로, 검색엔진의 초기 형태다.	1738
whois++	단순 인터넷 디렉터리 프로토콜인 WHOIS++를 가리키는 URL이다. http://martinh.net/wip/whois-url.txt를 참고하자.	1835
whodp	광역 호스팅 객체 데이터 프로토콜(Widely Hosted Object Data Protocol, WhoDP)은 매우 많은 수의 동적이고 재배치 가능한 객체의 현재 위치와 상태를 주고받는 데 사용한다. WhoDP 프로그램은 객체에 대한 정보를 받고 배치하기 위해서 '구독'하고, 객체의 가시성 상태와 위치를 조작하기 위해 '발행'한다. draft-mohr-whodp-00.txt를 참고하자.	
z39.50r, z39.50s Z39.50	세션 및 검색 URL이다. 데이터를 무상태로 가져오는 것 위주로 설계된 검색 모델에는 딱 들어맞지 않는 정보 검색 프로토콜이다. 그 대신 이 모델은 세션 지향적이며, 클라이언트가 단계를 계속하기 전에 서버가 추가적인 파라미터를 요청하는 여러 단계에 초점을 맞추어 사용자 질의를 보낸다.	2056

표 A-1 W3C에 등록된 URI 스킴

부록 B

HTTP: The Definitive Guide

HTTP 상태 코드

이 부록은 HTTP 상태 코드와 그들의 의미에 대한 간략한 레퍼런스다.

B.1 상태 코드 분류

HTTP 상태 코드는 표 B-1에서 볼 수 있듯이 다섯 가지로 분류된다.

전체 범위	정의된 범위	분류
100-199	100-101	정보
200-299	200-206	성공
300-399	300-305	리다이렉션
400-499	400-415	클라이언트 에러
500-599	500-505	서버 에러

표 B-1 상태 코드 분류

B.2 상태 코드

표 B-2는 HTTP/1.1에 정의된 모든 상태 코드와 그들 각각에 대한 간략한 요약을 제공하는 빠르게 참조할 수 있는 레퍼런스다. 3장 "상태 코드"에서 이들 상태 코드에 대해 자세히 설명하고 사용법을 보여주고 있다.

상태 코드	사유 구절	의미
100	Continue	요청의 앞부분이 수신되었으므로 클라이언트는 이후를 속행해야 한다.
101	Switching Protocols	서버는 클라이언트가 Upgrade 헤더에 나열한 것 중 하나로 프로토콜을 변경하고 있다.
200	OK	요청에 문제가 없다.
201	Created	리소스가 생성되었다(서버 객체를 생성하는 요청에 대해).
202	Accepted	요청이 받아들여졌지만, 서버는 그에 대해 어떤 동작도 아직 수행하지 않았다.
203	Non-Authoritative Information	엔터티 헤더에 담긴 정보가 원 서버가 아니라 리소스의 복사본에서 온 것이라는 점만 제외하면 트랜잭션에는 문제가 없다.
204	No Content	응답 메시지에 헤더와 상태줄은 있지만 엔터티 본문은 없다.
205	Reset Content	주로 브라우저를 위한 또 다른 코드. 기본적으로 브라우저가 현재 페이지의 HTML 폼을 비워야 함을 의미한다.
206	Partial Content	부분 요청이 성공했다.
300	Multiple Choices	클라이언트가 실질적으로 복수 개의 리소스을 참조하는 URL을 요청했다. 이 코드는 옵션의 목록과 함께 반환된다. 사용자는 그가 원하는 것 하나를 선택할 수 있다.
301	Moved Permanently	요청한 URL이 옮겨졌다. 응답은 그 리소스가 새로 위치하는 곳을 가리키는 Location URL을 포함해야 한다.
302	Found	301 상태 코드와 같지만, URL이 일시적으로 옮겨진 것이라는 점이 다르다. 클라이언트는 Location 헤더에 주어진 URL을 사용해야 한다.
303	See Other	클라이언트에게 그 리소스를 얻으려면 다른 URL을 통해야 한다고 말해준다. 이 새 URL은 응답 메시지의 Location 헤더에 들어있다.
304	Not Modified	클라이언트는 요청 헤더를 통해 요청을 조건적으로 만들 수 있다. 이 코드는 요청한 리소스가 변하지 않았다고 말해준다.
305	Use Proxy	리소스는 반드시 Location 헤더를 통해 그 위치가 주어진 프락시를 통해서 접근되어야 한다.
306	(Unused)	이 상태 코드는 현재 사용되지 않는다.
307	Temporary Redirect	301 상태 코드와 같다. 그러나 클라이언트는 그 리소스의 임시적인 위치를 알려주기 위해 Location 헤더에 주어진 URL을 사용해야 한다.
400	Bad Request	클라이언트가 잘못된 요청을 보냈다고 말해준다.
401	Unauthorized	리소스를 얻기 전에 클라이언트에게 스스로를 인증하라고 요구하는 내용의 응답을 적절한 헤더와 함께 반환한다.
402	Payment Required	현재 이 상태 코드는 쓰이지 않지만, 미래에 사용될 가능성을 위해 준비해 두었다.
403	Forbidden	요청이 서버에 의해 거절되었다.
404	Not Found	요청한 URL을 서버가 찾을 수 없다.
405	Method Not Allowed	어떤 URL에 대해 지원하지 않는 메서드로 요청을 했다. 요청한 리소스에 대해 어떤 메서드가 사용 가능한지 클라이언트에게 알려주기 위해, 요청에 Allow 헤더가 포함되어야 한다.

상태 코드	사유 구절	의미
406	Not Acceptable	클라이언트는 자신이 어떤 종류의 엔티티를 받아들이고자 하는지에 대해 매개변수로 명시할 수 있다. 이 코드는 주어진 URL에 대한 리소스 중 클라이언트가 받아들일 수 있는 것이 없는 경우 사용한다. 종종 서버는 클라이언트에게 왜 요청이 만족될 수 없었는지 알려주는 헤더를 포함시킨다. 자세한 것은 17장 "내용 협상과 트랜스코딩"을 보라.
407	Proxy Authentication Required	401 상태 코드와 같으나, 리소스에 대해 인증을 요구하는 프락시 서버를 위해 사용한다.
408	Request Timeout	만약 클라이언트의 요청을 완수하기에 시간이 너무 많이 걸리는 경우, 서버는 이 상태 코드로 응답하고 커넥션을 끊을 수 있다.
409	Conflict	요청이 리소스에 대해 충돌을 일으킨다.
410	Gone	404 상태 코드와 비슷하나, 서버가 한때 그 리소스를 갖고 있었다는 점이 다르다.
411	Length Required	서버는 요청 메시지에 Content-Length 헤더가 있을 것을 요구할 때 이 코드를 사용한다. 서버는 Content-Length 헤더 없이는 이 리소스에 대한 요청을 받을 수 없을 것이다.
412	Precondition Failed	클라이언트가 조건부 요청을 했는데 그중 하나가 실패했을 때 이 응답 코드를 반환한다.
413	Request Entity Too Large	서버가 처리할 수 있는 혹은 처리하고자 하는 한계를 넘은 크기의 요청을 클라이언트가 보냈다.
414	Request URI Too Long	서버가 처리할 수 있는 혹은 처리하고자 하는 한계를 넘은 길이의 요청 URL이 포함된 요청을 클라이언트가 보냈다.
415	Unsupported Media Type	서버가 이해하거나 지원하지 못하는 내용 유형의 엔티티를 클라이언트가 보냈다.
416	Requested Range Not Satisfiable	요청 메시지가 리소스의 특정 범위를 요청했는데, 그 범위가 무효하거나 만족시켜 줄 수 없다.
417	Expectation Failed	요청에 포함된 Expect 요청 헤더에 서버가 만족시킬 수 없는 기대가 담겨있었다.
500	Internal Server Error	서버가 요청을 처리할 수 없게 만드는 에러를 만났다.
501	Not Implemented	클라이언트가 서버의 능력을 넘은 요청을 했다.
502	Bad Gateway	프락시나 게이트웨이처럼 행동하는 서버가 그 요청 응답 연쇄에 있는 다음 링크로부터 가짜 응답에 맞닥뜨렸을 때 사용한다.
503	Service Unavailable	서버는 현재 요청을 처리해 줄 수 없지만, 나중에는 가능할 것이다.
504	Gateway Timeout	상태 코드 408과 비슷하지만, 다른 서버에게 요청을 보내고 응답을 기다리다 타임아웃이 발생한 게이트웨이나 프락시에서 온 응답이라는 점이 다르다.
505	HTTP Version Not Supported	서버가 지원할 수 없거나 지원하지 않을 버전의 프로토콜로 된 요청을 받았다.

표 B-2 상태 코드

부록 C

HTTP: The Definitive Guide

HTTP 헤더 레퍼런스

HTTP의 첫 번째 버전인 0.9에서는 헤더라는 게 아예 없었다는 사실은 재미있기까지 하다. 헤더가 없다는 것은 확실히 단점이 있긴 하지만, 과할 정도의 단순미는 재미를 넘어 경탄마저 느끼게 한다.

자, 현실로 돌아오자. 오늘날에는 굉장히 많은 HTTP 헤더들이 존재한다. 이들은 HTTP 명세의 상당 부분을 차지하며, 그러고도 부족해서 확장으로 존재하는 것들도 있다. 이 부록은 이러한 공식 혹은 확장 헤더에 대한 배경 지식을 제공한다. 또한 이 부록은 여러 헤더들의 개념과 기능에 대한 설명이 이 책의 어디에 있는지 알려주는 색인 역할도 한다. 이 헤더들은 HTTP 기능들 간의 의사소통이 어색해지거나 불편해지는 상황을 해소해주며, 대부분이 단순하고 알기 쉽다. 이 부록은 그 헤더들에 대한 약간의 배경 지식을 제공하고, 이 책에서 그 헤더들에 대해 길게 설명한 절이 어디인지 안내해준다.

이 부록에 나열된 헤더들은 HTTP 명세, 관련 문서들, 그리고 여러 서버와 클라이언트 들을 이용해 HTTP 메시지로 인터넷 여기저기를 찔러본 우리의 경험으로부터 가져온 것이다.

이 목록은 철저함과는 거리가 멀다. 이 외에도 많은 확장 헤더가 웹을 떠돌고 있다(사적인 인트라넷에서 쓰이는 것들에 대해서는 언급할 필요도 없을 것이다). 그렇지만, 우리는 이 목록을 가능한 완전하게 만들고자 시도했다. HTTP/1.1 명세의 현재 버전과, 공식 헤더들 및 그 헤더들의 사양에 대한 설명이 필요하다면 RFC 2616을 보라.

Accept

Accept 헤더는 서버에게 자신이 받을 수 있는 미디어 타입이 무엇인지 알려주기 위해 클라이언트가 사용한다. Accept 헤더 필드의 값은 클라이언트가 사용할 수 있는 미디어 타입의 목록이다. 예를 들어 웹브라우저는 웹의 멀티미디어 객체의 모든 유형을 보여줄 수는 없다. 요청에 Accept 헤더를 포함시킴으로써, 브라우저는 사용할 수 없는 유형의 비디오나 객체를 다운로드 받는 상황을 피할 수 있다.

서버가 미디어 타입의 여러 버전을 갖고 있는 경우를 위해, Accept 헤더 필드는 또한 서버에게 어떤 미디어 타입을 선호하는지 말해주는 품질값(q 값)의 목록을 포함할 수도 있다. 콘텐츠 협상과 q 값에 대한 자세한 설명은 17장에 나와 있다.

유형 요청 헤더

비고 "*"은 미디어 타입에 대한 와일드카드로 사용되는 특별한 값이다. 예를 들어, "*/*"은 모든 유형을 의미하며, "image/*"은 모든 이미지 유형들을 의미한다.

예

Accept: text/*, image/*

Accept: text/*, image/gif, image/jpeg;q=1

Accept-Charset

Accept-Charset 헤더는 클라이언트가 서버에게 어떤 문자 집합을 받아들일 수 있고 선호하는지 말해주기 위해 사용된다. 이 요청 헤더의 값에는 문자 집합들과, 선택적으로 각각의 문자 집합에 대한 품질값들도 올 수 있다. 서버가 각기 다른 문자 집합(물론 각각 모두가 클라이언트가 받아들일 수 있는 문자 집합이어야 한다)으로 된 여러 문서를 갖고 있는 경우를 위해, 품질값들은 서버에게 어떤 문자 집합이 가장 선호되는지 말해준다. 콘텐츠 협상과 q 값에 대한 자세한 설명은 17장에 나와 있다.

유형 요청 헤더

비고 Accept 헤더와 마찬가지로, "*"은 특별한 문자다. 만약 존재한다면, 이는 이 헤더에 명시되지 않은 모든 문자 집합을 의미한다. 만약 존재하지 않는다면 값 필드에 존재하지 않는 모든 차셋의 품질값이 기본값인 0이 되지만, iso-latin-1 차셋은 예외로 1의 기본값을 갖는다.

기본 문법 Accept-Charset: 1# ((charset | "*") [";" "q" "=" qvalue])

예 Accept-Charset: iso-latin-1

Accept-Encoding

Accept-Encoding 헤더는 서버에게 어떤 인코딩을 받아들일 수 있는지 말해주기 위해 클라이언트가 사용한다. 만약 서버가 갖고 있는 콘텐츠가 인코딩되어 있다면(아마 압축되어 있을 것이다), 이 요청 헤더는 서버에게 클라이언트가 그것을 받아들일 것인지 여부를 알 수 있게 해준다. 17장에서 Accept-Encoding 헤더에 대해 자세히 설명하고 있다.

유형	요청 헤더
기본 문법	Accept-Encoding: 1# ((content-coding | "*") [";" "q" "=" qvalue])
예	Accept-Encoding: Accept-Encoding: gzip Accept-Encoding: compress;q=0.5, gzip;q=1

Accept-Language

Accept-Language 요청 헤더는 다른 Accept 헤더처럼 기능하여, 클라이언트가 서버에게 어떤 언어(예: 콘텐츠에 대한 자연어)가 받아들여질 수 있고 선호되는지 알려줄 수 있게 해준다. Accept-Language 헤더에 대해 필요한 모든 설명이 17장에 담겨 있다.

유형	요청 헤더
기본 문법	Accept-Language: 1# (language-range [";" "q" "=" qvalue]) language-range = ((1*8ALPHA * ("-" 1*8ALPHA)) | "*")
예	Accept-Language: en Accept-Language: en;q=0.7, en-gb;q=0.5

Accept-Ranges

Accept-Ranges 헤더는 다른 Accept 헤더들과는 다르다. 이것은 서버가 리소스의 특정 범위에 대한 요청을 받아들일 수 있음을 클라이언트에게 말해주기 위해 사용하는 응답 헤더다. 주어진 리소스에 대해 서버가 받아들일 수 있는 범위의 유형을 말해준다.

클라이언트는 이 헤더를 받지 않은 리소스에 대해 범위 요청을 시도할 수 있다. 만약 서버가 그 리소스에 대해 범위 요청을 지원하지 않는다면, 서버는 Accept-

Ranges에 “none”이란 값을 담아서 적절한 상태 코드로 응답할 수 있다. 서버는 클라이언트가 나중에라도 범위 요청을 하는 것을 단념시키기 위해 보통 요청에도 “none” 값을 보낼 수도 있다.

Accept-Language 헤더에 대해 필요한 모든 설명이 17장에 담겨 있다.

유형 응답 헤더

기본 문법 Accept-Ranges: 1# range-unit | none

예 Accept-Ranges: none
Accept-Ranges: bytes

Age

Age 헤더는 수신자에게 응답이 얼마나 오래되었는지 말해준다. 이것은 그 응답이 얼마나 오래전에 만들어졌는지 혹은 원 서버에 의해 재검사되었는지에 대해 발송자가 능력껏 추정한 것이다. 헤더의 값은 초 단위의 변화량이다. Age 헤더에 대해 더 자세히 알고 싶다면 7장을 보라.

유형 응답 헤더

비고 HTTP/1.1 캐시는 자신 보내는 모든 응답에 반드시 Age 헤더를 포함해야 한다.

기본 문법 Age: delta-seconds

예 Age: 60

Allow

Allow 헤더는 클라이언트에게 특정 리소스에 대해 어떤 HTTP 메서드가 지원되는지 알려준다.

유형 응답 헤더

비고 405 Method Not Allowed 응답을 보내는 HTTP/1.1 서버는 반드시 Allow 헤더를 포함해야 한다.

기본 문법 Allow: #Method

예 Allow: GET, HEAD

Authorizaztion

클라이언트는 자신을 인증하기 위해 서버에게 인가(Authorization) 헤더를 보낸다. 클라이언트는 서버로부터 401 Unauthorized Required 응답을 받은 뒤에 이 헤더를 요청에 포함시킬 것이다. 이 헤더의 값은 사용되는 인증 스킴에 달려있다. 인가 헤더에 대한 상세한 설명은 14장에 나와 있다.

유형	응답 헤더
기본 문법	Authorization: authentication-scheme #authentication-param
예	Authorization: Basic YnJpYW4tdG90dHk6T3ch

Cache-Control

Cache-Control 헤더는 객체가 어떻게 캐시될 수 있는지에 대한 정보를 넘겨주기 위해 사용된다. 이 헤더는 HTTP/1.1에서 도입된 헤더들 중에서 가장 복잡한 것 중 하나다. 이것의 값은 객체를 어떻게 캐시할 것인지에 대한 특별한 지시를 하는 캐시 지시자다.

유형	일반 헤더
예	Cache-Control: no-cache

Client-ip

Client-ip 헤더는 클라이언트가 실행 중인 컴퓨터의 IP 주소를 전달하기 위해 몇몇 오래된 클라이언트와 프락시들에 의해 사용되는 확장 헤더다.

유형	확장 요청 헤더
비고	구현자들은 이 헤더의 값으로 제공되는 정보가 안전하게 보호되지 않는다는 점에 주의해야 한다.
기본 문법	Client-ip: ip-address
예	Client-ip: 209.1.33.49

Connection

Connection 헤더는 여러 가지 의미로 사용되기 때문에 다소 혼란을 유발할 수 있다. 이 헤더는 keep-alive 커넥션 확장을 지원하는 HTTP/1.0 클라이언트에서 제어 정보를 위해 사용되었다. HTTP/1.1에서도 예전의 의미는 대체로 인식되지만 그에 더해 이제 새로운 기능이 생겼다.

HTTP/1.1에서 Connection 헤더의 값은 헤더의 이름에 대응되는 토큰의 목록이다. Connection 헤더가 포함된 HTTP/1.1 메시지를 받는 애플리케이션은 그 목록을 파싱하고 얻은 헤더들을 메시지에서 지우도록 되어 있다. 이 헤더는 주로 프락시를 위한 것으로, 홉과 홉 사이에서만 사용하므로 그다음 홉으로 넘겨줘서는 안 될 헤더[1]들을 서버나 다른 프락시가 지정할 수 있게 해 준다.

특별한 토큰 값 중 하나로 "close"라는 것이 있다. 이 토큰은 응답이 완료되면 연결이 닫힐 것임을 의미한다. 지속 커넥션을 지원하지 않는 HTTP/1.1 애플리케이션은 모든 요청과 응답에 값이 "close"인 Connection 헤더를 집어넣을 필요가 있다.

유형 일반 헤더

비고 RFC 2616이 커넥션 토큰으로서의 keep-alive에 대해 특별히 언급하지는 않지만, 몇몇 브라우저(HTTP/1.1을 사용하는)는 요청을 만들 때 keep-alive를 사용한다.

기본 문법 Connection: 1# (connection-token)

예 Connection: close

Content-Base

Content-Base 헤더는 서버가 응답의 엔터티 본문에서 발견된 URL을 해석할 때 사용할 기저 URL을 명시할 수 있게 해준다.[2] Content-Base 헤더의 값은 엔터티 안에서 발견된 상대 URL을 해석할 때 사용할 수 있는 절대 URL이다.

유형 엔터티 헤더

비고 이 헤더는 RFC 2616에 정의되어 있지 않다. 이것은 HTTP/1.1 명세의 초기 초안인 RFC 2068에서 예전에 정의되었으나, 공식 명세에서는 제거되었다.

기본 문법 Content-Base: absoluteURL

예 Content-Base: http://www.joes-hardware.com/

1 (옮긴이) 이러한 헤더들을 hop-by-hop 헤더라고 한다.

2 기저 URL에 대해서는 2장을 보라.

Content-Encoding

Content-Encoding 헤더는 객체에 어떤 인코딩이 수행될 수 있는지 명시하기 위해 사용된다. 콘텐츠 인코딩을 이용해, 서버는 응답을 보내기 전에 먼저 압축할 수 있다. Content-Encoding 헤더의 값은 클라이언트에게 어떤 유형 혹은 인코딩의 유형이 객체에 적용되었는지 말해준다. 그 정보를 이용해 클라이언트는 메시지를 디코딩할 수 있다.

때때로 하나 이상의 인코딩이 엔터티에 적용될 수 있는데, 그런 경우 인코딩은 반드시 수행된 순서대로 배열되어야 한다.

유형	엔터티 헤더
기본 문법	Content-Encoding: 1# content-coding
예	Content-Encoding: gzip Content-Encoding: compress, gzip

Content-Language

Content-Language 헤더는 클라이언트에게 객체를 이해하기 위해 알고 있어야 하는 자연어가 무엇인지 말해준다. 예를 들어, 프랑스어로 쓰인 문서는 프랑스어를 가리키는 Content-Language 값을 가질 것이다. 만약 응답에 헤더가 존재하지 않는다면, 그 객체는 모든 청자들을 의도한 것이다. 헤더의 값에 복수 개의 언어가 있다면 이는 객체가 나열된 각 언어의 사용자들에게 적합하다는 것을 의미한다.

이 헤더에 대해 알아두어야 할 점 하나는 헤더의 값이 이 객체에 포함된 언어의 일부 혹은 전체를 의미하는 것이 아니라 그 객체가 어떤 언어 사용자를 위한 것인지를 의미한다는 점이다. 또한, 이 헤더는 텍스트로 된 데이터 객체만을 위한 것이 아니다. 이미지, 비디오, 혹은 그 외 유형의 미디어에 어떤 언어의 사용자를 대상으로 하는지 태깅할 수 있다.

유형	객체 헤더
기본 문법	Content-Language: 1# language-tag
예	Content-Language: en Content-Language: en, fr

Content-Length

Content-Length 헤더는 엔터티 본문의 길이나 크기를 알려주기 위한 것이다. 만약 응답 메시지의 헤더가 HEAD HTTP 요청에 대한 것이라면, 이 헤더의 값은 보내졌을 엔터티 본문의 크기를 나타낸다.

유형	엔터티 헤더
기본 문법	Content-Length: 1*DIGIT
예	Content-Length: 2417

Content-Location

Content-Location 헤더는 메시지의 엔터티에 대응하는 URL을 전달하기 위해 HTTP 메시지에 포함된다. 복수 개의 URL을 갖는 객체들을 위해, 응답 메시지는 응답을 생성하는 객체의 URL을 가리키는 Content-Location 헤더를 포함할 수 있다. Content-Location은 요청한 URL에 따라 달라질 수 있다. 이 헤더는 클라이언트를 새 URL로 리다이렉트하기 위해 서버가 사용한다.

유형	엔터티 헤더
기본 문법	Content-Location: (absoluteURL | relativeURL)
예	Content-Location: http://www.joes-hardware.com/index.html

Content-MD5

서버는 메시지 본문에 대한 메시지 무결성 검사를 제공하기 위해 Content-MD5 헤더를 사용한다. 오직 원 서버나 요청을 보낸 클라이언트만이 Content-MD5 헤더를 메시지에 집어넣을 수 있다. 이 헤더의 값은 메시지 본문(인코딩이 된 후일 수도 있다)에 대한 MD5 요약이다.

이 헤더의 값은 전송 중 발생한 데이터에 대한 의도하지 않은 수정을 감지하는데 유용한, 데이터에 대한 종단간(end-to-end) 검사를 제공한다. 그러나 보안 목적으로 사용되는 것을 의도하지는 않았다.

RFC 1864는 이 헤더에 대해 자세히 정의하고 있다.

유형	엔터티 헤더
비고	MD5 요약 값은 RFC 1864에 정의된 바와 같이 base-64 혹은 128비트 MD5 요약이다.
기본 문법	Content-MD5: md5-digest
예	Content-MD5: Q2h1Y2sgSW51ZwDIAXR5IQ==

Content-Range

Content-Range 헤더는 문서의 특정 범위를 전송해달라는 요청에 대한 응답이다. 이 헤더는 현재 전송하고 있는 엔터티가 원 엔터티에서 어디에 해당하는지 위치(범위)를 제공한다. 또한 전체 엔터티의 길이도 알려준다.

만약 전체 엔터티의 길이 대신 "*"이 존재한다면, 응답이 보내졌을 때 전체 길이를 알 수 없었음을 의미한다.

Content-Range 헤더에 대해 더 자세한 내용은 15장을 보라.

유형	엔터티 헤더
비고	206 Partial Content 응답 코드로 응답하는 서버는 절대로 길이가 "*"인 Content-Range 헤더를 포함해서는 안 된다.
예	Content-Range: bytes 500-999 / 5400

Content-Type

Content-Type 헤더는 이 메시지에 담긴 객체의 미디어 타입을 알려준다.

유형	엔터티 헤더
기본 문법	Content-Type: media-type
예	Content-Type: text/html; charset=iso-latin-1

Cookie

Cookie 헤더는 클라이언트 신원 식별과 추적을 위해 사용되는 확장 헤더다. 11장은 Cookie 헤더와 그 사용법에 대해 자세히 다루고 있다("Set-Cookie"도 함께 보라).

유형	확장 요청 헤더
예	Cookie: ink=IUOK164y59BC708378908CFF89OE5573998A115

Cookie2

Cookie 헤더는 클라이언트 신원 식별과 추적을 위해 사용되는 확장 헤더다. Cookie2는 요청자가 이해하는 쿠키의 버전을 식별하기 위해 사용된다. 이 헤더는 RFC 2965에 매우 자세히 정의되어 있다.

11장에서 Cookie2 헤더와 그 사용법에 대해 자세히 이야기한다.

유형 확장 요청 헤더

예 Cookie2: $version="1"

Date

Date 헤더는 메시지가 생성된 날짜와 시간을 알려준다. 서버의 응답에서는 이 헤더가 꼭 필요한데, 왜냐하면 캐시가 응답의 신선도를 계산하기 위해 서버가 그 메시지가 생성되었다고 믿는 시간과 날짜를 이용할 수 있기 때문이다.

유형 일반 헤더

기본 문법 Date: HTTP-date

예 Date: Tue, 3 Oct 1997 02:15:31 GMT

HTTP는 몇 가지 날짜 형식을 갖고 있다. 그것들 중 HTTP/1.1 메시지에서 가장 선호되는 형식은 RFC 822에 의해 정의된 것이다. 그러나 HTTP의 이전 명세에서 날짜 형식은 그다지 명확히 기술되지 않았기 때문에, 서버와 클라이언트 구현자들은 이전에 쓰던 형식을 그대로 쓰기 위해 날짜 형식을 제각각으로 사용해왔다. 따라서 RFC 850에서 정의한 날짜 형식이나 asctime() 시스템 호출에 의해 만들어진 형식도 만나게 될 것이다. 다음은 위의 예에서 보여준 날짜를 다른 형식으로 표현한 것이다.

```
Date: Tuesday, 03-Oct-97 02:15:31 GMT    RFC 850 format
Date: Tue Oct 3 02:15:31 1997            asctime() format
```

asctime() 형식은 점점 쓰지 않고 있는데, 시간대(GMT와 같은)를 지정할 수 없어 현지 시간만을 나타낼 수 있기 때문이다. 일반적으로 Date 헤더의 값은 GMT로 표현되어야 한다. 그러나 견고한 애플리케이션이라면 시간대를 명시하지 않은 날짜나 GMT가 아닌 다른 시간대의 날짜가 담긴 Date 헤더도 다룰 수 있어야 한다.

ETag

ETag 헤더는 메시지에 담겨있는 엔터티를 위한 엔터티 태그를 제공한다. 기본적으로 엔터티 태그는 리소스를 식별할 수 있는 수단이다.

엔터티 태그 및 그와 리소스와의 관계에 대해서는 15장에서 자세히 논의했다.

유형	엔터티 헤더
기본 문법	ETag: entity-tag
예	ETag: "11e92a-457b-31345aa" ETag: W/"11e92a-457b-3134b5aa"

Expect

Expect 헤더는 서버에게 서버가 어떻게 동작하기를 기대하고 있는지 알려주기 위해 클라이언트가 사용한다. 이 헤더는 현재 응답 코드 100 Continue(3장의 "100-199: 정보성 상태 코드"를 보라)와 깊이 관련되어 있다. 만약 서버가 Expect 헤더의 값을 이해하지 못한다면 417 Expectation Failed 상태 코드로 응답해야 한다.

유형	요청 헤더
기본 문법	Expect: 1# ("100-continue" | expectation-extension)
예	Expect: 100-continue

Expires

Expires 헤더는 응답이 더 이상 유효하지 않게 되는 일시를 알려준다. 이 헤더는 클라이언트(당신이 사용하는 웹브라우저와 같은)가 사본을 캐시할 수 있게 해주며, 클라이언트는 그 일시가 만료되기 전까지는 서버에게 캐시된 사본이 여전히 유효한지 물어보지 않아도 된다.

7장은 어떻게 Expires 헤더가 사용되는지, 특히 캐시와 어떤 관련이 있으며 원 서버를 통해 응답이 재검사되어야 하는지에 대해 논의한다.

유형	엔터티 헤더
기본 문법	Expires: HTTP-date
예	Expires: Thu, 03 Oct 1997 17:15:00 GMT

From

From 헤더는 누구로부터 요청이 왔는지 말해준다. 형식은 그냥 클라이언트 사용자의 유효한 인터넷 이메일 주소(RFC 1123에 정의된)이다.

이 헤더를 사용하거나 붙이는 것과 관련한 잠재적인 개인정보 이슈가 있다. 클라이언트 구현자들은 이 헤더를 사용하는 경우 그 사실을 사용자들에게 잊지 말고 알려주어야 하며, 또한 이 헤더를 요청 메시지에 포함시킬 것인지에 대한 선택권도 사전에 주어야 한다. 귀찮은 메일을 보내기 위해 이메일 주소를 수집하는 사람들에 의한 어뷰징 가능성을 생각해보면, 사전에 알리지 않고 이 헤더로 개인의 메일 주소를 널리 알려버린 구현자들은 비난 받아 마땅하며, 분노한 사용자들에 대한 대응을 해야 할 것이다.

유형	요청 헤더
기본 문법	From: mailbox
예	From: slurp@inktomi.com

Host

Host 헤더는 클라이언트가 요청을 보내길 원하는 기계의 인터넷 호스트 명과 포트 번호를 서버에게 제공해주기 위해 사용한다. 호스트 명과 포트는 클라이언트가 요청하고 있었던 URL로부터 얻은 것이다.

Host 헤더는 호스트 명에 근거한 상대 URL을 서버가 구분할 수 있게 해준다. 이는 서버에게 같은 기계(예: 같은 IP 주소)에서 여러 다른 호스트 명들을 호스팅 할 수 있는 능력을 부여한다.

유형	요청 헤더
비고	HTTP/1.1 클라이언트는 반드시 Host 헤더를 모든 요청에 포함시켜야 한다. 모든 HTTP/1.1 서버는 Host 헤더를 제공하지 않는 HTTP/1.1 클라이언트에게 반드시 400 Bad Request 상태 코드로 응답해야 한다.
기본 문법	Host: host [":" port]
예	Host: www.hotbot.com:80

If-Modified-Since

If-Modified-Since 요청 헤더는 조건부 요청을 보내기 위해 사용된다. 클라이언트는 이 헤더와 GET 메소드를 이용해서 서버로부터 리소스를 요청할 수 있는데, 그렇게 하면 그 리소스가 클라이언트가 마지막으로 요청한 이후에 변경이 있었는지의 여부에 따라 응답이 달라진다.

만약 그 객체가 아직 변경되지 않았다면, 서버는 리소스를 보내지 않고 304 Not Modified로 응답할 것이다. 만약 객체가 수정되었다면, 서버는 비 조건부 GET 요청을 받았을 때처럼 응답할 것이다. 7장에서 조건부 요청에 대해 자세히 다룬다.

유형	요청 헤더
문법	If-Modified-Since: HTTP-date
예	If-Modified-Since: Thu, 03 Oct 1997 17:15:00 GMT

If-Match

If-Modified-Since 헤더와 마찬가지로, If-Match 헤더는 조건적인 요청을 보내기 위해 사용될 수 있다. If-Match 요청은 날짜 대신 엔터티 태그를 사용한다. 서버는 If-Match 헤더에 들어있는 엔터티 태그를 리소스의 현재 엔터티 태그와 비교하여 태그가 매치된다면 리소스를 돌려준다.

If-Match 값이 "*"이라면, 서버는 이를 요청받은 리소스의 모든 엔터티 태그와 매치되는 것으로 받아들여야 한다. "*"은 서버가 그 리소스를 더 이상 갖고 있지 않은 이상 언제나 매치된다.

이 헤더는 클라이언트나 캐시가 이미 갖고 있는 리소스를 갱신할 때 유용하다. 그 리소스는 변경이 있을 때만 반환된다. 이는 이전에 요청한 객체의 엔터티 태그가, 서버에 있는 현재 버전의 엔터티 태그와 매치되지 않다는 것을 의미한다. 조건부 요청에 대해서는 이 책 7장에서 자세히 논한다.

유형	요청 헤더
기본 문법	If-Match: ("*" | 1# entity-tag)
예	If-Match: "11e92a-457b-31345aa"

If-None-Match

If-None-Match 헤더는 If 헤더들과 마찬가지로 요청을 조건적으로 만들기 위해 사용될 수 있다. 클라이언트는 엔터티 태그의 목록을 서버에게 공급하고, 서버는 그 태그들을 자신이 그 리소스에 대해 갖고 있는 엔터티 태그들과 비교해서, 아무것도 매치되지 않은 경우에만 반환한다.

이는 캐시에게 변경이 일어난 리소스만 갱신할 수 있도록 해준다. If-None-Match 헤더를 이용해서, 캐시는 갖고 있는 엔터티들을 무효화하고 응답으로 새 엔터티를 가져오는 일을 한 번에 할 수 있다. 조건부 요청에 대해서는 이 책의 7장에서 자세히 논한다.

유형	요청 헤더
기본 문법	If-None-Match: ("*" | 1# entity-tag)
예	If-None-Match: "11e92a-457b-31345aa"

If-Range

If-Range 헤더는 다른 If 헤더들과 마찬가지로 요청을 조건적으로 만들기 위해 사용될 수 있다.

유형	요청 헤더
기본 문법	If-Range: (HTTP-date | entity-tag)
예	If-Range: Tue, 3 Oct 1997 02:15:31 GMT If-Range: "11e92a-457b-3134b5aa"

If-Unmodified-Since

If-Unmodified-Since 헤더는 If-Modified-Since 헤더의 쌍둥이이다. 요청에 이 헤더를 포함시키는 것은 요청을 조건적으로 만든다. 서버는 이 헤더의 날짜 값을 보고 그 날짜 이후에 변경이 없었을 때만 그 객체를 반환해야 한다. 조건부 요청에 대해서는 이 책의 7장에서 자세히 논한다.

유형	요청 헤더
문법	If-Unmodified-Since: HTTP-date
예	If-Unmodified-Since: Thu, 03 Oct 1997 17:15:00 GMT

Last-Modified

Last-Modified 헤더는 그 엔터티가 마지막으로 변경된 시간에 대한 정보를 제공하고자 시도한다. 이것은 많은 것을 의미한다. 예를 들어, 리소스는 서버에 존재하는 파일인 경우가 흔하므로, Last-Modified 값은 서버의 파일 시스템이 제공해 준 최근 변경시각일 수도 있다. 한편, 스크립트에 의해 생성된 것과 같이 동적으로 생성된 리소스라면 Last-Modified 값은 응답이 만들어진 시간일 수도 있다.

서버들은 Last-Modified 시간이 미래가 되지 않도록 신경을 써야 한다. 만약 그 값이 보내려고 하는 Date 헤더의 값보다 이후라면 HTTP/1.1 서버는 Last-Modified 시간을 리셋해야 한다.

유형	엔터티 헤더
기본 문법	Last-Modified: HTTP-date
예	Last-Modified: Thu, 03 Oct 1997 17:15:00 GMT

Location

Location 헤더는, 요청한 리소스가 새로운 위치로 옮겨졌거나 아니면 요청으로 인해 리소스가 새로 만들어진 경우, 그 위치로 클라이언트를 보내가 위해 서버에 의해 사용된다.

유형	응답 헤더
기본 문법	Location: absoluteURL
예	Location: http://www.hotbot.com

Max-Forwards

이 헤더는 요청이 지나가는 프락시 혹은 다른 중개자들의 개수를 제한하기 위한 목적으로 오직 TRACE 메서드에 의해서만 사용된다. 이 헤더와 함께 TRACE 요청을 받는 각 애플리케이션은 이 요청을 전달하기 전에 이 헤더의 값을 줄여야 한다.

애플리케이션이 요청을 받았을 때, 이 값이 0이라면 원본 요청을 포함한 엔터티 본문과 함께 200 OK 응답을 반환해야 한다. 만약 TRACE 요청에서 Max-Forwards 헤더가 빠져있다면 전달 횟수에 제한이 없다고 가정한다.

그 외의 HTTP 메서드에서라면 이 헤더는 무시되어야 한다. TRACE 메서드에 대한 더 자세한 내용은 3장의 "메서드"를 보라.

유형	요청 헤더
기본 문법	Max-Forwards: 1*DIGIT
예	Max-Forwards: 5

MIME-Version

MIME은 HTTP의 사촌이다. 그들이 철저하게 다름에도 불구하고, 몇몇 HTTP 서버는 MIME 명세상으로 올바른 메시지를 생성한다. 이런 경우에는 MIME 버전 헤더가 서버에 의해 제공될 수 있다.

이 헤더는 HTTP/1.0 명세에서 언급이 된 적은 있어도 결코 공식 명세의 일부였던 적은 없다. 많은 오래된 서버들은 메시지에 이 헤더를 함께 전송하지만 유효한 MIME 메시지가 아닌 경우가 많아서 이 헤더를 혼란스럽고 믿을 수 없는 것으로 만든다.

유형 확장 일반 헤더

기본 문법 MIME-Version: DIGIT "." DIGIT

예 MIME-Version: 1.0

Pragma

Pragma 헤더는 메시지와 함께 지시자를 넘겨주기 위해 사용된다. 이들 지시자들은 어느 것이든 될 수 있지만, 보통 그들은 캐시 동작을 제어하기 위해 사용된다. 프락시와 게이트웨이는 절대 Pragma 헤더를 지워서는 안 된다, 왜냐하면 메시지를 받는 모든 애플리케이션들을 위한 것으로 의도했던 것일 수 있기 때문이다.

Pragma의 가장 흔한 형태인 Pragma: no-cache는, 캐시가 신선한 사본이 캐시에 존재하더라도 원 서버로부터 문서를 요청하거나 혹시 재검사를 하도록 강제하는 요청 헤더다. 사용자가 Reload/Refresh 버튼을 클릭했을 때 브라우저는 이 요청을 보낸다. 많은 서버가 응답 헤더로 (Cache-Control: no-cache와 의미가 같은) Pragma: no-cache를 보내는데, 널리 사용되고 있음에도 불구하고 이 행위는 엄밀하게 정의되어 있지 않다. 모든 애플리케이션이 Pragma 응답 헤더를 지원하는 것은 아니다.

7장은 Pragma 헤더와 HTTP/1.0 애플리케이션이 그것을 이용해 캐시를 어떻게 제어하는지 다룬다.

유형 요청 헤더

기본 문법 Pragma: 1# pragma-directive

예 Pragma: no-cache

Proxy-Authenticate

Proxy-Authenticate 헤더는 WWW-Authenticate 헤더처럼 기능한다. 이 헤더는 프락시가 애플리케이션에게 자신의 신원 증명이 담긴 요청을 보내라는 인증요구를 할 때 사용한다. 인증요구/응답에 대한 설명 전체와 그 외 HTTP 보안 메커니즘에 대해서는 14장에서 자세히 다루고 있다.

만약 HTTP/1.1 프락시 서버가 407 Proxy Authenticate Required 응답을 보내고 있다면, 반드시 Proxy-Authenticate 헤더를 포함해야 한다.

프락시와 게이트웨이는 반드시 프락시와 관련된 헤더들의 해석에 주의해야 한다. 이 헤더들은 일반적으로 홉과 홉 사이의 현재 커넥션에만 적용되는 헤더(hop-by-hop 헤더)이다. 예를 들어, Proxy-Authenticate 헤더는 현재 커넥션에 대한 인증을 요구한다.

유형	응답 헤더
기본 문법	Proxy-Authenticate: challenge
예	Proxy-Authenticate: Basic realm="Super Secret Corporate Financial Documents"

Proxy-Authorization

Proxy-Authorization 헤더는 Authorization 헤더처럼 기능한다. 이 헤더는 Proxy-Authenticate 인증요구에 응답하기 위해 클라이언트 애플리케이션에 의해 사용된다. 인증요구/응답 보안 메커니즘이 어떻게 동작하는지 더 자세히 알고 싶다면 14장을 보라.

유형	요청 헤더
기본 문법	Proxy-Authorization: credentials
예	Proxy-Authorization: Basic YnJpYW4tdG90dHk6T3ch

Proxy-Connection

Proxy-Connection 헤더는 HTTP/1.0 Connection 헤더와 비슷한 의미를 갖고 있었다. 이 헤더는 클라이언트와 프락시 사이에서 커넥션(주로 keep-alive 커넥션)에 대한 옵션을 명시하기 위해 사용되었다. 이것은 표준 헤더가 아니며 표준 위원회는 이를 임시변통으로 만든 헤더로 보고 있다. 그러나 이 헤더는 브라우저들과 프락시들 사이에서 널리 쓰이고 있다.

브라우저 구현자들은 멍청한(dumb) 프락시에 의해 맹목적으로 전달된 HTTP/1.0 커넥션 헤더를 보내는 클라이언트의 문제를 해결하기 위해 Proxy-Connection 헤더를 만들었다. 맹목적으로 전달되는 Connection 헤더를 받은 서버는 커넥션에 대한 프락시의 능력을 클라이언트의 능력으로 오해할 가능성이 있었다.

Connection 헤더가 프락시를 통과하게 되리라는 것을 클라이언트가 알고 있다면, 클라이언트는 Connection 헤더 대신 Proxy-Connection 헤더를 보낸다. 서버들은 Proxy-Connection 헤더를 인식하지 못하기 때문에 그것을 무시할 것이고, 따라서 이는 멍청한 프락시가 서버에 아무런 영향을 미치지 않고 맹목적으로 그 헤더를 전달할 수 있게 해준다.

이 해결책은 클라이언트에서 서버로의 경로에 프락시가 둘 이상 존재하는 경우 문제를 일으킨다. 만약 첫 번째 프락시가 맹목적으로 이 헤더를 두 번째 프락시에 전달했는데, 그 두 번째 프락시가 이 헤더를 이해한다면 서버가 Connection 헤더에 대해 겪은 것과 같은 혼란으로 두 번째 프락시가 고통 받게 될 것이다.

HTTP 작업 그룹은 이 해결책이 단일 프락시에 한해서만 문제를 해결할 수 있는 일종의 편법(hack)이며 문제가 있는 것으로 보고 있다. 그렇기는 하지만 이것은 흔히 발생하는 문제를 상당 부분 해결해주며, 이 헤더는 오래된 비전의 넷스케이프 네비게이터와 마이크로소프트 인터넷 익스플로러에서 구현되어 있기 때문에 프락시 구현자들 역시 이 헤더를 처리해 줄 필요가 있다. 더 자세한 정보는 4장을 보라.

유형	일반 헤더
기본 문법	Proxy-Connection: 1# (connection-token)
예	Proxy-Connection: close

Public

Public 헤더는 서버가 클라이언트에게 자신이 지원하는 메서드를 말해줄 수 있게 해준다. 이들 메서드들은 클라이언트가 나중에 요청을 보낼 때 사용될 수 있다. 프락시들은 서버로부터 Public 헤더를 포함한 응답을 받을 때 주의가 필요하다. 이 헤더는 프락시가 아닌 서버의 능력을 알려주므로, 프락시는 이 응답을 클라이언트에게 보내기 전에 이 헤더에 들어있는 메서드의 목록을 고치거나 제거할 필요가 있다.

유형 응답 헤더

비고 이 헤더는 RFC 2616에 정의되어 있지 않다. HTTP/1.1의 예전 초안인 RFC 2068에서 정의되었지만, 그 후 공식 명세에서는 제거된 상태다.

기본 문법 Public: 1# HTTP-method

예 Public: OPTIONS, GET, HEAD, TRACE, POST

Range

Range 헤더는 엔터티의 일부분이나 범위에 대한 요청에서 쓰인다. 이 헤더의 값은 메시지에 들어있는 엔터티의 범위를 가리킨다.

한 문서의 범위에 대한 요청은 큰 객체에 대한 더 효과적인 요청(조각에 대한 요청으로)이나 실패한 전송에서의 복원(리소스에서 클라이언트가 받지 못한 범위만을 요청하게 함으로써)을 가능하게 한다. 범위 요청과 그를 가능하게 하는 헤더들에 대해서는 15장에서 자세히 다룬다.

유형 엔터티 헤더

예 Range: bytes=500-1500

Referer

Referer 헤더는 서버에게 클라이언트가 그 URL을 어디서 얻었는지 알려주기 위해 클라이언트 요청에 삽입된다. 이것은 클라이언트가 자발적으로 서버를 도와주는 것이다. 덕분에 서버는 로깅이나 다른 작업을 더 잘할 수 있게 된다. 세계 곳곳의 영어를 사용하는 교정 담당자들을 불편하게 만들고 있는 "Referer"의 철자 오기는 HTTP의 초창기 때 만들어진 것이다.

브라우저가 할 일은 상당히 단순하다. 만약 사용자가 홈페이지 A에 접속해서 홈페이지 B로의 링크를 클릭했다면, 사용자는 브라우저는 값 A를 갖는 Referer 헤더를 요청에 삽입할 것이다. Referer 헤더는 오직 사용자가 링크를 클릭했을 때만 브라우저에 의해 삽입된다. 사용자 스스로 타이핑한 URL에 대한 요청은 Referer 헤더를 포함하지 않을 것이다.

사용자가 자신이 어떤 페이지를 방문했는지 알리고 싶지 않을 수도 있기 때문에, 이 헤더에 대해서는 개인정보 침해와 관련된 논란이 있다. 이들 중 몇몇은 근거 없는 피해망상이긴 하지만, 이 헤더가 웹 서버와 그들의 관리자가 사용자가 어디에서 왔는지 알 수 있게 해주며 잠재적으로 사용자의 웹 서핑을 더 잘 추적할 수 있게 해준다는 것은 사실이다. 이러한 이유로, HTTP/1.1 명세는 사용자가 이 헤더를 전송할 것인지의 여부를 결정할 수 있게 해주도록 애플리케이션 개발자들에게 권고하고 있다.

유형	요청 헤더
기본 문법	Referer: (absoluteURL | relativeURL)
예	Referer: http://www.inktomi.com/index.html

Retry-After

서버는 클라이언트에게 언제 리소스에 대한 요청을 다시 시도할 수 있는지 말해주기 위해 Retry-After 헤더를 사용할 수 있다. 서버는 503 Service Unavailable 상태 코드로 응답할 때, 클라이언트에게 요청을 언제 다시 보내야 할지에 대한 날짜와 시간(혹은 초 단위로 된 남은 시간)을 알려주기 위해 이 헤더를 사용한다.

서버는 또한 클라이언트에게 리소스를 리다이렉트해줄 때, 클라이언트가 리다이렉트 된 위치에 있는 리소스에 대한 요청을 보내기 전에 기다려야 할 시간을 알려주기 위해 이 헤더를 사용할 수 있다. 이것은 동적인 리소스를 만들어내는 서버가 새로 생성된 리소스로 클라이언트를 리다이렉트 하려고 하는데, 그 리소스가 생성되기까지 시간이 필요할 때 유용하게 사용될 수 있다.

유형	응답 헤더
기본 문법	Retry-After: (HTTP-date | delta-seconds)
예	Retry-After: Tue, 3 Oct 1997 02:15:31 GMT Retry-After: 120

Server

Server 헤더는 User-Agent 헤더와 비슷하다. 이것은 서버가 클라이언트에게 자신이 누구인지 알려줄 수 있는 수단을 제공한다. 이 헤더의 값은 서버의 이름과 그 서버에 대한 선택적인 주석이다.

Server 헤더가 서버 제품의 신원을 밝히고 그 제품에 대한 추가적인 주석을 포함할 수 있기 때문에, 그 형식은 다소 자유롭다. 어떤 개발자가 서버가 이 헤더를 통해 알려주는 신원 정보에 의존성이 있는 소프트웨어를 작성하고 있다면, 그 개발자는 서버 소프트웨어가 어떤 값을 돌려주는지 시험해보아야 할 것이다. 왜냐하면 그 값은 제품마다 다르고 버전마다 달라지기 때문이다.

User-Agent 헤더의 경우와 마찬가지로, 오래된 프락시나 게이트웨이가 Via 헤더에 들어갈 만한 분량의 값을 Server 헤더에 집어넣어도 놀라지 말라.

유형	응답 헤더
기본 문법	Server: 1* (product | comment)
예	Server: Microsoft-Internet-Information-Server/1.0 Server: websitepro/1.1f (s/n wpo-07d0) Server: apache/1.2b6 via proxy gateway CERN-HTTPD/3.0 libwww/2.13

Set-Cookie

Set-Cookie 헤더는 Cookie 헤더의 동료다. 11장에서 우리는 이 헤더의 사용방법을 자세히 다룬다.

유형	확장 응답 헤더
기본 문법	Set-Cookie: command
예	Set-Cookie: lastorder=00183; path=/orders Set-Cookie: private_id=519; secure

Set-Cookie2

Set-Cookie2 헤더는 Set-Cookie 헤더의 확장이다. 우리는 11장에서 이 헤더의 사용방법을 자세히 다룬다.

유형	확장 응답 헤더
기본 문법	Set-Cookie2: command
예	Set-Cookie2: ID="29046"; Domain=".joes-hardware.com" Set-Cookie2: color=blue

TE

엉성하게 이름 지어진 TE 헤더는, Accept-Encoding 헤더처럼 기능하지만 사실은 전송 인코딩을 위한 것이다(Accept-Transfer-Encoding이라고 이름 지을 수도 있었겠지만 그렇게 하지는 않았다). TE 헤더는 또한 클라이언트가 청크 인코딩을 통해 보내진 응답의 트레일러에 들어있는 헤더를 다룰 수 있는지 여부를 알려주기 위해 서도 사용될 수 있다. TE 헤더, 청크 인코딩 그리고 트레일러에 대해 더 자세한 것은 15장을 보라.

유형	요청 헤더
비고	만약 값이 비어있다면, 오직 청크 전송 인코딩만을 받아들일 수 있다. 특별한 토큰 "trailers"는 청크 응답의 트레일러 헤더를 받아들일 수 있음을 의미한다.
기본 문법	TE: # (transfer-codings) transfer-codings= "trailers" | (transfer-extension [accept-params])
예	TE: TE: chunked

Trailer

Trailer 헤더는 메시지의 끝에 어떤 헤더들이 나오게 되는지 나타내기 위해 사용한다. 15장에서 청크 인코딩과 트레일러에 대해 자세히 다룬다.

유형	일반 헤더
기본 문법	Trailer: 1#field-name
예	Trailer: Content-Length

Title

Title 헤더는 명세가 없는 헤더이지만, 엔터티의 제목을 알려주는 것으로 알려져 있다. 이 헤더는 초기 HTTP/1.0 확장의 일부였고 주로 서버가 사용할 수 있는 명확한 제목을 갖고 있는 HTML 페이지를 위해 사용되었다. 웹의 많은(대부분까지는 아니고) 미디어 타입들이 제목을 추출할 수 있는 쉬운 방법을 갖고 있지 않기 때문에, 이 헤더의 활용도에는 한계가 있다. 결국 이 헤더가 공식 명세가 되는 일은 없었지만, 인터넷의 몇몇 오래된 서버는 여전히 충직하게 이 헤더를 보내고 있다.

유형	응답 헤더

비고	Title 헤더는 RFC 2616에 정의되어 있지 않다. 이 헤더는 HTTP/1.0 초안(http://www.w3.org/Protocols/HTTP/HTTP2.html)에서 처음 정의되었지만 공식 명세에서는 제거되었다.
기본 문법	Title: document-title
예	Title: CNN Interactive

Transfer-Encoding

HTTP 메시지를 안전하게 보내기 위해 몇몇 인코딩이 수행된다면, 그 메시지는 Transfer-Encoding 헤더를 포함하게 될 것이다. 이 값은 메시지 본문에 적용된 인코딩의 목록이다. 만약 여러 인코딩이 적용되었다면, 그 인코딩들은 순서대로 나열된다.

Transfer-Encoding 헤더는 Content-Encoding 헤더와는 다르다. 왜냐하면 전송 인코딩은 서버 혹은 다른 중개자 애플리케이션이 메시지를 전송하기 위해 적용하는 인코딩이기 때문이다.

전송 인코딩은 15장에서 다룬다.

유형	일반 헤더
기본 문법	Transfer-Encoding: 1# transfer-coding
예	Transfer-Encoding: chunked

UA-(CPU, Disp, OS, Color, Pixels)

사용자 에이전트에 대한 이 헤더들은 이제 더 이상 흔하게 쓰이지 않는다. 이들은 클라이언트 장비에 대한 정보를 제공하여 서버가 더 나은 콘텐츠 선택을 할 수 있도록 해준다. 예를 들어 사용자의 장비가 8비트 컬러 디스플레이만을 갖고 있다고 한다면, 서버는 그 유형의 디스플레이에 맞는 이미지를 선택할 수 있을 것이다.

다른 헤더들은 제공할 수 없는 클라이언트에 대한 정보를 제공하는 헤더들은 다소 보안 문제를 유발할 수도 있다(더 자세한 정보가 필요하다면 14장을 보라).

유형	확장 요청 헤더
비고	이들 헤더는 RFC 2616에 정의되어 있지 않으며, 이들을 사용하는 것은 못마땅하게 여겨질 수 있다.

기본 문법	"UA" "-" ("CPU" | "Disp" | "OS" | "Color" | "Pixels") ":" machine-value machine-value = (cpu | screensize | os-name | display-color-depth)
예	UA-CPU: x86 클라이언트의 CPU UA-Disp: 640, 480, 8 클라이언트 디스플레이의 크기와 색 깊이 UA-OS: Windows 95 클라이언트의 운영체제 UA-Color: color8 클라이언트 디스플레이의 색 깊이 UA-Pixels: 640x480 클라이언트 디스플레이의 크기

Upgrade

Upgrade 헤더는 메시지를 발송하는 사람이 다른(아마도 완전히 다른) 프로토콜을 사용하고 싶다는 의사를 전달할 수 있게 해준다. 예를 들어 HTTP/1.1 클라이언트는 서버에게 값이 "HTTP/1.1"인 Upgrade 헤더를 포함한 HTTP/1.0 요청을 보낼 수 있으며, 이것은 서버가 HTTP/1.1을 지원하는지 클라이언트가 미리 확인할 수 있게 해줄 것이다.

만약 서버가 지원한다면 서버는 클라이언트에게 새로운 프로토콜을 사용해도 되는지 알려주기 위해 적절한 응답을 보낼 수 있다. 이는 다른 프로토콜로 옮겨가기 위한 효율적인 수단을 제공한다. 이 전략은 서버가 HTTP/1.1을 지원하는 것이 확인되지 않았을 때 클라이언트가 너무 많은 HTTP/1.1 헤더로 서버를 혼란스럽게 만들지 않을 수 있도록 해준다.

서버가 101 Switching Protocols 응답을 보내는 경우에는 반드시 이 헤더를 포함해야 한다.

유형	일반 헤더
기본 문법	Upgrade: 1# protocol
예	Upgrade: HTTP/2.0

User-Agent

User-Agent 헤더는 서버가 Server 헤더를 사용하는 것과 마찬가지로, 클라이언트 애플리케이션이 자신의 신원을 밝히기 위해 사용한다. 이 헤더의 값은 제품의 이름과 (만약 가능하다면) 클라이언트 애플리케이션에 대한 코멘트이다.

이 헤더의 포맷은 다소 자유롭다. 이 헤더의 값은 클라이언트 제품마다 다르고 버전마다 다르다. 이 헤더는 때때로 클라이언트가 실행되고 있는 장치에 대한 정보를 포함하기도 한다.

Server 헤더의 경우와 마찬가지로, 오래된 프락시나 게이트웨이가 Via 헤더에 들어갈 만한 분량의 값을 User-Agent 헤더에 집어넣어도 놀라지 마라.

유형	요청 헤더
기본 문법	User-Agent: 1* (product | comment)
예	User-Agent: Mozilla/4.0 (compatible; MSIE 5.5; Windows NT 5.0)

Vary

서버는 Vary 헤더를 사용해서 클라이언트의 요청에 들어있는 어떤 헤더가 서버 측 협상에 사용되는지 클라이언트에게 알려준다. 헤더의 값은 클라이언트에게 응답으로 무엇을 보내줄지 결정하기 위해 서버가 고려하는 헤더들의 목록이다.

이에 대한 한 예로 웹브라우저의 기능에 근거하여 특별한 HTML 페이지를 보내는 서버를 들 수 있을 것이다. 이러한 특별한 웹페이지를 보내는 서버는 응답으로 무엇을 보낼지 결정할 때 요청의 User-Agent 헤더를 고려했음을 알려주는 Vary 헤더를 포함할 것이다.

Vary 헤더는 또한 캐싱 프락시에 의해서도 사용된다. Vary 헤더가 캐시된 응답 헤더와 어떻게 연관이 있는지 더 자세히 알고 싶다면 7장을 보라.

유형	응답 헤더
기본 문법	Vary: ("*" | 1# field-name)
예	Vary: User-Agent

Via

Via 헤더는 메시지가 프락시와 게이트웨이를 통과하는 과정을 추적하기 위해 사용된다. 이것은 어떤 애플리케이션이 요청과 응답을 다루는지 보기 위한 정보성 헤더다.

메시지가 클라이언트에서 서버로 향하는 경로에서 HTTP 애플리케이션을 통과할 때, 애플리케이션은 메시지에 어디를 지나갔는지 표식을 남기기 위해 Via 헤더를 사용할 수 있다. 이것은 HTTP/1.1 헤더다. 많은 오래된 애플리케이션은 Via와 비슷한 문자열을 요청과 응답의 User-Agent나 Server 헤더에 삽입한다.

만약 메시지가 여러 애플리케이션을 통과한다면, 각각 모두 Via 문자열에 덧붙여져야 한다. Via 헤더는 HTTP/1.1 프락시와 게이트웨이에 의해 반드시 삽입되어야 한다.

유형	일반 헤더
기본 문법	Via: 1# (received-protocol received-by [comment])
예	Via: 1.1 joes-hardware.com (Joes-Server/1.0) 위는 메시지가 joes-hardware.com 기계에서 실행되는 Joes Server 버전 1.0 소프트웨어를 통과했음을 말해준다. Joes Server는 HTTP/1.1을 사용하고 있었다. Via 헤더는 다음과 같은 형식으로 표현되어야 한다.

```
HTTP-Version machine-hostname (Application-Name-Version)
```

Warning

Warning 헤더는 요청 중에 어떤 일이 일어났는지에 대해 정보를 조금 더 주기 위해 사용된다. 이 헤더는 상태 코드나 사유 구절을 통해서는 전할 수 없는 추가 정보를 보낼 수 있는 수단을 서버에게 제공한다. 다음과 같은 몇 가지 경고 코드가 HTTP/1.1에 정의되어 있다.

101 Response Is Stale

응답 메시지가 신선하지 않다고 알고 있다면(원 서버가 재검사를 할 수 없는 상황이라거나) 반드시 이 경고 메시지를 포함시켜야 한다.

111 Revalidation Failed

만약 캐시가 원 서버와 함께 응답의 재검사를 시도했으나, 만약 캐시가 원 서버에 접근할 수 없었기 때문에 그 결과가 실패라면, 이 경고는 클라이언트에 대한 응답에 반드시 포함되어야 한다.

112 Disconnected Operation

정보성 경고. 네트워크에의 접근이 제거된 경우 사용해야 한다.

113 Heuristic Expiration

캐시가 경험적으로(heuristically) 선택한 신선도 수명이 24시간보다 크면서, 응답의 나이 역시 24시간보다 크다면 반드시 응답에 이 경고를 포함해야 한다.

199 Miscellaneous Warning

이 경고를 받은 시스템은 이 경고에 대해 어떠한 자동화된 대응도 절대로 해서는 안 된다. 메시지는 사용자를 위한 추가 정보와 함께 본문을 포함할 수 있으며 아마도 그래야 할 것이다.

214 Transformation Applied

프락시와 같은 중개자가 응답의 콘텐츠 인코딩에 변화를 줄 만한 어떠한 변형 작업을 수행했다면, 반드시 추가되어야 한다.

299 Miscellaneous Persistent Warning

이 경고를 받은 시스템은 이 경고에 대해 어떠한 자동화된 대응도 절대로 해서는 안 된다. 메시지는 사용자를 위한 추가 정보와 함께 본문을 포함할 수 있다.

유형	응답 헤더
기본 문법	Warning: 1# warning-value
예	Warning: 113

WWW-Authenticate

WWW-Authenticate 헤더는 클라이언트에 대해 인증 스킴을 이용한 인증요구를 하기 위해 401 Unauthorized 응답에서 사용된다. 14장은 HTTP의 기본적인 인증요구/응답 인증 체계에서 사용되는 WWW-Authenticate 헤더와 그 사용에 대해 다룬다.

유형	응답 헤더
기본 문법	WWW-Authenticate: 1# challenge
예	WWW-Authenticate: Basic realm="Your Private Travel Profile"

X-Cache

X 헤더들은 모두 확장 헤더다. X-Cache 헤더는 클라이언트에게 어떤 리소스가 캐시되어 있는지 알려주기 위해 Squid에 의해 사용된다.

유형	확장 응답 헤더
예	X-Cache: HIT

X-Forwarded-For

이 헤더는 요청이 누구를 위해 포워딩되는지 표시하기 위해 상당히 많은 프락시 서버에서 사용된다(예: Squid). 앞에서 언급했던 Client-ip 헤더처럼, 이 요청 헤더는 요청 근원지의 주소를 언급한다.

유형	확장 요청 헤더
기본 문법	X-Forwarded-For: addr
예	X-Forwarded-For: 64.95.76.161

X-Pad

이 헤더는 응답 헤더 길이와 관련된 몇몇 브라우저의 버그를 극복하기 위해 사용되었다. 이 헤더는 응답 메시지 헤더에 몇 개의 추가 바이트들을 더해서 버그를 회피한다.

유형	확장 일반 헤더
기본 문법	X-Pad: pad-text
예	X-Pad: bogosity

X-Serial-Number

X-Serial-Number 헤더는 확장 헤더다. 이 헤더는 라이선스를 받은 소프트웨어의 일련번호를 HTTP 메시지에 삽입하기 위해 몇몇 오래된 HTTP 애플리케이션에 의해 사용된다.

이 헤더는 이제 거의 자취를 감추었지만, 특이한 X 헤더의 예를 보여주기 위해 소개해보았다.

유형	확장 일반 헤더
기본 문법	X-Serial-Number: serialno
예	X-Serial-Number: 010014056

부록 D

HTTP: The Definitive Guide

MIME 타입

MIME 미디어 타입(짧게 말해 MIME 타입)은 메시지 엔터티 본문의 콘텐츠를 설명하는 표준화된 이름이다(예를 들어 text/html, image/jpeg). 이 부록에서는 어떻게 MIME 타입이 동작하는지, 어떻게 새로운 MIME 타입을 등록하는지, 그리고 더 상세한 정보는 어디에서 볼 수 있는지 설명할 것이다.

이에 더하여, 지구상에 존재하는 다양한 소스로부터 모은 수백 개의 MIME 타입을 상세하게 설명하는 10개의 간단한 표를 싣는다. 이는 아마도 가장 많은 MIME 타입을 정리한 가장 상세한 표일 것이다. 이 표가 유용하길 바란다.

이 부록은 다음과 같은 것들을 다룬다.

- "배경"에서는 일차적인 참고자료들을 개략적으로 다룬다.
- "MIME 타입 구조"에서는 MIME 타입의 구조를 설명한다.
- "IANA에 MIME 타입 등록"에서는 어떻게 MIME 타입을 등록하는지 보여준다.
- MIME 타입을 살펴보기 쉽게 해준다.

다음 MIME 타입 표들이 이 부록에 포함되어 있다.

- application/*-표.D-3
- audio/*-표.D-4
- chemical/*-표.D-5
- image/*-표.D-6
- message/*-표.D-7

- model/*-표.D-8
- multipart/*-표.D-9
- text/*-표.D-10
- video/*-표.D-11
- Other-표. D-12

D.1 배경

MIME 타입은 본래 멀티미디어 이메일(MIME(Multipurpose Internet Mail Extensions)은 다목적 인터넷 메일 확장을 뜻한다)을 위해 개발되었지만, 데이터 객체의 포맷과 목적 설명이 필요한 HTTP를 비롯해 여러 다른 프로토콜에서 재사용되어 왔다.

MIME은 다섯 가지의 근본자료로부터 정의된다.

RFC 2045, "MIME: Format of Internet Message Bodies"
MIME 메시지 구조 전반을 설명하고, HTTP에서 가져온 Content-Type 헤더를 소개한다.

RFC 2046, "MIME: Media Types"
MIME 타입과 그 구조를 소개한다.

RFC 2047, "MIME: Message Header Extensions for Non-ASCII Text"
헤더에 비 아스키 문자를 포함하는 방법을 정의한다.

RFC 2048, "MIME: Registration Procedures"
인터넷 할당 번호 관리기관(Internet Assigned Numbers Authority, IANA)에 MIME 값을 등록하는 방법을 정의한다.

RFC 2049, "MIME: Conformance Criteria and Examples"
규정 준수를 위한 상세한 규칙을 다루고 예를 제공한다.

HTTP에 초점을 맞추기 위해, RFC 2046(미디어 타입)과 RFC 2048(등록 절차)에 대해 알아본다.

D.2 MIME 타입 구조

각 MIME 미디어 타입은 타입, 서브 타입, 선택적인 매개변수들 목록으로 이루어져 있다. 타입과 서브 타입은 빗금(/)으로 구분되고 선택적인 매개변수가 존재할 경우에는 세미콜론으로 시작된다. HTTP에서 MIME 미디어타입은 Content-Type과 Accept 헤더에서 널리 사용된다. 여기 몇 가지 예가 있다.

```
Content-Type: video/quicktime
Content-Type: text/html; charset="iso-8859-6"
Content-Type: multipart/mixed; boundary=gc0p4Jq0M2Yt08j34c0p
Accept: image/gif
```

D.2.1 분리형

MIME 타입은 객체 타입으로 묘사되거나 다른 객체 타입의 컬렉션이나 패키지로 묘사될 수 있다. 만약 MIME 타입이 객체 타입을 직접 묘사한다면, 이는 분리형이다. 이는 텍스트 파일, 비디오, 애플리케이션 전용 파일 포맷이다.

D.2.2 혼합형

다른 콘텐트의 컬렉션이나 요약본인 MIME 타입을 혼합형이라고 부른다. 혼합형은 패키지로 묶여 있는 포맷을 가리킨다. 묶여있는 패키지를 풀어 놓으면, 각각의 객체는 그만의 형식을 갖는다.

D.2.3 멀티파트형

멀티파트 미디어 타입은 혼합형이다. 멀티파트 객체는 여러 개의 컴포넌트 타입으로 이루어져 있다. 다음은 각각 자체 MIME 타입을 가지는 multipart/mixed 콘텐트의 예다.

```
Content-Type: multipart/mixed; boundary=unique-boundary-1

--unique-boundary-1
Content-type: text/plain; charset=UTF-8

안녕하세요.

--unique-boundary-1
Content-Type: multipart/parallel; boundary=unique-boundary-2

--unique-boundary-2
Content-Type: audio/basic

    ... 8000 Hz 단일 채널 mu-law 형식의 오디오 데이터가 여기 위치한다 ...
```

```
--unique-boundary-2
Content-Type: image/jpeg

     ... 이미지 데이터가 여기 위치한다 ...

--unique-boundary-2--

--unique-boundary-1
Content-type: text/enriched

이것은 <smaller>RFC 1896에 정의되어 있는</smaller>
<bold><italic>리치 텍스트</italic></bold>입니다.

<bigger><bigger>멋지지</bigger></bigger> 않나요?

--unique-boundary-1
Content-Type: message/rfc822

From: (mailbox in US-ASCII)
To: (address in US-ASCII)
Subject: (subject in US-ASCII)
Content-Type: Text/plain; charset=ISO-8859-1
Content-Transfer-Encoding: Quoted-printable

     ... ISO-8859-1에 정의된 추가적인 텍스트가 여기 위치한다 ...

--unique-boundary-1--
```

D.2.4 문법

앞서 언급했듯이, MIME 타입엔 타입, 서브 타입, 그리고 선택적으로 명시할 수 있는 매개변수의 목록이 있다.

타입은 이미 정의되어 있는, IETF가 정의한 확장 토큰이나 실험적인 토큰("x-"로 시작하는)이 될 수 있다. 공통 주요 MIME 타입은 표 D-1에서 볼 수 있다.

형식	설명
application	애플리케이션 전용 콘텐트 포맷(분리형)
audio	오디오 포맷(분리형)
chemical	화학 데이터 집합(분리형 IETF 확장 타입)
image	이미지 포맷(분리형)
message	메시지 포맷(혼합형)
model	3D 모델 포맷(분리형 IETF 확장 타입)
multipart	다중 객체의 모음(혼합형)
text	텍스트 포맷(분리형)
video	비디오 영화 포맷(분리형)

표 D-1 공통 기본 MIME 타입

서브 타입은 "text/text"에서와 같이 주 타입과 같거나 IANA에 등록된 서브 타입이거나 "x-"로 시작하는 실험적인 확장 토큰이 될 수 있다.

타입과 서브 타입은 US-ASCII 문자 집합으로 이뤄져 있다. 빈칸과 "tspecials"라고 부르는 예약되어 있는 그룹과 문장 부호 문자들은 제어 문자이며, 타입과 서브 타입에서 사용할 수 없다.

RFC 2046에 있는 MIME 타입의 문법은 다음과 같다.

```
TYPE := "application" | "audio" | "image" | "message" | "multipart" |
        "text" | "video" | IETF-TOKEN | X-TOKEN
SUBTYPE := IANA-SUBTOKEN | IETF-TOKEN | X-TOKEN

IETF-TOKEN := <RFC에 있거나 IANA에 등록되어 있는 확장 토큰>
IANA-SUBTOKEN := <IANA에 등록되어 있는 확장 토큰>
X-TOKEN := <"X-" 혹은 "x-"로 시작하기만 하면 되는 모든 토큰>

PARAMETER := TOKEN "=" VALUE
VALUE := TOKEN / QUOTED-STRING
TOKEN := 1*<공백, 제어 문자, TSPECIALS¹를 제외한 모든 US-아스키 문자>
TSPECIALS :=  "(" | ")" | "<" | ">" | "@" |
              "," | ";" | ":" | "\" | <"> |
              "/" | "[" | "]" | "?" | "="
```

D.3 MIME 타입 IANA 등록

MIME 미디어 타입 등록 절차는 RFC 2048에 설명되어 있다. 등록 절차의 목적은 새로운 미디어 타입의 등록을 쉽게 해주는 것뿐만 아니라 그 미디어 타입이 충분히 심사숙고 되어 있고 다른 문제가 없는지 검사를 하는데 있다.

D.3.1 등록 트리

MIME 타입 토큰은 '등록 트리'라고 부르는 네 개의 클래스로 나뉘며 각각의 등록 규칙이 따로 있다. IETF, 벤더, 개인, 실험으로 이루어진 네 개의 트리를 표 D-2에서 설명한다.

1 (옮긴이) http://suika.fam.cx/~wakaba/wiki/sw/n/tspecials 참고하라.

등록 트리	예	설명
IETF	text/html(HTML 텍스트)	IETF 트리는 인터넷 커뮤니티에서 중요하게 다뤄지는 타입들을 주로 다룬다. 새로운 IETF 트리 미디어 타입은 인터넷 기술 관리 그룹(Internet Engineering Steering Group, IESG)과 참조 표준 트랙 RFC(accompanying standards-track RFC)의 동의가 필요하다. IETF 트리 타입은 토큰에 구두점(.)이 없다.
Vendor (vnd.)	image/vnd.fpx (코닥 플래시픽스(FlashPix) 이미지)	벤더 트리는 상용 제품에서 사용되는 미디어 타입에 대한 것이다. 새로운 벤더 타입에 대한 공식적 검토는 장려되지만 필수는 아니다. 벤더 트리 타입은 "vnd."로 시작된다.
Personal/Vanity (prs.)	image/prs.btif (국가 은행에서 사용되는 내부 진단 포맷)	비공개, 개인적, 혹은 무의미한 미디어 타입은 퍼스널 트리에 등록될 수 있다. 이러한 미디어 타입은 상용으로 배포할 수 없다. 퍼스널 트리 타입은 "prs."로 시작된다.
Experimental (x- 혹은 x.)	application/x-tar (유닉스 tar 압축)	실험적 트리는 등록되지 않았거나 실험적인 미디어 타입에 대한 것이다. 새로운 벤더 미디어 타입이나 퍼스널 미디어 타입을 등록하는 것은 상대적으로 간단하기 때문에, 소프트웨어에 너무 많은 x- 형식을 사용하여 배포하지 않는 것이 좋다. 실험적 트리 형식은 "x." 혹은 "x-"로 시작된다.

표 D-2 네 개의 MIME 미디어 타입 등록 트리

D.3.2 등록 절차

MIME 미디어 타입 등록에 대한 자세한 내용은 RFC 2048에서 볼 수 있다.

기본 등록 절차는 형식적인 표준 절차라기보다는 커뮤니티에서 새로운 타입에 특별한 문제는 없는지 정도를 검토하고, 너무 지연되지는 않게 그것을 등록소에 저장하는 행정절차에 가깝다. 절차는 다음과 단계를 밟는다.

1. 검토를 위해서 커뮤니티에 미디어 타입을 발표한다.

   2주간 검토를 위해, 제안하고자 하는 미디어 타입 신청을 ietf-types@iana.org 메일링 리스트에 보낸다. 이름, 상호 운용, 보안상의 문제와 관련된 선택에 대한 피드백을 요청한다. RFC 2045에 기술되어 있는 "x-"를 접두사는 등록이 완료될 때까지 사용할 수 있다.

2. IESG 승인(IETF 트리에 대해서만)

   미디어 타입이 IETF 트리에 등록되면, 승인을 위해 반드시 IESG에 제출해야 하며, RFC 표준 트랙을 함께 첨부해야 한다.

3. IANA 등록

   미디어 타입이 승인 요구사항을 충족시키는 대로, 저작자는 예 D-1에 있는 이메일 견본을 사용하여 IANA에 등록 요청을 하고 ietf-type2@iana.org에 관련 정보

메일을 보낼 수 있다. IANA는 미디어 타입을 등록하고 해당 미디어 타입 애플리케이션을 http://www.isi.edu/in-notes/iana/assignments/media-types/에 추가한다.

D.3.3 등록 규칙

IANA는 지정된 등록이 승인되었다고 IESG에서 응답이 올 경우에만 IETF 트리에 미디어 타입을 등록할 것이다.

벤더 타입과 퍼스널 타입은 다음 조건들만 충족시키면 공식적인 검토 없이 IANA에 의해 자동으로 등록될 것이다.

1. 미디어 타입은 실제 미디어 포맷 역할을 해야 한다. 전송 인코딩이나 문자 집합 같은 타입이 미디어 타입으로 등록되면 안 될 것이다.
2. 모든 미디어 타입은 적절한 타입과 서브 타입을 가지고 있어야 한다. 모든 타입명은 RFC 표준 트랙에 정의된 것이어야만 한다. 모든 서브 타입명은 유일해야 하고 MIME 문법을 따라야 하며 적절한 트리 접두사를 가지고 있어야 한다.
3. 퍼스널 트리 타입은 포맷에 대한 명세를 제공하거나 명세 정보를 기술해야 한다.
4. 주어진 보안상의 고려할 점들을 충족시켜야 한다. 인터넷 소프트웨어를 개발하는 모든 이는 보안상 취약점을 보강해야 할 필요가 있다는 것을 유념해야 한다.

D.3.4 등록 견본

실제 IANA 등록은 이메일로 이루어진다. 예 D-1에 있는 견본을 이용해서 등록 양식을 작성한 뒤 ietf-types@iana.org로 메일을 보내면 된다.

예 D-1 IANA MIME 등록 이메일 견본

```
To: ietf-types@iana.org
Subject: Registration of MIME media type XXX/YYY

MIME media type name:

MIME subtype name:

Required parameters:

Optional parameters:

Encoding considerations:

Security considerations:
```

```
Interoperability considerations:

Published specification:

Applications which use this media type:

Additional information:

    Magic number(s):
    File extension(s):
    Macintosh File Type Code(s):

Person & email address to contact for further information:

Intended usage:

(One of COMMON, LIMITED USE or OBSOLETE)

Author/Change controller:

(Any other information that the author deems interesting may be added below this
line.)
```

D.3.5 MIME 미디어 타입 등록

제출된 양식은 IANA 웹 사이트(http://www.iana.org)에서 찾아볼 수 있다. MIME 미디어 타입의 실제 데이터베이스는 http://www.iana.org/assignments/media-types/media-types.xhtml에 있는 ISI 웹 서버에 저장된다.

주요 타입과 서브 타입으로 이루어져 있는 미디어 타입들은 하나의 미디어 타입 당 하나의 파일로 디렉터리 트리에 저장된다. 각 파일은 양식에 맞춰 제출된 MIME 미디어 타입 등록 요청서를 포함한다. 안타깝게도 사람마다 조금씩 다르게 등록 견본을 작성하기 때문에, 정보의 품질과 형식이 제출에 따라 조금씩 다르다(이번 부록의 표에서, 등록자가 생략한 부분들을 채워나가 볼 것이다).

D.4 미디어 타입 표

이 절에서는 10개의 표에 걸쳐서 수백 개의 MIME 타입을 요약해볼 것이다. 각 표는 특정 주요 타입(image, text 등)에 속한 MIME 미디어 타입들을 나열한다.

이 정보들은 IANA 미디어 타입 등록소, 아파치 mime.types 파일, 그리고 여러 웹 페이지를 참고하여 모았다. 우리는 이 자료를 정제하고, 빠진 부분을 채우고, 자료가 더 유용하도록 여러 자료를 참고하여 간략한 설명을 포함하는데 며칠을 보냈다.

다음은 다른 어떤 자료보다 더 상세하게 표로 정리된 MIME 타입일 것이다. 유용하게 쓰이길 바란다.

D.4.1 application/*

표 D-3은 여러 애플리케이션 전용 MIME 미디어 타입을 설명한다.

MIME 타입	설명	확장	문의 및 참조
application/activemessage	액티브 메일(Active Mail) 그룹웨어를 지원한다.		Ronald M. Baecker가 집필한 "Readings in Groupware and Computer-Supported Cooperative Work"(ed. Morgan Kaufmann, ISBN 1558602410)에 있는 "Active Mail: A Framework for Integrated Groupware Applications"
application/andrew-inset	앤드류(Andrew) 툴킷을 이용해 만들어진 멀티미디어 창작물을 지원한다.	ez	Nathaniel S. Borenstein이 집필한 "Multimedia Applications Development with the Andrew Toolkit, Nathaniel S. Borenstein"(Prentice Hall, ASIN 0130366331) nsb@bellcore.com
application/applefile	불특정 사용자 데이터에 대한 일반 접근을 허용하면서, 애플/매킨토시 전용 정보 데이터의 MIME 기반의 전송을 허용한다.		RFC 1740
application/atomicmail	ATOMICMAIL은 벨코어(Bellcore)에서 진행된, 메일이 읽혀졌을 때 실행되는 프로그램을 전자 메일 메시지에 포함시키기 위한 설계에 대한 실험적인 연구 프로젝트였다. ATOMICMAIL은 빠르게 safe-tcl로 대체되었다.		Nathaniel S. Borenstein이 집필한 "ATOMICMAIL Language Reference Manual," (Bellcore Technical Memorandum, TM ARH-018429)
application/batch-SMTP	MIME를 지원하는 전송 커넥션을 통해서 ESMTP 메일 트랜잭션을 터널링하는데 사용하는 MIME 타입이다.		RFC 2442
application/beep+xml	BEEP라 불리는 상호작용 프로토콜을 지원한다. BEEP는 기기 간에 MIME 메시지를 동시에 독립적으로 교환하는 것을 허락한다. MIME 메시지는 보통 XML이다.		RFC 3080
application/cals-1840	MIL-STD-1840에 정의된 대로, 사전에 tapem에 의해 교환된 미 국방부 디지털 데이터의 MIME 전자 메일 교환을 지원한다.		RFC 1895

MIME 타입	설명	확장	문의 및 참조
application/commonground	커먼 그라운드(Common Ground)는 사용자들이 자신의 시스템에 애플리케이션을 생성하거나 글꼴을 설치하지 않고도 누구나 조회, 검색, 인쇄할 수 있는 전자 문서를 교환하고 분배하는 프로그램이다.		Nick Gault No Hands Software ngault@nohands.com
application/cybercash	CyberCash 프로토콜을 통해 신용카드 결제를 지원한다. 사용자가 지불을 하면, 상인으로부터 고객에게 application/cybercash MIME 타입의 메시지 본문을 포함한 메시지가 전달된다.		RFC 1898
application/dca-rft	IBM 문서 콘텐츠 아키텍처(Document Content Architecture).		"IBM Document Content Architecture/Revisable Form Text Reference," 문서 번호는 SC23-0758-1, IBM(International Business Machines)
application/dec-dx	문서 변환 포맷(Document Transfer Format, DEC).		"Digital Document Transmission (DX) Technical Notebook," 문서번호 EJ29141-86, Digital Equipment Corporation
application/dvcs	데이터 검증 및 인증 서버(Data Validation and Certification Server, DVCS)에서 사용하는 프로토콜을 지원한다. DVCS는 공개 키 보안 인프라에서 신뢰할 수 있는 인증 서버 역할을 한다.		RFC 3029
application/EDI-Consent	비표준 명세를 사용하는 전자 문서 교환(Electronic Data Interchange, EDI)을 통해 양자 간 거래를 지원한다.		http://www.isi.edu/in-notes/iana/assignments/media-types/application/EDI-Consent
application/EDI-X12	ASC X12 EDI 명세를 사용하는 전자 문서 교환(EDI)을 통해 양자 간 거래를 지원한다.		http://www.isi.edu/in-notes/iana/assignments/media-types/application/EDI-X12
application/EDIFACT	EDIFACT 명세를 사용하는 전자 문서 교환(EDI)을 통해 양자 간 거래를 지원한다.		http://www.isi.edu/in-notes/iana/assignments/media-types/application/EDIFACT
application/eshop	알려져 있지 않다.		Steve Katz System Architecture Shop steve_katz@eshop.com

MIME 타입	설명	확장	문의 및 참조
application/font-tdpfr	문자 코드와 관련한 각 상형문자의 집합을 포함한 이동 가능한 폰트 리소스(Defines a Portable Font Resource, PFR)를 정의한다.		RFC 3073
application/http	한 개 이상의 HTTP 요청 혹은 응답 메시지의 파이프라인을 묶는데 사용한다(요청과 응답이 동시에 섞이지는 않는다).		RFC 2616
application/hyperstudio	하이퍼스튜디오(HyperStudio) 교육 하이퍼미디어 파일을 전송하는 데 쓰인다.	stk	http://www.hyperstudio.com
application/iges	일반적으로, CAD 모델을 교환하기 위한 포맷에 쓰인다.		"ANS/US PRO/IPO-100" U.S. 제품 데이터 연합(Product Data Association) 2722 Merrilee Drive, Suite 200 Fairfax, VA 22031-4499
application/index application/index.cmd application/index.obj application/index.response application/index.vnd	공통 인덱싱 프로토콜(Common Indexing Protocol, CIP)을 지원한다. CIP는, 서버 간에 인덱싱 정보를 전달함으로써 분산 데이터베이스 시스템을 통해 질의를 전달하고 복제하는 데 쓰이던 Whois++ 디렉터리 서비스보다 더 진화된 프로토콜이다.		RFC 2652, RFC 2651, RFC1913, RFC1914
application/iotp	HTTP를 통한 인터넷 개방형 상거래 프로토콜(Internet Open Trading Protocol, IOTP)을 지원한다.		RFC 2935
application/ipp	HTTP를 통한 인터넷 인쇄 프로토콜(Internet Printing Protocol, IPP)을 지원한다.		RFC 2910
application/mac-binhex40	특정 애플리케이션에는 더 안전할 수 있도록, 8비트 바이트 문자열을 7비트 바이트 문자열로 인코딩한다(6비트 64-base 인코딩만큼 안전하진 않다).	hqx	RFC 1341
application/mac-compactpro	아파치의 MIME 타입이다.	cpt	
application/macwriteii	클라리스(Claris) 맥라이트 II (MacWrite II).		
application/marc	MARC는 도서 목록과 관련 정보의 표현과 통신에 사용하는 문헌 자동화 목록(Machine-Readable Cataloging, MARC)의 기록에 대한 표준이다.	mrc	RFC 2220

MIME 타입	설명	확장	문의 및 참조
application/mathematica application/mathematica-old	매스매티카와 매스리더(MathReader) 수치 해석 소프트웨어에서 사용한다.	nb, ma, mb	The Mathematica Book, Stephen Wolfram, Cambridge University Press, ISBN 0521643147
application/msword	마이크로소프트 워드(Word)에서 사용하는 MIME 타입.	doc	
application/news-message-id			RFC 822 (메시지 ID), RFC 1036 (뉴스에 적용), RFC 977 (NNTP)
application/news-transmission	이메일이나 다른 통신 수단으로 뉴스 기사를 전송하는 데 쓰인다.		RFC 1036
application/ocsp-request	온라인 인증서 상태 프로토콜(Online Certificate Status Protocol, OCSP)에 쓰인다. OCSP는 로컬 인증서 해지 목록이 없이도 전자 인증서의 유효성 검사를 할 수 있게 한다.	orq	RFC 2560
application/ocsp-response	위와 동일.	ors	RFC 2560
application/octet-stream	분류되지 않은 이진 데이터.	bin, dms, lha, lzh, exe, class	RFC 1341
application/oda	사무 문서 체계(Office Document Architecture, ODA) 표준에 따라 사무 문서 교환 포맷(Office Document Interchange Format, ODIF)을 사용하여 인코딩 된 정보에 쓰인다. Content-Type 줄에는, 문서 지원 프로파일(Document Application Profile, DAP)을 가리키는 다음과 같은 속성/값 쌍을 기술해야 한다. Content-Type: application/oda;profile=Q112	oda	RFC 1341 ISO 8613; "Information Processing: Text and Office System; Office Document Architecture(ODA) and Interchange Format(ODIF)"의 파트 1에서 8까지, 1989년
application/parityfec	RTP 데이터 스트림에서 전달 오류를 정정(forward error correction)하는데 쓰이는 패리티 인코딩이다.		RFC 3009
application/pdf	어도비 PDF 파일.	pdf	Portable Document Format Reference Manual, Adobe Systems, Inc., Addison Wesley, ISBN 0201626284
application/pgp-encrypted	PGP로 암호화된 데이터.		RFC 2015
application/pgp-keys	PGP 공개 키 블록.		RFC 2015
application/pgp-signature	PGP의 암호 서명.		RFC 2015

MIME 타입	설명	확장	문의 및 참조
application/pkcs10	공개 키 암호 시스템(Public Key Crypto System) #10에 대한 MIME 타입이다. application/pkcs10 본문 타입은 PKCS #10 암호화 요청을 전송하는데 사용해야 한다.	p10	RFC 2311
application/pkcs7-mime	공개 키 암호 시스템(Public Key Crypto System) #7에 대한 MIME 타입이다. 이 타입은 비대칭키 암호 메시지(envelopedData)와 서명 메시지(signedData)를 포함한 여러 타입의 PKCS #7 객체들을 전송하는데 쓰인다.	p7m	RFC 2311
application/pkcs7-signature	공개 키 암호 시스템(Public Key Crypto System) #7에 대한 MIME 타입이다. 이 타입은 서명 메시지(signedData) 형식인 PKCS #7 객체 하나를 항상 포함해야 한다.	p7s	RFC 2311
application/pkix-cert	X.509 인증서 전송.	cer	RFC 2585
application/pkix-crl	X.509 인증서 해지 목록 전송.	crl	RFC 2585
application/pkixcmp	X.509 공개 키 인프라스트럭쳐 인증 관리 프로토콜(Public Key Infrastructure Certificate Management Protocol)에서 사용하는 메시지 포맷.	pki	RFC 2510
application/postscript	어도비 포스트스트립트(PostScript)의 그래픽 파일(프로그램).	ai, ps, eps	RFC 2046
application/prs.alvestrand.titrax-sheet	Harald T. Alvestrand가 만든 "TimeTracker" 프로그램.		http://domen.uninett.no/~hta/titrax/
application/prs.cww	윈도우를 위한 CU-Writer.	cw, cww	\Dr. Somchai Prasitjutrakul somchaip@chulkn.car.chula.ac.th
application/prs.nprend	알려져 있지 않다.	rnd, rct	John M. Doggett jdoggett@tiac.net
application/remote-printing	원격으로 인쇄를 할 때, 프린터 커버 시트에 대한 메타 정보를 포함한다.		RFC 1486 Marshall T. Rose mrose@dbc.mtview.ca.us
application/riscos	에이콘(Acorn)의 RISC OS 바이너리.		RISC OS Programmer's Reference Manuals, Acorn Computers, ISBN1852501103
application/sdp	SDP는 세션 발표, 세션 초대 및 멀티미디어 세션 초기화의 다른 형태를 위한 라이브 멀티미디어 세션을 가리킨다.		RFC 2327 Henning Schulzrinne hgs@cs.columbia.edu

MIME 타입	설명	확장	문의 및 참조
application/set-payment application/set-payment-initiation application/set-registration application/set-registration-initiation	SET(Secure Electronic Transaction) 결제 프로토콜에 쓰인다.		http://www.visa.com http://www.mastercard.com
application/sgml-open-catalog	SGML Open TR9401:1995 "Entity Management" 명세를 지원하는 시스템에서 쓰인다.		SGML Open 910 Beaver Grade Road, #3008 Coraopolis, PA 15109 info@sgmlopen.org
application/sieve	메일 필터링 스크립트.		RFC 3028
application/slate	BBN/Slate 문서 포맷은 BBN/Slate 제품에서 배부한 표준 문서 중의 일부로 발행되었다.		BBN/Slate Product Mgr BBN Systems and Technologies 10 Moulton Street Cambridge, MA 02138
application/smil	동기화 된 멀티미디어 통합 언어(Synchronized Multimedia Integration Language, SMIL)는 독립적인 멀티미디어 객체들의 집합을 동기화 된 멀티미디어 표현으로 통합한다.	smi, smil	http://www.w3.org/AudioVideo/
application/tve-trigger	텔레비전 수신기 내에서 사용되는 내장 URL을 지원한다.		"SMPTE: Declarative Data Essence, Content Level 1," Society of Motion Picture와 Television Engineers에서 제작 http://www.smpte.org
application/vemmi	videotex 표준의 발전된 버전.		RFC 2122
application/vnd.3M.Post-it-Notes	인터넷 제어 플러그인인 "Post-it® Notes for Internet Designers"에서 사용.	pwn	http://www.3M.com/psnotes/
application/vnd.accpac.simply.aso	Simply Accounting v7.0이나 그 상위 버전. 이 형식의 파일들은 Open Financial Exchange v1.02를 따른다.	aso	http://www.ofx.net
application/vnd.accpac.simply.imp	자체 데이터를 임포트하기 위해서 Simply Accounting v7.0이나 그 상위 버전을 사용한다.	imp	http://www.ofx.net
application/vnd.acucobol	ACUCOBOL-GT Runtime.		Dovid Lubin dovid@acucobol.com
application/vnd.aether.imp	AOL 인스턴트 메신저, 야후! 메신저, MS 메신저, 그리고 무선 기기에서 사용하는 인스턴트 메시징 클라이언트 집합과 같은 인스턴트 메시징 서비스 사이에서 방송에 적합한 인스턴트 메시지를 주고받는데 사용된다.		무선 인스턴트 메시징 프로토콜(IMP:Instant Messaging Protocol) 명세는 Aether System의 인가를 받고 사용할 수 있다.

MIME 타입	설명	확장	문의 및 참조
application/vnd.anser-web-certificate-issue-initiation	웹브라우저가 ANSER-WEB 터미널 클라이언트를 띄우게 하는데 사용된다.	cii	Hiroyoshi Mori mori@mm.rd.nttdata.co.jp
application/vnd.anser-web-funds-transfer-initiation	위와 동일.	fti	위와 동일
application/vnd.audiograph	AudioGraph.	aep	Horia Cristian H.C.Slusanschi@massey.ac.nz
application/vnd.bmi	CADAM 시스템에서 만든 BMI 그래픽 포맷	bmi	Tadashi Gotoh tgotoh@cadamsystems.co.jp
application/vnd.businessobjects	BusinessObjects 4.0이나 그 상위 버전.	rep	
application/vnd.canon-cpdl application/vnd.canon-lips	주식회사 캐논의 이미지 제품을 지원		Shin Muto shinmuto@pure.cpdc.canon.co.jp
application/vnd.claymore	Claymore.exe.	cla	Ray Simpson ray@cnation.com
application/vnd.commerce-battelle	스마트카드 기반의 디지털 상거래를 위한 정보, 식별, 인증 및 스마트카드 기반 카드 소지자의 정보 교환을 구분하기 위한 체계를 지원.	ica, icf, icd, icc, ic0, ic1, ic2, ic3, ic4, ic5, ic6, ic7, ic8	David C. Applebaum applebau@131.167.52.15
application/vnd.commonspace	MIME 기반 프로세스를 통해 CommonSpace 문서의 적절한 전송을 할 수 있다. CommonSpace는 Houghton-Mifflin의 한 부서인 Sixth Floor Media에서 만들었다.	csp, cst	Ravinder Chandhok chandhok@within.com
application/vnd.contact.cmsg	CONTACT 소프트웨어의 CIM 데이터베이스에 사용.	cdbcmsg	Frank Patz fp@contact.de http://www.contact.de
application/vnd.cosmocaller	웹 사이트에서 다운로드 할 수 있는 커넥션 매개변수가 포함된 파일을 허용하며, 매개변수를 해석하는 CosmoCaller 애플리케이션을 호출하고, CosmoCallACD 서버와의 연결을 시작한다.	cmc	Steve Dellutri sdellutri@cosmocom.com
application/vnd.ctc-posml	Continuum Technology의 PosML.	pml	Bayard Kohlhepp bayardk@ctcexchange.com

MIME 타입	설명	확장	문의 및 참조
application/vnd.cups-postscript application/vnd.cups-raster application/vnd.cups-raw	Common UNIX Printing System (CUPS) 서버와 클라이언트를 지원.		http://www.cups.org
application/vnd.cybank	Cybank 데이터에 대한 독점 데이터 형식.		Nor Helmee B. Abd. Halim helmee@cybank.net http://www.cybank.net
application/vnd.dna	DNA는 어떤 32비트 Window 애플리케이션이라도 쉽게 웹에 접근할 수 있도록 만드는 데 쓰인다.	dna	Meredith Searcy msearcy@newmoon.com
application/vnd.dpgraph	DPGraph 2000과 MathWare Cyclone에서 사용.	dpg, mwc, dpgraph	David Parker http://www.davidparker.com
application/vnd.dxr	PSI Technologies의 Digital Xpress Reports	dxr	Michael Duffy miked@psiaustin.com
application/vnd.ecdis-update	ECDIS 애플리케이션 지원.		http://www.sevencs.com
application/vnd.ecowin.chart application/vnd.ecowin.filerequest application/vnd.ecowin.fileupdate application/vnd.ecowin.series application/vnd.ecowin.seriesrequest application/vnd.ecowin.seriesupdate	EcoWin.	mag	Thomas Olsson thomas@vinga.se
application/vnd.enliven	상호작용 멀티미디어의 전송을 지원.	nml	Paul Santinelli psantinelli@narrative.com
application/vnd.epson.esf	Seiko Epson QUASS Stream Player의 독점 콘텐츠.	esf	Shoji Hoshina Hoshina.Shoji@exc.epson.co.jp
application/vnd.epson.msf	Seiko Epson QUASS Stream Player의 독점 콘텐츠.	msf	위와 동일
application/vnd.epson.quickanime	Seiko Epson QuickAnime Player의 독점 콘텐츠.	qam	Yu Gu guyu@rd.oda.epson.co.jp
application/vnd.epson.salt	Seiko Epson SimpleAnimeLite Player의 독점 콘텐츠.	slt	Yasuhito Nagatomo naga@rd.oda.epson.co.jp
application/vnd.epson.ssf	Seiko Epson QUASS Stream Player의 독점 콘텐츠.	ssf	Shoji Hoshina Hoshina.Shoji@exc.epson.co.jp

MIME 타입	설명	확장	문의 및 참조
application/ vnd.ericsson.quickcall	Phone Doubler Quick Call.	qcall, qca	Paul Tidwell paul.tidwell@ericsson.com http://www.ericsson.com
application/ vnd.eudora.data	Eudora Version 4.3이거나 그 상위 버전.		Pete Resnick presnick@qualcomm.com
application/vnd.fdf	Adobe Forms Data Format.		"Forms Data Format," Technical Note 5173, Adobe Systems
application/vnd.ffsns	FirstFloor's Smart Delivery와 함께 애플리케이션 커뮤니케이션에 사용.		Mary Holstege holstege@firstfloor.com
application/vnd.FloGraphIt	NpGraphIt.	gph	
application/ vnd.framemaker	Adobe FrameMaker 파일.	fm, mif, book	http://www.adobe.com
application/ vnd.fsc.weblaunch	Friendly Software Corporation의 골프 시뮬레이션 소프트웨어.	fsc	Derek Smith derek@friendlysoftware.com
application/ vnd.fujitsu.oasys application/ vnd.fujitsu.oasys2	Fujitsu's OASYS 소프트웨어에서 사용.	oas	Nobukazu Togashi togashi@ai.cs.fujitsu.co.jp
application /vnd.fujitsu.oasys2	Fujitsu's OASYS V2 소프트웨어에서 사용.	oa2	위와 동일
application/ vnd.fujitsu.oasys3	Fujitsu's OASYS V5 소프트웨어에서 사용.	oa3	Seiji Okudaira okudaira@candy.paso.fujitsu.co.jp
application/ vnd.fujitsu.oasysgp	Fujitsu's OASYS GraphPro 소프트웨어 지원.	fg5	Masahiko Sugimoto sugimoto@sz.sel.fujitsu.co.jp
application/ vnd.fujitsu.oasysprs	Fujitsu's OASYS Presentation 소프트웨어 지원.	bh2	Masumi Ogita ogita@oa.tfl.fujitsu.co.jp
application/ vnd.fujixerox.ddd	Fuji Xerox's EDMICS 2000과 DocuFile 지원.	ddd	Masanori Onda Masanori.Onda@fujixerox.co.jp
application/ vnd.fujixerox.docuworks	Fuji Xerox's DocuWorks Desk와 DocuWorks Viewer 소프트웨어 지원.	xdw	Yasuo Taguchi yasuo.taguchi@fujixerox.co.jp
application/vnd.fujixerox. docuworks.binder	Fuji Xerox's DocuWorks Desk와 DocuWorks Viewer 소프트웨어 지원.	xbd	위와 동일.
application/vnd.fut-misnet	알 수 없음.		Jaan Pruulmann jaan@fut.ee
application/vnd.grafeq	GrafEq 사용자가 GrafEq 문서를 웹과 이메일을 통해서 변환시킬 수 있게 한다.	gqf, gqs	http://www.peda.com

MIME 타입	설명	확장	문의 및 참조
application/vnd.groove-account	Groove는 작은 그룹의 내부 통신을 위한 가상공간을 구현한 P2P 통신 시스템이다.	gac	Todd Joseph todd_joseph@groove.net
application/vnd.groove-identity-message	위와 동일.	gim	위와 동일
application/vnd.groove-injector	위와 동일.	grv	위와 동일
application/vnd.groove-tool-message	위와 동일.	gtm	위와 동일
application/vnd.groove-tool-template	위와 동일.	tpl	위와 동일
application/vnd.groove-vcard	위와 동일.	vcg	위와 동일
application/vnd.hhe.lesson-player	LessonPlayer와 PresentationEditor 지원.	les	Randy Jones Harcourt E-Learning randy_jones@archipelago.com
application/vnd.hp-HPGL	HPGL files.		The HP-GL/2 and HP RTL Reference Guide, Addison Wesley, ISBN 0201310147
application/vnd.hp-hpid	Hewlett-Packard's Instant Delivery 소프트웨어 지원.	hpi, hpid	http://www.instant-delivery.com
application/vnd.hp-hps	Hewlett-Packard's WebPrintSmart 소프트웨어 지원.	hps	http://www.hp.com/go/webprintsmart_mimetype_specs/
application/vnd.hp-PCL application/vnd.hp-PCLXL	PCL 프린터 파일.	pcl	"PCL-PJL Technical Reference Manual Documentation Package," HP Part No. 5012-0330
application/vnd.httphone	HTTPhone 비동기 VOIP 시스템.		Franck LeFevre franck@k1info.com
application/vnd.hzn-3d-crossword	Horizon, A Glimpse of Tomorrow에서 크로스워드 퍼즐을 인코드 하는데 사용.	x3d	James Minnis james_minnis@glimpse-of-tomorrow.com
application/vnd.ibm.afplinedata	Print Services Facility (PSF), AFP 변환과 Facility (ACIF) 인덱싱.		Roger Buis buis@us.ibm.com
application/vnd.ibm.MiniPay	MiniPay 인가와 결제 소프트웨어.	mpy	Amir Herzberg amirh@vnet.ibm.com

MIME 타입	설명	확장	문의 및 참조
application/vnd.ibm.modcap	Mixed Object Document Content.	list3820, listafp, afp, pseg3820	Reinhard Hohensee rhohensee@vnet.ibm.com "Mixed Object Document Content Architecture Reference," IBM publication SC31-6802
application/vnd.informix-visionary	Informix Visionary.	vis	Christopher Gales christopher.gales@informix.com
application/vnd.intercon.formnet	Intercon Associates FormNet 소프트웨어 지원.	xpw, xpx	Thomas A. Gurak assoc@intercon.roc.servtech.com
application/vnd.intertrust.digibox application/vnd.intertrust.nncp	보안 전자상거래를 위한 InterTrust 아키텍처와 디지털 저작권 관리를 지원.		InterTrust Technologies 460 Oakmead Parkway Sunnyvale, CA 94086 USA info@intertrust.com http://www.intertrust.com
application/vnd.intu.qbo	QuickBooks 6.0(Canada)에만 사용됨.	qbo	Greg Scratchley greg_scratchley@intuit.com 이 파일들의 포맷은 Open Financial Exchange 명세에서 논의됨. http://www.ofx.net에서 볼 수 있다.
application/vnd.intu.qfx	Quicken 99와 이어지는 버전에만 사용됨.	qfx	위와 동일
application/vnd.is-xpr	Infoseek에서 사용.	xpr	Satish Natarajan satish@infoseek.com
application/vnd.japannet-directory-service application/vnd.japannet-jpnstore-wakeup application/vnd.japannet-payment-wakeup application/vnd.japannet-registration application/vnd.japannet-registration-wakeup application/vnd.japannet-setstore-wakeup application/vnd.japannet-verification application/vnd.japannet-verification-wakeup	Mitsubishi Electric's JapanNet 보안, 인가, 결제 소프트웨어를 지원.		Jun Yoshitake yositake@iss.isl.melco.co.jp
application/vnd.koan	SSEYO Koan Netscape Plugin 같은 보조 애플리케이션을 통해 인터넷에서 Koan 음악 파일을 자동 재생해준다.	skp, skd, skm, skt	Peter Cole pcole@sseyod.demon.co.uk

MIME 타입	설명	확장	문의 및 참조
application/ vnd.lotus-1-2-3	Lotus 1-2-3 와 Lotus Approach.	123, wk1, wk3, wk4	Paul Wattenberger Paul_Wattenberger@lotus.com
application/ vnd.lotus-approach	Lotus Approach.	apr, vew	위와 동일
application/ vnd.lotus-freelance	Lotus Freelance.	prz, pre	위와 동일
application/ vnd.lotus-notes	Lotus Notes.	nsf, ntf, ndl, ns4, ns3, ns2, nsh, nsg	Michael Laramie laramiem@btv.ibm.com
application/ vnd.lotus-organizer	Lotus Organizer.	or3, or2, org	Paul Wattenberger Paul_Wattenberger@lotus.com
application/ vnd.lotus-screencam	Lotus ScreenCam.	scm	위와 동일
application/ vnd.lotus-wordpro	Lotus Word Pro.	lwp, sam	위와 동일
application/vnd.mcd	Micro CADAM CAD 소프트웨어.	mcd	Tadashi Gotoh tgotoh@cadamsystems.co.jp http://www.cadamsystems.co.jp
application/ vnd.mediastation.cdkey	Media Station's CDKey 원격 CDROM 통신 프로토콜 지원.	cdkey	Henry Flurry henryf@mediastation.com
application/ vnd.meridian-slingshot	Meridian Data의 Slingshot.		Eric Wedel Meridian Data, Inc. 5615 Scotts Valley Drive Scotts Valley, CA 95066 ewedel@meridian-data.com
application/vnd.mif	FrameMaker 교환 포맷.	mif	ftp://ftp.frame.com/pub/techsup/techinfo/dos/mif4.zip Mike Wexler Adobe Systems, Inc 333 W. San Carlos St. San Jose, CA 95110 USA mwexler@adobe.com
application/ vnd.minisoft-hp3000-save	NetMail 3000 저장 포맷.		Minisoft, Inc. support@minisoft.com ftp://ftp.3k.com/DOC/ms92-save-format.txt
application/vnd.mitsubishi. misty-guard.trustweb	Mitsubishi Electric의 Trustweb 소프트웨어 지원.		Manabu Tanaka mtana@iss.isl.melco.co.jp
application/ vnd.Mobius.DAF	Mobius Management Systems 소프트웨어 지원.	daf	Celso Rodriguez crodrigu@mobius.com Greg Chrzczon gchrzczo@mobius.com

MIME 타입	설명	확장	문의 및 참조
application/vnd.Mobius.DIS	위와 동일.	dis	위와 동일
application/vnd.Mobius.MBK	위와 동일.	mbk	위와 동일
application/vnd.Mobius.MQY	위와 동일.	mqy	위와 동일
application/vnd.Mobius.MSL	위와 동일.	msl	위와 동일
application/vnd.Mobius.PLC	위와 동일.	plc	위와 동일
application/vnd.Mobius.TXF	위와 동일.	txf	위와 동일
application/vnd.motorola.flexsuite	FLEXsuite는 무선 메시징 프로토콜 집합이다. 이 형식은 무선 메시징 서비스 제공자의 네트워크 게이트뿐만 아니라 무선 OS와 애플리케이션에서 사용된다.		Mark Patton Motorola Personal Networks Group fmp014@email.mot.com FLEXsuite 명세는 적절한 라이선스 계약에 따라 모토로라에서 제공한다.
application/vnd.motorola.flexsuite.adsi	FLEXsuite는 무선 메시징 프로토콜 집합이다. 이 형식은 여러 데이터 암호화 솔루션을 위한 무선 친화적인 포맷을 제공한다.		위와 동일
application/vnd.motorola.flexsuite.fis	FLEXsuite는 무선 메시징 프로토콜 집합이다. 이 형식은 무선 기기에 구조화된 정보(예를 들어 뉴스, 주식, 날씨)를 효율적으로 전송하기 위해 만들어진 무선 친화적인 포맷이다.		위와 동일
application/vnd.motorola.flexsuite.gotap	FLEXsuite는 무선 메시징 프로토콜 집합이다. 이 형식은 방송 메시지를 통해 전달되는 무선 기기 속성을 프로그래밍하기 위한 무선 친화적인 포맷을 제공한다.		위와 동일
application/vnd.motorola.flexsuite.kmr	FLEXsuite는 무선 메시징 프로토콜 집합이다. 이 형식은 암호 키 관리를 위한 무선 친화적인 포맷을 제공한다.		위와 동일
application/vnd.motorola.flexsuite.ttc	FLEXsuite는 무선 메시징 프로토콜 집합이다. 이 형식은 토큰 문자 압축을 이용하는 효율적인 텍스트 전송을 위한 포맷을 지원한다.		위와 동일
application/vnd.motorola.flexsuite.wem	FLEXsuite는 무선 메시징 프로토콜 집합이다. 이 형식은 무선 기기에 인터넷 이메일 전송을 위한 무선 친화적인 포맷을 지원한다.		위와 동일

MIME 타입	설명	확장	문의 및 참조
application/ vnd.mozilla.xul+xml	모질라 인터넷 애플리케이션 모음을 제공한다.	xul	Dan Rosen2 dr@netscape.com
application/ vnd.ms-artgalry	Microsoft의 Art Gallery를 지원한다.	cil	deansl@microsoft.com
application/vnd.ms-asf	ASF는 분산 멀티미디어 애플리케이션 지원을 위해 네트워크를 가로질러 스트리밍되도록 설계된 콘텐츠인 멀티미디어 파일 포맷이다. ASF 콘텐츠는 모든 미디어 형식의 조합을 포함한다.(예를 들어 오디오, 비디오, 이미지, URL, HTML 콘텐츠, 미디, 2D 및 3D 모델링, 스크립트, 여러 형식의 객체)	asf	Eric Fleischman ericf@microsoft.com http://www.microsoft.com/mind/0997/netshow/netshow.asp
application/vnd.ms-excel	Microsoft 엑셀 스프레드시트.	xls	Sukvinder S. Gill sukvg@microsoft.com
application/vnd.ms-lrm	Microsoft 독점.	lrm	Eric Ledoux ericle@microsoft.com
application/ vnd.ms-powerpoint	Microsoft 파워포인트 프레젠테이션.	ppt	Sukvinder S. Gill sukvg@microsoft.com
application/ vnd.ms-project	Microsoft 프로젝트 파일.	mpp	위와 동일
application/vnd.ms-tnef	첨부를 식별하는 것은 일반적으로 MAPI 호환 애플리케이션에 의해서만 동작할 수 있을 것이다. 이 형식은 리치 텍스트나 아이콘 정보 같은 리치 MAPI 속성들의 캡슐화된 포맷이다.		위와 동일
application/vnd.ms-works	Microsoft Works 소프트웨어.		위와 동일
application/vnd.mseq	MSEQ는 무선 기기에 적합한 멀티미디어 포맷이다.	mseq	Gwenael Le Bodic Gwenael.le_bodic@alcatel.fr http://www.3gpp.org
application/vnd.msign	모바일 기기에서 서명 요청을 하는 msign 프로토콜을 구현한 애플리케이션에서 사용한다.		Malte Borcherding Malte.Borcherding@brokat.com
application/vnd.music-niff	NIFF 음악 파일.		Cindy Grande 72723.1272@compuserve.com ftp://blackbox.cartah.washington.edu/pub/NIFF/NIFF6A.TXT
application/vnd.musician	RenaiScience 사에서 구상하고 개발한 음악가 평점 언어이다.	mus	Robert G. Adams gadams@renaiscience.com
application/vnd.netfpx	인터넷에서 휴렛팩커드 이미징에 사용된 다중 해상도 영상 정보를 동적으로 검색하는데 쓰인다.	fpx	Andy Mutz andy_mutz@hp.com

MIME 타입	설명	확장	문의 및 참조
application/ vnd.noblenet-directory	RogueWave가 구매한 NobleNet Directory 소프트웨어를 지원한다.	nnd	http://www.noblenet.com
application/ vnd.noblenet-sealer	RogueWave가 산 NobleNet Directory 소프트웨어를 지원한다.	nns	http://www.noblenet.com
application/ vnd.noblenet-web	RogueWave가 산 NobleNet Directory 소프트웨어를 지원한다.	nnw	http://www.noblenet.com
application/ vnd.novadigm.EDM	Novadigm의 RADIA와 EDM 제품을 지원한다.	edm	Phil Burgard pburgard@novadigm.com
application/ vnd.novadigm.EDX	위와 동일.	edx	위와 동일
application/ vnd.novadigm.EXT	위와 동일.	ext	위와 동일
application/ vnd.osa.netdeploy	Open Software Associates netDeploy 애플리케이션 배포 소프트웨어를 지원한다.	ndc	Steve Klos stevek@osa.com http://www.osa.com
application/vnd.palm	PalmOS 시스템 소프트웨어와 애플리케이션에서 사용한다. "application/vnd.palm"은 새로운 형식으로, 기존 형식이었던 "application/x-pilot"를 대체하였다.	prc, pdb, pqa, oprc	Gavin Peacock gpeacock@palm.com
application/vnd.pg.format	Proprietary Proctor 및 Gamble Standard Reporting System.	str	April Gandert TN152 Procter & Gamble Way Cincinnati, Ohio 45202 (513) 983-4249
application/vnd.pg.osasli	Proprietary Proctor 및 Gamble Standard Reporting System.	ei6	위와 동일
application/ vnd.powerbuilder6 application/ vnd.powerbuilder6-s application/ vnd.powerbuilder7 application/ vnd.powerbuilder7-s application/ vnd.powerbuilder75 application/ vnd.powerbuilder75-s	Sybase PowerBuilder 릴리스 6, 7, 7.5 실행환경, 보안이 적용된 것과 그렇지 않은 것에서 사용된다.	pbd	Reed Shilts reed.shilts@sybase.com
application/ vnd.previewsystems.box	Preview Systems ZipLock/VBox 제품.	box, vbox	Roman Smolgovsky romans@previewsystems.com http://www.previewsystems.com

MIME 타입	설명	확장	문의 및 참조
application/vnd.publishare-delta-tree	Capella Computers' PubliShare 실행환경에서 사용한다.	qps	Oren Ben-Kiki publishare-delta-tree@capella.co.il
application/vnd.rapid	Emultek의 빠른 패키징 애플리케이션에서 사용한다.	zrp	Itay Szekely etay@emultek.co.il
application/vnd.s3sms	인터넷에 Sonera SmartTrust 제품의 전송 체계를 통합한 것이다.		Lauri Tarkkala Lauri.Tarkkala@sonera.com http://www.smarttrust.com
application/vnd.seemail	SeeMail 파일의 전송에 사용한다. SeeMail은 비디오와 음악을 캡처하는 애플리케이션으로, 압축을 하는데 비트(bitwise) 압축을 사용하며 하나의 파일에 두 개를 압축한다.	see	Steven Webb steve@wynde.com http://www.realmediainc.com
application/vnd.shana.informed.formdata	Shana e-forms 데이터 포맷.	ifm	Guy Selzler Shana Corporation gselzler@shana.com
application/vnd.shana.informed.formtemp	Shana e-forms 데이터 포맷.	itp	위와 동일
application/vnd.shana.informed.interchange	Shana e-forms 데이터 포맷.	iif, iif1	위와 동일
application/vnd.shana.informed.package	Shana e-forms 데이터 포맷.	ipk, ipkg	위와 동일
application/vnd.street-stream	Street Technologies에서 독점.		Glenn Levitt Street Technologies streetd1@ix.netcom.com
application/vnd.svd	Dateware Electronics SVD 파일.		Scott Becker dataware@compumedia.com
application/vnd.swiftview-ics	SwiftView®에서 사용.		Randy Prakken tech@ndg.com http://www.ndg.com/svm.htm
application/vnd.triscape.mxs	Triscape Map Explorer에서 사용.	mxs	Steven Simonoff scs@triscape.com
application/vnd.trueapp	True BASIC 파일.	tra	J. Scott Hepler scott@truebasic.com
application/vnd.truedoc	Bitstream사에서 독점.		Brad Chase brad_chase@bitstream.com
application/vnd.ufdl	UWI's UFDL 파일.	ufdl, ufd, frm	Dave Manning dmanning@uwi.com http://www.uwi.com/

MIME 타입	설명	확장	문의 및 참조
application/vnd.uplanet.alert application/vnd.uplanet.alert-wbxml application/vnd.uplanet.bearer-choi-wbxml application/vnd.uplanet.bearer-choice application/vnd.uplanet.cacheop application/vnd.uplanet.cacheop-wbxml application/vnd.uplanet.channel application/vnd.uplanet.channel-wbxml application/vnd.uplanet.list application/vnd.uplanet.list-wbxml application/vnd.uplanet.listcmd application/vnd.uplanet.listcmd-wbxml application/vnd.uplanet.signal	모바일 기기를 위한 마이크로브라우저인 Unwired Planet(현재는 Openwave) UP에서 사용하는 포맷.		iana-registrar@uplanet.com http://www.openwave.com
application/vnd.vcx	VirtualCatalog.	vcx	Taisuke Sugimoto sugimototi@noanet.nttdata.co.jp
application/vnd.vectorworks	VectorWorks 그래픽 파일.	mcd	Paul C. Pharr pharr@diehlgraphsoft.com
application/vnd.vidsoft.vidconference	VidConference 포맷.	vsc	Robert Hess hess@vidsoft.de
application/vnd.visio	Visio 파일.	vsd, vst, vsw, vss	Troy Sandal troys@visio.com
application/vnd.vividence.scriptfile	Vividence 파일.	vsf, vtd, vd	Mark Risher markr@vividence.com
application/vnd.wap.sic	WAP Service 지정 포맷.	sic, wbxml	WAP Forum Ltd http://www.wapforum.org
application/vnd.wap.slc	WAP Service 로딩 포맷. 모두 http://www.wapforum.org에 있는 Service Loading 명세를 준수한다.	slc, wbxml	위와 동일
application/vnd.wap.wbxml	무선 기기를 위한 WAP WBXML 바이너리 XML 포맷.	wbxml	위와 동일 "WAP Binary XML Content Format-WBXML version 1.1"

MIME 타입	설명	확장	문의 및 참조
application/vnd.wap.wmlc	무선 기기를 위한 WAP WML 포맷.	wmlc, wbxml	위와 동일
application/vnd.wap.wmlscriptc	WAP WMLScript 포맷.	wmlsc	위와 동일
application/vnd.webturbo	WebTurbo 포맷.	wtb	Yaser Rehem Sapient Corporation yrehem@sapient.com
application/vnd.wrq-hp3000-labelled	HP3000 포맷 지원.		support@wrq.com support@3k.com
application/vnd.wt.stf	Worldtalk software에서 사용.	stf	Bill Wohler wohler@worldtalk.com
application/vnd.xara	CorelXARA에서 저장되는 Xara 파일은 Xara Limited가 작성한(그리고 Corel이 광고한) 객체 지향 벡터 그래픽 패키지다.	xar	David Matthewman david@xara.com http://www.xara.com
application/vnd.xfdl	UWI's XFDL 파일.	xfdl, xfd, frm	Dave Manning dmanning@uwi.com http://www.uwi.com
application/vnd.yellowriver-custom-menu	커스텀 브라우저 드롭다운 메뉴를 제공하는 Yellow River CustomMenu 플러그인을 제공한다.	cmp	yellowriversw@yahoo.com
application/whoispp-query	Whois++ 프로토콜 질의를 정의한다.		RFC 2957
application/whoispp-response	Whois++ 프로토콜 응답을 정의한다.		RFC 2958
application/wita	Wang Information Transfer Architecture.		문서 번호 715-0050A, Wang Laboratories campbell@redsox.bsw.com
application/wordperfect5.1 application/x400-bp	WordPerfect 문서. IANA에 등록되지 않은 X.400 본문 일부를 전달		RFC 1494
application/x-bcpio	구식 바이너리 CPIO 압축.		bcpio
application/x-cdlink	웹페이지에서 CD-ROM 미디어를 통합시킬 수 있게 해준다.	vcd	http://www.cdlink.com
application/x-chess-pgm	Apache mime.types에서 사용.	pgn	
application/x-compress	압축에서 사용하는 바이너리 데이터.	z	
application/x-cpio	CPIO 압축 파일.	cpio	
application/x-csh	CSH 스크립트.	csh	
application/x-director	Macromedia Director 파일.	dcr, dir, dxr	

MIME 타입	설명	확장	문의 및 참조
application/x-dvi	TeX DVI 파일.	dvi	
application/x-futuresplash	Apache mime.types에서 사용.	spl	
application/x-gtar	GNU tar 압축.	gtar	
application/x-gzip	GZIP 압축 데이터.	gz	
application/x-hdf	Apache mime.types에서 사용.	hdf	
application/x-javascript	JavaScript 파일.	js	
application/x-koan	SSEYO Koan Netscape Plugin 같은 애플리케이션에서 사용하는, 인터넷을 통한 Koan 음악 파일의 자동 재생을 지원한다.	skp, skd, skt, skm	
application/x-latex	LaTeX 파일.	latex	
application/x-netcdf	NETCDF 파일.	nc, cdf	
application/x-sh	SH 스크립트.	sh	
application/x-shar	SHAR 압축.	shar	
application/x-shockwave-flash	Macromedia Flash 파일.	swf	
application/x-stuffit	StuffIt 압축.	sit	
application/x-sv4cpio	Unix SysV R4 CPIO 압축.	sv4cpio	
application/x-sv4crc	Unix SysV R4 CPIO w/CRC 압축.	sv4crc	
application/x-tar	TAR 압축.	tar	
application/x-tcl	TCL 스트립트.	tcl	
application/x-tex	TeX 파일.	tex	
application/x-texinfo	TeX 정보 파일.	texinfo, texi	
application/x-troff	TROFF 파일.	t, tr, roff	
application/x-troff-man	TROFF Unix 사용 설명.	man	
application/x-troff-me	TROFF+me 파일.	me	
application/x-troff-ms	TROFF+ms 파일.	ms	
application/x-ustar	확장된 tar 교환 포맷.	ustar	IEEE 1003.1(1990) 명세를 참고하라.
application/x-wais-source	WAIS 소스 구조.	src	
application/xml	Extensible Markup Language 포맷 파일(브라우저 등에서 플레인 텍스트로 다루고자 한다면 text/xml을 사용하라).	xml, dtd	RFC 2376
application/zip	PKWARE zip 압축.	zip	

Table D-3 "애플리케이션" MIME 타입

D.4.2 audio/*

표 D-4 오디오 콘텐트 형식 요약.

MIME 타입	설명	확장자	문의 및 참조
audio/32kadpcm	8 kHz ADPCM 오디오 인코딩.		RFC 2421
audio/basic	8-kHz 단청(monaural) 8-bit ISDN u-law PCM로 인코딩 된 오디오.	au, snd	RFC 1341
audio/G.772.1	G.722.1는 50Hz-7kHz 오디오 신호를 24kbit/s나 32kbit/s로 압축한다. 이는 녹취, 음악 그리고 다른 오디오 형식에 사용된다.		RFC 3047
audio/L16	Audio/L16는 RFC 1890에서 설명을 볼 수 있으며 L16에 기반한다. L16는 16-bit 기호 표현(signed representation)을 이용하여 오디오 데이터의 압축을 해제한다.		RFC 2586
audio/MP4A-LATM	MPEG-4 오디오.		RFC 3016
audio/midi	MIDI 음악 파일.	mid, midi, kar	
audio/mpeg	MPEG로 인코딩된 오디오 파일.	mpga, mp2, mp3	RFC 3003
audio/parityfec	RTP 오디오에 대한 패리티 기반의 순방향 오류 정정.		RFC 3009
audio/prs.sid	코모도어(commodore) 64 SID 오디오 파일.	sid, psid	http://www.geocities.com/SiliconValley/Lakes/5147/sidplay/docs.html#fileformats
audio/telephone-event	논리적 전화 이벤트.		RFC 2833
audio/tone	전화 음성 패턴.		RFC 2833
audio/vnd.cns.anp1	Comverse Network Systems의 Access NP 네트워크 서비스 플랫폼에서 사용하는 음성 및 통합 메시징 애플리케이션 기능을 지원한다.		Ann McLaughlin Comverse Network Systems amclaughlin@comversens.com
audio/vnd.cns.inf1	Comverse Network Systems의 TRILOGUE 무한 네트워크 서비스 플랫폼에서 사용하는 음성 및 통합 메시징 애플리케이션 기능을 지원한다.		위와 동일
audio/vnd.digital-winds	Digital Winds 음악은 무한 반복, 재생산, 대화형 음악이며, 매우 작은 패키지(3K 미만)에 담겨 있다.	eol	Armands Strazds armands.strazds@medienhaus-bremen.de
audio/vnd.everad.plj	EverAD 오디오 인코딩 독점.	plj	Tomer Weisberg tomer@everad.com

audio/vnd.lucent.voice	Lucent Technologies의 Multimedia Messaging System과 Lucent Voice Player를 포함한 음성 메시징.	lvp	Frederick Block rickblock@lucent.com http://www.lucent.com/lvp/
audio/vnd.nortel.vbk	Proprietary Nortel Networks Voice Block 오디오 인코딩.	vbk	Glenn Parsons Glenn.Parsons@ NortelNetworks.com
audio/ vnd.nuera.ecelp4800	Nuera VOIP 게이트웨이, 터미널, 애플리케이션 서버, 여러 호스트 플랫폼과 OS에 대한 미디어 서비스에서 사용할 수 있는 Proprietary Nuera Communications 오디오와 음성 인코딩.	ecelp4800	Michael Fox mfox@nuera.com
audio/ vnd.nuera.ecelp7470	위와 동일.	ecelp7470	위와 동일
audio/ vnd.nuera.ecelp9600	위와 동일.	ecelp9600	위와 동일
audio/vnd.octel.sbc	Lucent Technologies의 Sierra, Overture, IMA 플랫폼에서 음성 메시지에 사용하는 18kbps의 평균 가변 전송률 인코딩.		Jeff Bouis jbouis@lucent.com
audio/vnd.qcelp	Qualcomm 오디오 인코딩.	qcp	Andy Dejaco adejaco@qualcomm.com
audio/ vnd.rhetorex.32kadpcm	Lucent Technologies의 CallPerformer, Unified Messenger, 그 외 제품들 같은 음성 메시징 제품에서 사용하는 32-kbps Rhetorex ADPCM 오디오 인코딩.		Jeff Bouis jbouis@lucent.com
audio/vnd.vmx.cvsd	Lucent Technologies의 Overture200, Overture 300, VMX 300 제품 계열을 포함한 음성 메시징 제품에서 사용되는 오디오 인코딩.		위와 동일
audio/x-aiff	AIFF 오디오 파일 포맷.	aif, aiff, aifc	
audio/x-pn-realaudio	Real Networks(공식적으로는 Progressive Networks)에서 사용되는 RealAudio 메타파일 포맷.	ram, rm	
audio/ x-pn-realaudio-plugin	Apache의 mime.types.	rpm	
audio/x-realaudio	Real Networks(공식적으로는 Progressive Networks)에서 사용하는 RealAudio 오디오 포맷.	ra	
audio/x-wav	WAV오디오 파일.	wav	

표 D-4 "오디오" MIME 타입

D.4.3 chemical/*

표 D-5에 있는 정보 대부분은 "Chemical MIME Home Page"(http://www.ch.ic.ac.uk/chemime/)에서 가져왔다.

MIME 타입	설명	확장자	문의 및 참조
chemical/x-alchemy	Alchemy 포맷	alc	http://www.camsoft.com
chemical/x-cache-csf		csf	
chemical/x-cactvs-binary	CACTVS 바이너리 포맷	cbin	http://cactvs.cit.nih.gov
chemical/x-cactvs-ascii	CACTVS ASCII 포맷	cascii	http://cactvs.cit.nih.gov
chemical/x-cactvs-table	CACTVS 테이블 포맷	ctab	http://cactvs.cit.nih.gov
chemical/x-cdx	ChemDraw eXchange 파일	cdx	http://www.camsoft.com
chemical/x-cerius	MSI Cerius II 포맷	cer	http://www.msi.com
chemical/x-chemdraw	ChemDraw 파일	chm	http://www.camsoft.com
chemical/x-cif	Crystallographic Interchange 포맷	cif	http://www.bernstein-plus-sons.com/software/rasmol/ http://ndbserver.rutgers.edu/NDB/mmcif/examples/index.html
chemical/x-mmcif	MacroMolecular CIF	mcif	위와 동일
chemical/x-chem3d	Chem3D 포맷	c3d	http://www.camsoft.com
chemical/x-cmdf	CrystalMaker 데이터 포맷	cmdf	http://www.crystalmaker.co.uk
chemical/x-compass	Takahashi의 Compass 프로그램	cpa	
chemical/x-crossfire	Crossfire 파일	bsd	
chemical/x-cml	Chemical Markup Language	cml	http://www.xml-cml.org
chemical/x-csml	Chemical Style Markup Language	csml, csm	http://www.mdli.com
chemical/x-ctx	Gasteiger 그룹 CTX 파일 포맷	ctx	
chemical/x-cxf		cxf	
chemical/x-daylight-smiles	Smiles 포맷	smi	http://www.daylight.com/dayhtml/smiles/index.html
chemical/x-embl-dl-nucleotide	EMBL 뉴클레오티드(nucleotide) 포맷	emb	http://mercury.ebi.ac.uk
chemical/x-galactic-spc	스펙트럼(spectral) 및 크로마토그래피(chromatographic) 데이터를 위한 SPC 포맷	spc	http://www.galactic.com/galactic/Data/spcvue.htm
chemical/x-gamess-input	GAMESS Input 포맷	inp, gam	http://www.msg.ameslab.gov/GAMESS/Graphics/MacMolPlt.shtml

chemical/x-gaussian-input	Gaussian Input 포맷	gau	http://www.mdli.com
chemical/x-gaussian-checkpoint	Gaussian Checkpoint 포맷	fch, fchk	http://products.camsoft.com
chemical/x-gaussian-cube	Gaussian Cube(Wavefunction) 포맷	cub	http://www.mdli.com
chemical/x-gcg8-sequence		gcg	
chemical/x-genbank	ToGenBank format	gen	
chemical/x-isostar	분자 간 상호작용의 IsoStar Library	istr, ist	http://www.ccdc.cam.ac.uk
chemical/x-jcamp-dx	JCAMP Spectroscopic Data Exchange 포맷	jdx, dx	http://www.mdli.com
chemical/x-jjc-review-surface	Re_View3 Orbital Contour 파일	rv3	http://www.brunel.ac.uk/depts/chem/ch241s/re_view/rv3.htm
chemical/x-jjc-review-xyz	Re_View3 Animation 파일	xyb	http://www.brunel.ac.uk/depts/chem/ch241s/re_view/rv3.htm
chemical/x-jjc-review-vib	Re_View3 Vibration 파일	rv2, vib	http://www.brunel.ac.uk/depts/chem/ch241s/re_view/rv3.htm
chemical/x-kinemage	Kinetic(Protein Structure) Images	kin	http://www.faseb.org/protein/kinemages/MageSoftware.html
chemical/x-macmolecule	MacMolecule 파일 포맷	mcm	
chemical/x-macromodel-input	MacroModel Molecular Mechanics	mmd, mmod	http://www.columbia.edu/cu/chemistry/
chemical/x-mdl-molfile	MDL Molfile	mol	http://www.mdli.com
chemical/x-mdl-rdfile	Reaction 데이터 파일	rd	http://www.mdli.com
chemical/x-mdl-rxnfile	MDL Reaction 포맷	rxn	http://www.mdli.com
chemical/x-mdl-sdfile	MDL Structure 데이터 파일	sd	http://www.mdli.com
chemical/x-mdl-tgf	MDL Transportable Graphics Format	tgf	http://www.mdli.com
chemical/x-mif		mif	
chemical/x-mol2	SYBYL 분자의 휴대용 표현	mol2	http://www.tripos.com
chemical/x-molconn-Z	Molconn-Z 포맷	b	http://www.eslc.vabiotech.com/molconn/molconnz.html
chemical/x-mopac-input	MOPAC 입력 포맷	mop	http://www.mdli.com
chemical/x-mopac-graph	MOPAC 그래프 포맷	gpt	http://products.camsoft.com
chemical/x-ncbi-asn1		asn (구형)	

chemical/x-ncbi-asn1-binary		val	
chemical/x-pdb	Protein DataBank pdb	pdb	http://www.mdli.com
chemical/x-swissprot	SWISS-PROT 단백질 서열 데이터베이스	sw	http://www.expasy.ch/spdbv/text/download.htm
chemical/x-vamas-iso14976	재료 및 규격에 사용되는 Versailles 계약	vms	http://www.acolyte.co.uk/JISO/
chemical/x-vmd	Visual Molecular Dynamics	vmd	http://www.ks.uiuc.edu/Research/vmd/
chemical/x-xtel	Xtelplot 파일 포맷	xtel	http://www.recipnet.indiana.edu/graphics/xtelplot/xtelplot.htm
chemical/x-xyz	Coordinate Animation 포맷	xyz	http://www.mdli.com

표 D-5 "화학" MIME 타입들

D.4.4 image/*

표 D-6는 이메일과 HTTP에서 통상적으로 전송되는 이미지 형식들을 요약했다.

MIME 타입	설명	확장자	문의 및 참조
image/bmp	Windows BMP 이미지 포맷.	bmp	
image/cgm	CGM(Computer Graphics Metafile)은 휴대 저장 및 2D 이미지의 전송 국제 규격이다.		Alan Francis A.H.Francis@open.ac.uk See ISO 8632:1992, IS 8632:1992 Amendment 1 (1994) 그리고 IS 8632:1992 Amendment 2 (1995)
image/g3fax	G3 Facsimile 바이트 스트림		RFC 1494
image/gif	Compuserve GIF 이미지	gif	RFC 1341
image/ief		ief	RFC 1314
image/jpeg	JPEG 이미지	jpeg, jpg, jpe, jfif	JPEG Draft Standard ISO 10918-1 CD
image/naplps	North American Presentation Layer Protocol Syntax(NAPLPS) 이미지		ANSI X3.110-1983 CSA T500-1983
image/png	Portable Network Graphics(PNG) 이미지	png	http://tools.ietf.org/html/rfc2083
image/prs.btif	Nations Bank에서 BTIF 이미지의 수표를 조회하고 다른 애플리케이션에서 사용하기 위해 사용되는 포맷	btif, btf	Arthur Rubin arthurr@crt.com

image/prs.pti	PTI 인코딩 이미지	pti	Juern Laun juern.laun@gmx.de http://server.hvzgymn.wn.schule-bw.de/pti/
image/tiff	TIFF 이미지	tiff, tif	RFC 2302
image/vnd.cns.inf2	Comverse Network Systems의 TRI-LOGUE 무한 네트워크 서비스 플랫폼에서 사용할 수 있는 애플리케이션 기능을 지원한다.		Ann McLaughlin Comverse Network Systems amclaughlin@comversens.com
image/vnd.dxf	DXF 벡터 CAD 파일	dxf	
image/vnd.fastbidsheet	FastBid Sheet는 엔지니어링이나 건축 도면을 표현하는 래스터 혹은 벡터 이미지를 포함한다.	fbs	Scott Becker scottb@bxwa.com
image/vnd.fpx	Kodak FlashPix 이미지	fpx	Chris Wing format_change_request@kodak.com http://www.kodak.com
image/vnd.fst	FAST Search & Transfer에서 사용하는 이미지 포맷	fst	Arild Fuldseth Arild.Fuldseth@fast.no
image/vnd.fujixerox.edmics-mmr	Fuji Xerox EDMICS MMR 이미지 포맷	mmr	Masanori Onda Masanori.Onda@fujixerox.co.jp
image/vnd.fujixerox.edmics-rlc	Fuji Xerox EDMICS RLC 이미지 포맷	rlc	위와 동일
image/vnd.mix	MIX는 스트림에 이미지와 관련 정보를 표현하는데 사용되는 바이너리 데이터를 포함한다. 이는 Microsoft PhotDraw와 PictureIt 소프트웨어에서 사용한다.		Saveen Reddy2 saveenr@microsoft.com
image/vnd.net-fpx	Kodak FlashPix 이미지		Chris Wing format_change_request@kodak.com http://www.kodak.com
image/vnd.wap.wbmp	Apache mime.types에서 지원.	wbmp	
image/vnd.xiff	Pagis 소프트웨어에서 사용되는 확장 이미지 포맷	xif	Steve Martin smartin@xis.xerox.com
image/x-cmu-raster	Apache mime.types에서 지원	ras	
image/x-portable-anymap	PBM 일반 이미지	pnm	Jeff Poskanzer http://www.acme.com/software/pbmplus/
image/x-portable-bitmap	PBM 비트맵 이미지	pbm	위와 동일
image/x-portable-graymap	PBM 그레이스케일 이미지	pgm	위와 동일

image/x-portable-pixmap	PBM 컬러 이미지	ppm	위와 동일
image/x-rgb	Silicon Graphics의 RGB 이미지	rgb	
image/x-xbitmap	X-Window System 비트맵 이미지	xbm	
image/x-xpixmap	X-Window System 컬러 이미지	xpm	
image/x-xwindowdump	X-Window System 화면 캡쳐 이미지	xwd	

표 D-6 "이미지" MIME 타입

D.4.5 message/*

메시지는 의사소통 데이터 객체(이메일, HTTP, 혹은 다른 전송 프로토콜)에 사용되는 복합 형식이다. 표 D-7에서는 일반 MIME 메시지 타입을 설명한다.

MIME 타입	설명	확장자	문의 및 참조
message/delivery-status			
message/disposition-notification			RFC 2298
message/external-body			RFC 1341
message/http			RFC 2616
message/news	구독할 뉴스 기사를 이메일을 통해서 전송하는 방법을 정의한다. RFC 822는 뉴스 헤더가 RFC 822에서 정의한 것 이상의 의미를 가지고 있기 때문에 부족한 명세다.		RFC 1036
message/partial	이메일로 바로 전송하기에 크기가 너무 큰 경우 본문을 조각으로 나누어서 전송할 수 있다.		RFC 1341
message/rfc822	완전한 이메일 메시지		RFC 1341
message/s-http	SSL을 통한 HTTP에 대안인 보안 HTTP 메시지.		RFC 2660

표 D-7 "Message" MIME types

D.4.6 model/*

model MIME 타입은 IETF에 등록되어 있는 확장 타입이다. 이는 컴퓨터 지원 설계, 물리 분야의 수학 모델과 3-D 그래픽을 표현한다. 표 D-8은 model 포맷의 일부를 설명한다.

MIME 타입	설명	확장자	문의 및 참조
model/iges	IGES(The Initial Graphics Exchange Specification)는 컴퓨터 지원 설계(computer-aided design, CAD) 간에 정보의 디지털 교환을 할 수 있는 중립적 데이터 포맷을 정의한다.	igs, iges	RFC 2077
model/mesh		msh, mesh, silo	RFC 2077
model/vnd.dwf	DWF CAD 파일	dwf	Jason Pratt jason.pratt@autodesk.com
model/vnd.flatland.3dml	Flatland 제품에서 지원하는 3DML 모델에 사용된다.	3dml, 3dm	Michael Powers pow@flatland.com http://www.flatland.com
model/vnd.gdl model/vnd.gs-gdl	GDL(Geometric Description Language)은 Graphisoft의 ArchiCAD를 위한 파라메트릭(parametric) 객체 정의 언어다.	gdl, gsm, win, dor, lmp, rsm, msm, ism	Attila Babits ababits@graphisoft.hu http://www.graphisoft.com
model/vnd.gtw	Gen-Trix 모델	gtw	Yutaka Ozaki yutaka_ozaki@gen.co.jp
model/vnd.mts	Virtue에서 만든 MTS 모델 포맷	mts	Boris Rabinovitch boris@virtue3d.com
model/vnd.parasolid.transmit.binary	바이너리 Parasolid 모델 파일	x_b	http://www.ugsolutions.com/products/parasolid/
model/vnd.parasolid.transmit.text	텍스트 Parasolid 모델링 파일	x_t	http://www.ugsolutions.com/products/parasolid/
model/vnd.vtu	Virtue에서 만든 VTU 모델 포맷	vtu	Boris Rabinovitch boris@virtue3d.com
model/vrml	Virtual Reality Markup Language 포맷 파일	wrl, vrml	RFC 2077

표 D-8 "Model" MIME 타입

D.4.7 multipart/*

멀티파트 MIME 타입은 다른 객체들을 포함하는 복합 객체들이다. 하위 타입은 멀티파트 패키징을 구현하는 방법과 컴포넌트를 어떻게 처리하는지 설명한다. 멀티파트 미디어 타입은 표 D-9에서 요약하고 있다.

MIME 타입	설명	확장자	문의 및 참조
multipart/alternative	별개의 Content-Type을 가지고 있는 대체 표현 방식들의 목록으로 이루어져 있다. 클라이언트는 가장 잘 지원되는 컴포넌트를 선택할 수 있다.		RFC 1341
multipart/appledouble	애플 매킨토시 파일은 "자원 포크"와 실제 파일의 콘텐츠를 설명하는 다른 데스크톱 데이터를 포함한다. 이 멀티파트 콘텐츠는 한 부분에서 애플의 메타데이터를, 다른 한 부분에서는 실제 내용을 전송한다.		http://www.isi.edu/in-notes/iana/assignments/media-types/multipart/appledouble
multipart/byteranges	HTTP 메시지가 복수 영역의 내용을 포함하는 경우, 이는 "multipart/byteranges" 객체에 담겨 전송된다. 이 미디어 타입은 MIME 경계로 구분된 두 개 이상의 부분을 포함하며, 각각은 그만의 Content-Type과 Content-Range 필드를 가진다.		RFC 2068
multipart/digest	읽기 쉬운 형식으로 만들어져 있는 이메일 메시지들의 집합을 포함한다.		RFC 1341
multipart/encrypted	암호화된 콘텐츠에 사용기 위해서 두 개의 정보를 제공한다. 첫 번째 부분은 두 번째 부분에 있는 데이터를 해독하기 위해 필요한 제어 정보를 포함하며 프로토콜 매개변수의 값에 따라 표시된다. 두 번째 부분은 application/octet-stream 타입인 암호화 된 데이터가 포함되어 있다.		RFC 1847
multipart/form-data	사용자가 양식을 작성한 결과 값의 집합을 번들로 만드는 데 사용된다.		RFC 2388
multipart/header-set	임의의 설명 메타데이터에서 사용자 데이터를 분리한다.		http://www.isi.edu/in-notes/iana/assignments/media-types/multipart/header-set
multipart/mixed	객체들의 집합.		RFC 1341
multipart/parallel	multipart/mixed와 의미상 동일하지만, 모든 부분이 동시에 표현되고 그것을 처리할 수 있는 시스템에서 잘 해석될 수 있게 되어 있다.		RFC 1341

multipart/related	여러 가지 상호 연관된 본문의 부분들로 이루어진 복합 객체들에 쓰인다. 본문 부분들 사이의 관계는, 다른 객체 타입 구별할 수 있게 해준다. 이러한 관계는 종종 다른 구성요소를 참조하는 객체의 컴포넌트에 대한 내부 링크로 표현되기도 한다.		RFC 2387
multipart/report	모든 종류의 전자 메일 보고서에 대한 일반적인 컨테이너 유형을 정의한다.		RFC 1892
multipart/signed	암호로 서명된 콘텐츠를 지원하기 위해 두 개의 부분을 이용한다. 첫 번째 부분은 MIME 헤더를 포함하는 콘텐트이다. 두 번째 부분은 디지털 서명을 확인하는 데 필요한 정보가 들어있다.		RFC 1847
multipart/voice-message	VPIM v2와 호환된다는 표시로 한 개의 컨테이너로 음성 메시지를 패키징하기 위한 체계를 제공한다.		RFCs 2421와 2423

표 D-9 "Multipart" MIME 타입

D.4.8 text/*

텍스트 미디어 타입은 문자와 사용할 수 있는 서식 정보를 포함한다. 표 D-10에서는 텍스트 MIME 타입을 요약한다.

MIME 타입	설명	확장자	문의 및 참조
text/calendar	iCalendar 달력과 일정 잡기 표준을 지원한다.		RFC 2445
text/css	Cascading Style Sheets.	css	RFC 2318
text/directory	LDAP 같은 디렉터리 데이터베이스에서 레코드 데이터를 가리킨다.		RFC 2425
text/enriched	간단한 포맷의 텍스트, 글꼴 지원, 색상 및 간격을 나타낸다. SGML과 같은 태그는 시작과 끝을 표시하는데 사용한다.		RFC 1896
text/html	HTML 파일	html, htm	RFC 2854
text/parityfec	RTP 스트림에 스트리밍되는 텍스트를 위한 순방향 에러 정정.		RFC 3009
text/plain	플레인 텍스트	asc, txt	
text/prs.lines.tag	이메일 등록에 사용되는 태그된 폼에 쓰인다.	tag, dsc	John Lines john@paladin.demon.co.uk http://www.paladin.demon.co.uk/tag-types/

text/rfc822-headers	메일 오류 보고서를 보낼 때와 같이 이메일 헤더 집합을 함께 제공하는 데 사용된다.		RFC 1892
text/richtext	리치 텍스트의 이전 형태다. text/enriched를 참고하라.	rtx	RFC 1341
text/rtf	RTF(Rich Text Format)은 애플리케이션 간에 전송을 위해 형식화된 텍스트와 그래픽을 인코딩하는 방식이다. 그 포맷은 MS-DOS, 윈도우, OS/2, 매킨토시 플랫폼 같은 워드 프로세싱 애플리케이션에서 널리 지원한다.	rtf	
text/sgml	SGML 마크업 파일.	sgml, sgm	RFC 1874
text/t140	RTP 멀티미디어를 동기화 하는데 사용하는 T.140 텍스트를 표준화하는 데 사용된다.		RFC 2793
text/tab-separated-values	TSV는 데이터베이스 및 스프레드시트와 워드프로세서 간의 데이터 교환 시 널리 사용되는 방식이다. 이는 탭 문자로 구분된 필드들과 함께 행들 집합으로 구성되어 있다.	tsv	http://www.isi.edu/in-notes/iana/assignments/media-types/text/tab-separated-values
text/uri-list	URN 해석 프로그램과 대량의 URI 목록을 주고받아야 하는 다른 모든 애플리케이션에서 사용하는 URL과 URN에 코멘트가 작성된 단순한 목록이다.	uris, uri	RFC 2483
text/vnd.abc	ABC 파일은 악보를 사람이 읽을 수 있게 만든 포맷이다.	abc	http://www.gre.ac.uk/~c.walshaw/abc/ http://home1.swipnet.se/~w-11382/abcbnf.htm
text/vnd.curl	CURL 런타임 플러그인에 의해 해석되는 콘텐츠 정의 언어 집합을 제공한다.	curl	Tim Hodge thodge@curl.com
text/vnd.DMClientScript	CommonDM Client Script 파일은 Dream Seeker 클라이언트 애플리케이션으로 접근하는 http가 아닌 사이트(예 : BYOND, IRC 또는 telnet 등)으로 연결되는 하이퍼링크에 사용된다.	dms	Dan Bradley dan@dantom.com http://www.byond.com/code/ref/
text/vnd.fly	Fly는 데이터베이스 및 웹페이지 사이의 인터페이스를 만드는 데 쓰이며 간단한 문법을 사용하는 텍스트 전처리기이다.	fly	John-Mark Gurney jmg@flyidea.com http://www.flyidea.com
text/vnd.fmi.flexstor	SUVDAMA와 UVRAPPF 프로젝트에서 쓰인다.	flx	http://www.ozone.fmi.fi/SUVDAMA/ http://www.ozone.fmi.fi/UVRAPPF/

text/vnd.in3d.3dml	In3D Player에서 쓰인다.	3dml, 3dm	Michael Powers powers@insideout.net
text/vnd.in3d.spot	In3D Player에서 쓰인다.	spot, spo	위와 동일
text/vnd.IPTC.NewsML	IPTC(International Press Telecommunications Council)에서 기술하는 NewsML 포맷이다.	xml	David Allen m_director_iptc@dial.pipex.com http://www.iptc.org
text/vnd.IPTC.NITF	IPTC에서 기술하는 NITF 포맷이다.	xml	위와 동일 http://www.nitf.org
text/vnd.latex-z	Z 표기법을 포함 LaTeX의 문서를 지원한다. Z 표기법('제드'라고 발음)은 체르멜로-프렝켈 집합론(Zermelo-Fraenkel set theory)을 기반으로 하는 1차 술어 논리로, 컴퓨터 시스템을 설명하는 데 유용하다.		http://www.comlab.ox.ac.uk/archive/z/
text/vnd.motorola.reflex	ReFLEX 무선 기기에서 단순 텍스트 메시징을 전송하는 방법을 제공한다.		Mark Patton fmp014@email.mot.com FLEXsuite의 일부 명세는 모토로라의 라이선스 계약하에 이용할 수 있다.
text/vnd.ms-mediapackage	이 타입은 MStore.exe와 7 storDB.exe 마이크로소프트 애플리케이션에 의해서 처리되는 형식이다.	mpf	Jan Nelson jann@microsoft.com
text/vnd.wap.si	SI(Service Indication) 객체는 해당 서비스를 어디로 로드하는지 설명하는 URI와 이벤트를 설명하는 메시지를 포함한다.	si, xml	WAP Forum Ltd http://www.wapforum.org
text/vnd.wap.sl	SL(Service Loading) 콘텐츠 형식은 모바일 클라이언트의 사용자 에이전트에 URI를 전달하는 수단을 제공한다. 클라이언트 자체가 URI가 가리키는 콘텐츠를 자동으로 로드하고 적절한 시점에 사용자의 개입 없이 사용자 에이전트에서 실행된다.	sl, xml	위와 동일
text/vnd.wap.wml	WML(Wireless Markup Language)은 콘텐츠를 정의하고 휴대폰과 무선 호출기 같은 소규모 기기를 위한 사용자 인터페이스에서 사용하는 XML 기반의 마크업 언어다.	wml	위와 동일
text/vnd.wap.wmlscript	WMLScript는 무선기기를 위한 JavaScript의 진화된 버전이다.	wmls	위와 동일
text/x-setext	Apache mime.types에서 정의한다.	etx	

text/xml	Extensible Markup Language 포맷 파일(브라우저가 해당 문서를 다운로드 할 때 브라우저가 저장하게 하려면 application/xml을 사용하라).	xml	RFC 2376

표 D-10 "Text" MIME 타입

D.4.9 video/*

표 D-11은 여러 유명한 비디오 영화 포맷을 나열한다. 어떤 비디오 포맷은 애플리케이션 형식으로 분류된다는 것을 유념하라.

MIME 타입	설명	확장자	문의 및 참조
video/MP4V-ES	RTP에서 제공하는 MPEG-4 비디오 페이로드.		RFC 3016
video/mpeg	ISO 11172 CD MPEG 표준에 따라 인코딩된 비디오.	mpeg, mpg, mpe	RFC 1341
video/parityfec	RTP 스트림을 통해 전달되는 데이터를 위한 순방향 에러 정정 비디오 포맷이다.		RFC 3009
video/pointer	프레젠테이션의 포인터 위치 정보를 전송한다.		RFC 2862
video/quicktime	Apple Quicktime 비디오 포맷.	qt, mov	http://www.apple.com
video/vnd.fvt	FAST Search & Transfer에서 제공하는 비디오 포맷.	fvt	Arild Fuldseth Arild.Fuldseth@fast.no
video/vnd.motorola.video video/vnd.motorola.videop	Motorola ISG의 제품에서 독점적으로 사용하는 포맷.		Tom McGinty tmcginty@dma.isg.mot
video/vnd.mpegurl	이 미디어 타입은 MPEG 비디오 파일의 URL 목록으로 이루어져 있다.	mxu	Heiko Recktenwald uzs106@uni-bonn.de "Power and Responsibility: Conversations with Contributors," Guy van Belle, et al., LMJ 9 (1999), 127-133, 129 (MIT Press)
video/vnd.nokia.interleaved-multimedia	Nokia 9210 Communicator 비디오 플레이어와 그와 관련된 도구들에서 사용된다.	nim	Petteri Kangaslampi petteri.kangaslampi@nokia.com
video/x-msvideo	Microsoft AVI 영화.	avi	http://www.microsoft.com
video/x-sgi-movie	Silicon Graphics의 영화 포맷.	movie	http://www.sgi.com

표 D-11 "Video" MIME 형식

D.4.10 실험적 타입

위에서 다룬 기본 타입들은 대부분의 콘텐츠 타입을 지원한다. 표 D-12는 몇몇 웹 서버에서 구성되는 회의용 소프트웨어를 위한 실험적인 타입들을 나열한다.

MIME 타입	설명	확장자	문의 및 참조
x-conference/x-cooltalk	넷스케이프에서 만든 협업 도구	ice	

표 D-12 확장 MIME 타입

부록 E

HTTP: The Definitive Guide

base-64 인코딩

base-64 인코딩은 기본 인증과 다이제스트 인증을 위해 HTTP가 사용하며, 몇몇 HTTP 확장에 의해서도 사용된다. 부록 E에서는 base-64 인코딩에 대해 설명하고, 변환 표를 제공하며, HTTP 소프트웨어에서 base-64 인코딩을 올바르게 사용하도록 도와줄 펄 소프트웨어를 소개한다.

E.1 Base-64 인코딩은 이진 데이터를 안전하게 만들어준다

base-64 인코딩은 임의의 바이트들의 연속을, 더 길지만 헤더 필드 값으로 사용할 수 있는 일반적인 문자들 만으로 이루어진 문자열로 변환한다. base-64 인코딩은 우리가 사용자의 입력이나 이진 데이터를 안전한 형식으로 포장하여 HTTP 파서를 망가뜨릴 수 있는 콜론(:), 줄바꿈, 혹은 이진값을 포함할 걱정 없이 HTTP 헤더 필드 값으로 보내줄 수 있게 해준다.

base-64 인코딩은 MIME 멀티미디어 전자 메일 표준의 일부로 개발되었다. MIME은 이를 이용해서 오래된 이메일 게이트웨이 사이에서도 복잡한 텍스트나 임의의 이진 데이터를 실어 나를 수 있었다. base-64 인코딩은 이진 데이터의 텍스트화를 위한 uuencode와 BinHex 표준과 비교했을 때 목적 측면에서는 비슷하지만, 공간 면에서 더 효율적이다. MIME RFC 2045의 6.8절(Section 6.8)에서 base-64 알고리즘에 대해 자세히 다루고 있다.

E.2 8비트를 6비트로

base-64 인코딩은 8비트 바이트들의 연속을 받아서, 6비트의 조각의 연속으로 쪼갠 뒤, 각 6비트 조각을 base-64 알파벳으로 이루어진 64개의 글자들 중 하나에 할당한다. 64개의 가능한 출력 글자들은 일반적이고 HTTP 헤더 필드에 놓여도 안전한 것들이다. 64 문자들은 대문자, 소문자, 숫자, +, /를 포함한다. 특별한 문자 = 또한 사용된다. 표 E-1은 base-64 알파벳을 열거하고 있다.

base-64 인코딩이 6비트의 정보를 표현하기 위해 8비트 문자를 사용하기 때문에, base-64로 인코딩된 문자열은 원래 값보다 33% 커진다는 것에 주의하라.

1	B	9	J	17	R	25	Z	33	h	41	p	49	x	57	5
2	C	10	K	18	S	26	a	34	i	42	q	50	y	58	6
3	D	11	L	19	T	27	b	35	j	43	r	51	z	59	7
4	E	12	M	20	U	28	c	36	k	44	s	52	0	60	8
5	F	13	N	21	V	29	d	37	l	45	t	53	1	61	9
6	G	14	O	22	W	30	e	38	m	46	u	54	2	62	+
7	H	15	P	23	X	31	f	39	n	47	v	55	3	63	/

표 E-1 Base-64 알파벳

그림 E-1은 base-64 인코딩의 간단한 예를 보여준다. 여기서 입력 값인 "Ow!"라는 3개의 글자는 base-64 인코딩되어서 "T3ch"라는 4개의 글자로 변환된다. 이는 다음과 같이 동작한다.

1. 문자열 "Ow!"는 3개의 8비트 바이트로 쪼개진다. (0x4F, 0x77, 0x21)
2. 3바이트들은 24비트의 이진값 010011110111011100100001을 생성한다.
3. 이 비트들은 6비트 수열인 010011, 110111, 01110, 100001로 조각난다.
4. 6비트 값 각각은 base-64 알파벳의 64개 문자들 중 하나에 대응하는 0부터 63까지의 숫자를 표현한다. base-64 인코딩의 결과로 만들어진 문자열은 4글자로 된 "T3ch"이며, 가장 이식성이 좋은 글자들(알파벳, 숫자 등)만이 사용되었기 때문에 '안전하게' 네트워크를 통해 보내질 수 있다.

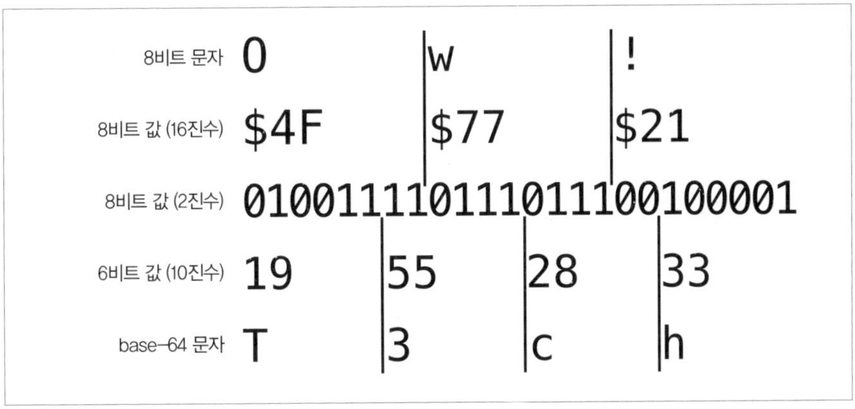

그림 E-1 Base-64 인코딩의 예

E.3 Base-64 패딩

Base-64 인코딩은 일련의 8비트 바이트들을 받아서 그 비트 스트림을 6비트 덩어리로 조각낸다. 그 일련의 비트들이 고르게 6비트 조각으로 나뉘는 일은 별로 없다. 6비트 조각으로 고르게 나뉘지 않았다면, 그 길이를 24비트(6비트와 8비트의 최소공배수)로 만들고 남은 공간은 0비트로 채운다.

패딩된 비트 문자열을 인코딩할 때, 완전히 패딩된(원 데이터에서의 어떤 비트도 포함하지 않은) 6비트의 그룹은 특별한 65번째 기호인 "="로 표현된다. 만약 6비트의 그룹이 부분적으로 패딩되었다면, 패딩 비트들은 모두 0으로 설정된다.

표 E-2는 패딩의 예를 보여주고 있다. 초기 입력 문자열 "a:a"의 길이는 3바이트, 즉 24비트이다. 24는 6과 8의 배수이므로 패딩은 필요하지 않다. base-64 인코딩한 결과는 문자열 "YTph"이다.

입력 데이터	이진 수열(패딩은 "x"로 표현되어 있다)	인코딩된 데이터
a:a	011000 010011 101001 100001	YTph
a:aa	011000 010011 101001 100001 011000 01xxxx xxxxxx xxxxxx	YTphYQ==
a:aaa	011000 010011 101001 100001 011000 010110 0001xx xxxxxx	YTphYWE=
a:aaaa	011000 010011 101001 100001 011000 010110 000101 100001	YTphYWFh

표 E-2 Base-64 패딩의 예

그러나 또 다른 문자가 더해지면, 입력 문자열은 32비트 길이로 늘어난다. 6과 8의 다음번 최소공배수는 48비트이므로, 16비트의 패딩이 추가된다. 패딩의 처음 4비트는 데이터 비트와 같은 그룹에 섞여있다. 이 6비트 그룹 01xxxx은 10진수 16 혹은 base-64 인코딩 Q에 해당하는 010000로 처리된다. 남은 2개의 6비트 그룹은 모두 패딩되고 "="로 표현된다.

E.4 펄 구현

MIME::Base64는 base-64 인코딩과 디코딩을 위한 펄 모듈이다. 이 모듈에 대해서는 http://perldoc.perl.org/MIME/Base64.html을 읽어보라.

MIME:Base64 encode_base64와 decode_base64 메서드를 이용해 다음과 같이 문자열을 인코딩하거나 디코딩할 수 있다.

```
use MIME::Base64;

$encoded = encode_base64('Aladdin:open sesame');
$decoded = decode_base64($encoded);
```

E.5 추가 정보

base-64 인코딩에 대해 더 자세한 정보가 필요하다면 다음을 보라.

http://www.ietf.org/rfc/rfc2045.txt
RFC 2045의 6.8절, "MIME Part 1: Format of Internet Message Bodies"은 base-64 인코딩의 공식 명세를 제공한다.

http://perldoc.perl.org/MIME/Base64.html
이 웹 사이트는 base-64 문자열의 인코딩과 디코딩 기능을 제공하는 MIME::Basc64 펄 모듈을 위한 문서를 포함하고 있다.

부록 F

HTTP: The Definitive Guide

다이제스트 인증

이 부록에는 HTTP 다이제스트 인증 기능의 구현을 위한 지원 데이터와 소스 코드가 담겨 있다.

F.1 다이제스트 WWW-Authenticate 지시자들

표 F-1에 기술된 WWW-Authenticate 지시자는 RFC 2617의 설명을 이해하기 쉽게 다시 쓴 것이다. 언제나 그렇듯이 가장 최신의 세부사항이 알고 싶다면 공식 명세인 RFC 2617을 참조하면 된다.

지시자	설명
realm	사용자 이름과 비밀번호가 어디에 사용될 것인지 알려주기 위해 사용자에게 보여질 문자열. 이 문자열은 최소한 인증을 수행하는 호스트의 이름을 포함해야 하며 접근할 수 있는 사용자의 목록도 추가적으로 제공할 수 있을 것이다. 예를 들면 "registered_users@gotham.news.com"와 같은 식이다.
nonce	401 응답이 만들어질 때마다 유일하게 생성되어야 하는 서버에 특화된 데이터 문자열. 이 문자열은 base-64 혹은 16진수 데이터일 것이 권장된다. 구체적으로 말하면, 이 문자열을 헤더에 넣을 때 큰따옴표로 감싸기 때문에, 문자열 자체에 큰따옴표가 포함되어서는 안 된다. nonce의 내용은 구현에 의존적이다. 구현의 수준은 좋은 선택에 좌우된다. nonce는 예를 들면 다음과 같은 base-64 인코딩으로 만들어질 수 있다. `time-stamp H(time-stamp ":" ETag ":" private-key)` time-stamp는 서버에 의해 생성된 시간이거나 다른 반복되지 않은 값이고, ETag는 요청한 엔터티와 연관된 HTTP ETag 헤더의 값이며, private-key는 오직 서버만이 알고 있는 데이터이다. nonce가 이 형식을 따른다면, 서버는 클라이언트의 Authentication 헤더를 받았을 때 그 헤더 nonce의 해시 부분이 서버가 다시 계산해본 것과 다르거나 time-stamp 값이 충분히 최근이 아니라면 요청을 거부할 수 있을 것이다. 이 방법에서 서버는 nonce가 유효한 시간을 제한할 수

있다. ETag를 포함하는 것은 갱신된 버전의 자원에 대한 반복 요청을 방지해 줄 수 있다. (주의: nonce에 클라이언트의 IP 주소를 포함하는 것은 서버가 같은 클라이언트에 대해 nonce를 재사용하지 않을 수 있게 해 주는 것처럼 보일 수도 있다. 그러나 한 사용자로부터의 요청이 프락시 팜의 다른 프락시를 자주 통과한다면, 이는 프락시 팜을 망가뜨릴 수도 있다. 또한 IP 주소의 위조는 그다지 어렵지 않다.)

재전송 공격을 방지하기 위해, 구현체는 이전에 사용되었던 nonce나 다이제스트는 선택하지 않거나, 혹은 POST나 PUT 요청을 위해서는 일회용 nonce나 요약을, GET 요청을 위해서는 일회용 타임스탬프를 선택해야 할 것이다.

---

domain

보호될 공간을 정의한 따옴표로 감싸진 URI(RFC 2396 "Uniform Resource Identifiers: Generic Syntax"에 정의된 대로)들의 공백으로 분리된 목록. 만약 URI가 abs_path라면, 이는 접근 중인 서버의 루트(canonical root) URL에 대해 상대적이다. 이 목록의 절대 URI는 현재 접근 중인 것이 아닌 다른 서버를 참조할 수도 있다.

클라이언트는 이 목록을 인증 정보가 어떤 URI들을 위한 것인지 판별하기 위해 사용할 수 있다. 이 목록에 속한 어떤 URI로 시작하는 URI(둘 모두 절대 경로로 변환한 상황에서)는 같은 보호 공간에 있다고 가정될 것이다.

만약 이 지시자가 빠져있거나 값이 비어있다면, 클라이언트는 응답을 보내오는 서버의 모든 URI가 보호 공간 안에 있다고 가정해야 한다.

이 지시자는 Proxy-Authenticate 헤더에서는 의미가 없다. 보호 공간이 언제나 프락시 전체이기 때문이다. 만약 존재한다면 무시되어야 한다.

---

opaque

서버에 의해 정의된 데이터의 문자열로, 클라이언트는 같은 보호 공간의 URI에 대한 다음번 요청에서 Authorization 헤더에 이 값을 담아 반환해야 한다. 이 문자열은 base-64 혹은 16진수 데이터일 것이 권장된다.

---

stale

클라이언트로부터의 이전 요청이 nonce 값이 신선하지 않아서 거부되었음을 의미하는 플래그. 만약 stale이 TRUE(대소문자를 구분한다)라면, 클라이언트는 사용자 이름과 비밀번호를 다시 입력하라는 창을 사용자에게 띄우지 않고 새로 암호화한 응답을 담은 요청을 다시 보내려고 할 수도 있다. 서버는 유효한 다이제스트와 유효하지 않은 nonce를 받은 경우(클라이언트가 올바른 사용자 이름과 비밀번호를 알고 있음을 의미한다)에만 stale을 TRUE로 설정해야 한다. 만약 stale이 FALSE이거나 혹은 TRUE가 아닌 다른 무언가라면, 혹은 아예 stale 지시자가 존재하지 않는다면, 사용자 이름과 비밀번호 중 하나 이상이 유효하지 않은 것이므로 반드시 새로 얻어야 한다.

---

algorithm

다이제스트와 체크섬을 생성할 때 사용하는 알고리즘을 지칭한다. 만약 이 값이 존재하지 않는다면, "MD5"로 가정되어야 한다. 지칭된 알고리즘을 이해할 수 없다면 인증요구를 무시해야 한다(혹시 다른 알고리즘이 있다면 그것을 사용한다).

이 문서에서 "KD(secret, data)"는 데이터 "data"에 비밀 "secret"로 다이제스트 알고리즘을 적용하여 얻은 문자열을 의미하고 "H(data)"는 데이터 "data"에 체크섬 알고리즘을 적용하여 얻은 문자열을 의미한다. 표기법 "unq(X)"는 큰따옴표로 감싸진 문자열 "X"에서 감싼 큰따옴표를 제거한 것을 의미한다.

MD5와 MD5-sess 알고리즘을 이용한 예를 들어보면 다음과 같다.

```
H(data) = MD5(data)
HD(secret, data) = H(concat(secret, ":", data))
```

즉, 다이제스트는 secret 뒤에 콜론이 붙고 그 뒤에 다시 데이터가 붙은 것이 MD5이다. MD5-sess 알고리즘은 효율적인 서드파티 인증 서버를 사용할 수 있도록 하기 위해 만들어진 것이다.

---

qop

이 지시자는 선택적이긴 하지만 그것은 RFC 2069와의 하위호환성을 위해서 그렇게 한 것이다. 이 다이제스트 인증 체계와 호환되는 모든 구현체는 이 지시자를 사용해야 한다.

이 지시자가 존재한다면, 그 값은 서버가 지원하는 "보호 수준"을 의미하는 하나 이상의 토큰을 큰따옴표로 감싼 문자열이다. 값 "value"는 인증을 의미하며 값 "auth-int"는 무결성 보호를 동반한 인증을 의미한다. 인식할 수 없는 옵션은 반드시 무시되어야 한다.

<extension>	이 지시자는 미래의 확장을 허용한다. 인식되지 않는 지시자는 무엇이든 무시되어야 한다.

표 F-1 요약 WWW-Authenticate 헤더 지시자(RFC 2617에서)

F.2 다이제스트 Authorization 지시자들

표 F-2의 Authorization 지시자들 각각에 대해 기술하고 있는데 이것은 RFC 2617에 나온 것을 이해하기 쉽게 다시 쓴 것이다. 최신의 세부사항들을 알고 싶다면 공식 명세인 RFC 2617을 참조하라.

지시자	설명
username	특정한 realm에서의 사용자 이름.
realm	WWW-Authenticate 헤더에 담겨 클라이언트에게 넘겨진 영역(realm).
nonce	WWW-Authenticate 헤더에 담겨 클라이언트에게 넘겨진 같은 난스(nonce).
uri	요청줄의 요청 URI에서의 URI. 중복해서 존재하는 이유는, 요청이 전송되는 도중에 프락시가 요청줄을 변경할 수 있는데, 우리는 올바른 다이제스트 검증 계산을 위해 원래의 URI가 필요하기 때문이다.
response	이것이 바로 다이제스트 인증의 핵심인 "다이제스트"이다! 이 response는 협상 다이제스트 알고리즘에 의해 계산된 32자리의 16진수 숫자로, 사용자가 비밀번호를 알고 있음을 증명한다.
algorithm	다이제스트와 체크섬을 생성할 때 사용하는 알고리즘 한 쌍을 가리키는 문자열. 만약 이 값이 존재하지 않는다면, "MD5"로 가정되어야 한다.
opaque	서버에 의해 WWW-Authenticate 헤더에 정의된 데이터의 문자열로, 이후 클라이언트가 같은 보호 공간 안의 URI에 대해 요청을 할 때 Authorization 헤더에 이 값을 그대로 넣어서 돌려주어야 한다.
cnonce	이 값은, 만약 qop 지시자가 보내졌다면 반드시 명시되어야 하며, 서버가 WWW-Authenticate 헤더 필드에 qop 지시자를 담아 보내지 않았다면 절대로 명시되어서는 안 된다. 이 지시자의 값은 클라이언트에 의해 제공되는 큰따옴표로 감싸진 불투명한 문자열 값으로, 선택 평문 공격을 피하고, 상호 인증을 제공하고, 약간의 메시지 무결성 보호를 제공하기 위해 클라이언트와 서버 모두에 의해 사용된다. 이 부록의 뒤쪽에 있는 응답 다이제스트와 요청 다이제스트의 계산에 대한 설명을 보라.
qop	클라이언트가 메시지에 적용한 "보호 수준"이 어느 정도인지 나타낸다. 이 지시자가 존재한다면, 그의 값은 반드시 WWW-Authenticate 헤더에 있는 것들(서버가 이들을 지원함을 의미한다) 중 하나여야 한다. 이 값들은 요청 다이제스트의 계산에 영향을 미친다. 이것은 WWW-Authenticate 헤더의 경우와는 달리 큰따옴표로 감싸진 후보들의 목록이 아닌 한 개의 토큰이다. RFC 2069의 최소한의 구현과의 하위 호환성을 보장하기 위해 이 지시자는 선택적이지만, 만약 서버가 WWW-Authenticate 헤더 필드에 qop 지시자를 제공함으로써 qop를 지원함을 밝혔다면 이 지시자는 사용되어야 한다.

nc	이 지시자는, qop 지시자가 보내졌다면 반드시 명시되어야 하며, 서버가 WWW-Authenticate 헤더 필드로 qop 지시자를 보내지 않았다면 절대로 명시되어서는 안 된다. 이 값은 클라이언트가 이 요청의 nonce 값과 함께 보낸 요청들의 횟수 합계(현재 요청을 포함)이다. 예를 들어 주어진 nonce 값에 대한 첫 번째 요청에서 클라이언트는 nc="00000001"을 보낸다. 이 지시자의 목적은 서버가 이 횟수의 사본을 유지하는 방법으로 반복된 요청을 감지할 수 있게 하는 것이다. 만약 같은 nc 값이 두 번 보였다면, 그 요청은 반복되어 보내진 것이다.
〈extension〉	이 지시자는 미래의 확장을 허용한다. 인식되지 않는 지시자는 무엇이든 무시되어야 한다.

표 F-2 다이제스트 Authorization header 지시자(RFC 2617에서)

F.3 다이제스트 Authentication-Info 지시자들

표 F-3에 기술된 Authentication-Info 지시자는 RFC 2617의 설명을 이해하기 쉽게 고쳐 쓴 것이다. 가장 최신의 세부사항이 알고 싶다면 공식 명세인 RFC 2617을 참조하라.

지시자	설명
nextnonce	nextnonce 지시자의 값은 미래의 인증 응답 시에 클라이언트가 사용해주기를 서버가 원하는 nonce이다. 서버는 Authentication-Info 헤더를 보낼 때, 한 번만 사용할 것이라는 의미 혹은 nonce들을 변경한다는 의미로 nextnonce 필드를 함께 보내기도 한다. 만약 nextnonce 필드가 존재한다면 클라이언트는 다음번 요청을 위해 Authorization 헤더를 만들 때 그것을 사용해야 한다. 만약 그러지 못한다면 서버는 "stale=TRUE"와 함께 재인증 요청을 하게 될 것이다. 서버 구현체는 이 메커니즘을 사용할 때 성능 영향에 대해 신중하게 고려해야 한다. 만약 매 응답이 서버가 받을 다음 요청에서 반드시 사용되어야 하는 nextnonce 지시자를 포함한다면 파이프라인 요청은 불가능할 것이다. 제한된 시간동안만 오래된 nonce 값을 허용하여 요청 파이프라인을 가능하도록 할 수 있는데, 여기에는 성능과 보안의 트레이드오프가 고려되어야 할 것이다. 또한 nonce의 횟수를 세는 방법으로 파이프라인을 방해하지 않으면서도 새로운 서버 nonce의 보안상 이점을 거의 유지하는 것도 가능하다.
qop	서버에 의한 응답에 적용된 "보호 수준" 옵션을 나타낸다. 값 "auth"는 인증(authentication)을 나타내며, 값 "auth-int"는 무결성 보호를 포함한 인증(authentication with integrity protection)을 나타낸다. 서버는 클라이언트가 요청에 담아 보낸 qop 지시자와 같은 값을 응답의 qop 지시자 값으로 사용해야 한다.

rspauth	이 지시자에는 선택적인 응답 다이제스트가 들어있으며(rspauth는 response auth를 의미) 이를 이용해 상호 인증을 지원할 수 있다. 즉, 서버가 사용자의 secret을 알고 있음을 증명하고, qop="auth-int"라면 응답에 대해 어느 정도의 무결성 보호도 제공한다. 이 응답 다이제스트 값을[a] 계산하는 방법은 Authorization 헤더의 "request-digest" 값과 대체로 같지만, A2를 계산하는 방법만이 다르다.[b] 요청의 Authorization 헤더에서 qop="auth"이거나 qop가 명시되지 않은 경우라면 A2는 다음과 같고,
	`A2 = ":" digest-uri-value`
	qop="auth-int"라면 다음과 같다.
	`A2 = ":" digest-uri-value ":" H(entity-body)`

cnonce	cnonce의 값은 이 메시지가 응답 대상인 클라이언트 요청에 들어있는 값과 반드시 같아야 한다. nc 지시자는 qop="auth"나 qop="auth-int"가 명시되어 있는 경우에는 반드시 존재해야 한다.
nc	nc의 값은 이 메시지가 응답 대상인 클라이언트 요청에 들어있는 값과 반드시 같아야 한다. nc 지시자는 qop="auth"나 qop="auth-int"가 명시되어 있는 경우에는 반드시 존재해야 한다.
〈extension〉	이 지시자는 미래의 확장을 허용한다. 인식되지 않는 지시자는 무엇이든 무시되어야 한다.

a (옮긴이) rspauth에 response-digest가 들어있다.
b (옮긴이) request-digest의 계산 과정에 A2의 계산이 포함된다.

표 F-3 다이제스트 Authentication-Info 헤더 지시자(RFC 2617에서)

F.4 참조 코드

다음의 코드는 RFC 2617에 나오는 H(A1), H(A2), request-digest, response-digest의 계산을 구현한 것이다. 이것은 RFC 1321의 MD5 구현을 사용한다.

F.4.1 파일 "digcalc.h"

```
#define HASHLEN 16
typedef char HASH[HASHLEN];
#define HASHHEXLEN 32
typedef char HASHHEX[HASHHEXLEN+1];
#define IN
#define OUT
/* HTTP 다이제스트 명세에 따라 H(A1)을 계산한다 */
void DigestCalcHA1(
    IN char * pszAlg,
    IN char * pszUserName,
    IN char * pszRealm,
    IN char * pszPassword,
    IN char * pszNonce,
    IN char * pszCNonce,
    OUT HASHHEX SessionKey
    );

/* HTTP 다이제스트 명세에 따라 request-digest/response-digest를 계산한다 */
void DigestCalcResponse(
    IN HASHHEX HA1,            /* H(A1) */
    IN char * pszNonce,        /* 서버로부터의 nonce */
    IN char * pszNonceCount,   /* 16진수 8자리 */
    IN char * pszCNonce,       /* 클라이언트 nonce */
    IN char * pszQop,          /* qop-value: "", "auth", "auth-int" */
    IN char * pszMethod,       /* 요청의 메서드 */
    IN char * pszDigestUri,    /* 요청 URL */
    IN HASHHEX HEntity,        /* qop="auth-int"라면 H(엔터티 본문) */
    OUT HASHHEX Response       /* request-digest 혹은 response-digest */
    );
```

F.4.2 파일 "digcalc.c"

```
#include <global.h>
#include <md5.h>
#include <string.h>
#include "digcalc.h"

void CvtHex(
    IN HASH Bin,
    OUT HASHHEX Hex
    )
{
    unsigned short i;
    unsigned char j;
    for (i = 0; i < HASHLEN; i++) {
        j = (Bin[i] >> 4) & 0xf;
        if (j <= 9)
            Hex[i*2] = (j + '0');
         else
            Hex[i*2] = (j + 'a' - 10);
        j = Bin[i] & 0xf;
        if (j <= 9)
            Hex[i*2+1] = (j + '0');
         else
            Hex[i*2+1] = (j + 'a' - 10);
    };
    Hex[HASHHEXLEN] = '\0';
};

/* 명세에 따라 H(A1)를 계산한다 */
void DigestCalcHA1(
    IN char * pszAlg,
    IN char * pszUserName,
    IN char * pszRealm,
    IN char * pszPassword,
    IN char * pszNonce,
    IN char * pszCNonce,
    OUT HASHHEX SessionKey
    )
{
      MD5_CTX Md5Ctx;
      HASH HA1;
      HASHHEX HA1Hex;

      MD5Init(&Md5Ctx);
      MD5Update(&Md5Ctx, pszUserName, strlen(pszUserName));
      MD5Update(&Md5Ctx, ":", 1);
      MD5Update(&Md5Ctx, pszRealm, strlen(pszRealm));
      MD5Update(&Md5Ctx, ":", 1);
      MD5Update(&Md5Ctx, pszPassword, strlen(pszPassword));
      MD5Final(HA1, &Md5Ctx);
      if (stricmp(pszAlg, "md5-sess") == 0) {
            CvtHex(HA1, HA1Hex);
            MD5Init(&Md5Ctx);
            MD5Update(&Md5Ctx, HA1Hex, HASHHEXLEN);
            MD5Update(&Md5Ctx, ":", 1);
```

```
            MD5Update(&Md5Ctx, pszNonce, strlen(pszNonce));
            MD5Update(&Md5Ctx, ":", 1);
            MD5Update(&Md5Ctx, pszCNonce, strlen(pszCNonce));
            MD5Final(HA1, &Md5Ctx);
      };
      CvtHex(HA1, SessionKey);
};
/* HTTP 다이제스트 명세에 따라 request-digest와 response-digest를 계산한다 */
void DigestCalcResponse(
    IN HASHHEX HA1,           /* H(A1) */
    IN char * pszNonce,       /* 서버로부터의 nonce */
    IN char * pszNonceCount,  /* 16진수 8자리 */
    IN char * pszCNonce,      /* 클라이언트 nonce */
    IN char * pszQop,         /* qop-value: "", "auth", "auth-int" */
    IN char * pszMethod,      /* 요청의 메서드 */
    IN char * pszDigestUri,   /* 요청 URL */
    IN HASHHEX HEntity,       /* qop="auth-int"라면 H(엔터티 본문) */
    OUT HASHHEX Response      /* request-digest 혹은 response-digest */
    )
{
      MD5_CTX Md5Ctx;
      HASH HA2;
      HASH RespHash;
       HASHHEX HA2Hex;
      // H(A2)를 계산한다
      MD5Init(&Md5Ctx);
      MD5Update(&Md5Ctx, pszMethod, strlen(pszMethod));
      MD5Update(&Md5Ctx, ":", 1);
      MD5Update(&Md5Ctx, pszDigestUri, strlen(pszDigestUri));
      if (stricmp(pszQop, "auth-int") == 0) {
            MD5Update(&Md5Ctx, ":", 1);
            MD5Update(&Md5Ctx, HEntity, HASHHEXLEN);
      };
      MD5Final(HA2, &Md5Ctx);
       CvtHex(HA2, HA2Hex);
      // 응답을 계산한다
      MD5Init(&Md5Ctx);
      MD5Update(&Md5Ctx, HA1, HASHHEXLEN);
      MD5Update(&Md5Ctx, ":", 1);
      MD5Update(&Md5Ctx, pszNonce, strlen(pszNonce));
      MD5Update(&Md5Ctx, ":", 1);
      if (*pszQop) {
          MD5Update(&Md5Ctx, pszNonceCount, strlen(pszNonceCount));
          MD5Update(&Md5Ctx, ":", 1);
          MD5Update(&Md5Ctx, pszCNonce, strlen(pszCNonce));
          MD5Update(&Md5Ctx, ":", 1);
          MD5Update(&Md5Ctx, pszQop, strlen(pszQop));
          MD5Update(&Md5Ctx, ":", 1);
      };
      MD5Update(&Md5Ctx, HA2Hex, HASHHEXLEN);
      MD5Final(RespHash, &Md5Ctx);
      CvtHex(RespHash, Response);
};
```

F.4.3 파일 "digtest.c"

```
#include <stdio.h>
#include "digcalc.h"

void main(int argc, char ** argv) {
      char * pszNonce = "dcd98b7102dd2f0e8b11d0f600bfb0c093";
      char * pszCNonce = "0a4f113b";
      char * pszUser = "Mufasa";
      char * pszRealm = "testrealm@host.com";
      char * pszPass = "Circle Of Life";
      char * pszAlg = "md5";
      char szNonceCount[9] = "00000001";
      char * pszMethod = "GET";
      char * pszQop = "auth";
      char * pszURI = "/dir/index.html";
      HASHHEX HA1;
      HASHHEX HA2 = "";
      HASHHEX Response;
      DigestCalcHA1(pszAlg, pszUser, pszRealm, pszPass,
          pszNonce, pszCNonce, HA1);
      DigestCalcResponse(HA1, pszNonce, szNonceCount, pszCNonce, pszQop,
          pszMethod, pszURI, HA2, Response);
      printf("Response = %s\n", Response);
};
```

부록 G

HTTP: The Definitive Guide

언어 태그

언어 태그는 "fr"(프랑스어), "en-GB"(그레이트브리튼 잉글리시) 같이 짧고 표준화된 문자열로 어떤 언어인지 가리킨다. 각 태그는 붙임표(-)으로 구분되는 서브태그를 한 개 이상 포함한다. 언어 태그는 16장 "언어 태그와 HTTP" 절에서 상세히 설명하고 있다.

이 부록에서는 규칙, 표준 태그 그리고 언어 태그에 대한 등록 정보를 기술하였다. 이 부록은 다음과 같은 정보를 포함한다.

- 첫 번째 (기본) 서브태그에 대한 규칙은 "첫 번째 서브태그 규칙"에 요약되어 있다.
- 두 번째 서브태그의 규칙은 "두 번째 서브태그 규칙"에 요약되어 있다.
- IANA에 등록된 언어 태그들은 표 G-1에서 볼 수 있다.
- ISO 639 언어 코드들은 표 G-2에서 볼 수 있다.
- ISO 3166 나라 코드는 표 G-3에서 볼 수 있다.

G.1 첫 번째 서브태그 규칙

만약 첫 번째 서브태그가,

- 두 개의 문자로 되어있으면, 그것의 언어 코드는 ISO 639[1]와 ISO 639-1 표준에 있다.
- 세 개의 문자로 되어있으면, 그것의 언어 코드는 ISO 639-2[2] 표준에 있다.

1 ISO 표준 639 "언어 명 표현 코드"를 참고하라.

2 ISO 639-2 "언어 명 표현 코드 - 2부. 알파-3 코드"를 참고하라.

- "i" 문자 언어 태그는 IANA에 등록되어 있다는 것을 가리킨다.
- "x" 문자 언어 태그는 개인용, 비표준, 확장 서브태그다.

ISO 639와 639-2 이름은 표 G-2에 요약되어 있다.

G.2 두 번째 서브태그 규칙

만약 두 번째 서브태그가,

- 두 개의 문자로 되어 있으면, 그것의 국가/지역은 ISO 3166[3]에 있다.
- 세 개에서 여덟 개의 문자로 되어 있으면, IANA에 등록되어 있을 것이다.
- 한 개의 문자는 규칙에 어긋난다.

ISO 3166 국가 코드는 표 G-3에 요약되어 있다.

G.3 IANA에 등록된 언어 태그들

IANA 언어 태그	설명
i-bnn	Bunun
i-default	기본 언어 컨텍스트
i-hak	Hakka
i-klingon	Klingon
i-lux	Luxembourgish
i-mingo	Mingo
i-navajo	Navajo
i-pwn	Paiwan
i-tao	Tao
i-tay	Tayal
i-tsu	Tsou
no-bok	Norwegian "책 언어"

3 국가 코드인 AA, QM–QZ, XA–XZ, ZZ는 사용자 할당된 코드로 ISO 3166이 예약했다. 이것들은 언어 태그로 사용하면 안 된다.

no-nyn	Norwegian "새로운 Norwegian"
zh-gan	Kan 혹은 Gan
zh-guoyu	Mandarin 혹은 Standard Chinese
zh-hakka	Hakka
zh-min	Min, Fuzhou, Hokkien, Amoy, 혹은 Taiwanese
zh-wuu	Shanghaiese 혹은 Wu
zh-xiang	Xiang 혹은 Hunanese
zh-yue	Cantonese

표 G-1 언어 태그

G.4 ISO 639 언어 코드

언어	ISO 639	ISO 639-2
Abkhazian	ab	abk
Achinese		ace
Acoli		ach
Adangme		ada
Afar	aa	aar
Afrihili		afh
Afrikaans	af	afr
Afro-Asiatic (Other)		afa
Akan		aka
Akkadian		akk
Albanian	sq	alb/sqi
Aleut		ale
Algonquian languages		alg
Altaic (Other)		tut
Amharic	am	amh
Apache languages		apa
Arabic	ar	ara
Aramaic		arc
Arapaho		arp
Araucanian		arn
Arawak		arw

언어	ISO 639	ISO 639-2
Armenian	hy	arm/hye
Artificial (Other)		art
Assamese	as	asm
Athapascan languages		ath
Austronesian (Other)		map
Avaric		ava
Avestan		ave
Awadhi		awa
Aymara	ay	aym
Azerbaijani	az	aze
Aztec		nah
Balinese		ban
Baltic (Other)		bat
Baluchi		bal
Bambara		bam
Bamileke languages		bai
Banda		bad
Bantu (Other)		bnt
Basa		bas
Bashkir	ba	bak
Basque	eu	baq/eus
Beja		bej
Bemba		bem
Bengali	bn	ben
Berber (Other)		ber
Bhojpuri		bho
Bihari	bh	bih
Bikol		bik
Bini		bin
Bislama	bi	bis
Braj		bra
Breton	be	bre
Buginese		bug
Bulgarian	bg	bul

언어	ISO 639	ISO 639-2
Buriat		bua
Burmese	my	bur/mya
Byelorussian	be	bel
Caddo		cad
Carib		car
Catalan	ca	cat
Caucasian (Other)		cau
Cebuano		ceb
Celtic (Other)		cel
Central American Indian (Other)		cai
Chagatai		chg
Chamorro		cha
Chechen		che
Cherokee		chr
Cheyenne		chy
Chibcha		chb
Chinese	zh	chi/zho
Chinook jargon		chn
Choctaw		cho
Church Slavic		chu
Chuvash		chv
Coptic		cop
Cornish		cor
Corsican	co	cos
Cree		cre
Creek		mus
Creoles와 Pidgins (Other)		crp
Creoles와 Pidgins, English 기반 (Other)		cpe
Creoles와 Pidgins, French 기반 (Other)		cpf
Creoles와 nd Pidgins, Portuguese 기반 (Other)		cpp
Cushitic (Other)		cus
Croatian	hr	
Czech	cs	ces/cze
Dakota		dak

언어	ISO 639	ISO 639-2
Danish	da	dan
Delaware		del
Dinka		din
Divehi		div
Dogri		doi
Dravidian (Other)		dra
Duala		dua
Dutch	nl	dut/nla
Dutch, Middle (ca. 1050-1350)		dum
Dyula		dyu
Dzongkha	dz	dzo
Efik		efi
Egyptian (Ancient)		egy
Ekajuk		eka
Elamite		elx
English	en	eng
English, Middle (ca. 1100-1500)		enm
English, Old (ca. 450-1100)		ang
Eskimo (Other)		esk
Esperanto	eo	epo
Estonian	et	est
Ewe		ewe
Ewondo		ewo
Fang		fan
Fanti		fat
Faroese	fo	fao
Fijian	fj	fij
Finnish	fi	fin
Finno-Ugrian (Other)		fiu
Fon		fon
French	fr	fra/fre
French, Middle (ca. 1400-1600)		frm
French, Old (842- ca. 1400)		fro
Frisian	fy	fry

언어	ISO 639	ISO 639-2
Fulah		ful
Ga		gaa
Gaelic (Scots)		gae/gdh
Gallegan	gl	glg
Ganda		lug
Gayo		gay
Geez		gez
Georgian	ka	geo/kat
German	de	deu/ger
German, Middle High (ca. 1050-1500)		gmh
German, Old High (ca. 750-1050)		goh
Germanic (Other)		gem
Gilbertese		gil
Gondi		gon
Gothic		got
Grebo		grb
Greek, Ancient (to 1453)		grc
Greek, Modern (1453-)	el	ell/gre
Greenlandic	kl	kal
Guarani	gn	grn
Gujarati	gu	guj
Haida		hai
Hausa	ha	hau
Hawaiian		haw
Hebrew	he	heb
Herero		her
Hiligaynon		hil
Himachali		him
Hindi	hi	hin
Hiri Motu		hmo
Hungarian	hu	hun
Hupa		hup
Iban		iba
Icelandic	is	ice/isl

언어	ISO 639	ISO 639-2
Igbo		ibo
Ijo		ijo
Iloko		ilo
Indic (Other)		inc
Indo-European (Other)		ine
Indonesian	id	ind
Interlingua (IALA)	ia	ina
Interlingue	ie	ine
Inuktitut	iu	iku
Inupiak	ik	ipk
Iranian (Other)		ira
Irish	ga	gai/iri
Irish, Old (to 900)		sga
Irish, Middle (900 - 1200)		mga
Iroquoian languages		iro
Italian	it	ita
Japanese	ja	jpn
Javanese	jv/jw	jav/jaw
Judeo-Arabic		jrb
Judeo-Persian		jpr
Kabyle		kab
Kachin		kac
Kamba		kam
Kannada	kn	kan
Kanuri		kau
Kara-Kalpak		kaa
Karen		kar
Kashmiri	ks	kas
Kawi		kaw
Kazakh	kk	kaz
Khasi		kha
Khmer	km	khm
Khoisan (Other)		khi
Khotanese		kho

언어	ISO 639	ISO 639-2
Kikuyu		kik
Kinyarwanda	rw	kin
Kirghiz	ky	kir
Komi		kom
Kongo		kon
Konkani		kok
Korean	ko	kor
Kpelle		kpe
Kru		kro
Kuanyama		kua
Kumyk		kum
Kurdish	ku	kur
Kurukh		kru
Kusaie		kus
Kutenai		kut
Ladino		lad
Lahnda		lah
Lamba		lam
Langue d'Oc (post-1500)	oc	oci
Lao	lo	lao
Latin	la	lat
Latvian	lv	lav
Letzeburgesch		ltz
Lezghian		lez
Lingala	ln	lin
Lithuanian	lt	lit
Lozi		loz
Luba-Katanga		lub
Luiseno		lui
Lunda		lun
Luo (Kenya와 Tanzania)		luo
Macedonian	mk	mac/mak
Madurese		mad
Magahi		mag

언어	ISO 639	ISO 639-2
Maithili		mai
Makasar		mak
Malagasy	mg	mlg
Malay	ms	may/msa
Malayalam		mal
Maltese	ml	mlt
Mandingo		man
Manipuri		mni
Manobo languages		mno
Manx		max
Maori	mi	mao/mri
Marathi	mr	mar
Mari		chm
Marshall		mah
Marwari		mwr
Masai		mas
Mayan languages		myn
Mende		men
Micmac		mic
Minangkabau		min
Miscellaneous (Other)		mis
Mohawk		moh
Moldavian	mo	mol
Mon-Kmer (Other)		mkh
Mongo		lol
Mongolian	mn	mon
Mossi		mos
Multiple languages		mul
Munda languages		mun
Nauru	na	nau
Navajo		nav
Ndebele, North		nde
Ndebele, South		nbl
Ndongo		ndo

언어	ISO 639	ISO 639-2
Nepali	ne	nep
Newari		new
Niger-Kordofanian (Other)		nic
Nilo-Saharan (Other)		ssa
Niuean		niu
Norse, Old		non
North American Indian (Other)		nai
Norwegian	no	nor
Norwegian (Nynorsk)		nno
Nubian languages		nub
Nyamwezi		nym
Nyanja		nya
Nyankole		nyn
Nyoro		nyo
Nzima		nzi
Ojibwa		oji
Oriya	or	ori
Oromo	om	orm
Osage		osa
Ossetic		oss
Otomian languages		oto
Pahlavi		pal
Palauan		pau
Pali		pli
Pampanga		pam
Pangasinan		pag
Panjabi	pa	pan
Papiamento		pap
Papuan-Australian (Other)		paa
Persian	fa	fas/per
Persian, Old (ca 600 - 400 B.C.)		peo
Phoenician		phn
Polish	pl	pol
Ponape		pon

언어	ISO 639	ISO 639-2
Portuguese	pt	por
Prakrit languages		pra
Provencal, Old (to 1500)		pro
Pushto	ps	pus
Quechua	qu	que
Rhaeto-Romance	rm	roh
Rajasthani		raj
Rarotongan		rar
Romance (Other)		roa
Romanian	ro	ron/rum
Romany		rom
Rundi	rn	run
Russian	ru	rus
Salishan languages		sal
Samaritan Aramaic		sam
Sami languages		smi
Samoan	sm	smo
Sandawe		sad
Sango	sg	sag
Sanskrit	sa	san
Sardinian		srd
Scots		sco
Selkup		sel
Semitic (Other)		sem
Serbian	sr	
Serbo-Croatian	sh	scr
Serer		srr
Shan		shn
Shona	sn	sna
Sidamo		sid
Siksika		bla
Sindhi	sd	snd
Singhalese	si	sin
Sino-Tibetan (Other)		sit

언어	ISO 639	ISO 639-2
Siouan languages		sio
Slavic (Other)		sla
Siswant	ss	ssw
Slovak	sk	slk/slo
Slovenian	sl	slv
Sogdian		sog
Somali	so	som
Songhai		son
Sorbian languages		wen
Sotho, Northern		nso
Sotho, Southern	st	sot
South American Indian (Other)		sai
Spanish	es	esl/spa
Sukuma		suk
Sumerian		sux
Sudanese	su	sun
Susu		sus
Swahili	sw	swa
Swazi		ssw
Swedish	sv	sve/swe
Syriac		syr
Tagalog	tl	tgl
Tahitian		tah
Tajik	tg	tgk
Tamashek		tmh
Tamil	ta	tam
Tatar	tt	tat
Telugu	te	tel
Tereno		ter
Thai	th	tha
Tibetan	bo	bod/tib
Tigre		tig
Tigrinya	ti	tir
Timne		tem

언어	ISO 639	ISO 639-2
Tivi		tiv
Tlingit		tli
Tonga (Nyasa)	to	tog
Tonga (Tonga Islands)		ton
Truk		tru
Tsimshian		tsi
Tsonga	ts	tso
Tswana	tn	tsn
Tumbuka		tum
Turkish	tr	tur
Turkish, Ottoman (1500-1928)		ota
Turkmen	tk	tuk
Tuvinian		tyv
Twi	tw	twi
Ugaritic		uga
Uighur	ug	uig
Ukrainian	uk	ukr
Umbundu		umb
Undetermined		und
Urdu	ur	urd
Uzbek	uz	uzb
Vai		vai
Venda		ven
Vietnamese	vi	vie
Volap , k	vo	vol
Votic		vot
Wakashan languages		wak
Walamo		wal
Waray		war
Washo		was
Welsh	cy	cym/wel
Wolof	wo	wol
Xhosa	xh	xho
Yakut		sah

언어	ISO 639	ISO 639-2
Yao		yao
Yap		yap
Yiddish	yi	yid
Yoruba	yo	yor
Zapotec		zap
Zenaga		zen
Zhuang	za	zha
Zulu	zu	zul
Zuni		zun

표 G-2 ISO 639와 639-2 언어 코드

G.5 ISO 3166 국가 코드

국가	코드
Afghanistan	AF
Albania	AL
Algeria	DZ
American Samoa	AS
Andorra	AD
Angola	AO
Anguilla	AI
Antarctica	AQ
Antigua와 Barbuda	AG
Argentina	AR
Armenia	AM
Aruba	AW
Australia	AU
Austria	AT
Azerbaijan	AZ
Bahamas	BS
Bahrain	BH
Bangladesh	BD
Barbados	BB

국가	코드
Belarus	BY
Belgium	BE
Belize	BZ
Benin	BJ
Bermuda	BM
Bhutan	BT
Bolivia	BO
Bosnia와 Herzegovina	BA
Botswana	BW
Bouvet Island	BV
Brazil	BR
British Indian Ocean Territory	IO
Brunei Darussalam	BN
Bulgaria	BG
Burkina Faso	BF
Burundi	BI
Cambodia	KH
Cameroon	CM
Canada	CA
Cape Verde	CV
Cayman Islands	KY
Central African Republic	CF
Chad	TD
Chile	CL
China	CN
Christmas Island	CX
Cocos (Keeling) Islands	CC
Colombia	CO
Comoros	KM
Congo	CG
Congo (Democratic Republic of the)	CD
Cook Islands	CK
Costa Rica	CR
Cote D'Ivoire	CI

국가	코드
Croatia	HR
Cuba	CU
Cyprus	CY
Czech Republic	CZ
Denmark	DK
Djibouti	DJ
Dominica	DM
Dominican Republic	DO
East Timor	TP
Ecuador	EC
Egypt	EG
El Salvador	SV
Equatorial Guinea	GQ
Eritrea	ER
Estonia	EE
Ethiopia	ET
Falkland Islands (Malvinas)	FK
Faroe Islands	FO
Fiji	FJ
Finland	FI
France	FR
French Guiana	GF
French Polynesia	PF
French Southern Territories	TF
Gabon	GA
Gambia	GM
Georgia	GE
Germany	DE
Ghana	GH
Gibraltar	GI
Greece	GR
Greenland	GL
Grenada	GD
Guadeloupe	GP

국가	코드
Guam	GU
Guatemala	GT
Guinea	GN
Guinea-Bissau	GW
Guyana	GY
Haiti	HT
Heard Island와 Mcdonald Islands	HM
Holy See (Vatican City State)	VA
Honduras	HN
Hong Kong	HK
Hungary	HU
Iceland	IS
India	IN
Indonesia	ID
Iran (Islamic Republic of)	IR
Iraq	IQ
Ireland	IE
Israel	IL
Italy	IT
Jamaica	JM
Japan	JP
Jordan	JO
Kazakstan	KZ
Kenya	KE
Kiribati	KI
Korea (Democratic People's Republic of)	KP
Korea (Republic of)	KR
Kuwait	KW
Kyrgyzstan	KG
Lao People's Democratic Republic	LA
Latvia	LV
Lebanon	LB
Lesotho	LS
Liberia	LR

국가	코드
Libyan Arab Jamahiriya	LY
Liechtenstein	LI
Lithuania	LT
Luxembourg	LU
Macau	MO
Macedonia (The Former Yugoslav Republic of)	MK
Madagascar	MG
Malawi	MW
Malaysia	MY
Maldives	MV
Mali	ML
Malta	MT
Marshall Islands	MH
Martinique	MQ
Mauritania	MR
Mauritius	MU
Mayotte	YT
Mexico	MX
Micronesia (Federated States of)	FM
Moldova (Republic of)	MD
Monaco	MC
Mongolia	MN
Montserrat	MS
Morocco	MA
Mozambique	MZ
Myanmar	MM
Namibia	NA
Nauru	NR
Nepal	NP
Netherlands	NL
Netherlands Antilles	AN
New Caledonia	NC
New Zealand	NZ
Nicaragua	NI

국가	코드
Niger	NE
Nigeria	NG
Niue	NU
Norfolk Island	NF
Northern Mariana Islands	MP
Norway	NO
Oman	OM
Pakistan	PK
Palau	PW
Palestinian Territory (Occupied)	PS
Panama	PA
Papua New Guinea	PG
Paraguay	PY
Peru	PE
Philippines	PH
Pitcairn	PN
Poland	PL
Portugal	PT
Puerto Rico	PR
Qatar	QA
Reunion	RE
Romania	RO
Russian Federation	RU
Rwanda	RW
Saint Helena	SH
Saint Kitts와 Nevis	KN
Saint Lucia	LC
Saint Pierre와 Miquelon	PM
Saint Vincent와 the Grenadines	VC
Samoa	WS
San Marino	SM
Sao Tome와 Principe	ST
Saudi Arabia	SA
Senegal	SN

국가	코드
Seychelles	SC
Sierra Leone	SL
Singapore	SG
Slovakia	SK
Slovenia	SI
Solomon Islands	SB
Somalia	SO
South Africa	ZA
South Georgia와 the South Sandwich Islands	GS
Spain	ES
Sri Lanka	LK
Sudan	SD
Suriname	SR
Svalbard와 Jan Mayen	SJ
Swaziland	SZ
Sweden	SE
Switzerland	CH
Syrian Arab Republic	SY
Taiwan, Province of China	TW
Tajikistan	TJ
Tanzania (United Republic of)	TZ
Thailand	TH
Togo	TG
Tokelau	TK
Tonga	TO
Trinidad와 Tobago	TT
Tunisia	TN
Turkey	TR
Turkmenistan	TM
Turks와 Caicos Islands	TC
Tuvalu	TV
Uganda	UG
Ukraine	UA
United Arab Emirates	AE

국가	코드
United Kingdom	GB
United States	US
United States Minor Outlying Islands	UM
Uruguay	UY
Uzbekistan	UZ
Vanuatu	VU
Venezuela	VE
Viet NAM	VN
Virgin Islands (British)	VG
Virgin ISLANDS (U.S.)	VI
Wallis와 Futuna	WF
Western Sahara	EH
Yemen	YE
Yugoslavia	YU
Zambia	ZM

표 G-3 ISO 3166 국가 코드

G.6 언어 관리 단체

ISO 639는, ISO 639에 있는 언어 목록에 추가 및 변경에 대한 유지보수 대행사를 정했다. 그 대행사는 다음과 같다.

International Information Centre for Terminology (Infoterm)
P.O. Box 130
A-1021 Wien
Austria

전화: +43 1 26 75 35 Ext. 312
팩스: +43 1 216 32 72

ISO 639-2는, ISO 639-2에 있는 언어 목록에 추가 및 변경에 대한 유지보수 대행사를 정했다. 그 대행사는 다음과 같다.

Library of Congress
Network Development and MARC Standards Office
Washington, D.C. 20540

USA

전화: +1 202 707 6237
팩스: +1 202 707 0115
URL: http://www.loc.gov/standards/iso639/

ISO 3166(국가 코드)에 대한 유지보수 대행사는 다음과 같다.

ISO 3166 Maintenance Agency Secretariat
c/o DIN Deutsches Institut fuer Normung
Burggrafenstrasse 6
Postfach 1107
D-10787 Berlin
Germany

전화: +49 30 26 01 320
팩스: +49 30 26 01 231
URL: http://www.din.de/gremien/nas/nabd/iso3166ma/

부록 H

HTTP: The Definitive Guide

MIME 문자집합 등록

이 부록은 인터넷 할당 번호 관리기관(Internet Assigned Numbers Authority, IANA)가 관리하는 MIME 문자집합 등기에 대해 설명한다. 등기에 있는 문자집합의 목록이 표 H-1에 있다.

H.1 MIME 문자집합 등기

MIME 문자집합 태그들은 IANA(http://www.iana.org/numbers.htm)에 등기되어 있다. 문자집합 등기는 레코드의 플랫 파일 텍스트 데이터베이스다. 각 레코드는 문자집합 이름, 참고문헌, 특정 MIB 숫자, 설명, 별칭 목록을 가진다. 이름이나 별칭은 '선호하는 MIME 이름'으로 표시될 것이다.

다음은 US-ASCII에 대한 자료다.

```
Name: ANSI_X3.4-1968                                   [RFC1345, KXS2]^
MIBenum: 3
Source: ECMA registry
Alias: iso-ir-6
Alias: ANSI_X3.4-1986
Alias: ISO_646.irv:1991
Alias: ASCII
Alias: ISO646-US
Alias: US-ASCII (preferred MIME name)
Alias: us
Alias: IBM367
Alias: cp367
Alias: csASCII
```

IANA에 문자집합을 등록하는 절차는 RFC 2978에 나와 있다.
(http://www.ietf.org/rfc/rfc2978.txt).

H.2 선호 MIME 이름

이 책을 쓰는 무렵에는 235개의 문자집합이 등록되어 있었으며, 20개만이 '선호 MIME 이름'(이메일과 웹 애플리케이션에서 흔히 사용되는)에 포함되어 있었다. 다음과 같은 것들이다.

Big5	EUC-JP	EUC-KR
GB2312	ISO-2022-JP	ISO-2022-JP-2
ISO-2022-KR	ISO-8859-1	ISO-8859-2
ISO-8859-3	ISO-8859-4	ISO-8859-5
ISO-8859-6	ISO-8859-7	ISO-8859-8
ISO-8859-9	ISO-8859-10	KOI8-R
Shift-JIS	US-ASCII	

H.3 등록된 문자집합

표 H-1은 2001년 3월에 등록된 문자집합 콘텐츠를 나열한 것이다. 이 표의 콘텐츠에 대한 더 자세한 정보는 http://www.iana.org에서 직접 볼 수 있다.

문자집합 태그	별칭	설명	참고자료
US-ASCII	ANSI_X3.4-1968, iso-ir-6, ANSI_X3.4-1986, ISO_646.irv:1991, ASCII, ISO646-US, us, IBM367, cp367, csASCII	ECMA 등록소	RFC1345, KXS2
ISO-10646-UTF-1	csISO10646UTF1	ASCII-7 하위 집합으로 멀티바이트 인코딩이다. 이는 바이트 순서 이슈를 가지지 않는다.	
ISO_646.basic:1983	ref, csISO646basic1983	ECMA 등록소	RFC1345, KXS2
INVARIANT	csINVARIANT		RFC1345, KXS2
ISO_646.irv:1983	iso-ir-2, irv, csISO2IntlRefVersion	ECMA 등록소	RFC1345, KXS2
BS_4730	iso-ir-4, ISO646-GB, gb, uk, csISO4UnitedKingdom	ECMA 등록소	RFC1345, KXS2
NATS-SEFI	iso-ir-8-1, csNATSSEFI	ECMA 등록소	RFC1345, KXS2
NATS-SEFI-ADD	iso-ir-8-2, csNATSSEFIADD	ECMA 등록소	RFC1345, KXS2

문자집합 태그	별칭	설명	참고자료
NATS-DANO	iso-ir-9-1, csNATSDANO	ECMA 등록소	RFC1345, KXS2
NATS-DANO-ADD	iso-ir-9-2, csNATSDANOADD	ECMA 등록소	RFC1345, KXS2
SEN_850200_B	iso-ir-10, FI, ISO646-FI, ISO646-SE, se, csISO10Swedish	ECMA 등록소	RFC1345, KXS2
SEN_850200_C	iso-ir-11, ISO646-SE2, se2, csISO11SwedishForNames	ECMA 등록소	RFC1345, KXS2
KS_C_5601-1987	iso-ir-149, KS_C_5601-1989, KSC_5601, korean, csKSC56011987	ECMA 등록소	RFC1345, KXS2
ISO-2022-KR	csISO2022KR	RFC 1557 (KS_C_5601-1987 참고)	RFC1557, Choi
EUC-KR	csEUCKR	RFC 1557 (KS_C_5861-1992 참고)	RFC1557, Choi
ISO-2022-JP	csISO2022JP	RFC 1468 (RFC 2237 참고)	RFC1468, Murai
ISO-2022-JP-2	csISO2022JP2	RFC 1554	RFC1554, Ohta
ISO-2022-CN		RFC 1922	RFC1922
ISO-2022-CN-EXT		RFC 1922	RFC1922
JIS_C6220-1969-jp	JIS_C6220-1969, iso-ir-13, katakana, x0201-7, csISO13JISC6220jp	ECMA 등록소	RFC1345, KXS2
JIS_C6220-1969-ro	iso-ir-14, jp, ISO646-JP, csISO14JISC6220ro	ECMA 등록소	RFC1345, KXS2
IT	iso-ir-15, ISO646-IT, csISO15Italian	ECMA 등록소	RFC1345, KXS2
PT	iso-ir-16, ISO646-PT, csISO16Portuguese	ECMA 등록소	RFC1345, KXS2
ES	iso-ir-17, ISO646-ES, csISO17Spanish	ECMA 등록소	RFC1345, KXS2
greek7-old	iso-ir-18, csISO18Greek7Old	ECMA 등록소	RFC1345, KXS2
latin-greek	iso-ir-19, csISO19LatinGreek	ECMA 등록소	RFC1345, KXS2
DIN_66003	iso-ir-21, de, ISO646-DE, csISO21German	ECMA 등록소	RFC1345, KXS2
NF_Z_62-010_(1973)	iso-ir-25, ISO646-FR1, csISO25French	ECMA 등록소	RFC1345, KXS2
Latin-greek-1	iso-ir-27, csISO27LatinGreek1	ECMA 등록소	RFC1345, KXS2
ISO_5427	iso-ir-37, csISO5427Cyrillic	ECMA 등록소	RFC1345, KXS2
JIS_C6226-1978	iso-ir-42, csISO42JISC62261978	ECMA 등록소	RFC1345, KXS2

문자집합 태그	별칭	설명	참고자료
BS_viewdata	iso-ir-47, csISO47BSViewdata	ECMA 등록소	RFC1345, KXS2
INIS	iso-ir-49, csISO49INIS	ECMA 등록소	RFC1345, KXS2
INIS-8	iso-ir-50, csISO50INIS8	ECMA 등록소	RFC1345, KXS2
INIS-cyrillic	iso-ir-51, csISO51INISCyrillic	ECMA 등록소	RFC1345, KXS2
ISO_5427:1981	iso-ir-54, ISO5427Cyrillic1981	ECMA 등록소	RFC1345, KXS2
ISO_5428:1980	iso-ir-55, csISO5428Greek	ECMA 등록소	RFC1345, KXS2
GB_1988-80	iso-ir-57, cn, ISO646-CN, csISO57GB1988	ECMA 등록소	RFC1345, K5, KXS2
GB_2312-80	iso-ir-58, chinese, csISO58GB231280	ECMA 등록소	RFC1345, KXS2
NS_4551-1	iso-ir-60, ISO646-NO, no, csISO60DanishNorwegian, csISO60Norwegian1	ECMA 등록소	RFC1345, KXS2
NS_4551-2	ISO646-NO2, iso-ir-61, no2, csISO61Norwegian2	ECMA 등록소	RFC1345, KXS2
NF_Z_62-010	iso-ir-69, ISO646-FR, fr, csISO69French	ECMA 등록소	RFC1345, KXS2
videotex-suppl	iso-ir-70, csISO70VideotexSupp1	ECMA 등록소	RFC1345, KXS2
PT2	iso-ir-84, ISO646-PT2, csISO84Portuguese2	ECMA 등록소	RFC1345, KXS2
ES2	iso-ir-85, ISO646-ES2, csISO85Spanish2	ECMA 등록소	RFC1345, KXS2
MSZ_7795.3	iso-ir-86, ISO646-HU, hu, csISO86Hungarian	ECMA 등록소	RFC1345, KXS2
JIS_C6226-1983	iso-ir-87, x0208, JIS_X0208-1983, csISO87JISX0208	ECMA 등록소	RFC1345, KXS2
greek7	iso-ir-88, csISO88Greek7	ECMA 등록소	RFC1345, KXS2
ASMO_449	ISO_9036, arabic7, iso-ir-89, csISO89ASMO449	ECMA 등록소	RFC1345, KXS2
iso-ir-90	csISO90	ECMA 등록소	RFC1345, KXS2
JIS_C6229-1984-a	iso-ir-91, jp-ocr-a, csISO91JISC62291984a	ECMA 등록소	RFC1345, KXS2
JIS_C6229-1984-b	iso-ir-92, ISO646-JP-OCR-B, jp-ocr-b, csISO92JISC62991984b	ECMA 등록소	RFC1345, KXS2
JIS_C6229-1984-b-add	iso-ir-93, jp-ocr-b-add, csISO93JIS62291984badd	ECMA 등록소	RFC1345, KXS2

문자집합 태그	별칭	설명	참고자료
JIS_C6229-1984-hand	iso-ir-94, jp-ocr-hand, csISO94JIS62291984hand	ECMA 등록소	RFC1345, KXS2
JIS_C6229-1984-hand-add	iso-ir-95, jp-ocr-hand-add, csISO95JIS62291984handadd	ECMA 등록소	RFC1345, KXS2
JIS_C6229-1984-kana	iso-ir-96, csISO96JISC62291984kana	ECMA 등록소	RFC1345, KXS2
ISO_2033-1983	iso-ir-98, e13b, csISO2033	ECMA 등록소	RFC1345, KXS2
ANSI_X3.110-1983	iso-ir-99, CSA_T500-1983, NAPLPS, csISO99NAPLPS	ECMA 등록소	RFC1345, KXS2
ISO-8859-1	ISO_8859-1:1987, iso-ir-100, ISO_8859-1, latin1, l1, IBM819, CP819, csISOLatin1	ECMA 등록소	RFC1345, KXS2
ISO-8859-2	ISO_8859-2:1987, iso-ir-101, ISO_8859-2, latin2, l2, csISOLatin2	ECMA 등록소	RFC1345, KXS2
T.61-7bit	iso-ir-102, csISO102T617bit	ECMA 등록소	RFC1345, KXS2
T.61-8bit	T.61, iso-ir-103, csISO103T618bit	ECMA 등록소	RFC1345, KXS2
ISO-8859-3	ISO_8859-3:1988, iso-ir-109, ISO_8859-3, latin3, l3, csISOLatin3	ECMA 등록소	RFC1345, KXS2
ISO-8859-4	ISO_8859-4:1988, iso-ir-110, ISO_8859-4, latin4, l4, csISOLatin4	ECMA 등록소	RFC1345, KXS2
ECMA-cyrillic	iso-ir-111, csISO111ECMACyrillic	ECMA 등록소	RFC1345, KXS2
CSA_Z243.4-1985-1	iso-ir-121, ISO646-CA, csa7-1, ca, csISO121Canadian1	ECMA 등록소	RFC1345, KXS2
CSA_Z243.4-1985-2	iso-ir-122, ISO646-CA2, csa7-2, csISO122Canadian2	ECMA 등록소	RFC1345, KXS2
CSA_Z243.4-1985-gr	iso-ir-123, csISO123CSAZ24341985gr	ECMA 등록소	RFC1345, KXS2
ISO-8859-6	ISO_8859-6:1987, iso-ir-127, ISO_8859-6, ECMA-114, ASMO-708, arabic, csISOLatinArabic	ECMA 등록소	RFC1345, KXS2
ISO_8859-6-E	csISO88596E	RFC 1556	RFC1556, IANA
ISO_8859-6-I	csISO88596I	RFC 1556	RFC1556, IANA

문자집합 태그	별칭	설명	참고자료
ISO-8859-7	ISO_8859-7:1987, iso-ir-126, ISO_8859-7, ELOT_928, ECMA-118, greek, greek8, csISOLatinGreek	ECMA 등록소	RFC1947, RFC1345, KXS2
T.101-G2	iso-ir-128, csISO128T101G2	ECMA 등록소	RFC1345, KXS2
ISO-8859-8	ISO_8859-8:1988, iso-ir-138, ISO_8859-8, hebrew, csISOLatinHebrew	ECMA 등록소	RFC1345, KXS2
ISO_8859-8-E	csISO88598E	RFC 1556	RFC1556, Nussbacher
ISO_8859-8-I	csISO88598I	RFC 1556	RFC1556, Nussbacher
CSN_369103	iso-ir-139, csISO139CSN369103	ECMA 등록소	RFC1345, KXS2
JUS_I.B1.002	iso-ir-141, ISO646-YU, js, yu, csISO141JUSIB1002	ECMA 등록소	RFC1345, KXS2
ISO_6937-2-add	iso-ir-142, csISOTextComm	ECMA 등록소 그리고 ISO 6937-2:1983	RFC1345, KXS2
IEC_P27-1	iso-ir-143, csISO143IECP271	ECMA 등록소	RFC1345, KXS2
ISO-8859-5	ISO_8859-5:1988, iso-ir-144, ISO_8859-5, cyrillic, csISOLatinCyrillic	ECMA 등록소	RFC1345, KXS2
JUS_I.B1.003-serb	iso-ir-146, serbian, csISO146Serbian	ECMA 등록소	RFC1345, KXS2
JUS_I.B1.003-mac	macedonian, iso-ir-147, csISO147Macedonian	ECMA 등록소	RFC1345, KXS2
ISO-8859-9	ISO_8859-9:1989, iso-ir-148, ISO_8859-9, latin5, l5, csISOLatin5	ECMA 등록소	RFC1345, KXS2
greek-ccitt	iso-ir-150, csISO150, csISO150GreekCCITT	ECMA 등록소	RFC1345, KXS2
NC_NC00-10:81	cuba, iso-ir-151, ISO646-CU, csISO151Cuba	ECMA 등록소	RFC1345, KXS2
ISO_6937-2-25	iso-ir-152, csISO6937Add	ECMA 등록소	RFC1345, KXS2
GOST_19768-74	ST_SEV_358-88, iso-ir-153, csISO153GOST1976874	ECMA 등록소	RFC1345, KXS2
ISO_8859-supp	iso-ir-154, latin1-2-5, csISO8859Supp	ECMA 등록소	RFC1345, KXS2
ISO_10367-box	iso-ir-155, csISO10367Box	ECMA 등록소	RFC1345, KXS2

문자집합 태그	별칭	설명	참고자료
ISO-8859-10	iso-ir-157, l6, ISO_8859-10:1992, csISOLatin6, latin6	ECMA 등록소	RFC1345, KXS2
latin-lap	lap, iso-ir-158, csISO158Lap	ECMA 등록소	RFC1345, KXS2
JIS_X0212-1990	x0212, iso-ir-159, csISO159JISX02121990	ECMA 등록소	RFC1345, KXS2
DS_2089	DS2089, ISO646-DK, dk, csISO646Danish	대니시 표준(Danish Standard), DS 2089, 1974년 2월	RFC1345, KXS2
us-dk	csUSDK		RFC1345, KXS2
dk-us	csDKUS		RFC1345, KXS2
JIS_X0201	X0201, csHalfWidthKatakana	JIS X 0201-1976 1바이트만 지원. 이는 JIS/Roman(ASCII)과 8비트 반각 가타카나를 합친 것과 같다	RFC1345, KXS2
KSC5636	ISO646-KR, csKSC5636		RFC1345, KXS2
ISO-10646-UCS-2	csUnicode	2옥텟(octet) 기본 다중언어로 유니코드라고도 한다. 이는 네트워크 바이트 순서를 명시해야 한다. 표준은 이것을 명시하지 않는다(표준은 16비트 정수 공간이다).	
ISO-10646-UCS-4	csUCS4	전체 코드 공간(바이트 순서와 동일한 코멘트. 이는 31비트 숫자다).	
DEC-MCS	dec, csDECMCS	VAX/VMS User's Manual, Order Number: AI-Y517A-TE, April 1986	RFC1345, KXS2
hp-roman8	roman8, r8, csHPRoman8	레이저제트 IIP 프린터 사용자 매뉴얼, HP 영역은 33471에서 90901, 휴렛팩커드, 1989년 6월	HP-PCL5, RFC1345, KXS2
macintosh	mac, csMacintosh	유니코드 표준 v1.0, ISBN 0201567881, Oct 1991	RFC1345, KXS2
IBM037	cp037, ebcdic-cp-us, ebcdic-cp-ca, ebcdic-cp-wt, ebcdic-cp-nl, csIBM037	IBM NLS RM Vol2 SE09-8002-01, March 1990	RFC1345, KXS2
IBM038	EBCDIC-INT, cp038, csIBM038	IBM 3174 문자집합 GA27-3831-02 참고. 1990년 3월	RFC1345, KXS2
IBM273	CP273, csIBM273	IBM NLS RM Vol2 SE09-8002-01, 1990년 3월	RFC1345, KXS2
IBM274	EBCDIC-BE, CP274, csIBM274	IBM 3174 문자집합 GA27-3831-02 참고 1990년 3월	RFC1345, KXS2
IBM275	EBCDIC-BR, cp275, csIBM275	IBM NLS RM Vol2 SE09-8002-01, 1990년 3월	RFC1345, KXS2

문자집합 태그	별칭	설명	참고자료
IBM277	EBCDIC-CP-DK, EBCDIC-CP-NO, csIBM277	IBM NLS RM Vol2 SE09-8002-01, 1990년 3월	RFC1345, KXS2
IBM278	CP278, ebcdic-cp-fi, ebcdic-cp-se, csIBM278	IBM NLS RM Vol2 SE09-8002-01, 1990년 3월	RFC1345, KXS2
IBM280	CP280, ebcdic-cp-it, csIBM280	IBM NLS RM Vol2 SE09-8002-01, 1990년 3월	RFC1345, KXS2
IBM281	EBCDIC-JP-E, cp281, csIBM281	IBM 3174 문자집합. GA27-3831-02 참고. 1990년 3월	RFC1345, KXS2
IBM284	CP284, ebcdic-cp-es, csIBM284	IBM NLS RM Vol2 SE09-8002-01, 1990년 3월	RFC1345, KXS2
IBM285	CP285, ebcdic-cp-gb, csIBM285	IBM NLS RM Vol2 SE09-8002-01, 1990년 3월	RFC1345, KXS2
IBM290	cp290, EBCDIC-JP-kana, csIBM290	IBM 3174 Character Set Ref, GA27-3831-02, 1990년 3월	RFC1345, KXS2
IBM297	cp297, ebcdic-cp-fr, csIBM297	IBM NLS RM Vol2 SE09-8002-01, 1990년 3월	RFC1345, KXS2
IBM420	cp420, ebcdic-cp-ar1, csIBM420	IBM NLS RM Vol2 SE09-8002-01, 1990년 3월, IBM NLS RM p 11-11	RFC1345, KXS2
IBM423	cp423, ebcdic-cp-gr, csIBM423	IBM NLS RM Vol2 SE09-8002-01, 1990년 3월	RFC1345, KXS2
IBM424	cp424, ebcdic-cp-he, csIBM424	IBM NLS RM Vol2 SE09-8002-01, 1990년 3월	RFC1345, KXS2
IBM437	cp437, 437, csPC8CodePage437	IBM NLS RM Vol2 SE09-8002-01, 1990년 3월	RFC1345, KXS2
IBM500	CP500, ebcdic-cp-be, ebcdic-cp-ch, csIBM500	IBM NLS RM Vol2 SE09-8002-01, 1990년 3월	RFC1345, KXS2
IBM775	cp775, csPC775Baltic	HP PCL 5 비교 가이드(P/N 5021-0329) pp B-13, 1996	HP-PCL5
IBM850	cp850, 850, csPC850Multilingual	IBM NLS RM Vol2 SE09-8002-01, 1990년 3월	RFC1345, KXS2
IBM851	cp851, 851, csIBM851	IBM NLS RM Vol2 SE09-8002-01, 1990년 3월	RFC1345, KXS2
IBM852	cp852, 852, csPCp852	IBM NLS RM Vol2 SE09-8002-01, 1990년 3월	RFC1345, KXS2
IBM855	cp855, 855, csIBM855	IBM NLS RM Vol2 SE09-8002-01, 1990년 3월	RFC1345, KXS2
IBM857	cp857, 857, csIBM857	IBM NLS RM Vol2 SE09-8002-01, 1990년 3월	RFC1345, KXS2
IBM860	cp860, 860, csIBM860	IBM NLS RM Vol2 SE09-8002-01, 1990년 3월	RFC1345, KXS2

문자집합 태그	별칭	설명	참고자료
IBM861	cp861, 861, cp-is, csIBM861	IBM NLS RM Vol2 SE09-8002-01, 1990년 3월	RFC1345, KXS2
IBM862	cp862, 862, csPC862LatinHebrew	IBM NLS RM Vol2 SE09-8002-01, 1990년 3월	RFC1345, KXS2
IBM863	cp863, 863, csIBM863	IBM 키보드 레이아웃과 코드 페이지, PN 07G4586, 1991년 6월	RFC1345, KXS2
IBM864	cp864, csIBM864	IBM 키보드 레이아웃과 코드 페이지, PN 07G4586, 1991년 6월	RFC1345, KXS2
IBM865	cp865, 865, csIBM865	IBM DOS 3.3, 94X9575(초본) 참고, 1987 2월	RFC1345, KXS2
IBM866	cp866, 866, csIBM866	IBM NLDG Vol2 SE09-8002-03, 1994 8월	Pond
IBM868	CP868, cp-ar, csIBM868	IBM NLS RM Vol2 SE09-8002-01, 1990년 3월	RFC1345, KXS2
IBM869	cp869, 869, cp-gr, csIBM869	IBM 키보드 레이아웃과 코드 페이지, PN 07G4586, 1991년 6월	RFC1345, KXS2
IBM870	CP870, ebcdic-cp-roece, ebcdic-cp-yu, csIBM870	IBM NLS RM Vol2 SE09-8002-01, 1990년 3월	RFC1345, KXS2
IBM871	CP871, ebcdic-cp-is, csIBM871	IBM NLS RM Vol2 SE09-8002-01, 1990년 3월	RFC1345, KXS2
IBM880	cp880, EBCDIC-Cyrillic, csIBM880	IBM NLS RM Vol2 SE09-8002-01, 1990년 3월	RFC1345, KXS2
IBM891	cp891, csIBM891	IBM NLS RM Vol2 SE09-8002-01, 1990년 3월	RFC1345, KXS2
IBM903	cp903, csIBM903	IBM NLS RM Vol2 SE09-8002-01, 1990년 3월	RFC1345, KXS2
IBM904	cp904, 904, csIBBM904	IBM NLS RM Vol2 SE09-8002-01, 1990년 3월	RFC1345, KXS2
IBM905	CP905, ebcdic-cp-tr, csIBM905	IBM 3174 문자집합, GA27-3831-02 참고, 1990년 3월	RFC1345, KXS2
IBM918	CP918, ebcdic-cp-ar2, csIBM918	IBM NLS RM Vol2 SE09-8002-01, 1990년 3월	RFC1345, KXS2
IBM1026	CP1026, csIBM1026	IBM NLS RM Vol2 SE09-8002-01, 1990년 3월	RFC1345, KXS2
EBCDIC-AT-DE	csIBMEBCDICATDE	IBM 3270 Char Set Ref Ch 10, GA27-2837-9, 1987년 3월	RFC1345, KXS2
EBCDIC-AT-DE-A	csEBCDICATDEA	IBM 3270 Char Set Ref Ch 10, GA27-2837-9, 1987년 3월	RFC1345, KXS2
EBCDIC-CA-FR	csEBCDICCAFR	IBM 3270 Char Set Ref Ch 10, GA27-2837-9, 1987년 3월	RFC1345, KXS2

문자집합 태그	별칭	설명	참고자료
EBCDIC-DK-NO	csEBCDICDKNO	IBM 3270 Char Set Ref Ch 10, GA27-2837-9, 1987년 3월	RFC1345, KXS2
EBCDIC-DK-NO-A	csEBCDICDKNOA	IBM 3270 Char Set Ref Ch 10, GA27-2837-9, 1987년 3월	RFC1345, KXS2
EBCDIC-FI-SE	csEBCDICFISE	IBM 3270 Char Set Ref Ch 10, GA27-2837-9, 1987년 3월	RFC1345, KXS2
EBCDIC-FI-SE-A	csEBCDICFISEA	IBM 3270 Char Set Ref Ch 10, GA27-2837-9, 1987년 3월	RFC1345, KXS2
EBCDIC-FR	csEBCDICFR	IBM 3270 Char Set Ref Ch 10, GA27-2837-9, 1987년 3월	RFC1345, KXS2
EBCDIC-IT	csEBCDICIT	IBM 3270 Char Set Ref Ch 10, GA27-2837-9, 1987년 3월	RFC1345, KXS2
EBCDIC-PT		IBM 3270 Char Set Ref Ch 10, GA27-2837-9, 1987년 3월	RFC1345, KXS2
EBCDIC-ES	csEBCDICES	IBM 3270 Char Set Ref Ch 10, GA27-2837-9, 1987년 3월	RFC1345, KXS2
EBCDIC-ES-A	csEBCDICESA	IBM 3270 Char Set Ref Ch 10, GA27-2837-9, 1987년 3월	RFC1345, KXS2
EBCDIC-ES-S	csEBCDICESS	IBM 3270 Char Set Ref Ch 10, GA27-2837-9, 1987년 3월	RFC1345, KXS2
EBCDIC-UK	csEBCDICUK	IBM 3270 Char Set Ref Ch 10, GA27-2837-9, 1987년 3월	RFC1345, KXS2
EBCDIC-US	csEBCDICUS	IBM 3270 Char Set Ref Ch 10, GA27-2837-9, 1987년 3월	RFC1345, KXS2
UNKNOWN-8BIT	csUnknown8BiT		RFC1428
MNEMONIC	csMnemonic	RFC 1345, "mnemonic+ascii+38"로도 불린다.	RFC1345, KXS2
MNEM	csMnem	RFC 1345, "mnemonic+ascii+8200"로도 불린다.	RFC1345, KXS2
VISCII	csVISCII	RFC 1456	RFC1456
VIQR	csVIQR	RFC 1456	RFC1456
KOI8-R	csKOI8R	RFC 1489, GOST-19768-74 기반, ISO-6937/8, INIS-Cyrillic, ISO-5427	RFC1489
KOI8-U		RFC 2319	RFC2319
IBM00858	CCSID00858, CP00858, PC-Multilingual-850+euro	IBM (.../assignments/character-set-info/IBM00858 참고) [Mahdi]	

문자집합 태그	별칭	설명	참고자료
IBM00924	CCSID00924, CP00924, ebcdic-Latin9--euro	IBM (.../assignments/ character-set-info/IBM00924 참고) [Mahdi]	
IBM01140	CCSID01140, CP01140, ebcdic-us-37+euro	IBM (.../assignments/ character-set-info/IBM01140 참고) [Mahdi]	
IBM01141	CCSID01141, CP01141, ebcdic-de-273+euro	IBM (.../assignments/ character-set-info/IBM01141 참고) [Mahdi]	
IBM01142	CCSID01142, CP01142, ebcdic-dk-277+euro, ebcdic-no-277+euro	IBM (.../assignments/ character-set-info/IBM01142 참고) [Mahdi]	
IBM01143	CCSID01143, CP01143, ebcdic-fi-278+euro, ebcdic-se-278+euro	IBM (.../assignments/ character-set-info/IBM01143 참고) [Mahdi]	
IBM01144	CCSID01144, CP01144, ebcdic-it-280+euro	IBM (.../assignments/ character-set-info/IBM01144 참고) [Mahdi]	
IBM01145	CCSID01145, CP01145, ebcdic-es-284+euro	IBM (.../assignments/ character-set-info/IBM01145 참고) [Mahdi]	
IBM01146	CCSID01146, CP01146, ebcdic-gb-285+euro	IBM (.../assignments/ character-set-info/IBM01146 참고) [Mahdi]	
IBM01147	CCSID01147, CP01147, ebcdic-fr-297+euro	IBM (.../assignments/ character-set-info/IBM01147 참고) [Mahdi]	
IBM01148	CCSID01148, CP01148, ebcdic-international-500+euro	IBM (.../assignments/ character-set-info/IBM01148 참고) [Mahdi]	
IBM01149	CCSID01149, CP01149, ebcdic-is-871+euro	IBM (.../assignments/ character-set-info/IBM01149 참고) [Mahdi]	
Big5-HKSCS	없음	참고 (.../assignments/ character-set-info/ Big5-HKSCS) [Yick]	
UNICODE-1-1	csUnicode11	RFC 1641	RFC1641
SCSU	None	SCSU (.../assignments/ character-set-info/SCSU 참고) [Scherer]	
UTF-7	None	RFC 2152	RFC2152
UTF-16BE	None	RFC 2781	RFC2781

문자집합 태그	별칭	설명	참고자료
UTF-16LE	None	RFC 2781	RFC2781
UTF-16	None	RFC 2781	RFC2781
UNICODE-1-1-UTF-7	csUnicode11UTF7	RFC 1642	RFC1642
UTF-8		RFC 2279	RFC2279
iso-8859-13		ISO (...assignments/character-set-info/iso-8859-13 참고)[Tumasonis]	
iso-8859-14	iso-ir-199, ISO_8859-14:1998, ISO_8859-14, latin8, iso-celtic, l8	ISO (...assignments/character-set-info/iso-8859-14 참고) [Simonsen]	
ISO-8859-15	ISO_8859-15	ISO	
JIS_Encoding	csJISEncoding	JIS X 0202-1991; 코드셋을 시프트시키기 위해서 ISO 2022 이스케이프 시퀀스를 사용하며 JIS X 0202에 문서화되어 있다.-1991년	
Shift_JIS	MS_Kanji, csShiftJIS	이 문자집합은 csHalfWidth-Katakana의 확장이다. 이는 JIS X 0208에 그래픽 캐릭터를 추가한다. CCSs는 JIS X0201:1997와 JIS X0208:1997이다. 더 상세한 정의는 JISX0208:1997의 부록 1에서 볼 수 있다. 이 문자집합은 최상위 미디어 타입인 "텍스트"에서 쓰일 수 있다.	
EUC-JP	Extended_UNIX_Code_Packed_Format_for_Japanese, csEUCPkdFmtJapanese	OSF, 국제 UNIX, UNIX 시스템 태평양 연구소에 의해서 표준화되었다. 코드셋을 선택하기 위해서 ISO 2022 규칙을 사용한다. 코드셋 0: US-ASCII(단일 7비트 바이트 셋). 코드셋 1: JIS X0208-1990(2중 8비트 바이트 셋)-각 바이트에 대해 A0-FF으로 제한한다. 코드셋 2: 반각 가타카나(단일 7비트 바이트 셋) 캐릭터 접두어로 SS2가 있어야 한다. 코드셋 3: JIS X0212-1990(이중 7비트 바이트 셋) 각 바이트에 대해 캐릭터 접두어로 SS3가 있어야 하는 A0-FF로 제한한다.	

문자집합 태그	별칭	설명	참고자료
Extended_UNIX_Code_Fixed_Width_for_Japanese	csEUCFixWidJapanese	일본에서 사용된다. 각 캐릭터는 2 옥텟이다. code set 0: US-ASCII(단일 7비트 바이트 셋), 첫 번째 바이트 = 00, 두 번째 바이트 = 20-7E. 코드셋 1: JIS X0208-1990 (이중 7비트 바이트 셋) 각 바이트에 A0-FF로 제한한다. 코드셋 2: 반각 가타카나(단일 7비트 바이트 셋), 첫 번째 바이트 = 00, 두 번째 바이트 = A0-FF; 세 번째 바이트: JIS X0212-1990 (이중 7비트 바이트 셋) 첫 번째 바이트는 A0-FF로, 두 번째 바이트는 21-7E로 제한된다.	
ISO-10646-UCS-Basic	csUnicodeASCII	유니코드의 하위집합인 ASCII. Basic Latin = collection 1. ISO 10646와 부록 A 참고.	
ISO-10646-Unicode-Latin1	csUnicodeLatin1, ISO-10646	유니코드의 부분집합인 ISO Latic-1. 기본 Latin과 Latic-1. 보충자료: 콜렉션 1과 2. ISO 10646, 부록 A, RFC 1815 참고.	
ISO-10646-J-1		ISO 10646 Japanese. RFC 1815 참고.	
ISO-Unicode-IBM-1261	csUnicodeIBM1261	IBM Latin-2, -3, -5, 확장 표현 집합, GCSGID: 1261	
ISO-Unicode-IBM-1268	csUnidoceIBM1268	IBM Latin-4 확장 표현 집합, GCSGID: 1268	
ISO-Unicode-IBM-1276	csUnicodeIBM1276	IBM 키릴 그리스어 확장 표현 집합, GCSGID: 1276	
ISO-Unicode-IBM-1264	csUnicodeIBM1264	IBM 아랍어 표현 집합, GCSGID: 1264	
ISO-Unicode-IBM-1265	csUnicodeIBM1265	IBM 히브리어 확장 집합, GCS-GID: 1265	
ISO-8859-1-Windows-3.0-Latin-1	csWindows30Latin1	ISO 8859-1 확장. 윈도우 3.0을 위한 Latin-1. PCL 심벌 집합 ID: 9U.	HP-PCL5
ISO-8859-1-Windows-3.1-Latin-1	csWindows31Latin1	ISO 8859-1 확장. 윈도우 3.1을 위한 Latin-1. PCL 심벌 집합 ID: 19U.	HP-PCL5
ISO-8859-2-Windows-Latin-2	csWindows31Latin2	ISO 8859-2 확장. 윈도우 3.1을 위한 Latin-2. PCL 심벌 집합 ID: 9E.	HP-PCL5

문자집합 태그	별칭	설명	참고자료
ISO-8859-9-Windows-Latin-5	csWindows31Latin5	ISO 8859-9 확장. 윈도우 3.1를 위한 Latin-5. PCL 심벌 집합 ID: 5T.	HP-PCL5
Adobe-Standard-Encoding	csAdobeStandardEncoding	포스트스크립트 언어 참조 매뉴얼. PCL 심벌 집합 ID: 10J.	Adobe
Ventura-US	csVenturaUS	Ventura US는 아스키에 단락기호, 저작권, 기명, 상표, 절, 단검표(†), 이중 단검표(‡)과 같은 출판에 사용되는 A0(16진법)에서 FF(16진법) 사이의 문자들이 추가된 것이다. PCL 심벌 집합 ID: 14J.	HP-PCL5
Ventura-International	csVenturaInternational	Ventura International. 아스키에 Roman8과 유사하게 인코딩된 문자들이 추가되었다. PCL 심벌 집합 ID: 13J.	HP-PCL5
PC8-Danish-Norwegian	csPC8DanishNorwegian	Danish Norwegian를 위한 PC Danish Norwegian 8-bit PC 집합. PCL 심벌 집합 ID: 11U.	HP-PCL5
PC8-Turkish	csPC8Turkish	PC 라틴계 터키어. PCL 심벌 집합 ID: 9T.	HP-PCL5
IBM-Symbols	csIBMSymbols	표현 집합, CPGID: 259	IBM-CIDT
IBM-Thai	csIBMThai	표현 집합, CPGID: 838	IBM-CIDT
HP-Legal	csHPLegal	PCL 5 비교 안내서, Hewlett-Packard, HP 부분 숫자 5961-0510, 1992년 10월. PCL 심벌 집합 ID: 1U.	HP-PCL5
HP-Pi-font	csHPPiFont	PCL 5 비교 안내서, Hewlett-Packard, HP 부분 숫자 5961-0510, 1992년 10월. PCL 심벌 집합 ID: 15U.	HP-PCL5
HP-Math8	csHPMath8	PCL 5 비교 안내서, Hewlett-Packard, HP 부분 숫자 5961-0510, 1992년 10월. PCL 심벌 집합 ID: 8M.	HP-PCL5
Adobe-Symbol-Encoding	csHPPSMath	포스트스크립트 언어 참조 매뉴얼. PCL 심벌 집합 ID: 5M.	Adobe
HP-DeskTop	csHPDesktop	PCL 5 비교 안내서, Hewlett-Packard, HP 부분 숫자 5961-0510, 1992년 10월. PCL 심벌 집합 ID: 7J.	HP-PCL5
Ventura-Math	csVenturaMath	PCL 5 비교 안내서, Hewlett-Packard, HP 부분 숫자 5961-0510, 1992년 10월. PCL 심벌 집합 ID: 6M.	HP-PCL5

문자집합 태그	별칭	설명	참고자료
Microsoft-Publishing	csMicrosoftPublishing	PCL 5 비교 안내서, Hewlett-Packard, HP 부분 숫자 5961-0510, 1992년 10월. PCL 심벌 집합 ID: 6J.	HP-PCL5
Windows-31J	csWindows31J	윈도우 일본판. Shift_JIS 연장은 NEC 특수 문자(13행), IBM 확장의 NEC 선택(89행에서 92행), IBM 확장(115줄에서 119줄). CCSs는 JIS X0201:1997, JIS X0208:1997, 그리고 이러한 확장들이다. 이 문자집합은 최상위 미디어 타입인 "텍스트"가 될 수 있지만, 제한되거나 특별하게 사용될 수 있다(see RFC 2278). PCL 심벌 집합 ID: 19K.	
GB2312	csGB2312	중화민국(PRC:Republic of China)민들을 위한 중국어로 1바이트, 2바이트 셋으로 섞여 있다. 20-7E = 1바이트 아스키; A1-FE = 2바이트 PRC 간지. GB 2312-80 참고. PCL 심벌 집합 ID: 18C.	
IBM-Thai	csIBMThai	표현 집합, CPGID: 838	IBM-CIDT
HP-Legal	csHPLegal	PCL 5 비교 안내서, Hewlett-Packard, HP 부분 숫자 5961-0510, 1992년 10월. PCL 심벌 집합 ID: 1U.	HP-PCL5
HP-Pi-font	csHPPiFont	PCL 5 비교 안내서, Hewlett-Packard, HP 부분 숫자 5961-0510, 1992년 10월. PCL 심벌 집합 ID: 15U.	HP-PCL5
HP-Math8	csHPMath8	PCL 5 비교 안내서, Hewlett-Packard, HP 부분 숫자 5961-0510, 1992년 10월. PCL 심벌 집합 ID: 8M.	HP-PCL5
Adobe-Symbol-Encoding	csHPPSMath	포스트스크립트 언어 참조 매뉴얼. PCL 심벌 집합 ID: 5M.	Adobe
HP-DeskTop	csHPDesktop	PCL 5 비교 안내서, Hewlett-Packard, HP 부분 숫자 5961-0510, 1992년 10월. PCL 심벌 집합 ID: 7J.	HP-PCL5
Ventura-Math	csVenturaMath	PCL 5 비교 안내서, Hewlett-Packard, HP 부분 숫자 5961-0510, 1992년 10월. PCL 심벌 집합 ID: 6M.	HP-PCL5

문자집합 태그	별칭	설명	참고자료
Microsoft-Publishing	csMicrosoftPublishing	PCL 5 비교 안내서, Hewlett-Packard, HP 부분 숫자 5961-0510, 1992년 10월. PCL 심벌 집합 ID: 6J.	HP-PCL5
Windows-31J	csWindows31J	윈도우 일본판. Shift_JIS 연장은 NEC 특수 문자(13행), IBM 확장의 NEC 선택(89행에서 92행), IBM 확장(115줄에서 119줄). CCSs는 JIS X0201:1997, JIS X0208:1997, 그리고 이러한 확장들이다. 이 문자집합은 최상위 미디어 타입인 "텍스트"가 될 수 있지만, 제한되거나 특별하게 사용될 수 있다(see RFC 2278). PCL 심벌 집합 ID: 19K.	
GB2312	csGB2312	중화민국(PRC:Republic of China)민들을 위한 중국어로 1바이트, 2바이트 셋으로 섞여 있다. 20-7E = 1바이트 아스키; A1-FE = 2바이트 PRC 간지. GB 2312-80 참고. PCL 심벌 집합 ID: 18C.	
IBM-Thai	csIBMThai	표현 집합, CPGID: 838	IBM-CIDT
HP-Legal	csHPLegal	PCL 5 비교 안내서, Hewlett-Packard, HP 부분 숫자 5961-0510, 1992년 10월. PCL 심벌 집합 ID: 1U.	HP-PCL5
HP-Pi-font	csHPPiFont	PCL 5 비교 안내서, Hewlett-Packard, HP 부분 숫자 5961-0510, 1992년 10월. PCL 심벌 집합 ID: 15U.	HP-PCL5
HP-Math8	csHPMath8	PCL 5 비교 안내서, Hewlett-Packard, HP 부분 숫자 5961-0510, 1992년 10월. PCL 심벌 집합 ID: 8M.	HP-PCL5
Adobe-Symbol-Encoding	csHPPSMath	포스트스크립트 언어 참조 매뉴얼. PCL 심벌 집합 ID: 5M.	Adobe
HP-DeskTop	csHPDesktop	PCL 5 비교 안내서, Hewlett-Packard, HP 부분 숫자 5961-0510, 1992년 10월. PCL 심벌 집합 ID: 7J.	HP-PCL5
Ventura-Math	csVenturaMath	PCL 5 비교 안내서, Hewlett-Packard, HP 부분 숫자 5961-0510, 1992년 10월. PCL 심벌 집합 ID: 6M.	HP-PCL5

문자집합 태그	별칭	설명	참고자료
Microsoft-Publishing	csMicrosoftPublishing	PCL 5 비교 안내서, Hewlett-Packard, HP 부분 숫자 5961-0510, 1992년 10월. PCL 심벌 집합 ID: 6J.	HP-PCL5
Windows-31J	csWindows31J	윈도우 일본판. Shift_JIS 연장은 NEC 특수 문자(13행), IBM 확장의 NEC 선택(89행에서 92행), IBM 확장(115줄에서 119줄). CCSs는 JIS X0201:1997, JIS X0208:1997, 그리고 이러한 확장들이다. 이 문자집합은 최상위 미디어 타입인 "텍스트"가 될 수 있지만, 제한되거나 특별하게 사용될 수 있다(see RFC 2278). PCL 심벌 집합 ID: 19K.	
GB2312	csGB2312	중화민국(PRC:Republic of China)민들을 위한 중국어로 1바이트, 2바이트 셋으로 섞여 있다. 20-7E = 1바이트 아스키; A1-FE = 2바이트 PRC 간지. GB 2312-80 참고. PCL 심벌 집합 ID: 18C.	
Big5	csBig5	타이완 멀티바이트 집합을 위한 중국어. PCL 심벌 집합 ID: 18T.	
windows-1250		Microsoft (see .../character-set-info/windows-1250) [Lazhintseva]	
windows-1251		Microsoft (see .../character-set-info/windows-1251) [Lazhintseva]	
windows-1252		Microsoft (see .../character-set-info/windows-1252) [Wendt]	
windows-1253		Microsoft (see .../character-set-info/windows-1253) [Lazhintseva]	
windows-1254		Microsoft (see .../character-set-info/windows-1254) [Lazhintseva]	
windows-1255		Microsoft (see .../character-set-info/windows-1255) [Lazhintseva]	
windows-1256		Microsoft (see .../character-set-info/windows-1256) [Lazhintseva]	

문자집합 태그	별칭	설명	참고자료
windows-1257		Microsoft (see .../ character-set-info/ windows-1257) [Lazhintseva]	
windows-1258		Microsoft (see .../ character-set-info/ windows-1258) [Lazhintseva]	
TIS-620		태국 산업 표준 협회(TISI:Thai Industrial Standards Institute)	[Tantsetthi]
HZ-GB-2312		RFC 1842, RFC 1843 [RFC1842, RFC1843]	

표 H-1 IANA MIME 문자집합 태그들

찾아보기

HTTP: The Definitive Guide

기호

숫자

A

B

C

D

I

J

K

L

M

N

O

P

Q

R

S

T

U

V

W

X

ㄱ

ㅇ

ㅌ

ㅍ

표지 도안 해설

우리(O'Reilly)는 독자의 의견, 자체적인 실험, 유통 채널에서 오는 피드백들을 통해 우리의 모습을 만들어간다. 우리 책의 독특한 표지는 건조할 수 있는 주제에 개성과 생명을 불어 넣으며 기술적인 주제에 대한 우리의 특별한 접근 방식을 보여준다.

『HTTP: The Definitive Guide』의 표지에 그려져 있는 동물은 열세 줄 땅다람쥐(Spermophilus tridecemlineatus)로, 중북미에서 흔히 볼 수 있다. 열세 줄 땅다람쥐는 이름처럼 점무늬와 함께 등 쪽에 길게 뻗어있는 열세 줄 무늬를 가지고 있고, 색은 주위 환경과 조화를 이루는 보호색을 띠 포식자로부터 자신을 보호한다. 열세 줄 땅다람쥐는 얼룩 다람쥐(chipmunk), 땅다람쥐(ground squirrel), 나무 다람쥐(tree squirrels), 프레리 도그(prairie dogs), 우드척(woodchucks)과 같은 다람쥐 과에 속한다. 크기는 줄다람쥐(eastern chipmunk)와 비슷하지만 일반적인 회색 큰다람쥐(gray squirrel)보다는 작으며, 평균적인 길이는 28cm이다(12~15cm의 꼬리 길이 포함).

열세 줄 땅다람쥐는 10월에 동면을 시작하여 3월 말이나 4월 초에 깨어난다. 매년 5월이 되면 암컷들은 한 번에 7~10마리의 새끼를 낳는다. 어린 다람쥐는 4~5주 동안 굴에서 살며 6주가 되면 다 자란다. 땅다람쥐는 더 좋은 굴을 팔 수 있는, 짧은 풀이 있고 배수가 잘 되는 모래나 찰흙 같은 토양이 있는 지역을 좋아하며 숲이 우거진 지역은 피한다. 보통 잔디나 골프장 혹은 공원이 주 서식지다.

땅다람쥐는 굴을 팔 때, 새로 씨를 뿌려놓은 밭을 파헤쳐 놓거나 채소 농장에 피해를 끼치는 등의 문제를 일으킨다. 그러나 오소리, 코요테, 매, 족제비, 각종 뱀 등 여러 육식 동물에게 중요한 먹이이며, 수많은 유해한 잡초와 그 잡초의 씨앗과 유해한 곤충을 먹기 때문에 인간에게 이로운 동물이다.